하이데거의 존재와 현존재

하이데거의 존재와 현존재

후기 하이데거의 자기해석에 기초한 『존재와 시간』의 재조명

김종두 지음

세상에 빛만큼 아름답고 좋은 것은 없다. 육안으로 볼 수 있는 빛은 물론이고, 내안으로만 볼 수 있는 빛은 더더욱 그러하다. 누가 이 사실을 부인하겠는가? 빛은 너무나도 아름답고 좋을 뿐 아니라 우리의 육체와 정신을 위해서도 절대 필요한, 생명과도 같이 소중하고 귀한 존재다. 빛을 신성시하고 숭배한 고대 이집트인들이나 남미 인디오들이 완전히 몰지각한 미개인들만은 아니었다는 생각마저 든다.

육안으로는 볼 수 없고 내안으로만 볼 수 있는 빛은 주지하는 바와 같이 예부터 무수한 종교인들과 철학가들의 지대한, 아니 절대적인 관심의 대상이었다. 조로아스터교와 기독교를 포함한 많은 종교들은 빛의 종교라고 해도 무방할 만큼 내안으로 볼 수 있는 이 빛에 많은 관심을 보였다. 플라톤, 플로티노스, 아우구스티누스, 보나벤투라 등 서양 철학사에서 위대한 사상가의 반열에 든 수많은 철학자에게도 이 빛은 지대하고 절대적인 관심의 대상이었다. 이들의 철학은 분명히 빛의 철학이었다. 모든 사상가의 철학이 간접적으로는 다 빛의 철학이라 할 수 있다. 철학자로서 그들의 연구 대상은 진리이고, 진리는 곧 빛이라는 용어로 대치할 수 있기 때문이다. 그들의 철학은 진리에 관한 학문이며 빛에 관한 학문, 즉 빛의 철학이다.

오늘날 현대인들은 빛에 대해 어떻게 생각하는가? 물론 이들 역시 과거와 동일하게 빛이 세상에서 가장 아름답고 좋을 뿐 아니라 절대적으로 소중하다고 여긴다. 그러나 그들이 그렇게도 소중히 여긴 빛은 주로 고대 이집트인들과 남미 인디오들이 신성시한 빛이며, 그들의 절대적인 관심은 육안으로 볼 수 있는 빛 혹은 그와 비슷한 인조광선으로 눈부시게 번쩍이는 외적이며 물질적인 것들에 쏠려 있고, 내적으로 빛나는 것들은 완전히 그들의 관심 밖이다. 태양을 신으로 숭배하던 고대인들이 눈앞의 빛에 가려 내안의 빛을 전혀 볼 수 없었던 것처럼, 외적으로 번쩍이는 것들을 절대시하는 현대인들은 이것들에 현혹되어 내적으로 빛나는 것은 전혀 볼 수 없을 뿐 아니라 그러한 것이 있다고 주장하는 사람들을 구세대로 몰아세우며 조롱하기 일쑤다.

20세기 최고 철학자 하이데거M. Heidegger는 빛에 대해 어떻게 생각했는가? 그의 글을 조금이라도 읽어본 사람이라면 이 질문에 답하기가 매우 쉬울 것이다. 하이데거의 저서 곳곳에 빛에 대한 이야기가 나오기 때문이다. 조금 과장해서 말하면 그는 오로지 빛에 대해서만 생각하고 이야기했다. 그의 철학은 존재에 대한 사상 곧 존재 사유였고, 존재라는 개념은 빛Licht, Lichtung, Lichten, Gelichtetheit, Scheinen, Aufgehen, Physis, etc.이라는 용어로 번역될 수 있기 때문이다. 하이데거 자신이 고백한 대로 존재가 평생토록 그의 유일한 관심의 대상이었다. 이것은 곧 빛이 평생토록 그의 유일한 관심의 대상이었다는 말이다. 그의 사상은 존재 사유였고 또 빛의 철학이었다.

지금까지 아무도 하이데거의 철학을 빛의 철학이라고 규정하지 않았지만, 방금 지적한 사항을 감안할 때 그의 철학을 "빛의 철학"이라 부르는 데 이의를 제기할 수 없을 것이다.

하이데거에 따르면 존재는 분명히 존재한다. 빛과 빛의 세계는 분명히 실재한다. 존재는 하나의 빛의 사건으로 지속적으로 우리 마음속에서 일어나고 있고, 우리들 가운데서 일어나고 있다. 그리고 우리를 매체로 해서 우주 전체에서 지속적으로 일어나고 있다. 존재는 빛의 사건이다. 그것은 진리의 빛의 사건이다. 그러한 빛과 빛의 사건인 존재만이 정신적으로 극도로 피폐해져 있고 빛 없이 살아가는 현대인들을 어둠에서 구출할 수 있다. 존재라는 빛과 빛의 사건만이, 그들이 의식하지 못하나 분명히 앓고 있는 정신적이고 치명적인 중병을 치유할 수 있다. 존재는 빛이며, 현대인들을 위한 구원의 원천이며, 그들의 중병을 위한 유일한 치유책이다.

듣던 중 반가운 소리다. 찬란한 현대 과학문명이 가져다주는 풍요로움에 빠져 외적으로 눈부시게 번쩍이는 것들에만 시선을 집중한 탓에 정신적으로는 그 어느 때보다 더 캄캄한 암흑 속에서 살아가고 있는 현대인들 가운데서, 아직도 내적인 빛과 내적으로 빛나는 것들을 소중한 것으로 보고 그것을 갈망하는 자들에게 이것은 그야말로 복음과도 같은 반갑고 기쁜 소식이 아닐 수 없다.

그러나 그것이 사실인가? 존재라는 것이 과연 존재하는가? 존재가 존재하고 그것이 빛과 빛의 사건으로 존재하고 있다면 빛이란 무엇을 뜻하는가? 과거 종교인들이나 철학자들이 빛이라고 칭한 것과 동일한 것인가? 아닌가? 존재의 빛과 빛의 차원이 존재한다면 그것을 우리가 어떻게 볼 수 있는가? 풀리지 않는 의문들이 꼬리에 꼬리를 물고 떠오른다.

내가 하이데거의 사상을 처음 접한 것은 아주 오래전 독일 하이델베르크에서의 유학 시절 때였다. 이왕 독일에 와서 철학을 공부하게 되었으니 독일이 낳은 20세기 최고 철학자의 사상을 철저하게 공부해보자는 생각에 그의 주저 『존재와 시간』을 2년간에 걸쳐 그야말로 한 자 한 자 정독하며 연구했다. 다행히도 그 당시 하이델베르크 대학에는 이 책에서 빈번하게 인용할 문헌의 저자들인 가다머 H.-G. Gadamer, 푀겔러 O. Pöggeler, 뢰비트 K. Löwith, 투겐트하트 E. Tugendhat 등의 명교수들이 재직하고 있었다. 특히 푀겔러 교수는 하이데거의 철학에 대한 강의를 하고 있어 천군만마를 얻은 기분이었다. 위의 네 교수들 가운데 처음 두 사람은 하이데거의 열렬한 지지자들이며 뒤의 두 사람은 하이데거의 강경한 비판가들이다.

학교에서 이들의 강의를 수강하고 숙소에 돌아와서는 온종일 책상머리에 앉아 하이데거의 『존재와 시간』과 그와 관련된 주요 참고서들을 공부하며 하이델베르크에서의 2년을 보냈다. 공부를 시작한 지 2년이 지나자 나는 '이제 하이데거에 대해서 좀 알겠다' 하는 마음이 들었다. 그러나 얼마 지나지 않아 그 생각이 완전히 잘못되었음을 깨달았다. 그때까지 나는 하이데거를 매우 피상적으로만 알고 있었던 것이다. 오로지 『존재와 시간』에만 집착해서 공부한 탓이다. 책이든 다른 무엇이든 그 자체 속에서는 그것의 진의와 진가를 이해하고 평가할 수 없다. 무엇인가를 뿌리 깊게 이해하기 위해서는 그것이 아닌 다른 것을 바탕으로 삼아 그것을 검토하고 고찰해야 하며 "부정성"의 긍정적인 힘을 잊어서는 안 된다는 헤겔의 중심 이론을 실감나게 되새겨보았다.

"후기 하이데거의 자기해석에 기초한 『존재와 시간』의 재조명"이라는 부제로 이 책을 저술하게 된 것도 하이델베르크에서의 경험과 관련이 깊다. 이 책 전반부에서 하이데거의 철학과 관련한 다른 사상가들의 이론들을 다소 장황하게 거론하는 것도 그와 무관치 않다. 『존재와 시간』을 바로 이해하려면 하이데거의 저서 전체를 통달해야 하며, 하이데 거 사상 전반을 이해하려면 서양 철학사 전체를 통달해야 한다. 위대한 사상가들의 체계가 그렇듯 하이데거의 존재 사유에 대해서도 엇갈리는 다양한 해석들이 있다. 다행히도 하이데거의 사상에 대해서는 칸트나 헤 겔 혹은 니체의 사상만큼 해석이 다양하지는 않다. 하이데거의 사상에 대한 엇갈리는 해석은 주로 그의 소위 "전환"Kehre 전과 후의 사상의 차 이점이 무엇이냐 하는 질문과 관계된다. 사실 이 질문에 바른 답을 제시 하기란 다소 어렵다. 왜냐하면 외견상으로는 양자 간의 차이가 매우 현 저함에도 하이데거 자신은 계속 양자 간에 근본적인 차이점이 없다고 주장하기 때문이다.

하이데거의 주요 저서들을 세심하게 분석하고 그에 대한 주요 참고 문헌들을 자세히 읽어보면, 뢰비트 같은 해설가들이 이와 같은 하이데 거의 자기해석에도 불구하고 자신들의 해석을 고집한 것이 큰 실수였음 을 발견하게 된다. 그래서 나는 하이데거가 후기 저서 도처에서 자신의 전기 사상에 대한 하르트만N. Hartmann과 같은 철학자들의 그릇된 해석을 시정하기 위해 제시하는 『존재와 시간』의 주요 개념들과 내용에 대한 재 해석을 적극 고려하고 그의 재해석에 일치하는 다수의 해석자들의 해설 에 초점을 맞추어 하이데거의 주저를 재조명하게 되었다. 이 책의 부제 에 따라 『존재와 시간』에 주안점을 두고 모든 해설을 전개하나, 앞서 지 적한 대로 그것을 이해하기 위해서는 후기 하이데거의 사상을 거론해야 하므로 그의 전기 사상과 후기 사상 사이를 계속 왕래하며 그 내용을 풀 이하려고 노력했다.

내가 하이델베르크 대학과 뮌헨 대학 유학 시절에 구입하여 지금 까지 계속 참조했고 특히 이 책을 저술하기 위해 수백 수천 번을 다시 들춰본, 그래서 누더기가 되다시피 한 중요한 참고문헌은 다음과 같다. ① W. Richardson, *Heidegger: Through Phenomenology to Thought* ② O. Pöggeler, *Der Denkweg Martin Heideggers* ③ H. Ott, *Denken und Sein* ④ F.-W. von Herrmann, *Heideggers Philosophie der Kunst* ⑤ H. Jaeger, *Heidegger und die Sparche* ⑥ M. Müller, *Existenzphilosophie im Geistigen Leben der Gegenwart* ⑦ E. Coreth, *Grundfragen der Hermeneutik* ⑧ H.-G. Gadamer, *Wahrheit und Methode* ⑨ E. Tugendhat, *Der Wahrheitsbegriff bei Husserl und Heidegger* ⑩ E. Palmer, *Hermeneutics: Interpretation Theory in Schleiermacher, Dilthey, Heidegger, and Gadamer* ⑪ K. Löwith, *Heidegger: Denker in dürftiger Zeit.* 이외에도 가까이 두고 매우 빈번히 참조한 다수의 다른 참고도서들은 부록에 수록하기로 한다.

이 책에는 독일어, 영어, 그리스어 등의 외국어 병기와 따옴표가 무척 많이 나오며 특히 인용구의 출처를 밝히는 무수한 주가 나온다. 독자들은 계속 그것들에 신경을 쓰지 않으면 안 되게끔 되어 있다. 이것은 내 성격과도 관계되고 독일에서 10년 이상 교육받은 전력과도 관계되나 무엇보다 20세기 최대의 철학자의 사상, 나 자신을 위해서도 생명과 같이 소중한 빛에 관한 사상을 해설해야만 하는 입장에서 신중을 기해야 했기 때문이다. 또한 하이데거 사상에 관심이 많은 국내 철학도들과 일반 독자들을 위해서 가급적이면 내용 이해가 용이하면서도 학문성과 공신력이 있는 책을 저술하고자 하는 의도에서도 그렇게 하게 되었다. 또 하나는 나의 자그마한 희망 사항 때문이다. 네덜란드의 한 출판사에서 독일어로 된 내 철학박사 학위 논문을 단행본으로 출간하여 네덜란드는 물론 미국, 독일, 영국, 남아프리카공화국, 스웨덴, 한국 등 여러 나라에

보급한 일이 있다. 그 경험을 토대로 나는 앞으로 이 책을 영어로 번역하여 발표하려는 계획을 가지고 있다. 국제적인 독자들을 염두에 두니 이 책을 더욱 신중한 학술서답게 편성하지 않을 수 없었다.

내가 쉽게 서술하려고 무척 노력했음에도 불구하고 일반 독자들은 이 책을 다소 어렵게 느낄 수 있다. 하이데거의 사상은 다른 어떤 사상보다도 이해하기 힘든 철학이어서 그것을 모든 독자가 이해하기 쉽게 풀이한다는 것은 거의 불가능한 일이다. 이 책의 내용이 너무 난해하게 느껴지는 독자들은 과거에 내가 총신대학교 신학대학원의 학술지『신학지남』에 게재한 세 편의 논문을 읽어보면 도움이 될 것이다. 그 논문들의 제목은 "Heidegger의 존재 개념"이며『신학지남』, 1988년 여름호, 1990년 봄호, 1990년 가을호에 각각 게재되었다.

이 책은 2000년에 서광사에서 출간한『하이데거에 있어서 존재와 현존재』의 개정판이다. 여러 단어와 문구를 손질했고, 본문에 있는 인용구의 출처는 미주로 처리하는 등 가독성을 높이는 데 공을 들였다.

이 책을 새로 편집해서 출간해준 새물결플러스 김요한 대표와 편집부 직원들에게 감사를 표하고 싶다. 대학 강의실과 다른 모든 곳에서 나와 인연을 맺고 이 책을 고대해온 독자들에게도 고마움을 전한다. 이 책이 그들의 진리 탐구와 학문 연구에 조금이라도 도움을 줄 수 있기를 진심으로 바란다.

2014년
김종두

차례

서문 _ 5
약어표 _ 15

제1부 하이데거와 존재의 문제 17

제1장 존재 문제 제기의 필요성(I): 긍정적 동기 19

 1. "기적 중 기적": 아우구스티누스와 후설, 그리고 하이데거 19

  (1) 후설과 인간의 의식 24

  (2) 아우구스티누스와 인간의 마음 26

  (3) 하이데거와 아우구스티누스 33

 2. 존재와 인간의 실존 45

  (1) 하이데거의 실존 개념 48

  (2) 키에르케고르와 하이데거 53

  (3) 실존과 외존 60

  (4) "피시스"와 "자연적인 빛" 62

제2장 존재 문제 제기의 필요성(II): 소극적 동기 83

 1. 본질의 형이상학과 존재 망각의 역사 85

  (1) 플라톤 91

  (2) 데카르트 106

 2. 본질의 형이상학과 진리의 문제 110

  (1) 진리관의 유형 110

  (2) 주객관계의 도식과 의미의 지평 117

  (3) 해석학과 진리의 문제 120

  (4) 현상학과 진리의 문제: 선험적 현상학과 해석학적 현상학 145

  (5) 진술의 진리의 가능성: 존재적 진리와 존재론적 진리 172

제2부 "존재와 시간": 현존재에서 존재에 이르는 길 183

제1장 서론 185

1. 존재의 개념 185

2. 기초존재론의 출발점과 방법 189

3. "평범한 일상성"과 존재 이해 192

4. 하이데거의 대전제 199

제2장 본론 209

1. 하이데거의 세계 개념 211

  (1) 『존재와 시간』과 세계 211

  (2) 후기 하이데거와 세계 239

2. 내존의 실존 구조 271

  (1) 상태성으로서의 현존재 271

  (2) 이해력으로서의 현존재 283

  (3) 표현력과 언어 376

  (4) 타락성: 요설과 호기심 및 애매모호성 391

3. 실존적 우려와 현존재의 존재 396

  (1) 실존 구조의 3대 요소와 우려 396

  (2) "Cura" 우화와 현존재의 존재 400

4. 현존재와 죽음에로의 존재(Sein zum Tode) 404

  (1) 현존재의 자기 선재와 진정한 실존 가능성 404

  (2) 죽음을 향한 존재(Das Sein zum Tode) 413

5. 진정한 실존 양식: 양심, 채무의식, 결단 423

  (1) 양심 424

  (2) 채무의식 425

  (3) 결단 431

6. 선주(先走)를 향한 결단(vorlaufende Entschlossenheit) 436

7. 선주의 결단과 우려 440

8. 우려의 의미와 시간성 444

  (1) "의미"의 의미 444

  (2) 현존재의 미래 448

  (3) 현존재의 과거 451

　　(4) 현존재의 현재 453

　　(5) 우려의 3대 구성 요소와 시간성 454

　　(6) 하이데거의 시간 개념의 특이성 457

　9. 현존재의 역사성 462

　　(1) 역사성의 본질 462

　　(2) 역사성과 현존재의 사건 472

　　(3) 실존적 시간과 자연적 시간 476

제3부 평가와 결론 483

제1장 하이데거의 주제 485

　1. 존재와 현존재의 심오성과 역동성 485

　2. 인류의 정신적 방황 492

　　(1) 본질형이상학의 정적인 시간 개념 492

　　(2) 현대인의 궁지와 구제책 498

　3. 사상적 비약의 필요성 502

제2장 존재 사유의 구속력 515

제3장 기초존재론의 기초: 절대적인 초월성에로의 초월 가능성 521

　1. 주지주의와 반주지주의 522

　　(1) 전제의 전제 522

　　(2) 플라톤과 아리스토텔레스에서 칸트와 키에르케고르로 527

　2. 인간의 초월 능력의 가능성에 대한 인간론적·우주론적 조명 572

　　(1) 인간의 자아와 우주의 내재적·초월적 중심점 572

　　(2) 주체성과 의식 기능 597

　　(3) 외적 기적: 몸과 몸 밖의 몸 604

제4장 결론 625

주 _ 633

참고문헌 _ 675

/ 약어표

B	M. Heidegger, *Beiträge zur Philosophie* (*Vom Ereignis*).
Bl	J. Bleicher, *Theory of Hermeneutics*.
C	A. Augustine, *Confessions*.
CA	S. Kierkegaard, *The Concept of Anxiety*.
CM	E. Husserl, *Cartesianische Meditationen*.
Cor	E. Coreth, *Grundfragen der Hermeneutik*.
D	O.-Fr. Bollnow, *Dilthey: Eine Einführung in seine Philosophie*.
Di	A. Diemer, *Edmund Husserl*.
EM	M. Heidegger, *Einführung in die Metaphysik*.
FTL	E. Husserl, *Formale und transzendentale Logik*.
Ga	H.-G. Gadamer, *Wahrheit und Methode*.
GS	W. Dilthey, *Gesammelte Schriften*.
H	Herrmann, Friedrich-Wilhelm Von, *Heideggers Philosophie der Kunst*.
HB	M. Heidegger, *Brief über den Humanismus* (included in PW).
Huf	Hufnagel, *Einführung in die Hermeneutik*.
HD	M. Heidegger, *Erläuterungen zu Hölderlins Dichtung*.
HW	M. Heidegger, *Holzwege*.
ID	M. Heidegger, *Identität und Differenz*.
Id I, II, III	E. Husserl, *Ideen zu einer reinen Phänomenologie und phänomenologischen Philosophie* I, II, III.
J	H. Jaeger, *Heidegger und die Sprache*.
KM	M. Heidegger, *Kant und das Problem der Metaphysik*.

KpV	I. Kant, *Kritik der praktischen Vernunft.*
KrV	I. Kant, *Kritik der reinen Vernunft.*
L	O.-Fr. Bollnow, *Die Lebensphilosophie.*
LU I, II	E. Husserl, *Logische Untersuchungen* I, II.
M	M. Müller, *Existenzphilosophie im geistigen Leben der Gegenwart.*
N I, II	M. Heidegger, *Nietzsche* I, II.
P	O. Pöggeler, *Der Denkweg Martin Heideggers.*
Pa	R. E. Palmer, *Hermeneutics: Interpretation Theory in Schleiermacher, Dilthey, Heidegger, and Gadamer.*
Pan	W. Pannenberg, *Wissenschaftstheorie und Theologie.*
PhB	S. Kierkegaard, *Philosophische Brosamen.*
PL	M. Heidegger, *Phänomenologie des religiösen Lebens.*
PW	M. Heidegger, *Platons Lehre von der Wahrheit. Mit einem Brief über den 'Humanismus'.*
R	W. J. Richardson, *Heidegger: Through Phenomenology to Thought.*
SF	M. Heidegger, *Zur Seinsfrage.*
SG	M. Heidegger, *Der Satz vom Grund.*
S I	H. Spiegelberg, *The Phenomenological Movement* I.
SUD	S. Kierkegaard, *The Sickness Unto Death.*
SZ	M. Heidegger, *Sein und Zeit.*
Tug	E. Tugendhat, *Der Wahrheitsbegriff bei Husserl und Heidegger.*
UN	S. Kierkegaard, *Unwissenschaftliche Nachschrift.*
US	M. Heidegger, *Unterwegs zur Sprache.*
VA I, II, III	M. Heidegger, *Vorträge und Aufsätze* I, II, III.
WD	M. Heidegger, *Was heißt Denken?*
WG	M. Heidegger, *Vom Wesen des Grundes.*
WM	M. Heidegger, *Was ist Metaphysik?*
WW	M. Heidegger, *Vom Wesen der Wahrheit.*

인용 도서명 후의 숫자들은 인용 도서의 면을 표시함.

passim   언급된 면 외 다수의 면에서.

esp.   especially.

제1부

하이데거와 존재의 문제

제1장
존재 문제 제기의 필요성(I): 긍정적 동기

1. "기적 중 기적": 아우구스티누스와 후설, 그리고 하이데거

하이데거는 『사유란 무엇인가』에서 다음과 같이 현대인들에게 실로 충격적인 발언을 하고 있다. "문제가 많은 우리 시대의 가장 큰 문제는 우리가 아직 생각을 하지 않고 있다는 점이다."[1] 현대 "과학[자]는 생각하지 않는다."[2]

하이데거의 이러한 주장의 진의는 무엇인가? 이론과학과 응용기술이 극도로 발달해 있는 21세기 사회를 살아가는 현대인들과 특히 현대사회의 엘리트라 할 수 있는 과학자들, 그중 자연과학자들과 정신과학자들은 자신들의 마음속과 밖에 있는 모든 것을 계속 치밀하고 조직적으로 분석하며 연구하는 가운데 그것들에 대해 생각에 생각을 무한히 거듭하며 살아가고 있지 않은가? 현대인들과 현대 과학자들은 과거 어느시대의 대중들이나 전문가들보다 모든 것을 더 꼼꼼하게 생각하고 더많이 생각하고 있지 않은가? 구상과 기획, 관찰과 실험, 분석과 검증, 평가와 재구성이 현대 지성인들의 정신생활의 생명이며, 이 모든 활동이 다 사유 과정이 아닌가?

그럼에도 불구하고 하이데거는 어떻게 현대인들과 현대 과학자들이 생각을 하지 않고 살아가고 있다고 주장할 수 있는가? 그의 이러한 주장이야말로 생각 없이 하는 망언이 아닌가?

현대 과학자들과 현대인들이 많은 것에 대해서 계속 분망하게 생각하고 골똘히 연구하며 살아가는 것은 분명한 사실이다. 그렇지만 그들은 주로 별로 생각할 가치가 없는 사소한 일들에 대해 매우 심각하게 생각하며 살아가고 있을 뿐, 진정 가치 있는 것들에 대해서는 생각해볼 여유도 없이 하루하루를 보내고 있다. 그들의 삶은 반성이 없는 피상적인 삶이다. 그들은 생각을 하며 살아가기보다는 아주 빠른 속도로 그리고 끊임없이 머리를 굴리며 살아가고 있다.

하이데거의 판단으로는 진정 생각해볼 만하고 추구해볼 만한 가치가 있는 것에 대해서는 생각하지 않고, 별반 생각하고 연구해볼 가치가 없는 사소한 것들에 대해서만 분주하게 생각하며 살아가기는 현대 철학자들도 마찬가지다. 그들은 철학을 하나의 엄격한 과학으로 간주하고 연구 대상을 과학적·이론적 방법으로 철저하게 분석하고 규명하여 정확한 개념적인 언어로 객관화하고 체계화할 수 있다고 보는데도 말이다. 철학 연구의 영역이 형이상학이라기보다 오히려 형이하학임을 고조하는 영미권의 논리실증주의와 분석철학은 물론이거니와, 후설E. Husserl을 위시한 전형적인 주지주의적 사상가들이나 하르트만과 같은 신형이상학자들과 신존재론자들도 다 한결같이 철학자로서 모름지기 추구해야 할 가장 중대한 주제 외에 다른 부차적인 문제들에 대해서만 관심을 기울이고 열을 올려가며 연구한다고 하이데거는 비판하고 있다.

철학은 점차적으로 [우주의 정체를] 최상 원인자들을 근거로 해서 학술적으로 설명하는 기술로 변하고 있다. 사람들은 사유하기보다 '철학'이라는 학문에 종사하고 있다.[3]

그러한 이유로 후기 하이데거는 자신의 사상을 통상적인 의미의 철학 혹은 형이상학이란 칭호로 부르기를 거부하기에 이르렀다. "철학을 과대평가하고 그것에 과대한 요구를 하는 습성을 지양할 때가 왔다. 현재의 세계적인 위기 앞에서 우리에게 필요한 것은 철학 연구는 좀 더디하고 사유 활동에 보다 더 치중하는 일이다.…앞으로의 사유자는 형이상학자, 환언해서 철학자보다 더 원초적으로 사유하므로 그의 사유는 더 이상 철학이 아니다."[4]

후기 하이데거는 이처럼 자신의 사상이 단순한 "과학" 혹은 과학적 "연구 활동"이 아닌 것은 물론이거니와[5] 통속적인 의미의 철학도 아니며 따라서 그것은 오래전부터 철학자들이 가장 큰 관심을 가지고 연구해온 형이상학도, 존재론도[6] 아님을 분명히 한다. 뿐만 아니라 심지어 그가 "SZ"과 "KM"에서 자신의 사상과 관련해서 사용하던 "기초존재론", "해석학적 현상학", "현상학적 존재론", "형이상학의 형이상학" 등의 칭호로도 자신의 사상을 지칭하기를 거절한다.[7] 그는 자신의 사상을 과거 사상가들이 철학과 관련해서 사용해온 이 모든 다양한 명칭으로 부르기를 거부하고 그것을 단순히 "존재 사유"라고 부른다.[8]

하이데거에 따르면 많은 것들에 대해서 열을 올려가며 분주하게 머리를 굴리고 있으나 진정 생각해볼 가치가 있는 중대한 것에 대해서는 전혀 사유하지 않는 과학자들, 특히 현대 과학자들과는 달리 사상가들Denker, 진정 심오하고 위대한 사상가들은 평생토록 오로지 한 주제만을 가지고 골똘하고 깊게 생각한다고 한다. 위대한 철학자 니체는 평생 오로지 "동일한 것의 영원한 회귀"에 대해서만 사유했으며, 위대한 시인, 아니 "시인 중 시인"이자 극히 심오한 사상가이기도 했던 횔덜린은 오로지 "거룩한 자연"에 대해서만 사유하는 가운데 그의 임재의 신비와 위력을 아름다운 시어로 표현하는 데 여생을 바쳤다.[9]

하이데거 자신도 한 사상가로서 이들처럼 평생토록 오직 한 가지에 대해서만 사유했다고 고백한다.[10] 그에 따르면 과학자들은 앞에서 묘사한 양식으로 많은 사소한 것에만 정신을 집중하며 줄곧 "존재자"das Seiende에 대해서만 연구한다. 그들뿐 아니라 니체를 포함한 지금까지의 대부분의 철학자들과 사상가들도 사실은 철학 또는 형이상학 혹은 존재론이란 미명하에 줄곧 일종의 "물리학"(매우 포괄적인 의미에서의 "물리학"), 즉 존재자 일반의 본질에 관한 형이상학을 연구해왔기에 그들의 관심의 대상 역시 존재자였다고 보지 않을 수 없다. "'물리학'이 처음부터 형이상학의 본질과 역사를 결정해왔다. 존재가 순수능동태라는 이론(토마스 아퀴나스)에서도, 그것이 절대적인 개념이란 이론(헤겔)에서도, 그것이 동일한, 권력에로의 의지의 영원한 회귀란 이론(니체)에서도 형이상학은 변함없이 '물리학'이었다."[11]

그러나 하이데거는 이들 특수과학자들 및 보편과학자들과는 달리 오로지 존재자가 아닌 "존재"das Sein에 대해서만 사유해왔다. 과거 2500여 년 동안 서양 철학자들도 외형상으로는 존재에 대해 관심을 가지고 그 정체와 본질을 규명하려고 노력했던 것은 사실이다. 그러나 그들은 존재와 존재자를 전적으로 혼동하는 가운데 줄곧 존재 대신 존재자의 본질을 연구 대상으로 삼고 그것을 집중적으로 분석하고 연구해왔다. 그들이 우주 또는 자연Physis에 속하는 존재자들 일반의 본질이 무엇인가 하는 데 초점을 맞추어 연구해왔으므로 그들의 형이상학은 광의의 "물리학"Physik이라 칭할 수 있으며 "본질의 형이상학"Wesensmetaphysik이라고도 간주할 수 있다.

유구한 서양 철학사에서 존재를 존재자와 혼동하지 않고 순수하게 전문적으로 거론하고 연구하기는 하이데거 자신이 처음이라고 한다. "『존재와 시간』에서 철학사상 처음으로 존재의 의미가 하나의 질문의 대상으로 본격적으로 거론되고 발전하게 되었다."[12]

사물과 인간뿐 아니라 신과 같은 초월적인 실재까지를 포함한 존재자 일반과는 질적으로 상이하다고("존재론적 차이", ontologische Differenz) 하이데거가 확신하고 있는 존재가 그에게는 유일한 관심의 대상이었고 "가장 생각해볼 가치가 있는 대상"[13]과 "가장 연구해볼 가치가 있는 대상"[14]이었다. 그것이 그에게는 실로 세상에서 가장 기이하고 신비로운 것으로, "기적 중 기적"으로 간주되었다. "모든 존재자 가운데 오로지 인간만이, 존재의 음성으로 부름을 받고 기적 중 기적, 즉 존재자가 존재한다는 사실을 체험할 수 있다."[15] 세상에서 어떤 놀랍고 신기한 현상이나 기적과도 같은 존재, 예를 들어 "가장 기이한 자"to deinotaton, das Unheimlichste[16]라 불리는 인간이라는 존재를 우리가 목격할 수 있다면, 그것 혹은 그를 "기적 중 기적", 세상에서 가장 큰 기적이라고 볼 수는 없을 것이다. 왜냐하면 우리가 목격하는 인간과 신 혹은 신들을 포함한 모든 기적적이며 신비로운 현상들과 실재들은 다 존재라는 기적 중 기적으로 말미암아 그러한 경탄스럽고 신기한 대상으로 세상에 등장해서 모습을 드러낼 수 있기 때문이다.[17]

(1) 후설과 인간의 의식

하이데거가 존재를 "기적 중 기적"이라고 칭하게 된 것은 아마도 현대 현상학의 원조이자 그가 프라이부르크 대학에서 조교로 보필했던 후설의 사상과 문제점들을 의식하고 있었기 때문일 것이다. 왜냐하면 후설은 존재가 아닌 하나의 구체적인 존재자에 불과한 인간의 의식을 세상에서 가장 큰 기적, "기적 중 기적"이라고 했을 뿐 아니라 그가 그렇게도 신비스럽고 기적적인 현상이라고 간주한 인간 의식의 비밀을 현상학적인 연구를 통해 남김없이 풀 수 있다고 확신했기 때문이다.

> 기적 중 기적은 순수 자아와 순수 의식이다. 그러나 현상학의 빛이 이 기적에 비취게 됨과 동시에 그것은 곧 사라지게 된다. 기적은 지적으로 이해할 수 없는 현상이다. 그러나 그것이 하나의 과학적인 난제의 형태로 나타나는 한 그러한 문제는 능히 이해할 수 있다. 그러한 난제는 이성이 문제를 해결함으로써 결국 이해 가능한 대상으로, 아니 이미 이해된 대상으로 밝혀지는, 아직 이해되지 않은 문제에 불과한 것이다.[18]

후설은 인간의 의식이 매우 놀랍게도 사물과 자신의 정체를 의식하며 객관적이고 보편타당한 진리를 인식할 뿐 아니라 심지어 사물과 자기 자신을 "선험적으로" 구성한다고 보았다.[19] 인간 의식이 그것과 대립된 사물의 세계를 뛰어넘어 사물을 사물 그대로 의식하고 인식한다는 점도 너무나 신기하고 놀랍지 않을 수 없거니와, 칸트가 주장한 대로 그것이 사실은 사물을—칸트가 생각한 것과는 달리 현상계만이 아닌 소위 "물자체"를 포함한 사물 일반을[20]—그리고 나아가서는 자기 자신을 존재론적으로 정립하므로 인간의 "선험적 주체성"을 사물 일반의 "존재"와

"의미"의 근원으로 보아야만 한다면[21] 그것은 과연 더욱더 놀라운 현상이라고 보지 않을 수 없다. 세상에서 가장 경이로운 현상, 기적 중 기적이라 보지 않을 수 없다.

인간의 의식은 이처럼 존재자 일반을 인식하는 동시에 자신의 존재와 의미의 절대적 원천이 된다. 따라서 그 의식은 진리의 원천과 척도가 되기 때문에 진리를 규명하는 것을 과제와 목적으로 하는 철학은 "자아의 자기해석"[22]이며 "보편적인 자기 성찰"[23]이라 할 수 있다.

그리고 이 관계를 "우리는 다음과 같이 표현할 수도 있을 것이다. 데카르트의 성찰Cartesiansiche Meditationen을 급진적으로 그리고 보편적으로 수행하는 작업, 환언해서 보편적인 자기 인식 활동이 곧 철학 자체다.⋯ [소크라테스가 줄곧 외친] 델피의 명언, '너 자신을 알라'는 여기서 새로운 하나의 의미를 지니게 된다.⋯세계를 보편적인 자기 성찰을 통해 다시금 얻기 위해서 우리는 현상학적 판단중지Epoche를 통해 세계를 먼저 잃어야만 한다. 이와 관련해서 아우구스티누스는 다음과 같이 서술했다. 진리를 발견하기 위해 외부로 나가지 말고 너 자신 속으로 되돌아가라. 왜냐하면 진리는 인간 내부에 내재하고 있기 때문이다."[24]

하이데거는 "SZ"에 이 저서를 "존경과 우정으로 에드문트 후설에게 바친다"라는 헌사를 큰 글자로 표기해두었고, 이 저서 38면 본문과 각주에서 자신이 시도하는 "보편적 현상학적 존재론"은 후설의『논리 연구』를 통해 수립한 현상학의 토대 위에서 가능하게 되었음을 명시하고 있다. 그러나 그가 의식적으로 후설의 현상학에서 출발하여 자신의 "해석학적 현상학"을 발전시키려고 노력한 것은 사실이나, 그는 처음부터 후기 후설의 "선험적 현상학"은 물론이거니와 전기 후설의 "기술적 현상학"의 문제점도 깊이 의식하고 그것을 극복하는 데 초점을 맞추어 모든 문제를 제기하고 그 해답을 강구하려 했다.

하이데거의 견지에서 볼 때 후설의 현상학은, 존재를 망각하고 존재 대신 인간을 포함한 존재자 일반에 몰두해서 그 본질에 관해서만 사유해온 과거 서양 철학가들의 사상적 "방황" 행각의 연속일 뿐 아니라 극치라 할 수 있다. 후설은 그의 놀라운 "현상학적 투시력"과 "본질직관"으로 인간의 주체성과 그와 대립된 사물의 객체성과 필연적인 관계에 대해서는 예리하고 면밀하게 분석하고 성찰하며 기술하고 객관화할 수 있었으나, 후설 자신을 포함한 인간 일반의 의식이 자신과 사물을 투시하고 성찰할 수 있게 하는 존재의 빛은 의식하지 못했다. 또한 그는 인간의 의식이라는 인식의 주체와 사물이라는 인식의 객체가 하나로 연결되어 그들 간에 지적인 교류가 이루어지게 하는, 그들 양자가 함께 뿌리를 내리고 있는 "개방 공간" 또는 "조명 공간", 즉 "세계"를 거론할 필요성을 의식하지 못했다. 그는 자신의 사상에서 가장 중대한 개념인 "지향성"Intentionalität의 가능성의 조건에 대해서는 캐묻지 않았으며 캐물을 필요성도 느끼지 않았다. 지향성에 관해 거론하기에 앞서 "초월성"Transzendentalität에 대해 먼저 거론해야 함을 그는 알지 못했다.[25] 그리고 인간 현존재의 지향성과 초월성을 거론하기에 앞서 초월성 그 자체transcendens schlechthin인 존재를 거론해야만 함을 의식하지 못했다.[26]

(2) 아우구스티누스와 인간의 마음

후설은 자신과 사물을 의식할 뿐 아니라 선험적으로 구성하기까지 하는 선험적 주체성의 "의식의 섬"[27]을 너무나도 절대시했기에, 그가 앞에서 소개된 "근대철학의 아버지"인 데카르트의 "아버지" 격이었던 아우구스티누스의 『참된 종교』De vera religione, XXXIX에 나오는 명언을 자기 철학의 가장 중요한 구호와도 같이 인용하면서도 인간의 의식에 대한 아우구스 티누스 이해의 전혀 다른 면에 대해서는 언급하지 않고 있으며, 그에 대해 조금의 주의도 기울이지 않고 있다.

히브리사상과 그리스사상을 종합 통일한 신학자이자 철학자라고 간주되어왔고 가톨릭신학과 개신교신학, 고대철학과 근대철학 및 현대철학, 신학과 철학의 교차점으로 여겨졌던 아우구스티누스는 인간이 신의 형상으로 지음 받았다는 성경의 가르침과 소크라테스와 플라톤의 인식론을 동시에 감안하여 진리가 인간의 심중에 새겨져 있다고 보았다. 그래서 그가 진리, 즉 진선미를 위시한 다양한 차원과 종류의 영원불변하며 보편타당한 개념들과 법칙들과 이치들을 발견하기 위해서는 경험론자들이 권장하는 대로 외부 세계로 나아가는 대신 자신의 내면을 성찰하고 분석할 것을 당부한 것이다. 그러한 의미에서 그도 소크라테스와 더불어 "너 자신을 알라"라는 델피의 구호를 외쳤다고 할 수 있다. 그에 따르면 진리와 진리의 원천이시며 "영원불변한 빛"이신 신도 인간의 "마음속 깊은 곳에서"[28] 혹은 "인간의 마음의 눈 위 높은 곳에서" 발견할 수 있다고 한다.[29]

그러나 이것이 아우구스티누스의 인간관과 진리관의 전체는 아니다. 왜냐하면 그는 진리와 진리의 원천이신 신조차도 자신 속에 품고 있고 그것을 알고 있는 자신의 마음 자체는 완전히 침투할 수 없고 측량할 수 없는 심연과도 같다고 보기 때문이다. 그것에 침투하여 그 깊이를 측량하려고 하면 할수록 인간의 마음은 "더욱더 불투명해지는 심연"과도 같다고 서술하고 있기 때문이다.[30] 그리고 그는 그러한 인간의 마음속에 새겨져 있는 영원한 진리는 신의 조명illuminatio으로 말미암은 것이고, 인간이 그것을 알고 그에 대한 이론과 학설을 능동적으로, 독창적으로 발전시키기 위해서라도 신의 조명을 계속적으로 받아야만 한다고 확신했기 때문이다. 뿐만 아니라 아우구스티누스는 인간이 그의 마음속에서—더 정확하게 표현한다면—완전히 그의 마음속도*"in me"*, 그 밖도*"extra me"* 아닌 그 가장 높은 신비로운 처소*"supra me"*, 즉 공간적인 차원을 완전히 뛰어넘는 신비로운 영역에서[31] 발견했다고 고백하는 "영원불변한 빛"인 신이 절대 불가지적인 실재임을 무엇보다 고조했던바, 이것은 동시에 성경의 가르침과 신플라톤주의자 플로티노스의 영향에서 기인한 것이라 볼 수 있다.

구약성경(출애굽기)에서 신은 자신의 이름을 묻는 모세에게 "나는 나로라"I AM who I AM라고 답했다. 자신은 그 어떤 구체적인 용어와 수식어로도 정의하거나 설명할 수 없는 절대 불가지적인 실재이기에 그렇게밖에는 자신의 본질을 정의할 수 없다는 것이었다. 자신은 말하자면 "절대적인 무차별"absolute Indifferenz(셸링)이라는 것이다. 이러한 신관에 따라 아우구스티누스도 아리스토텔레스가 거론한 어떠한 범주, 심지어 실체의 범주도 신의 본질과 관련해서 사용해서는 안 된다는 점을 분명히 했다.[32]

그러므로 아우구스티누스가 인간이 영원한 진리와 그 통일과 충만인 신을 자신의 마음속에 품고 있는 것으로 묘사했다고 해서, 인간이 진리와 신을 자신의 소유물과도 같이 자유자재로 지적으로 관장하고 처리할 수 있다고 본 것은 물론 아니다.

아우구스티누스는 성경의 가르침에 따라 인간이 진리와 신을 자신의 마음속에 소유하고 있는 것으로도 생각했으나 역으로 진리와 신이 인간을 소유하고 있다고 보기도 했다. 만유의 주시며 진리의 원천인 신이 절대적인 위치에서 인간과 만물을 통제하고 주관하며 인도한다는 점을 그는 그 무엇보다 더 강조했다.

인간은 절대적인 무한자, 무한한 "포괄자"(야스퍼스)인 신을 그의 마음속에 포용하고 있다. 그리고 그러한 절대자에게서 유래하는, 그의 조명으로 그의 마음속에 새겨진 영원하며 절대적인 진리의 체계, 그야말로 무한한 깊이와 폭을 지닌 지극히 심오한 "무한개념들"(예컨대 참, 좋음, 아름다움, 성스러움, 의로움)의 체계를 그의 마음속에 지니고 있다.

이처럼 아우구스티누스는 진·선·미·성과 관계되는 무수한 영원불변한 원리들과 개념들, 이치들과 법칙들로 구성된 정신적·영적 빛의 세계가 다른 어디서가 아닌 인간 자신의 마음속에 무한대로 광활하게 펼쳐져 있고, 나아가서는 그 절대적인 원천과 통일이며 무한한 포괄자인 신도 그 속에 내주하고 있다고 보았으므로, 인간의 의식이 그의 마음속에서 "크나큰 경이감"과 "경탄심"[33]을 불러일으키지 않을 수 없었으며 실로 "가공할 그 무엇"으로 체험하지 않을 수 없었다.[34] 그는 인간의 마음이 인간 자신에 속하면서도 그것은 그가 측량할 수 없이 "방대하고 무한한 내실內室"과도 같다고 표현하고 있다. 그래서 그는 고백한다.

나는 나 자신을 다 포용할 수 없나이다. 나의 마음은 그 자체를 포용하기에는 너무나도 협소하나이다. 그렇다면 그것에 속하면서도 그것이 품을 수 없는 그 부분은 어디에 있나이까? 그것 안이 아닌 그것 밖에? 어찌하여 마음이 그것 자체를 포용할 수 없나이까?[35]

인간은 후설이 확신한 바와는 전혀 달리 예리한 "현상학적 투시력"으로 자신의 의식을 절대 투명하게evident 분석하고 해석할 수 있는 것이 아니라, 그렇게 하려고 노력하면 할수록 그것을 더 불투명하고 불가지적인 대상으로 체험하게 된다. 신이 자신의 형상으로 지어서 선물로 인간에게 하사한 인간 자아는 그에게 영원한 수수께끼다. 존재론적으로나 인식론적으로나 인간은 자기 자신보다 무한히 더 큰 실재다.

어떠한 의미로는 아우구스티누스가 후설보다 더 예리하고 깊은 "현상학적 투시력"의 소유자라 할 수 있을 것 같다.[36] 빈델반트 W. Windelband 와 야스퍼스 K. Jaspers는 아우구스티누스를 아무런 이유 없이 높이 평가한 것이 아니다. 야스퍼스가 괜히 그를 플라톤과 칸트와 더불어 서양 철학사에 등장하는 가장 중요한 세 인물 중 한 사람으로, "철학의 3대 창립자들" 가운데 한 사람으로 간주한 것이 아니다.[37]

이처럼 아우구스티누스는 후설과 유사하게 인간의 의식이 극히 경이롭고 경탄스러운 현상, 하나의 놀라운 기적과도 같다고 표현했으나 그가 단순히 후설이 의도한 뜻으로만 그렇게 한 것이 아님이 분명하다. 그가 소크라테스를 따라 사람들이 외부로 나가지 말고 자신의 마음속으로 되돌아와 자신과 자신의 마음을 알고 그 속에 새겨진 진리를 알라고 권장한 것은 사실이지만, 진리에 대해 유명한 "무지의 고백"을 한 소크라테스—이 점도 후설은 언급하지 않는다—와 같이 그는 또한 동시에 자신의 정체에 대한 무지의 고백과 절대자에 대한 무지의 고백을 했다. 그러나 그의 무지의 고백은 소크라테스의 그것과 마찬가지로 일자무식꾼의 무지의 고백이 아니고 그 누구보다 모든 것에 대해 폭넓고 깊게 아는 현인이 하는 "유식한 무지" knowing Ignorance의 고백이었다.

아우구스티누스에 따르면, 인간은 말하자면 자신을 알고도 모르며 진리와 그 절대적인 원천과 충만과 통일인 신도 알고도 모른다. 인간은 자기 자신에게 가장 가까우면서도 가장 멀다.[38] 인간은 자기 자신과 자신의 의식 안에 품고 있는 진리와 신을 한편으로는 절대 확실하게 알면서도 또 다른 한편으로는 그들을 잘 모르기 때문에 평생, 아니 영원히 더 알아가야만 한다. 신은 아버지, 선한 목자, 반석, 생명수 등 매우 쉬운 용어로 정의하고 설명할 수 있으면서도 "절대적인 무차별"이기도 하다.

인간은 그러한 의미에서 역설적으로 자신과 진리와 신이라는 "목적지"에 이미 당도해 있으면서도 그것을 향해 계속 나아가는 도상에 있다. 인간은 역설적인 존재다. 그에게는 철저하고 절대 명료한 "자기해석"이란 결코 있을 수 없고 오히려 영원한 수수께끼로 남을 수밖에 없다.

이러한 깊은 뜻에서 아우구스티누스는 인간의 마음과 인간 자신이 지극히 신비롭고 놀라운, 기적적인 현상이라고 고백했으며, "가공할" 현상이라고 고백했다. 그도 그것을 기적 중 기적이라고 보았다.

그러나 그것이 그에게 최대의 기적으로 인식된 것은 물론 아니다. 왜냐하면 인간의 마음이라는 기적 중 기적은 대문자로 "영원불변한 빛"으로 표현할 수 있는 최대의 기적, 절대자적인 기적, 즉 신이 연출하는 기적에 불과하다고 그가 확신했기 때문이다. 인간의 마음이라는 빛과 마음속의 빛은 영원불변한 신의 절대적인 빛의 조명으로 가능한 것이라고 그가 확신하고 있었기 때문이다.

후설이 존재자의 존재와 의미의 근원지라고 간주한 "의식의 섬"은 아우구스티누스의 견지에서 볼 때 말하자면 의식이라는 빙산의 일각에 불과하다. "의식의 섬" 근저는 심연과도 같이 측량할 수 없이 깊고 그 주위로 무한대로 펼쳐지는 절대적인 무한자와 초월자인 신의 영계가 깔려 있다. "의식의 섬"을 알기 위해서는 그 숨은 근저와 그것을 둘러싸고 있는 무한히 깊고도 넓은 대양을 알아야 한다. 빙산의 일각과 같은, 눈에 드러나는 "실증적인 것"을 바라보는 데 급급한 과학자들과는 달리 철학자 혹은 사유자는 그 이면에 깔려 있는 숨은 근저와 그것을 둘러싸고 있는 광대하고 심오한 "대양"을 투시할 수 있어야 하지 않겠는가?

아우구스티누스는 후설이 경탄해 마지않았던 "의식의 섬"뿐 아니라 무한히 깊은 그 근저와 무한히 방대한 그 주변의 "대양"을 함께 투시하되 바로 자신의 의식 속에서[39] 그렇게 했다. 후설이 매우 높이 평가한 아우구스티누스는 자신의 의식 속에서 진리와 진리의 근원을 내안으로 명확하게 투시할 수 있다고 본 중세 초기의 "현상학자"이기도 했다. 현상학자로서의 아우구스티누스는 현대 현상학의 "아버지"인 후설 이상으로 인간의 마음을 더 예리하고 깊게 투시했음이 분명하다. 그는 후설이 거론하는 인간의 마음의 의식적인 차원, 이성적인 차원과 나아가서는 프로이트S. Freud가 거론하는 무의식적인—그러나 "정신분석"을 통해 심리학적으로 해명할 수 있는—"심층"을 꿰뚫고, 그야말로 무한대로 펼쳐지는, 그리고 갈수록 더 깊어지는, 그래서 "더 불투명해지는 심연"을 투시해볼 수 있었다. 그리고 고백했다. 나는 나 자신이 누군지 모르겠다고. 그것이 바로 나 자신이기에 내가 분명히 알고 있음이 분명하나 그 깊이와 폭이 너무나도 무한하기에 그것을 도저히 알 수 없다는 무지의 고백을 하지 않을 수 없다고. 알려고 하면 할수록 더 알 수 없는 불가지적인 현상으로, 풀려고 하면 할수록 더 난해한 수수께끼로 체험하게 된다고.

후설은 인간 의식을 기적 중 기적이라고 보았지만 그 비밀 또한 능히 학술적으로 해명할 수 있다고 보았다. 그는 사실 그러한 작업, 즉 순수 의식의 자기 성찰과 자기해석이 철학의 과제라고 생각했다. 인간은 현상학적인 투시력으로 자신의 의식 구조를 객관적인 명료성Evidenz과 절대적인 자명성 또는 필연성Apodiktizität으로 규명할 수 있다고 그는 확신했다.[40] 그는 그렇게 하는 것을 과제로 하는 철학을 하나의 "엄격한 과학"Philosophie als strenge Wissenschaft이라고 간주했다.[41]

(3) 하이데거와 아우구스티누스

앞서 지적한 바와 같이 하이데거는 자신의 프라이부르크 대학 선임자였던 후설을 한편으로는 매우 긍정적으로 평가하면서도 한편으로는 매우 격렬하게 비판하였고 그의 철학적 자아 이해와 이상을 크게 문제시하기도 했다. 아무튼 하이데거는 자신이 "SZ" 초두에서 역설하고 있는 바대로 존재의 의미를 규명하는 것을 궁극 과제로 하는 새로운 "기초존재론"을 수립하기 위해 우선 후설의 현상학적 방법을 채택했다. 그래서 그는 이상에서 소개한 후설의 권유[42]에 따라 자기 자신도 소크라테스의 명언과 아우구스티누스의 명언을 자신의 철학적 사유의 구호로 삼고 외부로 나가지 않고 자신의 내부, "인간 속의 현존재"[43] 속으로 하강해서 자신을 알려고 했으며 자신과 더불어 자신 속에 내주하는 존재라는 진리, 진리의 빛을 발견하고자 했던 것이다. 아우구스티누스와 후설, 그리고 하이데거는 다 함께 진리를 발견하기 위해 외부세계와 고별하고 자신들의 내부세계로 하강하는 "하향도"下向道를 따라나섰으며, 현상학적 자기 성찰과 자기 인식을 통해 진리와 진리의 원천을 발견하고 인식하려 했다. 자신들의 내부로의 "하향도"가 역설적으로 진리와 진리의 원천으로의 "상향도"上向道임을 그들 모두가 공통적으로 확신했기 때문이다.

하이데거에 따르면 신앙은 철학적 사유 활동과는 무관하다.[44] 그러므로 그를 가톨릭신학과 개신교신학의 원조이자 사도 바울 이후 가장 위대한 기독교 신학자라 할 수 있는 아우구스티누스와 너무 가까이 연결시키려고 해서는 안 될 것이다. 특히 하이데거는 아우구스티누스의 주지주의를 신랄하게 비판하고 있다는 점도 명심해야 한다.[45]

그러나 그가 아우구스티누스로부터 적지 않은 자극을 받았다는 분명한 사실은 "SZ"에서 그가 자신의 중심 개념들과 관련해서, 특히 실존 개념과 관련해서 아우구스티누스의 이름을 7회나 언급하고 있고 다른 저서들에서도 왕왕 언급하고 있다는 데서도 짐작할 수 있다. 예컨대 그는 자신의 인간관에서 중요한 개념들로 거론되고 있는 "상태성",[46] 비본래적 인식 방법인 "호기심",[47] 심리적인 "공포"와 질적으로 상이한 "실존적 불안",[48] "죽음",[49] "우려",[50] "세계"[51]와 관련해서 매우 긍정적인 의미로 아우구스티누스의 견해에 호소하고 있다.

하이데거는 "SZ"과 다른 저서에서 "세계"와 더불어 중요한 개념들 중 하나로 도입하는 "시간"과 관련하여 아리스토텔레스에서 유래한 아우구스티누스의 정적인 시간관을 비판하고 있으며,[52] 그것에 기초한 그의 정적이며 형이상학적인 신관도 비판하고 있다.[53] 그러나 그는 아우구스티누스가 『고백록』, XI, 26, 33에서 적어도 시간을 인간의 영혼 또는 정신과 관련시켜서 이해하고 해석하려 했다는 점은 긍정적으로 받아들이고 있다.[54] 아우구스티누스의 시간관에 대한 하이데거의 비판에도 불구하고, 볼노브O.-Fr. Bollnow는 하이데거의 "실존적" 시간 개념이 아우구스티누스의 "주관적인" 시간관과 매우 유사하다는 점을 『고백론』, XI, 20, 26을 들어 부각시키고 있다.[55]

하이데거가 아우구스티누스로부터 받았을 자극과 영향에 대해 거론할 때 간과해서는 안 될 또 하나의 중요한 사항은 하이데거가 가톨릭신학을 전공하기 위해 대학에 입학했다는 점과, 그가 신학대학생으로서 해석학과 더불어 "신학적 사변적 사상"에 관해서 각별한 관심을 가지고 연구했다는 점이다.[56] 그 당시 그는 신과 신앙의 차원에 대한 전인격적 체험지"yada"를 무엇보다 중시하는 히브리 신앙사상과 이성지, 즉 "과학 이성"dianoia과 "사변 이성"noesis을 통한 "이론적 지식"episteme을 절대시한 그리스의 철학사상이 서로 만나는 교차점이라 할 수 있는 아우구스티누스의 "사변적" 신학과 철학에 대해서 심각하게 연구했음이 분명하다. 하이데거는 그를 방문한 한 일본 독문학자에게 자신의 사상 발전 과정에 관해서 다음과 같이 고백했다. "이러한 신학적인 과거가 없었다면 나는 결코 [존재] 사유의 길에 당도할 수 없었을 것이다. 한 사람의 과거는 항상 그의 미래로 남아 있게 된다."[57] 이에 앞서, 그는 이와 관련해서 또한 횔덜린의 "라인 강"의 한 구절을 인용하기도 했다. "네가 시작한 그대로 너는 또한 계속 남아 있을 것이다."[58]

하이데거가 아우구스티누스의 사변적 신학과 기독교 철학에 정통해 있었음은 특히 그가 1921년도 여름학기에 실시한 한 대학 강의에서 "아우구스티누스와 신플라톤주의"라는 주제로 아우구스티누스의 유명한 『고백록』, 제10권의 내용을 상세하게 분석해서 가르쳤다는 사실을 통해 잘 알 수 있다.[59] 이 강의에서 그는 아우구스티누스의 사상 속에서 히브리적·기독교적인 요소와 그리스적·주지주의적 요소를 동시에 발견할 수 있다고 지적했다. 전자로 말미암아 아우구스티누스는 신앙행위와 신지식의 체험적·실존적인 성격과 그 역동성 및 생동성을 무엇보다 고조했던 반면 후자로 인하여서는 이 점을 등한시하고 오히려 신과 진리를 이성의 눈으로 선명하게 투시하는 가운데 객관화하며 체계화할 수 있는, 정적이며 항구적인 대상, "현전자"現前者, Vorhandenes로 간주하려는 경향을 드러내었다고 하이데거는 해석했다. 하이데거 자신은 아우구스티누스의 사상에서 아직 플라톤과 신플라톤주의의 주지주의와 형이상학으로 왜곡되지 않은 순수한 히브리적·기독교적 요소를 대단히 긍정적으로 평가하고 그것을 자신의 체계 속에 수용할 수 있는 것으로 보았으며 그리스적·주지주의적인 요소는 배제해야 할 부정적인 것으로 간주했다.[60]

어떤 의미로는 아우구스티누스와 후설이 연결되고 어떤 의미로는 그와 하이데거가 연결된다. 그리고 아우구스티누스의 사상을 두고 후설과 하이데거가 서로 만나기도 하며 결별하기도 한다. 그러한 의미에서 아우구스티누스는 이 두 사상의 교차점이면서 분기점이라고 볼 수 있다.

방금 지적한 대로 이 세 위대한 사상가들이 서로 만난 것은 진리에 이르는 길에서였다. 그들 모두는 진리를 발견하기 위해서 외부로 나가지 않고 그들의 마음속으로 되돌아갔다. 그들의 마음 또는 의식 속에서(후설), 혹은 "인간 속의 현존재"의 실존 구조 속에서 진리와 진리 그 자체인 신 혹은 존재를 발견하기 위해서 후설과 전기 하이데거, 그리고 어떤 의미로는 아우구스티누스도 현상학적인 방법을 채택하고 인간 의식 구조와 그 속에 내포되어 있는 것을 분석하고 조명하려 했다고 볼 수 있다.

후설이 진리를 발견하기 위해 상술한 소크라테스의 구호와 특히 아우구스티누스의 구호를 따라 인간의 마음속으로 되돌아갔다면 "SZ"에서 나타난 하이데거의 주지주의적이고 주관주의적인 현상학을 문제시하고 극복하려 했을 것이다. 평생 그렇게 하려고 진력한 하이데거도 이처럼 아우구스티누스의 구호를 따라 인간의 마음속으로 되돌아가서 그 속에서 모든 부류의 진리들[61]과 그들이 궁극적으로 파생하는 원초적인 진리 그 자체를 발견하려 했다고 할 수 있다. 아우구스티누스가 권장한 길이 진리와 진리 그 자체인 존재 또는 "비은폐성"*aletheia*에 이르는 길이며 그 길 외에 다른 길이 없다는 점을 하이데거는 사실상 아우구스티누스 이상으로 더 굳게 확신하고 있었다. 왜냐하면 아우구스티누스는 비록 진리에 이르는 길은 인간의 마음 내부로 하강하는 길이라고 가르치고 있지만 기독교적인 초월신관을 그 무엇보다 굳게 믿고 있었고, 진리를 인간의 내부에서 발견할 수 있을 뿐 아니라 그 외부의 곳곳에서, 온 우주에서, 그리고 창조 이전의 신의 마음속에서도 발견할 수 있다고 보았기 때문이다. 뿐만 아니라 아우구스티누스가 자신의 마음속 깊은 데로 하강해서, 아니 그의 마음속 가장 높은 곳으로 상승해서 하나의 영원불변한 빛으로, 진리 그 자체로 보고 체험한 신은 사실상 공간관계를 완전히 초월해 있는, 따라서 인간의 마음속에 내재한다고도, 그 밖에 "외재"한다고도 볼 수 있는 절대자로 이해한 반면 하이데거는 자신이 원초적인 진리와 동일시하고 있는 존재는 다른 그 어디서가 아닌 인간 현존재 속에서만 발견할 수 있다고 보기 때문이다.[62]

　신학적인 용어로 아우구스티누스는 엄격한 유신론자Theist였던 반면 하이데거는 슐라이어마허Schleiermacher나 틸리히P. Tillich가 주창한 "범재신론"Panentheismus과 흡사한 존재관을 주창한다고 볼 수 있다. 신은 유신론자들이 주장하는 것과는 달리 우주 위나 그 옆 혹은 그 아래 어디에 독존하고 있는 것이 아니라 우주 중심 깊은 곳에, 즉 인간의 마음속 깊은 곳에 내재하고 있고 인간의 의식 활동과 정신 활동을 통해서 역사한다고 주장하면서도 그러한 신을 인간과 사물과 동일시하는 범신론을 배격하는 신관이 바로 범재신론 또는 만유재신론이다. 하이데거는 범재신론자들이 신에 대해 주장한 것을 존재에 대해서 주장했다. 그에 따르면 존재는 "존재론적 차이"로 말미암아 인간과 신을 포함한 존재자 일반과 질적으로 구별되는 그 무엇이지만 인간 현존재는 물론이거니와 존재자 일반과도 필연적으로 공존하고 있다고 한다.[63]

　중세 초기의 현상학자 아우구스티누스가 그 당시의 중기 플라톤주의자들의 상대론을 무너뜨리고 진리의 보편타당성과 객관성을 입증하려 했다면, 현대 현상학자 후설은 19세기 말과 20세기 초에 대두된 심리주의를 무너뜨리고 역시 진리의 보편타당성과 객관성을 입증하기 위해 토마스 아퀴나스나 영국 경험론자들과는 완전히 상반되는 길을 걸었다.[64] 후설은 인간의 마음속에서 "현상"하는 것을 투시하고 분석함으로써 그의 마음 밖에서도, 그리고 그의 마음과 관계없이도 타당한 진리를 발견하고 기술하기 위해 인간의 마음 외부의 자연으로 뛰쳐나가는 대신 자신들의 마음 내부로 되돌아간 것이다. 그리고 원초적인 진리인 존재를 망각하고 계속 존재자의 본질에 대한 연구에만 몰두해온 플라톤 이후의 장구한 "본질의 형이상학"을 "파괴"하고 존재를 순수히 존재 그 자체대로 조명하며 그와 더불어 진리를 가장 깊은 뿌리에서부터 조명하는 것을 자신의 사유의 궁극 과제로 삼은 하이데거도 "SZ"에서 이 두 위대한 현상학자들과 동일한 길을 채택하고 그것을 따라나섰다.

이 세 위대한 사상가들은 이처럼 진리를 발견하기 위해서 동일한 곳에서 출발하여 동일한 방향으로의 여정에 올랐으나 곧 서로에게 작별을 고해야만 했으며, 각기 서로 다른 "샛길"을 통해 자신들의 목적지에 당도하게 되었다. 주지주의자 아우구스티누스와 전기 후설은 인간의 마음속 이성의 층에 함께 당도해서 지성의 투시와 "현상학적인 본질직관"을 통해 그 속에서 그 자체대로 주어지는 "현상들"을 순수히 그대로 포착하고 정확하게 기술하게 되었다. 이상에서 지적한 대로 전기 후설은 이것으로 자신의 과업이 완수된 것으로 보았고 자신은 진리에 이르는 길의 종착점에 당도한 것으로 확신했다.

아우구스티누스는 동일한 이성의 층에서, 후세에 그의 명언들, "*Cogito*[=*Dubito*], *ergo sum*"(나는 사유[회의]한다. 그러므로 나는 존재한다)과 "*Si enim fallor, sum*"(왜냐하면 내가 비록 오류를 범한다 할지라도 나는 존재하기 때문이다)을 도용하다시피 한 데카르트보다 훨씬 더 예리하고 일관성 있으며 논리정연한 이론으로 진리의 보편타당성과 객관성을 입증했다. 우리의 판단으로는 그의 논지는 어느 누구도, 어느 명목론자나 비판철학자나 비합리론자나 논리실증주의자도, 칸트도, 키에르케고르도, 비트겐슈타인Wittgenstein도, 아우구스티누스의 적수였던 중기 플라톤주의자들과 더불어 수긍하지 않을 수 없는 구속력과 설득력을 갖춘 이론이었다.[65] 그들 중 누군가 아우구스티누스의 논거를 무너뜨릴 수 있어 실제로 그렇게 한다면 그와 더불어 그들 자신의 사상 체계도 무너지게 될 것이다. 말하자면 그들은 자기들이 앉아 있는 나뭇가지를 스스로 톱으로 잘라버리는 결과를 초래할 것이다. 그렇게 한다면 그들의 사상체계뿐 아니라 그들 자신과 나아가서는 전 인류와 온 세계의 존재 기반이 함께 송두리째 무너질 것이다. 신이 존재한다면 그러한 경우 신은 온전할 것인지 아닌지 하는 것도 심각한 문제로 떠오를 것이다. 비록 신이 진리의 원천으로서 논리적으로 진리에 앞선다 할 수 있겠으나 실제적으로는 그렇지 않고 동시적이라 보지 않을 수 없기 때문이다. 진리 없는 신, 진선미와 그 충만과 통일인 성스러움과 관계되지 않는 신, 조직신학자들이 나열하는 다양한, 지극히 고상한 속성들attributio이 없는 신은 유령에 불과하기 때문이다.

다분히 주지주의적인 경향을 띠고 있으면서도 한편으로는 주의주의적主意主義的 성향도 띠고 있었을 뿐 아니라,[66] 기독교적인 초월신관과 플로티노스의 신비주의의 영향으로 말미암아 강력한 초합리적인 세계관과 신앙관을 표방했던 아우구스티누스는 결코 후설이 종착점이라고 간주한 인간 의식의 "의식적인 층", 이성의 층에서 여장을 풀 수 없었다. 그는 모든 종류의 진리들, 진선미와 관계되는 모든 원리들과 개념들과 범주들이 발원하는 가장 깊은 혹은 가장 높은 곳을 찾아 계속 더 나아가지 않을 수 없었다. 그러한 곳을 찾아, "더욱더 불투명해지는 자신의 마음의 심연" 속으로 그야말로 무한대로 계속 하강하지 않을 수 없었다. 그렇게 하던 중 그는 자신의 "영혼의 눈 위" 아주 높은 곳에서 "영원불변한 빛"을 바라보고 체험했으며, 그것을 "진리 그 자체", "선 그 자체" 혹은 "아름다움 그 자체"라 칭했다. 그는 또한 그것이 진선미의 충만과 완성이므로 성경의 표현대로 그것을 "거룩한 자"와 "온전한 자" 혹은 "완전한 자"라고도 칭했다(거룩은 결코 도덕적인 순결과 결백만을 뜻하지 않고 정신적인 완전성, 즉 진선미의 충만과 통일과 극치를 동시에 뜻한다).

이처럼 진리와 진리의 원천을 발견하기 위해 자기 자신의 마음 내부로 무한대로 하강하는 과정에서 영원불변한 진리들과 그 원천과 통일, 충만과 완성인 신을 그 마음속에 품고 있고, 그들을 그들로 투시하고 체험하며 인식할 수 있는 자기 자신과 자신의 마음을 재발견한 아우구스티누스는 이상에서 묘사한 바와 같은 고백을 하지 않을 수 없었다. 너무나도 신비로운 수수께끼이며 기적적인 현상이라고. 자기 자신은 자신에게 가장 가까우면서도 가장 멀기도 하다고.

하이데거는 이성의 층, "의식 일반"Bewußtsein überhaupt(칸트)의 층에서 아우구스티누스와 후설 그리고 모든 주지주의자들 및 주관주의자들과 작별하고 자신의 특수한 길, 이들의 "표상적 사유"의 길과 전혀 판이한 "근본적 사유"의 길을 따라 그 근저에 깔려 있는 깊은 마음의 층―즉 칸트와 후설의 "순수 의식" 혹은 "선험적 주체성"과 판이한 "인간 속의 현존재"의 층―까지 하강하게 되었다. 그는 "순수 의식"의 층에서 후설과 결별하고 그를 뒤로 두고 마음속 깊은 곳으로 계속 하강하였으나 아우구스티누스와 완전히 결별했다고 볼 수는 없다. 왜냐하면 그들은 비록 거기서부터 서로 다른 길을 따라 나아갔으나 유사한 목표를 향해 함께 나아갔기 때문이다.

신앙인과 신학자로서의 아우구스티누스가 아닌 철학자와 사변적 이론가로서 그는 여전히 주지주의적 방법으로 자신의 목표에 접근하려 했다. 이 점은 그가 『고백록』, VII, 10, 16에서 자신의 마음속 가장 높은 곳에서 "영원불변한 빛"을 체험했다고 고백하는 맥락에서 그것을 자신의 "영혼의 눈으로 보았다"고 서술했다는 데서도 알 수 있고, 그가 진리의 절대타당성을 입증한 후 그것을 출발점과 토대로 해서 그 가능성의 전제조건으로 신의 존재를 증명하되 충족이유율에 따라 이성적인 방법으로 그렇게 하려 했다는 데서도 확연히 드러난다. 플라톤을 따라 이성을 인간의 가장 중요한 기능으로 간주한 아우구스티누스는,[67] 하이데거가 지적하고 있는 바와 같이 신비로운 신 체험을 하는 주체가 이성이라고 보았다. 플라톤이 태양에 비유될 수 있는 선 이데아를 이성의 눈으로 햇빛과 같이 환하게 투시할 수 있다고 했듯이, 아우구스티누스도 이성의 눈으로 "영혼의 태양"인 신을 순수히 그대로 투시"visio Dei"할 수 있다고 생각했던 것이다.

그러나 극단적인 반주지주의자며 일종의 낭만주의자인 하이데거는 모든 주지주의자와는 전혀 다른 접근 방법으로 자신의 목적지에 도달하려 했다. 그는 존재의 의미를 이해하고 규명하려는 노력에서 모든 이성적인 접근 방법과 "일관성의 논리"Konsequenzlogik[68]의 타당성을 부인하고 오로지 "근본적·회상적 사유"das wesentlich-andenken des Denken의 "비약"springen, Sprung[69]을 통해서만, 키에르케고르가 권장한 "질적인 비약"과도 유사한, 그러나 그의 소신으로는 신앙적인 비약이라고 규정할 수 없는 사상적 비약을 통해서 존재의 차원에 이를 수 있다고 주장해왔다. 이에 대해서는 그가 그의 소위 "전환"die Kehre 이후의 후기 사상에서뿐 아니라 처음부터, 즉 "SZ"의 저작 당시부터 줄곧 강조해온 것이다.

하이데거는 "의식의 섬"에서 여장을 풀고 여생을 보내기로 결심한 후 설을 등지고 아우구스티누스와 함께 프로이트의 잠재의식적인 심층도 지나 인간의 절대적인 중추라 할 수 있고 "순수 이성" 혹은 "순수 의식" 혹은 "선험적인 주체성"과는 질적으로 상이한 자아 내지 실존 혹은 현존 재의 차원에까지 하강하게 되었다. 그리고 거기서 엄청난 기적이 일어나고 있음을 발견했다. 즉 기적 중 기적인 존재가 다름 아닌 이 자아 또는 현존재 속에서 자아 또는 현존재를 매개로 하여 진리의 빛의 사건으로 지속적으로 일어나고 있음을 발견한 것이다. 아우구스티누스가 영원불 변한 빛이고 모든 진리의 원천이며 진리 그 자체인 신을 자신의 마음속 가장 높은 곳에서 발견하고 체험했듯이, 하이데거도 다른 곳이 아닌 인간 의 마음속 깊은 데서, 현존재라는 존재의 "현주"現住, Da(des Seins)이며[70] 존 재 혹은 비은폐성 혹은 피시스 혹은 로고스라는 가장 원초적인 "진리의 처소"[71]에서 하나의 역동적인 빛의 사건, 가장 원초적인 진리, 진리 그 자 체를 발견한 것이다.

다음에서 곧 논의하겠지만 하이데거에 따르면 존재라는 기적 중 기 적이 인간 내면의 현존재 속에서 지속적으로 일어날 뿐 아니라, 인간 현 존재가 존재의 진리의 빛의 역사를 인간 개인의 삶과 인간 사회와 온 우 주에 전개하는 데 적극적으로 동참한다고 한다. 실제로 그의 그러한 적 극적이고 능동적이며 독창적인 협조 없이는 존재의 사건이 일어날 수 없 고 기적 중 기적이 일어날 수 없다고 한다. 그러므로 최종 인용구에서 "가 장 원초적인 진리의 현상"이라 함은 바로 현존재 속에서, 그의 수동적·능동적 참여하에 일어나는 존재라는 절대 원초적인 진리의 사건을 뜻하 는 것이다. 그러한 의미로 상술한 바와 같이 존재의 진리가 따로 있는 것 이 아니고 인간의 마음속 깊은 데 뿌리를 내리고 있는 현존재 속에서, 그를 통해서, 그리고 그 속에서만, 그를 통해서만 하나의 역동적인 빛의 사건으로 일어나고 있다고 할 수 있는 것이다. 존재의 사건이 다른 어디서가 아닌 "한 기본적인 형이상학의 사건으로" 일어나고 있는, 아니 "형이상학 그 자체"[72]인 인간 현존재 속에서, 그를 통해서 우주적인 개방과 조명Lichtung의 사건, 빛의 사건으로 지속적으로 일어나고 있는 것이다(그럼에도 불구하고 하이데거에 따르면 존재와 현존재 간에는 절대적인 분계선이 그어져 있음을 결코 간과해서는 안 된다고 한다).

이것이 사실이라면 우리는 인간을 극히 놀랍고 신비로운 자, "세상에서 가장 비범한 자"to deinotaton[73]로 간주하지 않을 수 없다. 그러한 인간의 정체성을 우리는 결코 후설의 철학적 이상에 따라 예리하고 철저한 "자기 반성"과 "자기해석"을 통해 모조리 해명할 수 없다. 인간이 누군지 알려면 그가 자신의 마음속에 소유하고 있는 모든 것과 그 속에서 일어나고 있는 모든 것에 대해서 알아야 한다. 특히 자신의 존재의 원천인 존재 자체의 정체를 알아야 한다. 그것이 어떻게 가능하겠는가? 결코 그렇게 할 수 없다. 인간은 자기 자신이면서도 자신이 누구인지 알 수 없다. 그는 바로 자기 자신에게 하나의 신비로 둘러싸인 수수께끼다.

그래서 아우구스티누스의 『고백록』, 10권을 한 학기 동안 강의했고 그 내용을 누구보다도 더 잘 알고 있었던 하이데거는 우리 자신은 우리에게 가장 가까우면서도 가장 멀기도 하다는 아우구스티누스의 『고백록』, 10권 16장 25절을 자신의 고백처럼 인용했다. "나 자신보다 나에게 더 가까운 것이 무엇입니까? 나는 확실히 여기에서, 나 자신 속에서 [나 자신에 관해서] 힘겹게 연구하나이다. 그러나 나 자신이 나에게 어려움과 엄청난 진땀으로 [연구해야만 하는] 영역이 되어왔나이다."(『고백록』의 본문에는 이 인용구에 다음과 같은 문장이 뒤따른다. "내가 바로 기억하는[인식하는] 자이오며 나 자신이 곧 나의 마음입니다.…그러하오나 나의 기억 *memoria*[인식]의 힘은 나 자신도 이해할 수 없나이다. 그것 없이는 또한 나는 나 자신에 관해서 진술할 수도 없나이다.") 아우구스티누스와 동일한 의미로 하이데거도 인간의 신비성에 대해서 다음과 같이 고백하고 있다. "현존재는 자기 자신에게 존재적으로ontisch(현실적으로) 가까울 뿐 아니라 가장 가깝다. 우리 자신 각자가 바로 현존재이다. 그럼에도 불구하고, 아니 그러하기 때문에 그것은 존재론적으로 가장 멀다."[74]

현존재의 심오성과 신비에 대한 하이데거의 이러한 견해는 존재라는 기적 중 기적이 우리에게 가장 가까우면서도 가장 멀며,[75] "개방성"인 동시에 "은폐성"이고 "진리"이면서도 "비진리"Un-Wahrheit[76]이며, 모든 존재자의 존재의 근거가 되나 자신은 어떠한 근저에도 근거하지 않고 있는 "비근저"Ab-Grund[77] 또는 "원근저"Urgrund[78]이며 "가장 밝은 빛"이면서도 "가장 어두운" 신비[79]라는 그의 견해에 상응한다.

중세 초기와 현대의 위대한 세 현상학자들은 진리를 발견하기 위해 인간 외부로 나가지 않고 내부로 되돌아갔다. 거기서 그들은 각각 많은 놀랍고 기적적인 현상들과 기적 중 기적을 발견하고 그것들로 말미암아 경이감과 경외감으로 충만해졌다. 인간의 마음속으로 하강하되 후설의 순수 의식의 층 저변에 깔려 있는 무한히 깊은 심연과도 같은 심층에까지 도달한 아우구스티누스와 하이데거가 각각 발견하고 체험한 기적 중 기적의 실재성 여부와 관계없이 그것을 형식적으로만 고려한다 해도 그것이 후설의 기적 중 기적보다 더 놀라운 기적임이 분명하다. 그리고 그러한 기적을 자신 속에 품고 있는 혹은 그러한 기적 속에 담겨 있는 인간의 "영혼" 또는 "자아" 혹은 "현존재"도 후설의 기적 중 기적보다 더 큰 기적임이 분명하다.

존재는 기적 중 기적이다. 이러한 지극히 놀라운 현상이 실재하고 있고 인간 현존재와 필연적인 관계를 맺고 있음에도 불구하고 지금까지의 서양 사상가들은 그 점을 인식하지 못하고 존재 아닌 존재자에만 집중해서 사유해왔다. 이제 존재자의 차원에서 존재의 차원으로 시선을 돌려 존재를 존재자와 혼동함이 없이 존재 자체로 연구해야 할 때가 왔다.[80]

2. 존재와 인간의 실존

이상의 내용을 통해 우리는 하이데거가 존재를 가장 생각해보고 연구해 볼 가치가 있는 대상으로 삼고 평생 오로지 그것에 대해서만 사유한 이유는, 아리스토텔레스가 탈레스와 그 이후의 다른 고대철학자들이 철학적 사유 활동을 전개하게 된 동기로 간주한 경이감*thaumazein*, 즉 사유 대상의 신비에 대한 놀라움이나 아리스토텔레스가 자신의 철학적 사색 활동*theorein*의 동기로 인식한, 사유의 대상에 대한 지식 자체, 이론적 지식 *episteme* 자체의 가치 때문만이 아니었음을 분명히 감지할 수 있다. 존재라는 기적 중 기적을 현실적으로 체험하는 자가 그것에 대한 단순한 경이감이나 지적인 호기심 때문에 상아탑에 홀로 앉아 관망하는 자세로 그에 대해 냉철하게 사색하는 가운데 그에 대한 하나의 거창한 이론 체계를 구축하는 데 열을 올리고 있을 수만은 없다. 이하에서 더 분명하게 드러나 겠지만, 하이데거는 전 인류와 더불어 존재라는 우주적인 빛의 사건에 참여한다고 확신했다. 수동적으로뿐 아니라 능동적으로 동참한다고 확신했다. 전 인류는 존재와 본질적으로 연결되어 있어 그들은 그의 그러한 사건에 동참하지 않고는 전혀 인간으로서의 그들이 될 수 없다고 그는 보왔다. 그와 같이 존재와 본질적으로 내적으로 연결되어 있는 자가 어떻게 그것을 외부에서 한 관망자로서 냉철하게 바라보는 가운데*theorein* 그 정체를 규명하고 이론화하고만 있을 수 있겠으며, 인간의 현실적인 삶과 무관한 하나의 상아탑 철학, 순수 사변철학을 개발하는 데만 여념이 없을 수 있겠는가?

존재는 기적 중 기적이며, 존재와의 올바른 관계에 하이데거 자신과 전 인류의 존폐가 걸려 있고 "거룩한 자"인 존재에 현대인들의 미래와 소망이 있음을 깊이 확신한 자가[81] 어찌 실향민과 같이, 성경의 탕자와 같이 본향과 아버지의 집을 잃고 타향에서 정처 없이 방황하며 정신적인 중병을 앓고 있는 현대인들의 참상에 무관심할 수 있겠는가? 하이데거의 존재 사유는 사변적 이론철학이 아닌 체험적 참여철학이며 현대인의 현실적 문제에 적극적으로 관여하는 일종의 사회철학이기도 하다. 전 인류와 더불어 존재라는 기적 중 기적과 "항상 이미"*immer schon* 내적으로 연결되어 있고 그의 놀라운 빛의 사건에 참여하고 있는 자로서 그가 소유하고 있는 엄청난 존재 체험 또는 "존재론적 체험"[82]에서, 그는 자신과 본질적인 유대관계로 하나로 연결되어 있는 "공존재"*Mitsein*, 즉 타인들에게 그야말로 선지자적인 사명감과 강경함으로, 복음전파자의 열정과 급박함으로 증거하고 가르치지 않을 수 없었다. 그러한 의미에서도 그의 철학은 하나의 사변철학이 아닌 참여철학이라 할 수 있다. 그것은 사유자인 하이데거 자신이 전 인류와 더불어 존재의 사건에 수동적·능동적으로 동참하는, 동참해야 하는 참여철학이며 현대인의 현실 문제에 적극적으로 관여하는, 관여해야 하는 그러한 사회참여 철학이라고도 볼 수 있다.

존재가 자신의 철학적 사유뿐 아니라 자신과 전 인류의 삶을 위해서 생명과 같이 소중한 대상이기 때문에 존재의 문제는 세상에서 가장 생각해보고 연구해볼 가치가 있는 문제임이 분명하다. 그러한 이유로 하이데거는 그렇게도 집요하게 존재에 대해서만 연구하였다. 그리고 그는 그에 대한 자신의 메시지, 아니 자기 자신을 통해 전달되는 존재라는 "거룩한 자"의 메시지, "구원"Rettung, Heil[83]과 "치유"das Heile[84]의 메시지를, 가공할 "기술 사상"Technik으로 정신적으로는 완전히 "황폐화"[85]된 지구 위에서 현존재로서의 자신들의 본성을 상실할 급박한 위기, "최대의 위기"[86]에 노출되어 있고 정신적인 중병을 앓고 있는 현대인들에게 전달하기 위해 최선을 다했던 것이다.

모름지기 현대인들은 자신답지 않게 살아가며 "세인의 독재"하에서 자신을 잃고 꼭두각시와 같이 타의에 의해서 움직이는 그릇되고 비본래적인 삶Uneigentlichkeit을 청산하고 존재에게로 되돌아와서 존재자에 매료되고 존재자를 위주로 해서 존재 중심의 삶을 살아야 하며 존재의 빛으로 자신과 세상만사를 이해하고 진정 "현존재"로서의 자신답게, 참되고 본래적인 자신다운 삶Eigentlichkeit을 영위해야 한다. 성경에 나오는 탕자가 타향에서 돼지들과 더불어 돼지 사료를 나누어 먹으며 돼지의 수준으로까지 전락한 삶을 청산하고 아버지의 집과 그의 품속으로 되돌아오듯, 현대인들은 그들의 가장 심각한 문제인 "실향성"Heimatlosigkeit과 정신적인 "궁지"Ausweglosigkeit를 극복하기 위해 "자신의 본향"Heimat인 "존재 곁"Nähe des Seins으로 되돌아올 때가 되었다.[87] 존재의 빛으로 진정 자신다운 자신, 빛나는 자신을 재발견하고 회복할 때가 되었다.

존재의 문제는 하이데거 자신을 포함한 서구인들과 나아가서는 인류 전체의 "운명"과 관계되며, 존재의 문제에 현대인들의 미래가 걸려 있다. "'존재'란 하나의 단순한 단어에 불과하며 그 의미는 안개에 지나지 않는가? 혹은 그것이 서구의 정신적인 운명인가?"[88] "유럽의 운명을 통해 지구 전체의 운명이 결정된다."[89] 현대 문명에서 "퇴폐의 가장 근본적이며 가장 중대한 원인"은 현대인들이 "전적으로 존재자들에만 관여하며 존재자들만 추구하는 나머지 존재에서 떨어져 나오게 되었기" 때문이다.[90] "현대인의 근본적인 실향성을 고려할 때 그의 미래의 운명은 그가 존재의 진리에 순응하는 데에, 그리고 그것에 순응하기 위해 분발하는 데에 있음이 존재사적인 사유자seinsgeschichtliches Denken에게 분명해진다."[91]

존재는 기적 중 기적, 가장 놀라운 기적이기에 그것은 세상에서 가장 중요하게 생각해보고 연구해볼 가치가 있는 대상임이 분명하다. 그것은 또한 전 인류에게 생명 그 자체를 뜻하므로 지금까지 서양 사상가들이 등한시해온 존재의 문제를 하이데거가 전문적으로 새롭게 제기하지 않을 수 없었다.

그러나 존재와 현존재가 구체적으로 어떠한 관계를 맺고 있기에 존재가 현존재에게 그토록 중요한 의미를 가진 대상일 수 있는가? 존재는 무엇이며 현존재는 누구인가? 둘은 어떠한 관계로 서로 연결되어 있는가? 이에 대한 해답을 제시하는 것이 이 책의 과제다. 이 항목에서 우리는 하이데거가 존재의 문제를 제기해야 했던 이유와 배경을 추적하는 작업을 계속 펴고 있으므로 여기서 존재와 현존재가 서로 어떠한 관계로 연결되어 있는지를 간략하게라도 검토해보지 않을 수 없다. 이를 위해서 우선 하이데거가 내리는 인간의 본질에 대한 형식적인 정의부터 고찰해보고자 한다.

(1) 하이데거의 실존 개념

인간은 누구인가? 하이데거는 인간을 우선 "실존"Existenz이라고 정의한다. "현존재의 '본질'은 그의 실존에서 발견할 수 있다."[92] 그러나 실존이라는 용어의 의미는 무엇인가?

이에 대해 하이데거는 매우 이색적인 답변을 제시한다. 실존이란 곧 인간이 자기 자신과 맺는 관계 혹은 자기 자신의 존재와 맺는 관계를 뜻한다는 것이다.

현존재가 이 모양 혹은 저 모양으로 관계를 맺을 수 있으며 항상 어떠한 양태로 관계를 맺고 있는 그러한 그의 존재 자체를 우리는 실존이라 칭한다Das Sein selbst, zu dem das Dasein sich so oder so verhalten kann und immer irgendwie verhält, nennen wir Existenz.[93]

현존재는 자신 외의 다른 존재자들 가운데서 단순히 실재하기만 하는 그러한 존재자가 아니다. 그보다 그는 다음과 같이 존재적으로ontisch [현실적으로, 실제적으로] 특징지어져 있다. 즉 그가 존재함과 더불어 그에게는 이러한 자신의 존재 자체가 근본적인 관심의 대상이 된다daß es in seinem Sein zu diesem Sein selbst geht. 현존재가 이러한 존재 구조를 소유하고 있다 함은 곧 그가 존재함과 더불어 본질적으로 자신의 존재와 존재의 관계를 맺고 있음을 뜻한다daß es in seinem Sein zu diesem Sein ein Seinsverhältnis hat.[94]

이 구절들은 매우 함축적인 의미를 지닌 구절이면서 또한 매우 난해한 구절이기도 하다. 지금까지 발표된 "SZ"의 내용은 어떻게 보면 바로 이 구절들에 대한 해석에 불과하다. 이 책이 존재의 의미를 학술적으로 확정하기 위한 기초존재론을 수립하는 것을 취지로 하고 있다면, 여기서 기초존재론이란 곧 인간의 실존에 관한 현상학적·해석학적 연구를 뜻한다. "SZ"는 원래 존재에 관한 책으로 집필되었으나 미완성작으로 남게 되어 결국 인간이라는 실존자에 관한 책, 인간의 실존성에 관한 책이 되어버렸다. 그러므로 방금 인용한 인간의 실존성을 정의하는 이 구절들이 이 책 전체 내용의 진수를 함축하고 있다고 볼 수 있다. 이 구절들이 함축하고 있는 깊은 의미는 이 책 전체의 내용을 체계적으로 검토하는 데서 비로소 확연하게 규명되겠지만 다음 항목에서 우리가 하이데거의 실존 개념과 키에르케고르의 그것을 비교해보는 데서도 그것들이 어떠한 구체적인 맥락에서 기술되었는가 하는 의문점은 해소된다. 하이데거의 실존 철학이 한때는 "무신론적인 실존주의"로 해석됐을 정도로 외적으로는 그것이 초월자인 신의 존재를 무엇보다 고조하는 야스퍼스의 "유신론적 실존주의"나 키에르케고르가 표방하는 기독교적 인간관과 상당한 거리가 있는 것 같지만 내실적으로는 양자 간에 상당한 접촉점이 있음을 부인할 수 없다. 거시적으로 볼 때 하이데거의 실존 개념에는 야스퍼스의 실존 사상과 그것이 기초하고 있는 키에르케고르의 실존 사상, 그리고 후자가 유래하는 기독교의 인간관과 기본적으로 동일한 이해와 해석의 구도가 깔려 있음을 간과할 수 없다.

현존재는 세상의 그 무엇보다 자기 자신의 "존재", 진정한 자기 자신에 대해서 절대적인 관심을 가지고 "es ihm um sein Sein geht"[95] 그것과 지적으로뿐만 아니라 지정의가 합해진 전인의 전폭적인 노력으로 "관계를 맺는다." 즉 그는 자신의 존재 또는 "실존"을 인식하고 실현해야 할 대상으로 눈앞에 두고 그에 대해서 반성하며 캐묻는 가운데 그 실체를 인식하려고 노력할 뿐 아니라 그것을 쟁취하고 현실화하려고 지속적으로 진력한다. 진정한 자신이 무엇인지를 알고 실제적으로 그러한 자신이 되는 데 그의 모든 관심과 노력을 집중하는 것이다. 그런 의미에서 그는 자신의 존재와 지적으로, 실존적으로 관계를 맺는 가운데 존재하며 살아가고 있다. 인간은 자기 자신과 맺는 관계라 할 수 있다.

이처럼 인간이 본질적으로 자기 자신과 관계를 맺는 가운데 진정한 자신이 되려고 계속 노력한다는 데서 그의 정체성과 실존을 발견할 수 있다. "그가 매번 자신의 존재를 자신의 것으로 실현해야만 하는 데서 daß es je sein Sein als seiniges zu sein 그의 본질을 발견할 수 있다."[96] "이 존재자(현존재)의 '본질'은 그의 존재-필연성Zu-sein에서 발견할 수 있다."[97]

인간은 다른 존재자들과 같이 단순한 정적인 현전자로 실재하지 않고 진정한 자기 자신에 대해 진지한 관심을 가지고 그것을 실현하기 위해, 진정한 자기 자신을 스스로 만들기 위해 다양한 수단과 방법을 동원하여 백방으로 노력한다. 바로 이 점에서 그의 참된 본성이 드러난다. "이 존재자에 있어서 특기할 만한 사항들은 그러므로 이러이러한 '모습을 띠고' 현전하는vorhandenen(정적으로 실재하는) 한 존재자의 현전적인 '속성들'이 아니라 매번 그에게 가능한 존재 방식들(실존 방식들)이며 오로지 그것만이다."[98] 다시 말해서 인간의 본성을 드러내는 특징들은 인간 외의 존재자들의 속성들과 같이 단순한 "범주들"Kategorien이라고 칭할 수 없다. 그들은 어디까지나 이들과 본질적으로 상이한 "실존범주들"Existenzialen이기 때문이다.[99]

인간은 본질상 진정한 자신으로 존재하기 위해 지속적으로 자신의 존재와 관계를 맺는다. 그러나 그는 자연의 법칙, 조건반사의 법칙에 따라 기계적으로 움직이는 동물이 아니고 어디까지나 자유와 자율성, 개성과 인격을 지닌 실존이기에 그는 자신의 문제, 자신의 존재의 문제에 자율적으로, 능동적으로 그리고 개인적 방법, "나만의 방법"Jemeinigkeit[100]으로 대처하며 그것을 스스로 해결할 수 있는 잠재력과 능력을 소유하고 있다. 현존재의 존재는 개별적인 현존재 자신이 스스로 해결해야 할 과제이며 스스로 해결할 수 있는 과제다. "그가 존재함과 더불어 그에게 관심의 대상이 되는 존재는 각각 바로 그 자신의 존재다." 그리고 "그가 존재함과 더불어 그에게 이 존재[함]이 관심의 대상이 되는 그러한 존재자(자신의 실존 과정에서 계속 자기 자신의 존재, 즉 실존을 가장 큰 관심의 대상으로 삼는 현존재)는 자신의 존재와 관계를 맺되 그가 실현할 수 있는 자기 자신만의 가능성으로서 그렇게 한다. 각각의 현존재의 본질은 바로 그의 존재 실현 가능성에서 발견할 수 있다."[101] 즉 개별적인 현존재의 본질은 그의 존재, 그의 실존을 실현할 수 있는 잠재력, 그의 "존재 능력"Seinkönnen, Möglichsein, Möglichkeit[102]에서 발견할 수 있다.

개인은 자신과 다른 모든 개인들의 공통된 실존 구조 또는 존재 구조 자체를 특징짓는 이러한 "존재 가능성"과 "존재 능력"에 따라 자신의 존재, 자신의 실존을 매번 스스로 자신의 것으로 선택하고 점유할 수도 있고 그것을 거부하거나 소홀히 하여 상실할 수도 있다. 전자의 경우 그는 진정한 본래적 자신으로, 후자의 경우에 그릇되며 비본래적인 자신으로 존재한다.[103]

그러나 후자의 경우에도 개인은 자신에게 본질적으로 주어진 존재 능력에 힘입어 그렇게 존재한다. 다만 그는 그러한 자신의 존재 능력을 비본래적인 방법으로 표출하고 있을 따름이다. 비본래적인 방법으로 실존하는 개인도 사실은 자기 자신의 존재에 관심을 가지고 살아간다. 다만 그가 그것과 부정적인 방법으로 관계를 맺고 있을 따름이다. 그가 그것으로부터 도피하거나 그것을 의도적으로 망각하는 진정한 이유는 그것에 관심을 가지고 있기 때문이다.[104]

인간은 자기 자신의 존재에 대해서 절대적인 관심을 가지고 자신에게 주어진 잠재력에 따라 매번 개별적이며 독자적인 방법으로, 자율적으로 그것과 관계를 맺고 살아가는 실존이다. 그는 그렇게 할 수 있는 능력, 존재 능력 그 자체이고 그렇게 해야만 할 당위성을 띠고 있는 존재에로의 필연성 그 자체이기도 하다(엄격히 말해서 "존재–필연성"das Zu-sein은 현존재가 진정한 자기 자신을 만들어가야 할 당위성만을 뜻하지 않고 진정한 자신을 만들어갈 수 있고 그러한 자신으로 존재할 수 있는 능력, 존재 능력까지를 뜻한다).[105]

현존재의 본질에 관한 이상의 해설에서 존재 자체에 대한 언급은 별로 없었다. 현존재는 진정한 자기 자신, 자기 자신의 존재와 맺는 관계라고 묘사되었기 때문이다. 그렇다면 그는 존재 자체와는 무관한, 자율성과 독창성, 독자성과 개성으로 특징지어진 "단독자"가 아닌가? 그러한 의미에서 그는 실존이라 할 수 있지 않은가?

이 점을 확인하기 전에 우리는 하이데거의 실존 개념과 키에르케고르의 실존 개념 간의 유사점과 차이점을 검토해볼 필요가 있다.

(2) 키에르케고르와 하이데거

슈테그뮐러W. Stegmüller가 지적한 대로 하이데거의 실존 개념은 키에르케고르에게서 유래한 것이다.[106] 키에르케고르도 인간을 "자기 자신과 맺는 관계"라고 정의했다. "인간은 정신이다. 그러나 정신이 무엇인가? 정신은 자아다. 그러나 자아는 무엇인가? 자아는 자신과 맺는 한 관계이다"The self is a relation that relates itself to itself.[107]

키에르케고르에 따르면 인간은 육체와 영혼, 다시 말해 시간성과 영원성, 유한성과 무한성, 필연성과 자율성 간의 "종합 통일"synthesis인바 "정신"spirit 또는 "자아"the self가 "제3의 긍정적인 요인"the positive third으로서 인간 속의 이 두 요소들을 서로 연결시키는 데서 인간 실존의 자기실현 과정이 전개된다. 그렇게 하는 데서 그 속의 "유한한 것"이 "무한화"infinitizing되고 "무한한 것"이 또한 "유한화"finitizing된다.[108] 즉 인간의 존재와 삶에서 육체적·자연적인 측면이 영적·정신적인 의미와 가치를 지닐 수 있게 되고, 역으로 그의 영적·정신적인 이상과 소신이 육체적·자연적인 것들을 매개로 해서 구체화되고 현실화된다. 다시 말해 그의 삶 속에서 "시간성이 지속적으로 영원성과 교차하고 영원성이 지속적으로 시간에 침투하는" 실존적 "순간"이 촉발된다.[109] 그러한 순간의 연속이 곧 영적·정신적으로 의미심장한 실존적 역사Geschichte, Kairos다.[110]

신학자들이 신앙인의 "성화"sanctification 과정이라 일컫는 것과 유사한, 인간 실존의 이러한 무한화 및 유한화 과정 혹은 영원화 및 시간화 과정, 즉 도덕적·종교적 자기완성 과정을 키에르케고르는 그의 일기장과 "UN" 등에서, 헤겔의 사변적 변증법 또는 양적 변증법을 염두에 두고 "실존적 변증법" 혹은 "질적 변증법"이라 일컫기도 한다. 그에 따르면 이러한 실존적 변증법은 서로 다른 두 단계를 거쳐 수행된다고 한다. 첫째 단계는 실존자의 자기 발견의 단계이며 둘째 단계는 그의 자기실현의 단계인데, 전자의 단계에서 개별적인 실존자는 지정의(지성·감정·의지력)가 합해진 전인의 전폭적인 노력으로 자기 자신의 실존에 대해서, 즉 다분히 비본래적인 양태로 살아가는 현실적인 자신, 자신의 "현주소"에 대해서 그리고 그것을 극복하고 실현해야 할 이상적인 자신, 자신의 "본적지"와 "행선지"에 대해서 반성하며 성찰하되 특히 자신의 지성을 활성화해서 그렇게 한다는 것이다. 그리고 그 뒤를 따르는 자기실현의 단계에서는 첫째 단계에서 자기반성과 자기 성찰을 통해 발견되고 인식된 이상적인 자신을 역시 지정의가 합해진 전인의 전폭적인 노력으로 실현하려고 애쓰되 특히 의지력을 활성화해서 그렇게 한다는 것이다.

그러나 개별적인 실존자가 이러한 실존적 변증법을 한순간에 완벽하게 수행하여 진정한 자기 자신에 도달할 수 있는 것은 아니다. 그가 진정한 자신을 (재)발견하고 회복하는 이 작업은 필생의 과제로서, 그가 세상에서 살아 있는 한 계속 이상의 두 단계로 이루어진 동일한 과정을 반복해야 한다는 것이 키에르케고르의 주장이다.[111]

이러한 실존적 변증법을 수행함에 있어서도 개별적인 실존자는 계속 자기 자신과 관계를 맺는다고 볼 수 있다. 현실적이며 비본래적인 자기 자신과 이상적이며 본래적인 자기 자신에 대해 지적으로 반성하고 분석하는 과정에서, 그는 자신을 인식의 대상으로 자신의 눈앞에 두고 그것과 관계를 맺으며 의지력과 정열을 동원해서 전자를 부인하고 후자를 긍정하며 쟁취하려 할 때도 그는 자기 자신과 관계를 맺는다. 말하자면 자기 자신과 진땀을 흘리며 씨름해야 하고 때로는 피땀을 흘리기까지 싸움을 해야 하기 때문이다.

인간 실존이 정신 또는 자아로서 시간과 영원이—마치 탄젠트가 원을 접촉하듯—서로 만나는 "순간"과 그러한 순간들의 연속인 영적·정신적 역사(*Chronos*가 아닌 *Kairos*) 속에서, 자신 속의 유한성과 무한성, 시간성과 영원성을 서로 이상적인 방법으로 종합 통일해서 진정한 자기 자신을 만들어가는, 이러한 역사적인 자기실현 과정 historical becoming, 즉 실존적 변증법의 수행 과정을 거론함에 있어서 그가 각별히 유의해야 할 가장 중요한 사항이 있다고 키에르케고르는 지적한다. 그것은 개별자가 자기 자신과 지적으로, 도덕적으로 올바른 관계를 맺기 위해서는 신이라는 인간 실존의 근거와 원천, 원형 및 "척도"와 먼저 올바른 관계를 맺어야 한다는 점이다. 신 앞에 올바로 설 때 그는 자기 자신과 타인 앞에서도 부끄럼 없이 올바로 설 수 있다는 것이다. 자신의 원천이며 원형인 신 앞에서만 진정한 자기 자신을 재발견할 수 있고, 그리스도를 통해 그를 만나기를 원하는 신 앞에서, 신의 은사로 그러한 자신을 회복하며 실현할 수 있다. "자아는 자신을 자기 자신에게 연결시키는 그러한, 무한성과 유한성 간의 의식적인 종합 통일인데 그의 과제는 진정한 자신이 되는 데 있고 그렇게 된다는 것은 오로지 신과의 관계에서만 가능하다."[112] "우리의 자아는 직접적으로 신 앞에 서 있는 자아라는 데서 그것은 한 새로운 질과 자격을 얻게 된다. 이 자아는 단순히 인간적인 자아merely human self만이 아니다. 그것은 내가—오해를 받지 않기를 원하면서—신학적인 자아theological self, 즉 직접적으로 신 앞에 서 있는 자아라고 칭하고자 하는 그러한 자아다. 우리의 자아가 자신이 신 앞에서 실존하고 있다는 사실을 의식하는 데서, 자신이 신을 척도로 하고 있는 그러한 인간적인 자아라는 사실로 말미암아 얼마나 무한한 의미를 지니게 되는가!" 카우보이는 자신이 모는 소 떼를 보고 자신을 본다. 소 떼를 척도로 해서 자신의 자격과 위상을 측량한다. 노예의 주인은 자신의 소유물로서 자신이 거느리고 부려먹는 노예를 통해 자신을 본다. 노예를 척도로 해서 자신을 잰다. "질적인 가치를 두고 말한다면 세상의 모든 것은 곧 그것을 재는 척도다(그것을 재는 척도에 의해 그 가치가 평가된다). 그리고 그 질적인 가치에 대한 척도는 윤리적인 의미에서 그것의 목표가 되기도 한다." "우리의 자아가 신을 척도로 함과 더불어 그것에게 얼마나 무한한 무게가 실리게 되는가!"[113] "신 개념이 위대하면 할수록 우리의 자아는 그만큼 더 위대하게 된다"the greater the conception of God, the more self.[114]

키에르케고르에게 인간은 실존이며 단독자이지만 그것은 신 앞에 선 실존과 단독자다. 신과 올바른 관계를 맺음으로써 그는 자신과도 올바른 관계를 맺을 수 있다. 하이데거에게는 어떠한가?

하이데거는 물론 신에 대해서 이야기하지 않고 존재에 대해서 이야기한다. 그러나 그에 따르면 존재는 신보다 더 탁월한 그 무엇이라고 한다. 존재가 있고 신이 있다고 한다.[115]

그러나 하이데거가 인간의 실존을 존재와의 본질적이며 필연적인 관계에서 보았으며, 인간 속의 현존재 또는 실존은 곧 그가 맺는 존재와의 본질적이며 필연적인 관계 그 자체라고 보았다는 점에서 그가 적어도 형식상으로는 키에르케고르의 실존 개념과 일치하는 실존 사상을 제시하고 있다고 할 수 있다.

이상에서 지적한 대로 그도 키에르케고르와 유사하게 인간 실존을 헤겔과 후설, 그리고 모든 주지주의적 사상가들이 절대시한 이성이나 의식 혹은 선험적 주체성이 아닌 "자아" 또는 현존재로 보았고 그러한 자아는 자기 자신, 자신의 존재와 맺는 관계이며 그와 더불어 자신의 존재의 근거인 존재 자체와 맺는 관계로 보았다. 여기서 하이데거가 "SZ" 초두의 자신의 실존 개념을 소개하는 맥락에서 존재 자체에 대해서는 전혀 언급하고 있지 않다고 반문할 수 있을 것이다. 그러나 사실은 그가 여기에서도 인간 개인의 실존성에 대해서 언급함과 더불어 그에 대해서 계속 언급하고 있다고 보지 않을 수 없다.

왜냐하면 그가 인간은 자기 자신과 맺는 관계이며 그러한 의미에서 실존이라고 개진할 때 그가 의미하는 인간 자신 혹은 진정한 인간은 "인간 속의 현존재"Dasein im Menschen[116]이며, "현존재"Da-Sein는 문자 그대로 "현주"das Da zu sein(to be There), das Sein des Da(being There)[117]임을 뜻하기 때문이다. 즉 그는 존재의 "현주das Da(des Seins)가 된다는 사실을 뜻하기 때문이다. 인간의 존재는 존재의 현주, 즉 존재의 자기 개방과 자기 현현의 현장, 존재의 진리의 빛이 밝혀지는 처소, "존재의 진리의 처소"라는 데서 발견할 수 있다고 그가 "SZ"과 다른 모든 저서에서 끊임없이 강력하게 주장하고 있기 때문이다.[118]

인간은 자기 자신과 맺는 관계이며 그러한 의미에서 실존이다. 그러나 그가 자기 자신과 맺는 관계이기에 그는 본질상 존재 자체와 맺는 관계다. 왜냐하면 그는 본질적으로 존재의 현주이기 때문이다. 존재 자체와 관계를 맺지 않고 단순히 자기 자신과만 관계를 맺는 현존재란 있을 수 없다. 존재와의 관계를 맺음이 없이 인간은 자기 자신과 관계를 맺을 수 없고, 자기 자신과 관계를 맺지 못하는 인간은 한낱 동물일 수는 있겠으나 실존과 현존재일 수는 없다.

대부분의 인간이 주로 zunächst und zumeist[119] 자신을 잃고 자신을 완전히 곡해하는 가운데, 그와 더불어 세상 모든 것을 크게 곡해하는 가운데 살아가며 진정한 자신이 아닌 "타락한" 자신으로, "세인" 가운데 한 사람의 자격으로 살아가지만 상술한 바와 같이 그들도 그 근본 중심에서는 엄연히 현존재이며 실존이다. 다만 그들은 비본래적인 모습과 그릇된 실존 양식으로 살아가는 현존재이며 실존일 따름이다. 비본래적인 실존 양태로 삶에 임하는 "현존재에게도 어떤 의미로는 자신의 존재가 관심의 대상이 된다고 할 수 있는데, 다만 그는 평범한 일상성의 양태로 자신의 존재와 관계를 맺으며 그것으로부터 도피하고 그것을 망각하는 방법으로 [부정적으로] 그것과 관계를 맺을 따름이다."[120]

타락된 존재 양태로 살아가는 현존재도 그의 마음속 깊은 곳에서 자신도 의식하지 못하는 가운데 은밀히 존재와 관계를 맺고 있기에 바로 그 사실, 그 엄청난 사실에 대한 실존적 "불안"으로 말미암아[121] 의도적으로—그러나 무의식 가운데—존재와의 관계를 벗어나서 존재자들과만 관계를 맺고 살고자 하는 것이다. 존재라는 "기적 중 기적"과 존재와의 관계 그 자체인 진정 엄청난, "세상에서 가장 비범한" 자기 자신 앞에서 느끼지 않을 수 없는 불안감을 달래기 위해, 올바른 관계를 맺기에는 너무나도 어렵고 거북한 존재와 자기 자신으로부터 "도피"하여 취급하기 편한 존재자들 가운데 자신을 파묻고, 거동하기에 매우 편한 비본래적인 자신, 세인 가운데 한 사람으로 나날을 보내게 되는 것이다. 왕자의 자리가 너무 부담스럽고 불편하여 그 자리를 박차고 세상에 나가서 거지 옷을 입고 아무런 부담도 불편도 없는 거지 행세를 하는 자와도 같다고 할 수 있다.

그렇긴 하지만 그러한 삶을 영위하는 자 속에도 "양심"은 살아 있다.[122] 그의 심중에 깊이 새겨져 있는 양심이 그로 하여금 거짓되고 비본래적인 자기 자신에게서 벗어나 참되고 본래적인 자기 자신과 자신의 존재 근거인 존재 자체에게로 귀환할 것을 지속적으로 촉구한다. "너 자신이 되라"고 계속 외친다.[123] 그러한 실존적 양심이 그의 마음속에 살아 있는 한 그는 여전히 존재의 관계 그 자체인 현존재로 남아 있게 된다.

"현존재는 오로지 존재와의 본질적인 관계로 말미암아 현존재 자신이 될 수 있다. 이 점이 바로 'SZ'에서 종종 표현되는, '존재 이해가 현존재의 본성으로 그에게 속해 있다'라는 명제의 뜻이다."[124] "내가 사유하는 가운데 '인간'이란 말을 함과 더불어 나는 이미 [그가 맺는] 존재와의 관계에 대해서 이야기한 셈이 된다."[125]

이처럼 현존재가 본질적으로 존재와 관계를 맺고 있으며 그를 단적으로 존재와의 관계 그 자체라고 할 수 있다면 그 구체적인 뜻은 무엇인가? 이에 대한 답변을 제시하는 것이 사실상 하이데거의 존재 사유의 내용이라 할 수 있다.

(3) 실존과 외존

인간은 본질상 자기 자신의 존재, 그리고 그와 더불어 그 근거인 존재 자신에 대한 절대적인 관심을 가지고 그것과 지적·존재론적 관계를 맺고 살아가게끔 되어 있는 실존이다. 그는 자기 자신과 맺는 관계이며 그와 더불어 존재와 맺는 관계다. 하이데거는 그가 "SZ" 초두에서 제시하고 있는 실존 개념이 자신이 의도한 바와는 달리 마치 인간이 자기 자신과만 맺는 관계라는 뜻으로 실존Existenz이라고 칭한다는 오해를 불러일으킬 소지가 있으므로 "WW", "HB", "WM" 등 다수의 후기 저서들에서는 인간을 실존이라 칭하는 대신 "외존"外存, Eksistenz이라 칭하게 되었다. 인간의 존재는 그 무엇으로보다 "존재를 향해 서 있다"는 사실, 존재를 향해 "외립"外立하고 있다 혹은 "외존"Ekstasis, Ausstehen, Hinaus-stehen[126]하고 있다는 사실로 특징지어져 있다는 점을 감안할 때 그를 그렇게 칭하지 않을 수 없다는 것이다.

인간은 독존獨存하는 "실체" 혹은 단순한, 개인적인 "나" 혹은 "너"Ich oder Du도 아니며 외부 사물과 대립 관계에 있는 "의식"과 "이성"과 "주체[성]"만도 아닌 "자아"Selbstheit, Selbst[127]와 현존재다. 자아와 현존재로서 그는 항상 존재를 바라보고 서 있는, 그를 향해 "외립" 혹은 "외존"하고 있는 존재자다. 단적으로 말해서 그는 "존재와의 관계[성]"이라 할 수 있다. "인간은 외존자das Eksistierende인 한에서만 인간일 수 있다."[128] 즉 그가 "존재의 개방성을 향해 외존"in die Offenheit des Seins hinaus-steht하는 한에서만 인간일 수 있다.[129] 달리 표현한다면 그가 "존재의 진리를 향해 외존"Hinaus-stehen in die Wahrheit des Seins[130]해 있다는 데서 그의 본질을 발견할 수 있다.

인간이 존재를 향해 "외향"하고 있는 "외존"이라고 할 수 있으나 그를 그렇게 정의할 때 우리가 유의해야 할 것은 그가 한 실체 혹은 주체성,

의식 혹은 정신으로 실재하고 있는 상태에서 자신의 내부에서 출발해서 외부의 존재의 차원을 향해 서게 되며 그것과 다양한 능동적인 관계를 맺음을 뜻하지 않는다는 점이다. 왜냐하면 인간은 실존 혹은 외존으로서 항상 이미 존재의 개방성 또는 조명성, 즉 진리의 빛 가운데 서 있기 때문이다. 그 속에 내립內立 또는 내존Innenstehen하고 있기 때문이다.[131] 그러므로 하이데거는 외존으로서의 인간의 본질을 다음과 같이도 정의한다. "존재의 조명 과정 속에 서 있음을 가리켜 나는 인간의 외존[성]이라 일컫는다."[132]

인간은 처음부터 존재의 빛 가운데 내존하면서, 아니 그 속에 내존하고 있기에(수동성, "수동적 개방성", "상태성", "피투성") 그 안에서 또한—역설적으로—외향적인 자세로 그것을 향해 나아갈 수 있고 나아가야만 한다(능동성, "능동적 개방성", "기투력", 초월성). 지속적으로 더 깊이 나아가야 한다. 존재라는 목적지에 항상 이미 당도해 있으면서도, 아니 거기에 항상 이미 당도해 있기에 그 목적지를 향해 또한 계속 더 가까이 나아갈 수 있고 더 가까이 나아가야만 하는 것이다.[133]

그러므로 인간이 존재와 맺는 본질적인 관계를 보다 정확하게 "개방적 내존"das offenstehende Innestehen[134]의 관계 혹은 "외향적 내존"das ekstatische Innestehen[135]의 관계라 할 수 있다. 후기 하이데거의 자기해석에 따르면 "SZ"에서 그가 인간 현존재를 지칭해서 사용한 "실존"이라는 개념도 바로 그것을 뜻했다고 한다. 즉 그가 "전환" 이전에 사용한 "실존"이란 개념이 그 후에 사용하게 된 "외존"과 동일한 의미를 전달해주고 있다는 것이다.

"'SZ'에서 '실존'이란 무엇을 의미하는가? 이 용어는 존재의 개방성을 향해 개방된 자세로 서 있는das Seiende, das offen steht für die Offenheit des Seins 그러한 존재자(현존재)의 '존재'를 일컫는 표현인데 그는 존재의 개방성 속에 서 있으되 그것을 향해 [능동적으로] 외향해서 서 있다in der(=in der Offenheit des Seins) es steht, indem es sie aussteht. 이러한 외향적 존재 양식Ausstehen이 '[실존적] 우려'Sorge라는 개념으로 소개되었다."[136] "SZ"에서 사용된 "인간이 실존한다"라는 문장은 곧 다음을 뜻한다. "인간은 존재의 비은폐성(개방성) 속에서 개방적인 자세로 내존하되 존재의 발의發意로vom Sein her, 그리고 존재 안에서 그렇게 하고 있는 그러한 본성으로 특징지어져 있는 존재자이다."[137] "'SZ'[138]에 이탤릭체로 된 다음과 같은 문장이 있다. '현존재의 본질은 그의 실존에 있다.'…이 문장의 뜻은 다음과 같다. 인간이 존재하되 '현주', 즉 존재의 조명 과정으로 존재한다. 그가 [존재의] 현주라는 이 점Dieses 'Sein' des Da, 오로지 이 점만이 그의 외존[성], 즉 존재의 진리 속에서의 외향적 내존[성]das ekstatische Innestehen in der Wahrheit des Seins의 본질적인 특징을 나타낸다."[139]

후기 하이데거의 이러한 자기해석을 떠나서도 "SZ"과 다른 전기 저서들의 내용만으로도 현존재와 실존인 인간이 수동적·능동적으로 존재의 개방성, 존재의 "조명성"Lichtung과 본질적인 관계에서 존재하는 그러한 존재자임을 분명하게 인식할 수 있다. 하이데거가 여기서 세계 개념을 거론할 때나 현존재의 "상태성"과 "피투성"에 대해서 거론할 때 이 점은 특히 더 분명해진다.[140] 이 책 본론에서 이 사실에 대해 상론할 것이다.

(4) "피시스"와 "자연적인 빛"

1) 존재와 우주적인 진리의 빛의 역사

이 모든 점을 미루어보아 우리는 하이데거가 "SZ", 132f., 147, 350ff., 408 등에서 현존재의 본질은 곧 그가 "현주"라는 데서 발견할 수 있다고 개진할 때 그가 의도한 바는 "인간 속의 현존재"는 곧 존재 자신의 현주를 뜻한다는 사실을 분명히 알 수 있다. 현존재는 존재 자신이 내주하고 있는 현장이다. 존재는 현존재를 포함한, 우주 내의 모든 존재자를 그들로 조명하고 개방하는 원초적인 진리의 빛, "피시스"*Physis*와 "비은폐성"*Unverborgenheit* 또는 "진리 그 자체"*Aletheia*인바 현존재는 바로 존재가 자신의 그러한 우주적인 진리의 역사役事, 빛의 역사를 전개하는 현장과 무대다. 존재가 다른 어디에서 존재하는 것이 아니고 바로 인간 속에서 현존재를 자신의 "현주"로 하여 내주하고 있다.

이 점을 하이데거는 존재와 현존재 및 진리의 상호관련성에 대해 거론하는 "SZ", 44절에서 가장 확실하게 천명하고 있다. "현존재가 존재하는 한에서만…존재는 '존재한다.'"[141] "진리가 존재하는 한에서만 존재는 '존재한다.'…그러나 현존재가 존재하는 한에서만, 그가 존재하는 동안에만 진리도 존재한다."[142]

존재가 존재자 일반의 "존재"와 그 "존재적 진리"[143]를 조명하고 규정하며 정립하는 원초적인 빛의 역사, 존재론적 조명활동·개방활동은 다른 어디서가 아닌 현존재 속에서, 그리고 그를 매체로 해서 전개한다. 존재의 우주적인 진리의 역사는 결코 존재 자신에 의해 직접적으로 펼쳐지지 않으며 어디까지나 현존재를 활동무대와 매체로 해서 간접적으로 펼쳐진다. 말하자면 그는 현존재라는 매체의 능동성과 독창성을 빌려 자신의 원대한 진리의 역사를 전개하는 것이다.

그러므로 하이데거가 "현존재는 곧 그의 개방성"에서 혹은 현존재의 본질은 그의 "조명 과정"*Lichtung* 혹은 "조명성"*Erleuchtet-sein, die Gelichtetheit*[144]에서, "빛"*das Licht*[145] 또는 "자연적인 빛"*lumen naturale*[146]에서 발견할 수 있다고 피력할 때, 여기서 거론되는 빛과 빛의 역사는 결코 현존재 자신에게서 발원하는 빛과 빛의 역사가 아니고 궁극적으로는 어디까지나 우주의 원초적인 진리의 빛, "피시스"인 존재에서 발원한 것임을 알 수 있다. 존재가 자신의 진리의 빛의 역사를 우주 내의 모든 존재자들 가운데 전개하되 그에 의해서 "파송된 자"[147]인 인간 현존재, 존재 자신에 의해 "투척"Wurf함을 받고 "세계라는 광공간" 속으로 "피투"被投, geworfen, thrown되었으며[148] 그것으로 피투되되 또한 동일한 세계를 나름대로의 독창적인 방식으로 새롭게, 매번 새롭게 "기투"企役, entwerfen, project하게끔 피투되어 있는 현존재를 매체로 해서 그렇게 한다. 즉 "항상 이미" 세계 속으로 피투된 상태에서, 그리고 항상 동일한 세계 속에서 그것을 또한 능동적으로, 독창적으로 기투, 개방eröffnen, 정립sein lassen, bewenden lassen, 설정gründen, stiften, 형성bilden, 건립하여bauen[149]—여기에 나열된 개념들은 모두 동일한 뜻을 내포하고 있다—존재자 일반의 "세계" 위에 투사投射, Überwurf[150]하는 현존재의 존재 능력Seinkönnen[151]을 통해 그렇게 하는 것이다. 그의 그러한 존재 능력, 다시 말해서 그의 능동적인 "세계기투"Weltentwurf[152]와 "존재자 일반 위로의 세계투사"Überwurf des entworfenen Welt über das Seiende[153] 활동을 통해서 "존재의 조명 과정"die Lichtung des Seins과 그의 "조명된 영역"die gelichtete Dimension을 뜻하는 세계가 하나의 역동적인 사건, 빛의 사건으로 일어나게 된다.[154] 그러한 의미에서 현존재는 "피투된 기투력"geworfener Entwurf[155] 그 자체라 할 수 있다.

그러한 이유에서 근본적으로 "피투성"으로 특징지어져 있는 현존재의 실존성을 또한 존재 이해력, 세계 기투력, 존재 능력, 존재 가능성, [세계에로의] 초월 능력 그 자체라고도 칭할 수 있는 것이다.[156]

2) 존재의 고경(苦境)과 현존재의 협조

현존재는 존재의 진리의 처소, 존재의 자기 개현의 현장이므로 그는 필연적으로 존재의 진리 안에 거하고 존재의 빛 속에 "서" 있을 수밖에 없다. 그러나 그는 존재자 일반을 그들로 개방하고 정립하는 우주적인 개방의 힘, "*Aletheia*"와, 존재자 일반을 그들로 조명하는 우주적인 빛의 힘, "*Physis*"인 존재와의 관계에서 순전히 수동적인 자세를 취하고만 있는 것은 결코 아니다. 그는 존재의 우주적인 진리의 역사, 빛의 역사에 수동적으로뿐 아니라 능동적으로도 참여하고 있기 때문이다.

존재와 현존재 간의 상호관련성에 대한 하이데거의 이러한 견해는 절대적 정신과 인간과의 관계에 대한 헤겔의 견해와 유사한 점을 드러낸다고 할 수 있다. 그러나 후자의 사상은 동일철학과 범신론이라는 데서, 존재와 존재자 간의 절대적인 차이를 무엇보다 강조하는 하이데거의 사상과 질적인 차이를 보이고 있다는 점을 잊어서는 안 된다. 하지만 상술한 바와 같이 하이데거는 신의 절대적인 초월성을 주장하는 기독교적 유신론과는 달리 존재의 "내재적 초월성"(하이데거 자신의 표현은 아님)을 주창하고 있음도 유의해야 한다.

이 점은 하이데거가 현존재의 능동적이며 적극적인 "기투력"을 그의 "피투성"보다 월등히 더 부각시키고 있다고 하이데거 전문가들이 이구동성으로 강조하고 있는 "SZ"과 다른 전기 저서들에서만 강력하게 주장하는 것이 아니다. 현존재의 "기투력"보다 오히려 "존재의 소리 없는 음성에" "순종하는 자세로" "경청하며" 그의 "요청"에 "감사"와 "경외"에 찬 마음으로 응하는 외존의 "순응"Entsprechen, homologein에 역점을 두고 존재와 현존재 간의 모든 관계를 논하고 있다고 이들 하이데거 전문가들이 보는 후기 저서들에서도 그는 이 점을 부단히 강조하고 있다. 우리의 판단으로는 하이데거의 전기 사상과 후기 사상의 성격을 뢰비트, 투겐트하르트 등과 같이 각각 "기투"와 "순응"이라는 공통분모로 특징지을 수 있다고 보기에는 하이데거가 현존재의 능동성과 자율성과 독창성을 "전환" 후에도 여전히 너무나도 강력하게 역설하는 듯하다. 왜냐하면 여기서 하이데거는 인간 현존재는 존재의 "진리의 처소"일 뿐 아니라 그의 진리의 역사를 위한 "필수적인" "ernötigen", "Not" [157] 동역자이며 협조자라는 점을, 존재가 진리의 빛의 사건으로, 그리고 "비진리" Un-Wahrheit의 어둠의 사건으로 일어나고 있다는 사실만큼이나 계속 강력하게 주장하고 있기 때문이다.

예컨대 "EM"에서 그는 인간 현존재가 너무나 놀랍게도 "초강력자" das Überwältigende, 즉 "초강력적 빛의 힘", "피시스"인 존재를 "제압하고 통제하여" bewältigen, bändigen, fügen 존재자들, 특히 문화물들 속에 "정돈" 停頓시킴으로써 그의 빛의 힘이 이들을 통해 섬세하고 정교하며 아름다운 빛으로 표출되게 하는 "강제력의 집행자" der Gewalt-tätige (문자적으로는 폭행자)라고 주장하고 있다. 바로 그러한 이유에서 인간은 "세상에서 가장 비범한 자" to deinotaton라고 보지 않을 수 없다는 것이다.[158] "HB"와 다른 모든 후기 저서에서도 하이데거는 현존재의 능동적이며 적극적인 협조 없이는 존재가 결코 자신의 진리의 빛의 역사를 전개할 수 없음을 부단히 강조하기는 마찬가지다. "WM"에서 그는 자신과 같은 사상가들의 사유 활동은 다름 아닌 "존재 자신의 사건"이라고 주장하며[159] "HB", 111면에서는 심지어 다음과 같이도 서술한다. "그것(존재 사유의 구속력)은 존재를 존재케 한다."

우리는 존재의 보내심 [또는 섭리] Geschick des Seins 속에서 존재 자신에 의해 보냄을 받은 자들로서 본질적으로 존재의 조명 과정 속에 서 있다. 그러나 우리는 이 조명 과정 속에서 할 일 없이 서성거리고만 있는 것은 아니며 어디까지나 존재자의 존재로부터 청탁을 받은 자들로서 그 속에 서

있다. 우리는 존재의 조명 과정 속에 서 있는 자들로서 [존재로부터] 보
냄을 받은 자들이며, 시공간의 차원Zeit-Spiel-Raum(세계라는 광공간) 속에
인도된 자들이다. 이것은 곧 다음을 뜻한다. 우리는 이 활동 공간Spielraum
속에서, 그리고 그것을 위해서 쓰임을 받는 자들이다. 즉 존재의 조명 과
정을 [능동적으로] 전개하고 발전시키기 위해(문자적으로는 '건축하고 건
설하기 위해', zu bauen und zu bilden), 환언해서 다양하고 폭넓은 의미
로 그것을 보전하기 위해 쓰임을 받는 자들이다.[160]

신들과 인간들은 어떠한 양식으로 존재하고 있는가? 그들은 [존재의] 이
조명 과정 속에서 비침을 받고 있을 뿐 아니라 이러한 조명 과정 속에서
비침을 받되 그것에 힘입어 그들 자신이 동일한 조명 과정을 [존재를 대
신해서 나름대로의 방식으로 능동적으로] 펼칠 수 있게 그것에로 비침
을 받았다. 그래서 그들은 그들 자신의 방법으로 조명 활동das Lichten을
수행할 수 있다(그들의 본성 전폭을 이를 위해 쏟아바칠 수 있다).…그들
은 [조명 활동을 수행할 수 있게끔] 빛으로 비침을 받았다er-lichtet. 즉 그
들은 조명 활동의 사건에 [능동적으로 참여하게] 그 속으로 인도되었다in
das Ereignis der Lichtung vereignet.[161]

"피시스", "로고스", "알레테이아" 혹은 "코스모스"[162]라고도 칭해지는
존재는 우주 내의 존재자 일반을 그들로 조명하고 정립하는 "초강력적
빛의 힘"이며 조명의 사건이다. 그러한 존재와 "자연적인 빛"lumen naturale
또는 개방성 혹은 조명성 그 자체, 혹은 "(존재) 이해력" 또는 "(존재) 기
투력" 그 자체라 할 수 있는 현존재"Das Da-sein als Verstehen"[163]와의 관계는
다름 아닌 "빛의 관계", "조명 활동의 관계"이다. 존재 혹은 세계라는 우

주적인 빛의 "조명 과정이 신들과 인간들을 바로 이 조명 과정 속으로 불러 모으고 그 속에서 보전하므로 이들이 맺는, 존재의 조명 과정과의 관계는 바로 이 조명 과정 자체 외에 아무것도 아니다."[164]

인간의 정신사를 자신의 뜻대로 주관하고 통제하며 궁극적인 "존재의 종말"을 향해 이끌어나가는 "섭리자"*Geschick*, *Schickung*, *Es gibt sich*, *das schickend Geschickliche*, *Wurf des Seins*[165]이자, 존재 망각과 기술 사상으로 말미암아 극심한 정신적·도덕적 중병을 앓고 있으며 도탄에 빠져 있는 현대인을 치유하고 구제할 수 있는 "거룩한 자"이기도 한[166] 존재는 인류, 그리고 나아가서는 그들을 매개로 해서 우주 내의 모든 존재자를 그들로 조명하며 정립하는 우주의 원초적이며 "초강력적인 빛의 힘"*Physis*, *Lichtung*, *Licht*[167]이며 역동적인 "조명 과정"과 "빛의 사건"das Ereignis der Lichtung, Lichten[168]이다.

그리고 "인간 속의 현존재"는 이 빛이 우주 내의 모든 존재자에게 비쳐지기 위해 존재 자신에 의해 "피투된", 환언해서 "파송된",[169] 상대적인 의미에서의 빛, "자연적인 빛"이며 빛의 사건이다.

하이데거의 이러한 빛의 사상은 빛에 관한 성경의 가르침과 유사한 점이 적지 않다. 성경은 하나님과 로고스인 그리스도를 우주의 창조자와 자연사와 정신사의 절대적인 섭리자 및 인류의 구원자로 묘사하는 동시에 절대적인 의미에서의 빛, 영원한 진리의 빛으로도 묘사한다. 그리고 그것은 그리스도인들도 하나님과 그리스도의 빛으로 비춤을 받은 자들로서 동일한 진리의 빛을 스스로 온 세상과 온 우주에 최선을 다해 적극적으로 비춰야 하는 숭고하고도 막중한 임무를 띤 "세상의 빛"이라고 가르친다. 하나님과 그리스도는 그리스도인들이 온 세상과 온 우주에서 빛의 역사를 능동적으로 전개하기 위해서 그들 각자에게 "문화명령"과 복음전파의 명령을 시달하고 그들을 자신들을 대신하는 "빛의 사자使者들"로 세상에 파송한 것이라고 가르치는 것이다. 그렇긴 하지만 성경의 신은 절대적인 창조주이며 인간은 피조물에 불과한 데 비해, 기술한 바와 같이 하이데거의 존재는 비록 신들보다 더 고차적인 위치에 있는 "거룩한 자"이긴 하나 창조주는 아니며 현존재를 포함한 존재자 일반과 항상 공존한다.

존재자 일반의 "존재"를 조명하고 개방하며 정립하는, 존재라는 원초적인 빛은 독자적으로 자신의 이러한 우주적인 조명 활동을 전개하는 것이 아니고 그가 "투척"하고 "파송"하는, 현존재라는 "자연적인 빛"과 그의 조명 활동을 매체로 하고 그의 적극적인 협조로 그렇게 한다.

우주적인 개방과 조명의 힘인 존재는 자신의 자기 개방 활동과 존재자의 개방 활동, 즉 진리의 역사, 빛의 역사를 위해 인간 현존재라는 개방의 처소와 우주적인 조명 활동을 위한 "돌파구"Bresche를 "필요로 한다"braucht, ernötigt.[170] "초강력자(피시스, 존재)가 그 자체로서, 위력적으로 자신을 개방하기 위해서 자신을 위한 개방의 처소를 필요로 하기에 인간이 그러한 현존재의 자격으로 존재하게끔 강요되었고 존재의 그러한 고경을 타결하는 위치로 피투되었다.…역사적인 인간 속의 현존재라 함은 곧 다음을 뜻한다. 존재의 초강력적인 빛의 힘이 존재자 가운데 새어 들어와 자기 현현하는 것을 가능케 하는 틈새Bresche로 지정된 자로서 이 틈새 자체는 존재에 부딪혀 부서지게 된다am Sein zerbricht(초강력적 존재의 빛으로 압도되게 된다)."[171]

3) 원초적인 투쟁[172]

피시스·로고스·알레테이아인 존재는 현존재를 포함한 존재자 일반을 그들로 조명하고 정립하는 우주적인 조명과 개방의 역사, "비은폐"와 "진리"의 역사를 위해 인간의 적극적이며 능동적인 협조를 필요로 한다. 존재는 그 자체로 너무나도 강렬한 빛의 힘이기 때문이다. 그래서 그것이 직접 존재자들을 비추는 경우, 이들은 말하자면 그 빛에 "과다노출"overexposed(하이데거의 표현이 아님)되어 그들 각자의 모습 그대로 섬세하게 드러날 수 없다. 그러므로 그러한 막강한 빛의 힘das Überwältigende을 "정돈"停頓시키고zum Stehen bringen 특정의 방법으로 "제재"하고 "억제"하며 "통제"하는bewältigen, bändigen, fügen[173] "통제력"Gewalttätigkeit[174]이 필요한 것이다(이것은 인간의 일상생활을 위해 필요한 전력을 생산해서 유용하게 사용하기 위해 강력한 원자력을 통제하고 관리하는 작업과 유사한 활동이다).

현존재가 바로 존재의 이 "고경"Not[175]을 돕기 위해 존재 자신이 선택해서 세상에 "파송"한 자다. 하이데거가 "SZ"에서 현존재가 본질적으로 수행하게끔 되어 있다고 역설하는 그의 "(존재) 이해 또는 (세계) 기투" 작업과 "EM"을 위시한 하이데거의 후기 저서들에서 주요 개념들로 등장하는 인간 일반과 특히 예술가들, 문인들, 사상가들, 정치인들의 능동적이며 창조적인 정신 활동들, "noein"(사유 활동), "legein"(언어 활동), "techne"(예술 활동) 등이 곧 존재라는 "초강력자"의 빛의 힘을 정돈하고 통제해서 특정의 방법으로 유도하고 표현하는 "통제작업"이며 "세계형성" 작업인 것이다.

현존재를 통해 수행되는 "세계의 기투 활동der Entwurf von Welt은…기투된 세계를 존재자 위에 투사하는 작업Überwurf über das Seiende이다. 이러한 선재적인 [세계] 투사 작업이 존재자가 존재자로 개방됨을 가능케 한다. 이러한 기투적 투사 활동이 일어나는 사건이 곧 세계내존인바 이 사건을 통해서 바로 현존재의 '존재'가 활성화되고 있는 것이다. 이 사건이 곧 실존하는 자로서 [존재자를 뛰어넘어 세계로] 초월하는 현존재의 실존 과정을 뜻한다.…이 원역사原歷史, Urgeschichte→Geschehen→Geschichte→ Urgeschichte, 즉 초월 활동Transzendenz이 사건으로 일어나는 한에서만 존재 자가 존재자로 개방될 수 있는 가능성이 존재한다."[176]

태양이 동에서부터 공중 높이 떠올라 거기서 머물며 만물을 비추는 것과도 같이, 존재라는 "피시스는 우주 만물 위에 떠올라 머물러 있는 빛 의 힘das ins Licht Aufgehende, *phyein*, leuchten, scheinen und deshalb erscheinen[177]이며 그 자체로 머물러 있는 가운데 자신의 위력을 나타내는 그러한 빛의 힘 이다. 이 빛의 위력Walten이 원초적인 투쟁*Polemos, Urstreit*을 통해 하나의 세계로 구체화되는 데서 비로소 그것은 은폐된 상태에서 자신을 드러 내게 된다. 즉 그리스어로 '*Aletheia*'(비은폐성, 개방성, 진리)의 사건이 일 어나게 된다." 초강력한 빛의 힘인 피시스에 대항해서 싸우고 그것을 정 돈하며 제어하고 통제하며 요리하여 하나의 세계를 쟁취하는 "이 투쟁 Kampf은 창작자들, 시인들, 사상가들, 정치가들에 의해서 치러지게 된다. 이들은 초강력한 [피시스의] 위력을 향해 작품(예술작품, 문학작품, 철학 체계, 정치체제)이라는 버팀목den Block des Werkes을 던져 그 속으로 그 빛의 힘이 유도되고 그 속에서 한 세계가 개방되게 한다bannen in dieses die damit eröffnete Welt. 이 작품들을 통해서 비로소 빛의 위력, 즉 피시스가 존재자 들 속에서 정돈하게 된다. 그와 더불어 존재자들은 이제 비로소 존재자 들로서 '존재'하게 된다. 이러한 세계 생성Weltwerden이 진정한 역사의 전 개 과정이다."[178]

존재는 존재자 일반을 그들로 조명하고 개방하며 정립하는 초강력한 우주적인 빛의 힘, 피시스·알레테이아·로고스다.[179] 그러한 존재는 인간 이란 존재의 자기 개방의 현장, 존재의 진리의 처소인 현존재를 매개체로 해서 현존재의 능동적이며 독창적인 세계 기투 또는 세계 형성 작업을 통해 자신을 세계라는 구체적인 모습으로 드러낸다. 특히 위대한 예술가들, 시인들, 사상가들, 정치인들의 독창적인 정신 활동을 빌려서 피시스는 자신을 현존재의 삶과 사유의 지평이 되는 정신적 세계로 구체화하고 외화한다. 피시스라는 초강력한 빛의 힘 das Überwältigende은 놀랍게도 그 힘에 맞서 "투쟁"Kampf[180]을 하는, 말하자면 사랑싸움을 하며 그것을 일정한 방법으로 제어하고 유도하며 형성하는 인간 현존재라는 "통제자"Gewalt-tätiger[181]를 통해 자기 자신을 인간의 구체적인 정신적·역사적 세계로 존재자들 속에서 "정돈"되고 표현되게 스스로 허용한다.

그와 같이 막강한 존재 자신과 원초적인 투쟁Polemos을 벌이는 가운데 존재 자신을 "세계화"되게 하며 존재자들 가운데서 "존재로 존재케 하는"läß das Sein sein,[182] 환언해서 존재가 우주적인 진리의 "사건"으로 존재자들 가운데서 일어나는 것을 가능케 하는Ereignis[183] 인간 현존재는 실로 놀랍고 기이한 존재자라 하지 않을 수 없다. 존재를 존재하게 하고 진리의 사건, 빛의 사건을 일어나게 함과 더불어 존재자들도 그렇게 존재하는 혹은 진리의 빛의 사건으로 일어나는 존재의 빛, 세계의 지평 속에서 그들로 "개방되게"sich offenbaren 하고 "존재하게 하는"sein lassen[184] 인간 현존재는 실로 놀라운, 그야말로 기적과 같은 존재자임이 분명하다. 세상에서 "가장 비범한 자"to deinotaton[185]임이 분명하다.[186]

존재는 이처럼 인간 현존재의 적극적인 협조로 자신을 존재자들 가운데서 한 구체적인 세계로 표현하고 개방하며 인간의 기투 활동 또는 초월 활동을 통해서 기투되고 투사되며 개방되고 정립되는, 이러한 세계라는 포괄적인 의미의 지평, 빛의 공간 속에서 존재자들도 조명되고 개방되며 정립되게 한다. 이것이 곧 존재의 우주적인 진리의 역사, 빛의 역사다.

4) 존재와 현존재의 내적인 일체성

존재의 원초적인 자기 개방 및 존재자들의 개방을 위한 우주적인 빛의 역사, 진리의 역사는 그러므로 "자기 자신을 파송하는"gibt sich; schickt sich selbst[187] 존재 자신과 그가 "파송하고" "투척하는" 현존재 간의 "상호관계"Wechselbezug[188] 속에서 이루어진다. 우주적인 진리의 역사, 빛의 역사를 두고 양자는 필연적으로, 본질적으로 서로 연결되어 있다 "Zugehörigkeit", "Zusammengehörigkeit".[189] 인간의 "사유가 진정한 사유인 한 그것은 존재의 도래와 직결되어 있고 또 도래자인 존재와 직결되어 있다. 존재 스스로가 사유자에게 자신을 파송했다. 존재는 사유자의 운명으로 als das Geschick des Seins 존재하고 있다. 그 운명은 그 자체로 역사적이다. 그의 역사는 사유자의 언어 활동을 통해서 이미 표현되어 있다."[190]

> 인간이 본질적으로 존재의 빛 속에 서 있는 한에서만 그는 한 사유하는 실재이다.…그의 사유의 역사歷史는 존재의 보내심에 근거한 인간 본성의 자기표현의 역사다 Die Geschichte des Denkens ist die Beschickung des Wesens des Menschen aus dem Geschick des Seins.[191]

그러한 의미에서 그들은 우주적인 빛의 역사役事와 그 역사歷史와 관련해서 "하나"Einheit, Identität[192]이며, 바로 그러한 뜻으로 파르메니데스가 "사유와 존재는 하나다 혹은 동일하다"to gar auto noein estin te kai einai[193]라고 한 것이다.[194] 인간의 원초적인 사유와 존재는 후자의 우주적인 진리의 빛의 역사를 위해 상호 협조한다는 뜻으로 그가 그렇게 서술한 것이다. 그러므로 "표상적·개념적 사유"와 질적으로 상이한 "근본적·회상적 사유", 진정한 "존재 사유"는 궁극적으로 "존재 자신에 의해 사건으로 일어나게 된 사유이며 따라서 존재에 순응하는 사유다."[195] "존재는 사유의 산물이 아니다. 그러나 본질적인 사유는 존재의 사건 ein Ereignis des Seins이다."[196]

현존재는 존재의 진리의 사건, 빛의 사건에 적극적으로 참여하여 존재의 집을 "건축"하고 "보전"하는, 극히 숭고한 만큼 또한 극히 막중한 임무를 띤 "존재의 집의 수위"[197]와 "존재의 목자"[198]다.

이처럼 존재와 현존재는 본질적으로 서로 하나로 연결되어 있기에 전자 없는 후자를 생각할 수 없듯, 후자 없는 전자도 생각할 수 없다.[199] 그러한 의미에서 현존은 단적으로 말해서 "존재와의 관계", 실존 혹은 외존이라 할 수 있다.

"내가 인간이라고 말함과 동시에 나는 그와 더불어 그가 맺는 존재와의 관계에 대해서도 말하고 있다."[200] 그런가 하면 하이데거에 따르면 "존재가 인간과 맺는 관계는 존재 자신에 속한다."[201] "우리가 '존재'에 대해서 말하면서도 그가 인간 속에서 임재하고 있음을 도외시하는 가운데 [인간 속에서의] 그의 이러한 임재 자체가 곧 '존재'를 '존재'되게 하는 요소임을 인식하지 못하는 한 우리는 항상 '존재 자신'에 대해 너무 불충분하게 설명하고 있을 것이다. 그리고 우리가 '존재'에 대해서 말하면서도 인간을 별도로 분리시켜놓은 채 그렇게 분리된 자를 처음으로 '존재'와 관련지으려고 한다면 우리는 인간에 대해서도 너무 불충분하게 이야기하고 있을 것이다."[202] 존재와 인간은 본질적으로, 처음부터 항상 이미 하나로 연결되어 있기 때문이다.

상술한 바와 같이 존재와 현존재가 본질적으로 서로 연결되어 있다 할지라도 그들이 동일철학과 범신론에서 주장하는 것처럼 본질적으로 하나라는 것은 결코 아니며 그들 간에 존재론적인 서열과 차이가 없음을 뜻하지도 않는다. 하이데거는 양자 간에 "존재론적 차이"가 있다는 점과 존재가 있고 그 다음으로 현존재를 포함한 존재자 일반이 있다는 점을 처음부터 계속 그 무엇보다 더 고조해왔고, "WW"에서 이루어진 "전환" 이후에는 존재가 단순히 존재자 일반이 함께 포괄되어 있는 전체적인 의미의 지평, 혹은 그들을 그들로 조명하고 개방하는 우주적인 빛의 힘만이 아니고 존재 망각과 정신적 방황으로 점철된 인류의 정신사를 그 이면에서 통제하고 관리하는 가운데 한 종국, "존재의 종말"die Eschatologie des Seins[203]을 향해 이끌어나가며 결국은—아마도—인류를 모든 정신적 질환에서 "치유"하며 모든 "재난"과 "악"에서 "구출"하는 "도래자"das Ankommende[204]와 "거룩한 자"라고 묘사하고 있다. 그리고 그는 후기 저서에서뿐 아니라 전기 저서에서도 존재가 현존재 및 존재자 일반과 공존함에도 불구하고 결코 표상적·개념적·산정적 사유로 잴 수 없는 무한한 깊이와 폭을 지닌 "무"無이며 "비은폐성" 또는 "비진리"라는 점을 계속 강조해왔다. 존재는 우주 만물을 밝히는 강력한 빛의 힘이기에 자신과 존재자 일반을 개방하되 그 감추어진 "무근저적 비근저" 또는 "원근저"에서 그렇게 하며, 자신을 개방함과 동시에 또한 존재자들 속과 그 이면으로 자신을 계속 은폐하는, 개방성과 은폐성, 빛과 어둠 간의 "원초적인 투쟁"[205]의 사건임을 계속 고조해왔다. 그러한 의미에서 "진리는 개방적인 은폐성lichtendes Bergen을 뜻하며 그것은 곧 존재의 본성이다"[206]라고 그가 개진한 것이다.[207]

아무튼 인간 현존재는 본질상 존재와의 관계, 실존과 외존이다. 그는 존재와 관계를 맺지 않고서는 인간이 될 수 없고, 존재라는 원초적인 빛과 빛의 사건에 피동적으로, 능동적으로 참여하지 않고는 인간으로서 전혀 존재할 수 없다.

그러므로 존재는 인간에게 한마디로 생명이다. 따라서 존재가 그에게 절대적인 관심사가 아닐 수 없다.

그러한 이유에서 우리는 인간 현존재의 존재를 그 어디에서보다 그의 역동적인, 존재로의 "움직임"Bewegtheit[208]과 존재로의 "외향성"Ekstase[209]에서 발견할 수 있다. 인간은 존재를 향해 나아가는 "사건",[210] 즉 존재자를 뛰어넘어 존재의 차원으로 상승하는 "초월성의 사건"이다.[211] 현존재는 실존이며 그의 실존 과정은 그가 생득적으로 "피투된" 존재라는 자신의 "존재의 근거"에서 출발해서 후자를 자신의 것으로 수락하고 자율적이며 독창적인 구상 및 표현 활동, 즉 "기투" 활동을 통해 그것을 또한 자신의 삶과 우주 전체에 외화하고 "투사"하는 가운데 계속 존재라는 자기 존재의 이상과 목표로 나아가려는, 극히 진지하며 신중한 그의 실존적 노력에서 그 진정한 실체가 드러나게 된다.[212]

현존재에서 존재에로의 근본적인 성향, 즉 존재의 의미를 지적으로 이해할 뿐 아니라 자신의 삶과 우주 전체의 제반 영역에서 그것을 적극적으로 표현하고 실현하고자 하는 근본적인 충동, 그에 대한 실존적 관심과 "우려"에서 우리는 그의 삶의 진정한 모습을 발견할 수 있다. 그러한 의미에서 현존재의 존재는 단적으로 "우려"라 할 수 있는 것이다.[213]

『존재와 시간』 38면에 철학의 모든 문제는 [인간 실존에서 출발해서] '실존으로 되돌아온다'라고 서술되어 있다. 그러나 여기서 실존이라 함은 결코 사유하는 나의 실재성을 뜻하지 않는다. 그것은 또한 서로를 위해서 협력하는 가운데 자기 자신에 도달하게 되는 주체들의 실재성만을 뜻하지도 않는다. [실존 또는] 외존이란 통상적인 의미의 'existentia'와 'existence'의 본질적인 차이를 나타내는 개념으로서 그것은 존재의 인근에서 외향적으로 거주함das ek-statische Wohnen in der Nähe des Seins을 뜻한다. 그것은 존재를 위한 수위직守衛職, Wächterschaft, 환언해서 존재를 위한 우려die Sorge für das Sein를 뜻한다.[214]

상술한 바와 같이 하이데거에 따르면 대부분의 인간, 특히 대부분의 현대인은 진정한 자신과 존재를 망각하고 상실한 채 살아간다. 존재라는 절대적인 의미에서의 진리의 빛의 사건과 그것에 수동적으로뿐 아니라 능동적으로 참여하고 있는 상대적인 의미에서의 진리의 빛의 사건인 자기 자신의 "존재"가 과도하게 부담이 되어 그것에서 도피하고 존재자들의 세계와 대중 속에 자신을 파묻고 그들로 실존적 불안감을 달래며 무사안일의 분망한, 그러나 비본래적이며 자신답지 않은 삶을 살아가고 있다. "현대인들, 현대의 여러 국민이 가장 격렬한 책동과 생산력을 동원해서 존재자와 관련을 맺고 있으면서도, 그들이 알지 못하는 가운데 오래전부터 존재에서 이탈해 있다는 바로 이 점이 그들을 쇠퇴하게 한 가장 깊고도 중요한 이유라면 그에 대해서 어떻게 판단하겠는가?"[215]

현대인들은 단순한 존재자들과의 "수평적인" 관계로 살아가는 어둠 속에서의 실존 방식을 청산하고 존재와의 진정한 "수직적인" 관계(하이데거 자신의 용어가 아님)로 빛 속에서 살아가는 빛나는 자신을 되찾을 때가 되었다. 존재의 빛 속에 바로 서서 자신과 우주 만물을 그 빛으로 바라보고 그 정체와 의미를 순수하게 바로 이해하고 해석할 때가 되었다.

현대인들은 오래전에 소크라테스가 촉구한 바와 같이, 그리고 그를 그 어느 사상가들보다 더 높이 평가한 키에르케고르가 권유한 바와 같이 자신을 알아야만 한다. 그들이 얼마나 자신과 세상만사를 곡해하고 있는지도 알아야 하고 자기 자신이 진정 누구인지도 알아야 한다. 그렇게 하기 위해 그들 모두는 아우구스티누스가 소크라테스와 플라톤의 정신과 성경의 가르침이 권장한 대로 자신의 내부 깊은 곳으로 되돌아가야 한다. 거기서 그들은 자신이 진정 누구인지, 진리와 진리 그 자체가 무엇인지 발견하게 될 것이다. 그 속에서 그들은 후설이 감탄해 마지않았던 의식이라는 기적 중 기적보다 더 큰 기적을 발견하게 될 것이다. 의식보다 더 큰 기적인 현존재라는 기적과 그 속에서, 그를 통해서 지속적으로 일어나는 존재라는 우주적인 진리와 "비진리"의 빛의 사건을 기적들 가운데 가장 큰 기적으로 체험하게 될 것이다.

현대인들이 가장 먼저 수행해야 할 일은 이상에서 소개된 내용대로의 자신들의 정체와 실존의 재발견과 회복이다. 그러나 진정한 자기 이해와 자기실현이 가능하기 위해서는 진정한 존재 이해가 선행되어야 한다. 존재의 의미를 체계적으로 규명하고 해석하는 작업이 선행되어야 한다. 존재자 일반의 문제를 전문적으로 취급하고 일종의 "물리학"을 수립하는 데만 급급했던 과거의 "본질의 형이상학자들"과는 달리 존재를 존재 자체로 취급하고 조명하는 "보편적인 현상학적 존재론"이 수립되어야 함이 분명하다.

"SZ"의 취지와 목적이 바로 여기에 있다. "존재의 의미에 대한 질문을 다시금 제기하는 것이 필요하다.… '존재'의 의미에 대한 질문을 구체적으로 해명하는 것이 이 책의 목적이다."[216]

5) 하이데거의 아포리아

상술한 대로 하이데거는 기독교 세계관이나 플라톤 사상에서 주장되는 초월주의도, 스피노자와 헤겔식의 범신론도 거부하고 슐라이어마허와 틸리히의 "범재신론"에 가까운 일종의 "내재적 초월주의"를 주장하고 있다. 다만 그는 자신의 이러한 입장에 대해 아주 확실치는 않은 듯하다. 그래서 그가 "WM"의 1949년판 결론[217]에서 "존재는 결코 존재자 없이 존재하지 않으며 존재자도 결코 존재 없이 존재하지 않는다"라고 개진하고 있으나 같은 책 초판(1943)에서는 이 문장이 "존재는 존재자 없이도 존재한다"라고 되어 있었다. 그리고 같은 책 재판 서론[218]에서 그는 "인간이 존재의 개방성('현주')과 맺는 본질적인 관계"가 인간의 본성에 속하듯이 "존재가 인간성과 맺는 관계는 존재 자신의 본성에 속한다" gehöre des Seins zum Menschenwesen gar zum Sein selbst라고 피력하면서도, 같은 책 14ff.에서는 존재의 진리가 현존재 속에서 완전히 "소진"된다고는 볼 수 없다고 서술한다. "올바로 이해된 '실존' 개념의 견지에서 비로소 현존재의 '본질'이 규명될 수 있는 바로 그의 개방성 속에서 존재 자신이 자신을 개방하고 은폐하며 자신을 개현하고 회수한다. 그러나 존재의 진리가 현존재 속에서 소진 sich erschöpft되는 것은 아니며 모든 객관성은 그 자체에 있어서 주관성이라는 형이상학적인 명제의 형태로 존재의 진리를 현존재와 동일시할 수는 더더구나 없다."

존재의 진리가 현존재 속에서 완전히 소진되지 않는다면 그것은 현존재의 "의식권" 내가 아닌 어디에서 개현되거나 은폐되는 것일까? 하이데거는 여기서 "존재는 현존재의 개방성 속에서 자신을 개방하고 은폐하기도 하며 자신을 개현하고 회수하기도 한다"라고 서술한다. 따라서 그는 현존재와 그의 정신사가 바로 존재의 진리의 개방의 처소이기도 하고 은폐의 처소이기도 함을 주장하고 있음이 분명하다. 우리는 그가 여기서도 그의 후기 저서 곳곳에서 주장하는 바를 되풀이하고 있음을 볼 수 있다. 존재의 진리와 "비진리", 즉 존재의 개방된 모습과 은폐된 "무근저적 근저"abgründiger Grund 혹은 "무근저"Ab-grund[219] 혹은 "원근저"Urgrund[220]는 현존재 속 깊은 곳에서와 그의 정신사의 발전 과정 속에 간직되어 있다고 보아야 한다. 인간 현존재와 그의 정신사가 곧 존재의 자기 개현 및 자기 은폐의 현장과 무대다. 존재의 역사는 따로 있는 것이 아니고 인류의 정신사가 곧 존재가 자신을 개현함과 동시에 은닉하는 과정, 존재 자신의 역사이며 존재의 "자기 파송사"自己派送史다. 플라톤에서 니체와 마르크스, 그리고 기술 사상에 빠져 있는 현대 과학자들에 이르기까지의 인류의 정신사는 존재 망각의 역사였으며 정신적 "방황"die Irre의 역사였으나 그럼에도 불구하고 그것은 어디까지나 존재 자신, "역사"Geschichte 그 자체 혹은 역사적인 "자기 파송사" 또는 "섭리자"das Geschick라고 할 수 있는 존재[221]의 역사다.[222] 그러므로 인류가 지금까지 걸어온 존재 망각의 행각은 "존재 자신의 업무에 속하며 그의 본성의 자기 파송으로 말미암은 것이다. 그러므로 올바로 인식된 존재 망각은 아직 개방되지 않은 채 있는, 존재[Sein]의 임재는 말하자면 아직 채굴되지 않은 보화들을 간직하고 있으며 적절한 발굴자만을 기다리고 있는 보물의 약속과도 같다."[223]

이 모든 것이 사실이라면, 그리고 "현존재가 존재하는 한에서만 존재도 '존재'하며"[224] "존재는 결코 존재자 없이 존재하지 않는다"[225]는 것이 사실이라면 "존재의 진리가 현존재 속에 소진되지 않는다"란 문구의 뜻은 무엇인가? 현존재와 그의 정신사에 "소진"되지 않은 존재의 진리, 아니 그의 비진리는 어디에 감추어져 있는 것인가? 그 어떤 초월계에? 현존재의 "마음"의 한계 밖 어느 영역에 그것이 감추어져 있다면 그러한 사실을 하이데거의 "마음"이 어떻게 알고 그에 대해서 그러한 주장을 할 수 있는 것인가? 그가 그렇게 할 수 있다는 것은 그것이 그의 마음의 한계 속에 들어와 있어 그가 그것을 체험하고 평가할 수 있음을 의미하지 않는가?

제2장
존재 문제 제기의 필요성(II): 소극적 동기

존재는 기적 중 기적이며 세상에서 가장 생각하고 연구해볼 가치가 있는 대상이므로 존재의 문제를 신중하게 제기할 필요성이 있음이 분명하다. 그리고 "거룩한 자" 혹은 "온전한 자"das Heile이기도 한 존재는 인간 존재의 근원이자 근거이며 미래와 소망이므로 그에게는 생명 그 자체를 뜻한다고 볼 수 있다. 그러므로 그러한 위치에 있는 존재의 문제를 제기하는 것이 절대 필수적이라 하지 않을 수 없다. 존재와 현존재는 "하나"이므로 존재의 문제를 거론하지 않고서는 인간의 문제를 거론할 수 없다. 인간의 문제는 인간 외의 여타 존재자의 문제와 직결되므로 존재의 문제를 거론하지 않고서는 존재자 일반의 문제도 거론할 수 없다.

신학자 불트만R. Bultmann도 인간에 대해 이야기하기 위해서는 신에 대해 이야기해야 하고 역으로 신에 대해 이야기하기 위해서는 인간에 대해 이야기해야 한다고 보았다.[1] 그러나 하이데거는 불트만과 같이 초월신관을 신봉하는 유신론자Theist로서 존재와 현존재 간의 관계에 대해 위와 같은 주장을 제기하지 않고 어디까지나 "범재신론"Panentheismus

과 유사한 존재 사상을 주창하는 자로서 그렇게 하고 있으므로, 그의 견지에서 볼 때 존재와 현존재는 불트만의 신과 인간보다 더 근본적인 뜻에서 하나로 연결되어 있음이 분명하다. 불트만에게는 신이 인간 없이도 존재하지만 하이데거는 현존재 없는 존재는 있을 수 없다 하지 않던가?

존재의 문제를 거론하지 않고서는 인간의 문제는 고사하고 세상의 그 어떤 다른 문제도 거론할 수 없으며, 존재의 문제를 해결하지 않고서는 인간의 문제나 세상의 그 어떤 다른 문제도 해결할 수 없다. 그리고 존재의 문제를 그릇된 방법과 방향으로 거론하고 취급하는 데서 그 의미를 곡해하면 인간의 정체성과 세상만사의 의미와 가치도 덩달아 곡해하게 된다. 역으로 존재의 의미를 바로 이해하고 해석하면 그 빛으로 인간과 인간 외의 여타 존재자들의 존재의 의미도 올바로 이해하고 해석하게 된다. 그만큼 존재의 문제는 우리에게 심각하고 중대한 문제다.

하이데거에 따르면 서양 사상가들은 지금까지 존재의 의미를 완전히 곡해해왔다고 한다. 앞서 지적한 바와 같이 그들은 일률적으로 존재와 존재자를 혼동하고 존재의 미명 아래 존재자 일반의 본질을 연구해왔다. 그들은 존재의 문제를 제기하고 연구했으나 그것을 그르게 제기하고 그릇된 방법으로 해결하려 했다. 그래서 존재의 의미와 존재자 일반의 의미를 완전히 곡해했던 것이다. 물론 존재의 의미와 더불어 자신과 존재자 일반의 존재의 의미도 그들이 완전히 곡해하게 되었다.

그 결과 존재의 빛 없이 세상만사를 바라보고 해석하는 존재 망각의 허무주의Nihilismus가 팽배해지고 그것이 모든 서양 사상가와 일반 대중의 마음속 깊이 침투하여 그들의 정신 활동과 삶 전체를 지배하게 되었다. 플라톤에서 데카르트와 헤겔을 거쳐 현대 기술 사상에 이르기까지의 서양 정신사는 허무주의의 역사로 펼쳐졌다. 플라톤도, 헤겔도, 니체도 모두

존재 없이, 존재의 빛 없이 어둠 속에서 사유하는 "허무주의자"였다.[2] 그리고 최종적으로는 그것이 앞에서 묘사한 극히 가공할 기술 사상의 폐해와 재앙을 현대인들에게 가져다주었다. 그래서 지구는 황폐화되고 "사물들은 원자탄이 폭파하기에 앞서 오래전에 파괴되었다."[3] 인간은 자신의 본성과 본향을 상실한 채 밝은 존재의 빛 속이 아닌 존재자의 어둠 속에서 방황하게 되었다. 현대 이론과학과 응용기술이 가져다주는 물질적인 혜택으로 현대인들은 인류 역사상 유례없는 번영과 부를 누리고 있다. 그들에게 가장 큰 문제는 바로 그 사실에 눈이 가려 자신들이 정신적으로는 "최악의 위기 상황"에 처해 있음을 전혀 의식하지 못한다는 것이다.

여기서 우리는 존재의 문제를 새롭게 제기하지 않으면 안 된다. 세상에 그보다 더 급박하고 중대한 과제는 없다.

1. 본질의 형이상학과 존재 망각의 역사

방금 지적한 바와 같이 하이데거에 따르면 현대인들과 현대 과학자들 및 철학자들만 기적 중 기적인 "존재의 인접성"에서 소원해지고, 그와 더불어 진정한 자기 자신들에서도 소외된 나그네와 같은 삶을 살아가며, 가장 생각해볼 가치가 있고 연구해볼 가치가 있는 것 대신 주로 존재자의 차원에 속한 사소한 것들에 대해서만 골똘하게 생각하고 연구하며 살아가는 것이 아니다. 과거인들과 과거 사상가들도 사실 정도의 차이는 있지만 역시 존재와 자신의 실존에서 멀어진, 소외된 삶을 살았으며 존재가 아닌 존재자에 집착해서 생각하고 연구했다.

하이데거의 깊은 소신에 따르면 인간은 누구든, 과거인이든 현대인이든, 평범한 사람이든 과학자나 철학자이든, 본래적인 실존 양식으로 살아가든 비본래적인 실존 양식으로 살아가든 간에 예외 없이 다 그 깊은 중심에서는, 즉 잠재의식적 차원에서는 존재와 본질적으로 연결되어 있는 "현존재"Dasein이며 따라서 존재의 빛으로 모든 것을 보고 인식하며 살아갈 수밖에 없다고 한다.[4] 그럼에도 불구하고 의식적인 차원에서는 대부분의 사람이 존재 자체와 그의 진리의 빛은 의식하지 못하고, 그 빛으로 드러나는, 인간을 포함한 존재자들만을 의식하고 인식하며 그들에 대해서만 사유하며 살아가고 있다. 우리가 일상생활에서 햇빛으로 사물을 바라보면서도 그 빛으로 드러나는 사물에 정신이 팔려 햇빛 자체는 의식하지 않고 보지 못하는 것과 흡사하다. "존재자의 비은폐성, 즉 그것에게 부여된 밝음이 존재의 빛을 어둡게 한다."[5]

철학사상 가장 위대한 인물로 손꼽히는 플라톤 이후의 과거 서양 사상가들이 존재의 문제를 거론하지 않았던 것은 아니다. 특히 고대 그리스 사상에서 확실히 관찰할 수 있듯이 사실 고대 그리스 철학자들과 그 이후 대부분의 서양 철학자들은 그 문제를 가장 중요한 관심의 대상으로 간주하고 그 문제를 해결하기 위해 평생토록 온 힘을 쏟았다. 그러므로 하이데거의 주장은 그들이 존재의 문제를 거론하지 않았다기보다, 그들이 존재라는 주제하에 계속 존재 자체의 의미, 다시 말해서 존재 자체의 진리 혹은 존재 자체의 개방성[6]이 아닌 존재자의 본질의 문제를 거론하고 취급했다는 것이다. "'존재'에 관한 전통 형이상학의 모든 전통적인 질문"과 관련해서 말할 수 있는 것은 다음과 같다. "그것(전통 형이상학)은 존재자에게서 출발해서 존재자에게로 나아간다. 그것은 결코 존재에서 출발해서 그것의 개방성(Offenbarkeit, 진상, 진리)에 대해서 관심을 가지고 질문을 제기하지 않는다."[7]

과거 형이상학은 "*metaphysika*"(→*meta ta physika*)라는 그리스 명칭 그대로 "시간과 장소에 따라 늘 변하는 자연학적인 것"ta physika, das Physische을 초월하고 그 이면에meta, jenseits, beyond 깔려 있는 영원불변하며 항구적인 것, 즉 현상계의 생성변화하는 사물on gignomenon과 질적으로 다른 참으로 존재하는 것, 순수 존재ontos on를 추구해왔다. 그러나 문제는 그들이 순수 존재라고 간주한 것은 사실상 존재 자체가 아니라 존재자 일반, 즉 우주 내의 모든 개별자의 본질ousia, eidos, Wesen, Wesenheit, 그들 모두의 근저에 깔려 있고 그들 모두를 특징짓는, 그들의 "공통분모"에 불과했다는 데 있다.

전통 형이상학은 항상 존재자를 존재자 되게 하는 것to on he on, das Seiende als Seiendes, being as being이 무엇인지를 규명하는 데 힘을 쏟아왔으며, 존재를 존재 그대로das Sein als solches 거론하지 않았을 뿐 아니라 그렇게 해야만 할 필요성을 의식하지도 못했다. "형이상학은 존재자를 존재자 되게 하는 것이 무엇이냐에 대해 질문을 제기하므로 그것은 존재자의 차원에 머물러 있게 되며 존재 자체에는 관심을 기울이지 못한다."[8] "형이상학은 그 자체의 본질로 말미암아 존재에 대한 체험이 불가능하다. 왜냐하면 형이상학은 존재자on를 오로지 존재자 그 자체he on의 차원에서 드러나는 그것만을 근거로 해서 고찰하기 때문이다. 형이상학은 존재자가 존재자로 드러남에 따라 동시에 그것 속에 자체를 은폐하는 것(존재)에는 유의하지 않는다."[9]

전통 형이상학이 이처럼 항상 존재자의 차원에 관심을 집중하며 그 차원의 이면에 뿌리박고 있는 존재는 간과해왔다는 의미에서, 하이데거는 이상에서 지적했듯이 전통 형이상학 체계 전반을 일종의 "물리학"에 지나지 않는 것으로 본다.

탈레스에서 니체까지의 서양 철학과 형이상학은 직간접으로 계속 우주의 본질과 정체성을 추구해왔다. 그들은 전 실재를 한마디로 무엇이라 정의할 수 있는지, 그 신비를 풀 수 있는 열쇠를 어디에서 발견할 수 있는지에 대해 심각하게 질문해왔다.

형이상학자들은 비록 특수 과학자들과는 달리 특수한 개별 존재자들 einzelne Seiende이 아닌 존재자 일반das Seiende im allgemeinen, das Seiende als solches 의 본질을 연구 대상으로 삼고 있긴 하지만 그럼에도 불구하고 그들이 문제 삼는 것은 어디까지나 존재자das Seiende이다. 그들은 우주 내의 모든 존재자를 관찰하고 연구하는 가운데 그들 모두에게 깔려 있는 하나 혹은 다수의 "공통분모", 즉 우주의 근본 원리 혹은 원질原質, arche, stoicheia이 무엇인지를 밝히려고 노력했으므로 그들의 시선은 항상 존재자의 차원에 머물러 있었다고 볼 수 있다.

다수의 개인들로 구성되는 한 국가 체제와 관련해서 아리스토텔레스가 오래전에 표명했고 현대 구성주의 심리학Gestaltpsychologie과 해석학 Hermeneutik에서 인간의 정신 및 심리 현상들 혹은 정신적·영적 의미를 함축하고 있는 문화물들과 관련해서 일반적으로 주장하는 기본적인 한 명제가 있다. "전체는 그 부분들의 합 이상이다"The whole is more than the sum of its parts. 판넨베르크W. Pannenberg가 지적하고 있듯이[10] 한 국가체제나 한 편의 교향악 혹은 한 점의 예술품과 관련해서 이 명제가 타당함을 입증하는 데는 적잖은 어려움이 따른다. "전체가 그 부분들의 합 이상"이라고 할 때 여기서 "부분들"의 의미가 무엇이냐가 문제점으로 떠오르기 때문이다. "부분들"을 어떻게 이해하느냐에 따라 "전체"는 충분히 그 "부분들"의 합과 동일시할 수 있다. 그러나 우리의 판단으로는 인간의 궁극적인 주체성, 즉 키에르케고르와 하이데거가 "자아"라 일컫는 것과 관련해서는 이 명제가 타당함이 분명한 듯하다. 왜냐하면 여기서 "자아"는 지정의와 도덕의식, 심미의식, 종교의식 등 우리의 정신에 속한 다양한 기능들과 육체에 속한 모든 부분과 요소를 합한 것 이상의 그 무엇이 확실하기 때문이다. 우리의 자아는 우리 속의 이 모든 기능 및 부분과 연결되어 있으면서도 그들 모두를 초월하는 하나의 절대적인 중심점이다. 데카르트의 이성의 논리와 법을 따라 진리를 추구하는 대신 "마음의 논리"와 "마음의 법"을 따라 그렇게 하고 신에게 나아가야 할 것을 강력하게 요청한 파스칼의 정신에 따라 네덜란드 기독교 철학자 도예베르트 H. Dooyeweerd 가 가르치고 있는 바와 같이,[11] 우리 인간의 가장 깊은 중심과 가장 핵심적인 중추며 모든 기능과 요소의 집결지인 "마음" coeur, heart 은 우리 속의 모든 "부분"의 합 이상의 그 무엇임이 분명하다.

이하에서 상론하겠지만 하이데거는 "SZ", "KM", "WG" 등에서 세계 개념을 현상학적으로 분석하는 과정에서 세계 또는 존재의 의미 혹은 존재의 진리를 "세계내재적 존재자" 일반이 함께 포괄되어 있는 "전체" das Ganze, 즉 "의미성의 전체" Bedeutungsganze 혹은 단순히 "의미성" Bedeutsamkeit 이라 칭하고 있다. 해석학의 전문 용어로 세계는 존재자 일반의 의미를 규정하는 전체적인 "의미의 지평" Sinnhorizont 인 것이다. 이러한 전체적인 의미의 지평인 세계 또는 존재는 분명히 존재자 일반을 합산한 데서 추상해낸 공통분모 이상임이 분명하다. 존재를 형이상학자들이 연구의 대상으로 한 존재자 일반의 "본질" eidos 또는 "실체" ousia 와 동일시할 수 없다.

우주의 본질 또는 실체를 물(탈레스), 무한자 apeiron (아낙시만드로스), 공기(아낙시메네스), 불(헤라클레이토스), 물·불·공기·흙 등 4원소(엠페도클레스), 무수한 원자(데모크리토스) 등 원질에서 발견할 수 있다고 본 자연철학자들뿐 아니라 숫자(피타고라스), 이데아 또는 관념(플라톤), 단자 單子,

Monade(라이프니츠), 실체 *substantia sive natura sive deus*(스피노자), 절대적 관념 또는 정신(헤겔), 권력에로의 의지(니체) 등 정신적인 원리 또는 실재에서 발견할 수 있다고 주장한 철학자들도 사실은 존재자들의 차원에서 존재를 헛되이 추구했다.

과거 형이상학자들은 눈앞에 구체적으로 비취는 개별적인 "나무들"에 시선을 집중했고 그들 중심과 배후에서부터 비취는 "숲"은 보지 못했을 뿐 아니라, 그 눈앞에 나타나는 모든 "부분"과 그들이 "전체"라고 간주한 것까지도 인간 이성의 "직관"과 "직시""Sehen", "pures Anschauen", "Anschauung", "Wesensschau"; *"idein"*, "Erblicken", "Blicken"[12]의 대상으로, 환언해서 완전히 정적이며 "현전적인"*vorhandenes* "표상"의 대상으로 간주하고 인간 주관성의 전형적인 "정보 처리"의 방식에 따라 그들의 정체와 본질을 규정하고 정의하며 이론적으로 설명하려 했다.[13] 그들은 이러한 주관주의적·주지주의적인 인식 방법들이 모두 원초적인 인식 방법이 아니고 어디까지나 "이해력"*Verstehen* 또는 "현존재의 안목"*die Sicht des Daseins*[14] 혹은 현존재의 "조명성"*Gelichtetheit*[15]에서 유래한 "먼 파생형"*entfernte Derivate des Verstehens*[16]과 "아종"*eine Abart von Verstehen*[17]에 불과함을 깨닫지 못했다.

그들 모두는 아리스토텔레스와 데카르트, 칸트와 후설과 함께 인간을 이성과 의식을 가진 동물로만 인식했으며, 이성과 의식 이상의 숭고하고 기이하며 신비로운 자, 세상에서 가장 비범한 자, 즉 존재와의 관계 또는 현존재임을 인식하지 못했다. 인간을 "이성의 빛"으로만 보았고, 존재의 빛 속에 "서서" 그 빛에 비췸을 받을 뿐 아니라 그것을 능동적으로 발할 수 있고 발해야 하는 "자연적인 빛"*lumen naturale*임을 깨닫지 못했다.

상술한 바와 같이 플라톤에서 데카르트를 거쳐 니체와 후설, 그리고 현대 기술 사상에 이르기까지의 과거 서양 사상 전통은 존재 망각과 "허무주의"Nihilismus 사상사로 전개되었다. 허무주의의 본질이 존재의 부재로 특징지어진 사상을 뜻한다면,[18] "형이상학은 그 자체에 있어서 허무주의의 진수다. 허무주의의 본질은 역사적으로 형이상학의 형태로 존재해왔다. 플라톤의 형이상학은 니체의 그것보다 결코 덜 허무주의적인 것이 아니다. 다만 전자에 있어서는 허무주의의 본성이 은닉되어 있었고 후자의 경우에는 그것이 완연하게 표출되었을 따름이다."[19] 현대 기술 사상은 형이상학의 결과로 태동된 "정치 사상"定置思想, Ge-stell[20]이며 존재로부터 가장 소원해진 사상이므로 허무주의의 극치라 보지 않을 수 없다.[21]

(1) 플라톤

존재를 존재 그대로 이해하고 취급하기보다 그것을 존재자의 차원으로 끌어내려 인간의 이성으로 예리하게 투시하고 포착하며 정의할 수 있는 정적이며 "현전적인" 인식의 대상으로, 쉽게 관장하고 요리할 수 있는 "표상"의 대상으로 간주하는 본질의 형이상학은 후기 플라톤의 사변철학에서 본격적으로 대두되었다.

1) 존재와 이데아

우주는 한마디로 무엇인가, 우주의 실체와 정체, 실상과 참뜻은 어디에서 발견할 수 있는가라는 형이상학자들의 질문과 관련해서 플라톤은 고대 그리스 자연철학자들이 주장한 대로 그것은 물, 공기, 불, 토양, 원자 등 물질적인 원질에서도, 피타고라스가 절대시한 수나 파르메니데스가 거론한 "존재"와 같은 정신적인 원리에서도 발견할 수 없고, 오로지 현상계 이면에 뿌리박고 있는 초월계 내의 이데아들, 특히 이데아의 이데아, 최고의 이데아인 선善 이데아에서 발견할 수 있다고 답했다. 우주의 진정한 모습, 그 "존재", 그 "진리"를 인식하기 위해서는 감각적인 세계, 현상계를 꿰뚫고 그 이면에 감추어져 있는 정신계, 이데아의 세계를 바라보아야 한다. 다양한 개별 이데아들이 서로 목적론적 관계로 연결되어 하나의 유기적인, 피라미드와도 같은 구성체를 이루고 있는, 이 초월계 속의 다양한 영원불변한 이데아들을 바라보되 그들 중에서 특히 진선미와 같은 고차적인 이데아들, 그리고 이들 가운데서도 선 이데아를 바라보아야 한다. 선 이데아의 빛으로 다른 이데아들과 나아가서는 현상계 내의 변화무쌍한 사물과 현상들을 보아야만 이들 모두가 무엇인지, 그들로 구성된 우주 전체의 정체와 "존재", 그 진의와 "진리"가 무엇인지를 알 수 있게 된다는 것이었다.

플라톤이 "*idea*"라고 칭하는 용어는 "*idein*"에서 유래했으며 후자는 "*horao*" 혹은 "*blepo*"라는 동사원형에서 나온 현재분사 부정형 2nd aorist infinitive인데 "*horao*"와 "*blepo*"는 다 영어로 "to see", "to look at"을 뜻하므로 "*idein*"은 "to have seen"을 뜻함을 알 수 있다. 그러므로 "*Idea*"는 우리가 볼 수 있는 대상을 뜻한다. 다만 그것이 육안으로 볼 수 있는 감각적인 대상일 수는 없고 이성의 안목으로 볼 수 있는 정신적인 대상, 초감각적인 "형상"일 수밖에 없다.

전 실재의 실체와 실상, 그 정체와 "진리", 한마디로 그 "존재"를 의미하는 선의 이데아와 다른 이데아들은 우리가 육안으로 전혀 볼 수 없으되 이성의 눈으로는 순수히 그대로 투시하고 인식할 수 있다. 플라톤은 그의 『국가』 제7권의 "동굴의 비유"에서 선 이데아는, 자연계의 만물을 밝혀줄 뿐 아니라 그 속의 동식물의 성장과 생존을 가능케 하는 태양에 비유할 수 있다고 가르치고 있다. 나아가 그는 선의 이데아가 다른 모든 이데아들과 이들의 "모조품"copy 혹은 그림자라 할 수 있는 자연계의 사물들과 현상들의 존재 근거이며 인간이 이들을 인식할 수 있는 인식 가능성의 근거이기도 하다고 주장하고 있다.

그에 따르면 태양과도 같은 선 이데아를 우리는 이성의 눈으로, 그야 말로 햇빛과 같이 선명하고 확실하게 투시하고 포착하며 인식할 수 있다. 사실은 그것을 그와 같이 선명하고 확실하게 투시하고 인식하는 데 우리의 존폐가 걸려 있다. 우리가 선 이데아를 위시한 모든 이데아를 순수히 그대로 투시하고 인식할 때, 우리는 우리가 투시하고 인식하는 것들의 기준에 따라 생각할 뿐만 아니라 그대로 행동하며 살아갈 수 있을 것이다. 진선미라는 영원불변한 세계 원리에 부합한 참되고 선하며 아름다운 삶을 살아갈 것이며 그러한 우리 자신이 될 것이다.

우리 자신의 정신력과 의지력에 힘입어서라기보다 우리의 인식 대상의 숭고함과 아름다움 때문에, 그것에 압도되어 우리는 이 영원한 이데아들의 기준에 따라 그러한 이상적인 삶을 살지 않을 수 없고 그러한 우리 자신이 되지 않을 수 없다. 그리고 우리는 그러한 우리 자신과 우리의 삶으로 크게 기뻐하며 행복한 삶을 살아가게 될 것이다. 무엇보다 우리가 햇빛과도 같이 분명하고 석연하게 투시하고 인식하게 되는 이 절대적인 자아 가치를 소유하고 있는 놀라운 정신적인 대상들로 말미암아 크게 기뻐하고 만족하며 내적으로 행복한 삶을 살아가게 될 것이다.

중요한 것은 우리가 이 이데아들이라는 영원하며 절대적인 "세계 원리들"을 분명하고 석연하게, 확실하고 정확하게 투시하고 인식해야 한다는 것이다. 피상적이고 불분명하게 알아서도 안 되며 부분적이고 단편적으로만 알아서도 안 된다. 순수하고 깊고 폭넓게 알아야 한다.

플라톤 당대에 아테네 시민들과 정치인들이 당면했던 모든 도덕적·사회적 문제들은 그들이 이데아를 이성의 눈으로 바로 보고 바로 알지 못했던 데서 비롯되었다. 이성을 통한, 이데아에 대한 참된 지식이 인간의 모든 도덕적·정신적 문제들의 유일한 해결책이다. 우주의 정체와 실체, 그 존재와 진리를 뜻하는 이데아에 대한 진정한 앎이 인간의 모든 도덕적·사회적 중병을 근본적으로 치유해줄 수 있는 근치요법이다. 지식이 명약이다. 정확하고 확실하게 아는 것이 곧 바로 행하며 바로 살아갈 수 있는 능력을 뜻하며 나아가서는 행복을 뜻하기도 하기 때문이다("지행복일치설", 소크라테스).

플라톤은 이데아에 대한 참된 앎, 그에 대한 "인식"*dianoia*과 "이성"*noesis*을 통한 진정한 지식*episteme*, 진정한 과학지와 사변지를 아테네 시민들과 나아가서는 온 인류가 모든 정신적인 질환에서 치유함을 받고 건전하고 정의로우며 이상적인 삶을 살아가는 데 필요한 명약, 아니 극약으로 확신하고 그것을 그들에게 처방해주었다.

이데아에 대한 올바른 투시와 인식에 인생의 모든 것이 달려 있다. "모든 것이 '*idea*'를 '*idein*'하는 데, 즉 [실체의] 형상을 바로 투시하는 데 달려 있다.…모든 것이 '*orthotes*', 즉 투시의 올바름die Richtigkeit des Blickens에 달려 있다."[22]

그러나 문제는 우리가 플라톤이 확신한 대로 이성의 직시로 전 실재 또는 우주의 실상과 정체, 존재와 진리를 바로 보고 인식할 수 있느냐는 것이다. 바꾸어 말해서 플라톤이 이성으로 바로 투시하고 인식할 수 있다고 생각한 이데아가 존재와 진리 그 자체냐, 그렇지 않으면 그가 이데아라고 칭하는 것은 인간 이성이라는 "색안경"을 통해 나타나는 존재의 피상적인 모습에 불과하냐 하는 것이다. 이데아는 존재 자체인가 아니면 플라톤이 볼 때 그것이 존재로 나타났을 뿐 존재 자체와는 거리가 먼 그무엇인가?

물론 하이데거는 플라톤의 이데아는 존재 자체가 아니고 이성의 안목에 비춰진 대로의 존재, 이성의 "표상"의 대상으로 축소되고 단순화된 존재에 불과한 것이라고 본다.

플라톤은 우주적인 빛의 힘인 피시스와 이데아를 혼동했다. 그 자체의 숨은, 무한히 심오한 근저에서 그 자태를 드러내며 그와 더불어 존재자 일반의 정체를 드러내는 존재라는 "비은폐성" 또는 원초적인 "진리"Aletheia와, 인간의 이성의 안목에 나타나는 그 "형상"Aussehen, Anblick을 완전히 혼동했다. "동굴의 비유"에서 그는 선의 이데아에 대해서 다음과 같이 서술한다. "그것은 (자기 현현하는 존재자에게 비은폐성을 제공함과 동시에 [인간으로 하여금] 비은폐된 존재자에 대해) 인지할 수 있는 능력을 부여하는 여왕이다."[23] 하이데거는 여기서 플라톤이 "이데아가 알레테이아(원초적인 진리, 피시스, 로고스) 위에 군림하는 과정"을 보여주고 있다고 비판하고 있다.[24] 달리 표현한다면 "알레테이아는 이데아의 굴레를 쓰게 되었다"는 것이다.[25]

플라톤은 극히 심오하고 신비로우며 극히 역동적이고 우주적인 빛의 힘인 피시스 또는 알레테이아를 이성의 관점에서 지적으로 포착하고 관장할 수 있는 한낱 정적인 대상, 표상의 대상으로 환원시켰다.

소크라테스 이전 철학자들은 피시스가 그 은폐된 상태에서 비은폐된 상태로 출현해서 자기 자신과 우주 내의 존재자 일반을 개방하는 우주적인 빛의 역동적인 조명 과정으로 보았다. 플라톤은 그러한 심오하고 역동적인 "초강력자"das überwältigende, 즉 초강력한 빛의 힘인 피시스를 이데아로 해석했던바, 그에게 "이데아는 (그 이면의) 어떤 다른 것은 '드러나게' 하지 않고 그것 자체가 바로 드러나는 것이다."[26] 이데아는 이성의 안목에 나타나는 "형상"이며 "순수히 비춰 보이는 것"das reine Scheinen, das

Scheinende, das Scheinsame이다.[27]

그럼에도 불구하고 플라톤에게 그러한 이데아는 결코 "'aletheia'를 드러내는 그 표면이 아니라 오히려 후자를 가능케 하는 그 근거"[28]로 작용하고 있다. 이데아의 본질을 그렇게 이해함으로써 플라톤은 존재의 본질에서 유래한 "결과"Wesensfolge를 존재 자체로 곡해하게 되었다.[29] 그에게 "결정적인 것은 어디까지나 실체die Sache가 드러내 보이는 모습이며 실체 자체가 아니다."[30]

그러나 사실은 "idea…라는 용어는 가시적인 대상에 있어서 직시된 것, 즉 그 무엇이 나타내 보이는 모습에 불과하다. 여기서 나타나는 것은 "우리의 눈앞에 등장하는 대상의 형상, 'eidos'다. 한 사물의 형상이라 함은 이 사물이 우리 앞에 자체를 제시하고 드러내 보이며, 그 자체로 우리의 눈앞에 정지해 있는 모습을 뜻하며 그것이 그 자체로 임재하는, 그리스적인 용어로 그 자체로 '존재'하는 그러한 모습을 뜻한다. [플라톤이 존재와 동일시하는 이데아와 관련해서 말한다면] 이러한 정지 상태는Stehen, 자체적으로 현현하는 자, 즉 'Physis'의 고정성Ständigkeit을 뜻한다. 그것의 이러한 고정성의 정지 상태는 인간의 견지에서 볼 때 그 자체에서부터 독자적으로 임재하고 있는 자의 전면前面이며 이성적 인지의 대상이다. 여기서 형상을 제시하는 임재하는 자, 존재자는 그 본질과 양태 그대로 보는 자의 눈앞에 정지해 있다. 그것은 인지될 수 있고 지적으로 점유될 수 있다. 점유의 대상으로 관장될 수 있으며 소유될 수 있다. 그것은 임재자에게 관장 가능한 임재성, 즉 'ousia'이다."[31] 플라톤에게 이데아는 존재 자체가 아니고 존재의 드러나는 "전면"Vorderfläche과 "표면"Oberfläche에 불과하다. 그는 존재의 본질에서 유래한 "결과"를 존재 자체로 잘못 보았던 것이다.[32]

플라톤은 말하자면 빙산의 드러나는 일각에 불과한 것을 그 이면에 감추어진 부분을 합한 빙산 전체와 동일시했다. 그는 빙산의 드러나는 일각을 정확하게 바로 투시하는 것이 곧 빙산 전체를 바로 투시하는 방법이라고 확신했던 것이다.

빙산은 보이는 일각과 그 깊이와 폭을 가늠할 수 없을 정도로 방대한, 감추어진 근저로 되어 있다. 그것은 말하자면 "개방성"과 "은폐성"의 통일이다. 하이데거에게 존재는 자기 현현하는, 그리고 그와 더불어 우주를 그들로 드러나고 "존재"하게 비추는 막강한 빛의 힘, 피시스인 동시에 그것은 또한 이성의 잣대로 잴 수 없는 무한한 깊이와 폭의 "은폐성"이며 "비밀"Geheimnis[33]이다. 그 근저를 측량할 수 없는 무한한 심연과도 같은 "비근저"이며 "원근저"이다.

소크라테스 이전 철학자들은 플라톤과 달리 존재를 개방성인 동시에 은폐성이라고 간주했으며 그의 우주적인 진리의 역사는 빛과 어둠 간의 원초적인 투쟁으로 전개되는 것으로 간주했다. 그들은 그것을 "*Physis*", "*Logos*", "*Pyr*"原火, "*Hen*"一者, "*Polemos*"(원초적인 투쟁), "*Dike*", "*Kosmos*" 등의 용어로 지칭하기도 했으며 "*Aletheia*"라고도 불렀다. 후자 속의 접두어 "*A-*"는 하나의 결성어缺性語, privative로서 그것에 뒤따르는 "*Lethe*"(은폐성)를 부정하고 극복하는 역할을 하고 있는바 따라서 "*Aletheia*"라는 용어는 자신의 은폐성을 애써 해제하고 자신을 개방하는—그러나 계속 자신의 은폐성을 배경으로 해서 그렇게 할 뿐 아니라 그것에로 되돌아가려는 경향을 보이는 가운데 그렇게 하는—존재의 "개방적인 자기 은닉"lichtendes Bergen[34] 행위를 드러내는 용어임을 알 수 있다. 하이데거에 따르면 이들 초기 그리스 철학자들은 그 점을 염두에 두고 존재를 위한 한 명칭으로 이 용어를 사용했다. "초기 그리스인들에게는 은폐성이 자아 은닉 행위로서 존재의 본질을 근본적으로 제한하며 그와 더불어 존재자가 존재자로 임재함에 있어서나 [인간이] 그것에 접근함에 있어서 존재자의 [본질]도 제약하므로…로마인들이 'veritas'라 칭했고 우리가 '진리'라 부르는 그 용어가 이 그리스인들에게는 'a-은폐성'a-letheia으로 표현되었다. 진리는 원래 은폐성에서부터 쟁취된 것을 뜻했다. 그러므로 진리는 [은폐성을 해제하고] 개방성을 쟁취하는 [과정이다]. 여기서 은폐성에는 다양한 종류가 있다―은닉·간직·숨김·차폐·위장·왜곡."[35]

이 모든 점을 감안할 때 우리는 초기 그리스 철학자들이 존재의 정체성은 존재자를 매개로 해서 현현되는 그의 "표면"으로서는 가늠할 수 없는 깊이와 폭을 지니고 있음이 분명하다고 간주했다는 사실을 알 수 있다. 그것은 결코 인간 주체성의 표상의 대상인 이데아로 환원할 수 없는, "그 자체의 실체의 충만함"eigene Wesensfälle을 지니고 있음이 분명하다고 그들은 인식했다.[36] 그들을 통해 우리는 "a-은폐성, 즉 원초적인 은폐성을 극복하는 것과 관련된"aletheia의 "소극적 혹은 부정적인" 측면 속에는 참으로 "긍정적인 것"이 "존재의 진정한 본질로 감추어져 있다"는 이치를 터득해야 할 것이다.[37]

하이데거 자신도 이들 소크라테스 이전 철학자들과 동일하게 진리 또는 비은폐성, 즉 존재의 자기 현현의 사건은 항상 그의 자기 은폐의 활동을 배경으로 해서 이루어지는 것이라고 보았다. 하이데거는 존재가 자신을 드러냄과 동시에 필연적으로 자신을 은폐시킬 뿐 아니라 자신을 은폐하는 이 사실도 은폐하는 행위를 "비밀"das Geheimnis이라 칭한다.[38] 인류는 지금까지 존재의 이러한 "비밀을 의식하지 못한 채 계속 통상적인 것에만 정신을 집중하며 그 비밀을 지나치고 어떤 일상적인 것에서 다

른 것에로 유랑하는" "정신적 방황의 행각"das Irren을 벌여왔다.[39]

초기 그리스 철학자들을 따라 하이데거 자신도 존재는 원래 감추어진 상태에 있으므로 그가 자신을 드러낼 때 그는 의도적으로 자신의 원래적인 은폐성을 애써 극복해야 한다고 본다.[40] 그러한 의미에서 그는 존재의 은폐성이 비은폐성보다 "오래되다"älter, 즉 더 원초적이며 더 기본적이라고 본다.[41]

따라서 존재의 자기 개방 활동을 뜻하는 원초적인 진리에 대해 생각할 때마다 우리는 항상 그 바탕과 배경으로 그의 은폐성과 "비밀", 그 "비진리"를 생각해야 한다. 존재의 "진리의 풍성한 본질"das volle Wesen der Wahrheit은 그 자체 속에 "비임재성"Unwesen과 은폐성을 내포한다.[42] 그러한 뜻에서 "진리는 개방성과 은폐성 간의 원초적인 투쟁"이라 할 수 있고 "진리는 그 근본에 있어서 비진리"라고 할 수 있는 것이다.[43]

그러나 플라톤과 그 이후의 서양 철학자들은 존재가 개방성인 동시에 은폐성임을 의식하지 못했기에 인간 주관성의 사유 활동과 인식 활동을 통해 직시하고 포착할 수 있는 그 개방성에만 집착하고 그것을 기준으로 해서 진리의 본질을 이해하고 정의해왔다. 그들은 존재의 드러나는 "전면"과 "표면"을 존재의 진리의 전부로 곡해해왔다.

플라톤적으로 인식된 비은폐성(진리)은 [인간 이성을 통한] 투시, 인지, 사유, 진술 등과의 관계와 연계되어 있다. 이러한 관계에 따라 비은폐성의 본질을 이해한다는 것은 그것을 포기함을 뜻한다. '이성', '정신', '사고력', '로고스' 혹은 그 어떤 종류의 '주관성'이든 간에 비은폐성의 본질을 그대로 규명할 수는 없다. 왜냐하면 여기서는 해명되어야만 할 대상인 비은폐성의 본질 자체는 충분히 연구하지 않은 채 아직 간파되지 않은 비

은폐성의 본질의 한 결과만을 항상 '설명'erklären할 따름이기 때문이다.[44]

이처럼 빙산의 일각에 불과하다고 할 수 있는 이데아를 존재와 동일시하고 그것을 빛으로 하고 척도로 해서 세상만사를 내다보며 평가하려 했기에 플라톤은 근본적으로 모든 것을 곡해하게 되었고, 그의 영향을 받은 그 이후의 서양 사상가들도 그렇게 하는 치명적인 결과를 초래했다. 그들 모두는 플라톤과 더불어 존재의 빛 없이 "허무주의"에서 허덕이며 어둠 속에서 존재자를 위주로 해서 생각하며 움직이는 정신적 방황의 길을 걸어야 했다. "[그리스 철학의] 최종 국면에 'idea', 'eidos' 등의 용어가 존재physis를 위한 주도적인 표준용어로 등장한다. 그 이후 존재를 이데아로 해석하는 풍조가 모든 서양 사상 체계를, 그 변천사를 거쳐 오늘날까지 지배해왔다."[45] "본질의 결과에 불과한 것이 본질 자체로 격상되고 그렇게 해서 본질을 대체하게 될 때 그 결과는 어떻게 나타나겠는가? 그 결과는 [정신적] 쇠퇴이며 후자는 후자대로 또한 특유한 결과들을 초래하게 된다. 실제로 그렇게 되었다. [플라톤에 있어서] 문제가 된 것은 'physis'가 'idea'로 칭해졌다는 데 있는 것이 아니고 'idea'가 유일하며 표준적인 존재로 해석되었다는 데 있다."[46]

하이데거에 따르면 에머슨R. W. Emerson, 화이트헤드A. N. Whitehead 등이 철학이라는 학문과 동일시할 수 있다고까지 평가한 플라톤의 주지주의적 사상체계를 무너뜨리고 그것과 완전히 상반되는 주의主意주의적 체계, "권력의 의지에로의 형이상학"die Metaphysik des Willens zur Macht[47]을 발전시킨 니체 역시 적어도 부정적인 의미로는 플라톤의 영향 아래 있었으며 후자와 마찬가지로 존재 망각의 "허무주의"에 빠져 있었다고 한다. 니체는 감각적인 것과 더불어 "생"에 속한 모든 것을 부정하고 초감각적인 이데아의 세계만을 긍정하는 플라톤주의를 허무주의라고 불렀으나, 니체 자신의 권력에로의 의지의 형이상학 역시 사실은 허무주의에 불과했다. 사실상 그것은 가장 극단적인 허무주의였다. 그가 "모든 가치의 재평가"Umwertung aller Werte라는 구호를 내걸고 플라톤이 인간에게 가능한 최고의 "가치"로 절대시한 선 이데아를 대치할 다른 가치들을 추구했음에도 불구하고 그가 여전히 존재 자체의 관점이 아닌 "가치"의 관점에서 철학적 사유에 임했으므로 그도 사실은 일종의 플라톤주의자였다고 볼수 있다. 니체는 자신이 존재로 간주한 "권력에로의 의지" 또는 "삶" 자체가 자기 자신을 보전하고 완성시키기 위해 스스로 정립하고 창출한다고 본 "진리"와 "예술"에서 그러한 가치들을 발견할 수 있다고 주장했다.[48] 사실상 그는 "서양 형이상학사상 가장 방자한 플라톤주의자였다."[49] "니체는 플라톤주의 내에서 플라톤주의에 대항해서 사유했다."[50]

플라톤에서 태동되어 데카르트와 라이프니츠를 거쳐 헤겔에 와서 그 극치에 이른 존재 망각의 본질의 형이상학은 니체에 와서 완성 단계에 이르렀다. 그리고 그러한 허무주의적 본질의 형이상학의 발전의 최종 결실로 "지구를 황폐화시키는" 현대의 기술 사상이 발전하게 되었다.[51]

2) 이성과 진리의 처소

플라톤은 이처럼 존재를 인간이 이성의 안목으로 포착하여 자신의 눈앞에 표상하고 지적으로 관장하고 처리할 수 있는 정적인 한 대상, 이데아로 간주하고[52] 그러한 이데아를 분명하고 석연하게 투시하고 인식하는데 인생의 제반 문제, 특히 윤리와 사회의 문제가 걸려 있다고 보았다. 그리고 그와 더불어 진리의 처소der Ort, die Stätte der Wahrheit,[53] 즉 진리와 비진리가 각각 그것들로 판별되고 확정되며 그것들이 서로 구별되는 곳,

진리의 재판소는 진리의 원천인 존재 자체로부터 한낱 존재자에 불과한 인간의 이성에게로 옮겨지게 되었다.

소크라테스 이전의 고대 그리스 철학자들은 진리를 존재 자체의 관점에서 이해하고 정의하려 했다. 진리는 비은폐성을 뜻했던바 그들은 그것을 우주적인 진리의 빛인 존재 자체의 "기본적인 특성"Grundzug으로,[54] 그리고 그 빛으로 드러나는 존재자들의 "기본적인 특성"으로[55] 이해했던 것이다. 진리는 존재의 자기 현현의 사건인 동시에 그로 말미암은 인간을 포함한 우주 내의 존재자 일반의 개방의 사건이며, 인간은 이러한 존재의 우주적인 진리의 사건, 빛의 사건에 수동적인 의미에서 또 능동적인 의미에서 동참하는 자이기에 우주적인 진리의 사건, 아니 "비진리"의 사건 또는 "비은폐성"의 사건의 궁극적인 주체와 중심이 결코 인간일 수는 없고 특히 인간의 이성일 수는 없다.

그러나 플라톤에 와서는 진리가 인간 이성의 견지에서 인식되고 정의되었다. 인간 이성 또는 오성이 진리와 비진리를 판가름하는 기관이다. 진리는 무엇인가? 진리는 인식의 대상에 대한 이성의 인식과 판단의 올바름에서 확정된다. 이성이 인식의 대상에 일치homoiosis, adaequatio하게 그것을 인식하고 판단할 때 우리는 진리, 즉 그 대상의 본질과 실체, 그 정체성과 "존재"를 바로 알게 된다. 진리는 인간을 포함한 존재자 일반을 비춰 그들로 드러나게 하는 존재의 비은폐성 또는 개방성의 빛이라기보다 지식의 대상에 대한 인간 이성의 투시, 사유, 인식, 표상, 관장, 그리고 판단의 정확성orthotes, die Richtigkeit des Vernehmens und Aussagens과 일치homoiosis이다.[56]

"동굴의 비유"에서 우리가 읽을 수 있듯이 플라톤이 진리라는 개념을 아직도 그 이전 철학자들과 같이 존재와 존재자의 비은폐성과 관련해서 사용하는 경우가 전혀 없지는 않으나 그의 지배적인 경향은 그것을 지식의 대상에 대한 이성의 올바른 인식 및 판단과 관련해서 사용하는 것이었다.[57] 그는 진리의 본질과 의미를 그 가장 깊은 근원인 존재 자체의 견지에서 진정 뿌리 깊게 이해하고 정의하는 대신 주로 이데아라는 존재의 드러나는 모습, 그 "전면"과 "표면"을 투시하는—나아가서는 이데아를 기준으로 해서 존재자 일반을 직시하고 인식하는—인간 이성의 표상 및 판단 행위의 견지에서 너무나도 좁게 이해하고 정의하려 했던 것이다. "이렇게 해서 'idea'와 'idein'을 'aletheia'보다 우위에 두는 사상에서 진리의 본질에 대한 [정의에 있어서] 변화가 왔다. 진리는 'orthotes', 즉 인식과 진술의 정확성으로 변화하게 되었다. 진리의 본질에 대한 [정의]의 변화와 더불어 진리의 처소의 변천도 발생했다. 그것이 과거에 비은폐성을 뜻했을 때 그것은 아직 존재자의 기본적인 특성에 속해 있었다. 그것은 이제 '직시'의 정확성을 뜻함과 더불어 존재자에 대한 인간의 행위의 특징으로 인식되게 되었다."[58] "진리는 더 이상 비은폐성을 뜻하지 않으며 존재 자체의 기본적인 특성으로 인식되지 않는바 그것이 이데아의 굴레를 쓰게 됨으로써 정확성으로 화하게 되었고 그 후부터 계속 존재자에 대한 인식의 특징으로 이해되게 되었다."[59]

아리스토텔레스와 중세 철학자들도 플라톤과 동일하게 "진리의 처소"를 이성에서 발견할 수 있는 것으로 보았고, 진리란 사물에 대한 이성의 표상과 인식, 판단과 진술의 올바름 혹은 일치 *adaequatio intellectus et rei, adaequatio intellectus ad rem*라고 정의했다. 아리스토텔레스는 그의 "형이상학"에서 "거짓과 참은 사물 자체 속에 있는 것이 아니고…오성(이성) 속에 있다"[60]고 서술하고 있다.

플라톤과 마찬가지로 아리스토텔레스도 때로는 진리를[61] 존재와 존재자의 비은폐성과 개방성이란 뜻으로 사용한 것은 사실이다. 그러나 그도 자신의 스승과 유사하게 그 용어를 주로 사물을 표상하고 인식하는 이성의 판단과 진술Aussage, logos의 정확성과 관련해서 사용했다. 그도 이성, 즉 존재자의 어떠함에 대해 사유하며 인식하고 판단하며 진술하는 이성을 참과 거짓을 판가름하는 기관으로, "진리의 처소"로 보았다. "[존재자에 대해] 판단하고 진술하는 오성이 진리와 허위 및 그들 간의 차이를 [판가름하는] 처소이다. [오성의] 한 진술이 사리에 일치하는 한, 'homoiosis'하는 한 그것은 참된 진술이라 일컬음을 받는다. 진리의 본질에 대한 이러한 정의는 더 이상 비은폐성을 뜻하는 'aletheia'와는 상관없다. 그 정반대로 'aletheia'는 'pseudos', 즉 올바르지 않음을 뜻하는 허위에 대한 상반 개념으로서 [이성의 판단과 진술의] 올바름으로 간주될 따름이다. 이때부터 진리의 본질을 [사물에 대해 인식하고 판단하는 이성의] 진술적 표상das aussagende Vorstellen의 정확성으로 간주하는 해석이 서양 사상 전반의 표준적인 풍조로 자리 잡게 되었다."[62]

아리스토텔레스는 플라톤과 더불어 소크라테스 이전 그리스 철학자들이 "Physis"라 칭한 것을 이성의 직시와 표상과 관장의 대상으로, 정적이며 현전적인 객관화와 "요리"의 대상으로, 즉 "Idea" 혹은 "Eidos" 혹은 "Morphe"로 단순화시켰으며, 이들 초기 그리스 사상가들은 인간이 피시스와의 관계에서 수행하는 기본적인 정신적 활동으로 간주한 "Noein"(원초적인 사유 활동, Vernehmen)을 단순히 눈앞에 정적인 상태에서 현전하는 사유와 인식의 대상das immer schon Vor-liegende, 즉 "Hypokeimeinon"에 대해 정확하게 판단하며 표상하는 기능인 "Dianoia" 혹은 "Noesis"로 환원시켰다.[63] 그리고 초기 그리스 철학자들이 피시스의 자기 개방 및 존재자 개방을 위해 수행하는 진리의 빛의 역사에 수동적으로, 능동적으로 동참하는 인간이 "*Noein*"과 함께 수행해야 한다고 생각한 "*Legein*" 혹은 "*Logos*" 활동, 즉 "소집 활동"Sammlung 또는 존재론적 정립 활동 및 개방 활동Eröffnen, Offenbarmachen[64]은 아리스토텔레스에 와서는 단순한 논리적 판단과 진술 행위Urteilen, Aussagen로 전락되기에 이르렀다.

> 언급과 진술 행위를 뜻하는 '*Logos*'는 이제 진리, 즉 원초적인 의미로 존재자의 비은폐성, 그리고 그와 더불어 존재자의 존재의 문제를 결정하는 영역과 처소가 되어버렸다. 원래(초기 그리스 사상에서는) 로고스는 소집활동Sammlung으로서 비은폐성의 사건이었으며 후자에 근거하고 있었고 그것에 기여하고 있었다. 그러나 이제는 그 정반대로 로고스는 진술 행위를 뜻하는바 그것은 단순히 [표상과 인식과 진술의] 정확성을 의미하는 진리의 처소로 간주되게 되었다.…진리는 원래 비은폐성을 뜻했던바 그것은 역동적인 존재자 자체의 사건으로서 [인간의] 소집 활동에 의해 관리되는 것으로 인식되었으나 이제 와서는 단순히 로고스(진술 행위)의 속성에 불과한 것으로 해석되게 되었다.…진리는 이제 로고스의 정확성으로 간주된다. 그렇게 해서 존재의 비은폐성의 사건 속에 원초적으로 포함되어 있던 로고스는 이제 거기서 분리되어 나오게 되었을 뿐 아니라 그것이 자체적으로, 그리고 자체에 조회를 하는 가운데 진리의 문제를 결정하며 그와 더불어 존재자의 문제를 결정하게 되었다. 존재자뿐 아니라 존재의 문제까지 결정하게 되었다.[65]

중세 스콜라사상을 대표해서 토마스 아퀴나스도 그의 "진리에 관한 질문"에서 "진리는 본래 인간의 이성 혹은 신의 이성 속에서 발견된다"

라고 개진하고 있다. 그러므로 그에게도 역시 "진리는 '*aletheia*'(비은폐성)가 아니고 '*homoiosis*'(*adaequatio*, 이성과 사물 간의 일치)다."[66]

(2) 데카르트

근대철학의 원조로 간주되는 데카르트에 와서는 고대와 중세 철학자들의 이러한 주관주의적·주지주의적 경향이 극단적인 양식으로 표출되었다. 존재자 일반과 존재 자체를 존재의 빛으로 원초적으로 이해하는 대신 인간 이성의 빛으로 보고 인식하며 이성의 잣대로 평가하고 판단하려는 인간중심주의와 이성주의가 본격적으로 확립된 것이다. 존재 망각의 "허무주의"가 더욱더 현저하게 그 모습을 드러내게 되었다. 그 결과 인간의 사유와 삶, 그리고 그와 더불어 존재자들 가운데서는 존재의 빛이 점차적으로 사라졌다.

데카르트는 기독교 교리와 교회 권위에서 해방되어 자율적인 삶을 추구하려고 노력하는 근대인의 일반적인 추세에 따라, 자신이 절대 확실하다고 믿을 수 있는 하나의 "확고부동한 진리의 기초"*fundamentum inconcussum veritatis*를 스스로의 노력으로 발견하고 그것으로 성경적·신학적 진리의 체계와 완전히 독립된 하나의 보편타당하며 객관적인 진리의 체계를 수립하려고 했다. 그에 따르면 인간 이성과 사물 간의 일치*adaequatio intellectus et rei*가 이루어지고 있음을 이성 자체가 진정으로 확신할 수 있을 때 우리는 진리를 알게 된다. 다시 말하면 그들 간의 일치가 확실함을 이성 자체가 "진정으로 명확하고 판명하게 인식하고"*valde clare et distincte percipio* 그에 대해 절대적인 확신을 갖게 될 때 그것은 진리를 알게 된다. "참된 것이라 함은 곧 [이성의 견지에서] 확보된 것과 확실한 것에 지나지 않는다. 진리는 곧 [이성의] 확실성이다.…인간이 존재자의 진리를 위한 척도이다."[67]

그러므로 데카르트에게 진리는 사물과 이성 간의 일치의 문제일 뿐 아니라 그것은 무엇보다 사물의 실상과 진상의 확실성의 문제이며 그에 대한 이성의 확신의 문제다. 모든 것을 실수 없이 분명하고 석연하게 판별할 수 있는 "민감한 정신", 이성이 사물의 실상과 본질을 "방법적으로"methodisch, 즉 용의주도하고 치밀하며 철저하고 체계적으로 검토하는 데서 그에 대한 이러한 확신을 얻게 된다. 진리는 사리의 정확성과 확실성에 대한 인간 이성의 확신의 문제다. 이성이 진리와 비진리를 판가름하는 절대적인 척도이며 사물과 관계되는 모든 것에 대해 판결을 내리는 재판소다. 인간과 그의 이성이 사물의 주인이다. 인간 이성이 모든 사물을 인식의 "객체"로 눈앞에서 마주 보고 "표상"(vor-stellen, 이성의 눈앞에 위치시키다)하는 가운데 그 정체성과 진상에 대해 최종 판결을 내리며 그 진리를 보장하는 막강한 "주체"의 역할을 하는 것이다.

데카르트 이전 사상가들은 사물과 인간 이성 간의 접촉과 교류로 확보되는 진리의 지식의 문제를 거론함에 있어서 이 양자 중 사물 편에 오히려 더 큰 역점을 두었다. 그들은 이성이 아닌 사물이 오히려 그 자체로 현존하며ein von sich her Vorliegendes 자체 내의 다양한 속성들의 공통된 터전이 되는 "주체"subjectum, hypokeimenon로 간주했다.[68] 인간 이성은 이러한 사물에 기준을 두고 그 본질과 특성에 맞게 그것을 그대로 포착하고 마음에 새길 때 진리의 지식을 획득하게 된다는 것이었다.

그러나 데카르트와 그 이후의 근대철학자들의 인식 관계에서는 모든 존재자 가운데 인간이 절대적인 위치를 차지하게 되었고 그의 이성이 유일한 인식의 주체, "subjectum"으로 등극하게 되었다. 인간 이성이 "확고부동한 진리의 기초"와 척도로서 사물의 정체성과 진상, 진리의 확실성에 대한 절대적인 판결권을 소유하고 있는 것으로 인식되기에 이르렀다.

모든 것의 진위에 대해 캐묻고 따지며 의심하고 사유하는 인간은 다른 것은 다 확실치 않으나 모든 것에 대해 이렇게 계속 의심하고 사유하는 자기 자신의 존재는 절대 확실한 사실임을 깨닫게 되어"Cogito, ergo sum" 거기에서 출발해서 사유하는 자신의 존재에 대한 지식과 같이 절대 확실한, 사물에 대한 진리의 지식을 점차적으로 확보함으로써 결국 하나의 확고부동한 진리의 체계를 수립할 수 있게 된다. 여기서는 인간과 그의 이성이 사물의 정체성과 진상, 그들의 진리를 보장해주는 척도와 기초가 되며 사물이 사물로 제구실을 할 수 있는 데 대한 결정권을 소유하고 있으므로 인식의 객체인 사물의 주인과 주체가 되는 것이다.[69]

이와 같이 데카르트는 사물과의 관계에서 인간 이성이 절대적인 위치를 차지하게 했고 모든 인식의 객체를 이러한 인식의 주체에 대립된 한낱 대상Gegenstand으로 간주하는 가운데 그 정체와 진상, 그 진리와 "존재"를 확인하며 확정하는 "표상적 사유"의 시대를 본격적으로 열었다. 그에게 철학적 사유는 곧 "표상" 활동을 의미했으며"Denken ist vor-stellen",[70] 그러한 활동을 통해 인간 이성이 인식하고 확정하는 대로의 사물이 참된 의미의 사물로 간주되었다. 사물의 "사물성", 즉 그 "존재", 그 정체성, 그 진리는 인간 이성의 주관성에 의해 결정되었다.[71]

표상적 사유는 인간 이성이 "그 자체의 견지에서 그 무엇을 자체의 눈앞에 위치시키며 그렇게 된 것을 그대로 포착함을 의미한다. 그것을 그렇게 포착하는 이 행위는 하나의 산정算定. Berechen 행위여야만 한다. 왜냐하면 산정 가능성Berechenbarkeit만이 표상의 대상을 선험적으로 포착할 수 있게 하며 [실제적으로도] 항상 그렇게 할 수 있게 하기 때문이다. 표상 작용은 [소크라테스 이전 그리스 철학자들의 보다 원초적인 사유에 있어서와 같은] 임재자臨在者, das Anwesende에 대한 [체험적] 인지認知, Vernehmen, noein 행위가 결코 아닌바, 후자의 경우에는 사유자 자신이 임재자의 자기 현현의 사건에 참여하는 것이며, 그렇게 하되 어디까지나 자신의 특유한 임재 방법으로 자기 현현하는 임재자와 관계를 맺게 된다. 표상 작용은 결코 그 무엇을 위해 자신을 개방하는 활동이 아니고 어디까지나 그 무엇을 장악하고 포착하는 행위다. 여기서는 임재자가 주관하지 않고 [모든 것을 표상하는 사유자가] 공격자로 관장한다.…존재자는 임재자가 아니고 표상 작용을 통해 대립 관계에 놓인 한낱 사물, 그러한 의미에서 한 대상對象, das Gegen-ständige이다. 표상 작용은 돌진적이며 공략적인 대상화 행위이다Vorstellen ist vorgehende, meisternde Vergegen-ständlichung. 무엇이 대상 구실을 할 수 있는지까지를 결정하는 [표상적 사유자의] 이러한 대상화 작용으로부터 아무것도 헤어날 수 없다."[72]

이것이 데카르트 이후 본격적으로 대두된 주관주의와 주지주의다. 후자와 더불어 인간의 주관성은 사물의 운명을 결정하는 막강한 위치, 절대적인 위치에 서게 되었다.[73] 그와 더불어 인간과 그의 이성이 또한 확고부동한 만물의 중심과 진리의 척도로 확립되었다.[74] 사물의 정체성과 존재는 사물을 자신의 눈앞에 위치시키고 자신의 특수 목적을 위해 응용하고자 비축해두는 그러한 대상, 즉 표상의 대상과 "정치"定置, Ge-stell→stellen, vorstellen, beistellen, zustellen, darstellen, herstellen, bestellen[75]의 대상으로 화하게 되었다.

중세 이후의 많은 신학자들과 데카르트를 따라 우주를 진리에 관한 한 권의 거대하고 뜻깊은 책으로 또 한 권의 두꺼운 교과서로 간주한다면, 과거 형이상학자들은 이 책의 대의를 알기 위해 존재론을 골똘히 연구했다고 할 수 있다. 그러나 문제는 그들이 이 책의 "부분들", 즉 그 속에 나오는 개별 단어들과 문장들을 분석하는 데서 그들이 목적한 바를 달성할 수 있다고 착각했다는 데 있다. 그들은 "전체는 부분들의 합 이상이다"(The whole is more than the sum of its parts, 아리스토텔레스, 구성주의심리학, 해석학)라는 이치를 인식하지 못하고 "부분들"에서 출발해서 "전체"로 나아가려 했던 것이다. 이 책의 "부분들"에 집중하여 연구함으로써 "전체", 즉 그 대의를 이해할 수 있다고 보았으므로 그들은 말하자면 많은 "나무들"에 가려 "숲"을 보지 못했다. 그들은 눈앞에 나타나는 무수한 개별적인 "나무들"을 관찰하고 분석하여 그들 모두가 지니고 있는 "공통분모"를 발견하면 그것이 곧 그들이 추구하는 "숲"의 실체라고 믿고 "나무들"에만 시선을 집중하고 연구했으므로 계속 "나무들"의 세계에 머물러 있었을 뿐 이들과 차원을 완전히 달리하고 있는 "숲"으로 초월할 수는 없었던 것이다.

2. 본질의 형이상학과 진리의 문제

(1) 진리관의 유형

진리는 무엇인가? 이 질문은 우리 인간에게 가장 중대한 질문임이 분명하다. 실로 생명과도 같이 중대한 질문임이 분명하다. 심지어 예수를 사형에 처한 빌라도도 진리가 무엇인지에 대해 그에게 물었다. 그러나 자기 자신이 곧 "길이요 진리요 생명이다"라고 선포했던 예수는 빌라도에게 묵묵부답이었다. 침묵이 빌라도에게 줄 수 있는 가장 적절한 답이었기 때문이었다.

진리는 우리에게 그처럼 중대한 질문이기에 그것에 답하는 것도 그만큼 힘들다. 그래서 오래전부터 사상가들이 그에 대한 다양한 이론을 제시해왔다. 서양 철학 전통에서 제시된, 진리의 본질에 관한 여러 학설 가운데 가장 중요한 두 가지는 "일치설"Korrespondenztheorie과 "통합설"Kohörenz-theorie이다.

이상에서 지적한 대로 "일치설"은 플라톤과 아리스토텔레스가 처음으로 제시한 학설로서 인간 이성이 인식의 주체로서 인식의 대상을 정확하게 바로orthotes 알고 바로 판단하며 진술하는 데서 우리가 후자의 실상과 실체, 그 본질과 정체, 그 "진리"를 바로 확정하고 확보할 수 있다는 이론이다. 이 학설은 이들 후에 스토아 철학자들과 토마스 아퀴나스 등 대부분의 고대와 중세 철학자들과 데카르트와 칸트 등 근대 철학자들은 물론 후설과 비트겐슈타인L. Wittgenstein, 러셀B. Russell, 무어G. E. Moore, 램지 F. P. Ramsey, 타르스키A. Tarski 등 대다수의 현대 현상학파 철학자들과 논리실증주의자들 및 분석철학자들까지도 계속 주장하고 있는, 유서 깊은 이론이다.

"총체론"Holismus, Ganzheitsbetrachtung이라고도 부를 수 있는 "통합설"은 그 어떤 사실이나 판단의 진리는 그것이 다른 많은 사실들과 판단들이 합해져서 구성하는 전체적인 체계 속에 유기적으로 통합되고 그것과 일치하는 데서 발견될 수 있다는 이론이다. 이 학설에 따르면 가장 깊고 포괄적인 뜻에서의 진리는, 이 학설을 주창하는 사상가들이 처음부터 대전제로 내세우는 전체적인 체계이며 개별적인 사실이지만, 이론은 이러한 충만한 의미의 진리에 유기적으로 편입되고 그것에 부합하는 한 그것도 진리에 속한다고 혹은 그것도 진리라고 할 수 있다는 것이다. 각각의 개별자들은 오로지 그들을 포괄하는 "전체" 속에서만, 그리고 다른 개별자들과의 관계에서만 그들이 될 수 있고 그들로서 그 어떤 역할을 할 수 있다. 절대적인 의미의 진리는 이 "전체"의 참된 모습이며 상대적인 의미의 진리는 이 "전체" 속에 내포되어 있는 "부분들"의 실체와 실상이다.

"진리는 전체에 있다." 따라서 "전체를 떠난 부분은 비진리다" 등 진리의 본질과 관계되는 명언들을 남긴 헤겔이 이 통합설의 가장 저명한 주창자다. 그에게 "전체"는 물론 장구한 자기 진화와 자기완성의 과정을 거쳐 종국에 가서야 비로소 참된 자신, 자신의 "진리"에 이르는 "절대적 정신"이 된다. 라이프니츠, 스피노자, 영국의 신헤겔주의자이자 존재론자인 브래들리Fr. H. Bradley도 이러한 통합설을 따랐으며 소수의 논리실증주의자들Neurath, Hempel도 그것을 지지했다.

"일치설"을 주장한 현대 주요 사상가들에 속하는 무어와 러셀이 헤겔의 전체주의적 사상과 총체론적 진리관을 전적으로 거부하고 진리는 전체에 있다기보다 오히려 개체, 즉 경험을 토대로 해서 그 근거와 객관성을 과학적으로 입증할 수 있는 개별자에 있다는 논리적·사상적 "원자론"Atomismus을 주장했다는 사실을 통해 통합설과 일치설이 완전히 상반되는 이론들임을 알 수 있다. 통합설에 따르면 인간은 본질적으로 "전체"에서 출발해서 그 속에 내포되어 있는 개별자들과 "부분들"에 도달하고 그들을 그들로 이해하고 인식하는 것이다. 그와 정반대로 일치설에 따르면 인간은 본질상 개별자와 부분들에서 출발해서 이들에 대한 지식을 점차적으로 축적하는 데서 그들 전체에 대한 체계적인 지식에 이르려고 노력할 수밖에 없다고 한다.

통합설 또는 총체론을 주장한 사상가들은 책 한 권의 내용을 인식함에 있어서 우리가 그것의 "전체"라 할 수 있는 대의와 문맥을 예견하지 않고서는 그 속의 개별적인 단어와 문장, 절과 장의 의미를 이해할 수 없듯이 존재자 일반의 존재의 의미라는 "전체", 전체적인 의미에 대한 사전

이해, 전이해 없이는 그 속의 어떠한 "부분들"의 의미에 대한 구체적인 이해와 인식도 불가능하다고 주장한다. 이와는 달리 일치설을 주창하는 사상가들은 우리가 접하는 개별적인 사물들은 순전히 그들 자체대로 분리해서 취급할 때 비로소 그들의 실체와 본질을 순수히 그대로 인식할 수 있으며 그들을 다른 개별자들이나 모든 개별자들로 구성된 "전체"와 연관시키고 그들을 배경으로 해서 보게 되는 경우에는 우리는 말하자면 이들에 가려서 개별자들을 순수하게 그대로 바로 보고 인식할 수 없게 된다고 한다. 한 개별자가 다른 개별자들 혹은 "전체"와 가지는 연관성은 순전히 외적인 것이며 이 개별자의 본질과 정체를 결정하는 내적인 요인은 결코 아니라고 한다.

우리가 여기서 직감할 수 있듯이 이 두 상반되는 학설들은 모두 이론적으로 해명할 수 없는 기본적인 난제들을 안고 있다. 통합설을 주창하는 관념론자들은 그들이 "전체"라고 간주하는 것을 그들의 대전제로 내세우고 출발하지만 그 객관적인 실재성을 결코 입증할 수는 없다. 그런가 하면 일치설을 주장하는 사상가들, 그중에서도 특히 논리실증주의자들도 그들이 의식하지 못하는 많은 전제들을 앞세우고 거기에서 출발한다. 아펠K.-O. Apel은 일체의 형이상학 체계들을 거부하는 논리실증주의자들도 나름대로의 당당한 "형이상학"을 소유하고 있으나 그들은 그것을 의식조차 하지 못한다고 한다.[76] 이들의 가장 중요한 전제는 인간 이성이 "복사"하고 인식해야 하는 개별자들이 일정한 본질과 구조를 가진 자연물로 객관적으로 존재한다는 사실과 이들을 인간 주체가 이성으로 이들 그대로 모사하고 묘사할 수 있다는 점일 것이다.

서양 철학 전통에서 제시된 가장 중요한 이 두 학설들 외에, 한 이론 혹은 한 대상은 인간의 삶에 유용하며 가치가 있을 때만 참된 이론 혹은 참과 관계되는 대상이라고 보는 실용주의적 진리관이 있고 진리, 즉 그 무엇의 진정한 정체와 의미는, 진리를 사랑하는 학문연구가들 각자의 진중하며 끈질긴 탐구와 그들 간의 지속적인 상호교류로 결국에 가서는 언어낼 보편적인 의견일치에서 확정할 수 있다는, 퍼스Ch. S. Peirce, 하버마스J. Habermas 등의 "합의설"Konsensustheorie이 있다.

그리고 "진리는 전체에 있다"고 해석하는 "통합설"을 주창함과 동시에 진리는 어디까지나 "객관성", 즉 보편타당하며 객관적인 이치와 법칙에서 발견할 수 있다고 본 헤겔에 대항해서 전체가 아닌 개체, 특히 개인의 가치를 무엇보다도 중시했고 "진리는 주관성에 있다" 혹은 "주관성이 곧 진리다"라고 선포한 키에르케고르의 이색적인 실존적 진리관도 있다.

칸트의 회의주의적인 인식론을 가까이 따른 키에르케고르는 헤겔과 그 이전의 모든 사상가들이 인간이 이성으로 확보할 수 있다고 확신한, 제반 종류의 "객관적인 진리"는 사실 우리가 확보할 수도 없거니와 설령 그렇게 할 수 있다 할지라도 그것은 우리의 실존이나 우리의 삶과는 무관한 추상적인, 따라서 무가치하고 무의미한 진리일 것이라고 주장했다. 그래서 그는 실존자가, 말하자면 머리를 굴려서 진리와 다른 모든 인생의 문제들을 쉽고 간단하게 해결하려는 대신 지정의가 합해진 전인의 전폭적인, 그야말로 피땀 어린 노력으로 자신 속과 밖의 제반 악조건들과 한계상황들을 실존적 결단으로 헤쳐 나가는 가운데 "영원하고 근본적인 진리" 그 자체인 신에 이르고 신 앞에서, 그리고 신 안에서 진정한 자기 자신에 도달하며 참된 자신을 실현해야 한다고 가르쳤다.

개별적인 실존자가 그와 같은 방법으로 진리 그 자체인 신과 진정한 자기 자신에게 지적·도덕적·종교적으로 도달하려는 진지하며 엄숙한 자세를 가리켜 키에르케고르는 주관성 혹은 내면성이라 칭했다. 그리고 그것이 곧 진리, 주관적인 진리, 실존적인 진리라고 주장했던바 그는 그 것을 다양한 다른 용어들―예컨대 "무한한 정열", 진지, 노력, 모험, 질적 인 비약, 신앙―로도 대치했다.[77]

그러므로 키에르케고르가 진정한 의미의 진리라고 칭한 "주관적 진 리" 혹은 "실존적 진리"란 객관적인 이치와 사리事理 혹은 보편타당하며 근거 있는 주장과 이론을 뜻한다기보다는 인간이 신 앞에 바로 서고 그 안에서 진정한 자신을 재발견하고 회복하기 위해서 지켜야 할 도리道理 를 뜻한다는 사실을 알 수 있다. 주관적인 진리는 사리의 올바름을 뜻하 지 않고 인간 행위의 올바름을 뜻한다.

키에르케고르의 영향을 지대하게 받은 "신정통신학자"이자 『조우遭遇 로서의 진리』Wahrheit als Begegnung, 1938라는 책의 저자인 브루너E. Brunner가 "만남Begegnung, encounter이 곧 진리이다"라고 선포했을 때 그도 키에르케 고르와 유사한 맥락에서 진리의 본질을 정의했다고 할 수 있다. 신앙의 세계에 도달하고 신을 알기 위해서 우리는 과거 스콜라신학자들과 헤 겔의 주지주의적 접근 방법을 채택해서는 안 된다. 신을 순수한 지성의 인식의 대상으로 취급하고 "주객관계"Subjekt-Objekt-Beziehung의 도식에 집 어넣어 지적으로 처리하며 그를 인식하려 하는 한, 우리는 그를 어디까 지나 우리 나름대로의 주관적인 방법으로만 인식할 수 있을 뿐 그를 순 수히 신 그대로 인식할 수는 결코 없을 것이다. 신을 신 그대로 체험하 고 인식하기 위해서는 우리는 그를 한낱 인식의 "객체"와 "대상"으로서 가 아닌 "주체"로서, 즉 그를 알고자 하는 인식의 주체인 우리 자신과의 대화 상대자로서 그에게 다가가야 하며 "주객(대립)의 관계"에서가 아닌 인격적인 "나와 너의 관계"Ich-Du-Beziehung에서 그를 만나야 한다. 그러한 관계에서 그를 만날 때 우리는 진리 그 자체인 그를 알게 되며 그의 진리를 알게 된다. 그리고 그렇게 알게 된 신 안에서 우리는 우리 자신을 알게 되고 회복하며 자유와 구원에 이르게 된다. "객관성"이나 "주관성"이 진리라기보다 만남이 진리다. 신과의 만남을 통해 인생의 모든 문제가 해결되기 때문이다.

하이데거 자신의 진리관은 형식상으로는 상술한 스피노자와 헤겔 등이 주창한 "통합설"에 속한다. 또한 그것은 창조주 하나님과 로고스인 그리스도를 절대적인 의미의 진리 혹은 진리 그 자체로 묘사하며 빛의 근원 혹은 빛 그 자체로도 묘사하는 성경과 아우구스티누스를 위시한 신학자들의 진리관과도 형식상으로는 유사한 점이 있는 듯하다.[78]

이상에서 지적한 대로 하이데거는 플라톤과 아리스토텔레스를 위시한 고대와 중세, 그리고 근대와 현대 대다수의 사상가들이 주창한 일치설이 진리의 본질을 그 깊은 뿌리에서 이해하고 정의하는 대신 피상적인 차원에서 부적절하게 인식하고 규정한 이론이라고 단정하고 그것을 단호히 거부한다. 진리의 문제는 우주 내의 존재자 일반을 두루 비추는 막강한 빛의 힘인 피시스의 견지에서 거론하고 정의해야 하며, 자신을 은폐된 근저에서 개방하며 개방함과 동시에 은폐하는 알레테이아의 견지에서 그렇게 해야 한다. 달리 표현한다면 진리의 본질은 우주 내의 모든 존재자로 하여금 각각 그들 자신에로, 그들의 "존재"에로 "불러모으고"*legein, sammeln* 정립시켜 존재하게 하며 "개방시키는"*legein, offenbaren* 우주적인 "소집력"Gesammeltheit과 "개방성"Offenheit, 즉 원초적인 로고스의 견지에서 이해하고 정의해야 한다.[79] 개별적인 "세계내재적 존재자들" 일반 위에 펼쳐져 있는 "전체"die Welt als "das Ganzes von Bedeutsamkeit"; "das Bedeutungsganze"; "das Ganze"; "die Ganzheit",[80] 즉 전체적인 의미의 지평이라 할 수 있는 세계의 견지에서, "세계라는 개방성"[81]의 견지에서 그렇게 해야 한다.

(2) 주객관계의 도식과 의미의 지평

진리의 본질은 세계라는 "전체", 모든 "부분들"의 합 그 이상을 뜻하는 절대적인 "전체"라 할 수 있는 존재 자신의 관점과 존재의 지평 속에서 이해해야 하며 결코 그 속에 내포되어 있는 "부분들", 즉 인식의 주체인 인간의 지성과 인식의 객체인 사물의 차원에서 이해하고 정의하려 해서는 안 된다. 진리의 문제를 존재자의 실체와 본질을 규명하는 문제로만 간주해서도 안 되거니와, 그 문제를 모든 것을 정확하게 바로 투시하고 판단하며 진술하는 인간 이성의 빛으로, 이성을 척도로 해서 해결할 수 있다고 보아서도 안 된다.

일치설에 따르면 우리의 지성이 사물의 본질과 특성을 그대로 인식함으로써 전자가 후자와 일치하게 되면 우리는 곧 진리를 알게 된다고한다. "통상적인 견해에 따르면 [이성에 의한 사물에 대한 올바른] 지식이 곧 참이라고 한다."[82]

그러나 여기서 제기되지 않을 수 없는 한 신중한 문제는 이성이 그것과 이원론적으로 분리되어 한 인식의 객체, 인식의 대상Gegenstand으로, 그 눈앞에 대립해 있는 사물을 어떻게 그것으로 인식할 수 있는가 하는것이다. 딜타이와 베르그송H. Bergson 이래 수많은 생철학자, 실존철학자, 해석학자들과 심지어 네덜란드의 기독교 철학자 도예베르트도 철학적으로 크게 문제 삼는 바가 바로 이 점이다. 전통 진리관과 인식론에서 근본적인 사유의 틀로 작용한 "주객[대립]관계"Subjekt-Objekt-Beziehung의 도식으로는 인식의 문제를 해결할 수 없다는 것이 이들의 공통된 견해다.

하이데거도 존재자와 존재의 문제를 인간의 주관성과 이성의 견지에서 해결하려고 노력해온 과거 사상가들의 전형적인 사고방식인 "표상적·개념적 사유", "산정적算定的·정치적定置的 사유"의 문제점을 거론함

과 더불어 그 사유의 기본 틀이 되는 이 주객대립 관계의 도식의 문제점
도 계속 지적해왔다. 인식의 주체와 객체가 서로 분리되고 대립된 채 말
하자면 서로 마주 보고 서 있는 상황에서 이들 중 한편의 관점에서 다른
편과의 지적인 합일과 교류 가능성을 해명하려는 모든 노력은 필연적으
로 환원주의적 인식론을 도출케 된다. 즉 서로 이원론적인 대립관계에
있는 양편 중 일방적으로 한편의 견지에서 다른 편의 본질과 정체성을
이해하고 정의하는 이론을 얻어내게 된다. 그러므로 이러한 방식으로는
결코 인식의 주체와 객체 간의 진정한 일치의 가능성을 해명할 수 없다.

사물의 진리에 대한 지식을 확보하기 위해서 주객대립 관계의 도식
으로 출발할 뿐 아니라 과거 형이상학자들의 관행대로 주지주의적인 관
점에서 그렇게 하는 한, 우리는 필연적으로 인식 주체인 이성이라는 색
안경을 끼고 사물을 보게 되며 그 정체와 의미를 이성의 기본적인 사유
의 범주들과 도식에 맞추어 평가하고 판단하며 규명하고 규정하게 된
다. 그래서 사물의 정체와 실체, 그 "진리"를 순수히 그대로 보고 인식하
며 평가하고 해석할 수 없게 된다. 칸트의 선험적 관념론과 후설의 선험
적 형이상학과 같은 극단적인 주관주의적 인식론에서는 인식의 객체인
사물의 구조와 기본적인 특성이 완전히 인식 주체의 의식 구조와 사유
의 범주로 환원되어버린다. 여기서는 인간이 사물을 안다는 것은 곧 인
간 자신을 앎을 뜻한다는 관념론적 결론에 도달하게 되어 사물의 진정
한 실체는 인간의 의식 속에서, 말하자면 공중분해된다.

주지주의적인 관점과 상반되는 경험론적 시각에서 인식의 객체인 사
물에 접근하여 그 본질과 구조를 규명하려 할 때도 여기서 제기되는 인
식론적 문제점은 결코 해소될 수 없다. 인식의 주체인 우리의 지성이 인
식의 객체인 사물과 이론적으로 분리되고 대립되어 있어 아직 그것이

무엇인지 전혀 모르는 상태에서 우리가 어떻게 그것을 그것 자체 그대로 인식하느냐는 질문과 관련하여 경험론자들은 기꺼이 감각적인 경험을 해결 가능성으로 제시한다. 그들은 우리의 의식이 오감을 통해 사물과 직접적인 접촉을 하고 그것을 그대로 감지하고 인지하면 그 정체와 본질을 그대로 포착하고 간파하게 된다고 답한다. 인식 주체의 견지에서 사물을 보고 인식하려는 주관주의를 지양하고 오감을 통한 사물과의 직접적인 접촉으로 사물을 사물 그 자체의 관점에서 객관적으로 인식하므로 문제를 해결할 수 있다는 대안을 그들은 제안한다. 주관주의적 인식론 대신 객관주의적 인식론이 해결방안이라는 것이다.

그러나 여기서 문제는 우리의 의식이 오감을 통해 사물을 있는 그대로 감지하는지 혹은 우리의 오감의 구조에 따라 주관적으로 감지하는지 알 도리가 없다는 것이다. 우리는 장미를 빨간색으로 감지하나 장미 자체가 빨간색을 하고 있는지 혹은 우리 시각의 특수한 구조로 말미암아 그것을 그렇게 감지하는지는 확실히 알 도리가 없다.

그러한 이유에서 비교적 온건한 경험론자로 알려진 로크John Locke는 보다 사실주의적인 경험론과 보다 명목론적인 경험론 사이에서 배회하며 자신의 입장을 확고히 굳힐 수 없었고, 극단적인 경험론자였던 흄 David Hume은 회의론과 상대론을 주장하게 되었다. 사물에 대한 객관적인 지식은 우리 인간에게는 불가능하다는 것이었다. 뉴턴이 자연적인 법칙이라고 주장한 것들도 절대적인 타당성을 지닌 객관적인 자연의 법칙들이라고 볼 수는 없고 오로지 우리가 지금까지 우주에서 발생하는 모든 것을 보고 경험한 것을 감안할 때 그들이 객관적인 자연법칙일 개연성이 있다는 주장만 할 수 있을 따름이다. 지금까지의 경험으로 미루어볼 때 그들이 자연법칙인 것같이 보였으나 앞으로의 경험도 계속 우리의 그러한 믿음을 뒷받침해줄지는 두고 볼 일이다. 지금까지의 경험을 통해 우리는 인과율이 아마도 자연법칙일 것이라는 확신을 갖게 되었으나 내일도 그러한 확신을 갖게 될지는 자고 일어나봐야 한다. 뉴턴의 모든 자연법칙들은 어디까지나 개연성을 띤 법칙들이며 결코 필연성을 띤 객관적이며 절대적인 법칙들이 아니다.

　　바로 흄의 이러한 회의론의 문제를 해결하기 위해 칸트가 방금 언급한 경험론과 완전히 상반된, 그러나 문제가 많은 인식론을 개발하게 된 것이었다. 흄에게 사물은 알 수 없는 신비로 남아 있었고, 칸트에게 사물은 인간의 의식 속에서 공중분해되어버렸다.

(3) 해석학과 진리의 문제

1) 딜타이와 생의 해석학(Hermeneutik des Lebens)

i) 과학적 설명과 이해

이러한 인식론적 환원주의의 문제점을 누구보다 더 예리하게 간파한 사상가는 딜타이Wilhelm Dilthey였다. 딜타이의 필생의 과제는 인간의 내적·정신적 삶의 본질과 특성, 그 의미와 목적 및 가치를 조명하는 "생철학" 또는 "생에 관한 해석학"을 발전시키는 것이었다. "생철학"을 개발하기 위한 노력의 일환으로 그는 칸트가 "KrV"에서 자연과학의 기초를 수립하려고 노력했듯이 정신과학의 기초를 수립하려고 시도했다.

　　딜타이는 자연과학 연구의 대상이 되는 자연물들을 인식하고 연구하는 과정에서 자연과학자들의 전형적인 사물접근 방식인 과학적 설명Erklären 방법에 따라 개별적인 자연현상들을 촉발하는 일반적인 법칙들을 원인분석적으로 추적하는 데서 그것들을 해명할 수 있음을 시인했다. 그러나 그는 그러한 방법을 인간의 정신생활과 인간 자신의 본성을 조명하는 것을 과제로 하는 정신과학의 영역에서도 사용하려 해서는 안 된다고 강력하게 주장했다. "생"生, Leben이라는 현상에 대한 개인들, 특히 "기념비적인" 문화유산을 남긴 위대한 인물들의 생에 대한 내적인 "체험의 표현들"Erlebnisausdrücke인 문화물들을 감상하거나 연구하는 과정에서는 자연과학의 방법과는 질적으로 상이한 직관적 이해Verstehen의 방법으로 접근해야 한다는 것이었다. 그래서 그는 다음과 같은 명언을 남겼다. "자연은 [과학적으로] 설명되는 것이나 정신적 삶의 [표현]은 이해되는 것이다"Die Natur erklären wir, das Seelenleben verstehen wir.[83]

딜타이에 따르면 표상적·개념적 사유의 일종이라 할 수 있는 과학적 설명방법을 통해서 사물의 본질을 규명하려 할 때 우리는 필연적으로 주객대립 관계의 도식으로 그것에 접근하게 되며 그 사물의 외부에서부터von außen 그렇게 하게 된다(하이데거는 표상적 사유가 곧 모든 것을 원인분석적·추론적으로 설명하는 사유라고 보고 있다[84]"das nur vorstellende, d. h. erklärende Denken"). 그리고 우리는 이 사물을 많은 개별자들das Besondere, das Einzelne 가운데 하나로 보고, 그것을 인식 주체인 우리 자신이 한 인간으로서 항상 이미 소유하고 있는 항구적이며 보편적인 사유와 인식의 틀(예컨대 칸트가 주장한 12"범주들")과 우리가 한 과학자로서 독자적으로 고안해낸Hinzugedachtes 법가설Hypothese을 위시한 제반 "정보 처리"의 방편들Konstruktionsmitteln, Hilfskonstruktionen 속에 집어넣어서 처리하게 된다. 우리는 여기서 개별적인 인식과 연구의 대상들, 개별자들을 인식과 연구의 주체인 우리 자신이 소유하고 있는, 인간 일반의 특유한 사유와 인식의 범주에 따라 평가할 뿐 아니라 우리가 우주 전체 속에 존재하거나 작용하고 있다고 개인적으로 상정하는 보편적인 원리나 법칙의 관점에서 이 개별자들의 정체와 본질을 이해하고 그것을 공간, 시간, 질량, 운동 등의 관계로 기술한다. 개별적인 사물의 실체와 실상을 안다는 것은 곧 그것의 근거가 되는 보편타당한 원리들을 앎을 뜻하며 그것을 가능케 하는 일반적인 법칙을 앎을 뜻한다고 보고 우리는 이 "보편자"를 근거로 하고 잣대로 해서 "개별자"의 본질과 의미를 설명하게 된다.

그러므로 우리는 여기서 개별자를 보편자das Allgemeine에 예속시키고 환원시켜unterordnen, subsumieren 후자의 견지에서 그것을 평가하며 규정한다. 따라서 여기서는 우리가 사물을 사물 자체의 독자성과 특수성에 따라 평가하고 규정하기보다 우리 자신의 주관적인 방식대로 그렇게 하며 우리 자신이 미리 확보하고 있는 보편자라는 "공통분모"로 그들을 말하자면 "도맷값으로" 취급하게 된다. 그들의 의미는 인식 주체의 주관성과 보편적인 원리와 법칙으로 환원된다.[85]

이와는 달리 정신과학의 사물접근 방법인 직관적인 이해Verstehen는 연구의 대상을 그 내부에서von innen 체험하고 이해하게 되며 따라서 그것을 있는 그대로, 그 특수성과 풍만한 내용 그대로 포착하게 된다. 그리고 여기서는 연구의 대상을 다른 것과 분리된 개별자로 "원자론적으로"(러셀) 보고 취급하지 않고 그것을 어디까지나 전체적인 의미의 지평과 역사적인 맥락 속에서 다수의 다른 개별자들과 유기적으로 하나로 연결된 한 구성요소로 보고 취급하게 된다. "총체론적" 견지에서 그것을 보고 취급하는 것이다.

정신과학은 우선 다음과 같은 점에서 자연과학과의 차이점을 드러낸다. 후자는 외부로부터 우리의 의식 속에 현상들로 나타나되 어디까지나 개별자로 소여되어 나타나는 그러한 사실들을 연구 대상으로 하는 반면, 전자에 있어서는 연구의 대상이 내부에서부터 실재 자체로 그리고 한 생생한 내적인 연관성으로 als ein lebendiger Zusammenhang 원초적으로 나타난다. 그러한 이유에서 자연과학에서는 [과학자들 편에서] 이차적으로 보완하는 추론들을 통해서만, 즉 일련의 가설들을 서로 연결시키는 데서만 자연의 연관성 ein Zusammenhang der Natur이 가능하다. 이와는 반대로 정신과학에서는 정신적 삶의 연관성 der Zusammenhang des Seelenlebens이 원래부터 기본 자료로 주어져 있어 매번 연구의 기초가 된다.…여기서는 [연구의 대상 속에 표현되고 객관화되어 있는 위대한 예술가, 문인, 정치가 등의] 체험된 내적 삶의 연관성 der erlebte Zusammenhang이 첫째로 주어진 것이며 그것의 개별적인 요소들을 분별하는 일은 이차적으로 뒤따르는 작업이다.…자연을 인식함에 있어서는 모든 연관성은 가설들을 설정하는 데서 확보되나, 심리학적 [해석학]에서는 삶의 연관성이 내적인 체험과정에서 원초적으로 그리고 지속적으로 주어진다. [인간의] 내적인 삶은 항상 [개별적인 요소들이 유기적으로 연결되어 이루어진 한 전체적인] 연관성으로서만 우리에게 주어진다.[86]

그러므로 우리가 여기서 한 연구의 대상을 접하고 그 의미를 이해하고 해석하려 함과 더불어 우리는 그것이 포함되어 있는 전체적인 지평과 맥락과도 직간접으로 연결되어 그것을 후자 속에서 이해하고 해석하게 된다. 생철학자인 딜타이에게 한 개별적인 대상과 현상을 포괄하는 궁극적인 지평과 맥락은 인류의 역사를 통해 지속적으로 전개되는 인간 일반의 내적·정신적 삶, "생" 자체다.

ii) 생의 개념

딜타이의 생철학에 따르면 생 Leben이라는 가장 기본적이며 가장 포괄적인 틀 속에는 역사에 등장하는 모든 개인의 삶과 그 단면들이 내포되어 있다. 그리고 그 속에서 모든 개인이 생 자체와 그와 결부된 모든 것을 내적으로 체험Erleben하며 그렇게 체험한 것을 행동, 예술작품, 문학작품, 법질서, 국가체제 등의 형태를 통해 구체적으로 표현Ausdruck하고, 그렇게 개인들 자신이나 타인들, 특히 위대한 인물들에 의해 외화된 것을 또한 다양한 수준에서 다양한 방법으로 이해Verstehen하고 해석Auslegen하게 된다.

생이라는 전체적인 틀 속에서 그 개별적인 "생의 단위들"Lebens-einheiten, 즉 개인들에 의해서 수행되는 이러한 정신 활동의 지속적인 반복이 곧 인류의 정신사와 역사인바 인류의 정신사와 역사의 흐름이 곧 생의 자기운동 과정이다. 단적으로 말해서 역사가 곧 생이다. "생은⋯내용상으로 역사와 동일하다.⋯역사란 곧 인류 전체의 관점에서 인식된 생인바 인류 전체는 하나의 내적인 연관성으로 연결되어 있다."[87]

생이라는 절대적인 "전체" 속에서 개인과 개인이 그 "부분들"로서 원래부터 하나로 연결되어 있고, 개별적인 자아Selbst와 그가 타아와 공유하는 정신적·물질적 세계Welt도 말하자면 "소아"와 "대아"의 관계로(딜타이 자신의 표현이 아님) 하나로 연결되어 있다.[88] 그리고 생 자체와 그것과 관련된 다양한 현상과 사건을 체험하고 그 체험 내용을 외화하는 자의 행동이나 작품들과 이들을 감상하거나 해석하는 자도 이 절대적인 전체 속에서 하나로 연결되어 있다. 인식의 주체와 인식의 객체가 그 속에서 항상 이미 내적으로 연결되어 있다.

후기 딜타이는 모든 개별적인 생의 단위들, 그리고 그와 더불어 모든 이해와 인식의 주체들과 객체들도 서로 내적으로 하나로 연결시키는 하나의 절대적인 전체, 하나의 공통된 "삶의 터전"과 하나의 공통된 의미 및 이해의 지평을 헤겔을 따라 "객관적인 정신"der objektive Geist 혹은 "역사적 이해의 세계"라 칭했다. 모든 개별자는 한결같이 이러한 공통된 존재론적·해석학적 지평 속에 말하자면 "잠겨 있다"eingetaucht는 것이다. 하이데거의 용어로 그들 모두는 하나의 공통된 "세계", 즉 "전체적인 의미성", 전체적인 의미와 이해의 지평 속에 "피투"되어 있어 그들이 무엇을 하든, 무엇에 대해 생각하고 인식하든 간에 항상 그 속에서 그렇게 할 수밖에 없다.

생이라는 전체 속에서 그 속의 모든 부분을 이해해야 하고 그들 간의 상호교류와 의사소통에 대해서 논해야 한다. 그 속에서 인식의 주체와 객체 간의 교류의 가능성도 모색해야 한다. 인식의 주체와 객체가 함께 내포되어 있고 그들을 서로 연결하는 "공통성의 매체", "역사적 이해의 세계"가 "이해를 위한 전제조건"[89]으로 주어져 있지 않다면 인식과 이해의 문제는 영원히 해결할 수 없는 수수께끼로 남을 것이다.

이러한 공통된 이해의 지평을 전제함이 없이 ─하이데거의 표현으로 "세계 없이"weltlos, 그리고 역사와 무관하게─과거 철학자들이 인식의 주체와 객체 간의 지적인 교류 가능성을 모색하고 지식과 진리의 문제를 해결하려고 노력했으므로 그들의 노력은 수포로 돌아갈 수밖에 없었다. 과거 철학자들의 이러한 허망한 노력에 대해서 딜타이는 다음과 같은 말로 조소하고 있다. "[인식의 주체인] 나에서부터 [인식의 객체인] 외부 세계의 존재에 도달하는 것이 그들의 과제였다. 데카르트 이후 사람들은 계속 [양자 간의] 교각을 건축하는 중에 있다."[90] 인식의 주체와 객체 간의 교량을 건축하려고 계속 백방으로 노력은 하고 있으나 완성될 기미는 보이지 않는다는 말이다. 사실은 그들의 방식으로는 원칙상 그것을 완성할 수 없다는 말이다.

딜타이는 이해와 해석의 문제, 진리와 지식의 문제를 "통합론" 또는 "총체론"의 견지에서 논했음이 분명하다. 그가 말년에 가서 헤겔로부터 "객관적 정신"이라는 용어를 빌려 자신의 생철학과 해석학과 관련해서 사용했듯이 그는 또한 "진리는 전체에 있다"란 헤겔의 지론도 자신의 철학에 적용했다고 볼 수 있다. 그가 비록 헤겔과는 전혀 달리 반형이상학적이며 반주지주의적인 견지에서 자신의 철학을 발전시키고 주창했으며 상대주의적인 역사관을 주장했지만, 절대적인 "전체" 속에서 그 "부분들", 그리고 "부분들" 간의 관계를 이해하고 해석해야만 한다는 이론에 있어서는 그는 헤겔의 견해에 전적으로 동의했다. "이해활동에 있어서 우리는 우리에게 생생하게 주어진 전체의 연관성에서 출발하게 되며 여기에서 출발해서 그 속의 개별자들을 파악하게 된다."[91]

주지하는 바대로 딜타이는 그의 전기 사상에서 슐라이어마허의 영향으로 주로 심리학적인 접근 방법으로 해석학의 기본문제들을 제기하고 해결하려 했다. 이와는 대조적으로 후기 딜타이는 아마도 헤겔의 영향으로, 문화물의 창작자와 그 감상자의 개인적인 심리상태das Individualpsychische를 뛰어넘는, "생의 단위들" 일반의 "공통성"Gemeinsamkeit[92]을 뜻하는 "객관적인 정신"der objektive Geist의 관점에서 해석학적인 문제들을 거론했다. 그러나 그는 자신의 전기와 후기 해석학 간의 이러한 방법론적 차이와는 관계없이, 생과 관계되는 제반 현상들을 대상으로 연구하는 정신과학은 자연과학과는 전혀 다른 방법으로, "Erklären"이 아닌 "Verstehen"을 통해 그 대상에 접근할 수밖에 없다는 점에 대해서는 시종일관 동일한 어조로 강력하게 주장했다.

정신과학에서는 연구의 주체도, 연구의 객체도 동일한 생 혹은 정신이다.[93] 모든 것이 생 일반의 자기발전 과정 속에서 하나로 연결되어 있어 여기서는 생이 생을 포착하고 이해한다. 생은 생 내부에서 그에 관한 모든 것을 체험하고 이해한다.[94] 정신이 생에 대해 체험한 바를 독창적으로 표현하게 하는 것도 생이고, 정신이 그 표현을 이해하고 해석하게 하는 것도 생이다.[95] 생을 생 내부에서부터 생생하게 체험하고 이해하므로 그것을 순수히 그것대로, 그 풍부하고 독특한 의미 그대로 체험하고 이해하게 된다. 그리고 주객대립의 관계에서 그것을 이성이라는 주체의 지력으로, 그리고 그것이 자체적으로 소유하고 있는 범주로 냉철하게 기계적으로 포착하고 표상하지 않고, 지정의가 합해진 전인의 차원에서 그것을 말하자면 피부로 느끼듯 생생하게 현실적으로 체험하고 이해하게 된다.

iii) 딜타이의 아포리아와 해석학의 급진화

딜타이가 총체론적인 관점에서 생철학과 해석학 이론들을 개발하고 전개했으나 그의 사상을 배경으로 해서 지식과 진리, 이해와 해석의 문제를 거론하되 그와는 또한 전혀 다른 철학적 입지점에서 그렇게 한 하이데거와 가다머의 견지에서 볼 때 그의 총체론은 말하자면 충분히 총체적이지 못했다. 그리고 그의 총체론적 생철학과 해석학에는 자신이 의식하지 못한 많은 허점과 맹점도 내포되어 있음이 이들에게 드러났다. 그의 반형이상학적 생철학과 해석학은 그들에 의해 보다 높은 단계에서 재정립되고 "급진화"Radikalisierung되지 않으면 안 되었다.

딜타이가 평생토록 주안점으로 두고 거론한 것은 그가 "생"이라고 칭한 것과 그와 관련된 제반 현상들의 의미를 어떠한 조건하에서 객관적으로 이해하고 해석할 수 있느냐 하는 문제였다. 그러므로 자연과학의 연구 대상인 자연물은 처음부터 자신의 관심 밖의 문제로 취급되었다.

이 문제는 칸트가 이미 해결해놓은 상태라고 그는 보고 있었다. 그래서 그는 자신의 과제가 칸트의 "선험철학"의 정신을 물려받아 정신과학 방면에서 객관적 지식의 가능성을 모색하는 생철학 또는 "생에 대한 해석학"을 수립하는 데 있다고 생각했다.[96] 칸트가 "KrV"을 통해 자연과학의 기초를 수립했듯이 그는 『역사이성비판』을 통해서 정신과학의 기초를 수립하려고 꾀했던 것이다.

그러나 문제는 우리가 딜타이와 같이 자연과 정신, 그리고 그것들에게 해당하는 자연과학과 정신과학 간의 엄격한 이원론을 주장할 수 있으며 "Erklären"과 "Verstehen"을 과연 이 두 상이한 영역에서 각각 달리 사용해야만 하는 상반되는 접근 방법들로 간주할 수 있느냐 하는 것이다. 미시G. Misch, 볼노브Bollnow를 위시한 딜타이 이후의 많은 사상가들이 그의 이러한 이원론이 부당함을 지적하고 두 접근 방법들은 자연과학과 정신과학 영역 모두에 지속적으로 병용되고 있으며 병용되지 않을 수 없다는 점을 강조해왔다. 양자는 서로 대립관계에 있다기보다 상호보완적인 관계에 있으며 인간이 사물과 현상에 대한 지식을 점차적으로 더 완전한 단계로 끌어올리려고 노력함에 있어 서로 공조한다는 것이다. 사물에 대한 우리의 과학적인 설명은 그에 대한 우리의 직관적 이해에 근거를 두고 있으며, 그것에서 출발할 수밖에 없으나 그에 대해 우리가 원초적으로 이해하는 바는 학술적인 분석과 해명을 통해 더 명료해지고 체계화되므로 양자는 서로를 필요로 한다. 그 무엇을 과학적으로 설명하기 위해서는 그것을 이미 전과학적으로 이해하고 있어야 하고, 그것을 정확하고 확실하게 이해하기 위해서는 그것을 과학적인 분석과 연구 과정을 통해 체계적으로 설명할 수 있어야 한다. 인간의 모든 지식은 "전이해"에 근거를 두고 있으나, 딜타이가 "생체험"이라고 칭한 이 전이해는 그가 지적한 대로 "자기 계몽"되어야만 하는바 그 작업은 과학적인 설명을 통해서 이루어진다. 그러나 이러한 생체험에 대한 자기 계몽 작업은 물론 그에 대한 전이해의 빛으로만 가능하다("해석학적 순환"). (차후에 상론하겠지만 바로 이 점이 "SZ", 32-33절의 주제다.)

역설적이게도 딜타이는 자연과학과 정신과학, 그리고 과학적 설명과 직관적인 이해는 서로 상반되는 영역과 연구방법이라는 점과, 생이란 현상은 그 근거와 폭을 이성의 잣대로 측량할 수 없으므로 생과 그것과 관련된 모든 현상과 사건들의 의미를 자연현상과 같이 과학적으로 설명하려 해서는 결코 안 된다는 주장을 강력하게 내세우면서도 또 한편으로는 그것에 대한 보편타당하며 객관적인 지식의 확보 가능성을 심각하게 모색했다. 그래서 그는 자신도 의식하지 못하는 가운데 자신의 생철학의 이념에 배치되는 과학주의적 이상에 따라 정신과학의 기초를 수립하려고 노력했던 것이다.[97]

그러나 철학적으로 볼 때 딜타이에게 가장 중요한 문제점은 그의 불가지론과 상대주의다. 볼노브,[98] 호지스H. A. Hodges,[99] 팔머R. E. Palmer[100]가 지적한 대로 딜타이는 19세기의 두 상반되는 사상적 주류, 독일의 관념론 및 낭만주의와 영국과 프랑스의 경험론 및 실증주의를 서로 절충하고 매개하는 가운데 자신의 특유한 생철학을 개발하려고 시도했다. 그는 이 두 상반되는 사상 속의 부정적인 요소들을 배제하고 긍정적인 요소들은 수용하는 가운데 자신의 입장을 정립하려 했던 것이다. 그러한 이유에서 그의 생철학은 다분히 반형이상학적이면서도 낭만주의적이며 다분히 경험론적이면서도 선험철학적인 색채를 드러내고 있다. 그의 이러한 기본성향은 특히 그의 저서 도처에서 반복되는, "생 이면으로는 인식활동이 침투할 수 없다"란 문구에서 확연하게 드러나고 있다.

이 명제의 뜻은 생의 폭과 깊이가 무한하기에 우리의 지력으로 그 신비성과 불가지성을 해명할 도리가 없는 수수께끼란 것만이 아니다. 그 뜻은 생 저변 혹은 이면에 형이상학적·종교적 영역, 이데아와 가치들의 차원이 깔려 있는 것이 아니고 단순히 "그 뒤에는 아무것도 없다"[101]는 것이다. 그러므로 생을 생 자체 내부에서 이해해야 하고 생 자체에 주어진 자료를 토대로 해서 그것을 이해해야 한다는 것이다.[102]

딜타이의 생철학과 해석학의 진수를 반영하는 이 문구는 그가 이해하고 의도한 것과는 전혀 달리 그가 무의식중에 확신하고 있었던 형이상학적 이념을 반영하고 있음이 분명하다. 그의 반형이상학적 사상 전반은 그의 자아 이해와는 전혀 달리 다분히 형이상학적 세계관에 기초를 두고 있다. 그의 반형이상학은 하나의 엄연한 형이상학이다. 극단적인 반형이상학적 사상을 주창하고 있는 현대 논리실증주의자들과 언어분석철학자들과 관련해서 이상에서 언급한 바 있는 아펠의 비판을 여기서 딜타이의 사상에도 가할 수 있을 듯하다. 그의 반형이상학은 역설적으로 당당한 형이상학적 토대 위에서 정립된 것이다. 그의 사상학은 말하자면 반형이상학적 형이상학이다.

생이 이성으로 분석하고 기술할 수 없는 무한한 깊이와 폭을 지닌 신비라는 사실과 생 이면에는 그 어떤 형이상학적·종교적 차원이 깔려 있지 않다는 사실을 딜타이가 어떻게 그렇게 잘 알고 강경하게 주장할 수 있었을까? 특히 생 이면에는 아무것도 없다는 점은 생 이면을 넘어다볼 수 없는 입장에서, 생 자체 내에서 어떻게 그가 그렇게 강력하게 주장할 수 있었을까? 그리고 생이 무엇이며 생과 관련된 모든 현상의 구조와 특성이 무엇이고 그 범주가 무엇인지는 생 전반의 발전 과정을 처음부터 끝까지 지켜보며 그 내면을 꿰뚫어 보지 않고 어떻게 주장할 수 있겠는가? 그것을 초월하는 한 입지점에서 말하자면 그것을 전체적으로 넘어다볼 수 없었다면 그에 대해 어떻게 그렇게 분명하고 확실하게 말할 수 있었겠는가?

딜타이는 그의 많은 저서에서 계속 생 일반과 그것과 관계되는 현상들뿐 아니라 실재 전반에 대해서 확실하고 분명한 주장을 하고 있으므로, 그가 생과 실재 전반을 초월한 한 입지점에서 그것을 넘어다보고 꿰뚫어 보는 가운데 그러한 주장을 했음이 분명하다. 그는 분명 한 사람의 형이상학자였다.

그럼에도 불구하고 그는 생의 자기개발 과정은 앞으로도 계속 진행될 것이므로 그 결과를 알 수 없는 상태에서 생이 무엇인지는 알 수 없다는 불가지론과 상대론을 주장했다. 전체를 알아야 부분을 알 수 있고, 부분을 알아야 전체를 알 수 있다고 오래전부터 해석학자들이 계속 주장하지 않았던가? 슐라이어마허와 딜타이 당대의 드로이젠K. G. Droysen도 그의 『역사학 요강』Grundriß der Historik[103]에서 전체와 부분 간의 이러한 해석학적 순환에 대해 거론하고 있지 않은가? 생의 발전 과정이 무한대로 계속되므로 현재로서는 생 일반이라는 전체를 알 도리가 없고 따라서 그 속의 어떠한 부분들도 알 수 없다.

딜타이 자신의 이러한 상대론적인 관점에서 본다면 그가 그의 모든 저서에서 피력하고 주장한 어떠한 이론도 원칙적으로 구속력이 없다고 보지 않을 수 없다. 칸트가 "KrV"을 통해 자연과학의 기초를 수립한 것과 같이, 그도 『역사이성비판』을 통해 정신과학의 기초를 수립하려는 노력은 상술한 대로 생 일반과 그것의 다양한 현상들의 정체와 의미는 어떠한 방법으로도 지적으로 분석하고 기술하며 객관화하고 체계화할 수 없다는, 자신의 반주지주의적인 생철학 전반에 위배되는 노력일 뿐 아니라 그의 상대론에 따르면 그것은 처음부터 원칙적으로 수포로 돌아갈 수밖에 없었던 노력이었다. 엄격한 상대론을 따르는 한 우리는 그 무엇에 대한 그 어떤 주장도 할 수 없다. 나아가서는 상대론 자체도 주장할 수 없다.

상대론도 하나의 절대적인 관점과 입장을 대변하는 하나의 세계관이다. 그것은 세상만사를 둘러보고 꿰뚫어볼 때 세상에는 아무것도 확실한 것이 없고 모든 것이 불확실하다는 극히 확고하고 강경한 하나의 형이상학적 주장이다. 세상의 모든 것은 다 상대적이고 상대론만은 절대적으로 타당한 확실한 이론이라는 주장이다. 오래전에 아우구스티누스가 당대의 중기 플라톤주의의 회의론과 상대론을 반박하는 과정에서 지적한 바와 같이, 세상에 확실하고 절대적인 것은 아무것도 없다고 주장하는 상대주의자들과 회의주의자들도 자신들이 의식하지 못하는 가운데 많은 것을 확실히 믿고 그것을 토대로 하고, 절대적인 기준으로 해서 그들의 이론을 전개한다. 확실히 믿는 무엇이 없으면 그들은 아무것도 심각하게 의심할 수 없다. 극단적인 회의론자도 그들의 지론이 참임을 증명하기 위해 세상의 모든 것의 진상을 철저하게, 사실은 그 누구보다 더 철저하게, 더 심각하게 점검하고 심사하며 분석하고 판단해보지 않으면 안 된다. 그러나 그렇게 하기 위해서는 우선 "A = A"라는 "동일률", "A ≠ Non-A"라는 "모순율", 세상의 아무것도 이유 없이 발생하지 않으며 모든 주장에는 충분한 근거가 있어야 한다는"Ex nihilo nihil fit", Nothing comes from nothing 충족이유율(~하므로 ~하다) 등의 절대적인 타당성을 굳게 믿지 않으면 안 된다. 그 밖에도 다른 많은 것을 굳게 믿고 나아가 자신의 판단력과 자기 자신을 믿지 않으면 그들의 회의론과 상대론을 주장할 수 없다. 그러한 의미에서 상대론은 하나의 "절대론"에 근거를 두고 있는 사상이라 할 수 있다. 믿지 않으면 의심할 수 없고, 형이상학적인 입지점에 서 있지 않고서는 어떠한 반형이상학적인 이론과 주장도 내세울 수 없다.

전체를 알아야만 부분을 알 수 있다는 명제를 강력하게 주장함과 더불어 자신이 처한 미묘한 입장을 의식하고 딜타이는 말년에 가서, 부분을 알아도 그것을 통해 전체를 예기하고 인식할 수 있다는 주장을 내세웠다.[104] 그것은 순간적인 "지적 직관"intellektuelle Anschauung 혹은 "심미적 직관"ästhetische Anschauung을 통해서 우주 전체의 실상과 실체를 통찰할 수 있다고 주장한 독일 관념론자 셸링F. J. W. Schelling과 비슷한 주장이다. 그렇다면 그는 자신이 형이상학자임을 자기 자신의 입으로 고백하는 것이 아닌가? 그리고 생의 불가지적이며 비합리적인 본성에 대한 자신의 지론을 완전히 부인하고 있지 않은가?

딜타이가 의도한 생철학 또는 생에 대한 해석학은 딜타이 자신의 생각과는 전혀 달리 생 내부에서는 수립할 수 없음이 확실하다. 딜타이 자신도 생 내부에서가 아닌 생 외부에서, 상대론자가 아닌 "절대론자" 또는 형이상학자의 입장에서 자신의 지론을 전개했음이 분명하다. 그의 반형이상학적 사상과 상대론을 통해서 우리는 인간이 형이상학과 세계관을 회피할 수 없다는 사실을 그 어디에서보다 더 확실하게 인식하게 된다. 칸트가 주장한 대로 사람들은 형이상학의 "가지"와 "둥치"는 제거할 수 있어도 그 "뿌리"는 결코 뽑을 수 없다.[105] 인간은 형이상학적 동물이다(쇼펜하우어). 인간은 "형이상학의 사건"이다. 그의 마음속에서 "철학의 사건", "형이상학의 사건"이 지속적으로 일어난다.[106]

딜타이의 해석학이 "급진화"되어야만 했듯이 그의 생철학 일반도 "급진화"되어야만 했다. "생에 대한 해석학"이 생의 자기운동의 흐름 내부에, 내재적인 입지점Immanenz에서는 수립될 수 없고 그 외부에서, 그것을 뛰어넘고 넘어다볼 수 있는 한 초월적 입지점Transzendenz에서만 그렇게 될 수 있기 때문이다. 두 상이한 접근 방법인 "Erklären"과 "Verstehen"을 그 자체 내에 수용하는 보다 포괄적인 의미의 "Verstehen"의 관점에서 인간의 인식과 이해 및 해석의 문제를 논하는 하나의 새로운 해석학이 구축되어야 했고, 생이라는 현상과 그와 관련된 모든 것들, 존재자 일반을 딜타이가 의식하지는 못했으나 실제로는 항상 서 있던 형이상학적 차원에서 조명하는 한 존재론이 개발되고 그 바탕 위에서 생의 정체와 의미에 대한 이론이 정립되어야만 함이 분명했다.

2) 딜타이에서 하이데거로

과거 2500년 동안의 서양 형이상학사 전반과 특히 딜타이의 생철학과 해석학에서 제기되는 이러한 철학사적 요청에 따라 하이데거는 "SZ"에서 "기초존재론"을 전개하는 과정에서 해석학의 "극단화"와 생철학의 "극단화"를 동시에 추진했다. 해석학은 이제 단순히 경전, 법전, 문학작품 등 과거인이 남긴 문헌들 속의 본문을 어떻게 이해하고 해석하는지를 취급하는 학문만도 아니며, 포괄적인 뜻으로 우리가 읽고 우리 자신과 진리에 대해서 배워야 할 "본문들"이라고 할 수 있는 협의의 "본문들", 즉 각종 문헌을 포함한 문화물과 정신현상 일반을 바로 이해하고 해석하는 기술과 규칙을 연구하는 학문만도 아니다. 그보다 해석학은 모든 분야와 종류의 문화물과 정신현상 일반 및 자연물과 실용물의 본질과 의미를 이해하고 해석하며 과학적으로 설명할 뿐 아니라, 존재자 일반의 존재의 근거가 되는 존재 자체의 의미도 원래부터 순수히 그대로 이해하고 해석하는 인간 현존재의 실존 구조를 조명하는 학문이다. 나아가서 그것은 존재 자체의 의미를 조명하는 학문으로도 간주할 수 있다.

해석학이라는 용어는 그리스어 "*Hermenuein*"(해석하다)에서 유래했으며 이 용어 자체는 또한 신들의 사자로 알려져 있던 "*Hermes*"에서 유래했다. 후자가 신들의 뜻을 사람들에게 전달하는 역할을 했듯이 해석학은 단순히 "해석활동과만 관계되기보다 [존재에 대한 혹은 존재로부터 오는] 소식과 정보를 전달하는" 역할을 한다.[107] 해석학은 "SZ"에서도, 현재도("US"의 저작년도인 1953/54) "존재자의 존재를 드러내는 것을 과제로 하고 있다. 그러나 그것은 형이상학의 방법으로 [존재자의 본질을 규명하기 위해서] 그렇게 하기보다 존재 자체가 개현되게 하기 위해서 그렇게 한다."[108]

여기서 하이데거는 해석학의 궁극 목적은 존재의 의미를 밝히는 데 있음을 분명히 하고 있다.[109] 해석학은 존재론이다. 그러나 과거 형이상학자들이 수립하려고 꾀한 그러한 종류의 존재론, 즉 존재자 일반의 본질을 규명하는 것을 과제로 하는 "본질의 형이상학"이 아니고 존재 자체의 의미를 조명하는 것을 과제로 하는 원초적인 존재론 또는 "존재 사유"Denken des Seins이다.

"SZ"에서 하이데거는 하나의 원초적인 존재론을 뜻하는 이러한 광의의 해석학을 발전시키기 위한 목적으로 보다 협의의 해석학, 즉 "현존재에 대한 해석학"을 발전시키려고 했다. 여기서 그는 존재의 의미를 원래적으로 이해하는, 그래서 그 본성과 본령을 (존재) 이해[력] 그 자체라 할 수 있는 인간 현존재의 실존 구조, 특히 그의 존재 이해 능력을 조명하고 해석하는 것을 과제로 하는 현존재에 대한 해석학 또는 "기초존재론"을 수립하고 그것을 토대로 해서 존재자 일반의 "존재"의 근거가 되는 존재 자체의 의미를 조명하고 해석하는 광의의 해석학을 수립할 계획이었던 것이다. 그러나 주지하고 있는 바와 같이 그의 이러한 계획은 무산되었고 "SZ"은 미완성작으로 남았다. 그 결과 그것은 존재 자체에 대한 책이라기보다 오히려 현존재에 대한 책으로 남게 되었다.

(그럼에도 불구하고 "SZ"에서 하이데거는 존재 자체의 문제를 계속 거론하고 있으므로 그것이 간접적으로는 그에 대한 저서이기도 하다고 볼 수 있다. 존재에 대해 언급하지 않고는 현존재에 대해서 언급할 수 없고 그 반대로 현존재에 대해 언급하지 않고는 존재에 대해서도 언급할 수 없다. 현존재는 존재와의 관계가 아닌가? 존재는 그의 "존재론적 차이"에도 불구하고 현존재, 그리고 나아가서는 존재자 일반과 필연적으로 공존하고 있지 않은가?)

하이데거에 따르면 인간 현존재는 그 자체가 "해석학적"hermeneutisch이다.[110] 상술한 대로 인간 현존재는 존재와의 관계이며 존재의 의미, 그리고 그와 더불어 자기 자신의 "존재"의 의미를 본래부터 이해하고 있고 그 의미를 다양한 수준에서 다양한 방법으로 지속적으로 표출하고 해석하고 있기 때문이다. "현존재의 존재적 탁월성은 그가 존재론적이라는 데 있다."[111] 즉 그의 가장 특출한 면은 존재의 의미에 대해 절대적인 관심을 가지고 그것을 이해하고 해석하는 것을 본령으로 하고 있는 데서 발견할 수 있다. 존재 이해 능력은 현존재 자신에게 본질적으로 주어져 있다"das dem Dasein selbst gehörige Seinsverständnis".[112] "현존재"는 (존재) 이해 능력 그 자체다"Das Da-sein als Verstehen".[113] "이해[력]이라는 용어는 (현존재의) 한 기본적인 실존론적 범주다. 그것은 결코 과학적인 설명 능력Erklären이나 지적인 간파 능력과 구별된 한 특수한 종류의 인식 능력만도 아니고 체계적인 통찰력을 뜻하는 인식 능력만도 아니다. 이해[력]은 현주의 존재(das Sein des Da, 현존재의 존재)를 가능케 하는 그러한 구성요소인바, 현존재는 이러한 이해력을 근거로 해서 실존 과정에서 다양한 종류의 직시Sicht, 주변 관찰Sichumsehen, 단순한 응시Nurhinsehen 등의 가능성을 개발할 수 있다. 모든 과학적 설명은 그 어떤 난해한 대상을 지적으로 밝히는 행위als verstehendes Entdecken로서 현존재의 원초적인 이해 능력에 그 근거를 두고 있다."[114] "현존재의 존재에는 자기해석Selbtauslegung, [그리고 그와 더불어 존재의 의미에 대한 해석] 능력이 본질적으로 주어져 있다.…그러므로 현존재의 존재, [그리고 그와 더불어 존재의 의미]에 대한 모든 존재론적이며 체계적인 연구도 현존재의 존재 자체로 말미암아 이미 준비된 터전에서 수행된다고 할 수 있다."[115]

현존재는 존재의 의미와 자기 자신의 존재의 의미를 이해하고 해석하는 작업을, 딜타이가 생각한 것과 같이 말하자면 부업이 아닌 주업으로 하고 있다. 그는 (존재) 이해력 그 자체가 아닌가? 그리고 그에게 가능한 "(존재) 이해력"은, 딜타이가 뜻한, 문화물과 정신현상의 의미를 풀이하는 데 필요한 그러한 종류의 이해력과는 전혀 다른 기능이다. 방금 지적한 대로 하이데거가 의미하는 이해력은 딜타이가 뜻한 이해력과 "과학적인 설명"을 그 자체에 내포하는, 보다 포괄적인 기능이다. "다양한 종류의 인식방법들 가운데 하나이며 'Erklären'과 구별되는 'Verstehen'(딜타이가 뜻한 이해)은 후자와 더불어 현주의 존재를 함께 구성하는 원초적인 이해력의 실존론적 파생형이다."[116]

가다머도 하이데거가 인간이 가장 중요한 본성으로 원래부터 소유한 것으로 확신하고 있는 이러한 포괄적인 의미의 이해 개념을 토대로 해서 자신의 해석학을 개발했고 자연과학과 정신과학 간의 이원론을 주장한 딜타이와는 달리 "해석학의 보편성"[117]을 주창했다. 단순히 문화물과 정신현상만이 아닌 자연계와 정신계를 포함한 실재 전반에 속한 모든 대상이 예외 없이 다 이해와 해석의 대상이라는 것이다. "나의 견해로는 하이데거에 있어서 시간의 관점에서 이루어진 인간 현존재에 대한 분석은 이해활동 Verstehen이 단순히 인간 주체의 다양한 활동양식들 가운데 하나만이 아니고 현존재의 존재 양태 그 자체 Seinsweise des Daseins selber라는 점을 설득력 있게 입증했다고 본다. 이 책에서 '해석학'이라는 용어는 이러한 의미로 사용되었다. 그것은 유한성과 역사성으로 특징지어진 현존재의 근본적인 (실존적) 움직임 die Grundbewegtheit des Daseins을 나타내며 따라서 그의 세계경험 전체를 포괄하는 개념이다. 이해의 운동(해석학)이 포괄적이며 보편적이라는 주장은 결코 자의적인 이론이 아니며, (인간성에 있어서) 한 부차적인 측면을 과장하는 데서 도출하는 억지 주장도 아니다. 그보다 그것은 사실에 부합하는 주장이다."[118]

하이데거와 가다머, 그리고 신학자 불트만과 그의 학파에 속하는 신학자들은 딜타이가 이원론적으로 분리시킨 'Verstehen'과 'Erklären'이 보다 원초적인 'Verstehen' 속에 함께 포용되어 있다는 점과, 따라서 정신과학의 연구 대상들뿐 아니라 자연과학의 연구 대상들도 궁극적으로는 이러한 원초적인 'Verstehen'의 대상으로 간주해야 한다는 점을 강력하게 주장하였으나,[119] 실제적인 본문 해석과 관련해서는 그들은 'Erklären'의 의미와 가치를 주로 부정적인 시각에서 평가해왔다. 우리가 결론 부분에서 다시 거론하겠거니와 이것이 그들의 중대한 취약점들 중 하나라고 보지 않을 수 없다.[120]

인간 현존재는 말하자면 타고난 존재 이해자이며 존재 해석자다. 그러한 의미에서 그는 본질적으로 "해석학적"이다. 그러므로 가장 원초적인 의미의 해석학은 이 사실을 출발점으로 해서 개발되고 수립되어야 한다. 그러한 해석학은 "해석학적인 것", 즉 존재 자체와 자기 자신의 존재의 의미를 본디부터 이해하고 해석하는 현존재의 "해석학적인" 본성을 규명하는 데서 수립되어야 한다.[121] 그렇게 해서 수립되는 해석학은 가장 포괄적인 의미의 해석학일 것이다. 그것을 통해서 "존재의 진정한 의미와 현존재의 기본적인 실존 구조가 그것을 통해 전달될 것 kundgegeben은" 물론이거니와, 그것을 토대로 해서 궁극적으로는 또한 "현존재 외의 여타 존재자들 일반에 대한 존재론적 연구를 위한 지평이 마련되게 될 것이다." 그래서 존재자 일반의 "존재"를 대상으로 연구하는 "제반 특수존재론의 가능성의 조건들이 규명되게 될 것이다."[122]

하이데거는 "SZ"에서 자신이 추진하는 현존재에 대한 해석학 또는 기초존재론을 일종의 현상학이라고 간주하기도 한다. 왜냐하면 이하에서 상론하겠지만 그는 후설의 현상학의 중심표어인 "사실 자체에로!"Zu den Sachen selbst[123]에 따라 그의 이러한 해석학을 통해 자신의 이해와 해석의 대상, 연구와 조명의 대상이 되는 현존재의 실존 구조 및 존재 자체의 의미가 자신이 임의로 사전에 설정한 그 어떤 인식의 틀이나 방법과 관계없이, 자체적으로, 그리고 그 자체대로 순수하게 "현상하게" 하려고 노력하고 있다고 보기 때문이다. 그가 추진하는 이러한 현상학은 "나타나는 [현상]을 그것이 스스로 나타내는 그대로, 그 자체에서부터 드러나 보이게 하는" 그러한 학문이다. 그러한 종류의 "현상학은 존재자의 존재에 관한 학문이며 따라서 존재론이다."[124] 그리고 "존재론은 현상학으로서만 가능하다."[125]

그러나 하이데거의 현상학은 물론 후설의 "기술적 현상학"이나 "선험적 현상학"과는 질적으로 다른 현상학이다. 그것은 현존재의 "존재"나 존재 자체의 의미라는 "현상"을 현상학적으로 연구하되 후설의 주지주의적이며 과학주의적인 이념과 연구방법에 따라"Philosophie als strenge

Wissenschaft"[126] 그것을 주체와 대립된 한 객체, 한 "표상"의 대상으로 간주하고 "본질직관"을 통해 지적으로 명석하게 포착하고 기술하고 해석하려고 노력하는 그러한 현상학, 즉 전기 후설의 "기술적 현상학"과 같은 부류의 현상학이 아니다. 그리고 그 현상의 정체성과 의미를, 모든 대상을 사전 규정하고 구성하는 "선험적 주체성"의 "지향성"과 "지향적 활동"intentionale Akte에 환원시키는 후기 후설의 "선험적 현상학"과 같은 종류의 현상학도 아니다.

하이데거의 현상학은 어디까지나 모든 인간에게, 따라서 하이데거 자신에게도 본질적으로 가능한, 존재의 의미, 존재의 진리의 빛에로의 "수동적 개방성"으로 말미암아 존재라는 "현상"을 전인적으로 체험하게 되는 실존적 "정서"Stimmung 또는 "상태성"Befindlichkeit을 통해서 그 외부가 아닌 내부에서, 주객대립의 관계에서가 아닌 내적 접촉과 만남에서 순수하게 이해하고 해석하는 그러한 "해석학적 현상학"인 것이다. 존재의 진리의 빛과 항상 이미 연결되어 있지 않은 현존재는 존재하지 않으며, 현존재라는 조명과 개방의 처소를 통하지 않고 비춰지는 존재의 진리의 빛도 존재하지 않는다. 양자는 본질적으로, 내적으로 하나로 연결되어 있다. 그러므로 현존재라는 현상과 존재라는 현상을 자신의 눈앞에 현상하는 그대로 포착하고 기술해야 하는 현상학자 하이데거는 인간 일반과 자기 자신에게 본디부터 주어진 순수한 자아 이해 및 존재 이해의 빛으로 자신의 업무를 수행할 수 있다. 그의 현상학은 어디까지나 "이해에 의해서 지도되는"vom Verstehen geleitete[127] 그러한 현상학이다.

하이데거의 "해석학적 현상학" 혹은 "현상학적 해석학"은 후설이 추진한 주지주의적 현상학도 아니고 딜타이가 의도한 바와 같은 부류의 지엽적인 해석학, 즉 단순히 "생체험의 표현"인 문화물들과 정신현상학의 의미를 규명하는 것만을 과제로 하는 그러한 협의의 해석학도 아니다. 그보다 그것은 "존재를 기본 주제로 하는 하나의 철학"[128]인바 "철학은 보편적인 현상학적 존재론이며 그것은 현존재에 대한 해석학에 그 출발점을 두고 있다."[129]

딜타이의 해석학에서 이해와 해석의 주체와 객체는 생 혹은 정신 자체다. 생은 생을 생 내부에서 체험하고 표현하며 이해한다. "정신은 정신이 창출한 것만을 이해할 수 있다." 그러나 그가 생이라고 칭한 것은 그 근저를 헤아릴 수 없이 불가지적이며 "비합리적인" 현상일 뿐 아니라, 그 종국이 어떻게 끝날지 알 수 없는 미지의 미래를 향해 계속 진행중이며 자신을 새롭게 개발하고 계몽하는 가운데 있는 "아직 확정되어 있지 않은" 현상이다. 그러한 생의 의미와 정체성을 생 자체 속에서, 생의 자기 발전 과정의 흐름 속에서 체험하고 표현하며 이해하는 개별적인 생의 단위는 생 자체와 더불어 그 속에서 계속 표류하는 가운데 생과 그와 관련된 모든 것을 이해하고 해석해야 하는 입장에 있다. 완전히 "내재적인" 차원에서, 그리고 그 어떤 "Archimedischer Punkt"(아르키메데스적 기점), 즉 그 어떤 확고한 입지점에서가 아닌 불확실한 부유 상태와 표류과정에서 그렇게 해야 한다. 그것이 사실이라면 그는 사실상 아무것도 확실히 이해하고 해석할 수 없다는 결론에 이를 수밖에 없다. 딜타이 자신의 대전제에 따르면 원칙적으로 불가능한 것을 가능케 하려고 그는 평생 진력했으며, 처음부터 실패로 돌아갈 수밖에 없음이 확실했던 그것을 위해 감탄할 정도로 예리한 그의 사고력과 분석력을 총동원하여 성사시키려 했다. 그는 처음부터 말하자면 자신의 철학에 파산선고를 내리고 출발했다. 그러나 그의 파산처리된 유품에는 건질 만한 진귀한 고가품이 많다.

이와는 달리 하이데거의 현상학적 해석학은 현존재의 존재의 의미에 대한 해석학이며 나아가서는 존재의 의미에 대한 해석학으로서 그것은 존재라는 절대적인 의미의 초월성transcendens schlechthin[130]으로 항상 이미 초월해 있는 인간 현존재, 초월 능력 그 자체라 할 수 있는 현존재의 존재 이해 능력을 출발점으로 삼는다. 그것을 출발점과 기본적인 소여자료Datum로 삼고 그 본질을 현상학적으로 추적하는 데서 그가 존재의 의미를 이해한다는 것이 무엇을 뜻하는 것이며, 그가 이해하는 존재의 의미는 무엇인가를 조명하고 천명하는 것이 그 궁극 과제다.

현존재는 항상 이미 존재자 일반과 그와 더불어 자기 자신을 초월하고 존재의 차원으로 나아가 있으며 그 속에서 그 차원으로 더 깊이 나아가는 도상에 있다. 그는 딜타이의 생과 생의 단위들과 같이 단순히 내재적인 존재자가 아니고 내재적인 동시에 초월적인 존재자다. "존재적인" 동시에 "존재론적인" 존재자다. 그는 단순한 존재자임에도 불구하고 존재자들의 "세계"에 빠져들어 가 그 속에서 그들과 함께 유동하는 가운데 자신과 존재자 일반의 정체성을 이해하고 해석해야 하는 것이 아니고, 그들과 질적으로 구별된 존재의 차원, 절대적인 초월성의 차원에서 그렇게 할 수 있는 능력, 초월 능력을 소유하고 있다. 환언해서 그는 존재 이해 능력을 소유하고 있다. 그는 항상 이미 존재의 차원 속에 "피투"되어 있고, 피투되되 그 속에서 존재의 의미 또는 세계를 계속 나름대로의 방식으로 능동적으로 "기투"하고 그렇게 하는 것을 또한 다양한 수준에서, 다양한 방법으로 지적으로 이해하고 해석하며 이론적으로 진술하고 과학적으로 설명할 수 있게끔 운명지어진 그러한 "피투된 기투(자)"다. 그는 그가 이미 피투된 세계 내에서 한 새로운 세계를 지속적으로 "형성"하며 "창조"할 수 있고 해야만 하는 당위성과 필연성을 띠고 존재하는 그러한 "세계내존"이다.

거시적으로 보면 하이데거도 딜타이의 총체론적인 관점에서 철학적 사유에 임했다고 할 수 있다. 그도 인간 현존재가 항상 이미 세계라는 "전체", 즉 전체적인 의미의 지평과 이해의 지평에 피투되어 있어 그가 무엇을 하든 항상 그 속에서 할 수밖에 없고 그 속에서 개별적인 존재자와 현상들을 이해하고 해석하며 그에 대해 언어로 표현하며 명제로 진술하기도 한다는 점을 무엇보다 강조한다. 그리고 그도 이 세계라는 전체는 하나의 시공간을 초월한 정적인 차원이 아니고 역사적으로 계속 일어나는 역동적인 사건임을 고조한다.

현존재는 말하자면 동시에 횡적·종적·공간적·시간적으로 펼쳐져 있는 이러한 역사적 의미와 이해의 지평 속에서 그 어떤 대상을 그 무엇을 위한 무엇으로etwas als etwas, "existenzial-hermeneutisches Als"[131] 이해하고 해석하며 진술하게 된다. 하이데거가 "SZ"에서 세계 개념을 정의하려고 노력할 때 염두에 두었음이 분명한 아리스토텔레스의 형이상학[132]에서는 한 사물이 우주 전체의 "존재의 계층" 속에서 다른 모든 사물, 그리고 나아가서는 우주의 궁극 목적인 신과 유기적·목적론적으로 서로 연결되어 있기에 그것은 오로지 이 전체적인 존재의 계층 속에서, 그리고 다른 모든 사물과의 관계에서 형상과 질료, 즉 목적과 수단의 관계에서만 그것으로 "존재"하고 그 특유한 기능을 발휘할 수 있다. 한 그루의 참나무의 진의와 진가, 그 진상과 실체, 그 "존재"와 "진리"는 오로지 그것과 관련된 다른 사물들, 그것을 위해 존재하는, 그것의 직간접적인 "telos"로 작용하는 다른 사물들, 예컨대 송판, 가구, 집, 인간의 삶…신이라는 우주의 궁극적인 "Telos"와의 목적론적인 관계에서만 드러난다. 그것 자체만으로는 그것이 될 수 없고 그것으로 드러나지 않는다. 우주 전체 속에서만 그렇게 될 수 있다. 헤겔식으로 표현한다면 진리는 전체이며 전체를 떠난 부분은 비진리이다.

이와 유사하게 하이데거의 기초존재론에서도 한 존재자는 세계라는 전체적인 의미의 지평 속에서 무수한 다른 존재자들과 그러한 목적론적인 관계에서 "존재"하고 어떤 특유한 기능을 발휘한다. 그러므로 그것을 이해하고 해석하는 현존재는 그가 항상 이미 피투되어 있는 세계 속에서 이 개별적인 존재자를 그 속에 들어 있는 무수한 다른 존재자들, 그리고 나아가서는 세계 자체와도 합목적적으로, 유기적으로 연결되어 있는 합목적인 그 무엇으로, "그 무엇을 위한 무엇으로"Etwas als Etwas, *ti kata tinos*[133] 목적론적·총체론적으로 이해하고 해석하며 진술할 수밖에 없다. 결코 그것을 하나의 개별자로 간주하고 "원자론적으로" 이해하고 해석하며 진술하지 않는다. 한 권의 책 속의 "부분들"을 그 "전체", 즉 그 대의와 문맥에서 이해하고 해석하듯 우주라는 "한 두꺼운 책"(데카르트) 속의 "부분들"도 그 "전체" 속에서―"부분들"의 합 그 이상인 그 "전체" 속에서― 이해하고 해석하며 결코 그 밖에서 그렇게 할 수 없다.

현존재는 개별자를 총체론적으로 해석하되 그가 항상 이미 피투되어 있어 그것에 "친숙해져" 있고 지적으로만이 아닌 지정의가 합해진 전인의 실존적 "정서"와 "상태성"으로 그것을 내적으로 깊이 통감하고 체험하고 있는 상태에서 그렇게 하므로,[134] 그 속에 포함된 개별자들과 부분들을 이해하고 해석할 때 그는 이들을 어떠한 전제와 전이해 없이 말하자면 중립적인 태도로 접근해서 순수히 "객관적으로" 포착하고 기술할 수는 없다. 어디까지나 그들에 대한 전이해의 빛으로 그들에게 접근하고 이해하고 해석할 수밖에 없다. 그런가 하면 그가 그들에 대해 이미 소유한 채 출발하는 이 전이해는 실제적인 이해와 해석과정에서 계속 수정되고 보완된다. 그러한 이유에서 하이데거도 딜타이와 마찬가지로 인간의 모든 이해와 해석 활동은 전이해Vorverständnis와 "사실 이해"Sach-verständnis 간의 "해석학적 순환" 관계에서 이루어진다는 점을 강력하게 주장하게 된 것이다.[135]

현존재가 항상 이미 소유하고 있는 궁극적인 전이해는 존재 이해라 하겠으나, 그의 실존 과정에서 이 궁극적인 전이해는 사실 이해에 의해 시시각각 수정 보완되므로 그의 실존 과정의 한 시점에서 그가 실제로 소유하고 있는 전이해는 그의 문화적·사회적 전승과 개인적인 환경과 여건에 의해서 다분히 "채색"되고 형성되어 있을 수밖에 없다. 그러므로 세부적으로는 개인에 따라 그의 전이해가 상이한 내용을 드러낼 수밖에 없다.

(4) 현상학과 진리의 문제: 선험적 현상학과 해석학적 현상학

(후설의 현상학에 관한 이 항목은 일반 독자들에게는 다소 난해한 부분이므로 바로 다음 항목으로 넘어갈 수도 있다.)

상술한 대로 하이데거는 "SZ"에서 존재의 의미를 학술적으로 확정하는 작업을 전개하기 위한 터전으로 기초존재론을 수립하는 데 딜타이의 해석학적 방법과 더불어 후설의 현상학적 방법을 도입했다. "SZ"의 연구 방법이 원칙적으로 현상학적인 방법임을 그는 이 책 7절 "이 연구의 현상학적 방법"이란 주제하에서 세부적으로 밝히고 있다. 그가 추진하는 기초존재론은 "현존재에 관한 해석학"이라고도 칭할 수 있고 "현존재에 관한 현상학"이라고도 칭할 수 있다.[136] 그에 따르면 철학이란 학문 자체와 그것의 가장 중요한 영역인 존재론은 오로지 현상학으로만 가능하다.[137]

그가 기초존재론을 개발하면서 현상학의 원조이자 하이데거의 프라이부르크 대학 전임자였던 후설에게 적지 않은 자극과 영향을 받았다는 점에 관해서 하이데거는 다음과 같이 고백하고 있다. "이하의 연구는 후설이 닦아놓은 터전 위에서만 가능하게 되었던바 그의 『논리 연구』와 더불어 현상학이 성공적으로 출발하게 되었다."[138] "이하의 연구가 '사실 자체'를 조명함에 있어서 몇 걸음 더 진전한다면 그것은 무엇보다 먼저 후설의 은덕으로 가능하게 된 것이다."[139] "SZ"의 표지 이면에도 "존경과 우정으로 에드문트 후설에게 바친다"라는 헌사가 기재되어 있다.

그러나 이 문구들은 어디까지나 하이데거가 자신의 선임자인 후설에 대한 예의로 형식적으로 표현한 "lip service"(입에 발린 말)에 지나지 않는다. 실제적으로는 그가 처음부터 후설과 전혀 상이한 차원과 입지점에서, 완전히 상반되는 사고방식으로 자신의 과제를 해결하려고 노력했음이 분명하다. 이 점은 "SZ"과 그 이후의 다른 저서들의 내용을 감안하거나 후설의 중심 개념인 "지향성"에 대한 그의 비판을 통해서도 확연하게 드러난다. 양자 간의 골이 매우 깊었다는 사실은, 특히 후설과 하이데거가 공저하여 1927년에 "Encyclopaedia Britannica"에 게재한 현상학에 관한 논문과 그 내용에 대한 하이데거의 논평, 그리고 후설이 자신이 소유하고 있던 하이데거의 "SZ"과 "KM" 본문 가장자리에 기재해둔 비판문들을 통해서 더 구체적으로 확인할 수 있다.[140]

하이데거가 "HB", 71f.에서 지적하고 있는 대로 그는 "SZ"에서 이미 인간의 선험적 주체성이 주객대립의 관계에서 사물을 인식의 대상으로 자신의 눈앞에 "표상"하고 순전히 자신의 관점으로 인식할 뿐 아니라 사물을 사물로 선험적으로 구성하고 정립하기까지 한다ein vorstellendes Setzen 고 믿는 "주관주의와 고별하는 사유"의 관점에서 모든 이론을 전개했다. 여기서 그는 이미 원칙적으로 "근본적·원초적 사유", "회상적·전향적 사유"의 관점에서 현존재의 존재 이해와 다른 문제들을 거론했다. 그러나 그가 자신의 기초존재론의 시발점과 토대가 되었다고 고백하는 후설의 현상학은 후기 플라톤 이후의 서양 철학자들의 표상적·개념적 사유의 표본이라고 할 수 있다. 하이데거의 "해석학적 현상학"과 후설의 "선험적 현상학"은 물과 기름같이 서로 완전히 이질적인 현상학이었다고 보지 않을 수 없다.[141]

1) 후설의 지향성 개념

(후설에 대한 이하의 해설은 주로 전기 하이데거의 저작 시기 이전의 원숙기 후설, 즉 "ID I" '1913'를 저술했던 당시의 후설에 대한 해설이며 절대적 관념론을 주장했으며 "Lebenswelt"[생활세계] 등의 문제를 거론한 후기 후설에 대한 해설이 아니다.)

하이데거가 "SZ"에서 지적한 바와 같이 플라톤에서 후설에 이르기까지의 전통 주지주의적 사상가들은 이성에 의한 사유-Denken와 직관 Anschauung 혹은 순수직관 또는 본질직관puren Anschauen, Wesensanschaung, Intuition을 절대시했다.[142] 그러한 이성적 사유와 직관을 통해 사물의 실체와 실상, 그 "존재"와 "진리"를 객관적으로 판별하고 설명할 수 있다고 그들은 보았던 것이다. 사물은 인간과 주객대립의 관계에 있으며 이성의 이러한 순수직관의 정확한 투시와 분석과 기술의 대상-Gegen-Stand에 불과하다.

인간 의식에서 가장 본질적인 특성인, 사물에로의 "지향성"志向性, Intentionalität을 주제로 해서 선험적 현상학을 발전시킨 후설도 전통 서양 사상가들의 이러한 인식론적 소신에 따라 자신의 모든 이론을 전개했다. *Logos*라는 학술잡지 제1호(1910-11)에 게재된 그의 한 논문의 제목 "Philosophie als strenge Wissenschaft"(엄격한 과학으로서의 철학)이 시사하고, 크라우스Oskar Kraus의 저서 *Franz Brentano*에 기고한 그의 회상록 "Erinnerungen an Franz Brentano"와 다른 많은 글에서 서술하고 있듯이 그는 평생 철학을 엄준한 과학의 수준으로 끌어올리려는 노력을 계속했다. 그의 과학주의적·주의주의적 이상과 관련해서 슈피겔베르크H. Spiegelberg는 다음과 같이 서술하고 있다.

점차적으로 더 짙어지는 과학에 대한 적개심의 분위기, 특히 독일에서의 그러한 분위기 속에서는 대단히 시대에 뒤떨어져 보이는 사고방식이었으나 엄격한 과학에 대한 후설의 이상에는 한순간의 주저함도 없었다.[143]

그는 만연한 비합리주의의 승리에도 불구하고 인간 이성이 우리의 신념들을 검토하되 그들이 타당한 경우 옹호하며, 타당하지 않을 경우 배격하고 다른 것으로 대치해야 하는 사명과 그렇게 할 수 있는 힘을 소유하고 있다는 믿음, 이성에 대한 신뢰심을 끝까지 견지했다. 그러나 후설의 'ratio'는 반감성적 지성Verstand이 아닌 지적 투시력과 폭넓은 지혜, 즉 칸트에 있어서 광의의 이성Vernunft이었다.[144]

후설의 현상학의 취지는 본질직관을 통해서 사물의 "본질"Wesen, Eidos 또는 "현상"Phänomen을 아무런 편견과 전제 없이 그대로 포착하고 기술함으로써 그가 높이 평가했던 데카르트의 철학적 이상대로[145] 우리 인류가 사물의 진리에 대한 절대적인 확신과 그에 대한 절대적인 명증성Evidenz을 확보하는 것이었다. 이러한 자신의 이상을 실현하기 위해 그는 전통 사상가들과 동일한 방법으로 사물을 인간 주관이 주객대립의 관계에서 의식 속에 표상하여 예리하고 정확한 본질직관을 통해 투시하며 과학적으로 분석하고 기술할 수 있는 한낱 정적인 대상에 불과한 것으로 전제하고 출발했다.

그가 "현상학적인 기본주제"[146]로 삼은 "지향성" 개념에 따르면 인간의 의식과 사유는 그것이 "의도"intendieren, vermeinen하며 "표상"vorstellen하는, 즉 그것이 마음속으로 겨냥하고 뜻하며 마음속에 비춰보는vor sich hinstellen 사물과 본질적인 관계를 맺고 있다.[147]

인간 의식은 그것이 자신 속에, 자신의 내안 앞에 가져다 놓고 생각하고 지적으로 혹은 다른 방법으로 처리하는 사물에게로 필연적으로 "향하고" 있으며 그것과 본질적으로 연결되어 있다"Das 'Gerichtetsein-auf' des reinen Ich im cogito".[148] 환언해서 인간 의식이 의도하고 표상하는 모든 사물은 그들을 의식하고 "경험"erleben하는 인간 주체의 의식 활동intentionale Akte, Noesis 또는 표상 활동에 의해 제약과 제한을 받을 뿐 아니라 그들의 구조와 본질이 그들을 경험하고 표상하는 인식의 주체인 순수 의식에 의해 사전 결정된다. 우리의 의식은 그 "지향성"으로 말미암아 사물을 자신의 의식권 내에서 항상 의식 자체와 대립관계에 있는 "대상"으로 마주보고 있을 뿐 아니라, 이들이 그 속에서 자신의 의식방법Bewußtseinsweisen에 따라 그들로 "소여되고"gegeben wird, 그들로 구성konstituiert 또는 정립gesetzt되게끔 그들을 사전 규정한다. 그러므로 "지향성"의 개념은 결국 "모든 사물이 인간 의식 속에 그들을 구성하는 [사유] 작용에 의해서von den konstituierenden Akten 그리고 이 작용을 위해서 구성된 대상으로 나타남을als konstituierter Gegenstand...gegenwärtig 의미한다."[149]

후설의 이러한 이론은 인간의 의식권 내에 현상하는 사물들, 즉 의식권 외부에 있는 물자체가 아닌 그 내부에 있는 현상물들은 그의 의식 내에서 두 기본 요소인 감성 및 오성과 본질적인 관계를 맺고 있으며 따라서 그들은 이들의 구조와 법칙에 의해서 본질적으로 제한을 받을 수밖에 없다는 칸트의 소위 "의식의 명제"der Satz des Bewusstseins[150] 및 이 명제에 근거를 둔 그의 "선험적 관념론"을 연상시켜주는 이론이다. 어항 속에 담기는 물은 그 어항에 따라 모양과 색깔이 "선험적으로" 결정된다. 또한 우리가 끼고 있는 색안경의 색깔과 굴절 각도에 따라 우리의 시계에 나타나는 사물의 색깔과 모양이 "선험적으로" 결정된다.

이와 흡사하게 우리의 의식 속에 나타나는 "현상물들"은 필연적으로 감성과 오성으로 구분되는 우리의 의식 구조와 특성에 의해 제한을 받으며, 이 두 요소의 독특한 사물수용 혹은 사물처리 방법에 따라 우리가 현실적으로 알고 이해하며 평가하고 감상하는 그대로의 사물로 형성되고 구성되어 나올 수밖에 없다는 것이 칸트 인식론의 요지다. 그의 선험적 관념론의 본질은 "KrV", B 197에 나오는 한 명제("종합판단 일반의 최상 원칙")에 가장 잘 표현되어 있다. "경험 가능성의 조건들은 동시에 경험 대상의 가능성의 조건들이다. 따라서 하나의 선험적 종합판단행위에 있어서 전자가 객관적인 타당성을 지니게 되는 것이다."

여기서 경험 가능성들의 조건들이라는 것은 인간 의식이 사물을 경험함에 있어서 본질적으로 이미 소유하고 있는 제반 기능들과 요인들(시간과 공간, 12범주들, "선험적 통각의 단위" 등)이다. 모든 경험의 대상들은 물자체가 아니고 인간의 의식 속에서 항구적인 구조에 따라 일정한 방식으로 나타나게끔 되어 있는 현상물에 지나지 않으므로 그들의 기본적인 구조와 특성은 인간 의식이 원래 소유하고 있는 일정한 경험 방식, 일정한 감지 및 인지 방식, 즉 그의 사물경험 가능성의 조건들에 의해 결정될 수밖에 없다는 것이 이 명제의 내용이다. 이것은 동전을 박아내는 주조기|moulder의 구조에 따라 특정의 단위와 모양의 동전이 계속 박혀 나오는 현상에 비할 수 있다. 동전의 단위와 모양은 주조기에 새겨져 있는

것과 항상 동일하다. 이와 흡사하게 사물의 기본 구조와 특성은 사물을 경험하는 인간 의식의 기본 구조 및 특성과 항상 동일하다. 객체의 "객체성"은 인식 주체의 "주체성"에 의해서 규정되고 형성되기 때문이다.

칸트의 이러한 이론이 후설의 선험적 관념론과 유사하다는 점은 후설 자신도 시인했을 뿐 아니라 케른I. Kern, 슈피겔베르크를 위시한 많은 후설 전문가도 지적하는 바다. 후자에 따르면 후설의 현상학의 중심 개념인 지향성 개념에 대한 이론, 즉 인간 의식은 항상 무엇에 대한 의식인 바 그것은 본질적으로 그것이 의식하는 사물을 향해 있고 그것에 연결되어 있어 "bezogen auf", "Gerichtetsein-auf" 사물은 필연적으로 의식의 활동 방식에 의해 근본적인 제약을 받을 수밖에 없다는 이론[151]은 다음과 같은 점에서 칸트의 선험적 종합transzendentale Synthesis 개념과의 유사성을 드러낸다. ① 지향(성)은 사물의 다양한 감각재들感覺材, sense-data, hyletic data 을 한 단위의 사물로 대상화시킨다objectivates. ② 지향(성)은 이들을 하나의 동일한 대상으로 통일시킨다identifies. ③ 지향(성)은 이들을 서로 연결시킨다connects. ④ 지향(성)은 이들을 그렇게 연결시킴으로써 의식이 의도한 대로의 한 대상으로 구성한다constitutes.[152]

그러나 후설은 칸트와 달리 물자체의 존재를 부인했다.[153] 또 칸트는 사물에 대한 감성의 감각적 직관sinnliche Anschauung에 대해서만 주장한 반면, 후설은 그 밖의 이성에 의한 "범주적 직관"kategoriale Anschauung에 대해서도 주장했다는 점에서 칸트와 차이점을 보이고 있음도 분명하다. 그의 스승 브렌타노Fr. Brentano와 마찬가지로 『논리 연구』를 저작할 당시의 전기 후설이 칸트의 선험적 관념론에 반대하며 보다 실재주의적인 현상학을 발전시켰던 것과는 달리, "Id I"를 저작할 당시의 원숙기 후설은 후자에 근접하는 보다 주관주의적이고 관념론적인 "선험적 현상학"을 주창했으며, *Formale und Transzendentale Logik*(1929) 이후의 후기 후설은 점차적으로 피히테Fichte, 셸링Schelling, 헤겔Hegel 등의 절대적인 관념론에 가까운 순수 관념론적 현상학을 주장했다.[154]

인간 의식이 그 근본적인 "지향성"에 따라 사물을 경험하고 그 본질을 직관하는 활동은 단순히 이미 그 어떠한 구조와 성질로 형성되어 객관적으로 존재하고 있는 사물을 피동적으로 경험하고 그 속의 핵심적인 요소를 판별해냄을 뜻하지 않는다. 사물에 대한 모든 "지향적 경험 활동"은 모두 표상 행위이며 그 "의미"Sinn, *Noema*를 "의도"vermeinen, intendieren하는 "행위"Akt로서 그것은 인간 의식의 적극적이며 능동적인 활동을 전제로 이루어진다. "그러므로 모든 체험은 항상 종합 작용인 동시에 종합적 단일화 작업이다."[155] 사물에 대한 모든 의식 작용과 체험 행위는 능동적인 "지향행위"Intention인바 그것은 의식 속에 내재하고 있는, 그 자체에 있어서 "생명력이 없는", 환언하면 "무의미하며 비합리적인 감각재들"an sich sinnlosen, irrationalen Stoffe(=Empfindungen, sinnliche Hyle)[156]을 의식의 능동적인 사유 활동Noesis이 감지하고perzipieren 인지함apperzipieren으로써 말하자면 그들에게 생기를 불어넣어 주게 되며beseelen, begeisten[157] "합리화 작업"Rationalisierung[158]을 하게 된다. 즉 그들을 한 특정의 의미의 단위로, "*Noema*"로 종합한다. 후자가 바로 의식이 의도하는 "이상적인 지향의 대상"der vermeinte, ideale Gegenstand인 것이다.

객관적인 의미의 단위인 "*Noema*"는 의식의 능동적인 활동인 "*Noesis*"가 의식내재적인 소재relle Empfindungen oder Hyle를 연결하고 통일시켜 단 하나의 동일한 객체로 합성하는 종합 작용이며 구성 작업이다. 그렇게 구성되는 의미의 단위는 그것을 수식하는 다양한 요소들과 측면들과 시간의 흐름 속에서 그것을 중심으로 해서 단계적으로 계속 집결하는 감각재들에도 불구하고 절대 동일한 하나의 객관적인 단위로 남아 있게 된다.[159] (후설은 자신이 "Hyle"라 칭하는 것이 의식내재적인 소재이며 의식을 초월해 객관적으로 실재하는 ["reale"] 감각재가 아님을 강조한다.[160] 그러나 슈피겔베르크는 후설이 "Id I"을 저작한 원숙기까지도 "감각재"Hyle를 완전히 의식내재적인 것으로 간주하지 않고 "자아에서 독립된 요소들"로 보았으며 따라서 그 당시 후설의 "구성적 현상학의 심장부 속에는 적어도 하나의 강력한 실재주의적인 요소가 내포되어 있다"고 해석한다.[161])

인간 주체가 사물을 의식하고 경험하는 작용은 그들의 본질을 직관하는 작용이라고도 볼 수 있으나, 이러한 본질직관은 단순히 주어진 감각재에 대한 수동적인 포착활동만을 뜻하지 않고 적극적인 자세로 그것에로 "지향"하여 그것과 능동적인 관계를 맺고 그것에게 제반 차원에서 의미 부여 Sinngebung[162]를 하며 "영을 불어넣어 주는 해석 작업 beseelende Auffassungen[163]을 수행함을 의미한다.[164]

후설의 이러한 구성적 현상학의 요지를 디머 A. Diemer는 다음과 같은 변증법적인 관계로 묘사한다.

감각재 Sinnlichkeit는 피동적으로 소여된 하나의 명제 These이며 정신 활동 Noese은 전자를 정신화 begeistend 시키는 [요소로서] 그와 상반되는 반명제 Antithese가 되고 마지막으로 의미의 단위 Noema는 의도된 종합 통일 intentionale Synthese이다.[165]

이처럼 사물은 후설에게 순수 의식, 순수 이론 이성의 표상과 직관의 "대상"이며 그것에 의한 정립과 구성의 산물이다. 순수 의식은 그 대상을 외딴 섬과도 같은 "Bewußtseinsinsel"[166] 자신의 "의미 부여의 영역", 자신의 "절대적인 [의미]의 원천을 [뜻하는] 존재 영역"Seinssphäre der absoluter Ursprünge[167] 내에 품고 있으며 그것과 필연적인 상관관계로 본질적으로 연결되어 있다. 그들은 모두 순수 의식의 원래적인 구조와 특성에 따라 일정한 방법으로 정립되어 나타나는 "현상"Phänomen들에 불과하다.

후설에 따르면 소위 "현상학적인 환원 과정"에서 개물들뿐 아니라 이 것들이 합해 이루어진 우주 또는 세계도 단순한 하나의 "현상"으로 확정 되며, 그것 역시 순수 의식과 필연적인 상관관계에 있는 "Korrelat"으로 판명된다고 한다.[168]

세계와 그 속의 사물들은 모두 "의미의 단위들"Sinneinheiten이다. 그들 모두의 "존재"는 그 "의미"에서 발견할 수 있는 것이다. 이 의미와 그것으 로 특징지어져 있는 모든 의미의 단위들 또는 의미의 구성체들Sinngebilde 은 모두 의미 부여를 하는sinngebendes 절대적 순수 의식에 그 근거를 두 고 있다.[169] "시공간적인 세계 전체는…그 의미에 있어서 단순한 지향적 인 존재intentionales Sein이며…이 존재는 의식이 정립하는 것이고…그 밖 에 아무것도 아니다."[170] 그러한 의미에서 후자를 "의미의 영역" 또는 "절 대적 [의미의] 원천의 존재 영역"이라고 부를 수 있는 것이다.[171]

사물들은 여러 종류의 "지평"들에 둘러싸여서 모든 개물로 이루어 진 전체적인 지평인 세계 속에서 존재한다. 그러나 후설의 "지평"과 "세 계"는 하이데거의 중심 개념인 지평과 세계와는 질적으로 다른 개념들 이다. 후설도 사물들이 절대적인 개별자로 우리의 눈앞에 나타나기보다 항상 "원근"Ichnähe und Ichferne과 "전후"Vorher und Nacher 관계에서, 그 무엇 을 "배경"Hintergrund과 "무대"Hof로 하고, 그리고 그 어떤 "영역"Feld과 "지 평"Horizont 속에서 나타난다고 보았다.[172] 그러나 그는 이러한 지평도 개 물과 그들 전체로 구성된 세계와 마찬가지로 절대적인 위치에서 모든 것에 의미 부여를 하고 그 존재를 규정하는 순수 의식 속의 "현상들"이며 그 "상관개념"과 표상의 "대상"에 지나지 않는다고 생각했다. 후설이 뜻한 "지평"과 그와 유사한 다른 개념들은 모두 우리가 개별적인 대상들을 기억하거나 예상하거나 실제로 경험함과 더불어 마음속으로 함께 비춰보는 그들의 배경에 불과하다. 그러므로 개별적인 대상과 세계 전체와 마찬가지로 개물들이 배경으로 나타나는 "지평" 역시 인간 의식과 주객 대립의 관계에 있는 상관개념이며 표상의 대상이 되는 것이다. "이 지평은 사물에 대한 경험 자체에 본질적으로 수반되는 불확정적인 요소들의 상관개념이다."[173]

(후기 후설의 세계, 즉 생활세계Lebenswelt는 방금 묘사한 그러한 세계와는 질적으로 상이한 세계다. 아마도 후기 후설의 이러한 생활세계를 염두에 두고 코레트Coreth는 그에게 세계 이해가 사물 이해의 전제조건으로 거론된다고 해석하는 듯하다.[174])

후설에 따르면 이처럼 순수 의식에 의해 구성되는 사물의 가장 기본적이며 가장 중요한 측면은 우선 물질적·감각적 요소에서 발견할 수 있다고 한다. 환언하면 그들은 자신들을 의식하고 경험하는 우리에게 무엇보다 먼저 시공간 속의 물질적인 사물로 순수한 "현전자"로 나타난다고 한다. 그러한 감각적 대상인 사물이 "토대"Substrat로 깔려 있을 때 우리는 그에 대해 여러 가지 판단과 평가를 할 수 있다는 것이다. "세계는 그 핵심에 있어서 무엇보다 먼저 감각적으로 나타나며 '현전적'vorhanden이라고 특징지어지는 세계로서 그것은 단순한 경험적 직관 앞에 소여되는in schlichten Erfahrungsanschauungen gegeben, 그리고 나아가서는 실재적으로 포착될 수도 있는 그러한 세계다. 이 경험의 세계와 나는 새로운 의식활동, 예컨대 (감정적-심미적) 평가활동wertende Akte, 즉 유쾌와 불쾌의 (감정과 관계되는) 의식 활동으로 연결되게 된다."[175]

후설에게 사물은 과학 이성의 직관 앞에서 그것과 대립되어 있는 정적인 "현전자"이며 그 "의미"와 "존재"는 그 어디에서보다 먼저 그 감각적·물리적 측면에서 발견할 수 있다. 그가 "Id I" 이후에는 "LU"에서 간과된 다른 여러 문제들, 예컨대 기억 작용, 시간 의식Zeitbewußtsein[176] 등을 함께 분석하며 순수 이론적 사유와 인식의 문제를 감정 및 의지 작용과 관련시켜 취급하는 것은 사실이다. 특히 후기 후설은 인간의 "생활세계"의 문제를 철학적 사유 활동의 문제와 필연적으로 관련된 문제로 다루고 있다. 그럼에도 불구하고 그가 인간의 모든 의식 활동에서 감각적 경험sinnliche Erfahrung, sinnliche Wahrnehmung을 가장 기본이라 간주한 것은 분명하다.

2) 후설의 환원주의

셸링, 슐라이어마허, 횔덜린Hölderlin 등의 낭만주의 전통에 뿌리내리고 초합리주의적인 기독교적 신앙관, 특히 키에르케고르의 기독교적 실존 사상과 반주지주의적인 니체의 생철학에 지대한 영향을 받은 하이데거는[177] "SZ"에서부터 계속 후설의 엄격한 주지주의와 주관주의에 대해 극히 비판적인 태도를 보여왔다. 인간이 순수 의식, 선험적 주체성으로 자기 자신을 포함한 모든 존재자의 본질을 절대 투명하게 직관하고 분석하며 기술할 수 있다는 후설의 주지주의는 플라톤에서 데카르트를 거쳐 칸트에 이르기까지의 서양 철학의 주지주의적 전통이 줄곧 고수해온 이념이다. 후설은 이러한 주지주의적인 전통을 답습하여 상술한 바와 같은 내용의 인간 중심적이며 이성 중심적인 선험적 현상학과 선험적 관념론을 주창했다. 그는 사물의 가장 기본적이며 주된 의미를 그것의 시공간적·물질적 측면에서 발견할 수 있다고 보았고, 그러한 사물과 그들을 내포하는 지평과 세계까지를 "절대적인 순수 의식"의 표상의 대상으로 자신과 대립관계로 마주 보고 예리하게 직관하고 기술할 수 있는 정적이며 "현전적인" 상관개념으로 간주했다. 뿐만 아니라 그는 선험적 의식이 이러한 사물에게 의미 부여를 하며 그 "객체성" 또는 "대상성"을 정립하는 절대적 주체라고 해석했다.

후설이 이처럼 인식 대상의 "존재"와 의미를 인식 주체의 견지에서 이해하려 했다면 그는 또한 역으로 서양 철학 전통이 지금까지 당연시해온 정적인 사물관事物觀을 그대로 수락하고 그것을 척도로 해서 인간의 주체성을 이해하고 정의하려 하기도 했다"Da Husserl das Verhältnis des Bewußtseins zum vorgestellten Seienden immer nur rückläufig von diesem her sah".[178]

서양 사상 전통에서 사물은 곧 정물이며 따라서 그것은 표상적·개념적 사유, 즉 이론 이성의 안목으로 "분명하고 석연하게" 투시하고 분석할 수 있는 대상이라는 선입관이 깊이 뿌리내리고 있었다. 사물의 존재는 곧 그 "현전성"Vorhandenheit에서 포착할 수 있다. 따라서 우리가 사물의 정체와 본질을 바로 파악하기 위해서는 그것과 관련해서 이미 소유하고 있는 모든 상식, 선입견, 소신, 이론 등을 떨쳐버리고 그것을 순수히 이성이란 현미경으로 "원자론적으로" 정밀히 투시하고 분석해보아야 한다.

인식 대상에 대한 "현상학적 환원"과 본질직관 가능성에 대한 후설의 소신과 더불어 순수 의식, 선험적 주체성의 절대 명료한 "자기해석"과 "자기인식" 가능성에 대한 그의 확신은 분명히 이러한 주지주의적 전통에서 유래한 것이다. 그는 사물을 현상학적으로 요리하여 그 순수 본질을 투시하고 기술할 수 있는 현전적인 대상으로 인식한 것과 유사하게 순수 의식의 본질 또한 순수 의식 자체가 분명하고 명료하게 투시하고 분석하며 해석할 수 있는 그러한 현전적인 대상으로 간주했다.[179] 사실상 그는 그것을 그 무엇보다 더 자명하고 확실한 투시의 대상으로 간주했다. 그는 그것이 "지고의 객관적인 자명성"으로 특징지어진 "원초적인 소여사실"das Urgegebenheit로 그것을 투시하는 선험적 주체성 자체의 눈앞에 그대로 제시되는 것이라고 확신했다. 그러한 뜻에서 후설은 자신이 추진하는 선험적 현상학을 "지속적인 명증성과 구체성으로 수행되는, 자아의 자기해석"Selbstauslegung des ego 활동이며[180] "하나의 보편적인 자아 반성"과 "자아 인식" 활동이라 칭하게 된 것이다.[181]

투겐트하트에 따르면 하이데거는 1925년 여름 학기에 있었던 한 강의에서 "SZ"의 내용을 해설하던 중 후설의 인간관 및 사물관에 대해 신랄하게 비판했다고 한다. 후설이 순수 의식을 "절대적 존재"absolutes Sein[182]로 보고 그것을 사물의 존재와 대립시키기는 하지만 그럼에도 그는 양자를 근본적으로 동일한 의미의 존재자로, 즉 정적인 "현전자"로 이해했다는 것이다. 그러한 이유에서 후설은 양자 모두를 또한 동일한 "지향성"의 이론에 따라 표상의 대상으로 "객관화"objektivieren해서 보고 인식하려 했다. 그들 양자를 모두 데카르트와 마찬가지로 직관과 명증明證, Evidenzdie clara et distincta perceptio bei Descartes[183]의 대상으로 취급했다.[184]

후설은 이처럼 선험적 주체성과 그 대상들이 상관관계에 있는 것으로 보았기에, 한편으로는 전자의 견지에서 후자의 정체성을 규명하며 규정하려 했고, 또 다른 한편으로는 전자의 정체성을 후자의 견지에서 이해하고 그 척도로 정의하려 했다. 그가 이해한 인식 주체의 진정한 실체는 현상학적으로 완전히 "환원된"reduzierte, 따라서 "추상적이며 정적인 주체성"[185]에서, "순수한 직시력"ein reines Sehen[186]에서 발견할 수 있으며, 그가 이해한 인식의 객체인 사물은 후자에 의해서 표상되고 구성되는 필연적인 상관개념으로서 그 "존재"는 이론 이성, 과학 이성의 투시와 분석을 위해 주어진 "현전성"Vorhandensein[187]에서 발견할 수 있다. 그리고 그 주되고 기본적인 측면은 시공간적이며 물질적인 요소에서 발견할 수 있다. 후설에게 인식의 주체와 객체는 모두 하이데거가 뜻한 "세계" 및 "역사"와 무관한 절대적인 실체res(데카르트) 혹은 단자Monade(라이프니츠)였으며 현상학적 직관을 통해 순수하게 투시할 수 있고 기술할 수 있는 정적이며 현전적인 단위들이었다.

그러한 이유에서 푀겔러도 후설의 현상학적 관점을 다음과 같이 강경하게 비판했다.

> [후설의] '선험적' 인식(론)은 하나의 정교한 자연주의의 위험에 노출되어 있다. 즉 그것은 물질적인 것으로 간주된 대상으로부터von einem dinglich gedachten Objekt 한 주체에로 역추적해 나아감으로써 그 [실존적] 사실성Faktizität 속에서 실존하는 생Leben(현존재, 실존)이라는 현상, 세계라는 의미의 맥락 속에서 실존하는 생이란 현상을 처음부터 완전히 간과하게 되었다.[188]

칸트의 비판철학과 마찬가지로, 극히 주관주의적이며 환원주의적인 후설의 현상학은 인식의 주체와 객체가 각각 그 원래적인 모습 그대로 등장해서 서로 유기적인 관계로 연결되게 할 수 없었다. 그에게 사물의 "존재는 곧 [순수 의식 또는 선험적 주체성에 의해 주관주의적으로, 주지주의적으로] 정립된 존재다"Sein, Gesetzsein.[189] 그는 인식의 주체와 객체 간의 교류 관계를 일방적으로 전자의 견지에서 말하자면 너무 직접적으로, "단도직입적으로"so unmittelbar; direkt, unmittelbar[190] 설명하려 했다.

후설은 인식의 주체와 객체 간 교류의 문제를 유기적인 상호관계가 아닌 일방적인 환원관계에서 해명하려 했기 때문에 사물의 존재론적 의미가 과학주의적으로 축소되고 평가절하될 수밖에 없었다. 인식론적으로 볼 때 후설은 칸트가 그의 선험적 관념론으로 말미암아 겪은 것과 동일한 문제에 봉착하게 되었다.

칸트에게 순수 이성은 사물을 사물로 구성하므로 사물의 "사물성"은 그 구조적·형식적 면이 인간의 주체성에 의해 결정된다. 바르투샤트W. Bartuschat가 칸트의 『판단력비판』을 해설하는 그의 저서 *Zum systematischen Ort von Kants Kritik der Urteilskraft*(1972)에서 체계적으로 거론하고 있듯이, 칸트가 그의 "KrV"에서 제시하는 인식론은 사물 자체의 특유한 성질과 구조를 그대로 고려함이 없이 일방적으로 순수 이론 이성, 과학 이성이라는 추상적인 인간 주체성의 견지에서 사물을 이해하고 후자가 전자의 "존재"를 부여하며 정립한다는 이론이므로 그것은 분명히 하나의 존재론적 환원주의다. 칸트도 말년에 가서 자신의 문제를 간파하고 그것을 『판단력비판』에서 유기체들 속에서 우리가 목격할 수 있는 자연의 "합목적성"Zweckmäßigkeit의 원리로 해결하려고 시도했다. 그러나 바르투샤트의 해석과는 달리 칸트의 근본적으로 반형이상학적인 선험철학의 테두리 안에서는 "KrV"과 더불어 야기된 환원주의의 문제는 원칙적으로 해결될 수 없었다.

후설도 칸트와 유사하게 인식의 대상이 근본적으로 선험적 주체성의 "의식 방법"Bewußtseinsweisen에 따라 그 "소여 방법"Gegebenheitsweisen이 정해진다고 보았다.[191] 그러한 이유에서 후설의 현상학적·선험적 관념론에서도 사물의 사물성이 그 다양하며 풍요로운 의미와 내용 그대로 고려될 수 없었고 현상학적으로 환원된 순수 의식, 절대적 의식에 의하여 주관주의적으로 구성된, 정적이며 메마른 하나의 현전자로만 취급될 수밖에 없었다.

3) 후설과 진리의 문제

철학을 하나의 엄격한 학문으로 발전시키는 데 만전을 기하려 했던 후설은 데카르트 및 칸트와 마찬가지로 인간 지식의 정확성과 명증성에 가장 큰 비중을 두었다. 그도 이들과 그 이전의 고대와 중세 철학자들, 그중 특히 토마스 아퀴나스와 마찬가지로 사물에 대한 진리의 지식은 주체와 객체가 서로 일치adaequatio intellectus et rei하는 데서 확보할 수 있다고 보았다.

자신의 인식론을 칸트식의 선험적 관념론으로 정립한 후설은 자신의 진리관 역시 칸트와 유사한 맥락에서 전개했다. 하이데거가 지적하고 있듯이,[192] 진리는 인식의 주체와 객체 간의 일치에 있다는 점을 전제로 하고 출발한 칸트는[193] 자신의 인식론과 관련해서 다음과 같이 서술하고 있다.

우리는 이제 순수 오성의 땅을 두루 여행하는 가운데 그 속의 각 지역을 세밀하게 관찰했을 뿐 아니라 그 땅을 철저하게 측량했으며 그 위에 있는 모든 사물들의 위치도 확정하게 되었다. 그러나 이 땅은 자연으로 말미암아, 불변하는 경계로 제한되어 있는 하나의 섬eine Insel이다. 그것은 하나의 방대하고 풍파가 거센 바다로 둘러싸인 진리의 땅das Land der Wahrheit이다.[194]

후설은 칸트의 이 구절을 염두에 두고 "의식이라는 섬"이란 표현을 사용하지 않았나 싶다. 아무튼 현상계, 자연계의 "입법자"인 순수 오성 또는 이론 이성이 칸트에게는 사물, 즉 "물자체"가 아닌 "현상물"Erscheinungen 또는 자연물의 "존재"와 "의미"의 원천이었고 오성이 입법자로 군림하는 영역이 곧 "진리의 땅"이었던 것과 유사하게, "세계파괴의 최종 잔여물인 절대적 의식", "의식의 섬"이 후설에게는 사물의 "존재"와 "의미"의 절대적인 원천absolute Seinssphäre der Ursprünge[195]이었으며 "진리의 땅"이었다. 그에게 진리는 이 절대적인 의식의 섬의 한계 내에서 의식 자체에 의해 규정되고 확정된다.

후설도 자신의 "현상학을 선험적 인식론으로"die Phänomenologie...als transzendentale Erkenntnistheorie[196] 간주했으며, 자신의 중심문제가 칸트 그리고 그에 앞서 사물에 대한 절대적인 진리의 지식을 추구한 데카르트의 그것과 동일한 인식론적 문제임을 분명히 했다. "의식활동의 범위 안에서 일어나는 이 모든 [주관적인 생각들의] 유희Spiel가 어떻게 객관적인 의미를 지닐 수 있단 말인가? 여기서 명증성evidenz: die clara et disticte perceptio(데카르트)이란 나 자신의 의식 속에서의 [주관적] 명증성 이상의 그 무엇일 수 있단 말인가? [우리의 문제는] 데카르트와 동일한 문제다. 다만 후자는 신의 진실성을 발판으로 해서 자신의 문제를 해결할 수 있다고 보았을 따름이다."[197]

후설은 자신의 인식론적 문제, 진리의 지식에 대한 확실성과 명증성의 문제를 해결하기 위해 역시 아우구스티누스와 칸트의 길을 따라 인식의 대상인 사물에서 시선을 돌리고 사물을 의식하고 인식하며 필연적으로 그것을 "지향"해 있는 인간의 의식 자체에 정신을 집중했다. 그래서 그는 우리의 의식이 뿌리를 내리고 있는 문화적·역사적 전승과의 유대관계에서 그것을 완전히 유리시키며 우리가 실재한다고 굳게 믿고 있는 세계와의 관계에서도 그것을 분리시키는 "에포케"(판단중지), 즉 "역사적 에포케"와 "세계파괴"의 에포케를 수행한 후 모든 의식의 대상들을 "정련"해서 그 "알맹이", 즉 "본질"*Eidos, Wesen*을 추출하는 "본질환원" 작업과 모든 대상들을 순수한 "현상"으로, 즉 순수 의식권 내에서 나타나고 (*phainasthai*, erscheinen, 나타나다, 현상하다→Phänomen, 현상) 소여되는, 내재적인 것으로 해석하는 "현상학적 환원"을 거쳐 최종적인 "잔류물"인 의식 자체, "절대적 의식" 또는 "순수 의식"[198]에 이르게 되었다. "의식이라는 섬"Bewußtseinsinsel[199]에 이르게 된 것이다.

후설은 과거 많은 철학자들이 인간의 의식을 "유아론"solipsism, 심리주의psychologism 혹은 상대주의와 같은 "유령"이 출몰하는 "어두운 구석"으로만 알고 거기에서 등을 돌리려 했으나 자기 자신은 바로 이 어두운 구석으로 들어가서 그것을 학술적으로 명료하게 조명하는 가운데 철학을 하나의 "절대적인 과학"으로 수립하려고 결심했다.[200]

그러한 맥락에서 상술한 바와 같이 후설이 소크라테스의 "너 자신을 알라"라는 구호와 더불어 아우구스티누스의 명언 "[진리를 발견하기 위해] 외부로 나가지 말고 너 자신 속으로 되돌아가라!"를 그의 "CM" 최종 구절에서 인용하고 있는 것이다. 자신을 아는 것이 사물과 세계를 아는 길이며 진리를 아는 길이다. 그러므로 우리는 "한 보편적인 자아 반성을 통해 세계를 다시 얻기 위해서 에포케를 통해 먼저 세계를 잃어야만 한다."[201]

현상학적 환원 과정을 통해 최종적으로 잔류하게 된 이 절대적 의식 혹은 순수 의식의 본질과 내적 구조에 대한 반성을 통해 후설은 이 의식의 기본적인 구조는 *ego cogito cogitatum*(나는 ["지향성"으로 말미암아 나 자신에 의해] 사유된 것을 사유한다)이라는 사실을 발견했다. 그에 따르면 여기서 의식의 주체인 "자아"ego와 그 대상cogitatum은, 물론 데카르트의 실재주의적 합리론에서와는 달리, 순전히 "현상학적" 의미를 띠고 있으며 시공간 내에 실재하는 그 무엇이 아니다. 이 양자와 그들을 서로 연결하는 자아의 능동적, "지향적 활동"intentionale Akte은 현상학적 환원 후에 잔존하는 "의식의 섬" 위에 유일하게 남아 있는 "순수하게 현상학적인 것"das rein Phänomenologische이다. 순수 의식이라는 "의미 부여의 영역"das Feld der Sinngebung202에서 자아의 의식 활동cogitatio, Noesis은 그 지향성으로 말미암아 그 대상cogitatum, Noema과 필연적인 "상관관계"Korrelation로 연결되어 있을 수밖에 없다. 그것은 이 대상을 하나의 순수한 "상관개념"das Korrelat으로, 자신과 대립관계—주객대립의 관계—에 있는 하나의 "대상"對象, Gegenstand으로 마주 하게 된다. 이 "대상"이 대상으로 구성되고 그 주체인 순수 자아의 눈앞에 대립되어 나타나는 방법은 물론 순수 자아의 지향성으로 말미암아 본질상 순수 자아 자체의 지향적 활동, "의식 방법들"Bewußtseins-weisen에 의해 결정된다. 순수 자아의 의식 방법들이 곧 그 의식권 내에서 구성되고 소여되는 모든 대상의 "소여 방법들"Gegebenheits-weisen일 수밖에 없다.

후설에 따르면 진리란 순수 의식이 그 무엇에 대한 의미를 의도하며 예기하는 능동적인 활동인 "Noesis"intendierender Akt와 그 활동에 의해 하나의 필연적인 "상관 개념"Korrelat으로 구성되는 그 "의미" 또는 "대상", 즉 "Noema"intendierter Sinn, Gegestand 간의 일치adaequatio, Übereinstimmung를 뜻한다. 양자 간의 이러한 일치 사실, 즉 의도되고 예기된 의미Sinnintention, Sinnerwartung가 실재에 부합하므로 내실적으로 타당하다는 사실, 예기된 "의미의 충족성"Sinnerfüllung은 이 사물을 직관하고 투시하는 의식 자체에 의해 명백한 사실Evidenz로 확정된다. 진리란 순수 의식권 내에서 절대적 존재와 의미의 원천인 순수 의식 자체에 의해 설정되는 것이며 그 명증성도 순수 의식에 의해서 확정된다.[203]

후설에게 진리는 그 이전의 서양 철학 전통 전반에서와 마찬가지로 인식의 주체와 객체 간의 일치 문제다. 진리는 인식의 주체가 그 상관 개념인 인식의 객체—사실은 그가 선험적인 정립활동을 통해 구성하는—에 대해 본질직관으로 확보하게 되는 확실성과 명증성에서 발견할 수 있다.

4) 후설의 선입견

후설은 자신의 과학주의적 이상과 주지주의적 사고방식에 따라 철학을 하나의 엄격한 과학으로 수립하기 위해 여생을 바쳤으며 자신의 "선험적 현상학을 절대적인 과학으로"die transzendentale Phänomenologie als absolute Wissenschaft 수립하는 데 온 정열을 쏟았다. 이를 위해 그는 철저하고 엄격한 현상학적 "본질직관"Wesenschau 혹은 "순수직관"reines Sehen, reine Anschauung을 통해 어떠한 선입견과 전제 없이 허심탄회한 마음으로 일련의 "에포케"와 환원과정을 거쳐 "순수 현상"만을 투시하고 포착하며 "사실 자체"에 도달하는 데 총력을 기울였다. 후설에 따르면 "현상"을 직관하는 순수 의식은 어떠한 선입견에도 매임이 없는 절대 중립적인 자세를 취해야 하고 그 직관의 대상도 순수히 그 자체에로"An-sich" 환원되어야 한다. 그래서 인식의 주체도, 객체도 어떠한 정신사적 발전 과정 또는 형성 과정과 연결됨이 없고 어떠한 현실적·정신적인 이해의 지평 혹은 의미의 지평과도 관련됨이 없이 순수 의식, 선험적 의식 속에서, 그리고 그것 앞에서 순수 현상, 순수 "*Eidos*"Wesen(본질)로 등장하게 하고 포착되게 해야만 한다.

독일 프라이부르크 대학의 후설 후계자였던 핑크E. Fink와 스위스 로잔 대학의 테베나츠P. Thevenaz와 더불어 뮌헨 대학의 뮐러M. Müller는, 모든 선입견과 전제에서 벗어나 완전히 중립적인 입장을 취할 것을 무엇보다 강조한 후설의 현상학 자체가 그가 의식하지 못한 일련의 전제하에서 출발한 체계라는 점을 설득력 있게 지적하고 있다. 뮐러는 후설의 철학적 대전제 가운데 다음과 같은 가장 중요한 세 가지를 들고 있다. ① 완전히 초시간적zeitloser·초역사적ahistorischer인 새로운 출발점에서 철학적 사유에 임할 수 있다는 생각. ② "지향성"에 관한 선입견─주객대립 관계의 틀 속에서, 사물을 지향하고 표상하는 인식의 주체 앞에 사물 자체가 그 "존재"와 "의미"에 따라 그 "진리" 그대로 명료하고 확실하게 소여되고 포착될 수 있다는 생각. ③ 선험적 의식, 순수 의식이 사물의 사물성을 구성하며 그 존재와 의미의 절대적인 원천der Ursprung schlechthin이 된다는 주장.[204]

자신의 야심찬 과학주의적 이상과 진지한 노력에도 불구하고 후설은 결코 시간과 역사를 초월한 하나의 중립적인 입지점에 도달할 수 없었다. 거기서 그야말로 *sub specie aeternitatis*(영원의 관점에서, 스피노자) 모든 것을 내려다보며 완전한 새출발을 할 수는 없었다. 그도 자신이 뿌리내리고 있는 정신적·문화적 전승과 시대적·사회적 여건으로 말미암아 특수한 방법으로 형성된 제반 선입견과 전제를 앞세우고 거기서 출발하지 않을 수 없었던 것이다. 그의 지향성 개념에서 가장 뚜렷하게 표현되는 주지주의적·표상적 사유는 분명히 그가 계속 초월해야 한다고 역설한 과거인들의 사상 전통에서 유래한, 역사의 산물이다.[205] 그의 지향성 개념과 그것에 근거한 현상학적·선험적 구성론은 플라톤 이래, 특히 데카르트 이래의 전통 서양 사상가들의 사물접근 방법과 진리관의 전형적인 표현일 뿐 아니라 그 "극단화"Radikalisierung라고 할 수 있다.

5) 지향성과 초월성

지향성의 원리에서 출발하고 표상적 사유로 접근하는 한 우리는 결코
사물에 대한 지식의 문제와 진리의 문제를 해결할 수 없다. 인식의 주체
인 지성 또는 순수 의식이 주객대립 관계의 틀 속에서 자신과 대치되어
있는 인식의 "대상", 인식의 객체에 접근하여 주체 자신의 특수한 방식대
로 그것을 자신의 눈앞에 "표상"하고 투시하는 가운데 그것을 지적으로
포착하고 관장하는 데서 그 인식의 객체의 본질과 정체에 대한 지식을
확보하려 하는 한 인식의 주체는 말하자면 자신의 주관성에 가려서 인
식의 객체를 그대로 보고 인식할 수 없다. 그러한 접근 방법으로 사물을
인식하려는 한 우리는 인식의 주체와 객체 간의 간격을 결코 뛰어넘을
수 없고 인식론의 문제와 진리의 문제는 영원히 해결될 수 없다. 이상에
서 살펴본 대로 이 점을 그 누구보다 딜타이가 분명하게 밝혀주었다. 사
물을 사물로 순수하게 바로 인식하기 위해서는 전통 인식론의 틀을 깨
고 새로운 입지점과 관점에서 그 가능성을 강구해야 한다.

　　칸트 이전의 인식론에 따라 인식의 주체인 인간의 지성이 객체인 사
물을 중심으로 "맴도는" 가운데 그 본질과 구조를 "복사"하는 데서 그
에 대한 객관적인 지식을 확보할 수 있다고 주장하는 "소박실재론"naiver
Realismus도 칸트가 지적한 대로 하나의 인식론적인 "독단론"에 지나지 않
거니와, 그와는 정반대로 칸트와 후설의 선험적 관념론에 따라 인식의
객체인 사물이 본질상 그 주체인 이론 이성 또는 순수 의식의 감지와 인
지의 특유한 방식에 따라 사전 규정되고 정립되므로 그에 대한 선험적
지식도 가능하다고 주장하는 "비판적 구성설"도 독단론임이 분명하다.

지식과 진리의 문제를 일치^{homoiosis, adaequtio}의 문제로 간주하고 인식의 주체와 객체 중 한 편의 본질과 정체를 다른 편의 견지에서 보고 해명하려는 모든 노력과 방법, 모든 환원주의^{Unterordnung, Subsumtion}의 노력과 방법은 다 인식론적 독단론일 수밖에 없다. 양자를 주객대립 관계의 틀 속에서 서로에게 환원시키는 데서 그들 간의 일치와 부합의 문제를 해결하려는 대신, 그들이 하나의 공통된 개방의 장, 현현의 지평에서 그들 각자의 특유한 본성과 의미 그대로 나타나서 그것을 상실함이 없이, 한 "전체" 속에 함께 속하는 개별적인 구성요소들, "부분들"로서 서로 "만나서" 유기적으로 연결됨으로써 그들이 본연의 그들로 활성화되게 하는 유기적인 편성과 통합^{Einordnung, Integration}의 방법이 절실히 요청된다.

후설은 플라톤 이후의 전통 사상가들의 주관주의적이며 주지주의적인 진리관을 답습했기에 인식의 주체와 객체가 서로 만나는 이러한 광활한 개방의 장, 양자를 그 자체에 포괄하는, 그들보다 한층 더 고차원적인 현현의 지평에서 지식과 진리의 문제를 거론해야 할 필요성을 느끼지 못하고 오로지 지향성 개념에 따라 인식의 주체와 객체가 서로 대립되어 함께 서 있는, 순수 의식의 내재적 차원에서 그렇게 했다.

플라톤에서 후설까지의 서양 사상가들 전반은 모든 것을 너무나도 협소한 바탕과 지평에서, 그리고 너무나도 근시안적인 관점에서 보고 이해했다. 특히 지식과 진리의 문제를 순수 의식, 선험적 주체성에 의한 엄격한 "본질직관"의 문제로 이해한 후설은 모든 것을 더욱더 좁고 짧게 보고 이해했다. 그는 인식의 주체와 객체 간의 관계를 그 어떤 것으로 "매개됨이 없는 직접적인 관계"로 인식했다.²⁰⁶

그는 "첫째로…순수 의식을 완벽하게 객관화할 수 있는 하나의 절대적인 존재의 영역으로 간주했으며…둘째로 그의 '모든 원칙들 가운데 가장 중요한 원칙', 즉 '직관' 과정에서 우리에게 원초적으로 제시되는 모든 것은 그것이 소여되는 그대로 단순히 수락하라는 원칙[207]에 따라 현상학적 분석활동은 오로지 직관적으로 눈앞에 그대로 소여되는 것에 집착하기만 하면 된다"[208]고 주장했다.[209]

그러한 이유에서 그는 진리의 문제와 관련해서도 자연히 러셀과 유사한 원자론적인 입장을 취할 수밖에 없었다. 데카르트가 "기하학적인 방법"으로 자신의 사상체계를 수립하려고 꾀했듯이, 즉 극단적인 방법적 회의라는 환원과정을 통해 가장 단순하지만 절대 확실한 하나의 이치, *cogito, ergo sum*"을 토대로 해서 점차적으로 더 복잡해지는 하나의 "확고부동한 진리"의 체계를 수립하려고 꾀했듯이 후설도 제반 현상학적 환원과정을 거쳐 유일하게 남은 잔재물인, 가장 단순하지만 절대 확실한 순수 자아, 선험적 주체성에서 출발해서 그의 제반 지향적 활동과 그 대상들에 대한 복잡한 이론들을 전개하는 데서 점차적으로 진리와 지식, 존재와 의미에 대한 자신의 거대한 사상체계를 구축하려 했다.

인식의 주체와 객체가 서로 유기적으로 만나서 합일되는 문제를 처음부터 심각하게 거론하고 취급했던 하이데거가 "개별자에 선행하는 전체"에서 출발해서 진리와 지식의 문제를 논한 것과는 대조적으로 "후설은 [순수 자아의] 개별적인 지향활동들과 그 대상들에서 출발했던바 이들이 점차적으로 보다 더 방대한 연관성의 체계로 종합적으로 형성되게 되었다."[210]

후설은 "부분들"에서 출발해서 "전체"로 나아가려 했다. 그러나 전체는 부분의 합 그 이상이다. 부분에서 전체로 나아가는 길은 없고 전체에서 부분으로 되돌아오는 길만 있을 따름이다.[211]

이러한 제반 이유에서 하이데거는 후설의 지향성 개념을 문제시하고 그것을 자기 자신의 초월성의 개념으로 대치해야 한다고 주장하게 된 것이다. 후설이 전개한 "명증성의 문제에 대한 연구는 그 전제조건으로 필연적으로 하나의 원초적인 소여사실所與事實, ein Urgegebensein, 즉 하나의 개방 공간ein Spielraum을 필요로 하는데 그 속에서 인식의 대상이 그 자태를 드러낼 수 있게 하고 경우에 따라서는 명증한 모습 그대로 [인식의 주체에 의해] 직관될 수도 있게 된다.…그러한 이유에서 하이데거는 후설과 같이 인식의 대상이 어떻게 의식 속에서…'구성'되는가 하는 문제를 단도직입적으로 거론할 수 없다. 그 대신 그는—그의 궁극적인 연구의 대상인 존재의 의미에 대한 질문에 앞서—후자에 선행하는 '기초존재론'에서 '구성하는 자' (순수 의식, 순수 이성) 자체가 무엇이며 그가 자기 자신에게 어떻게 소여되는가 하는 문제를 먼저 거론한다.[212] 이것은 결코 어떤 특정의 존재자의 영역의 존재와 그 소여방법에 대한 질문이 아니고 (존재자 일반의) 소여를 위한 개방 공간ein Spielraum für Gegebenheit을 펼치는 것을 그 '존재'로 하고 있는 그러한 존재자[=현존재]에 대한 질문이다."[213]

"칸트는 세계라는 현상을 보지 못했다."[214] 칸트에 대한 하이데거의 이러한 비판이 후설에 대한 비판이기도 하다. 나아가서 그것은 플라톤에서 후설에 이르기까지의 사상가들 전반에 대한 비판이기도 하다. 주객대립의 도식과 이성의 직시 및 직관이냐, 세계의 지평과 "현존재의 안목"Sicht des Daseins[215] 즉 이해력이냐, 주지주의와 주관주의 그리고 그와 결부된 표상적·지향적 사유냐, 존재 중심과 세계 중심의 사유와 근본적·회상적 사유냐, 하이데거는 후설과 다른 모든 사상가에게 둘 중 하나를 택할 것을 촉구한다.

우리는 세계나 그 "종적인" 표출 과정인 역사 없이—환언하면 존재의 빛 없이—인간 이성의 빛으로만 결코 사물에 대한 지식과 진리의 문제를 해결할 수 없다. 우리는 이성이기에 앞서 존재의 빛을 바라볼 수 있는, 그리고 발할 수 있는, 발해야만 하는 "자연적인 빛", 즉 (존재) 이해력 또는 (세계) 초월성임을 알아야 한다. 우리가 초월성이므로 우리에게 감성, 의지력, 도덕의식, 미의식 등과 함께 부여된 이론 의식 또는 순수 이성 혹은 선험적 주체성을 활용해서 사물과 "지향적" 교섭활동을 펼칠 수 있으며 사물의 정체와 "진리"에 관한 다양한 과학적 설명과 이론적 진술도 할 수 있는 것이다. 존재의 빛 속에서 존재자가 그것으로 정립되고 개방되어 우리의 이성의 눈앞에 현현하지 않는 한 우리가 어떻게 이 모든 "지향적" 활동을 전개할 수 있겠는가? "전체"에 대한 방향설정이 안 된 상태에서 어떻게 "부분들"에 대한 좌표설정을 할 수 있겠으며 그들과 관련된 어떠한 지적 활동을 전개할 수 있겠는가? 책 전체의 대의와 문맥을 모르는 상태에서 어떻게 그 속의 낱말들과 개별적인 문장들의 의미를 학술적으로 밝히는 주석 작업을 전개할 수 있겠는가?

인간은 실존이며 존재와의 관계다. 존재가 절대적인 의미에서의 빛이며 조명성 또는 개방성이다. 그와의 관계라고 할 수 있는 인간 현존재는 상대적인 의미에서의 빛, 즉 "자연적인 빛"이며 조명성 또는 개방성이다.[216] 그러한 현존재는 항상 이미 존재의 빛의 영역 속에 거하고 그 빛에 비침을 받고 있을 뿐 아니라("수동적인 개방성")[217] 그것을 또한 자신의 삶과 온 우주에서 능동적으로 비출 수 있고 비춰야 한다("능동적인 개방성").[218] 달리 표현하면 그는 본질적으로 항상 존재자들의 차원을 넘어서 "초월성 그 자체"transcendens schlechthin[219]인 존재의 빛의 차원으로 초월해 있을 뿐 아니라 놀랍게도 존재를 대신해서, 그리고 그를 위해서 존재의 빛의 차원, 즉 세계를 능동적으로 기투하고 개방하여 존재자들의 "세계"

위에 투사할 수 있고 투사해야만 한다.[220] 그러한 의미에서 현존재를 "초월성 그 자체" 즉 절대적인 의미에서의 초월성인 존재를 감안하고 상대적인 의미에서의 초월성 또는 초월 능력Transzendenz, Überstieg[221]이라 칭할 수 있다.

인간의 존재는 초월성에서 발견할 수 있다. 본질상 항상 이미 초월성인 인간은 자신의 실존 과정에서 후설이 주장한 "지향성"에 따라 사물과 교섭할 수도 있지만 그렇게 하는 것이 그의 원초적인 사물에로의 접근 방법은 아니다. 왜냐하면 원래는 그가 사물들을 주객대립의 도식에 대입하여 이성의 관점에서 지적으로 처리하기보다 자신이 항상 이미 초월해 있는 동시에 계속 새롭게 개방해야 하는 세계 속에서, 즉 존재의 빛으로 그들을 보고 이해하며 해석하고 취급하기 때문이다. 이성의 안목이 아닌 "현존재의 안목"Sicht des Daseins[222]으로 그렇게 하기 때문이다. 그러한 의미에서 "사물과 인간이 맺는 모든 관계의 특징을 지향적인 것intentionales으로 보아야만 한다면 지향성은 오로지 초월성을 토대로 해서만 가능하고, 전자는 결코 후자와 동일한 것이 아니며 그것이 초월성의 가능성의 근거가 되는 것은 더더욱 아니다."[223]

(5) 진술의 진리의 가능성: 존재적 진리와 존재론적 진리

진리는 지성과 사물 간의 일치에서, 즉 사물의 정체와 본질에 대한 인간 이성의 올바른 지식과 진술에서 찾아볼 수 있다는, 후설을 포함한 주지주의자들의 진리관 곧 일치설을 하이데거는 비교적 단순한 논리로 배격한다. 인간의 이성과 사물 간의 일치가 이루어지고 사물의 본질과 "진리"에 대한 지식이 획득되기 위해서는 양자가 서로 만나는 개방의 장, 개방 공간ein Offenes[224] 또는 개방의 지평Horizont, Spielraum[225] 혹은 "조명 영역"gelichtete Dimension[226]이 이미 열려 있어야 하고 그 속에서 인식하고 진술할 사물이 사물로 이미 개방되어 있어야 한다는 것이 그의 논지다.

현존재와 진리 간의 관계를 상론하는 "SZ", 44절에서 하이데거는 과학 이성을 통해 확보할 수 있는 "진술의 진리"Aussagewahrheit, Satzwahrheit가 가능하기 위해서는―그리고 "과학적인 설명"Erklären이 가능하기 위해서는―먼저 진술의 대상인 사물이 초월적인 개방의 장에서 그것으로 개방되어 있어야만 한다는, 자신의 지론의 타당성을 입증하기 위해 하나의 비근한 예를 들어 설명하고 있다.

어떤 사람이 벽에 삐뚜름하게 걸려 있는 한 그림을 등지고 그에 대해 "이 그림은 벽에 삐뚜름하게 걸려 있다"라고 진술한 후 뒤돌아서서 그림을 실제로 보고 그 진술의 타당성이 확인됨을 알게 된다고 하자. 여기서 그의 진술의 타당성이 확인되었다는 말은 무슨 뜻인가? 그것은 결코 인식의 주체인 이 사람의 지성이 인식의 객체인 이 그림과 일치 Übereinstimmung하고 있음만을 뜻하지 않는다. 특히 우리가 이 그림을 로크나 칸트가 주장했듯이 물자체가 아니고 인간의 이성의 눈앞에 표상된 것, 곧 "현상물"이라고 가정할 때는 더더구나 그렇지 않다.

이 진술이 타당한 이유는 그것을 보는 사람의 지성과 그가 보는 그림 사이나 그의 지성과 그가 마음속으로 표상하는 바의 이 사물, 즉 현상물로서의 이 그림, 마음속에 비친 대로의 이 그림 사이에 지적인 일치가 이루어지고 있기 때문이 아니다. 그보다는 이 진술이 표상의 대상, 현상물만이 아닌 이 그림 자체를 그대로 드러내기 때문이다. 그대로 개방하기 entdecken 때문이다. 이 진술을 하는 자가 등을 돌리고 이 그림을 바라봄과 더불어 확인하게 된 것은 자신의 진술이 사실 자체를 그대로 드러내고 있다는 점이다.

그의 진술이 사실 자체를 그대로 드러내고 있으므로 그것이 인식론적 일치 또는 합일을 뜻한다고 볼 수 있겠으나, 중요한 것은 그가 이 그림에 대해 어떠한 진술을 하기에 앞서 이 그림이 특정의 모양과 성질을 띠고 특정의 양태와 상태 속에 있는 사물로서 이미 확정되고 개방되어 있어야 한다는 것이다. 그러한 모습과 상태로 그의 눈앞에 등장하는 begegnen 이 그림에 대해서 비로소 그가 그것이 어떠하다는 판단과 진술을 할 수 있고 이 그림과 그의 판단과 진술이 일치할 수도, 일치하지 않을 수도 있는 것이다.

이 그림에 대한 이 사람의 진술의 타당성은, 그의 진술과 관계없이 이미 그 어떤 모습과 상태로 확정되어 자태를 드러내고 있는 이 그림이 어떠한 상태에 있는지를 그대로 드러낸다는 데서 입증된다. "하나의 진술이 참되다는 것은 곧 그것이 존재자를 그것 자체로 개방한다는 것을 뜻한다. 하나의 진술은 한 존재자를 그 개방된 모습 그대로 기술하고 나타내며 '보이게 한다'apophansis. 진술의 참됨(진리)은 그것이 개방적이라는 데entdeckend-sein 있다. 그러므로 여기서 진리는 결코 한 존재자(인식의 주체)가 다른 한 존재자(인식의 객체)와 합일한다는 뜻으로, 인식 행위와 인식의 대상 간의 일치가 이루어진다는 그러한 [의미를] 내포하지 않는다."227

참된 진술은 그것이 진술의 대상이 되는 사물을 사물 그대로 기술하고 묘사하는 진술이다. 진술의 진리라 함은 진술하는 자가 진술의 대상이 되는 하나의 존재자, 예컨대 하나의 그림 혹은 하나의 동전228을 "그것의 자기 현현을 토대로 해서"auf dem Grunde eines Sichzeigen des Seienden "그 개방된 모습 그대로"im Wie seiner Entdecktheit 드러내는, 개방하는 행위에서 발견할 수 있다.229

그러나 이것이 사실이라면 어떠한 조건하에서 진술자는 진술의 대상을 그것이 자체의 모습을 드러내는 그대로 개방할 수 있고 묘사할 수 있는가? 진술의 진리의 가능성의 선험적 조건은 무엇인가? 이에 대한 하이데거의 대답은 물론 인식과 진술의 대상이 ① 그것 자체로 개방될 수 있고, ② 그것이 그렇게 순수히 그것 자체로 개방된 상태에서 인식과 진술의 주체와 "만날 수 있는", 그래서 양자 간의 일치가 이루어질 수 있는 하나의 개방 공간, 하나의 조명 공간이 사전에 이미 펼쳐져 있어야만 한다는 것이다. 인식의 주체와 객체 간의 지적 일치가 이루어지고 후자에 대한 진술이 가능해지려면 "후자가 하나의 진술 가능한 대상으로서 진술 행위 이전에 그리고 이 진술 행위를 위해서 이미 개방되어 있어야만 한다."[230]

진술의 대상이 순수히 그 자체의 모습으로 진술자의 눈앞에 개방되어 있지 않다면 그것의 진상과 진리에 대해 완전히 주관적이며 자의적인 진술이 아닌 객관적이며 타당한 진술을 어떻게 할 수 있겠는가? 인식의 주체가 항상 이미 소유하고 있는 주관적인 "정보 처리"의 틀 속에 이 대상을 집어넣어 "도맷값으로" 처리하고 인식하는 환원주의적 방법 Subsumtion이 아닌 다른 방법으로 그것을 처리하고 인식하며 그에 대해 진술할 수 있겠는가? 이 사물의 고유한 구조와 특성을 변질시키지 않고 유기적인 편성Integration 방법으로 그것을 자연스럽게 자신의 의식 속으로, 인식의 체계 속으로 수용하고 체험하는 것이 어떻게 가능하겠는가? 그래서 인식의 주체와 객체가, 헤겔과 해석학 이론가들 특히 가다머의 "변증법적·대화적 해석학"이 지향하고 있는 바대로,[231] 서로 변증법적으로 "매개"되어 인식 주체의 자아 이해와 인식 객체의 의미가 동시에 지속적으로 새로워지고 깊어지는 이상적인 결과를 어떻게 얻어낼 수 있겠는가?

상술한 바와 같이 플라톤에서 후설까지의 주지주의자들의 표상적 사유의 방법을 통해서는 사물을 필연적으로 인식 주체의 견지에서 보고 인식 주체의 특유한 방법으로 처리할 수밖에 없다. 바로 이 점이 투겐트하트가 후설의 지향성 개념의 문제점에 관해서 비판하는 내용이다. 후설의 지향성 개념은 인식 주체로 하여금 그 앞에 "나타나는 개별적인 존재자와 말하자면 너무 '직접적'이며 단도직입적인 관계"[232]를 맺게 하는 데 문제점이 있다는 것이다.

그렇게 하지 않고 인식 주체가 "그것을 있는 그대로"wie es als dieses ist[233] 발견하고 인식하며 그에 대해 올바르게 진술할 수 있으려면, 그래서 "진술의 진리"가 가능해지려면 전제조건으로 그것이 그 자체의 모습을 상실함이 없는 동일한 사물로"dabei doch in sich als das Ding stehenbleiben und als ein Ständiges"[234] 그의 눈앞에 이미 나타나 있어야begegnen; sich zeigen[235] 한다. "존재적 진리"ontische Wahrheit[236]가 확정되어 있어야 한다. 즉 개별적인 존재자의 "존재", 그 정체성이 이미 개방되어 있어야 하는 것이다.

그와 같이 개별적인 사물의 정체성이 개방되어 있고 밝혀져 있을 때 비로소 그것과 그것을 인식하는 주체 간에 존재하는 인식론적인 간격과 "대립관계"Entgegen가 지양되고 극복되어 양자가 유기적으로 하나로 합일하게 된다.[237]

그러나 이것이 어떻게 가능한가? "진술의 진리" 또는 "판단의 진리"가 가능하기 위해서는 "존재적 진리"가 확보되어야 한다. 그러나 "존재적 진리"의 가능성의 전제조건은 무엇인가?

이에 대해 하이데거는 존재적 진리의 가능성의 전제조건은 "존재론적 진리"ontologische Wahrheit, 즉 "존재의 개현성"die Enthülltheit des Seins[238]이라고 답한다. 한 사물이 그것 자체로 개현될 수 있게 하고 그것이 인식과 진술의 주체의 눈앞에서 그 자체의 모습 그대로를 나타내 보임으로써 양자 간의 지적인 합일을 가능케 하는 하나의 포괄적인 개방의 장, 조명의 지평이 전제될 때 비로소 "존재적 진리", 즉 해당 존재자의 정체성과 의미가 확정되고 그것을 토대로 해서 또한 "진술의 진리", 그에 대한 올바른 판단과 진술도 가능해진다는 것이다.

"한 사물이 이와 같이 [인식 주체와의] 간격을 극복하고 그것 자체로 [인식의 주체 앞에] 현현하는 사건은 한 개방 [공간] 안에서innerhalb eines Offenen 일어나게 되는데, 후자의 개방성은 결코 [인식 주체의] 표상 활동에 의해 최초로 창출되는 것이 아니고 어디까지나 [인식 주체가 모든 표상 활동을 위한] 하나의 준거의 지평ein Bezugsbereich으로 항상 이미 연결되어 있어야만 하고 그가 항상 수용해야만 하는 그러한 한 [선험적 조건]이다."[239] 현존재가 맺는 존재자와의 "이러한 관계가 전 진술적인vorprädikative 관계이든, 진술적인 방법으로 [존재자의 의미를] 해석하는 관계이든 간에 만약 그것의 개방 활동이 사전에 이미…존재자의 존재(존재 자체)에 대한 이해로 말미암아 비춰지고 그것에 의해 인도함을 받지 않고 있다면 결코 존재자를 그 자체 그대로 접근할 수 없을 것이다. 존재의 개현성이 비로소 존재자의 개방성을 가능케 한다"Enthülltheit des Seins ermöglicht erst Offenbarkeit von Seiendem.[240]

존재 자신에게서 발원되고 현존재의 사유 활동, 언어 활동, 정치 활동 등의 기투 활동과 조명 활동 및 개방 활동을 거쳐 자연물과 실용물 및 문화물 등 존재자 일반에 파급되는 이 우주적인 진리의 빛이 이들 개별적인 존재자들을 비추는 데서 그들이 그들로 개방하고 정립되어 그들로 현현하고 "존재"하게 된다. 이들이 이와 같은 방법으로 조명되고 개방되어 그들로 현현하고 "존재"하는 모습이 곧 "존재적 진리"다. 존재적 진리는 존재자의 "피개방성"Entdecktheit, Offenbarkeit을 뜻한다. 즉 그것은 그들이 인간 현존재 속에서, 그리고 그를 매개로 해서 전개되는 존재 자신의 "존재론적 진리" 또는 "존재의 개현성"Enthülltheit des Seins 혹은 "세계라는 개방성"[241]의 사건으로 말미암아 그들로 개방된 모습, 그들의 진정한 정체성을 뜻하는 것이다.

플라톤에서 데카르트까지의 주지주의와 표상적 사유의 전통을 답습하고 그것을 극단화한 칸트와 후설은 순전히 선험적 주체성의 견지에서 사물에 대한 객관적이며 보편타당한 지식의 문제를 거론했고 나아가서는 사물의 사물성의 문제까지 거론했다. 그들은 선험적 주체성에서 사물에게로 직접적으로 나아가는 방법을 채택했기에 인식론적 환원주의에 빠져들 수밖에 없었다.

어떤 의미로는 헤겔의 "전체주의"와 딜타이의 "총체론"을 수용한 하이데거는 칸트와 후설과는 달리 사물들과 동일한 "세계내재적" 차원에서 주객대립 관계로 마주 보고 서 있는 순수 이성 또는 선험적 주체성에서 출발해서 직접적으로 사물에 접근하려는 대신 세계라는 "전체", 전체적인 의미의 지평 속에서 간접적으로 그렇게 해야 함을 줄곧 강조했다. 인간 자신의 이성의 빛이 아닌 존재의 빛으로, 이성의 협소한 시계에서보다 무한히 광활한 세계의 지평 속에서 사물을 바라보는 가운데 그것과의 지적 합일 가능성을 모색해야만 한다는 것이었다. 현존재 자신과 사물을 동일하게 그 자체 속에 포괄하는, 이들보다 한층 더 고차원적인 세계, 세계라는 "존재의 개방성"die Offenheit des Seins, "존재의 빛의 [차원]"die Lichtung des Seins, 존재의 "조명된 영역"gelichtete Dimension[242] 속에서만 현존재 자신도, 그의 이성도, 그가 교섭하는 사물도 원래적인 그 모습 그대로 비칠 수 있다. 그리고 그 속에서만 진정한 양자 간의 일치와 합일이 가능하며 후자에 대한 참된 판단과 진술이 가능하다. "존재론적 진리" 안에서만 "존재적 진리"가 가능하며 "진술의 진리"도 가능하다. 그러므로 우리는 이성의 빛이 아닌 존재의 빛으로 우리 자신과 존재자 일반을 바라볼 수 있어야 한다.

인간은 본질적으로 이성이 아니고 현존재이며, 존재와의 관계다. 바꾸어 말한다면 진리와의 관계이며, 진리의 빛과의 관계다. 왜냐하면 존재는 곧 "비은폐성"Aletheia, Unverborgenheit 또는 진리, 절대적인 의미에서의 진리이며 피시스, 초강력한 빛의 힘이기 때문이다.

사물의 본질과 정체성에 대한 정확한 과학적 지식을 확보하고 그에 대한 이론적 판단과 진술을 하는 기능, "판단과 진술의 진리"를 확정하고 전달하는 데 주동적인 역할을 맡아 하는 기능은 이성이라 할 수 있다. 그러나 진술의 진리를 확정하는 궁극적인 주체는 존재와의 관계이자 진리의 빛과의 관계인 현존재, "자연적인 빛" 또는 "조명성"Lichtung, Licht 그 자체인 현존재임을 잊어서는 안 된다. 이성이 사물에 대한 정확하고 과학적인 판단과 진술을 하기에 앞서 현존재가 자신이 항상 이미 수동적으로 개방되어 있고 능동적으로 개방하기도 하는 존재의 빛 속에서, 세계의 지평 속에서 그것을 이미 그 "실용성"Zuhandenheit에 따라[243]—그리고 나아가서는 진정한 존재론적 의미와 가치에 따라[244]—"그 무엇을 위한 무엇으로"etwas als etwas 보고 이해하며 해석하게 되며 다양한 차원에서 다양한 방법으로 그에 대해 진술하게 된다. 그리고 그것을 단순한 "현전자"로만 보고 진술의 한 "극단적인" 방식인 "이론적 진술"theoretische Aussage도 그에 대해 하게 된다.[245]

인간은 존재의 "현주"이며 존재의 "진리의 처소"다. 우리는 "그의 개방성과 더불어 가장 원초적인 진리의 현상에 도달하게 되는바", 그러한 현존재가 절대적인 의미의 진리인 존재의 빛으로 존재자 일반의 "존재적 진리"를 발견하게 된다.[246] 그 빛 속에서 그는 그들의 정체성을 순수하게 그대로 이해하며 그 의미를 구체적으로 해석할 수 있다("해석학적 정체 규정"). 그리고 그것을 이론적 진술과 명제로 표명할 수도 있다("진술적 정체 규정").[247]

제2부

"존재와 시간"
현존재에서 존재에 이르는 길

제1장
서론

1. 존재의 개념

하이데거의 사상은 존재에 관한 철학, 곧 존재 사유다. 그러나 "존재"란 무엇을 의미하는가? 이것이 바로 그가 "SZ"에서 답하고자 했던 질문이다.

하이데거에 따르면 플라톤과 아리스토텔레스도 이 질문에 대한 해답을 얻기 위해 부단히 노력했으나 그 이후 사람들은 존재를 하나의 철학적 문제로 체계적으로 연구하는 데 게을리했을 뿐 아니라 그렇게 해야 할 필요성도 느끼지 못했다. 그들의 의식 속에 다음과 같은 인식이 하나의 도그마로 굳어져 있었기 때문이다.

첫째, 존재는 세상의 모든 존재자와 현상들 및 원리들과 관계되는 가장 보편적인 개념이며 바로 그 이유 때문에 가장 공허한 개념이며 가장 애매모호한 개념이다. 둘째, 그러므로 존재는 정의할 수 없는 개념이다. 존재는 가장 보편적이며 포괄적인 개념이므로 그것은 그보다 더 포괄적인 개념으로 한정할 수도 없고 그것을 어떤 구체적인 존재자라고 볼 수도 없다. 그러므로 존재를 정의하는 것은 원칙적으로 불가능하다. 원칙적으로 불가능한 것을 애써 가능하게 하려고 노력할 필요가 있겠는가? 셋째, 그런가 하면 존재는 누구나 익히 잘 알고 있는, 너무나도 자명한 개념이기도 하다. 그것은 인간이 모든 인식 활동과 판단 작용에서, 사물과 자기 자신과의 관계에서 항상 무슨 뜻인지 잘 알고 사용하는 명백한 개념이다. 예컨대 우리가 "하늘은 푸르다" 혹은 "나는 기쁘다"라고 할 때, 그 말 속에는 존재(Sein→bin, bist, ist, sind; "~이다" 혹은 "~하다" 혹은 "~이 있다" 등으로 표현됨)의 개념이 내포되어 있고 그 개념의 의미는 우리가 잘 알고 사용하는 것들이다. 모든 사람들이 다 잘 알고 있는 명백한 개념에 대해 더 알기 위해서 부단히 노력할 필요가 있겠느냐는 것이다.

그러나 우리는 우리에게 무엇보다 "가까우면서도" 무엇보다 "먼" 존재의 문제[1]를 회피하는 대신 그것을 심각하게 새로 제기해야 할 필요가 있다.[2] 하이데거가 왜 그렇게 생각하고 있는지에 관해서는 우리도 이미 알고 있다. 이상에서 상론한 대로 존재가 단순히 우리가 알고도 모르는 그 무엇이기 때문에 그것을 보다 깊고 확연하게 앎으로써 우리의 지적인 호기심을 만족시키기 위해서 그가 그에 대한 질문을 제기해야 했던 것은 아니다.

존재는 기적 중 기적이며 세상에서 가장 생각해보고 연구해볼 가치가 있는 대상이므로 그 의미에 대한 질문을 제기해야 하며, 그것이 우리 인간에게 생명과 같이 소중하고 절대적인 의미를 띤 대상이므로 그렇게 하지 않을 수 없다(적극적 동기). 과거 사상가들이 이 질문을 수백 수천 년 동안 계속해서 제기해온 것은 사실이지만 그들은 그것을 줄곧 그르게 제기했으며 따라서 그에 대한 그릇된 해답을 타인들에게 제시하고 가르쳐왔다. 그들은 존재를 존재자와 혼동했기에 존재자 일반의 본질을 연구하는 데서 존재 자체의 의미를 규명할 수 있다고 보았다. 그들은 존재라는 "숲"은 존재자라는 "나무들"의 합 그 이상임을 간파하지 못한 채 시선을 계속 이 "나무들"에만 집중한 탓에 바로 이들에 가려 "숲" 자체를 바라볼 수 없었다. 그래서 그들이 발전시킨 존재론은 존재를 존재 자체로 해명하는 존재 사유일 수 없었고 단지 존재자 일반을 그들 되게 하는 가장 기본적이며 본질적인 요소들을 분석하고 규명하는 본질의 형이상학에 불과할 수밖에 없었다. 이데아론을 정립한 플라톤에서 "권력 의지의 형이상학"을 발전시킨 니체에 이르기까지의 서양 형이상학사는 존재 망각의 역사와 허무주의의 역사였다.

과거 형이상학자들의 정신적 방황으로 빚어진 최종 결과로 현대인들은 완전히 궁지에 몰렸고, "황폐화된 지구" 위에서 존재의 빛 없는 암흑 속에서 헤매게 되었다. 그것이 현실임에도 그것을 현실로 눈치채고 받아들이는 자는 아무도 없다. 그러므로 존재의 문제를 다시금 제기하는 것만큼 시급한 일은 없다(소극적 동기).

존재는 인간 현존재의 존재의 원천과 근거이며 그의 사유와 삶의 지침과 목표이고 그의 미래와 이상이다. 현대인이 당면하고 있는 최대의 위기에서 그를 구출할 수 있는 유일한 구제책이며 그의 중병을 고칠 수 있는 유일한 치유책이다.

존재는 이와 같이 우리에게 생명과도 같이 소중한 대상이기에 우리는 어떤 방법으로든 그 의미를 학술적으로 조명해보려는 진지한 노력을 기울일 필요가 분명히 있다. 플라톤과 아리스토텔레스 이후 불필요한 것으로 등한시되어 온 존재에 대한 질문을 다시금 제기할 필요성이 있음이 확실하다.

우리가 알고 있는 우주 내의 모든 "존재자"들이 관련을 맺고 있는, 이 존재는 그럼에도 불구하고 너무나도 보편적이며 포괄적인 개념이라는 바로 그 이유 때문에 가장 막연하고 추상적인 개념이며 그야말로 바람과도 같이 걷잡을 수 없는 개념인 것은 사실이다. 존재는 모든 개념 중 가장 보편적인 개념이므로 구체적인 내실을 드러내지 않고 있다. 그러한 이유로 그것은 그렇게도 확실하게 포착하고 이해하기 힘든 개념이다.

"SZ", 제1면에서 하이데거는 플라톤도 그의 『소피스테스』(Sophistes, 한길사 역간, 2000) 244a에서 존재의 이러한 성질에 대해서 언급하고 있음을 지적하고 있다. 사람들이 누구나 다 존재[on]라는 말의 의미를 잘 알고 그 말을 늘 사용하며 누구나 다 그 의미를 잘 이해하고 있다고 믿고 있지만, 그 뜻이 무엇인지 누군가 물으면 말문이 막힌다는 것이었다.

존재의 의미가 우리에게는 이와 같이 바람을 잡는 것같이 정의하거나 설명하기 힘든, 하나의 수수께끼인 것은 사실이지만 그렇다고 해서 그것이 별 따기와 같이 불가능한 일은 아니다. 왜냐하면 우리가 공기 속에서 계속 공기를 먹고 마시며 움직이며 살아가듯 혹은 물고기가 물속에서 계속 물을 먹고 마시며 움직이며 살아가듯 "우리는 항상 이미 존재 이해 속에서 살아가며"[3] "우리는 항상 이미 존재 이해 속에서 움직이고 있기"[4] 때문이다. "존재란 도대체 무엇인가? 그것은 그것 자체이다[Es ist Es selbst, it is It itself]. 미래의 사유[자]는 이 점을 배워 알고 말할 줄 알아야 한다. '존재', 그것은 신도 아니며 우주의 근원도 아니다. 존재는 모든 존재자보다 더 멀리 떨어져 있으나 그것은 또한 그 어느 존재자보다—그것이 바위든 짐승이든, 예술품이든 기계든, 천사든 신이든 간에—인간에게 더 가깝기도 하다. 그럼에도 불구하고 이러한 가까움, 인접성[隣接性, die Nähe]은 인간에게서 가장 멀리 떨어져 있기도 하다. 인간은 항상 무엇보다 먼저 존재자에게 집착하며 그것에만 집착한다."[5] "인접성, 즉 존재의 진리는 우리에게 가장 가까운 것보다 더 가까우나 통상적인 사유[자]에게 그것은 가장 먼 것보다 더 멀다."[6]

그러나 우리는 어떠한 방법으로 과거 철학자들이 등한시한 이 존재의 의미에 대한 질문을 다시금 제기해야만 하는가?

2. 기초존재론의 출발점과 방법

자신의 존재 사유의 목표를 달성하기 위해서 하이데거는 비록 전이론적이며 전학술적인 방법이긴 하지만 원래부터 존재의 의미를 그 중심에서 순수하게 이해하고 있는 인간 현존재의 실존 구조를 현상학적으로 분석하려고 시도했다는 점에 대해서는 이미 지적했다. 그의 기초존재론은 "현존재에 대한 실존론적 분석론"으로 제시되었다.[7] 그가 여기서 인간 현존재의 실존 구조를 후설처럼 현상학적으로 규명할 수 있다고 보고 인간의 실존성이라는 "현상"이 순수히 그 자체대로 우리의 눈앞에 드러나게, "현상하게" 유도하려고 apophainesthai ta phainomena, Das was sich zeigt, so wie es sich von ihm selbst her sehen lassen[8] 했으므로 그의 작업은 "현존재에 관한 현상학"Phänomenologie des Daseins[9]이라고도 불렸다. 그리고 이러한 현상학은 그 연구의 대상이 그 자체에서부터 자체적으로 나타나는 그대로 보고 기술하며 이해하고 해석하는 작업이므로, 기초존재론은 "생에 관한 해석학"Hermeneutik des Lebens을 개발하려고 노력한 딜타이의 용어로 "현존에 관한 해석학"Hermeneutik des Daseins[10]이라고도 일컬어졌다.

모든 연구 활동은 그 어떤 대상의 실재성과 본질sein Da- und Sosein에 대한 탐구와 질의 행위Frage다. 이 대상의 정체성에 대한 해답을 얻기 위해 그에 대해서 방법적·체계적으로 사유할 때 연구자는 완전히 무에서 출발하는 것도, 허공에서 움직이는 것도 아니다. 그는 반드시 어떤 출발점에서 시작하고 그 무엇을 발판으로 하여 탐구와 질의 활동을 벌이게 된다.

오래전에 플라톤과 아우구스티누스가 지적한 대로 우리가 그 무엇에 대해서 캐묻기 위해서는 우리는 그와 관계되는 많은 것을 알고 있어야 한다. 수학과 과학의 문제 혹은 진선미의 문제에 대해서 질문할 수 있으려면 이러한 문제들을 이해하고 거론할 수 있는 "두뇌", 즉 수리 이성, 과학 이성, 도덕 이성, 심미 이성, 선 의식, 정의 의식 등을 소유하고 있어야 하며 이 문제들에 대한 "전이해"를 가지고 있어야 한다. 플라톤과 아우구스티누스는 하이데거와 불트만이 오늘날에 와서 크게 부각시켜 거론하는 "전이해"에 대해서 수백 수천 년 전부터 알고 있었다. "전이해" 없이 "사실 이해"란 불가능하다는 점을 그들은 이미 알고 있었던 것이다.

기초존재론도 마찬가지다. 존재의 의미를 학술적으로 확정하는 것을 궁극적인 목표로 삼는 이 연구는 연구자 자신이 일상생활에서 모든 다른 인간과 더불어 원래부터 항상 이미 소유하고 있는 존재의 의미에 대한 전이해에서 출발해야 한다. 평범한 일상생활을 영위하는 인간 일반의 전형적인 의식인 "소박의식"素朴意識, das naive Bewußtsein(하이데거의 용어가 아님)은 비록 전학술적이며 투박한 방법이긴 하나 존재의 의미를 이미 이해하고 있으며 순수히 이해하고 있다.

이상에서 거듭 서술한 바와 같이 하이데거에 따르면 존재 이해 능력은 현존재의 존재를 특징짓는 가장 기본적인 요소다. "존재 이해는 현존재의 존재적 특성 자체이다. 현존재의 존재적(실제적) 탁월성은 그가 존재론적이라는 데 있다"Die ontische Auszeichnung des Daseins liegt darin, daß es ontologisch ist.[11] 인간을 다른 피조물과 구별하는, 그의 가장 기본적이며 고귀한 특징은 그가 "존재론적"이라는 데서, 즉 존재와 필연적인 관계를 맺고 있으며 그것을 이해할 수 있을 뿐 아니라 원래부터 실제로 이해하고 있다는 데서 찾아볼 수 있다는 뜻이다. "인간에게 아무리 경이로운 다양한 능력이 주어져 있다 할지라도 만약 그에게 존재 이해가 사건으로 일어나지 않는다면 그는 결코 지금의 그가 될 수 없었을 것이다."[12]

모든 인간과 더불어 하이데거도 자기 자신의 존재와 존재 자체의 의미를 이해할 수 있는, 이러한 특권을 소유하고 있으므로 그는 자신의 "해석학적 현상학"을 통해 후설의 현상학의 취지에 부응해서 현존재라는 "현상", 현존재라는 "사실 자체"의 "존재"를 학술적으로 조명하고 기술할 수 있다. 그리고 나아가서는 존재라는 현상의 의미도 규명하고 해석할 수 있다.

다만 인간 일반의 소박의식에게 주어진 이러한 존재 이해는 물론 존재에 대한 분명하고 석연한 개념적인 지식은 아니다. 그렇긴 하나 우리가 평범한 한 인간으로서 존재의 의미를 원래부터 이해하고 있는 것만은 부인할 수 없는 사실이다.

존재에 대한 질의에 있어서 탐구의 대상이 되는 것은 비록 전혀 확실하게 포착할 수 없는 것이긴 하나 그렇다고 해서 완전히 모르고 있는 것은 아니다.[13]

우리는 '존재'가 무엇을 뜻하는지 정확하게 인식하지는 못한다. 그러나 우리는 '존재'가 무엇인지를 질문함과 더불어 '이다'ist가 의미하는 바를 개념적으로 확정할 수는 없지만 그 의미는 [전개념적으로] 이해하고 있다.…이러한 평범하고 불분명한 존재 이해는 하나의 기정 사실이다. 이러한 존재 이해가 비록 매우 불확실하고 모호하며 단순한 단어 이해에 가까운 수준의 이해라 할지라도 우리에게 현실적으로 주어진 존재 이해의 이러한 불확실성은 하나의 긍정적인 현상인바 그것이 해명을 필요로 하고 있을 따름이다.[14]

"SZ"의 질의 대상das Gefragte은 존재이며, 그 질의의 출발점과 "문의처"das Befragte는 인간 현존재다. 그리고 그 질의의 목표는 질의 대상을 "개념적으로 확정하는 데"begrifflich fixieren, zum Begriff bringen 있다. 다시 말하면 존재의 의미를 학술적으로 규명하는 데 있다. 존재의 의미는 하이데거가 "SZ"에서 학술적으로 조명하고 규명하고자 하는 궁극적인 연구의 대상das Erfragte이다.

3. "평범한 일상성"과 존재 이해

이와 같이 하이데거가 존재의 의미를 학술적으로 규명하기 위해 그것을 전학술적으로 항상 이미 이해하고 있는 인간 현존재의 실존 구조와, 특히 그 가장 중요한 요소인 [존재] 이해력을 분석하고 해석하는 것을 목표로 해서 연구에 착수하려는 데 제기되는 한 가지 문제점은 현존재가 "평범한 일상성"durchschnittliche Alltäglichkeit, 혹은 "평범성"과 "일상성"으로 특징지어진 자로서 소유하고 있는 존재 이해는 주로zunächst und zumeist[15] 투박하고 불분명할 뿐 아니라 "비본래적"uneigentlich이라는 데 있다.[16]

일상적인 업무로 동분서주하는 평범한 사람들은 우선 주위에 보이는 사물과 사람, 현상과 사건에 눈이 팔려 그들 이면의 것을 바라볼 수 없으며 특히 그들과 물질적인 교류를 하며 지적·도덕적 관계를 맺고 살아가는 자신의 진정한 정체와 본령에 대해서는 의식하지 못한다. 그들의 "소박의식"으로는 자신들이 존재라는 너무나도 엄청난 대상과 관계를 맺고 있으며, 그러한 이유로 자신들이 본질적으로 소유하고 있는 존재 이해의 빛으로 사물과 자신들의 "존재"도 이해하고 있다는 이 놀라운 사실을 인식할 수 없다. 상술한 대로 그들은 자신들이 존재와 관계를 맺고 살아가게끔 되어 있는 숭고한 "실존"이란 점을 알고 "본래적인 삶"Eigentlichkeit을 영위하기보다 오히려 존재자들, 즉 주위의 사물들과 사람들과 관계를 맺고 "세인의 독재"die Diktatur des Man하에서 주위 사람들의 장단에 맞추어 춤을 추며 볼품없는 피상적이며 처절한 삶, "비본래적인 삶"Uneigentlichkeit을 영위하고 있다. 그는 많은 "세인들" 가운데 한 사람으로 살아가고 있다. 지극히 고상하고 아름다운 존재의 빛을 바라보며 그 빛을 향해 나아가는, 빛나는 현존재와 실존으로서의 자신의 정체성과 위상을 망각하거나 그것으로부터 도피[17]하여 존재자의 차원에 자신을 파묻고 그들 속에서 우선은 안락한 것처럼 보이는 부담 없는 삶을 살아간다. 자신을 전적으로 곡해하며 완전히 "평가절하"하는 가운데 자신답지 않은 비본래적이며 거짓된 삶을 살아가는 것이다.

그렇긴 하지만 바로 이러한 비본래적인 삶을 살아가는 현존재의 "일상성"과 "평범성" 속에서 기초존재론을 위한 중요한 자료를 발견할 수 있다. 왜냐하면 일상성과 평범성으로 특징지어진 현존재의 비본래적이며 피상적인 삶에서 그 표면으로 드러나는 것 저변에서는 현존재 자신이 주로 의식하지 못하는 엄청난 초월의 사건, 존재 이해와 세계 기투의 사건, 형이상학의 사건과 진리의 사건이 지속적으로 일어나고 있기 때문이다. 존재자 위주로 살아가는 현존재의 현실적인 삶의 어두운 표면 저변에는 그도 의식하지 못하는 존재와의 본질적인 관계를 드러내는 밝디밝은 "실존론적·존재론적" 심층이 깔려 있기 때문이다.

현존재가 맺는 "존재자와의 모든 관계—이 관계에서는 존재자만이 실재하는 것같이 보인다—저변에서는 현존의 초월(세계내존재)의 사건이 일어나고 있다. 이 사건과 더불어 은밀히 그리고 주로 불명료한 방법으로 존재자의 존재를 기투하는 사건이 일어나는데 그로 말미암아 존재자가 비록 체계적인 형태로는 아니라 할지라도 원칙적으로 이해될 수 있는 그러한 양식으로 개방되게 된다. 그럼에도 불구하고 존재와 존재자 간의 차이 자체는 계속 은닉된 채 남아 있게 된다. 인간 자신도 여타의 존재자들 가운데 한 존재자로 인식된다."[18]

"타락된" 현존재의 실존 양태에 대한 하이데거의 이러한 이론은 성경(예컨대 "로마서 1장")과 신학에서 제시되는 죄인의 삶의 양태에 대한 교리와 유사점이 있다. 성경교리에 따르면 죄인의 삶의 가장 큰 특징은 신과 연결된 삶에서 타락해서 절대자이신 신 대신 세상에 속한 상대적인 그 무엇을 위주로 해서 살아간다는 것이다. 그럼에도 불구하고 죄인도 구조적으로 볼 때는 의인과 완전히 동일한 인간이다. 죄인도 의인과 동일한 의식 구조와 인간성과 인격성을 지니고 있다. 그도 감성, 이성, 도덕의식, 미의식 등등과 더불어 종교의식, 즉 절대자에게로의 기본적인 성향을 원죄와 자범죄로 상실해버린 것이 아니고 여전히 소유하고 있다. 다만 그는 참되고 영원한 절대자인 창조주를 등지고 그 대신 그가 창조한 세상에 속한 어떤 사물이나 죄인, 자신이 구상한 어떤 사상이나 이념을 절대화하고 그것을 신으로, 곧 "대치신"Ersatz-Gott으로 모시고 살아간다는 데서 그의 삶은 의인의 삶과 질적인 차이를 보인다. 그가 비록 종교의식이라는 그 자체에서 고귀한 기능을 의인과 동일하게 소유하고 있지만 그 기능을 그는 그릇되고 사악한 방식으로 활용하고 있는 것이다. 바꾸어 말한다면 그가 의인과 더불어 소유하고 있는 종교의식이라는, 신으로부터 부여받은 구조가 사악하고 불순한 내용으로, 즉 각종 거짓된 신, 우상에 대한 생각으로 채워지는 것이다. 그가 참된 신 대신 거짓된 신을 위주로 하고 목표로 해서 행동하며 살아가므로 그가 한 인간으로서 여전히 소유하고 있는 감성, 이성, 도덕의식, 미의식 등 제반 의식기능들을 통해 수행하는 모든 행동은 다 부정적인 의미를 띠게 된다. 그가 의인과 동일하게 소유하고 있는 "수리 이성"을 활용함으로써 1+1=2라는 그 자체에 있어 올바른 계산을 할 수 있는 것은 사실이지만, 그러한 계산은 그가 거짓된 신을 바라보고 하는 계산이기에 정신적·영적인 의미에서는 잘못된 계산이며 엄격히 말해서 사악한 계산이다. 성경과 신학에서 거론되는 원죄의 문제는 어디까지나 인간의 근본적인 방향설정 selforientation, 즉 참신 혹은 "대치신"을 향한 방향설정과 관련해서 제기되는 문제이며 결코 한 인간을 인간 되게 하는, 그의 근본적인 구조 인간성과 관련해서 제기되는 문제가 아니다.

현존해석학 또는 실존분석은 이와 같이 존재를 분명히 의식하지 못하고 있으며 표면적으로는 그에 대해 아무런 관심도 기울이지 않는 듯한 평범한 인간의 소박의식을 출발점으로 하되, 그 소박의식 저변에 감추어진 것이 스스로 표면으로 드러나게 유도함으로써 그것이 무엇인지를 확정하고 선입견 없이 있는 그대로 기술하는 데 힘을 모은다. 현존재 해석학은 그러한 의미에서 현존재에 관한 현상학이라 할 수 있다. 현존재 해석학은 기초존재론이며 모든 종류의 "존재론은 현상학으로서만 가능하다."[19]

하이데거가 "SZ", "KM", "WG", "WM"(본론, 1929) 등에서 시도한 그러한 현존재 해석학은 존재의 의미를 그 마음 깊은 심층에서는—무의식적인 차원에서—비록 전이론적이며 투박한 방식이긴 하나 그럼에도 불구하고 본래적이며 순수하게 이해하고 있으면서도 그것을 현실적인 삶에서—의식적인 차원에서는—비본래적인 방법으로 그르게 표현하는 그러한 현존재의 존재 구조를 파헤치고 그것을 바탕으로 해서 궁극적으로는 존재의 의미를 규명하려는 취지에서 추진되었다. 그러한 의미에서 현존재 해석학을 토대로 해서 전개되는 "존재에 관한 연구는 현존재 자신이 원래부터 소유하고 있는 본질적인 존재에로의 성향Seinstendenz, 즉 전존재론적인 존재 이해의 급진화에 불과하다"[20]고 하이데거는 서술하고 있는 것이다.

현상학의 본질이 "*apophainesthai ta phainomena*", 즉 "그 자체에서 스스로 자신을 드러내는 것을 그 자체에서부터 그대로 보여지게 하는 [학문]"[21]이라면, 여기서 "스스로 자신을 드러내는" "현상" 혹은 "사실 자체"인 현존재의 존재, 즉 그 실존 구조는 개개의 현존재의 소박의식 속에서는 그 자체를 드러내기보다 오히려 일상적으로 우선 드러나는 것으로 말미암아 주로 감추어져 있거나 망각되거나 왜곡되어 나타난다. 바로 그러한 이유로 현상학이 필요한 것이다. "현상들이 우선은 주로 주어져 있지 않고 [숨겨져 있기에] 현상학이 필요한 것이다. 숨겨져 있는 상태가 '현상'과의 상반 개념이다."[22]

소박의식의 차원에서 우선 드러나는 것 이면에 가려져 있는 원래적이며 참된 것을 순수히 그대로 포착하고 학술적으로 현시顯示, Aufweisung 하고 해명解明, Explikation[23]하는 것이 "현존재 현상학"[24] 또는 "보편적 현상학적 존재론"[25]의 과제다.

현존재에 관한 "현상학"이란 용어 속에서 "현상"*phainomeno*→Phänomen은 "그 자체를 있는 그대로 드러내는 것"das Sich-an-ihm-selbst-zeigende, 즉 "개방되어 있는 것"das Offenbare을 뜻하며,[26] "학"logie→*Logos*이란 접미어는 "*Logos*"Rede 에서 유래한 용어로서 후자는 원래 "*deloun*"(offenbar machen, 개방하다) 혹은 "*apophainesthai*"(sehen lassen, 보여주다 - *apophainesthai*→ *phainesthai*[sich zeigen, 나타나다]→*phainomenon*[현상])를 뜻했다(이러한 뜻으로 아리스토텔레스가 그의 『형이상학』과 『니코마코스 윤리학』 등의 저서들에서 "*Logos*"란 단어를 사용했다). 그러므로 "현상학이란 용어는 '*apophainesthai ta phainomenon*', 즉 스스로 자체를 드러내는 것을 그 자체로부터 드러나는 그대로 그 자체에서부터 보여지게 하는 [학문 활동이라] 할 수 있다."Das, was sich zeigt, so wie es sich von ihm selbst her zeigt, von ihm selbst her sehen lassen.[27]

그리고 이러한 현존재에 관한 현상학은 자기 자신의 존재와 존재 자체의 의미를 원래적으로 이해하고 또 나름대로의 방식으로 의식·무의식 간에 지속적으로 해석하고 있는("자기해석은 현존재의 존재의 특성에 속한다")[28] 현존재가 자신의 본질적인 존재 이해 능력에 따라 자신의 실존 구조, 존재 구조를 자기 분석적으로 투시하고 현상학적으로 조명하고 기술하는 작업이므로 그것을 상술한 대로 현존재에 관한 해석학이라고 칭할 수도 있는 것이다. "현상학이란 표현 속에 내포되어 있는 '학'學, logie *logos*→logie이라는 개념은 해석 활동*hermeneuein*의 뜻도 지니고 있는데 그것으로 말미암아 존재의 진정한 의미와 현존 자신의 존재의 기본 구조에 [대한 학술적·이론적 지식]이 확보되어 [본디부터 전학술적·전이론적인 방법으로 그러나 순수하게] 존재 이해를 하고 있는 현존재 자신에게 전달되게 된다."[29]

그리스 신화에서 헤르메스Hermes는 아폴론Apollo의 사자로서 후자의 깊은 뜻을 인간들에게 풀이하고 전달하며 공표하는 역할을 담당했다고 전해진다. 해석학Hermeneutik이란 용어의 원어인 "hermeneuein"이 바로 헤르메스의 이러한 책무와 관계되는 뜻을 가지고 있다. 그 무엇의 뜻을 타인이 알아듣게끔 쉽게 풀이하고 해석하는 작업이 해석 활동인 것이다. 해석학은 깊은 정신적인 의미를 함축하고 있는 "본문들"이라 할 수 있는 경전, 문학작품, 예술작품 등 다양한 종류의 문화물들을 "판독"하고 풀이하는 해석 활동 자체가 무엇을 대상으로 해서 이루어지는 활동이며 그것이 어떠한 전제조건하에서 가능한지를 연구하는 학문이다.

"SZ"에 시도된 현존재에 관한 현상학은 인간 현존자라는 "본문"을 "판독"함으로써 그 가장 근본적인 특성인 존재 이해가 무엇을 뜻하는지를 조명하고 해석하는 작업이다. 그러므로 현존재에 관한 현상학은 현존재에 관한 해석학이라 할 수 있다. 그것은 현존재의 존재 구조에 관한 현상학적·해석학적 분석 작업인 것이다.

그러나 그것이 존재의 의미를 이해하는 현존재의 존재 구조를 조명하는 작업이므로 그것은 또한 동시에 존재의 의미에 대한 학술적 규명 작업을 위한 준비 작업이 되기도 한다. 그러한 의미에서 그것이 모든 존재론의 기반을 수립하는 데 필요한 공고한 초석을 놓는 기초존재론이라 할 수 있는 것이다. "현존재의 현상학은 해석학이라는 용어의 원래적인 의미로 해석학인바 그에 따르면 그 업무는 해석 활동이다. 존재의 의미와 현존재 일반의 기본구조들을 규명하는 데서 인간 외의 다른 존재자들에 대한 존재론적 탐구를 위한 지평이 마련되므로 이 해석학은 모든 존재론적 연구의 가능성의 조건들을 확정하는 작업이라는 뜻에서도 '해석학'인 것이다."[30]

존재와 필연적인 관계를 맺고 존재의 의미를 원래적으로 이해하고 있는, 인간 현존재의 존재 구조를 분석하는 "현존재의 현상학"과 "현존재의 해석학" 자체가 존재의 의미를 본격적·체계적으로 규명하고 확정하며 전통 형이상학의 기초를 확립하는 작업 자체는 아니다. 그것은 단지이를 위해 필요한 준비 작업에 불과하다. 그것은 "존재 자체의 의미를 해석하기 위한 지평을 개방하는 작업"에 불과하며,[31] 그것을 위한 하나의 방편에 불과하다.[32]

현존재에 관한 해석학적 현상학을 지평과 터전으로 해서 존재의 의미를 체계적으로 확정하면 그 후에는 역으로 그렇게 "규명된 존재 개념"die zuvor geklärte Idee des Seins überhaupt의 빛으로 현존재의 존재를 재조명하는 현존재에 관한 해석학을 "반복"하게 될 것이다.[33] 그러므로 "SZ"에 제시되는 현존재에 관한 해석학 또는 기초존재론은 앞으로 본격적으로 발전하게 될 "현존재의 형이상학의 첫 단계에 불과하다."[34]

4. 하이데거의 대전제

여기서 앞으로 상론될 "해석학적 순환"의 문제와 결론 부분에서 세부적으로 검토할 사상적 "비약"Sprung, springen의 문제가 대두되고 있음을 알 수 있다. 하이데거는 존재의 의미를 학술적으로 규명하기 위해 그가 존재의 의미를 전이론적·전개념적으로 항상 이미 이해한다고 확신하고 전제한 평범한 인간의 존재 이해를 출발점으로 삼고 기초존재론의 수립 작업에 착수했다. 하이데거 자신은 존재가 객관적으로 존재하고 있다고 볼 뿐 아니라 만인이 원래부터 존재의 의미를 이해하고 있다고 확신하고 그 확신을 그의 모든 이론의 대전제로 삼고 있으나, 그것은 어디까지나 그의 개인적인 소신과 신념일 뿐 만인이 그와 공유하고 있는 소신과 신념은 아니다. 바로 그러한 이유에서 그에 따르면 지금까지 서양 사상가들과 일반대중이 존재의 빛을 외면하고 존재 아닌 존재자의 빛 속에서, 따라서 어둠 속에서 방황해온 것이 아닌가? 하이데거 자신이 볼 때 "우리는 항상 이미 한 존재 이해 속에서 움직이고 있다"는 사실과 "이 평범하고 불분명한 존재 이해는 하나의 사실"[35]이라는 점이 너무나도 분명하나 타인에게는 그럴 수도 있고 그렇지 않을 수도 있다.

하이데거 자신이 처음부터 시인한 것처럼[36] 자신의 그러한 소신은 만인이 공인하는 그 어떤 근거와 이유를 들어 추론적으로 논증"ableitende Begründung"할 수 있는 것이 결코 아니며 그에 따르면 그렇게 해서도 안 되는 것이다.[37] 그가 "SZ"에서 달성하고자 하는 목표는 존재와 인간 현존재, 그리고 양자 간의 관계에 대한 자신의 깊은 소신의 근거와 타당성을 이론적으로 입증하는 데 있다기보다 그에 대한 자신의 자아 이해를 논리정연하게 전개하고 천명하며"aufweisende Grund-Freilegung" 해석하고 그대로 기술하는 데 있다. 자신의 사상의 토대와 근저Grund에 깔려 있는 이상의 대전제의 내용을 "SZ"의 목차에 따라 실타래를 풀어 직물을 짜듯이 펼쳐내어 한 권의 책으로 엮는 것이 그의 목표다.

하이데거가 "SZ"과 다른 많은 저서에서 계속 기꺼이 인정하는 바와 같이 자기 자신도 어떤 보편타당하며 확고부동한 근거와 이유를 토대로 해서 존재의 실재성 및 의미, 그리고 현존재의 실존 구조에 대한 자신의 소신을 갖게 된 것이 아니다. 만인이 공인하는 그 어떤 공리나 자명한 이치를 출발점으로 하고 엄격한 "일관성의 논리"Konsequenzlogik의 규칙에 따라[38] 존재와 현존재에 대해 사유 활동을 전개하는 데서 자신의 존재 사유의 내용을 점차적으로 추론하게 되었거나, 세상에서 일어나는 모든 것을 과학적 방법과 절차에 따라 면밀하게 관찰하고 분석해본 결과로 그것을 도출하게 된 것이 결코 아니다.

그보다는 어디까지나 "SZ", 29, 40, 57 등과 특히 그의 후기 저서에서 매우 빈번하게 거론하고 있는 직관적이며 전인적인 존재 이해 또는 존재 체험과 사상적인 "비약"[39]을 통해, 그리고 가장 포괄적인 의미의 앎 Wissen과 동일한 뜻의 "신앙"Glauben[40]—종교적인 신앙과는 다르지만[41] 아마도 야스퍼스의 "철학적 신앙"[42]과는 매우 흡사한 신앙—으로 그렇게 한 것이다.

(여기서 하이데거가 "신앙"이라는 용어를 사용한 것에 대해 많은 사람들이 경악을 금치 못할 듯하나 하이데거가 뜻한 이러한 포괄적인 의미의 신앙 혹은 소신이 없는 사상가가 어디에 있겠는가? 플라톤? 칸트? 니체? 마르크스? 그러한 신앙과 소신이 없이 정립된 사상 체계는 일고의 가치도 없는 체계일 것이다. 사상가는 물론이거니와 평범한 인간들도 신앙과 소신으로 살고 신앙과 소신으로 죽기도 하지 않는가?)

하이데거에 따르면 이론적으로 입증할 수 없는 개인적인 소신과 전제를 앞세우고 철학적 사유에 임하기는 자신만 아니라 다른 사상가들도 마찬가지다. 모든 "철학은 그 '전제들'을 떨쳐버리기를 원해서는 안 될 것이다. 그러나 그것은 이것들을 단순히 시인하기만 해도 안 된다. 그것은 전제들을 그들로 있는 그대로 간파하고 그들과 그들이 위해서 전제되고 있는 그 문제들을 보다 투명하게 개방하는 데 힘을 쏟아야 할 것이다."[43]

존재가 존재하며 현존재가 존재의 의미를 원래부터 이해할 수 있고 능동적으로 기투까지 할 수 있다는 대전제하에 하이데거는 "SZ"에서 존재의 의미를 학술적으로 규명하려는 궁극적 목적을 위해 현존재의 실존 구조를 분석하려고 시도한다. 존재의 의미를 확정하기 위해 현상학적·해석학적 방법을 동원해서 현존재라는 "존재자의 존재를 투명하게 조명 Durchsichtigmachen하려고" 시도하는 것이다.[44]

그러나 현존재의 존재에 대한 이러한 분석과 조명 작업은 반드시 존재의 빛으로 이루어져야 한다. 존재의 빛 없이는 아무 존재자의 존재와 의미도 확정될 수 없다는 점이 위에서 충분히 밝혀지지 않았는가? 세계라는 전체적인 의미의 지평 안에서만 세계내재적 존재자의 의미가 확정될 수 있다 하지 않았는가?

뿐만 아니라 현존재는 존재와의 관계다. 그러한 현존재의 존재의 의미를 이해할 수 있기 위해서는 그의 존재의 원천과 근거인 존재 자신의 의미를 먼저 알아야 하지 않겠는가? 현존재의 존재에 대한 "물음은…이 물음의 대상, 즉 존재 [이해]에 의해 본질적으로 제한되고 있음이" 분명하다.[45] 현존재의 실존 구조에 대한 분석은 존재 이해의 빛으로만 수행할 수 있다.

그러한 방법으로 수행될 현존재의 실존 구조에 대한 현상학적·해석학적 조명 작업을 토대로 해서 하이데거는 역으로 또한 존재의 의미를 학술적으로 확정하는 작업을 전개해야 한다. 이 작업이 완료되면 상술한 바와 같이 그것을 토대로 해서 현존재의 실존 구조에 대한 재조명이 이루어져야 한다. 그리고 그 작업이 완료되면 아마도 존재의 의미에 대한 재조명 작업이 반복되어야 할 것이다.

이러한 조명 활동은 하나의 순환 속에서 이루어짐이 분명하다.[46] 그러나 하이데거에 따르면 이러한 순환은 어디까지나 하나의 해석학적 순환일 뿐 결코 논리적인 악순환circulus vitiosus, Zirkel im Beweis이 아니다. 그가 "SZ"에서 성취하고자 하는 바는 방금 지적한 대로 자신의 대전제의 근거와 타당성을 이론적으로 입증하는 데 있지 않고 그 내용을 체계적으로 조명하고 기술하는 데 있기 때문이다.

하이데거의 소신에 따르면 여기서 대두되는 해석학적 순환의 문제는 그 어느 사상가도, 그 어느 개인도 회피할 수 없고 또 회피하려 해서도 안 되는 문제다.[47] 인간은 본질상 하나의 피할 수 없는, 필연적인 순환 구조 속에서 존재하며 사유하고 살아갈 수밖에 없다—"존재론적 순환 구조"ontologische Zirkelstruktur.[48] 그는 존재에서 출발해서 실존 과정을 거쳐 존재에게 회귀해야만 하는 운명을 타고 세상에 "던져진" 자가 아닌가? 존재는 그의 존재의 원천과 근거가 아니라 그의 실존 과정의 출발점과 목표가 아닌가?

현존재가 필연적으로 존재론적 순환 과정 속에서 살아갈 수밖에 없으므로 그는 해석학적 순환 과정 속에서 모든 사유 활동과 정신 활동을 전개할 수밖에 없다. 존재는 진리의 빛이며 개방성이다. 현존재는 이러한 존재와의 관계, 실존으로서 그의 빛에 항상 개방되어 있고 그의 빛을 지속적으로 발할 수 있는 능력과 발해야만 하는 임무를 띠고 있다. 그의 존재는 "수동적인 개방성"intransitive Erschlossenheit,[49] "피조명성"Gelichtetheit[50] 및 "능동적인 개방성"transitive Erschlossenheit,[51] 능동적인 "조명성" 또는 "조명 과정"Lichtung[52]에서 발견할 수 있다.

그러므로 현존재가 존재를 자신의 실존 과정의 출발점과 종착점으로 삼고 실존하며 계속 존재를 바라보고 나아가야만 한다는 것은 그가 처음부터 계속 존재의 빛 속에서, 그리고 그 빛을 바라보고 나아가야만 함을 뜻한다. 그는 존재의 빛 속에서 자신과 사물과 존재 자체도 바라보고 이해하며 해석하고 연구하는 가운데 점차적으로 자신이 존재의 빛으로 화하고 자신의 주변의 사물도 존재의 빛으로 화하게 적극적으로 노력해

야 하며 자신의 삶과 온 세상에 존재의 빛이 밝히 드러날 수 있게 해야
한다. 그러한 의미에서 현존재의 실존론적·존재론적 움직임은 동시에
인식론적·해석학적 움직임이라 할 수 있다. 그가 존재론적인 순환 구조
속에서 실존할 수밖에 없다는 것은 사실상 그가 해석학적 순환 구조 속
에서 실존할 수밖에 없음을 뜻한다.[53]

하이데거가 거론하는 현존재의 근본적인 존재론적·해석학적 순환
과정은 헤겔의 관념론에서 절대자가 관념Idee–자연Natur–정신Geist으로
이어지는 정반합의 변증법적 자기 진화의 과정을 거쳐 자신의 "개념과 완
전히 일치하는" 진정한 자신, 자신의 "진리"에 도달하는 과정과 유사함을
드러내고 있는 듯하다. 물론 여기서는 절대자가 자기 진화 과정의 주체며
하이데거에게는 현존재가 그 주체다. 그러나 이 양 주체들의 "변증법적"
자기 이해 및 자기완성의 기본적인 틀과 양식은 서로 매우 흡사하다.

헤겔에게 관념과 자연 및 정신은 모두 절대자라는 항상 동일한 실
재의 각기 다른 모습das Andere seiner selbst이다. 관념은 본질적으로는 정
신과 똑같은 절대자이나 여러모로 아직 불완전한, 말하자면 미숙한 절
대자다. 그러므로 그는 관념이자 로고스인 자기 자신과 완전히 상반되
는 시공간적이며 물질적인 것, 즉 자연으로 자신을 외화Selbstentäußerung
하고 그러한 자연을 배경으로 하고 그것을 거울삼아 관념과 로고스인
자기 자신의 실체를 발견하고 이해하려고 노력하게 된다. 전형적인 자
기 자신의 모습과는 완전히 다른 원래의 자기로부터 소외된(자아 소외,
Selbstentfremdung) 모습이나 여전히 그 근본은 자기 자신인 자연을 바
탕과 배경으로 해서, 그는 자신을 관찰하고 자신에 대해 성찰함과 동시
에 자연현상들 속에 외화되고 표현된 다양한 이성적인 법칙과 원리들을
발견하는 데서도 정신으로서의 자기 자신을 점차적으로 더 분명하게 발

견하고 이해하게 된다. 그러므로 이 단계에서 그는 주로 소극적인 방식으로, 즉 시공간적이며 물질적인 것들을 배경으로 해서 자신을 발견하고 인식하게 되나 긍정적인 방법으로도 그렇게 한다고 할 수 있다.

절대자의 장구한 자기 진화 과정의 처음 단계인 관념의 단계가 "These"의 단계라면 자연사는 "Antithese"의 단계다. 이 단계가 최종 국면에 이르고 자연의 진화 과정이 절정에 도달하면 유기체가 생성되고 최후에는 혼과 이성을 가진 인간들도 등장하게 된다. 그때 비로소 절대자는 자기 자신의 원래의 모습인 정신으로 되돌아가는 "자기 귀환"의 길을 따라나서게 된다. 정신의 자기 발전 과정이 "Synthese"의 단계로 시작되는 것이다. 헤겔은 정신이 자연의 참뜻이며 자연의 "진리"라고 보았다.

자기 진화의 이 최종 단계에서도 절대자는 계속 세부적인 정반합의 세 단계들로 이어지는 자기 발견과 자기 이해의 과정을 거쳐 최종적으로는 자신의 정체와 실체를 절대 순수하게 그대로 발견하고 인식하는 완성의 단계에 도달하게 된다.

절대자의 이러한 매우 복잡다단하고 장구한, 그러나 항상 정반합의 변증법적 법칙에 따라 합리적이며 합목적적인 방법으로 클라이맥스를 향해 진행되는 자기 진화의 과정은 자기 발견과 자아 이해의 과정인 동시에 자기실현과 자기완성의 과정이다. 하이데거의 표현으로 해석학적 순환 과정인 동시에 존재론적 순환 과정이다.

여기에서 절대자의 장구한 자기 진화 과정이 순환 과정인 이유는, 그가 자기 자신을 출발점으로 하고 거기에서 시작해서 다양한 단계와 과정 속에서 "기투"되고 표현되며 개방되는 자기 자신을 계속 경험하고 관찰하며 발견하고 인식하는 가운데 결국 자기 자신의 개념과 완전히 일치하는 자기 자신에 도달하게 되기 때문이다. 완전한 자기 이해와 완전한 자기 자신의 모습에 이르는 과정이기 때문이다. 그의 자기 진화 과정의 출발점과 종착점 사이의 무수한 세부적인 진화의 단계들 속에서도 동일한 방식으로 그는 자기 자신에게서 자기 자신에게로, 즉 보다 불완전한 자신에게서 출발해서 보다 완전한 자신에게로 나아간다. 많은 새로운 것들과 부딪혀보고 지금까지의 것이 아닌 새로운 것을 경험하는 가운데 계속 자신의 역량과 잠재력을 펼쳐보고 시험해보기도 하는 데서 그는 자기 자신에 대한 투박하고 불분명한 자기 이해에서 보다 예리하고 명료한 자아 이해에 도달하게 된다. 그리고 그렇게 발견하고 이해한 바대로의 자신으로 화하기도 한다(지행합일설, 소크라테스).

헤겔의 절대자도 하이데거의 현존재와 유사하게 자연계와 정신계 속에서 계속 능동적이며 독창적인 기투 활동을 전개하는 가운데 그것을 통해 정립되고 개방되는 현상과 사건, 자연물과 문화물, 제도와 체계 등을 통해 자신의 역량과 잠재력, 자신의 실체와 정체를 점차적으로 더 분명하고 확실하게 발견하고 인식하게 된다. 그렇게 발견하고 인식하는 자기 자신이 되기도 한다. 헤겔에 있어서도 하이데거에서와 마찬가지로 *epistasthai, dynasthai*(to know is to be able to)다.[54]

하이데거에 따르면 인간은 필연적으로 이러한 존재론적·해석학적 순환 구조 속에서 실존하며 사유 활동을 전개할 수밖에 없으므로, 하이데거 자신도 자신의 존재 사유나 기초존재론의 내용을 이 순환 구조 밖의 어떠한 객관적이며 "중립적인", 그리고 데카르트가 추구하던 "확고부동한 진리의 토대"*fundamentum inconcussum veritatis* 위에 정초시킬 수는 없다. 그는 오로지 처음부터 이 순환 구조 속에서 실존하며 사유하는 자로서 그가 그 속에서 직관적이며 내적인 체험을 통해 확보한 신념과 소신을 논리정연하게 전개하며 체계적으로 기술할 수 있을 따름이다.

방금 지적한 바와 같이 하이데거에 따르면 자신뿐만 아니라 다른 모든 사상가들도 다 특정의 전제와 소신에서 출발하는 것이며 결코 절대적인 영점에서 혹은 무에서 출발하는 것이 아닐 뿐 아니라 원칙적으로 그렇게 할 수 없다고 한다.[55] 그 이유는 물론 자신 외의 다른 모든 사상가들과 나아가서는 다른 모든 인간이 방금 언급한 존재론적·해석학적 순환 구조 속에서 실존하고 사유할 수밖에 없기 때문이라는 것이다. 이것도 물론 하이데거 자신의 대전제에 속하는 주장이다.

제2장
본론

하이데거는 현존재에 대한 해석학적 현상학을 토대로 하여 존재의 의미를 규명하고 개념적으로 확정하는 것을 궁극적인 목표로 하고 있는 존재에 대한 연구를 "SZ"에서 원래 다음과 같은 목차로 수행하려고 계획했다. 제1부는 현존재의 정체를 시간성Zeitlichkeit의 관점에서 해석하고 시간Zeit을 존재에 대한 물음을 위해 필요한 선험적 지평transzendentale Horizont으로 해명한다. 제2부는 시간성Temporalität의 견지에서 과거 존재론사를 현상학적으로 파괴phänomenologische Destruktion하는 작업의 요지를 소개한다.

여기서 제1부는 세 편으로 나눠진다. ① 준비 작업으로 수행되는 현존재에 관한 기본적인 분석(기초존재론), ② 현존재와 시간성, ③ 시간과 존재. 그리고 제2부 역시 세 편으로 편성되어 그 속에서 ① 칸트의 시간관, ② 데카르트의 "*res cogitans*"(사유하는 실체) 개념, ③ 아리스토텔레스의 시간관을 중심으로 과거 본질의 형이상학의 문제점을 분석하고 조명하는 작업이 수행된다.[1]

이러한 그의 원래 계획에 따라 하이데거는 "SZ"의 지금까지 발표된, "SZ"의 제1부 제1편과 제2편에서 첫째로 존재의 의미를 "평범하며 막연하게",[2] "전개념적으로"vorbegrifflich[3] 이해하는 현존재의 실존 구조를 학술적·개념적으로 분석하고 해석하려고 시도한다. 이를 위해서 그는 우선 첫 단계로 현존재의 존재를 본질적으로 규정하는 세계라는 현상을 현상학적으로 분석한다. 인간의 실존 구조의 가장 중요한 요소는 그의 "세계성"Weltlichkeit,[4] 즉 세계 속으로의 피투성과 세계에로의 초월성이며 단적으로 말해서 "세계내존"In-der-Welt-sein이므로 그가 무엇인지 알기 위해서는 세계를 알아야 한다.

여기서도 우리는 "SZ"이 "해석학적 순환 구조" 속에서 전개되고 있음을 재확인할 수 있다. 하이데거에게 세계란 곧 존재의 자기 현현 과정과 그 양태를 뜻한다. 세계 또는 존재의 의미를 학술적으로 규명하기 위해서 현존재의 실존 구조를 분석해야 하는 이 시점에서 벌써 현존재의 실존 구조를 근본적으로 규정하는 세계라는 현상을 현상학적으로 분석하고 조명하려 하고 있다.

하이데거에게 세계는 곧 존재의 의미와 존재의 진리를 뜻하므로 그가 의도하는 존재의 의미가 무엇인지 알기 위해서는 그가 뜻하는 세계가 무엇인지 확실히 알아야 한다. 이를 위해서 우리는 이하에서 "SZ"에 제시된 그의 세계 개념과 더불어 그의 후기 저서들에 소개된 세계 개념도 함께 다루기로 한다.

1. 하이데거의 세계 개념

(1)『존재와 시간』과 세계

1) 도구의 체계와 주위의 세계

이상의 여러 장에서 하이데거가 뜻하는 세계가 무엇인지 개략적으로 밝혔다. 세계는 인간이 본디부터 "피투"되어 항상 내주하고 있는 하나의 포괄적·정신적 의미의 지평 혹은 이해의 지평이다. 인간은 이러한 세계 속에 태어나서 평생토록 그 속에서 생각하고 행동하며 살아갈 수밖에 없다. 그것은 그의 모든 사유와 인식 활동, 그리고 나아가서는 그의 삶 전반과 그의 존재 자체의 근거이자 출발점이며 그 터전과 틀이다. 그러므로 물을 떠난 물고기가 있을 수 없듯이 세계를 떠난 현존재는 있을 수 없다.

인간 현존재가 세계라는 전체적인 의미의 지평, 즉 존재의 빛의 차원 속에 피투되어 항상 그 속에서 사유하며 움직이는 가운데 일상생활을 영위할 수밖에 없다고 해서 그가 이러한 세계와의 관계에서 순전히 피동적인 위치에만 있는 것은 아니다. 왜냐하면 그가 비록 본의 아니게 주어진 한 세계에 피투되었지만 그는 자신의 고유한 방식으로 새로운 세계를 기투하고 개방하며 개발할 수 있는 능력, 즉 그것을 능동적으로 계획하고 구상하며 창조할 수 있는 능력과 잠재력, 그리고 그렇게 해야만 하는 필연성과 임무를 띠고 살아가야 하는 운명을 타고 그 속에 피투되었기 때문이다. 그는 세계 속에 피투되되 세계를 기투할 수 있게끔, 기투해야만 하게끔 그 속에 피투되었다. 상술한 바와 같이 그러한 의미에서 그는 "피투된 기투[자]"geworfener Entwurf[5]이다.

이와 같이 인간이 피동적인 뜻으로뿐 아니라 능동적인 의미로도 세계와 필연적인 관계를 맺고 있다는 의미에서 하이데거는 그를 "세계내존"In-der-Welt-sein 혹은 "내존"In-sein이라 부르고 있다. 그것은 그가 세계 속으로 피투된 상태에서 지속적으로 세계로 초월하고 있고 초월해야만 하는, 그의 "세계성"을 나타내는 명칭이다.[6]

본질적으로 세계내존인 인간도 그러하거니와 인간과 필연적인 관계에서 존재하는, 그가 매 순간 경험하고 사용하며 이용하는 사물들도 "세계 없이"weltlos 존재하지 않고 항상 그 속에서만 존재할 수 있다. 인간이 한 인식의 주체로서 세계 밖에서 사물들로 구성된 한 "세계"로 나아가서 그것을 인식의 대상으로 분석하고 연구하여 인식해야 하는 것이 아니다. 세계를 세계로 인식하기 위해 세계에 이르는 인식론적인 "교량"을 구축해야만 하는 것이 아니다. 우리는 항상 이미 세계 속과 그와 더불어 그 속의 사물들 가운데서 머물러 있고 그 속에 내주하고 있다"wohnen bei", "sein bei".[7] 세계와 그 속의 사물들과 우리는 항상 이미 접촉하고 있으며 그 의미에 친숙해져 있다vertraut mit.[8]

이상의 설명에 따르면 [세계]내존성內存性, das In-Sein은 인간이 때로는 소유하고 있고 때로는 소유하지 않는, 그래서 그가 그것 없이도 그것을 소유하고 있을 때와 마찬가지로 '존재'할 수 있는 그러한 '속성'이 결코 아니다. 인간이 '존재'하고 그 다음 덤으로 그가 때때로 소유하는 '세계'와 존재의 관계를 맺게 되는 것이 아니다. 현존은 결코 '먼저' 내존성과 무관한 존재자로 존재하는 가운데 때로는 세계와 '관계'를 맺고자 하는 기분에 사로잡히기도 하는 것이 아니다. 세계와의 이러한 관계를 맺음이 가능한 유일한 이유는 그가 세계내존으로 존재하는 데 있다. 현존재의 성질을 띤 [인간이라는] 존재자 외에 다른 존재자가 있어 현존재가 후자를 만나는 데서 비로소 이러한 존재 방식(내존성)이 가능한 것이 아니다. 이 다른 존재자가 현존재와 '만날 수' 있는 이유는 그 존재자가 한 세계 내에서 스스로를 자체적으로 드러낼 수 있기 때문이다.[9]

인간 현존재의 존재와 사유, 행동과 삶 전반을 근본적으로 규정하고 제약하는 이러한 세계의 본질을 해명하기 위해서 하이데거는 "SZ", 12-22절에서 우선 우리의 일상생활이 실제적으로 이루어지고 있는 현실적인 세계, 즉 "일상적인 [삶을 영위하는] 현존재에게 가장 가까운 세계"인 "주위의 세계"[10]에 독자들의 시선을 집중시킨다. 그러나 물론 "주위의 세계"가 그가 뜻하는 세계의 전부는 아니다.

우리가 직접적으로 계속 관련을 맺고 제반 활동을 전개하고 있는, 우리의 현실적인 삶의 장worin인 "주위의 세계"가 무엇인지 알게 되면 그것을 단서로 해서 그 저변에 깔려 있고 그것을 통해 표출되고 개방되는 세계와 그 본질이 무엇인지도 결국 알 수 있을 것이다.

그래서 "SZ" 14절 이하에서 하이데거는 "세계의 세계성 자체에 대한 개념"을 "개념적·범주적으로 확정"하기 위한 목적으로 "주위 세계의 본질"Umweltlichkeit을 현상학적·존재론적으로 분석한다. 이를 위해서 그는 주위의 세계 속에서 우리가 직접적으로 접하고 경험하며 사용하고 이용하는 구체적인 사물들, 우리에게 "가장 가까운 데서 나타나는, 주위의 세계 속에서 내재하고 있는 존재자들에 대한 하나의 존재론적 해석"[11]을 시도한다.

하이데거가 주위의 세계 내에서 우리와 가장 가까운 데서 발견할 수 있는 구체적인 존재자들이라고 정하는 것들 중에는 다양한 부류의 일상적인 생필품들과 이들을 만드는 데 필요한 소재들이 있다. 예컨대 망치, 대패, 집게, 못, 신발, 시계 등과 같은 연장과 도구와 강철, 철, 광석, 골재, 재목, 가죽, 실과 같은 원자재가 여기에 속한다.[12] 그리고 자연물 일체와 정신적 의미가 담긴, 정신적 "가치가 함축되어 있는 사물들"werthaftete Dinge, 즉 문화물들도 여기에 함께 속한다. 그들은 다 과학적 분석과 연구의 대상으로서의 사물, 즉 "현전자"das Vorhandene가 아니며 우리의 실생활을 위해 도구와 자재로 유용하게 사용하고 이용할 수 있는 "실용물"das Zuhandene이다.[13]

하이데거에 따르면 우리가 자연이라고 일컫는 것도 "실용물들"의 집합체로 간주할 수 있다. 숲을 건자재나 땔감을 제공하는, 우리의 일상생활을 위해 이용 가치가 있는 임야로, 산을 채석장으로, 하천을 수력발전소를 위한 수원으로, 바람을 돛을 위한 풍력으로 간주할 수 있다. 이러한 자연은 첫째로 자연과학자들의 연구 대상이 되는, 과학자와 이론가로서의 그들의 눈앞에 단순히 "현전하고 있는" 자연과 질적으로 다른 자연이며, 둘째로는 사람들이 경탄해 마지않고 시인들이 노래하는, 경이롭고 신비로운, 그러나 때로는 우리에게 재난을 가져다주기도 하는 무서운 자연과도 매우 다른 자연이다.[14]

"SZ", 70절에서 하이데거는 이러한 신비롭기도 하고 무시무시하기도 한 자연을 그가 거론하고 있는 세계와 필연적인 관계를 가지는 "세계내재적 존재자"로 간주하지 않는 듯하나 "SZ"의 다른 부분들과 "KM", "WG" 등 다른 전기 저서와 특히 "HW"과 같은 후기 저서들에서는 이들도 다 그 속에 포함시키고 있다. 여기서 그는 인간이 일상생활을 영위하는 데 직접적으로 필요로 하는 다양한 부류의 도구와 연장들, 무진장한 자재와 물자들뿐 아니라 그의 현실적 삶과 간접적으로만 관련된, 문화물과 자연물들을 포함한 존재자 일반을 일률적으로 "세계내재적 존재자"라 칭하고 있다. 따라서 그가 "SZ", 70절에서 언급하는 신비로운 자연도 인간 현존재가 이해하고 기투하는 세계라는 실용적·정신적 의미의 지평 속에서만 그들로 개방될 수 있고 그들로 정립되어 "존재"—물리학적인 의미에서의 "존재"가 아닌 정신적인 의미와 "존재론적"인 의미에서 "존재"—할 수 있다고 서술하고 있다.[15]

"HW"에서는 이러한 의미의, "자생적이며 자족적인 사물"das Eigenwüchsige und Insichruhende[16]의 세계인 자연을 "대지"Erde라는 명칭으로 상론하고 있으며 그것이 세계와 필연적인 관계로 연결되어 있음을 강조하고 있다. "대지"와 그 속의 모든 종류의 존재자들, 좁은 의미의 이 실용물들과 문화물들 그리고 자연물들을 포함한 개물들 일체"alle Dinge"[17]가 이 세계의 빛으로 그들로 드러나는 데 비례해서 세계는 이들을 통해서, 그중에서도 특히 위대한 "작품들"을 통해서 그 자태를 드러내며 그 빛을 발하게 된다. 대지와 그 위의 존재자 일반은 세계를 통해 존재론적으로 정립되며 세계는 이들을 통해서, 이들 속에서 "정돈"zum Stand gebracht되고 "수용"geborgen되며 "보전"bewahren되고 "안치"安置 또는 "정치"定置, feststellen, einrichten된다.[18] 그래서 대지와 그 위의 만물들 속에서 우리는 세계의 빛을 바라볼 수 있고 그들을 매개체로 해서 그 중심에서 풍기는 이러한 세계의 빛을, 과학 이성 혹은 사변 이성도 아니며 감각적 직관(경험론자)도, 이성적 직관(데카르트)도, 현상학적 직관(후설)도 아닌, "현존재의 안목"으로 통감하고 체험하고 "이해"할 때 대지와 그 위의 개별적인 존재자의 정체도 그 깊고 순수한 의미 그대로 이해할 수 있게 된다.

하이데거가 "SZ", 12절 이하에서 거론하는 "주위의 세계"란 무엇인가? 그러한 것이 실재하고는 있는 것인가? 기술한 바와 같이 그것이 존재하고 있다는 사실과 그것이 무엇인지를 알게 되면 우리는 그 이면에 깔려 있을 뿐만 아니라 그것을 매개로 해서 외화되고 개방되는 세계 자체가 실재한다는 점과 그것이 무엇이라는 점도 알게 될 것이다. 그래서 하이데거는 주위의 세계에서 우리가 흔히 볼 수 있을 뿐 아니라 우리의 일상생활에서 사용하는 하나의 망치와 같은 도구의 실체와 본질을 분석하려고 시도한다. 하나의 망치는 무엇이며 그것을 하나의 망치가 되게, 하나의 망치로 "존재"케 하며 망치로 사용되게 하는 "가능성의 조건"die Bedingung der Möglichkeit[19]은 무엇인가? 이상에서 지적했듯이 하이데거는 아리스토텔레스의 목적론적인 존재론을 배경으로 해서 망치와 같은 도구 또는 실용물과 나아가서는 존재자 일반의 본질과 정체를 현상학적으로 분석하고 기술한다.[20]

망치가 무엇인지 알려고 하면 그 용도와 사용 목적을 알아야 한다. 망치를 알려면 그것과 다른 많은 도구들을 만들어서 자신의 일상생활을 위해 유용하게 사용하는 인간의 삶의 실용적인 지평과 맥락 속에서 그것을 보고 평가해야 한다. 물리학자들이 그렇게 하듯 그것을 하나의 절대적인 단위의 사물로 보고 그것이 지니고 있는 쇳덩이, 자루, 무게 등 그것을 구성하고 있는 제반 속성들 혹은 그 속에 들어 있는 철^{Fe}과 탄소^C 같은 원소들의 견지에서 그 본질을 파악하고 정의하려 해서는 안 된다.

망치는 하나의 "물자체"物自體, das Ding an sich도, 하나의 독존하는 "실체" 實體, ousia, Wesen도 아니며 원자와 분자의 집합체도 아니다. 우리가 망치를 그러한 것으로 볼 수도 있으나 그렇게 보는 것이 망치의 정체를 바로 보고 해석하는 방법이 아니다. 망치는 어디까지나 그것을 사용하는 인간의 일상생활 속에서 그리고 그것과 연관된 많은 연장과 도구와 더불어 그것으로 "존재"할 수 있는 것이며 결코 그 자체로 독립해서 "존재"할 수는 없다. 아리스토텔레스가 지적한 대로 이 도구의 정체는 그것이 위해 있는 직접적인 목적과 간접적인 목적들의 체계 속에서와 그 목적의 목적,

즉 궁극적인 목적과의 관계에서만 발견할 수 있다.

망치와 다른 도구들의 가장 근본적인 특성은 그것이 그 무엇을 위해 존재하는가라는 그 유용성Um-zu에 있다. 그들은 항상 그 무슨 목적을 달성하기에 요긴한 "실용물"das Zuhandene이며, 결코 그 자체로 자족하는 그리고 인간 이성의 이론적 지식과 표상의 대상으로서 그 눈앞에 대립되어 있는 정적인 "현전자"das Vorhandene가 아니다.

이들 실용물들은 항상 그 무엇을 위해서 존재하며 그 어떤 용도와 "목적"Wozu을 말하자면 "지시"verweisen auf, refer to하며, 그것을 "향해서" 존재하고 있다.[21] 그들은 항상 하나의 전체적인 "도구의 체계"Zeugganzheit와 "지시의 체계"Verweisungsganzheit, pattern of references 속에서 존재한다.

따라서 "단 하나의 도구란 엄격히 말해서 '존재'하지 않는다. 한 도구의 체계가 도구의 '존재'를 항상 필연적으로 규정하고 있는바 후자는 오로지 전자 속에서만 한 도구가 될 수 있다. 도구는 본질적으로 그 무엇을 위해 있는 무엇이다. 이러한 목적론적 구조 속에는 그 무엇이 다른 무엇을 가리키는 지시의 체계가 깔려 있다.…이것(개별적인 도구)이 있기 전에 항상 이미 하나의 전체적인 도구의 체계가 개방되어 있다."[22]

망치의 정체를 알려면 그것이 위해 있는 것, 즉 못 박는 것이 무엇인지 알아야 하고 후자가 무엇인지 알려면 그것으로 만들어지는 가구나 집 등이 무엇인지 알아야 한다. 가구를 만들거나 집을 짓는 데는 망치뿐 아니라 다른 도구와 연장이 필요하며 많은 재료도 소요된다. 이들도 다 서로 목적론적으로, 유기적으로 연결되어 함께 동일한 한 "Wozu"telos, 예컨대 창문을 위해서 존재하는 "Um-zu"(수단과 방편)들이다.

이 모든 수단과 방편들은 하나의 공통된 목적을 중심으로 해서 하나의 "지시의 체계"를 형성한다. 이러한 지시의 체계는 물론 보다 더 넓은 다른 지시의 체계와 연결된다. 창문과 그 비슷한 다른 "Wozu"들, 예컨대 천장, 굴뚝, 기와 등은 각각 집이라는 보다 더 포괄적인 "Wozu"를 중심으로 해서 서로 연결되어 보다 더 포괄적인 하나의 지시 체계를 형성한다.

이와 같이 서로를 목적론적으로 "지시"하며 존재하는 망치와 다른 모든 "실용물들"das Zuhandene, Um-zu은 결국 이들을 만들어 사용하기도 하고 실용적인 맥락에서 바라보기도 하는 가운데Umsicht[23] 그들을 자신의 실생활을 위해 실리적으로 취급Besorgen[24]하는 인간 현존재라는 최종적인 목적Wozu, Worumwillen[25]과 연결되어 그를 중심으로 해서 하나의 방대한 지시의 체계 또는 실용적인 "관련성의 체계", "관련성의 틀"Bewandtnisganzheit, purposeful pattern, frame of relevance 혹은 "연관성의 맥락"Bezugszusammenhang, matrix of relations이 형성된다.

여기서 'Worumwillen' *Telos*이라는 것은 하이데거가 "SZ", 84, 86절 등에서 지적하고 있는 대로 현존재 자신의 존재, 즉 그의 실존(성)으로도 볼 수 있고 "WG", 37에서 해명하고 있는 대로 세계로도 간주할 수 있다. 인간의 절대적인 중심이 그 속의 현존재이며, 현존재의 존재는 곧 세계 또는 존재의 현주Da des Seins 혹은 '세계성'Weltlichkeit이라고 할 수 있을 만큼 양자는 그들 간의 소위 '존재론적 차이'ontologische Differenz에도 불구하고 또한 동시에 불가분의 관계로 본질적으로 서로 연결되어 있기 때문이다. '그의 존재 과정에 있어서 그에게 절대적인 관심의 대상이 되는 것은 바로 자기 자신의 존재이다' es in seinem Sein um dieses Sein selbst geht[26]라고 할 수 있다면 그가 절대적인 관심사로 하고 실존하는 자기 자신의 존재는 '존재의 현주'와 '세계성'이다. 그러므로 그는 백방으로 노력하여 자기 자신을 완성시킴으로써 존재의 의미, 세계가 가장 아름답고 훌륭하게 개

방되고 구현되게 하려고 최선을 다하지 않을 수 없다. 자신을 위하는 것이
곧 존재를 위하는 것이며 후자를 위하는 것이 곧 자신을 위하는 것이다.

그러므로 한 사물의 "존재", 그 정체성은 결코 우리가 과학 이성으로
포착할 수 있는 그 적나라한 "현전성"Vorhandenheit에서 발견할 수 없고,
어디까지나 그것이 인간 현존재의 현실적인 삶의 지평에서 차지하는 기
능과 의미와 가치, 그 "실용성"에서 발견할 수 있으며, 인간 현존재라는
"Worumwillen"을 중심으로 해서 펼쳐지는 방대한 실용적인 "관련성의
체계" 속에서 발견할 수 있음을 알 수 있다.[27]

하이데거는 이 관계를 다음과 같이 설명한다. "한 존재자는 바로 이
존재자로 존재함과 더불어 다른 그 무엇을 지시하는 가운데 그것으로
존재한다는 데서 그 정체가 드러난다. 그것은 본질상 다른 그 무엇과
[목적론적으로] 관련된 채 그것으로 존재하고 있다Es hat mit ihm bei etwas
sein Bewenden. [이러한] 실용물의 존재의 본성은 그 [목적론적·실용적] 관
련성Bewandtnis에서 발견할 수 있다.…관련성이 세계내재적 존재자의 존
재다.…이 존재자가 관련성을 가진 채 존재하는 그 무엇Wobei은 바로 그
것의 사용 목적Wozu, 그 용도Wofür다. 또한 이 사용 목적은 그것대로 어
떤 것과의 관련성을 지닐 수 있다. 예컨대 우리가 망치라 일컫는 실용물
은 망치질하는 것과 관련성을, 그 사용 목적인 망치질은 또한 고정시키
는 일과 관련성을, 악천후로부터의 보호와 관련성을 가지고 있다. 그리
고 현존재의 주거를 위해서, 즉 그의 존재의 한 가능성을 위해서 '존재'
한다. 한 실용물이 어떠한 [것과의] 관련성을 지니고 있는지는 매번 관
련성의 체계 속에서 사전 결정된다aus der Bewandtnisganzheit vorgezeichnet. 예
컨대 한 작업장 속에서 실용물을 실용물로 구성하는 관련성의 체계는

개별적인 도구보다 '선재'先在하는바 이 관계는 많은 연장들과 부동산을 가진 한 농장에도 동일하게 적용된다. 그런데 이 관련성의 체계 자체는 궁극적으로 더 이상 다른 그 어떤 [보다 고차적인] 것과의 관련성에서 존재하지 않으며, 세계 내에서 실용물의 존재 양태로 존재하지 않고 그 존재가 세계내존In-der-Welt-sein으로 규정되어 있으며, 세계성 자체가 바로 그의 존재 구조에 속하는 그러한 한 목적Wozu으로 소급된다. 이 최고의 목적은 [보다 고차적인 어떤 것과의] 관련성에서 [존재하는, 그것을 위한] 가능한 방편 또는 도구가 결코 아니다Diese primäre Wozu ist kein Dazu als mögliches Wobei einer Bewandtnis. 이 최고의 '목적'은 하나의 궁극 목적ein Worum-willen이다. 여기서 [모든 것이 위해 있는] 이 목적Um-willen은 항상 현존의 존재와 관계되는 것인바 그가 존재함에 있어 그에게는 바로 자신의 존재 자체가 본질적으로 가장 큰 관심의 대상이 된다"Das 'Um-willen' betrifft aber immer das Sein des Daseins, dem es in seinem Sein wesenhaft um dieses Sein selbst geht.[28]

이상에서 묘사된 내용의 "지시의 체계", "관련성의 틀", "관련성의 망", "연관성의 맥락"을 하이데거는 세계라 부르고 있다. 인간 현존재가 일상 생활에서 접하고 경험하며 사용하는 실용물들은 이러한 세계의 지평 속에서 그들이 될 수 있고 그들로 등장해서 어떤 구실을 할 수 있으며 그 속에서 그들로서 우리에게 나타나고 인식될 수 있다. 그들은 그들이 위해 있는 제반 직간접적인 "목적들"과 하나의 궁극 목적, 즉 그들을 자신의 실생활을 위해 실리적으로 이용하고 취급하는besorgender Umgang, Sein bei, Praxis[29] 인간 현존과의 관련성에서만, 그리고 그와 더불어 이들 모두를 서로 연결하는 목적론적 지시의 체계, 관련성의 체계인 세계 속에서만 그들로 "등장하고"sich zeigen; begegnen[30] "존재"sein[31]할 수 있으며 그들로 "개방"entdeckt[32]될 수도 있다. "실용물은 세계 내에서 그 모습을 드러낸다. 그러므로 이 존재자의 '존재', 즉 그 실용성은 세계 및 세계성과 그 어떤 존재론적 관계로 연결되어 있음을 알 수 있다. 세계는 모든 실용물들 속에 항상 이미 선재적으로 '존재'하고 있다.···실용물이 실용적일 수 있는 것은 오로지 세계 속에서만 가능하다"Welt ist es, aus der her Zuhandenes zuhanden ist.[33]

그러므로 세계는 망치와 같은 실용물과 나아가서는 문화물과 자연물을 포함한 존재자들 일반, 세계내재적 존재자들 일반의 "존재" 가능성의 조건임을 알 수 있다. 망치와 무수한 다른 세계내재적 존재자들이 실재하고 있고 우리가 일상생활에서 계속 경험하고 사용하며 이용하고 있는 것이 사실이므로, 그 "선험적 가능성의 조건"[34]으로 세계라는 전체적인 목적론적 관련성의 체계가 실재함이 분명하다.

2) 전체적 의미의 지평으로서의 세계

이상에서 거론된 세계는 그 속에 들어 있는 실용물들과 "전체"와 "부분"의 관계로 필연적으로 서로 연결되어 있다. 세계는 모든 실용물이 그 어떤 기능과 의미를 지니고 존재함과 그 자태를 그대로 드러냄을 가능케 하는 전제조건이며, 이들 "부분들"이 그 어떤 의미를 띠고 존재함을 가능케 하는 "전체"die Ganzheit, "die jeweilige Ganzheit des Umwillen seiner[=des Daseins]"; "ein sinnvolles Ganzes", "die Summe aller Bedeutungsganzheiten", "das Ganze des Seins und der Seinsbezüge alles Seienden"[35] 혹은 전체적인 "의미성"Bedeutsamkeit,[36] 즉 의미의 지평 Sinnhorizont이다.

기술한 바와 같이 하이데거는 이러한 의미의 지평 속에서 유기적으로 서로 연결되어 있는 실용물들이 서로를 "지시" 또는 "지적"Verweisen, refer to하고 있고 그들 모두가 하나의 궁극적 목적을 위해서 존재하는 만큼 그들이 서로 연결되어 구성하는 "전체"unter sich selbst als ursprüngliche Ganzheit verklammert를 하나의 목적론적 의미의 체계로 간주할 수 있다고 본다. 그들 모두는 각기 그들의 직간접적인 목적들과 하나의 궁극적인 목적을 위해 존재하므로 그들은 세상에서 무의미하게 존재하는 것이 결코 아니다. 그들은 세상에서 그 어떤 목적을 위해서 의미 있게 존재하고 있다. 그들 모두는 하나의 유기적인 구성체인 우리 몸의 지체들이 서로를 위해 있고 모든 부분이 몸 전체를 위해 있듯이 서로를 위해서, 그리고 그들로 구성된ㅡ그러나 그들의 합 이상인ㅡ전체를 위해서 있으며 목적론적으로 서로를 "지시하고 있다"verweisen. 그들 간의 이러한 상호관계에서 우리가 발견할 수 있는 "지시적인 성격"der Bezugscharakter dieser Bezüge을 고려할 때 우리는 이들로 구성되는 전체를 하나의 "의미의 체계"로 간주할 수 있다. 독일어로 "verweisen"은 "deuten"과 동일한 의미를 지니고 있고 "deuten"은 또한 "be-deuten"(문자적으로는 무엇을 가리키다, 지시하다ㅡ의미상으로는 무엇을 의미하다)이란 단어로 해석할 수 있다. 그래서 여기서 결국 "bedeuten"(의미하다)이란 용어와 그것과 연결된 "Bedeutsamkeit"(의미성)이라는 용어도 끌어낼 수 있다.[37]

하이데거가 "SZ", 12-22절에서 거론하는 세계는 현존재와 가장 "가까운" 주위의 세계Umwelt다. 주위의 세계가 우리에게 친숙할 뿐 아니라 우리 자신이 항상 그 속에 살면서도 우리는 그에 대해 주로 의식하지 못하고 살아간다. 우리가 의식하는 것은 세계 속에 들어 있는 구체적인 대상들, 우리가 사용하는 도구들이다. 이러한 도구들이 우리가 원하는 대로 원래의 기능을 계속 원활하게 잘 발휘할 경우 사실 우리는 이 도구들을 별로 의식하지 않고 우리가 목표하는 일에만 정신을 집중한다. 그러나 우리가 사용하는 구체적인 도구와 실용물에 어떤 이상이 발생하고 이들로 이루어진 도구의 체계에 교란이 생기는 경우, 예컨대 우리가 망치로 못을 박는 중 망치가 부러져 못을 박을 수 없을 때, 우리는 지금까지 별 생각 없이 유용하게 사용해온 망치에 대해서, 그것의 기능과 가치와 의미에 대해서 생각하게 되고 그와 더불어 망치와 관련되어 있고 그것이 위해서 존재하는 많은 "Wozu"^{telos}들에 대해서 생각하게 된다. 그리고 망치와 이들 모두로 구성된 목적론적 체계, 즉 세계도 의식하게 된다.[38]

그러나 여기서 유의해야 할 점은 상술한 바와 같이 하이데거가 "SZ", 12-22절에서 거론하는 주위의 세계가 곧 존재의 빛의 개방 공간을 의미하는 세계와 동일한 것은 결코 아니라는 사실이다. 인간 현존재에게 주로 실용적인 의미의 지평으로 인식되는 주위의 세계가 존재의 광공간을 뜻하는, 참된 의미의 세계와 필연적인 관련이 있음은 사실이다. 후자가 전자를 위한 바탕이 되고 전자는 후자의 자아 현현의 장이 되기 때문이다. 그러나 양자가 완전히 동일한 것은 결코 아니다. 다음 항목에서 곧 상론하겠지만 실용적·목적론적 "도구의 체계"^{Zeugzusammenhang,} ^{Zeugganzheit} 저변에 그야말로 무한한 깊이와 폭의 정신적인 세계가 깔려 있다. 그러한 세계가 주위의 세계를 매개체로 해서 그 빛을 발하는 것은 사실이지만 그렇게 비춰 보이는 것이 세계 또는 존재의 진리, 존재의 의미의 전부는 아니다. 세계가 "의미성의 체계"^{Bedeutsamkeit,} $^{Bedeutsamkeitsganze, ein Ganzes von Bedeutsamkeit, Bedeutsamkeitbezüge}$[39]로 우리의 눈앞에 개방되는 것이 사실이나, 그것은 또한 "무의미성의 지평"^{Unbedeutsamkeit}과 "무"$^{das Nichts}$로 "의미성의 체계" 저변에 깔려 있다는 사실을 망각해서는 안 된다.

주로 도구와 실용물들로 구성된 주위의 세계가 하이데거가 의도하는 세계의 전모라면 그러한 세계는 단순한 하나의 망치보다 더 가치가 없는 대상일 것이며 결코 그가 평생토록 "유일한 관심의 대상"으로 삼고 사유한, 세상에서 "가장 생각해볼 가치가 있는 대상"일 수 없을 것이다. 망치는 못을 박는 데 유용한 생활필수품이나 주위의 세계는 그야말로 아무 쓸모가 없고 골치만 아프게 하는 무용지물이 아니겠는가? 후기 하이데거가 주위의 세계와 그 이면에 더 깊은 보이지 않는 정신적인 빛의 세계가 깔려 있다는 점에 대해 점차적으로 더 분명하게 지적하고 있으나 "SZ"에서도 적어도 그에 대해 언급은 하고 있고 개략적인 설명도 덧붙이고 있다.[40] 무수한 개별적인 "주위의 세계내재적 존재자"가 있고, 이들 모두가 합해서 이루는 주위의 세계가 있으며, 주위의 세계를 그 자체 속에 함축하고 있는 무한히 심오한 "무의미성"의 세계와 "무"의 세계가 실재하고 있다는 것이다. 여기서 거론되는 주위의 세계는 말하자면 진정한 의미의 세계, 아니 "무의미성"의 세계라는 빙산의 일각에 불과하다.

그러므로 하이데거가 "SZ", 14-24절에서 우리가 일상생활에서 사용하고 이용하는 실용물들을 근거로 해서 그 실재 사실을 입증한 주위의 세계는 이 저서의 다른 부분에서 그가 확연하게 묘사하고 있을 뿐 아니라 사실은 이 저서 전체에 기본적인 전제로 깔려 있는 정신적인 빛의 세계의 실재에 대한 하나의 중요한 단서를 제공하고 있다고 볼 수 있다. 주위의 세계는 우리의 현실적인 삶을 위해 합목적론적인, 그것을 위해 실용적인 의미와 가치를 지닌 것들의 집합체, 즉 실용적 "지시의 망"과 "의미성의 [체계]"Bedeutsamkeit이다. 현존재가 원래부터 이러한 의미의 체계와 친숙하다는 사실은 그가 일상생활에서 접하는 사물들과 사건들의 "의미"Bedeutungen가 무엇인지를 그 정체에 따라[41] 구체적으로 해석할 수 있는 가능성의 존재론적 조건이다.[42] 하나의 목적론적 "전체"인 주위의 세계의 의미를 이해하는 것이 그 속의 부분인 개별적 실용물의 의미와 가치를 인식할 수 있는 전제조건이다.[43]

"SZ"에서 하이데거는 현존재를 포함한, 모든 존재자의 근저에는 존재라는 그들의 존재의 근거와 의미의 지평이 깔려 있으며, 그로 말미암아 그들이 그들로서 세상에서 "존재"하고 그 어떤 기능과 의미와 가치를 지닐 수 있으며 그 빛으로 말미암아 그들이 그들로 개방되고 현존재에게 그대로 인식될 수 있다는 점을 밝히기 위해 12절 이하에서 세계라는 현상의 실재 사실과 그 본질을 현상학적으로 규명했다. 우리가 주로 의식하지 못하고 살아가지만 사실은 우리 자신과 우리 주위의 사물들이 본질적으로 항상 이 세계의 테두리 속에서 존재하고 있으며 따라서 세계는 우리와 사물의 존재 가능성 및 개방 가능성을 위한 절대적인 조건이라는 점을 입증하기 위해서 그는 이러한 세계 속에 내재하고 있는 망치와 같은 실용물들의 본질을 분석한 것이다.

하이데거가 궁극적으로 의도한 바는 그러한 주위의 세계가 존재한다는 사실로 미루어보아 존재의 "의미"이자 존재의 "진리"[44]인 세계, 존재가 인간과 사물의 차원에서 개방되는 모습인, 진정한 의미의 세계[45]가 실재한다는 점을 밝히는 것이다.[46]

3) 무의미성(Unbedeutsamkeit)과 무(無, Nichts)로서의 세계

i) 실존적 정서와 무의미성의 체험

하이데거는 "SZ"의 중심 개념들 중 하나인 "상태성"狀態性, Befindlichkeit 또는 실존적 "정서"情緖, Stimmung에 속하는 "불안"Angst의 개념을 분석하는 과정에서[47] 세계가 앞서 14-24절에서 묘사된 대로의 단순한 주위의 세계 이상의 깊은 측면을 지니고 있다는 점을 분명히 밝혀주고 있다.

기술한 바와 같이 하이데거에 따르면 인간 현존재는 본질적으로 존재와의 관계(실존), 존재에로의 외향적 관계(외존)이며 인간 현존재에서의 이러한 존재와의 관계는 4대 기본양태, 즉 "(존재)이해력"(기투력), "타락성"Verfallensein, "상태성"(피투성), "표현력"Rede으로 표출되는바 이들의 통일을 단적으로 실존적 "우려"Sorge, 즉 자기 자신의 존재와 그 근거인 존재 자체에 대한 우려라고 할 수 있다. 그만큼 현존재가 주로 무의식중에, 그리고 주로 비본래적인 방법으로 표출하고 있는, 자신의 존재와 존재 자체에 대한 관심은 지대하고 강렬하다. 그에 대한 관심은 그가 태어난 순간부터 죽는 순간에 이르기까지의 그의 모든 행동의 방향과 방식을 좌우하는 가장 결정적인 힘이 된다. 존재의 완전한 수준에 이르고 그와 더불어 이상적이며 진정한 자기 자신의 존재에 이르는 것이 그의 사유와 삶의 기본동기Grundmotiv인 것이다.

　현존재는 자기 자신이 존재와의 관계이며 세계내존이라는 점을 자신의 "타락성"으로 말미암아 주로 망각하고 살아가며, 마치 존재의 빛과는 전혀 무관한, 순수한 "존재자와의 관계"인 것과 같이 자신을 크게 곡해하며 살아가고 있다. 그러나 동시에 그의 실존성을 처음부터 "동일하게 원초적으로"gleichursprünglich 특징짓는 "상태성"은 그로 하여금 무의식 혹은 잠재의식 가운데서는 불분명하게나마 항상 그러나 때로는 홀연히 확연하게 실존과 외존으로서의 자신의 본성과 본령, 자신의 특권과 책무에 대해서, 그리고 그와 더불어 자신이 피투되어 본질적으로 관련을 맺고 있는 존재 또는 세계의 실재성과 그 엄청난 위엄과 위력을 통감하게 한다. 특히 그가 그 어떤 이유로 말미암아 실존적 "불안"에 휩싸일 때 그는 이에 대해서, 자신의 존재와 존재 자체에 대해서 단순한 이론적인 지식과는 비교할 수 없는 깊고 뜨거운, 전인적이며 실존적인 체험을 하게 된다.

ii) 죽음에 대한 불안과 세계 체험

때로는 분명하게 때로는 불분명하게 그러나 지속적으로 그의 마음속 깊은 데서 통감하며 살아가는, 자신과 세계의 실재성에 대한 이러한 실존적 정서, 실존적 상태성은 실존적 불안의 순간에 가장 분명하고 확실하게, 강렬하고 뜨겁게 그의 마음에 와 닿는다. 아니 그를 완전히 압도하게 된다. 그래서 그의 의식 상태, 그의 심경에 크나큰 변화를 가져오는 것이다. 왜냐하면 실존적 불안은 가장 극심한 상태성, "기본적 상태성"Grund-befindlichkeit, cf. "eine ausgezeichnete Befindlichkeit"[48]이기 때문이다

가장 극심한 상태성을 뜻하는 불안이 "세계내존의 근본적인 존재 양태"die Grundart des In-der-Welt-seins[49]로서 "잠정적으로는"latent 본디부터 항상 이미 그의 존재와 실존 과정을 제한하고 움직이며[50] 그를 "위협"Bedrohung[51]하고 때로는 돌발적으로 그를 엄습하기도 하지만,[52] 그것이 그를 완전히 압도하고 장악하는 것은 그가 죽음에 대한—공포Furcht가 아닌—불안을 느끼고 그것을 회피하는 대신 의식적으로 눈앞에 두고 바라보며 그것을 향해 의도적으로 "선주"先走, Vorlaufen하기로 결심 Entschlossenheit하게 되는 때다.

"불안이 순수히 그대로eigentlich 북받쳐오를 수 있는 것은 오로지 [죽음에로, 그리고 그와 더불어 존재의 현주인 진정한 자기 자신의 신분으로 선주하기로] 결심한 현존재의 마음속에만 가능하다. 그러한 실존적 결단을 내린 자는 아무런 공포Furcht도 느끼지 않게 된다. 그는 다만 그를 결코 속박하지도, 혼란에 빠지게 하지도 않는 가장 중대한 실존적 정서der Stimmung인 불안의 가능성만을 이해할 따름이다. 불안은 그로 하여금 '무의미한' [실존] 가능성들로부터 자유롭게 되어 진정한 [실존] 가능성을 위해 자유로워지게 한다."[53] "실존적 정서는 현존재로 하여금 자

신의 피투성, 즉 '자신이 [존재의 현주로] 현실적으로 실재하고 있다'는 사실에 직면하게 한다.[54] 그러나 자기 자신의 [종말에 대한] 지속적이며 절대적인 위협, 즉 가장 원래적인 모습의 현존재, [단독적 실존자로] 고립된 현존재가 자신의 존재의 근저에서부터 느끼는 [죽음의] 위협을 그가 그대로 직시하게 하는 정서는 불안이다.[55] 불안의 순간에 현존재는 자신의 실존의 가능한 불가능성이라는 무無 앞에 vor dem Nichts der möglichen Unmöglichkeit 선다. 불안은 기술한 대로의 특성을 지닌 존재자가 [자신의 진정한] 존재 가능성에 대한 우려로 말미암아 표출되는 것이며 그것은 최상의 [존재] 가능성을 개방한다. [죽음에로의 의도적인] 선주가 현존 재로 하여금 완전히 고립되게 하며 그러한 고립 상태 속에서 자신의 존 재 가능성의 전모가 무엇인지를 확실히 인식케 하므로, 이와 같이 자신의 존재의 근저에서부터 자신의 실존을 이해하려는 현존재에게는 불안이라는 근본상태성이 필수적이다."[56]

[세인의] 도피행위는 고립된 세계내존을 근본적으로 특징짓는 그러한 섬 뜩함(Unheimlichkeit, 불안감, 타향에서의 이질감)으로부터의 도피행위 라는 점이 밝혀졌다. 이러한 섬뜩함은 불안이라는 근본상태성 속에서 순 수히 그대로 표출되게 되는바, 그것은 피투된 현존재에게 가능한 가장 기 본적인 개방성(인식 방법)으로서 세계내존으로 하여금 세계라는 무 앞에 서게 하며, 그 앞에서 그는 불안감 속에서 자신의 가장 진정한 존재 능력 의 행사 여부에 대한 우려로 말미암아 불안해하게 된다.[57]

하이데거에 따르면 현존재는 "죽음을 향한 존재"Sein zum Tode다.[58] 현 존재는 세상에 태어날 때부터 무의식중에 죽음을 직면하고 그것을 눈앞에 두고 그것을 향해 의식적으로 나아간다. 그는 세상에 태어나자마자 죽음이라는 가장 극한 한계상황에 직면하게 된다. 그는 태어나는 순간부터 말하자면 죽음을 등에 업고 평생 그것과 씨름하며 살아간다. "인간은 생을 시작하자마자 이미 죽기에 충분히 늙어 있다"Ackermann aus Böhm.[59]

현존재가 세인의 차원으로 타락함과 더불어 그는 죽음을 회피하고 그것을 잊고 살아가려고 여러 가지 방법으로 노력하지만 그 마음 깊은 곳에서는 항상 죽음을 의식하고 그것에 대한 불안감을 희미하게나마 감지한다. 그가 그 어떤 사건과 상황으로 말미암아 죽음을 확연하게 의식하고 그것에 대해 공포가 아닌 불안에 휩싸일 때, 그는 주위의 사물과 군중으로부터 완전히 분리되어 자기 자신만이 고립되어 자신의 진정한 정체에 대해 반성하게 된다. 그래서 그는 자신 속에서 "양심"의 "소리"에 귀를 기울이고 자신이 존재에게 진 "채무" 혹은 "책무"Schuld, 즉 피투성을 분명하게 의식하게 된다. 존재 능력으로서의 자신의 정체와 위상 및 존재 필연성으로서의 당위성과 책무를 재인식하게 된다. 죽음이라는 자신의 최극의 한계상황을 회피하는 대신 그것을 직시하고 자신의 가능성으로 받아들임과 동시에, 그는 죽음 앞에서 세인의 차원으로 타락된 현실적이며 비본래적인 자신을 발견할 뿐 아니라 자신의 진정한 실체와 정체도 재발견하고 회복하게 된다. 즉 존재와의 관계와 존재의 현주로서의 자신, 세계내존과 초월성으로서의 자신을 그대로 의식하고 쟁취하게 된다. "불안에 가득 찬 [양심의] 소리가 비로소 현존재로 하여금 자신의 가장 진정한 존재 능력을 기투하게 만든다."[60]

그러므로 어떠한 의미에서는 죽음이 인간에게 저주라기보다 오히려 축복이라 할 수 있다. 죽음이 없으면 인간은 영원히 살 수는 있겠지만 진정한 자기 자신과 자신의 존재의 근거인 존재에 대해 그야말로 생명을 내걸고 심각하게 반성해야 할 급박함과 필요성을 느끼지 않고 의식 없이, 반성 없이 동물들의 삶과 별다를 바 없는 무의미한 삶을 끝없이 살아가게 될 것이다. 진정한 자기 자신과 자신의 참된 뿌리를 발견하지 못한 채 자기답지 않은 비본래적인 삶을 영원히 사는 것이다. 살아 있지만 죽은 자와 같이 허무한 삶을 영원히 지겹게 살아가는 것이다.

그러나 죽음을 눈앞에 두고 의식할 뿐 아니라 그것을 향해 의도적으로 "선주"하는 자는 존재의 현주와 초월 능력으로서의 자신의 숭고한 위치와 위상, 자신의 무한한 정신적·영적 가능성들과 잠재력, 자신의 존재의 근원과 목표 등에 대해 그야말로 혼신을 다하고 사력을 다하며 자신의 지력과 정신력을 총동원해서 반성하지 않을 수 없다. 그리고 죽음이라는 최극의 한계상황을 용감무쌍하게 자신의 운명으로 그대로 수락함과 더불어 그가 재발견하게 되는 너무나도 엄청난 자기 자신의 특권과 임무 또한 전인의 굳은 결의로 그대로 긍정하고 수락하며 죽음의 순간까지 그것을 최대한 실현하려고 노력하지 않을 수 없다.[61]

죽음을 그야말로 두 눈으로 똑바로 바라보며 그것을 향해 선주하는 실존자는 자신의 생이 죽음이라는 끔찍한 종말로 끝나는 짧은 기간이라 할지라도 진정 살 만한 가치가 있는, 영원히 살지만 지겹기만 하며 가치 없는 동물로서의 삶보다 무한히 더 가치가 있는 삶임을 확신하게 된다. 그래서 그는 그러한 삶을 진정 값지게 살아보겠다는 굳은 결의로 죽음을 회피하기보다 오히려 그것을 의식적으로 바라보며 그것을 향해 선주하게 되는 것이다.

현존재가 죽음이라는 "실존 불가능의 가능성"에 직면해서 그에 대해 단순한 공포가 아닌 깊은 실존적 불안을 온몸으로 느낄 때 그는 자신의 피투성과 더불어 세계라는 무에 직면한다. 죽음을 직시하는 데서 갖게 되는 그에 대한 불안은 그로 하여금 그에게 친숙하기만 한 존재자들, 즉 주위의 군중들과 사물들로부터 그를 고립시키며 자신과 자신이 거하고 있는 세계에 대해 진정 심각하게 반성하게 한다. 그 결과 그는 그야말로 경악을 금할 수 없는 새로운 자신과 한 새로운 세계를 발견하고 체험하게 된다. 그가 지금까지 통상적으로 이해해왔던 자신, 그리고 자신의 본향과도 같이 친숙하게만 느껴졌던 "세계"와는 전혀 다른 놀라운 자신과 세계가 자신의 눈앞에 개방되고 전개되기 때문이다. 너무나도 밝은 빛의 세계가 비춰 보이기 때문이다.

그래서 현존재는 죽음에 대한 불안으로 촉발되는 극단적인 실존적 불안감으로 말미암아 자신의 눈앞에 전개되는 세계의 빛으로 모든 것을 지금까지와는 완전히 다른 시각에서 바라보고 인식하게 된다. 그에게 그 이전까지 친숙했고 합목적적이며 합리적이기만 했던 모든 것, 모든 세계내존재자들과 그들을 포괄하고 있는 세계가 그에게는 완전히 무의미한 것으로 나타나게 된다. "[현존재가] 세계내재적으로innerweltlich 발견하게 된, 실용물과 현전물들 가운데 [존재하는] 관련성의 체계Bewandtnisganzheit는 그 자체에 있어서 전혀 무의미한 것으로 화하게 된다. 후자는 함몰하게 된다. 세계는 완전한 무의미성völlige Unbedeutsamkeit의 성격을 띠게 된다."[62]

불안은 현존재를 고립시키며 그를 '유일한 자기 자신'solus ipse으로 개방한다. 이러한 '유아독존의 [상태]'는 현존재를 결코 하나의 격리된, 주체라는 실체ein isoliertes Subjektding로서 하나의 무의미하며 공허한, 세계 없는 영역으로 몰아넣는 것이 아닌바 오히려 그것이 현존재가 극단적인 방법으로 진정한 의미의 세계 자체와 그와 더불어 세계내존으로서의 자기자신을 직면하게 한다.…불안은 현존재로 하여금 '세계'에 몰두해서 사는 타락된 삶에서 돌아서게 만든다. 일상적인 친숙함의 분위기는 완전히 와해된다. 현존재는 고립되게 된다. 그러나 어디까지나 세계내존으로서 그렇게 된다. 내존das In-sein은 불안정성das Un-zuhause이라는 실존론적 [존재] 양태에 돌입하게 된다. 이것이 곧 상술한 '섬뜩함' [혹은 나그네와 실향민으로서의 이질감과 소외의식]Unheimlichkeit이란 표현의 뜻이다.[63]

iii) 하이데거의 불안 개념: 불안의 대상(Wovor der Angst)과 불안의 동기(Worum der Angst)

실존적 불안은 키에르케고르가 그의 책 『불안의 개념』[64]에서 지적하고 있는 대로 어떤 구체적인 대상에 대한 공포Furcht와는 달리 대단히 막연한 대상에 대한, 뭐라고 표현할 수는 없으나 뼛속 깊은 데까지 파고드는, 단순한 감정 이상의 전인적인 "정서" 또는 "상태"다.

키에르케고르에게 있어 "불안"이란 인간이 아직 자연에 완전히 "침몰"되어 있어 자신을 의식하지 못하고 살아가는 자연인의 의식 수준에서 자신과 사물을 의식하고 양자 간의 차이점을 분명히 인식하게 되는 문화인의 단계로 발전함과 더불어 갖게 되는 정서다. 이 단계에서 개인은 사물과 타인으로부터의 자유를 의식하고 그와 더불어 또한 자신이 하는 모든 행동에 대한 책임감과 도덕의식, 즉 양심을 소유하게 된다. 자신의 참된 정체성을 깨닫고 자신이 완수하고 실현해야 할 무한한 실존 가능성 또는 존재 가능성을 직시함과 더불어 인간 개인은 이러한 자기 자신 앞에서 불안해하지 않을 수 없다. 그리고 자신의 이러한 특권과 더불어 그에게 주어진 막중한 의무감과 책임감으로도 두려워 떨지 않을 수 없다. 실존적 불안은 지극히 숭고한 자기 자신 앞에서 가지는 두려움인 동시에 진정으로 막중한 자신의 책임감으로 말미암은 두려움이기도 하다. 이것은 한 국가의 원수로 피택된 정치인이 자신의 높은 신분과 위치로 말미암아, 그리고 자신에게 맡겨진 지극히 막중한 책임감과 의무 의식으로 말미암아 느끼는 부담감과 두려움에 비할 수 있을 것이다.

키에르케고르에게 인간 실존은 "신 앞에 홀로 서 있는 단독자"다. 실존자는 자기 자신 앞에 설 뿐만 아니라 신 앞에 서게 된다. 자기 자신 앞에 바로 서기 위해서는 그 전제조건으로 신 앞에 바로 서야 한다. 따라서 실존자가 자기 자신의 위상과 책무로 말미암아 실존적 불안을 느낌과 더불어 그는 필연적으로 자신의 존재 근거인 신의 거룩함과 완전함으로 말미암아서도 부담감과 두려움을 느끼게 된다.

하이데거에게도 "불안"은 현존재가 자신의 존재와 존재 자체, 환언하면 세계 앞에서 가지는 정서이며 지정의가 합해진 전인의 중심 깊은 데서 오는 실존적 정서다. 그것은 구체적인 어떤 대상에 대한, 순전히 심리적·감정적 반응인 "공포"와는 질적으로 다른 정서다. "공포는 우리의 실용적 배려의 대상이 되는, 주위의 세계의 존재자들로 말미암아 촉발된다. 그러나 불안은 그와 반대로 현존재 자신 속에서 솟아난다. 공포는 세계내존재자들로부터 엄습해온다. 그러나 불안은 죽음을 향해 피투된 존재인 세계내존으로부터 기원한다."[65]

하이데거는 "SZ", 184ff., 191, 276f., 343f. 등에서 현존재가 잠정적으로는latent 세상에 태어나자마자 통감하게 되지만 가장 분명하고 예리하게는 죽음을 의식적으로 직시하며 그로 말미암은 불안감에 휩싸일 때 체험하는 이러한 실존적 불안의 두 상이한 측면에 대해 상론하고 있다. 그에 따르면 현존재는 실존적 불안의 순간에, 첫째로 세계내재적 존재들과 그들의 집합체인 "세계", 즉 우주 이면에 존재하는, 이들과 질적으로 완전히 다른 세계와 그것에 뿌리를 내리고 있고 그것을 목표로 하고 있는 우리 자신의 존재의 경이로움과 신비로움 그 자체 때문에 불안die

Angst vor, anxiety about을 느끼지 않을 수 없다[66]고 한다. 우리의 통상적인 사고방식과 자아 이해로 판단해볼 때 이러한 세계와 이러한 우리 자신이 너무나도 생소하고 경탄스럽고 신비롭기만 하기에 우리는 그 세계 앞에서, 그리고 그 세계에 본질적으로 피투된 "세계내존"이며 존재의 진리의 처소인, 기적과도 같은 우리 자신 앞에서 전율을 느끼지 않을 수 없는 것이다. 너무나도 놀라운 존재의 빛으로 말미암아 전율과 불안을 느끼지 않을 수 없고 그 빛으로 비취고 있을 뿐 아니라 그 빛을 발할 수 있는 능력을 소유하고 발해야만 하는 임무를 띠고 있는 우리 자신, 존재의 빛의 조명 과정 그 자체인 우리 자신 앞에서 전율과 두려움을 느끼지 않을 수 없다.

그리고 둘째로 현존재는 실존적 불안의 순간에 여기서 우리가 발견하는 이러한 놀라운 세계, 즉 존재의 지평에 뿌리를 내리고 그것을 목표로 하여 살아가게끔 되어 있는 진정한 이상적인 우리 자신을 그대로 실현할 수 있을까 하는 우려로 말미암아, 진정한 자아 완성의 가능성에 대한 우려가 동기가 되어 깊은 불안감을 느끼게 된다.[67] 그리고 그것이 세계내존으로서의 우리 자신의 자아 완성의 실현 가능성에 대한 우려로 말미암은 불안이기에, 그것은 또한 우리의 자아 완성을 통해 구현될 이상적인 세계의 구현 가능성에 대한 우려로 말미암은 불안이기도 하다. 우리에게 자아 완성이란 곧 존재의 현주와 조명 과정 그 자체인 우리 자신을 이상적인 방법으로 실현하는 데 있다. 그렇게 하는 데서 존재의 의미, 존재의 진리가 이상적인 방법으로 개방된다. 환언해서 세계가 이상적인 방법으로 창출되고 구현되는 것이다. 하이데거에게 우리 자신의 자아 완성과 존재와 세계의 도래는 필연적으로 서로 결부되어 있다. 양자는 불가분의 관계로 서로 연결되어 있으므로 그중 하나 때문에 Wovor 불안을 느끼거나 그중 하나에 대한 우려로 말미암아Worum 불안을 느낀다면, 반드시 다른 것 때문에 그리고 그것에 대한 우려로 말미암아 불안을 느끼게 된다고 보지 않을 수 없다. 둘째 의미의 실존적 불안은 우리가 "피투된 기투(자)"로서 모름지기 수행해야 하는 자아 완성과 이상적인 세계 창출이라는 이중적인 과제가 동기가 되어 느끼는 깊은 실존적 정서인 것이다.

기술한 대로 우리가 이러한 실존적 불안감 속에서 존재의 현주로서의 진정한 우리 자신과 우리가 뿌리를 내리고 있는 존재의 의미 지평, 즉 세계를 세계로 순수하게 그대로[68] 직시할 때 우리의 자아 이해와 사고방식은 완전히 새로워져 모든 것을 지금까지와는 다르게 바라보고 평가하게 된다. 모든 것을 "반복"Wiederholung하게 된다. 즉 동일한 것을 완전히 다른 시각과 차원에서 재해석하고 재평가하게 된다.

그래서 지금까지 우리에게 친숙했고 우리의 삶을 위해 의미와 가치가 있는 것으로 인식했을 뿐 아니라 사실상 세계와 참된 우리 자신을 도피하여 우리 자신을 파묻고 살 수 있는 피난처와도 같았던 모든 세계내재적 존재자들, 실용물과 현전자들, 그리고 그들 간의 목적론적 관련성의 체계인 주위의 세계는 전혀 "중요하지 않고"nicht 'relevant'; ohne Belang[69] 우리의 실존과는 무관한 것으로[70] 나타나게 되는 것이다. 불안의 순간에 우리가 직면하는 세계는 우리가 알고 있고 우리에게 가까운 모든 세계내재적인 존재자들, 모든 차원과 부류의 유有와는 질적으로 상이한 "무"無, das Nichts[71]로 우리에게 체험된다(존재론적 체험).[72]

우리가 일상성과 평범성에 젖어 사물들을 우리에게 유용한, 따라서 실용적인 차원에서 "의미가 있는"bedeutende 사물들로 이해하고 주위의 세계도 "의미성의 체계"Bedeutsamkeit, Bedeutsamkeitbezüge, Bedeutungsganze로 인식한다면, 극단적인 상태성을 뜻하는 불안의 순간에 체험하는 이 진정한 의미의 세계[73]는 "완전한 무의미성"die völlige Unbedeutsamkeit의 체계로 체험하지 않을 수 없다. 여기서 세계를 무의미성으로 혹은 무로 체험하게 되므로 그와 더불어 그 속에 내재하는 사물과 현상들, 세계내재적 존재자들도 다 함께 무의미한 것으로 존재하지 않는, 무와도 같은 것들로―그러나 세계가 무의미하고 무라는 의미와는 완전히 상반된 의미로 무의미하며 무와 같은 것들로, 즉 우리가 통상적으로 사용하는 그 말 뜻 그대로―우리에게 나타나지 않을 수 없게 된다.

> 불안의 대상das Wovor der Angst은 결코 세계내재적 존재자가 아니다. 그러므로 후자는 전혀 문제로 떠오를 수 없다.…불안의 대상은 막연하다. 이러한 모호성은 그 어느 세계내재적 존재자가 위협을 가해 오고 있는지를 불확실하게 할 뿐 아니라 그것은 세계내재적 존재자는 아예 중요하지 않다는 사실을 의미한다. 세계 속에서 실용물로 존재하거나 현전자로 존재하는 어떤 것도 불안의 대상으로 작용할 수 없다. 세계내재적으로 개방되는, 실용물과 현전자의 실용적 관계성이라는 전체적 체계는 그 자체가 전혀 무의미한 것으로 변한다. 그것은 완전히 함몰하게 된다. 세계는 완전한 무의미성의 성질을 띠게 된다. 불안 속에서는 위협적인 것으로서 [불안감과] 그 어떤 관련성을 가질 수 있는 이 사물 혹은 저 사물이 시야에 등장하지 않는다. 불안 속에서 우리는 위협하는 그 무엇이 다가오는 구체적인 '여기'와 '저기'를 감지하지 못한다. 위협하는 것이 [구체적인] 아무 데서도nirgends 발견되지 않는다는 사실 자체가 불안의 대상das Wovor der Angst을 특징짓는다. '아무 데서도 아님'은 전적인 공허를 의미하지 않는 바 그 속에는 본질적으로 공간성으로 특징지어져 있는 내존을 위한für das

wesenhaft räumliche In-Sein 영역, 즉 세계의 개방성 그 자체가 함축되어 있음을 뜻한다.···구체적인 아무것에서도, 아무 데서도 발견할 수 없는 전적인 무의미성die völlige Unbedeutsamkeit은 세계의 부재를 뜻하지 않는다. 세계내재적 존재자들이 그 자체에 있어서는 전혀 무의미하지만 그들의 이러한 무의미성을 근거로 해서 비로소 세계가 세계성 그대로 돌출되게 된다.[74]

세계내재적 실용물 중 아무것도 불안의 대상이 되지 않는다. 실용적인 배려의 차원에서 모든 것에 대해 거론하는 일상적인 언어 활동에서 사람들이 이해할 수 있는 유일한 대상인 실용물이 [불안의 대상이] 아니라는 점, 실용물이 여기서 무관하다는 점이 함축하는 바의 무無는 결코 전적인 무를 뜻하지는 않는다. 왜냐하면 여기서 실용물이 함축하는 무는 곧 가장 원초적인 '무엇'인 세계에 기초를 두고 있기 때문이다. 그런데 후자는 존재론적으로 세계내존인 현존재의 존재에 본질적으로 속해 있다. 그러므로 무, 즉 세계가 불안의 대상으로 드러난다면 그것은 곧 불안의 대상이 세계성을 본성으로 하고 있고 세계와 불가분의 관계로 본질적으로 연결되어 있는 세계내존 자신임을 의미한다. 불안감은 원초적으로 그리고 직접적으로 세계를 세계로 개방한다.[75]

극단적인 실존적 불안의 순간에 지금까지 실재하던 모든 것, 우리에게 유용하고 실용적인 의미와 가치를 소유하고 있던 모든 실용물과 현전자들과 그들을 포괄하고 있던 실용적 의미성의 체계가 문자적으로 사라지는 것은 물론 아니다. 그러한 순간에 세계가 세계 그대로, 현존재의 실존성이 실존성 그대로 개방되므로 그 빛으로 우리가 세상만사를 지금까지와는 완전히 다르게 체험하고 평가하게 되며 따라서 지금까지 우리가 이해하고 해석한 대로의 사물들과 주위의 세계는 없어진 것과 다를 바 없다고 할 수 있다.

키에르케고르와 하이데거에게 있어 "반복"[76]의 개념은 이러한 맥락에서 이해해야 한다. 우리가 그 무엇이 계기가 되어 모든 것을 전혀 새로운 시각과 방식으로 재해석할 때, 우리 주위에 물리학적으로 변한 것은 아무것도 없겠지만, 정신적으로 혹은 영적으로는 모든 것이 질적으로 완전히 변하게 된다. 죽음이라는 극단적인 한계상황 앞에서든, 진정 위대한 예술품을 감상하는 과정에서든, 우리가 존재의 진리의 빛을 순수히 그대로 체험하게 되는 경우 우리는 우리 자신과 우리 주변의 사물들을 완전히 새로운 각도에서 보고 이해하게 되며 그 진정한 의미를 재발견하게 된다.

그러한 의미에서 하이데거는 "HW"에서도 우리가 위대한 예술작품을 통해 아름다움의 빛으로 표출되는 존재의 진리를 체험함과 더불어 우리는 우리 주변의 "모든 통상적인 것과 관습적인 것이 무로 화하게 됨"alles Gewöhnliche und Bisherige zum Unseienden[77]을 발견하게 된다고 서술하고 있고, 반 고흐의 "여농부의 신발"이라는 그림이나 마이어C. F. Meyer의 "로마의 분수대"라는 시와 같은 위대한 예술작품 또는 문학작품들 속에 담겨 있고 그들 중심에서 방사되어 나오는 존재의 빛을 바라보고 체험함에 따라 우리에게는 "모든 존재자들이 보다 순수하게 존재하는 것으로"wird...mit ihnen alles Seiende seiender 나타남을 알 수 있다고 개진하고 있다.[78]

하이데거는 여기서와 "WM", 24-42에서 이와 같이 세계를 "무"와 "무의미성의 체계"로 소개함으로써 그가 "SZ", 63ff.에서 해명한 "의미성의 체계"Bedeutsamkeit, Bedeutungsganze, Bedeutsamkeitbezüge, das Ganze des jeweiligen Umwillen로서의 세계와는 전혀 다른 세계가 실재하고 있음을 보여주고 있다. 세계는 일면 현존재가 원래부터 그 속에 내재하면서도 또한 그의 "이해 능력", "존재 능력", "초월 능력"으로 말미암아 지속적으로 새롭게 능동적으로 "기투"하고 창출하며 실현하게 되는 합목적적인 의미의 체계를 뜻한다. 그와 동시에 그것은 또 한편으로는 통상적인 시각에서 볼 때 완전히 무의미하고 생소하며, 구체적으로 눈앞에 나타나는 존재자들과 실용적으로 의미 있는 모든 사물과 동일한 양식으로는 존재하지 않는 "비존재자" 또는 "무"를 뜻하기도 한다. 후자의 뜻으로서의 세계는 "SZ"에서 가장 현저하게 부각되고 있는 현존의 이해력Verstehen과의 관계에서보다, 그것과 대조되는 그의 "피투성"Geworfenheit과 "상태성" 또는 실존적 "정서"와의 관계에서 주로 거론되고 있다. 하이데거는 세계에 대한 이 두 상이한 개념들 중 무의미성과 무로서의 세계를 더 원래적인 세계로 취급하고 있으나, "SZ"에서 그는 무와 무의미성의 개념을 더 세부적으로 분석하지 않고 무와 무의미성의 체계의 뜻으로서의 세계와 의미성의 체계로서의 세계를 서로 조화시키려는 별다른 노력도 기울이지 않고 있다.

(2) 후기 하이데거와 세계

1) 예술품과 세계: 세계와 대지(大地)

"SZ"에서 하나로 조율됨이 없이 서로 상이한 두 개념으로 병존하고 있는 "세계"는 "HW"에 게재된 「예술작품의 기원」(1935)이란 논문에서 비로소 존재의 진리라는 하나의 공통분모 속에 체계적으로 편입된다. 여기서 "의미성", "의미의 체계", "의미의 지평"으로서의 세계는 여전히 세계라는 명칭으로 사용되고 있다.

다만 "SZ", 63ff.에서 거론된 "세계"는─적어도 표면적으로는─도구, 연장, 건축자재, 생활용품 등 실용물das Zuhandene 일반을 그 속에 내포하는 실용적·목적론적 관련성의 체계를 뜻하는 보다 협의의 세계였던 데 비해서, "HW"에서 묘사되고 있는 세계는 자연물과 그들로 제조된 실용물과 나아가서는 문화물들 모두를 포함한 사물 일반을 그들로 개방하는 전체적인 의미의 지평을 뜻하는 보다 광의의 세계라는 데서 양자 간에 다소의 차이점이 있다.[79]

"SZ"에서 "무의미성" 또는 "무"로 지칭되는 세계는 "HW"에서 "대지"Erde와 그것에 속하는 개별적인 사물들Dinge 속에 그 모습을 간직하기도 하고bergen 숨기기도 하는verbergen, verschließen 존재의 (자기) 은폐 활동 Verbergung의 모습과 그 과정 및 사건을 뜻한다. 여기서 "대지"라 칭해지는 것 자체는 "무의미성"과 "무"로서의 세계가 아니고 어디까지나 후자를 포용하고 은닉시키는 처소라고 할 수 있다(푀겔러가 대지를 "무의미성"과 "무", 즉 존재의 은폐성과 동일시하고 있는 듯하지만 이것은 분명히 잘못된 해석이다).[80] 그것은 동시에 존재의 자기 현현의 수단이자 자기 은폐의 방편이기도 하다. 그것은 "SZ", 70절에서 "실용물"도 "현전자"도 아닌 자연, 즉 그 수려한 경관으로 우리를 사로잡기도 하고 때로는 우리에게 재해도 가져다주는, 신비롭기도 하고 무시무시하기도 한 자연계를 뜻한다.[81] 의미성과 개방성으로서의 "세계"는 이러한 "대지"와 그것에 속하는 개별적인 자연물"das bloße Ding"[82]과 그것에서 유래하는 개별적인 실용물과 문화물 모두[83]를 매개체와 도구로 해서 자체를 드러내고 그와 더불어 이들 개물들의 정체성과 의미도 드러낸다. 그러나 그렇게 함과 동시에 그것은 또한 이들 개물들과 그들로 구성된 대지 속과 그 이면에 자체를 "간직" 하기도 하고 은닉시키기도 한다.

하이데거의 후기 저서에 속하는 "HW"에서도, 그는 인간 현존재가 세계와 본질적인 관계를 맺고 있는 "피투된 기투(자)"와 "세계내존"임을 계속 역설하고 있다. 본질적으로 세계 속에 피투되어 있으면서 나름대로의 방식으로 계속 새로운 세계를 기투하며 살아가는 인간 현존재가 피투된 기투(자)로서의 자신의 삶을 영위하기 위해 주위의 사물들, 즉 자연물과 실용물들을 경험하고 이용하고 사용하는 데서 이들 속에서 혹은 이들을 통해서 그의 세계가 외적으로 표현되며 구체화된다. 더 정확하게 표현한다면 그가 자신에게 전승된 하나의 정신적·역사적 세계 속에 피투된 상태에서 그가 현실적으로 거주하고 활동하며 이용하고 사용하는 "대지"와 그 속의 모든 개물들을 매체와 소재, 수단과 방편으로 해서 나름대로의 방식과 형태로 하나의 새로운 세계를 기투하고 그들 위에 "투사"하는 데서 이들은 이들로 개방되고 존재론적으로 정립되며, 그들을 통해 존재의 빛, 세계 또한 구체적인 모습으로 표현된다. 현존재가 피투된 상태에서 세계라는 개방 공간 또는 조명 공간을 기투하고 개방하는 데서 "개방자(존재)의 개방 및 존재자들의 조명의 사건이 일어나게 된다."[84]

모든 인간이 다 의식·무의식적으로, 본래적인 방법으로 혹은 비본래적인 방법으로 이와 같이 하나의 주어진 세계 속에 피투된 상태, 곧 "피투성"에서 출발해서 그들 나름대로의 방식으로 하나의 새로운 세계를 지속적으로 기투하며 자연물과 실용물 및 나아가서는 현전자들[85]을 포함한 사물들 일반 위에, 그리고 그와 더불어 "대지" 위에 "투사"하나 그중 특히 위대한 예술가들은 극히 특출한 방법으로 그렇게 한다. 그래서 그들의 창작활동을 통해 존재의 진리가 지극히 아름답고 훌륭한 양식으로 사물들과 대지를 매체로 해서 기투되고 투사되며 그 속에 "정돈"[86]되고 "정치"feststellen[87]되며 "설치"einrichten[88]되고 "정립"stiften, gründen, anfangen[89] 된다. 그리고 아름다움의 빛으로, 아름다운 광채로 그들 속으로부터 방사된다.[90]

이와 같은 방법으로 예술가들—그리고 사상가들, 문인들, 정치인들과 같은 인간 사회의 엘리트들[91]—은 그들의 창작 활동 또는 광의의 작시 활동Dichtung[92] 과정에서, "대지"와 그것에 속하는 무수한 "단순한 사물"das bloße Ding[93]을 소재와 매개물로 해서 그들 자신에게 역사적으로 전승된 정신적·문화적 세계, 그들이 피투된 세계에 대한 자아 이해를 그들의 선조들과 동시대의 타인들과는 다른 새롭고 독창적인 방법으로 표현한다. 그들의 이러한 창작 활동을 통해, 그들의 예술작품을 매개물로 해서 존재의 빛이 비춰지며 이 빛으로 예술품 속에 들어 있는 단순한 사물들, 신발 혹은 대리석 등과 나아가서는 그들로 구성된 존재자 일반, 대지 전체가 그들로 비추어지고 개방된다. 그로 말미암아 그들이 또한 존재론적으로 정립된다.

셸링과 헤겔의 절대적인 관념론에서와 같이 하이데거의 존재 사유에서도 인간 일반과 특히 그중에서도 위대한 예술가, 사상가, 정치인, 종교인 등은 존재의 자기 현현의 매개체들로 필수적인 역할을 한다. 존재는 자신과 존재자 일반의 개방을 위해 인간을 "협조자"로 "필요로 한다"chre, ernötigen, Not.[94] 하이데거는 모든 인간이 본질적으로 "피투된 기투[자]"로서, "존재의 현주"와 "진리의 처소"로서 그러한 역할을 하지만 그중에서도 이들은 인간 사회의 엘리트로서 더 막중하고 요긴한 역할을 한다고 보고 있다.

예술가의 예술활동과 예술작품의 목표는 단순히 아름다움을 구체적으로 표현하는 데 있다기보다 존재의 진리, 그리고 그와 더불어 존재자의 존재와 정체, 그들의 "존재적 진리"를 아름다움의 빛으로 묘사하고 개현하는 데 있다. 하나의 건축 예술작품으로, 높은 바위 언덕 위에 건립되어 있는 고대 그리스 "신전의 우뚝 서 있는 모습을 통해 진리가 사건으로 일어난다. 그러나 이 말은 여기에 그 무엇이 정확하게 묘사되고 재현되고 있음을 뜻하지 않는다. 그보다 그것은 존재자 일체가 개방됨을 뜻한다.…반 고흐의 그림 속에서 진리가 사건으로 일어난다. 그러나 이 말은 그 어떤 현실적인 것이 정확하게 그려졌음을 뜻하지 않는다. 그보다 그것은 신발이 하나의 도구(생필품)로서의 본질 그대로 개방됨과 더불어 존재자 일체, 즉 세계와 대지가 그 상호관련성 속에서 개방됨을 뜻한다. 예술작품 속에는 진리가 작용하고 있으며 따라서 하나의 참된 것만이 그 속에 내포되어 있는 것이 아니다. 하나의 그림과 로마의 분수대를 읊은 시(마이어의 시)는 이 개별적인 사물(신발 혹은 분수대)이 무엇인지를 말해주기만 하는 것이 아니며 엄격히 말해서 그에 대해서는 전혀 말해주지 않고 있다. 그보다 그들은 존재자 일체의 개방성(진리) 그 자체가 사건으로 일어나게 하고 있다. 그렇게 해서 자기 은폐하는 존재가 밝혀지게 된다. 그러한 성질의 빛은 그 광채를 예술작품 속으로 주입시킨다. 예술작품 속으로 주입된 광채는 곧 아름다움이다. 미는 곧 진리가 임재하는 한 방법이다."[95]

이러한 활동, 즉 피투된 상태에서 능동적이며 독창적인 방법으로 세계를 기투하고 세계내재적 존재자 일반 위에 투사하는, 존재 및 존재자를 위한 개방 활동과 조명 활동, 정립 활동과 설립 활동이 인간 현존재와 특히 위대한 사상가, 예술가, 정치가 등 특출한 인간들을 매개체로 해서 피시스인 존재가 자신과 존재자 일반을 그들로 개방하는 진리의 역사의 일면이다. 하이데거는 "SZ"과 다른 전기 저서들에서는 주로 이 점에 대해 거론했다. 존재의 자기 현현 과정, 진리의 사건을 주로 개방의 사건, 즉 그의 자기 개방의 사건 및 그로 말미암은 존재자 일반을 위한 개방의 사건으로, 그들의 정체와 의미를 개방하는 사건으로 취급했던 것이다.

"HW" 속의 "예술작품의 기원"에 관한 논문에서도, 그가 존재의 빛이 예술가들의 예술 활동과 그들의 예술작품을 통해 어떻게 대지와 그 속의 다양한 부류의 사물들을 매체로 해서 표현되고 개방되며 구체화되고 객관화되는가 하는 문제를 주제로 취급하므로 그는 자연히 존재의 개방성의 문제에 특별히 시선을 집중하지 않으면 안 되었다. 그러나 후기 저서에 속하는 이 논문에서 그는 이제 존재의 자기 현현의 사건을 단순히 개방성의 사건으로만 취급할 수 없었다. 그것은 어디까지나 "개방성과 은폐성", "빛과 어둠" 간의 "투쟁", 그들 간의 "원초적인 투쟁"의 사건임을 그가 확신하게 되었기 때문이다.

존재의 진리의 역사는 단순한 개방의 역사만이 아니고 개방의 역사인 동시에 은폐의 역사다. 더 정확하게 표현한다면 개방의 역사는 비은폐성Un-verborgenheit의 역사이며 진리의 역사는 비진리Un-wahrheit의 역사다. 존재의 진리의 사건은 개방성과 은폐성 간의 "변증법적"(하이데거 자신의 표현이 아님) "투쟁"의 역사다. 존재는 우주를 비추는 초강력한 빛의 힘Physis, das Überwältigende으로 자신을 개방하는 데서 그 빛의 광채로 인간을 포함한 우주 내의 모든 개별자들을 그들의 정체와 위상, 의미와 기능에 따라 개방하나 그렇게 함과 동시에 또한 자신을—그리고 나아가서는 존재자들의 정체도 함께—어둠 속으로, 즉 대지 속으로 그리고 그 이면의 자기 자신의 깊은 "무근저적 근저"abgründiger Grund 또는 "비근저"Abgrund 혹은 원근저Urgrund로 "회수"回收, entziehen하며 숨기는 자기 은닉자이기도 하다. 사실은 자기 개방자로서의 존재보다 자기 은폐자로서의 존재가 더 고유하며 더 원초적인, "더 오래된"älter als 존재의 모습이다.[96]

존재는 단순한 빛이 아니고 빛과 어둠, 개방성과 은폐성 간의 "원초적인 투쟁"Streit, Urstreit, Gegeneinander; *Polemos, ursprünglicher Kampf*[97] 과정이며 사건이다. 하이데거는 존재를 그의 "전환" 후에도 여전히 "비은폐성"과 진리 그 자체라고 보고 있으나 비은폐성과 진리라는 개념들은 "전환" 이 전과는 달리 이제 그 자체 속에 각각 "은폐성", "비진리"를 내포하는 보다 포괄적인 개념으로 사용한다.

[존재의] 이러한 이중적인 은폐 활동 방법(개방의 불발, Verbergen als Versagen)과 왜곡된 개방Verbergung als Verstellung[98]으로 이루어진 [자기 개방의] 거부Verweigern는 비은폐성을 뜻하는 [그의] 진리의 본질을 나타 내고 있다. 진리는 그 근본에 있어서 비진리다.[99]

"진리와 비진리는 그 근본에 있어서 [혹은 그 임재 과정에 있어서] 서로 무관하지 않고 오히려 하나로 연결되어 있다."[100] "개방성을 뜻하는 진리의 견지에서 고찰할 때 은폐성은 비개방성인바, 그것은 진리의 본 질에 있어서 가장 고유하며 진정한 요소인 비진리다"die dem Wahrheitswesen eigenste und eigentliche Un-wahrheit.[101] "진리는 존재의 근본적인 특성으로서 그것은 개방적 은폐 활동의 [사건]이다"Wahrheit bedeutet lichtendes Bergen als Grundzug des Seins.[102] "존재는 본질적으로 개방적 은폐 활동을 전개하게 되 어 있으므로 그는 은폐적인 [자기] 수거 활동der verbergende Entzug을 [그 자체에 내포하는 진리의 빛의] 조명 과정 속에서 원초적으로 드러낸 다. 이러한 조명 과정의 명칭이 곧 'aletheia'이다."[103] 존재의 "조명 활 동Lichten은 개방 활동Entbergen이지만 그것은 그를 본질적으로 특징짓는 자기 은폐 활동에 그 근거를 두고 있다.…따라서 그의 조명 활동은 단 순히 밝히는 활동과 비취는 활동bloßes Erhellen und Belichten만이 아니다.

[존재의] 임재는 그가 자신을 은폐된 상태에서 드러내어 개방된 상태로 유지함을 뜻하므로 임재자의 임재는 곧 개방적·은폐적 조명 활동das entbergend-verbergende Lichtung을 뜻한다."104

존재의 진리의 사건은 단순한 개방의 사건으로만 일어나지 않는다. 그러므로 존재의 자기 현현의 모습과 과정을 "SZ", 34ff. 등에서 하이데거가 의도한 대로의 "세계"로서, 즉 의미성의 체계, 개방성의 원리로서만 간주해서는 안 된다. 그것은 그러한 의미의 "세계"와 "대지" 속에 혹은 그 이면에 자신을 은폐하는 가운데 개방하며, 개방하는 동시에 그 속으로 다시금 자신을 회수하고 은닉시키는 그러한 심오하고 불가지적이며 무근저적인 근저로 임재한다. 존재의 자기 현현의 과정에 대해 생각할 때 우리는 항상 세계와 대지를 함께 고려해야 한다. 그들은 한 동전의 양면과도 같이 동일한 존재의 진리의 두 상이한 측면, 즉 그 개방성과 은폐성을 나타내는 혹은 그것을 암시하고 지시하는 개념들이다.

세계와 대지는 본질적으로 서로 다르지만 그럼에도 불구하고 그들은 결코 서로 분리되어 있지 않다. 세계는 대지 위에 기초를 두고 있고 대지는 세계를 통해 자태를 드러낸다. 그러나 세계와 대지 간의 관계는 결코 서로 무관한 두 상반된 것이 결합되는 공허한 통일의 관계가 아니다. 세계는 대지 위에 기초를 두고 있으면서도 후자를 능가하려고 노력하고 있다. 그것은 자기 개방자로서 아무런 은폐성도 용납하지 않는다. 그러나 대지도 포용자die Bergende로서 매번 세계를 그 자체 속에 거두어들이고 품으려 한다. 세계와 대지의 이러한 대치는 하나의 투쟁이다.105

진리는 [예술]작품 속에 정치定置된다. 진리는 오로지 세계와 대지 간의

대치관계 속에서 조명 과정과 은폐 과정 간의 투쟁으로만 임재한다.[106]

그러한 의미에서 "SZ", 63ff.에서 거론된 주위의 세계와 그것을 특징 짓는 실용적인 목적론적 관련성의 체계, 내재 의미성의 체계라는 뜻의 세계는 말하자면 "대지"가 암시하고 지시하는 존재의 은닉된 모습, 그 숨은 근저, 아니 그 무근저와 원근저에 비해 빙산의 일각이 드러난 것과도 같다고 볼 수 있는 것이다.

2) 세계와 "세계사방"

1950년대에 발표된 "Das Ding"事物, 1950, "Die Sprache"(언어, 1950) 그리고 "Bauen Wohnen Denken"(건축과 거주 및 사유, 1951), "Das Wesen der Sprache"(언어의 본질, 1957) 등에서 하이데거는 세계를, 하늘과 땅, "신적인 존재자들"die Göttlichen("손짓하는 신의 사자들"; 혹은 신)[107] 인간들 등 "사자"四者, das Geviert를 포괄하며 그들의 상호관계를 가능하게 하는 "세계사방"世界四方, das Weltgeviert으로 묘사하고 있다. 세계사방은 하나의 사물, 예컨대 축제에 사용되는 포도주 잔 혹은 사람들이 건너다니는 다리를 중심으로 해서 하늘과 땅, 신적 존재들과 인간들 등 사자四者가 완전한 하나로, "사자의 단순성"zur Einfalt der Vier[108]으로 연결되어 형성되는 하나의 전체적인 통일체이다. "사물들의 소집 작용-Dingen-Dingen, Versammeln(결집, 소집)[109]과 더불어 그 속으로 불러 모아지는verweilte, 하늘과 땅, 인간들과 신적 존재들 등 사자로 이루어진 단 하나의 [통일체]를 우리는 세계라 칭한다."[110]

더 정확하게 정의한다면 세계는 이들 사자들로 구성된 "단순성" 또는 통일체라기보다 그러한 통일체를 형성하고 그 속에서 그들 각자가 자신들로 정립되고 조명되는 사건이다. 그들을 각각 "그들 자신으로 정립시키며 조명하는"ereignend-lichtendes[111] 혹은 그들로 "소집하며 그들 자신으로 정립시키는"versammelnd-ereignendes[112] 힘이며 그러한 "사건"Ereignis, Ereignen; enteignendes Vereignis[113]이다.

세계는 포도주 잔과 다리 등 사물이 만들어지고 사용되는 과정에서 이상의 사자들이 서로 구별되면서도 동시에 유기적인 하나의 통일체로 연결되게도 하는, 그래서 그들이 "각각 그들 자신으로 자유로워지게 하는"gibt jedes der Vier in sein Eigenes frei 존재론적 정립 및 조명의 힘과 과정이며 그러한 장과 사건Ereignis이다.

i) 역동적 조명의 사건으로서의 세계

하이데거가 "SZ"에서 계속 역설하는 바는 세계가 정적인 상태로 존재하고 있는 것이 아니고 한 사건으로 일어난다는 점이다.[114] "세계는 사건으로 일어남에 따라 존재한다"Die Welt west, indem sie weltet.[115] 그러한 세계는 신들과 인간들과 세상의 다른 모든 존재자를 그 감추어진 상태에서 개방하여 그들로 드러나게 하는[116] "조명의 사건"das Ereignis der Lichtung이다.[117]

하이데거는 트라클Georg Trakl의 시 "한 겨울 저녁"을 해설하는 과정에서 이러한 의미의 세계 또는 세계사자의 통일을 "거룩한 자", 즉 존재와 동일시하기도 한다. 트라클의 "이 시는 은혜수恩惠樹에 대해 이야기하고 있다. 그 수려한 꽃들은 값없이 하사된 한 실과, 즉 인간들에게 소중한, 구원을 가져다주는 거룩한 자das rettend Heilige를 간직하고 있다. 황금색의 꽃을 피우는 이 나무에는 땅과 하늘, 신적 존재들과 인간들이 깃들어 살고 있다. 이 사자의 통일이 곧 세계이다."[118]

그러나 하이데거에 따르면 이러한 세계는 결코 형이상학적인 의미에서의 세계를 뜻하지는 않는다. 그것은 우리가 통상적으로 일컫는 우주도, 신학자가 거론하는 피조물의 세계도, 전 실재의 총체도 뜻하지 않는다. 그가 의도하는 세계는 이러한 "세계"와 그 속의 모든 존재자를 정립시키고 조명하는 빛이기 때문이다.[119]

세계 또는 세계사자의 통일은 하나의 정적인 의미의 지평, 하나의 빛의 공간만이 아니고 이상의 "사자들"과 그들과 관련된 제존재자들이 서로 간의 유기적인 관계에서 그들 자신으로 정립되고 조명되게 하는 역동적인 "빛의 사건"이기에, 하이데거는 세계를 존재자들의 "존재론적 정립을 위해 연출되는 반영反影의 유희遊戲"das ereignendes Spiegel-Spiel라 칭하기도 한다. "땅과 하늘, 신적인 존재들과 인간들로 이루어진 단순성[=단하나의 통일체] 속에서, 존재론적 정립의 사건으로 일어나는 반영의 유희를 우리는 세계라 칭한다."[120]

포도주 잔과 다리와 같은 단순한 사물들 속에 하늘과 땅, 신적 존재들과 인간들이 교차하며 이들을 하나의 "단순성"으로 통일시키면서도 그들 각자를 그 본성과 본령 그대로 정립시키며 개방하는, 세계라는 존재론적 사건이 일어나고 있다. 그들 속에 세계의 "반영의 유희"가 연출되고 있으며 빛의 역사役事가 전개되고 있다. 세계의 이러한 빛의 역사, 개방의 역사로 말미암아 밝혀지는 사자들의 임재 사실과 그들의 상호관련을 통해 그들을 자체 속에 하나로 "불러모으는"dingen, versammeln 사물Ding의 진정한 본질과 정체도 명확하게 밝혀지게 된다.

ii) 세계의 사건과 사건으로서의 사물

"Ding"(사물)이란 명사는 독일고어 "thing"에서 유래했다. 이 단어는 원래 "불러모으다"versammeln란 뜻이었다. 하이데거는 이러한 어원학적 배경을 고려하여 "사물"의 원래적인 본성은 소집하는 데Versammlung 있다고 주장한다. "술잔이 불러모으는 한에 있어서 그것은 사물이다. 사물의 소집 작용으로 말미암아 비로소 술잔과 같은 존재자의 임재의 사건이 일어나며 그 임재 사실이 결정되게 된다."[121] 소집하는 것을 그 본성과 본령으로 하고 있는 단순한 사물들, 예컨대 "술잔과 의자, 계단과 [밭 가는 데 사용되는] 쟁기, 나무와 연못, 개울과 산, 오리와 노루, 말과 소, 거울과 허리띠 버클, 책과 그림, 왕관과 십자가"[122] 등은 하늘과 땅, 신적 존재들과 인간들을 불러모아 그들이 하나로 연결되게도, 그들 자신으로 "자유로워지게도 한다." 즉 특유한 본성과 본령의 그들 자신이 되게도 한다.

포도주 잔은 결코 여러 가지 속성들로 구성된 하나의 정적인 "현전자"만이 아니다. 포도주 잔은 하나의 실용물로서 그 본질은 그 목적에서, 즉 포도주를 따르는 데서 발견할 수 있다. 포도주 잔은 곧 포도주를 따르는 과정과 사건 그 자체라 할 수 있다. "따르는 행위 속에 포도주 잔이 포도주 잔으로 임재하고 있다. 따르는 행위는 그것과 관계되는 것들을 소집한다.…따르는 행위를 통해 소집된 것들은 사자四者들을 그들로 정립시켜 그 속에 머물게 하는 데 힘을 모은다. 여러 면에서 단순한 이 소집 행위가 곧 포도주 잔의 임재성(존재, 본질, 정체)을 뜻한다.…포도주 잔의 본질은 단순한 사자들을 소집함으로써 그들이 그 속에 머물게 하는, 따르는 사건에서 발견할 수 있다."[123]

포도주를 따르는 과정을 생각할 때 우리는 포도주가 포도주로 만들어지는 과정과 관계되는 하늘과 땅의 모든 자연적인 여건들을 생각하지 않을 수 없고 그것을 헌주獻酒로 바치는 신들과 그들의 사자들 그리고 그것을 즐겨 마시는 인간들을 생각하지 않을 수 없다. 이 포도주 잔의 본질은 포도주를 따르는 데 있고 포도주를 따름과 더불어 하늘과 땅, 신적 존재들과 인간들이 하나로 연결되는 동시에 그들 각자의 정체성도 밝혀진다. 이 포도주 잔을 통해, 더 정확하게 표현한다면 그것에 포도주를 따르는 사건을 통해 사자들의 존재론적 정립의 사건이 상호 간에 일어난다. "사자 각자는 자신의 방법으로 다른 삼자의 본질을 반영한다. 그렇게 함에 있어서 각자는 자신의 방법대로 사자의 단순성 속에서 자신의 특이성을 되받아 반영한다."[124]

포도주 잔과 같은 단순한 사물들이 자체의 힘으로 사자를 자신 속으로 불러들여 "붙들어두는"verweilen 것은 물론 아니다. 하이데거가 때로는 사물이 그렇게 할 수 있는 힘을 소유하고 있는 것같이 묘사하는 것은 사실이다. 사물들 속에서 사자가 소집되고 그들로 정립되며 조명되게 하는, 세계의 "반영의 유희" 또는 "존재론적 정립의 사건의 무도"der Reigen des Ereignens[125]가 연출되는 만큼 어떤 의미로는 사물이 세계를 자체 속에 불러들인다고 할 수 있다고 그가 보기 때문이다. "사물이 사자를 [자체 속에] 붙들어둔다. 사물이 세계를 소집한다Das Ding dingt Welt. 각 사물은 사자를 붙들어 그때그때의 세계의 단순성이 되게 한다."[126] "사물들이 소집 활동을 전개함에 따라 세계를 생성케 한다tragen Welt aus …소집 작용을 펼치는 가운데 사물들은 세계를 출산한다"Dingend gebärden die Welt.[127]

그러나 사물의 이러한 소집력은 궁극적으로는 결코 사물 자체에서 유래하는 것은 아니고 어디까지나 사물보다 더 고차원적인 원초적 "소집자"召集者, Sammlung 또는 "소집력" 혹은 "소집성"에서 유래한다. 즉 하이데거가 "로고스"Logos, Sammlung,[128] [존재자의 존재론적 정립의] "사건"[129] 그 자체, "인접성"隣接性, die Nähe,[130] "내면성"Innigkeit,[131] "중심"die Mitte,[132] "차별성"der Unter-schied,[133] "영역"領域, die Gegend,[134] "광활공간"das Gegnet,[135] "언어"die

Sprache[136]라고도 칭하는 존재 또는 세계 혹은 세계사방에서 유래한다.

"US", 24ff.에서 하이데거는 사물들 또는 존재자들뿐 아니라 그들을 포괄하는 세계보다 더 고차원적이며 더 포괄적인, 그들 "양자 간의 중심"die Mitte der Zwei, 또는 "내면성"die Innigkeit 혹은 "차별성"der Unter-schied이 존재하고 있는 것으로 묘사하고 있다. 이 궁극적인 "중심"은 세계사자를 통한 존재론적 사건의 중추로서 사자들 사이와 세계와 사물 사이, 그리고 비은폐성의 과정과 사건이라고 할 수 있는 존재와 그러한 과정과 사건이 일어나는 "현장"인 현존[137] 사이를 "횡단"durchmessen하는 가운데, 그들이 서로 구별되게도 하고 서로 하나로 연결되게도 하는 데서 양자가 고유한 본성과 본령으로 정립되는 존재론적 "사건"Er-eignis이 일어난다는 것이다.[138]

그러나 다른 맥락에서 하이데거는 세계와 사물, 존재와 현존 사이의 절대적인 "중심", 그들 사이의 "차별성"이 곧 존재론적 사건 그 자체라고 간주하고 있으며 그것이 곧 자신의 무근저적 근저에서 자신의 자태를 지속적으로 상이한 방법으로 현현하는 존재 또는 세계임을 분명히 하고 있다.[139] 그러므로 "US", 24ff.에서 거론되는 모든 것의 "중심" 혹은 "차별성"이란 것은 비은폐성의 "사건"의 궁극적인 주체인 존재 자체임을 알 수 있다.

존재는 자신의 감추어진 근저"Lethe"에서, 자신의 "무근저적 근저" 또는 "비근저"abgründiger Grund, Abgrund에서, 자신을 빛과 개방성Lichtung, Licht, Erschlossenheit으로, 비은폐성aletheia, Unverborgenheit으로 개현한다. 그것이 세상에서 "가장 비범한 자들"인 인간들, 그중 특히 사상가와 예술가, 문인과 정치인들을 매체로 해서 자신의 본성을 그렇게 개방하는 모습이 곧 예술품과 사상 체계와 국가 체제 등에 "정돈"停頓되어zum Stand gebracht 있는, 즉 구체적으로 한정되어 "peras", "Grenze"; "seine mögliche Bestimmtheit und damit seine Grenze"[140] 표출되어 있는 세계다.[141]

우리가 검토 중인 연설문들에서는 하이데거가 물론 이러한 세계가 문화물과 사상 체계와 정치체제에서뿐 아니라 술잔과 다리, 나무와 노루 속에서도 함축되어 있다고 역설하고 있다. 그 자체에 원래 숨겨져 있는 존재[142]가 이와 같이 외적으로 구체화되고 표출된 모습이 세계이며, 세계가 표출되고 형성됨과 더불어 그 속에서 사물은 사물로 정립되고 조명된다. 그렇게 되는 과정에서 세계가 사물과 구별되기도 하고 서로 연결되기도 한다.

세계는 물론이거니와 그 속의 사물들 가운데에도 존재의 빛은 비췬다. 세계는 자기 현현하는 대로의 존재이며 사물은 존재의 자기 현현의 역사, 빛의 역사로 말미암아 그들로 나타나는 것이다. 그러나 감추어진 근저에서 자신을 개방하는 존재는 자신의 그 감추어진 근저를 남김없이 있는 그대로 다 개방하는 것은 아니다. 그리고 그는 자신을 개방함과 동시에 자신을 은폐시키기도 한다. 그러므로 자기 현현을 통해 개방된 존재, 즉 세계 또는 언어와 원래적인 존재, 존재 자체를 구분할 수 있는 것은 분명하지만[143] 그러나 양자를 분리할 수도 없고 상이한 두 원리들로는 더더구나 생각할 수 없다. 어쨌든 모든 것의 궁극적인 주체는 존재 자체다. 비은폐성의 사건의 절대적인 주체로서 자신을 감추어진 근저에서 세상에 드러냄과 더불어 세상에 존재의 빛이 비춰게 되고, 그로 말미암아 존재 자체와 이상의 "사자"들 그리고 이들 사자들이 하나로 소집되는 데서 정립되는 모든 사물의 정체가 밝혀지게 되고 그들 간의 차이도 드러나게 된다. 그리고 무엇보다 세상의 모든 존재자 속에 존재론적 차이가 내재하고 있다는 점, 즉 그들은 단순한 존재자 이상의 대상인바 그 이유는 그들이 존재의 빛에 비추임을 받고 있고 존재와 관계를 맺고 있다는 사실에 있다.

그러므로 사물을 사물로 바로 이해하고 해석할 수 있으려면 빛의 사건으로 일어나는 세계를 배경으로 해서 그것을 바라보아야 한다. 사물은 세계에 의한 존재론적 정립과 조명의 사건으로 말미암아, 그리고 세계라는 전체적인 의미의 지평 속에서 사물이 될 수 있고 사물로서의 자태를 드러낼 수 있기 때문이다. "사물이 사물로 되는 사건은 세계의 반영의 유희라는 [사자들 간의] 씨름 과정에서 일어난다"Was Ding wird, ereignet sich aus dem Gering des Spiegel-Spiels der Welt.[144] "[사자를 불러모으는 사물의] 소집 활동은 세계가 [사자로 하여금 서로] 인접케 하는 활동이다Dingen ist Nähern von Welt. 인접하게 하는 활동이 인접성die Nähe (존재, 언어)[145]의 본성이다. 우리가 사물을 사물로 아낀다면 그것은 우리가 인접성 안에 거주하고 있음을 의미한다. 인접성의 인접하게 하는 활동이 곧 세계의 반영의 유희의 진정하며 유일한 측면이다"Das Nähern der Nähe ist die eigentliche und die einzige Dimension des Spiegel-Spiels der Welt.[146] 여기서 "인접성이 세계사역世界四域, Weltgegenden (세계사자들의 영역들)의 상호관련을 추진하는 운동"die Bewegung des Gegen-einander-über의 원동력임이 드러난다.[147]

우리는 사물 속에서 세계를 감지할 수 있어야 하고 세계의 지평 속에서 사물을 인식할 수 있어야 한다. 존재자 속에서 그것을 밝히는 존재의 빛, 환언해서 "존재론적 차별"을 발견할 수 있어야 하고 존재의 빛 속에서 사물의 본질과 정체를 이해할 수 있어야 한다.

만약 우리가 소집 활동을 펼치는 사물을, 사건으로 일어나는 세계로부터 기원하는 것으로 본다면 우리는 사물을 사물로 바로 생각하게 된다. 그러한 경건한 생각을 함으로써 우리는 사물 속에서 [발견하는] 세계적 본성(존재의 빛)으로 말미암아 변화하게 된다. 그렇게 생각함으로써 우리는 사물의 진정한 본성에 의해 [존재 또는 세계로] 소환되게 된다. 우리는 문자 그대로 사물에 의해 소집 [또는 소환]된 자들(사물에 의해 긍정적인 의미로 제한을 받는 유한자들, die Be-Dingten)이다. 우리는 오래전에 모든 절대성alles Unbedingten을 주장하는 월권행위를 포기했다.[148]

사물Ding의 본질은 그것의 다양한 속성의 통일에서보다 그 소집 작용과 소집 과정Dingen에서 발견할 수 있다. 사물 속에서, 사물을 통해 "세계사자" 또는 세계사역世界四域, vier Welt-Gegenden[149]이 소집되고 각각 그들 자신으로 정립된다vereignen, ereignen.[150] 사물 속에서, 사물을 통해서 세계가 한 사건, 즉 사자들과 사물 자체의 정체와 의미와 기능에 대한 정립과 개방의 사건이 된다. 세계가 하나의 역동적인 사건인 것과 마찬가지로 그 자체 속에서 "세계를 소집하며"dingt Welt,[151] 세계를 "전개하는"展開, ent-falten 하나하나의 사물 역시 사건, 역동적인 정신적 사건이다. "소집하는 가운데 세계를 출산하는", 그러나 다른 한편으로는 세계로부터 그 실체를 부여받으며 세계에 의해 지탱되는 이 사물들도[152] 사건들이다.

"포도주 잔이 불러모으는 한에서 그것은 한 사물이다. 사물의 소집 작용에서 비로소 포도주 잔의 특성을 지닌 실재의 임재의 사건이 일어나며 그로 말미암아 이 실재의 임재사실이 결정되게 된다"Aus dem Dingen des Dinges ereignet sich und bestimmt sich auch erst das Anwesen des Anwesenden von der Art des Kruges.[153] "[포도주를] 따르는 행위와 더불어 소집된 것들은 사자의 존재론적 정립의 사건이 일어나게 하는 가운데 그들을 [포도주 잔 속에] 붙들어두는 데ereignend zu verweilen 힘을 모은다. 이 다양한 방법의 단순한 소집 작용 [또는 소집 과정]이 곧 포도주의 존재다"Dieses vielfältig einfache Versammeln ist das Wesende des Kruges.[154]

　그러한 의미에서 오트H. Ott는 하이데거의 사물 개념을 다음과 같이 해석하고 있다. "하이데거는 사물을 사건으로 '환원시킨다'das Ding 'auflöst' in ein Geschehen. 포도주 잔은 곧 베풀며 따르는 사건이다. 다리는 [서로 떨어진 두 곳을] 연결해서 [사람들이] 건너게 해주는 사건이다. 사물의 본질은 단순히 공간을 채우며 불가입성의 물체로 '구성되어 있는' 무생물체 혹은 그러한 생물체만이 아니다. 그것은 '속성들'로 채워진 그 무엇만도 아니다. 그러한 것이 아니고 사물은 사건으로 존재하며 하나의 의미 있는 사건이다.…한 사물은 사건이며 이 사건은 곧 [사물 속에서 작용하고 있고 일어나고 있는] 존재다. 단순한 사물들 속에 존재가 내재하고 있으며 [그들 속에 일어나고 있는] 사건인 존재가 인간의 실존과 구체적으로 관계된다."[155]

　현대 기술 사상die Technik은 사물 속의 "세계적 본성", 즉 존재의 빛을 바라보지 못하고 있다. 과거 형이상학자들과 마찬가지로 기술 사상과 과학주의에 빠져 있는 현대인들은 사물을 한낱 표상과 분석의 대상Gegen-stand, 주문과 응용의 대상Be-stand으로만 간주하고 있다. 그들은 존재자의 차원에 머물고 있으며 존재자를 존재로 곡해하고 있다. 과거 형이상학자들과 마찬가지로 현대 지성인들도 사물의 진정한 실체를 발견하지 못하고 있다. 사실상 현대인의 "과학은 사물들을 진정한 실물로 용납지 않기에 포도주 잔이라는 사물을 허무한 것으로zu etwas Nichtigem 만들어버리고 있다. 그 자체의 영역 안에서 구속력이 있는, 과학의 지식은 원자탄이 폭발하기 오래전에 벌써 진정한 의미의 사물들을 파괴했다."[156]

　세계사자가 서로 만나서 각자 자신으로 정립되게 하는 사물 속에서 세계를 발견할 수 있고 세계 속에서만 사물을 진정한 그 모습 그대로 발견할 수 있다. 그렇다고 해서 하이데거가 세계 또는 존재 없이 사물이 그어떤 형태로든 존재할 수 없다고 주장하는 것은 아니다. 왜냐하면 그도실용물로서의 존재자는 현전자로서의 존재자를 전제로 하고 있다고 보기 때문이다. "실용성Zuhandenheit이, 그 '자체로'an sich 존재하는 대로의 존재자의 존재론적·범주적 특성이긴 하지만 실용물은 어디까지나 현전자를 토대로 해서만nur auf dem Grunde von Vorhandenem '실재'gibt es하기" 때문이다.[157]

사물을 사물로 바로 이해하기 위해서는 우리의 자아 이해와 의식 구조가 근본적으로 갱신되고 개조되어야 한다. 인간 이성 위주의 표상적·개념적 사유, 과학주의적 사유가 존재 위주의 근본적인 사유로, 즉 경건한 마음과 감사하는 마음의 "회상적 사유"Denken als An-dacht, An-denken, Danken, Gedächtnis[158]로 변화해야 한다. "언제 그리고 어떠한 방법으로 사물들이 사물들 그대로 그 모습을 드러낼 수 있는가? 인간의 책략과 노력으로 그렇게 되는 것이 아니다. 그러나 인간의 경각심 없이 그렇게 되는 것도 아니다. 이러한 경각심에로의 첫 행보는 [사물을] 단지 표상하기만하려는, 즉 과학적으로 설명하는 데 급급한 사유에서 돌이켜 [존재 위주의] 경건한 사유에 임하는 행보다"der Schritt zurück aus dem nur vorstellenden, d.h. erklärenden Denken in das andenkende Denken.[159]

iii) 세계의 사건과 언어의 사건

사물 속에서 세계를, 세계 속에서 사물을 발견할 수 있다. 사물 속에서 세계라는 빛의 사건, 존재론적 정립과 조명의 사건 그 자체가 일어나고 있고 세계 속에서 사물이라는 소집의 사건이 일어나고 있다. 양자는 서로 필연적으로 연결되어 있으면서도 또한 서로 구별된다.

포도주 잔이나 다리와 같은 단순한 사물들이 사자를 하나로 불러모으며 그들로 정립시키고 조명하는 소집 작용을 전개한다면, 사물들의 이러한 소집 작용das Dingen der Dinge을 통해서 곧 세계의 세계화das Welten von Welt[160]의 사건이 일어나게 된다. 그러한 이유에서 사물들이 세계를 불러모으거나 생성하게 한다고 할 수 있다. "사물은 세계사자를 [자신 속에] 붙들어둔다verweilt. 사물은 세계를 소집한다", 아니 "세계를 출산한다"gebärden, gebären.[161]

그런가 하면 세계는 세계대로 "사물들에게 그 본성을 하사한다gönnt den Dingen ihr Wesen …세계는 사물들을 하사한다."[162]

따라서 사물과 세계는 서로를 제약한다. "세계와 사물들은 병존竝存하지 않는다. 그들은 서로를 교차한다. 그렇게 함에 있어서 그들은 하나의 중심점을 가로지른다. 이러한 교차로 말미암아 그들은 하나가 된다. 그렇게 하나가 된 그들은 서로 내적으로 연결되어 있다. 양자 간의 중심점은 내면성(die Innigkeit, 존재)이다."[163] 양자는 서로를 제약하며 한정하고 있다. "왜냐하면 세계와 사물들은 서로 가까이 병존하는 것만이 아니고 서로를 내적으로 침투하기durchgehen einander 때문이다."[164]

사물로 하여금 하늘과 땅, 신과 인간을 자체 내에 불러들여 체류케 하며 소집력의 근원과 밝은 "광휘"로 "빛나는 세계"("die helle Welt"; 참조, "der Glanz der Welt")의 사건이 일어나게 하는"welten" "원초적인 세계 형성자"das ursprünglich Weltende[165]는 우주적인 빛의 힘"das ins Licht Aufgehende"; "das aufgehende Erscheinen"; "das Walten", "das Waltende", "das aufgehende Walten"[166]인 "*Physis*"다. 그리고 피시스는 빛과 어둠의 세력을 변증법적으로 구별하면서도 조화시키는 가운데 우주 내의 존재자들 가운데서 비은폐의 역사를 지속적으로 펼쳐 나가는 "원초적인 투쟁"Urstreit의 숨은 조정력인 "Polemos"와도 동일한 힘이며,[167] 모든 존재자를 자신의 빛 가운데로 불러모으는 "개방적 소집력"offenbarmachende Sammlung인 "Logos"와도 동일한 힘이다.[168]

이러한 "Physis"와 "Logos"를 하이데거는 언어 Sprache 혹은 말씀Sage 이라 부르기도 하고, 상술한 바와 같이 세계와 사물 간의 "중심"과 "인접성", 그들 간의 "차별성"과 "[존재론적 정립 및 조명의] 사건 그 자체"Ereignis라고 부르기도 한다.

원초적인 소집자인 "Logos"가 유한한 "소집자"der Sammler,[169] 즉 소집 활동 또는 언어 활동을 그 본령으로 하고 있는 "언어 구사자" 인간,[170] 그 중에서 특히 핀다르Pindar와 트라클 그리고 횔덜린과 같은 위대한 시인의 시가를 매개로 해서 우주 내의 존재자들을 한 "중심점"으로, 즉 로고스 자신으로 "불러들이고"ruft in eine Nähe[171] 소집versammelt함으로써 그들의 존재가 정립되고 개방되게 한다. 헤라클레이토스와 플라톤, 그리고 아리스토텔레스가 이미 지적한 대로 "Logos"의 원형인 "legein"은 소집함을 뜻할 뿐 아니라 개방함entbergen, offenbaren도 뜻한다.[172] 원초적인 언어와 그 언어의 깊은 의미 및 순수한 표출 방법과 완전히 일치된, 그것을 "따라 말하는"homologein, ent-sprechen 인간의 원래적인 언어의 본질은, 이미 형성되어 있고 인식되고 있는 존재자들의 의미를 전달하는 데 있지 않고 그들의 존재를 정립하고 "형성함"과 동시에 그것을 개방하는 데 있다(이 책 376면 (3) 표현력과 언어 참조).[173]

로고스와 언어와 말씀, 내면성과 중심점과 차별성이라고 불리는 존재는 인간의 유한한 말들과 언어를 통해 사물을 자기 자신으로 불러모음과 동시에 그것은 또한 그 자체로 어떠한 규모와 질서 없이, 한계성과 방향 없이 혼동 속에서 맹목적으로 표류하는"Zerstreuung in das Un-ständige", Verwirrung in den Schein"[174] 이들 사물들을 그들 자체의 "존재"의 틀에 "불러 모아"fangen", "auffangen", "Zusammenriß des Seienden in die Gesammeltheit seines Seins vollbringen"[175] 그들이 진정한 그들 자신으로 정립되고 개방되게 한다.[176]

3) 세계와 빛의 사건

상술한 바와 같이 하이데거에 따르면 헤라클레이토스, 파르메니데스, 소포클레스 등 다수의 소크라테스 이전 사상가들이 "*Physis*", "*Logos*", "*Aletheia*", "*Hen*", "*Polemos*" 등의 명칭으로 불렀던 우주적 개방과 조명의 힘인 존재가 우주 내의 존재자들 가운데서 자신을 개방함으로써 이들이 이들로 조명되고 개방되며 그들로 정립되어 "존재"하게 된다. 이러한 의미의 존재는 인간들, 그중에서도 특히 위대하고 특출한 인물들의 사유 활동, 예술 활동, 언어 활동, 정치 활동 등 독창적인 "기투 활동", 즉 광의의 "작시 활동"Dichtung 또는 광의의 "언어 활동"Sprache[177]을 통해서 구체적인 정신적·역사적 세계로 "형성"되고"weltbildend"; "Weltwerden"[178] 표현된다.

피시스, 로고스, 알레테이아로서의 존재는 절대적인 의미에서 우주적인 빛이며 빛의 사건, 진리와 비은폐성의 사건이다. 그러한 절대적인 의미의 빛에 비침을 받고 그 빛의 사건에 수동적·능동적으로 참여하는 인간 현존재는 상대적인 의미의 빛이며 빛의 사건이다. "자연적인 빛"이며 조명 과정 또는 개방 과정 그 자체다. 존재의 빛이 따로 있는 것이 아니고 인간 현존재라는 "존재의 현주" 속에 비춰지며 그의 조명 활동과 개방 활동, 다시 말해 기투 활동과 작시 활동 또는 언어 활동을 통해서 온 우주에 두루 비춰지는 빛이 곧 존재의 빛이다. 존재자 일반의 존재를 정립하고 개방하는 존재라는 절대적인 의미의 빛의 역사, 진리의 역사役事는 필연적으로, 그와 본질적인 관련을 맺고 있고Zusammengehörigkeit, Wechselbezug 그와 하나로 연결되어 있는Identität, Einheit 현존재라는 상대적인 의미의 빛의 협조하에서 이루어진다. 그만큼 인간은 놀랍고 기이한 존재자이며 "세상에서 가장 비범한 자"다.

하이데거는 그의 모든 저서에서 이 점에 대해, 즉 존재와 현존재가 상기한 의미로 각각 빛과 빛의 사건이며 동일한 우주적 빛의 역사를 위해 이들이 동역자로 상부상조하며 상호 협조한다는 점에 대해 계속 주장하고 있다.[179] 그가 1944년도에 저술한 "Aletheia"(1944)[180]와 "Logos"(1944)[181]라는 두 소논문에서도 이 점을 강력하게 주장하고 있는 바,[182] 여기서 그는 존재 또는 세계가 빛의 사건이라는 점을 그 어디서보다 더 확연하게 천명하고 있다.

"Aletheia"라는 소논문에서 하이데거는 소크라테스 이전 철학자들 가운데 가장 심오한 사상가였던 헤라클레이토스의 단편 16을 해설하고 있다. "영원히 사라지지 않는 자 앞에서 우리가 어떻게 숨을 수 있는가?"

하이데거에 따르면 헤라클레이토스는 극히 심오한 사상가라는 뜻으로 "어두운 자"ho skoteinos라고 일컬어졌으나 사실 그는 "밝은 자"der Lichte였다.[183] 그리고 "그는 빛에 대해서 캐묻는 가운데 사유했기에 어두운 자", 즉 깊은 사유자이기도 했다. 밝음에 대한 그의 깊은 사유로 말미암아, 즉 존재의 개방된 모습 이면에 감추어진 그 심오성과 신비에 대한 그의 깊은 사유로 말미암아 그는 지금까지 많은 사람들에게 영향을 끼쳤을 뿐 아니라 앞으로도 계속 그렇게 할 것이라고 한다. 그래서 "그는 미래에도 계속 이 이름(어두운 자)으로 불릴 것이다."[184]

헤라클레이토스는 존재를 빛으로 간주했으며 존재의 빛은 어둠을 바탕과 배경으로 해서 그 광휘를 발한다고 생각했다. 그는 빛과 어둠을 서로 결부시켜 생각했다. 왜냐하면 "그들은 동일한 것이기"Sie(=Physis und kryptesthai) sind das Selbe[185] 때문이었다. 그에 따르면 "피시스는 자신을 은닉하는 것을 사랑한다"Physis kryptesthai filei고 한다.[186] 그에게는 "그러므로 빛의 비췸은 그 자체에 있어서 동시에 은폐 과정이며 그러한 의미에서 그것은 가장 어두운 것이었다."[187]

헤라클레이토스는 단지 하나에 대해서만 생각했다. [우주적 빛의] 출현과정das Aufgehen([해가] 떠오름, 나타남), 즉 "Physis다."[188] "헤라클레이토스는 개방적인 동시에 은폐적인 빛das entbergend-verbergende Lichten, 즉 세계원화(世界原火, Weltfeuer; 세계화='原火')를 그 본성에 있어서 비추임을 받은 자들die ihrem Wesen nach Erlichtete이며 탁월한 방법으로 이 빛(세계화)에 순응하며 참여하는 자들der Lichtung Zu-hörende und Zugehörige(신들과 인간들)과 관련시켜 거론하되 우리가 좀처럼 간파하기 힘든 방법으로 이들과 관련시켜 그렇게 하고 있다는 점을 이 명언[단편 16]의 사변적인 성격der fragende Grundzug은 암시하고 있다."[189]

헤라클레이토스는 그의 사유의 유일한 주제를 "빛", "조명 과정", "세계원화" 등의 명칭으로 불렀을 뿐 아니라 다양한 다른 명칭으로도 불렀다. *Physis, Logos, Harmonia, Polemos, Eris*(평화), *Philia*(사랑), *Hen* 一者. 이 모든 명칭은 다 동일한 내용을 함축하는 개념들이다"die Wesensfälle des Selben".[190] 이 모든 명칭은 다 존재에 대한 호칭들로서 그들은 일률적으로 존재에서 본질적인 빛의 역사, 즉 개방 활동과 조명 활동, 소집 활동과 정립 활동을 나타내는 개념들이다. 그들은 다 존재 자신과 존재자 일반의 정체가 빛으로 밝히 드러나며 그들로 구체적으로 정돈되고 한정되며 규정되고 정립되는, 우주적 존재론적 사건, 빛의 사건과 관계되는 개념들인 것이다.

이 개념들 중 헤라클레이토스에게 가장 중요한 세 개념들이 세계원화to Pyr와 로고스, 그리고 일자Hen라면 이들도 다 이러한 우주적·존재론적 사건을 나타내는 개념이다. 그가 뜻한 "Pyr"는 "영구적인 [빛의] 출현"immerwährendes Aufgehen, "빛을 비춤"das Lichten, "광활한 광공간"solches, was eine Weite in Helle entbreitet, "빛의 지배력", "빛의 힘"das lichtende Walten 등을 뜻한다. 뿐만 아니라 그는 이 명칭을 존재자 일반에게 규범Maße을 가져다 주기도 하고 다시금 회수하기도 하며 그들에게 방향을 제시하는 가운데 그들이 속해 있는 곳으로 지시하는 역할도 하는 "to Phronimon"(숙고자, das Sinnende)와 동의어로 사용하기도 했다.

그러므로 그에게 세계 또는 세계원화는 우주 내의 모든 존재자들을 감추어진 데서 드러내어 그 정체를 밝혀주는 힘을 소유하고 있으며, 그들을 "그들 자신의 본질에로 소집하여 그 속에 보전하는versammelt alles und birgt es in sein Wesen 힘, 환언하면 [그들 자신의 모습으로] 임재하게 눈앞에 배치하고 정렬하는 소집력"die vor-[ins Anwesen] legende und darlegende Versammlung을 소유하고 있다.[191] "세계원화는 이와 같은 방법으로(은폐된 상태에서 지속적으로 출현하는 방법으로) 찬란한 광휘를 발하며 그 모습을 밝히 드러내는 가운데 숙고한다sinnt."[192]

이러한 힘이 곧 우주적인 "소집자" 혹은 "소집력"인 "Logos"이기도 하다. "Logos"의 원형인 "legein"sagen, reden(말하다)은 원래 그 무엇을 "소집하여 눈앞에 배열함"sammeln, zusammen-ins Vorliegen-bringen, sammelndes vor-liegen-Lassen[193]을 의미했으며 그러한 의미에서 그것은 또한 아리스토텔레스가 이미 지적한 대로 "apophainesthai"entbergen und offenbarmachen(개현시키다)의 뜻을 나타낸다고 볼 수 있다. 그것에서 유래한 "'Logos'는 현상하는 것, 눈앞에 나타나는 것을 그 자체에서 스스로 현현케, 즉 빛난 모습으로 자신을 드러내게 한다."[194] *Logos*의 이러한 소집과 개방의 사건이 바로 "*Aletheia*"의 사건이며 "*Physis*"의 사건인 것이다.

헤라클레이토스는 이러한 로고스를 "*Hen*"이라 부르기도 했다. 그는 단편 50에서 "만약 너희들이 내가 아닌 로고스의 말씀을 경청한 일이 있다면 '일자가 곧 전체다'*Hen Panta, Eins ist Alles*라는 말을 따라함이 현명하다"라고 서술하고 있다.

여기서 그는 "*Hen Panta*"라는 표현을 통해 로고스의 본질을 해명해 주고 있다. 일자*Hen*는 우주 내의 모든 존재자들*Panta*을 자신에게로 소집하여 그들 자신으로 정립되고 현현케 하는 힘이다. "*Hen*은 통일시키는 자*das Einende*라는 뜻으로서 유일한 일자*das Einzig-Eine*다. 그는 [전체를] 소집함으로써 통일시킨다. 그는 존재자들을 그 자체대로, 그리고 그들 모두를 함께 소집하여 눈앞에 배열시킨다*Es versammelt, indem es lesend vorliegen läßt das Vorliegende als solches und im Ganzen.* … *Hen Panta*는 *Logos*가 무엇인지에 대한 단순한 암시를 제공해주고 있다."[195]

"*Pyr*"는 *Physis*, *Logos*, *Hen* 등과 동일한 개념이며 "*Kosmos*"와도 동일한 개념이다. "세계*Welt, Kosmos*는 지속적인 원화原火, *währendes Feuer*며, '*Physis*'의 의미와 완전히 동일한 의미에서 지속적인 [빛의] 출현*währendes Aufgehen*을 뜻한다."[196] "그리스어 '*Kosmos*'는 질서와 섭리를 뜻함과 동시에 보석, 즉 [존재자 일반에게] 빛을 가져다주는 광채와 섬광*der Schmuck, der als Glanz und Blitz zum Scheinen bringt*을 뜻하기도 했다."[197] 헤라클레이토스는 이러한 "*Kosmos*"를 또한 "*Aion*"이라고 칭하기도 했는데, 그가 뜻한 "*Aion*"은 곧 "*Kosmos*로서[198] 존재의 섭리*die Fügung des Seins*를 휘황찬란한 빛으로*zu erglühenden Erglänzung*" 드러나게 하는 가운데 세계화 및 시간화 활동을 전개하는 세계"를 의미했다.[199]

헤라클레이토스에게는 이와 같이 "세계"*Kosmos* 혹은 "세계시간"*Aion*은 "세계원화"*Pyr*로서 피시스와 로고스, "빛의 힘"과 "소집자" 또는 "소집력"을 뜻했다. 피시스와 로고스가 알레테이아를 뜻하며[200] 그들은 또한 존재*Sein*를 뜻하므로[201] 세계도 "*Aletheia*", 즉 진리 혹은 그 개현 과정, 개현의 사건이라 할 수 있고 그것을 존재와 동일시할 수도 있다. 존재의 빛, 진리의 빛이 우주 전체에 비춤으로써 그 속의 모든 존재자들이 그들 자신의 존재에로 "소집되고" 정립되며 개방되게 하는 "힘"*die Gewalten des Waltenden*[202]과 그렇게 되게 하는 "사건"*das ursprünglich Weltende*[203]이 곧 세계다. 이러한 의미에서 우주적인 "빛의 사건 [또는 조명 사건]이 곧 세계"라고 할 수 있으며,[204] "세계를 통해서 비로소 존재자가 '존재하게'*seiend* 된다" 혹은 세계로 말미암아 "존재자가 이제 비로소 존재자로 '존재하게' 된다"[205]고 할 수 있는 것이다.

그러나 여기서 각별히 유의해야 할 점은 헤라클레이토스에게 "세계" 혹은 "세계원화"가 빛을 뜻하고 "밝게 비춤"*das helle Lichten*을 뜻했다면, 여기서의 비춤은 물론 단순히 조명*Erhellung*이나 개방*Freilegung* 활동만을 뜻하지 않았다는 사실이다.[206] 왜냐하면 그가 존재 또는 세계를 빛의 힘과 빛의 사건으로 생각할 때, 그는 이 우주적인 빛이 단순히 밝은 빛으로만 위력을 발휘하는 것이 아니고 항상 어둠을 근저와 배경으로 하고 그렇게 하며 광휘를 발함과 동시에 그것은 또한 어둠 속으로 사라지는 것이라고 생각했기 때문이다. 그러한 뜻에서 헤라클레이토스는 그의 단편 123에서 빛의 힘인 "*Physis*는 자신을 감추는 것을 사랑한다"*Physis kryptesthai philei*라는 말을 남겼던 것이다.[207]

고대 그리스에서 가장 심오한 사상가였으며 앞으로도 계속 그러한 사상가로 높이 평가받을 헤라클레이토스는, "표상적 사유" 또는 과학 이성으로 정확하게 "해명하는 사유"vorstellendes, d.h. erklärendes Denke[208] 방법으로 존재자뿐 아니라 존재에 대해서도 완전히 피상적으로 사유했던 플라톤 이래의 주지주의자들과는 달리 존재와 존재자 일반의 드러나는 "표면"Vordergrund; das Vordergründige, Vorderfläche, Oberfläche[209] 이면에 감추어진 깊은 근저를 바라보는 눈을 가지고 있었다. 그가 존재의 무한한 심오성과 신비를 깊이 체험했기에 그는 단편 50에서 사람들에게 헤라클레이토스 자신의 말이 아닌 존재의 "말씀"Logos에 귀를 기울이며 그것에 순응하는 사유와 언어 활동을 전개해야 할 것을(homologein→homos〈one and the same〉+legein〈to say〉=동일한 것을 말하다→ent-sprechen, entsprechen, 따라 말하다, 동의하다, 순응하다) 강력하게 촉구했고,[210] 인간 이성의 빛이 아닌 "Physis"와 "Kosmos"의 빛으로 모든 것을 보고 이해하되 항상 그 빛의 "어두운" 측면을 염두에 두고 그렇게 해야 함을 역설했다.[211]

존재와 세계는 "떠오른 빛의 힘" 혹은 "강력한 빛의 출현력", "Physis"이며 자신의 은폐성을 부정하고"me" 자신의 모습을 빛으로 밝히 드러내는 "영원히 지지 않는 [빛의] 출현"To me dynon pote, das niemals Untergehen이다.[212] 그것은 자신의 은폐성을 부정하고 자신의 개방성을 긍정하는 빛의 힘인 것이다.

그러나 자신의 은폐성을 부정하는 가운데 "영원히 지지 않고 계속 떠오른 빛의 힘"으로 우주를 비춰는 존재 또는 세계 혹은 세계원화는 자신을 개방하되 자신의 은폐성을 제거하고 극복하지 않을 뿐 아니라, 그것을 말하자면 한없이 깊은 "샘"과도 같은 근저로 두고 거기에서부터 개방될 내용을 "자아 올린다"schöpft고 할 수 있다.[213] 존재의 자기 개방 활동은 항상 자신의 심오한 은폐성을 근저와 배경으로 이루어진다. 그는 깊은 샘에서 물을 퍼올리듯 자신의 "은폐된 충만"verborgene Fülle; "Reichtum",

"Schätze", "Unerschöpfliche des Fragwürdigen"[214]과 "은폐된 보고"verborgene Schätze[215]에서, 자신의 "무궁무진한 샘"unerschöpflicher Brunnen[216] 또는 "원천"Quelle[217]과 "무궁무진한 자의 은폐성"das Verborgene des Unerschöpften[218]에서 그 일부를 끌어내어 개방한다.

모든 개방 활동은 임재자를 은폐된 상태에서 끌어내는 작용이다. 개방 활동은 은폐성을 필요로 한다. *Aletheia*는 *Lethe*에 근거를 두고 있으며ruht in der Lethe 후자로부터 [개방 내용을] 끌어낸다. 후자 속에 저금貯金되어 있는hinterlegt 것을 [인출해서] 눈앞에 제시한다. *Logos*는 그 자체에 있어서 개방성인 동시에 은폐성이다. 그것은 *Aletheia*다. 비은폐성은 은폐성, 즉 *Lethe*를 그 '적립금'Rücklage(예비자금)으로 필요로 하는바 거기서부터 개방성은 말하자면 [그 필요분]을 인출해간다.[219] 존재의 자기 개방 활동Sichentbergen은 은폐 활동을 결코 배제하지 않는바 그것은 비은폐 행위 Ent-bergen(Entbergen, Sichentbergen)로서의 자신의 본령을 발휘하기 위해 오히려 은폐 활동을 필요로 한다.[220]

호메로스의 『오디세이』*Odysseus*[221]나 헤라클레이토스의 단편 16 혹은 플라톤의 "동굴의 비유"에 뚜렷이 반영되어 있듯이, 고대 그리스인들은 그 무엇의 임재Anwesen 사실을 생각할 때 그것이 단순히 눈앞에 그 진정한 모습 그대로 현전하고 있는 것이라고 간주하지 않았다. 그들이 사물의 임재 사실에 대해 사용한 용어들e.g., Scheinen, Sichbekunden, Vor-liegen, Aufgehen, Sich-hervor-bringen, im Aussehen을 통해서도 알 수 있듯이, 그들은 사물이 눈앞에 임재하고 있다 함은 곧 그것이 원래 감추어진 상태에서 그 자태를 드러냄을 뜻하는 것이라고 생각했다. 그리고 그것이 그 자태를 그렇게 드러내면서도 그것을 완전히 노출시키는 것은 아니며 감추어진 근저를 계속 유지하고 있는 것이라고 보았다.

"그리스 언어에 있어서는 '감추어진 상태로 머물러 있음'verborgen bleiben이 지배적인 용어das regierende Wort였다."[222] 더 정확하게 표현한다면 "그 어떤 존재자 혹은 존재 자체의 임재의 기본 특성은 계속 유지되는 은폐성과 계속 유지되는 개방성das Verborgen und Unverborgen-bleiben으로 특징지어져 있다는 데서 발견할 수 있다."[223]

단적으로 말해서 그리스 사상에서 존재 그리고 그와 더불어 존재자 일반의 "임재는 조명된 자기 은폐성"Anwesen ist das gelichtete Sichverbergen을 뜻했다.[224] 그러므로 존재의 "개방 활동과 은폐 활동은 두 상이한, 서로 분리된 사건들이 아니고 단 하나의 동일한 사건"이었다.[225]

지속적인 자기 개방 활동과 지속적인 자기 은폐 활동을 동시에 함축하는 존재의 "비은폐"Un-verborgenheit, A-letheia 과정, "비진리"Un-wahrheit의 전개 과정에 대한, 헤라클레이토스를 포함한 주요 고대 그리스 사상가들의 이러한 사상을 하이데거는 물론 긍정적으로 수용한다. 존재는 강렬한 빛, 빛의 지배력인 "Physis"와 "Pyr"며 "빛의 사건"인 "Kosmos"다. 그러나 가장 강렬한 광원인 존재는 은폐된 근저Lethe, "무근저적인 근저" 혹은 "비근저"에서부터 그 빛을 발할 뿐 아니라 이 은폐된 근저, 무궁무진한 정신적인 부와 보화를 담고 있는 이 무한한 깊이의 샘 내부를 완전히 노출시키지는 않는다. 후자는 은폐된 상태로 계속 남아 있기에 우리가 존재의 빛을 바라볼 때 우리는 동시에 그 어두운 이면, 즉 "무"를 생각해야 하며 세계라는 의미성을 생각할 때 동시에 세계라는 무의미성도 생각해야 한다. 빙산의 노출된 부분을 볼 때마다 그 숨은 근저를 함께 생각해야 함과 같다.

존재는 우리에게 아주 가까이 있다. 가까운 이웃이다.[226] 존재는 사실 "우리에게 가장 가까운 것보다 더 가까운…인접성 그 자체다."[227] 심지어 우리가 통상적으로 생각하는 우리 자신보다 우리에게 더 가까이 있다고 할 수 있다. 왜냐하면 우리는 "단순한 우리", 즉 이성을 가진 동물만이 아니고 존재와 필연적인 관계를 맺고 있는 실존이며,[228] "존재의 진리 속에 외향적으로 내재하는 외존"[229]이기 때문이다. 우리 속의 "현존재"가 우리를 우리 되게 한다면 "현존재"Dasein, Da-sein는 인간 속에서 하나의 사건으로 일어나는 "존재의 개방성 그 자체"das "Sein" des "Da" 혹은 존재의 조명 과정 그 자체die Lichtung des Sein[230]를 뜻하기 때문이다.

그럼에도 불구하고 원리상으로는 우리에게 존재론적으로 가장 가까운 인접성 그 자체인 존재는 현실적으로는 우리에게 가장 멀리 떨어져 있다.[231] 우리에게 가장 먼 것보다 더 멀리 떨어져 있다.[232] 존재는 그래서 우리에게 계속 하나의 "신비"[233]로 남게 된다. 존재가 우리에게 너무 가깝기에 그것이 우리에게 너무 당연하고 자연스럽기에 마치 물고기가 자신이 먹고 마시며 헤엄치고 살아가는 물을 의식하지 못하듯 우리의 통상적인 사고방식으로는 존재와 세계의 인접성의 위력을 체험하고 인지할 수 없는 것이다. 그래서 그것은 헤라클레이토스의 단편 72에도 시사되어 있듯이, 비록 우리와 가장 깊은 관계를 맺고 있고 우리의 존재를 지탱하고 있는 것임에도 불구하고 실제로는 가장 우리와 동떨어진 생소한 것으로 인식되는 것이다. 그래서 사람들은, 모든 존재자들을 비춤으로 그 존재, 그 정체가 드러나고 정립되게 하는 로고스의 "개방적·은폐적 소집 활동"에 계속 주의를 기울이지만 그들은 로고스의 빛 자체를 바라볼 수는 없고 단지 그 빛으로 드러나는 존재자만 볼 수 있을 따름이다. "인간들은 빛에서 돌이켜 그들이 모든 사물과 사람들과의 일상적인 교류에서 접촉하게 되는 존재자에게게만 관심을 집중한다."[234] 그들은 존재 자와의 이러한 교류와 교섭이 그들에게 이 존재자에 대한 올바른 지식을 당연히 가져다주리라고 믿는다. 그러나 사실 그것은 그들이 알 수 없는 생소한 것으로 계속 남아 있게 된다. 왜냐하면 그들은 그들이 관계를 맺게끔 그들에게 소여된 자, 즉 각각의 존재자를 비춤으로써 비로소 그것이 그것으로 현현하게 하는 존재에 대해서는 낌새를 채지 못하기 때문이다. 그들은 항상 로고스의 빛 가운데서 거동하면서도 로고스 자체는 그들에게 감추어져 있고 망각되고 있다. 인식의 대상이 그들에게 익숙하면 할수록 그것은 그들에게 그만큼 더 생소한 것으로 남아 있으나 그 사실을 그들은 알 수 없다. "일상적인 사고방식으로 사람들은 그들 앞에 산재해 있는, 계속 새로운 것으로 대체되는 많은 사물들 속에서 참된 것을 추구한다. 그래서 그들은 순수한 빛 속에서 계속 비춰는 [존재의] 비밀의 정숙한 광휘('황금')를 바라볼 수 없다."[235]

이것이 헤라클레이토스의 단편 72에 함축된 의미다. 그리고 이 것이 바로 존재와 존재자, 존재와 "일상성" 및 "평범성"Alltäglichkeit und Durchschnittlichkeit[236]으로 특징지어진 평범한 인간과의 관계에 대한 하이데거 자신의 소견이기도 하다.

헤라클레이토스에게도, 하이데거에게도 존재와 세계는 빛이며 빛의 사건을 뜻한다. 그러나 세상에서 가장 밝은 이 존재의 빛, "광채와 섬광으로 빛을 발하는 보석"[237]과도 같은 이 세계라는 "빛의 사건"은 우리의 통상적인 사고방식으로뿐만 아니라 그 어떤 인간의 접근 방식으로도 쉽사리 포착할 수 없고 관장할 수 없는 보이지 않는 빛이다. 신비스럽고 불가사의한 대상, 아니 사건이다. 극히 역동적이며 생동적인 사건이다.

[존재의] 빛의 보이지 않는 황금색의 광채는 포착될 수 없다. 왜냐하면 그
것 자체가 포착자가 아니고kein Greifendes(포착 가능한 자kein zu Greifendes
가 아니고) 순수한 사건이기 때문이다. 이 빛의 보이지 않는 광채는 [존
재의] 섭리의 은밀한 보관소에 간직되어 있는 온전한 것에서부터 흘러나
온다. 그러므로 이 빛의 비추임은 그 자체에 있어서 동시적으로 [존재의]
자기 은폐 행위이며 그러한 의미에서 세상에서 가장 어두운 것이다.[238]

2. 내존의 실존 구조

이상에서 개략적으로 소개된 현존재의 실존 구조를 우리는 하이데거 자
신이 "SZ"에서 제시하고 있는 해설 절차에 따라 세부적으로 검토해보기
로 한다. 여기서 "내존"內存, In-Sein이라는 것은 곧 "세계내존"을 의미한다.[239]

(1) 상태성으로서의 현존재

1) 피투성(Geworfenheit)과 사실성(Faktizität)

현존재는 [존재] 기투력 그 자체이지만 어디까지나 피투披投된—후기 하
이데거에 의하면 존재의 "투척"과 "파송"으로 말미암아 피투된[240]—기투
력이다. 현존재의 이러한 본질적인 피투성에 대해서는 이상에서 거듭 언
급한 바 있다. 간략하게 정리한다면 현존재의 피투성은 그의 존재에 있
어서 다음과 같은 근본적인 특성을 뜻한다.

   ① 그는 본의 아니게 존재의 의미를 이해할 수 있을 뿐 아니라 그것
을 능동적으로 기투할 수 있는 능력을 소유한 자로, 즉 존재 기투 능력
또는 세계 기투 능력 그 자체로 세상에 태어났다. 그가 그와 같이 존재의

의미를 이해할 수 있음과 동시에 능동적으로 기투할 수 있는 능력의 소유자로 세상에 태어나되 그는 또한 한 주어진 세계 속으로, 즉 존재의 조명 공간 속으로 태어나기도 하므로 그는 자신이 문화 전승으로부터 물려받은, 과거인들이 역시 피투된 상태에서 기투한, 이러한 세계가 그의 존재와 삶의 터전과 틀이 되며 그의 사유와 행동 전반의 출발점과 준거 기준으로 작용할 수밖에 없다. 그러한 이유에서 그는 본디 세계와 "친숙" 하며 그것의 의미, 즉 존재의 의미, 존재의 빛을 원초적으로 순수히 이해할 수 있고 바라볼 수 있는 것이다.

② 현존재가 자신의 결정과 선택과는 전혀 무관하게 존재의 의미를 이해할 수 있고 세계를 기투할 수 있는 놀라운 능력을 부여받아 원칙적으로는 그것을 처음부터 이상적인 방법으로 행사할 수 있는 입장에 있으나, 자신의 본질적인 "타락성"과 근본적인 유한성으로 말미암아 실제적으로는 그러한 자기 자신의 본성과 본령을 본래적인 방법으로 발휘하지 못하고 있으며 본래적인 자기 자신과는 전혀 다른 모습, 비본래적이며 자신답지 않은 모습을 보이며 살아가고 있다. 그러므로 그는 그러한 자신을 극복하고 본래적이며 이상적인 자신에 도달하기 위해서, 그리고 그와 더불어 자신의 본성과 본령에 따라 존재의 빛을 순수하게 그대로 바라보고 세계를 이상적인 방법으로 기투하여 세상에 존재의 빛이 진정 찬란하고 아름답게 비칠 수 있게 하려고 지속적으로 분투노력하지 않으면 안 된다. 그가 현실적으로는 진정한 자신의 실존과 존재 자체에 도달하지 못한 상태이므로 그는 안간힘을 다해 그렇게 하려고 지속적으로 진력해야 한다. 하이데거에 따르면 그가 그렇게 하지 않을 수 없는 내적인 욕구가 하나의 기본적인 성향으로 그의 마음 근저에 깊이 새겨져 있어, 주로 무의식적으로이긴 하나 그는 그러한 성향에 따라 진정한 자신

을 실현하고 자신의 진정한 본령을 발휘하려고 진력한다.

현존재가 원칙적으로 혹은 구조적으로 이미 구현하고 있는 존재의 현주로서의 자기 자신을 실제적으로 완성해야 할 필연성과 당위성을 띠고 계속 자신을 만들어가야만 하는 처지에 있는 그의 현실이 그의 피투성의 다른 한 면인 것이다.

이와 같이 현존재의 피투성이라 함은 현존재가 본의 아니게 존재 이해력, 세계 기투력으로 세상에, 더 정확하게는 세계 속으로 던져졌음을 뜻하는 동시에 그가 지속적으로 존재 이해력과 세계 기투력으로서의 자신을 완성시켜야 하는 필연성과 당위성을 띤 유한한 존재자로 세상에 던져졌음을 뜻한다. 현존재의 피투성의 이 두 가지 측면을 동시에 나타내는 개념이 "Zu-sein"To-be[241]이다. 그것은 존재 이해 및 존재 기투 능력과 존재 필연성을 동시에 함축하는 용어다both the power-to-be and the compulsion- or drive-to-be.[242] 그러나 현존재의 피투성에는 또 다른 한 측면이 있다.

③ 현존재가 존재자 일반 가운데 "던져져" 있어 그가 이들을 의존하고 있으며, 긍정적·부정적으로 이들에 의해 제한과 제약을 받을 수밖에 없다.

하이데거에 따르면 위와 같은 내용의 현존재의 피투성 또는 "실제성"Faktizität은 다음과 같은 하나의 "적나라한 사실"das nackte Daß—"그가 존재하고 있으며 존재해야만 한다는 사실"Daß es ist und zu sein hat—을 뜻한다고도 볼 수 있다.[243]

그러나 이 "적나라한 사실"은 극히 심오하며 엄청난 내용을 담고 있다. 왜냐하면 그것은 현존재가 여타 존재자들과 동일한 모습으로 실재적으로 존재하고 있다는 "단순한 사실"brutum factum만을 의미하지 않고, 자그마치 존재의 "현주에로 인도引渡된 자"[혹은 현주에로 위탁된 자, 내맡겨진 자]Überantwortetsein an das Da, Being-delivered-over to the There[244]로, 환언해서 존재의 현주의 자격으로, 현존재와 세계내존으로 실존하고 있음과 그러한 자신을 필생의 노력으로 완성할 수 있고 완성해야만zu sein 한다는 사실을 뜻하기 때문이다.

현존재가 자기 자신의 존재를 완성하고 실현한다는 것은 곧 존재의 현주, 존재의 진리의 처소와 세계내존인 자신을 완성함을 의미한다. 그렇게 한다는 것은 그가 말하자면 본디부터 자신 속에 품고 다니기도 하고 역으로 자신을 품고 있기도 한 존재의 현주, 세계를 자신의 능동적이며 독창적인 활동으로 이상적인 방법으로 설계하고 개방하며 창조하고 정립함을 의미한다. 세계를 기투하여 "존재자 일반 위에 투사"함을 의미한다.[245] 그는 존재 이해 능력, 존재 기투 능력이 아니며[246] 세계 기투 능력이 아닌가?[247] 그가 존재하되 그러한 엄청난 자로, "세상에서 가장 비범한 자"로 실존하고 있으며 그러한 자신을 실현하기 위해 총력을 투구하면서 그렇게 한다. 현존재가 존재하고 존재해야만 한다는 사실은 그가 그러한 놀라운 위치에 있는 존재자로 존재하고 존재해야만 함을 뜻한다.

그러한 이유에서 상술한 대로 하이데거가 때로는 세계내존의 실존의 "궁극적 목적"das Worum-willen을 다름 아닌 그의 존재라고 칭하기도 하며,[248] 때로는 그것을 곧 그가 피투된 상태에서 기투하는 세계라고 칭하기도 하는 것이다.[249] 양자는 서로 필연적으로 연결되어 있어 그중 하나 없는 다른 것이 있을 수 없으며, 그중 하나를 "기투"함이 없이는 다른 하나도 "기투"할 수 없기에 그가 현존재의 궁극 목적에 관해서 그와 같이 두 가지 상이한 방식으로 서술하고 있는 것이다. "세계성"이 곧 현존재를 현존재 되게 하는 그의 기본적인 "실존 범주"Existenzial가 아니며 그의 "자아"에는 세계가 하나의 기본적인 요소로 속해 있지 않은가? 그리고 세계는 "본질적으로 현존재와 연결되어 있는"wesenhaft daseinsbezogen 것이 아닌가?[250] 현존재의 자기실현을 통해서 바로 존재의 진리의 구체화, "세계 형성"이 이루어진다.

그러나 현존재는 이러한 능력과 신분과 위치의 자기 자신의 출처와 향방에 관해서는 전혀 아는 바가 없다. "'그가 존재한다'는 적나라한 사실은 그의 근원과 향방das Woher und Wohin이 어둠 속에 감추어져 있음을 뜻한다."[251]

자신의 근원과 향방에 대해서와 자신의 존재 "이유"Warum에 대해서도 알지 못한 채[252] 그리고 자신의 의사와는 무관하게 그는 세상에 태어났고, 세상에 태어나되 존재의 현주, 존재의 개방성 또는 광공간, 즉 세계 속으로 태어났다. 그의 본질을 특징짓는 "존재 자신의 개방성('현주')"Offenheit ('Da') des Seins als solchen[253]에로 피투된 것이다.[254]

후기 하이데거에 의하면 현존재는 존재의 파송으로 말미암아, 그의 능동적이며 계획적인 "투척" 행위로 말미암아 그러한 자격의 존재자로 세상에 투척된 것이다. "인간은 외존하는 자das Ek-sistierende인 한에서만 인간일 수 있다. 그는 존재의 개방성 속으로 향해 서 있는바 개방성으로 존재하는 존재 자신은 하나의 투척[자]Wurf로서 인간이 본질상 '우려'Sorge 속에서 살아가게끔 그를 그 속으로 투척erworfen했다. 그러한 방식으로 피투된 인간은 존재의 개방성 '속에서' 거하고 있다. '세계'는 존재의 조명 과정Lichtung이며 인간은 그 피투된 본성으로 말미암아 그 속으로 향해 서 있다. '세계내존'이란 용어는 외존의 '외'라는 접두어가 지시하는 조명 공간die gelichtete Dimension(세계라는 존재의 조명 공간)을 염두에 두고 외존의 본성을 지칭하는 개념이다."[255]

현존재의 이러한 피투성과 실제성을 고려할 때 우리는 현존재가 현존재 자신에게 하사된—후기 하이데거에 따르면 존재로부터 하사된—엄청난 "은사"Gabe인 동시에 자신이 풀어야 할 중대한 "과제"Aufgabe가 되기도 한다고 볼 수 있다. 존재 이해와 세계 기투 능력의 소유자로 그가 세상에, 아니 세계 속에 피투되어 하나의 "기정 사실"로 현실적으로 "주어져 있으나"gegeben→Gabe 그가 그러한 능력의 소유자다운 모습으로 실존하고 있지 않으므로 그는 전인의 전폭적인 노력으로 본래적이며 이상적인 자신을 재발견하고 회복하며 실현하려고 진력해야 한다. 그러한 의미에서 그에게 자기 자신, 즉 본래적이며 이상적인 자기 자신이 달성해야 할 목표와 해결해야 할 과제로 그에게 주어져 있다aufgegeben→Aufgabe고 볼 수 있는 것이다. (하이데거와 동일하게 키에르케고르로부터 지대한 영향을 받은 야스퍼스도 실존자인 인간의 정체와 본령에 대해서 이와 같이 묘사하고 있다. 인간은 자신의 실존, 자신의 존재를 초월자로부터 하나의 크나큰 은사로 하사받았으나 그러한 은사를 초월자가 그에게 하사하되 그가 전심전력을 다해서 스스로 완성해야 할 과제로, 스스로의 노력으로 풀어야 할 숙제로 하사 aufgegeben했다는 것이다.)[256]

이 관계를 하이데거는 현존재의 "채무"債務, Schuld, 즉 그의 피투성을 논하는 과정에서[257] 다음과 같이 다소 난해한 표현으로 묘사하고 있다.

현존재가 존재하나 피투된 자로서 존재하는바 그는 스스로의 노력으로 자신의 현주sein Da로 던져진 것이 아니다. 그가 존재함과 더불어 그는 존재 능력으로 존재할 수 있는 운명을 타고 났으나 이 존재 능력은 자기 자신에게 속하는 것이면서도 그러한 능력을 소유한 자기 자신이 스스로에게 부여한 것은 아니다. 실존 과정에서 그는 자신의 피투성을 결코 탈피

할 수 없다. 따라서 그는 '자신이 존재하고 있다는 사실과 존재해야만 한다는 사실'daß es ist und zu sein hat을 자신의 자아Selbstsein로부터 떨쳐버리고 스스로 현주의 위치에 이를 수는 없다.…자아는 [자율적이며 독창적인 존재 기투 능력의 소유자이기에] 본질상 자신의 존재의 기초를 닦아야만 하나 이 기초를 자의로 관장할 수는 없다. 다만 그것을 자신의 실존과정에서 [확립해야만 할 대상으로] 떠맡아야 할 뿐이다. 자신의 피투된 [존재의] 기초를 확립하는 작업이 곧 [자신에게 주어진] 존재 능력의 [행사]인바 이 존재 능력의 행사 여부가 바로 [그의 실존적] 우려의 대상이다. [자신의 존재의] 기초를 확립하려 함에도 불구하고, 즉 피투된 상태에서 실존하려 함에도 불구하고 현존재는 자신이 달성한 목표에는 항상 뒤져 있다. 그는 실존 과정에서 결코 자신의 존재의 기초에 앞서 있을 수 없으며 항상 그것에서부터 출발해서 그것으로 존재한다Es ist nie vor seinem Grunde, sondern je nur aus ihm und als dieser.…현존재가 자아Selbst로 존재하지만 그는 자아의 [자격]으로 피투된 존재자다. 자기 자신에 의해서 [그러한 자격으로 피투된 것이] 아니고 [주어진] 기초에서부터 그러한 자격의 자신으로 위임되었으며 이 기초로 존재하기 위해(존재의 현주로서, 개방성으로서, 존재 이해 능력 그 자체로 존재하고 활동하기 위해서) 그렇게 위임되었다Nicht durch es selbst, sondern an es selbst aus dem Grunde, um als dieser zu sein.258

현존재는 "존재의 현주"로 세상에 태어났다. 존재의 현주 또는 세계성이 그의 존재의 기초이며 그의 실존 과정의 출발점이다. 그는 그러한 자신의 존재의 기초 위에서, 그리고 그것을 출발점으로 해서 바로 그 기초를 지속적으로 새롭게 닦아야 한다. 즉 존재의 현주인 자기 자신 속의 세계[성]과 그와 더불어 자기 자신의 존재를 지속적으로 새롭게 기투하고 정립하며 표현하고 실현해야 한다. 그렇게 할 수 있는 능력과 필연성 및 당위성을 띠고 그는 실존하고 있다. 자기 자신의 존재와 존재 자체를 늘 새롭게 개방함으로써 존재의 빛이 자신의 삶과 온 우주에 진정 아름답게 비춰게 할 수 있는 특권을 존재 자신으로부터 하사받았다. 그러한 의미에서 그는 존재에게 자신의 존재의 기초를 빚졌다. 그리고 그는 그렇게 해야만 하는 숭고하고 중대한 책무를 존재로부터 부여받았다. 그러한 의미에서도 그는 존재에게 빚을 지고 있다. 이중적인 의미로 존재에게 빚을 지고 있는 것이다. 이것이 곧 현존재의 실존적 "채무", 그의 피투성이다. 현존재는 현존재 자신에게 주어진—존재의 "은총"과 "호의"로 말미암아[259]—가장 귀한 선물이며 자기 자신이 해결해야 할 가장 중대한 필생의 과제가 아닌가? 이상의 인용구는 현존재의 이러한 이중적 채무와 피투성에 관해서 묘사하고 있다.

현존재에게는 자신의 존재, 그리고 그와 더불어 존재 자체가 현실이자 과제와 이상이다. 예거H. Jaeger가 지적한 대로 하이데거에게 인간의 존재, 그의 실존은 존재론적 순환 구조Zirkelstruktur—존재의 기초→실존 과정→존재vom Seinsgrund durch die Existenz zum Sein—로 특징지어져 있다.[260]

현존재는 원칙상으로는(이론적으로는, 잠정적으로는) 존재의 현주, 존재 이해 능력으로서의 자신이 항상 이미 되어 있을 뿐 아니라 실제적으로도 그러한 자신을 실현하기 위해 그것을 하나의 목표로 세우고 계속 그것을 향해 나아가고 있다. 그러한 의미에서 그는 "자기 자신에 선재한다"sich vorweg sein[261]고 할 수 있다. "그는 미래에 이룩할 수 있는 자신이 지금 이미 되어 있다"Es ist, was es wird.[262] 그리고 본래적인 방법으로든 비본래적인 방법으로든 그는 진정한 자기 자신이 되기 위해서 무의식 가운데 처음부터 계속 백방으로 노력하고 있다. 순수하고 이상적인 자기 자신의 존재를 실현해야 하는 목표로 세우고 계속 그것을 향해 나아가는 것이다. 그러나 실제적으로 그는 이상적인 자신의 목표에 너무나도 뒤져 있기에 이 목표에 도달하기 위해 지속적으로 노력해야만 한다. 잠정적으로뿐 아니라 실제적으로도 완전하고 본래적인 자신이 되기 위해 전심전력을 다해야 한다.

존재의 현주, 존재 가능성으로서의 현존재는 일면 주어진 한 현실이다Faktizität, Vorgegebensein. 그러나 또 다른 한편으로는 그러한 자신은 스스로 풀어야 할 과제다. 그는 자신을 만들어가야 한다. 비본래적인 자신을 부정하고 본래적인 자신을 긍정하는 가운데 참된 자신을 쟁취해야만 한다. "이 존재자(현존)의 '본질'은 그의 존재 당위성 [또는 필연성]Zu-sein에서 발견할 수 있다. 존재함과 더불어 자신의 존재에 대해 관심을 가지는 존재자(현존)는 자신의 존재와 관계를 맺되 가장 진정한 자신의 가능성으로서 [즉 자신이 자율적인 결단으로 선택하거나 포기할 수 있는 대상으로서] 그것과 관계를 맺는다. 현존재는 항상 바로 그의 가능성이다 Dasein ist je seine Möglichkeit [현존재의 본질은 바로 그의 가능성, 즉 실존 가능성과 존재 가능성, 실존 능력과 존재 능력에서 발견할 수 있다]. 그는 이 가능성을 단순히 그의 속성에 속하는 한 현전적인 것으로 '소유'하고 있는 것이 결코 아니다. 현존재는 항상 자신의 [실현] 가능성이므로 그는 존재 과정에서 자신을 '선택'하고 쟁취할 수도 있으며, 자신을 상실하고 결코 쟁취할 수 없거나 혹은 '피상적으로만' 쟁취할 수도 있는 것이다."[263]

현존재는 실존이다. 실존이라 함은 "자신이 될 수도, 되지 않을 수도 있는, [진정한 자신에로의] 가능성"eine Möglichkeit seiner selbst, es selbst oder nicht es selbst zu sein을 뜻한다.[264] 그러한 가능성 앞에서 그는 참된 자신을 선택wählen하고 쟁취ergreifen해야만 한다.

원칙적으로는 모든 인간이 구조적으로 처음부터 완전하고 이상적인 인간으로 실재하고 있지만 실제적으로 모든 인간은 그러한 본래적인 인간상과 거리가 먼 모습으로 살아가는 만큼 그것을 실현하기 위해 최선을 다해야 함을 헤르더Herder, 괴테Goethe 등 독일의 고전기Klassik 이래의 많은 사상가들과 교육자들이 항상 강조해왔다. 인간은 모름지기 원래의 자기 자신, 순수하고 이상적이며 참된 자기 자신이 되어야만 한다는 것이었다.[265]

하이데거도 이들의 정신을 물려받아 "현존재가 존재함과 더불어 그가 가장 큰 관심사로 삼는 바는 바로 [자신의 본성과 본령을 뜻하는] '현주'가 되는 데 있다"Das Sein, darum es diesem Seienden in seinem Sein geht, ist, sein 'Da' zu sein는 점에 대해 거듭 언급하며[266] "너 자신이 되라!"Werde, was du bist!라는 그들의 구호를 인용하기도 한다.[267]

현존재가 이와 같이 자신의 의사와는 무관하게 존재의 현주로서 세상에 실제적으로 존재하고 있다는 점과, 그가 자신의 본질적인 타락성과 유한성으로 말미암아 보다 본래적이며 이상적인 양식으로 존재해야만 하는 당위성을 띠고 실존하고 있다는 점이 그의 피투성을 뜻한다. 하이데거는 "SZ", 137ff., 221, 297, "KM", 205f., "WG", 46-54 등에서 위에 언급한 현존재의 피투성의 또 다른 한 측면에 대해 설명하고 있다. 즉 현존재가 존재의 현주인 세계에로 피투되었을 뿐 아니라 존재자들의 "세계" 속으로도 피투되어 있기도 하기 때문에 그는 이들에 의해서 음으로 양으로, 그리고 물심양면으로 제약과 제한을 받을 수밖에 없다는 점이다.

2) 상태성과 실존적 정서

하이데거에 따르면 현존재는 자신의 이러한 피투성과 그와 더불어 또한 그가 피투된 상태에서 기투하게끔 되어 있는 세계에 대해서도, 그리고 그를 제약하고 있는 존재자의 "세계"에 대해서도 그의 "상태성"Befindlichkeit 또는 실존적 "정서"Stimmung를 통해 전인적으로 통감하게 된다고 한다. 그가 본의 아니게 현존재로, 존재 기투 능력으로 세상에 태어나되 존재의 현주, 즉 세계 속으로 태어났으며 자신의 자율성과 창의력으로 세계를 지속적으로 새롭게 설계하고 건설하며 창조하게끔 그 속에 태어났다는 점이, 때로는 희미하게 때로는 명료하게, 무의식 가운데서는 항상 계속해서 그에게 "개방"erschlossen되기에 그것을 그 중심에서부터 깊이 체험하게 된다는 것이다. 그에 대해 그는 이론적·개념적인 지식Erkennen과는 질적으로 다른 전인적·실존적 체험지體驗知로 직감한다는 것이다.[268]

상술한 내용의 피투성과 실제성이 그에게 비록 지적으로 분명하고 예리하게 인식되지는 않는다 할지라도 어떠한 이성적 인식과 직시Hinsehen와 직관Anschauen을 통한 앎이 미칠 수 없는"viel zu kurz tragen"[269] 깊고 절실한 실존적 "정서" 또는 "기분"Stimmung 혹은 "상태성"으로 그것을 실감하고 체험하게 된다는 것이다. 상태성과 실존적 정서는 현존재에서 자신의 실존 및 세계 또는 존재에 대한 지정의가 합해진 전인의 깊은 실존적인 체험을 뜻한다.

이러한 실존적 정서는 통상적으로 감정이라고 일컫는 단순한 심리적인 상태와는 질적으로 다른 것으로서 "그것은 '외부에서도', '내부에서도' 유래하지 않고 세계내존의 [존재] 양식으로서 후자(세계내존) 자신으로부터 솟아오른다."[270] 그것으로 말미암아 현존재는 정화한 인식 능력이나 의지력에 앞서, 그리고 이들의 개방 능력의 한계를 넘어서서 자신의 피투성을 실감하게 된다. 그로 인해서 현존재에게는, 수동적인 의미로, 능동적인 의미로 존재의 현주에로 "인도된 자" 혹은 "위임된 자", 즉 피투된 자로서의 자기 자신의 정체성이 "보다 원초적으로" 개방되게 된다.[271] 그래서 그는 "자신의 존재 앞에 서게 된다"vor sein Sein als Da gebracht.[272]

실존적 정서로 말미암아 자신의 실존 앞에 섬과 동시에 그는 또한 자신과 동일한 실존들Mitsein을 그들로 인식하며, 무엇보다 중요한 것은 그가 피투되어 있고 또 기투해야만 하는 세계를 바라보게 된다는 것이다.[273] 이상에서 서술한 바와 같이 특히 실존적 정서 가운데 가장 중요한 "불안" 속에서는 세계 또는 존재와 자기 자신과 이웃의 실존이 가장 확실하게 그에게 개방된다.[274]

그러나 인간 현존재는 "주로"zunächst und zumeist 비본래적인 삶을 살아가고 있기에 실존적 정서가 그로 하여금 자신의 피투성, 즉 존재에로의 피인도성被引渡性을 의식케 하는 것이 사실이지만 정상적인 방법보다는 변칙적인 방법으로 그렇게 한다. 즉 그는 그것을 실감하지만 자신과 자신이 피투되고 위임된 바의 존재의 빛이 너무나도 엄청나고 생소하며 놀랍기에 자신이 감당할 수 없어 무의식 가운데 그것을 회피하고 그것으로부터 도피하던 중 그것을 의식하고 발견하게 된다"gefunden in einem Finden, das nicht so sehr einem direkten Suchen, sondern einem Fliehen entspringt".[275] "상태성은 현존재의 피투성을 주로 도피적인 방향 전환의 방식으로 개방한다."[276] 그는 그것을 주로 "무거운 짐으로"[277] 느끼게 된다.

현존재에게 이와 같은 양식으로 "개방"되는 자신의 피투성과 더불어 그가 자신의 선조로부터 전승받아 나름대로의 새로운 방식과 형태로 개발하고 창조하게끔 되어 있는 세계라는 정신적·문화적 의미 및 이해의 지평도 동일한 방법으로 개방된다.[278] 나아가서는 그가 인간 외의 다른 존재자들의 "세계"를 물질적·심리적·정신적으로 의존angegangen, angewiesen할 수밖에 없고, 그들에 의해 제약을 받을 수밖에 없다는 사실도 그에게 동시에 개방된다.[279]

하이데거에 따르면 이 세 가지 사실들이 그의 상태성에서 그 어떤 방법과 형태로든 그에게 개방됨이 없이는, "수동적 개방성"intransitive Erschlossenheit[280]이 그에게 주어짐이 없이는 그가 현존재라 일컬음을 받을 수 없다. 그래서 하이데거가 "SZ", 제5장[281]에서 인간을 현존재 되게 하는, 그 속의 "현주"Da의 "실존론적 구조"를 분석하는 첫 주제를 "상태성으로서의 현존재"Das Da-sein als Befindlichkeit라 칭하게 된 것이다.

(2) 이해력으로서의 현존재

1) 이해력과 형이상학의 사건

인간은 그 무엇이기에 앞서 실존이며 현존재다. 그는 자기 자신의 존재와의 관계이며 그 근거인 존재와의 관계인 것이다. 인간의 본질은 그 어느 곳에서보다 바로 이러한 존재와의 관계에서 발견할 수 있다. 인간이 존재와 본질적인 관계를 맺고 있다는 것은 그가 존재의 의미, 즉 자기 자신의 존재와 존재 자체의 의미를 본디부터 항상 이미 이해하고 있음을 뜻한다.[282] 그러한 의미에서 그가 실존이며 외존인 것이다. 인간이 인간으로 존재하고 그 다음으로 그가 다양한 정신적 활동을 전개하는 중 그 일환으로 존재와도 관계를 맺고 그 의미를 이해하기도 하는 것이 아니다. 그보다 존재와 관계를 맺고 그 의미를 이해하고 기투할 수 있는 능력이 곧 그를 인간 되게 한다. 그러한 의미에서 인간 현존재 혹은 현존재를 이해력, 즉 존재 이해력 그 자체라 할 수 있는 것이다.[283]

이상에서 거듭 지적했듯이 인간의 정체성에 대한 이러한 정의를 다양한 다른 방법으로도 표현할 수 있다. 인간의 본질은 그 개방성과 조명 능력, 개방 과정과 조명 과정에서 발견할 수 있다. 인간은 존재의 빛에 비추임을 받는 동시에 존재의 빛을 온 우주에 두루 비추는 것을 본성과 본령으로 하는 세상의 빛, "자연적인 빛"이다. "현존재가 조명되었다erleuchtet 함은 그가 세계내존으로서 어디까지나 그 자체에 비추임을 받은 상태에 있음gelichtet을 뜻하며, 다른 어떤 존재자를 통해서 그렇게 된 것이라기보다 그가 곧 조명 과정 그 자체임을 뜻한다."[284] "현존재는 곧 그의 개방성이다."[285] 즉 그의 본질은 그의 개방성에서, 그의 "피동적 개방성"과 "능동적 개방성"에서 발견할 수 있다. 그의 본성과 본령은 그가 존재의 진리, 존재의 의미를 뜻하는 세계에로 피투되어 그것에 개방된 상태에 있으면서도 그것을 또한 나름대로의 방식으로 독창적으로 개방할 수 있는 능력을 소유하고 있다는 데서 발견할 수 있다.

현존재는 존재라는 진리의 빛을 향한 움직임이며 세계라는 개방 공간을 향한 초월의 "사건"Geschehen이다.[286] 그의 이러한 존재를 향한 "외향성"Ekstase[287]과 이러한 세계를 향한 초월의 "원역사"原歷史, Urgeschichte-Geschehen→Geschichte→Urgeschichte[288]를 통해 존재 자신의 우주적인 개방과 조명의 역사役事, 진리의 역사와 그 역사歷史가 전개되며 이 역사가 다름 아닌 존재 자신의 자기 현현의 모습을 뜻한다.

존재의 우주적인 진리의 역사, 빛의 사건이 궁극적으로는 존재 자신에서 발원하는 것은 사실이지만 그것은 어디까지나 현존재의 수동적·능동적 참여와 협조하에서만 사건으로, 역사로, "원역사"로 일어날 수 있고 현존재를 "개방의 처소"[289]와 "돌파구"[290]로 해서만 일어날 수 있다. 존재는 자신의 비은폐성의 역사를 위해 현존재의 동참과 협조를 "필요로 한다."chre.[291] 그리고 현존재의 [존재] 이해력, [세계] 기투력, 초월력, 개방력, 조명력, 언어 구사력을 필요로 한다. 존재의 "초강력적" 조명력이 인간의 이러한 [존재] 이해력을 통해 "통제"되고 "제한되어" 우주 내의 존재자 일반과 특히 문화물들 속에서 정교하고 아름답게 표출되고 구현되어야 하는 것이다.

본질상 존재 이해력이며 세계 기투력인 인간 현존재가 지속적으로 자신을 포함한 존재자 일반의 차원을 뛰어넘고 존재와 세계라는 개방 공간, 광공간으로 초월하게 되며 그러한 초월의 사건, 초월의 "원역사"를 통해 매번 하나의 구체적인 정신적·역사적 세계가 "형성"되며 이 세계가 또한 존재자 일반 위에 "투사"된다. 현존재를 통해 수행되는 이러한 "기투적·투사적 세계 위력의 표출 행위"das entwerfend-überwerfende Waltenlassen von Welt[292]로 인해서 존재자 일반이 이 세계라는 개방 공간, 전체적인 의미의 지평 속에서 각각 특정의 의미와 정체성, 가치와 기능의 존재자들로 "존재하게끔"sein lassen,[293] 그들 자신으로 "자유로워지게끔"[294] 된다. 각각 그들 자신들로 정립되고 개방되는 것이다.[295]

현존재가 이와 같이 지속적으로 존재자의 내재적 차원을 뛰어넘고 존재와 세계의 초월적 차원으로 "상승"Überstieg[296]하는 초월 활동과 초월의 사건 그 자체라고 할 수 있으므로 하이데거는 그를 "형이상학의 사건"이라고도 한다. 형이상학은 그 명칭meta ta physika의 문자적인 의미 그대로 변화무쌍한 존재자의 자연학적인 차원, 자연계를 초월하고 그 이면에 깔려 있는 영원불변한 존재의 차원에 이르고자 노력하는 철학자들의 연구 활동이 아닌가?

형이상학은 결코 인간에 의해 체계와 학설로 '창출되는' 그 무엇이 아니다. [형이상학의 주제인] 존재 이해, 그 기투 활동 및 거부 행위는 현존재 일반 속에서 사건으로 일어난다. '형이상학'은 인간의 현실적인 실존 사실과 더불어 일어나는, 존재자를 향한 [존재론적] 침투 활동과 결부된 기본적인 사건이다. 기초존재론을 통해 개발되는, 현존재의 형이상학은 기존의 형이상학적 이론들 가운데 한 새로운 이론으로만 정립되는 것이 아니다. 그것은 오로지 사람들로 하여금 철학적 사유 활동이 현존재의 의식적인 초월 활동으로 일어나고 있음을daß das Philosophieren als ausdrückliche Transzendenz des Daseins geschieht 주지시키려는 노력의 표시일 따름이다.[297]

인간 현존재는 무無(존재)에 밀착할 때만 존재자와도 관계를 맺을 수 있다. 존재자를 뛰어넘고 [무에로] 초월하는 활동이 현존재의 본성 속에서 사건으로 일어나고 있다. 이러한 초월 활동이 곧 형이상학 자체다. 그러한 의미에서 [칸트가 "KrV" 서론에서 설파한 대로] 형이상학은 '인간의 본성'에 속해 있다. 형이상학은 철학의 한 분야만도 아니고 자의적인 착상에 의해 [우연히 개척된] 영역도 아니다. 그보다 형이상학은 현존재 속에서 [일어나는] 기본적인 사건das Grundgeschehen im Dasein이다. 그것(형이상학)은 곧 현존재 자신이다Sie ist das Dasein selbst.[298]

현존재는 존재 이해력이다. 존재 이해 과정과 존재 이해의 사건이다. 그러나 어떠한 구체적인 의미로 하이데거가 그를 존재 이해력이라고 간주하는가? "이해"라는 표현의 정확한 의미는 무엇인가?

2) 현존재와 세계 기투의 사건

하이데거의 사상에서 가장 난해한 부분은 아마도 [존재] 이해Verstehen,

Seinsverständnis, 달리 표현하면 [세계] 기투Entwurf, Weltentwurf에 대한 이론일 것이다. 이 이론만 이해하면 나머지 이론들을 이해하는 데는 큰 어려움이 없으리라 생각된다. 이 항목의 내용은 앞뒤 부분의 내용과 때로는 중첩되기도 하지만 독자들의 이해를 돕기 위해 이 책을 집필한 후 추가로 삽입했다. 이하에서 제시되는 제 항목들의 내용이 다소 난해하므로 일반 독자들은 이 항목을 검토한 후 곧바로[299] 표현력Rede과 언어Sprache라는 주제로 넘어갈 수도 있다.

앞서 지적한 바와 같이 하이데거의 존재 사유와 헤겔의 관념론 간에는 일치점과 차이점이 동시에 존재한다. 절대자의 자기 현현 방식에 대한 헤겔의 이론을 상기한다면 존재의 자기 개방에 대한 하이데거의 이론을 보다 쉽게 이해할 수 있을 듯하다.

헤겔은 절대자인 신과 유한자인 인간을 "대아"와 "소아"의 관계로 보고 취급했다(이 두 용어는 헤겔 자신의 것이 아님). 그에게는 "대아" 없는 "소아"도, "소아" 없는 "대아"도 없다. "대아"는 많은 "소아"들과, 나아가서는 인간 외에 다른 존재자들을 그 자신 내부에 필연적으로 내재하고 있고 그들을 매개로 해서 자신의 다양한 활동을 전개하는 가운데 점차적인 자기 발견과 자기실현을 꾀한다. 그의 이름이 절대자임에도 불구하고 그는 지속적으로 자기 진화의 길을 따라나서야 하며 완전한 자신을 발견하고 실현해야 하는, 매우 상대적인 실재다. 그는 장구한 자연사와 정신사를 거쳐 점차적으로 자기 자신을 더 확연하게 이해하고 그렇게 이해한 대로의 자신을 만들어가야 하는 것이다. 장구한 자기 진화 과정의 종국에 이르러 그는 비로소 "자기 자신의 개념에 완전히 일치하는" 자기 자신을 발견하게 된다. 그러한 자신을 발견한다는 것은 그러한 자신이 실제로 됨을 뜻한다(지행합일설, 소크라테스).

헤겔이 그의 정신철학에서 역설하고 있듯이 그가 절대자라 칭하는 "대아"는 특히 위대한 예술가들, 종교인들, 철학자들이라는 "소아"들을 매체로 하고 그들의 다양한 활동들을 매개로 해서 자신을 개현하기도 하고 그렇게 개현된 자신을 발견하기도 한다. 이들의 예술 활동, 종교 활동, 사유 활동들은 직접적으로는 "소아들"이 자신들의 미의식, 종교의식, 사고력 등을 적극적으로 활성화하고 활용하는 가운데 독창적으로 전개하는 활동들이지만, 궁극적으로는 이 모든 활동은 다 "대아"의 발의發意와 조정과 추진하에서 전개되는 활동들, 하이데거의 표현으로는 존재의 "보내심"Schickung으로 말미암아 이루어지는 활동들이다. "대아"가 따로 있는 것이 아니고 무수한 "소아"들 속에서 그들과 완전히 하나로 연결되어 그들 속에 내주하고 있다. 이들은 그의 구체적인 모습들, 말하자면 "분신들"이다. 그리고 "대아"가 수행하는 정신적 활동들이 따로 있는 것이 아니고, "소아들"이 그의 매체들과 "분신들"로서 수행하는 제반 정신적 활동들이 곧 그가 자아 현현과 자기 발견 및 자아 완성을 위해 수행하는 정신적 활동들이다.

그러므로 헤겔에게 예술가들과 문인들이 창출하는 작품들과 종교인들이 주장하고 신봉하는 신조들과 상징들의 체계 및 철학자들이 주창하는 사상과 이념의 체계들은 절대자의 자아 현현의 구체적인 방법들이자 자기 발견과 자기실현의 방편들이다. 따라서 절대자의 실체와 정체, 그의 "존재"와 "진리"는—하이데거의 표현을 사용한다면—다른 그 무엇을 통해서가 아닌 이들 예술작품들과 종교 및 사상 체계들 속에서 "정돈"zum Stand kommen되고 "한계"peras, Grenze와 "구체성"Bestimmtheit[300]을 갖는다. 그래서 절대자와 그와 본질상 하나인 유한자들이 이들을 통해 그들 모두의 "진리"를 인식하게 된다.

그러한 의미에서 유한자인 인간이 전개하는 제반 정신 활동들―하이데거 자신에 따르면 주로 다섯 가지 부류의 활동들(예술과 문학, 정치, 종교, 도덕, 철학)[301]―은 "진리가 설치einrichten되는(구체적인 매개물들 속에서 "정돈"되고 외화되며 표현되는) 주요 방법들"[302]이라 할 수 있다.

하이데거가 "HW" 초두에서 제시하는 매우 흥미롭고 심오한 예술철학은 분명히 헤겔의 예술철학 및 그의 관념론 전체를 연상시킨다. 다만 상술한 바와 같이 여기에서 우리는 존재와 존재자 간의 상호관련성과 더불어 그들 사이의 존재론적 차이를 염두에 두고 두 사상가들의 입장을 비교해봐야 한다. 여하간 헤겔에게―그리고 플라톤의 『파이드로스』(Phaidros, 이제이북스 역간, 2012)와 『필레보스』(Philebos, 서광사 역간, 2004) 및 플로티노스의 일자―著, Hen 사상과 셸링의 동일철학에서도 (이 책 제3부 "평가와 결론" 부분 참조)―예술은 "현상하는 진리"erscheinende Wahrheit, 즉 아름다움의 빛으로 구체적으로 외화되고 표현되는 진리, "보이는 진리"였으며 하이데거에게는 "아름다움은 진리가 임재하는 방법이다."[303] 후자에서 "예술은 진리가 작품화된 것das Sich-ins-Werk-Setzen이다."[304] "예술은, 자기 자신을 정립하려는 [존재의] 진리를 [구체적인] 형상으로 고정화하는 방법das Feststellen...in die Gestalt이다."[305] "예술은 진리의 생성 과정이며 진리의 사건이다"ein Werden und Geschehen der Wahrheit.[306]

고대 그리스 조형 예술가들, 건축가들과 조각가들이 파도가 거칠게 일렁이는 바다가 내려다보이는 한 바위산 계곡에 신전을 건축했을 때 그들이 창출한 이 아름다운 "예술작품 속에서 진리의 사건이 일어났다."[307] "이 예술작품은 하나의 예술작품으로서 하나의 세계를 전시하고 있다stellt eine Welt auf. 이 예술작품은 세계라는 개방자를 개방하고 있다hält das Offene der Welt offen."[308] 어떠한 의미에서 그러한가?

이 신전을 건축한 건축가들과 조각가들은 인간 현존재 일반과 마찬가지로 존재와의 관계였으며 실존이었다. 따라서 그들은 본질적으로 존재의 빛을 바라볼 수 있었고 내적으로 체험할 수 있었다("실존적 정서", "실존적 상태성"). 그리고 그 빛을 다양한 차원에서, 특히 예술의 영역에서 자기 나름대로의 방법으로 아름답게 발할 수 있었다("이해력", "기투력"). 달리 표현하면 그들은 자신들이 이해하고 체험한 바대로의 존재의 의미, 존재의 진리를 다양한 물질적인 소재들("대지"die Erde)과 그에 속한 "사물"을 바탕과 매개물로 해서 독창적인 방법으로 표현하고 구체화할 수 있었다. 그들이 존재에 대해서 체험한 바를 예술 활동과 예술작품을 통해 구체적으로 아름답게 외화할 수 있었다. 그들의 그러한 활동이 곧 세계 기투 활동인 것이다.

존재는 수직적·직접적으로 자신을 개방한다. 예술가와 같은 인간 현존재의 세계 기투 활동을 통해 그렇게 한다. 현존재가 능동적으로 기투하고 개방하며 외화하고 표출하는 세계가 곧 구체적으로 자신의 모습을 드러내는 존재다. 존재의 의미, 존재의 진리가 구체적으로 드러나는 모습이다.

고대 그리스 건축가들과 조각가들이 건축한 신전과 그 속에 설치된 다양한 상징물들은 그들의 존재 체험과 존재 이해, 진리 이해가 그들의 특유한 예술 감각과 종교의식 등을 통해 아름답게 표현된 구체적인 모습이다. 그들이 이 신전을 건축하고 그 안과 밖의 제반 조형물들과 집기들을 새겨 만들어 배치시킬 때 그들은 이 신전 주변의 자연물들과 동식물들, 하늘과 바다 등 사물 일체를 계속적으로 감안하는 가운데 작업에 임했다. 그들이 창출하는 것들과 이 자연물들이 서로 조화를 이룸과 동시에 양자가 합해서 또한 자신들이 목적한 바에 완전히 부응하는 모습을 갖추게끔 하기 위해 부단히 노력하는 가운데 그 신전을 건축했다. 그래서 이 건축가들과 조각가들의 존재 이해와 세계 체험이 신전 주변의 자연물들 속에서도 표출되었다. 그러한 이유로 이 신전과 그 안과 밖의 조각품들과 기물들 일체, 그리고 그 주변의 자연물들 일체는 완전히 하나로 어우러져 하나의 전체적인 구체성체를 이루는 가운데 신전을 창출한 예술가들이 체험하고 이해한 바대로의 세계를 아름다움의 빛으로 반영하고 있다. 그 세계가 말하자면 이 전체적인 구체성체의 중심과 근저에서 풍겨오고 있다.

이와 같이 이 신전과 그 안의 모든 것들과 그 밖의 주변의 모든 것들이 고대 건축가들과 조각가들이 체험하고 이해한 바대로의 존재의 의미, 존재의 진리, 즉 세계[309]를 아름다움의 빛으로 밝히 드러내고 있다. 건축가들과 조각가들의 존재 체험과 세계 이해, 환언하면 그들이 체험하고 이해한 바대로의 존재의 의미, 존재의 진리, 세계가 그들의 특수한 종교의식과 미 감각을 통해 독특한 방법으로 형성되어 신전과 그 주변의 다양한 존재자들 가운데 투사投射되고 "전사"轉寫되며 표현되고 개방되고 있는 것이다.

> 그러한 방식으로, 자기 은폐적인 존재가 비춰진다gelichtet. [예술가들의 창작활동을 매개로 해서] 자기 은폐적인 밝음das Lichte(존재의 빛)이 그 광휘를 예술작품 속에 주입한다. 예술작품 속에 주입된 광휘가 곧 아름다움이다. 미는 진리가 임재하는 한 방법이다.[310]

그러한 의미에서 하이데거는 앞에서 이미 인용한 다음과 같은 주장을 할 수 있었던 것이다. "[바위산 계곡에] 우뚝 서 있는 신전에서 진리의 사건이 일어나고 있다. 이 말은 여기에서 그 무엇이 정확하게 묘사되고 재생되고 있음을 뜻하지 않는다. 그보다 그것은 존재자 일반의 [존재]가 개방되고 보전됨을 뜻한다."[311]

하이데거에 따르면 존재라는 피시스는 다른 그 무엇을 통해서가 아닌 인간 현존재가 존재 자신의 우주적인 진리의 역사를 위한 협조자와 동역자로서 수행하는 이러한 예술적 창작활동을 위시하고 상술한 다섯 가지의 활동들을 통해서, 그리고 하이데거 자신의 세계 개념이 소개되는 "SZ"의 14-24절과 "WG", 39ff. 등에서는 평범한 인간들이 일상생활에서 자연물들과 실용물들을 사용하고 이용하는 과정에서도 자신의 진리를 개방하고 표현한다. 인간이 수행하는 그 모든 활동을 통해 우주적인 진리의 빛, 개방성의 빛인 존재는 자신을 구체적으로 드러내는 동시에 그 빛으로 존재자 일반의 진리, 즉 그들의 정체성, 그들의 "존재"를 개방하기도 한다.[312]

통상적으로 사람들은 모든 인간이 세계를 내다보는 안목을 가지고 있다고 생각한다. 인간은 개물들의 차원을 뛰어넘어 세계 전체를 내다볼 수 있는 지적인 초월 능력을 소유하고 있고, 자기 자신의 사사로운 이해관계를 떠나 사회 전체의 공익을 위주로 해서 선하고 정의롭게 행동하고 살아갈 수 있는 도덕적인 자기 초월 능력도 소유하고 있다고 사람들은 믿고 있다. 동물들은 낱개의 개물 혹은 다수의 개물들만을 바라볼 수 있지만, 인간은 그들과 달리 세계라는 전체를 바라보고 그 속에서 개물들을 바라본다. 인간은 동물들과는 달리, 말하자면 그의 눈앞에 있는 많은 나무들뿐 아니라 그 이면의 숲까지 볼 수 있다. 사실상 그는 먼저 숲을 보고 그것을 배경으로 하여 그 테두리 안에서 개별적인 나무들을 바라보게 된다.

인간은 저마다 특유한 세계관과 인생관, 가치관과 이념 또는 이상을 소유하고 있다. 인간은 저마다 특수한 색깔과 굴절각도로 된 "색안경"을 끼고 있다. 그래서 그는 필연적으로, 그가 끼고 있는 "색안경"을 통해 세상만사를 보고 이해하며 평가하고 판단하게 된다. 세계와 인생이라는 "전체"에 대한 개인의 자아 이해가 그가 수행하는 정신 활동과 나아가서는 육체적인 활동 일체를 제약하고 규정하게 된다. 그것이 인간이 수행하는 모든 활동을 위한 가장 기본적인 준거 기준과 준거의 틀Bezugssystem, system of reference ("좌표계")로 작용하게 된다. 그들이 무슨 생각을 하고 무엇을 도모하고 추진하든 간에 그들은 필연적으로 그들의 세계관과 가치관을 감안하고 그것을 척도로 하게 되는 것이다.

존재 이해와 세계 기투에 관한 하이데거의 대단히 심오하기도 하고 극히 난해하기도 한 이론을 지나치게 단순화하는 데서 그것을 잘못 소개하는 실수를 범할 위험성을 의식하면서도, 그에 대한 독자들의 이해를 돕기 위해서 여기서 인간의 본성에 대한 위와 같은 일반 대중의 통념을 하이데거 자신의 입장과 연결시켜 생각해보고자 한다. 이들이 인간은 본질상 저마다 세계 전체를 내다보는 눈, 세계관과 가치관을 소유하고 있어 그들이 무엇을 하든 그것을 준거의 기준과 준거의 틀로 할 수밖에 없다고 보듯이, 하이데거도 인간 현존재는 자신의 "피투성"으로 말미암아 본디부터 항상 이미 존재의 의미를 전인적으로 체험하고 이해하고 있고 존재자의 "세계"를 뛰어넘어 존재의 의미, 존재의 진리라는 빛의 세계로 초월해 있으므로 그가 무엇을 하든 항상 존재 이해의 빛으로, 세계라는 전체적인 의미의 지평Sinnhorizont 또는 이해의 지평Horizont des Verstehens, Verständnishorizont 속에서 할 수밖에 없다고 주장한다.

인간 현존재는 방금 언급한 고대 그리스 신전과 같은 건축 예술 작품을 창출할 때나 망치와 같은 도구, "실용물"을 제조해서 어떤 목적을 위해 사용할 때[313] 또는 어떤 대상, 예컨대 책 한 권의 본문을 해석하는 과정에서[314] 필연적으로 그가 본질적으로 항상 이미 소유하고 있는 존재 이해의 빛으로, 그가 항상 이미 피투되어 있는 세계라는 의미의 지평과 이해의 지평 속에서 그렇게 한다는 것이다.

상식적으로 볼 때도 고대 그리스 건축 예술가들과 조형 예술가들이 상술한 신전을 건축할 때 그들은 결코 말하자면 "*tabula rasa*"白紙의 빈 마음으로, 완전한 무에서 출발했다고 할 수 없다. 그들은 그들의 고유한 문화전승에 뿌리를 내리고 있는 자들이었고 그 당시의 시대정신과 세계관 또는 가치관에 의해 근본적으로 규정되고 형성된 의식 구조를 소유하고 있었던 자들이었다. 그리고 그들은 각기 독특한 개성과 기질, 배경과 지식수준, 심리 상태와 예술 감각 및 종교의식 등을 소유하고 있기도 했다. 뿐만 아니라 그들은 그들의 종교와 관계되는 특정의 목적과 목표를 눈앞에 두고 있었고 특별한 주변 환경을 바라보고 있기도 했다.

그들은 의식·무의식 간에 이 모든 여건과 정황을 염두에 두고 그것을 고려하는 가운데 그 신전과 그 속에 안치할 신상과 설치할 기물들을 건축하고 새겨 만들기 위한 설계도와 "청사진"을 머릿속에서가 아니면 종이 위에 사전에 기획하고 구상해서, 말하자면 자신들의 눈앞에 펼쳐 두고 그것을 바라보는 가운데 자신들의 특유한 미의식과 탁월한 예술적 독창력을 최대한으로 활성화하여 실제로 신전을 건축하고 그 안과 밖에 다수의 크고 작은 조각품들을 새겨 만들어 설치했다.

하이데거에 따르면 이 그리스 건축가들과 예술가들은 건축가와 예술가이기에 앞서 현존재, 존재와의 관계였다. 따라서 그들은 방금 기술한 제반 시대적·개인적 여건과 환경에 의해 제한을 받고 규정되기에 앞서―논리적인 의미에 앞서―존재의 의미를 이해할 수 있고 실제로 항상 이미 이해하고 있는, 그래서 세상만사를 존재 이해의 빛으로 볼 수밖에 없는 그러한 존재자로, 그러한 존재와의 관계와 실존으로 살아가고 있었다.

그들은 결코 빈 마음으로 출발한 것이 아니고 그들의 다양한 역사적·시대적·개인적 여건과 상황에 의해 특수하게 제약되고 규정된 존재 이해에서 출발하고, 계속 그러한 존재 이해와 존재 체험의 빛으로 그 신전을 건축하고 그 안과 주변에 필요한 다양한 조각품들과 기물들을 새겨 만들고 제조했다. 그들이 소유하고 출발한 그러한 독특한 존재 이해에 따라 그들은 신전과 그것의 주변 경관과 자연물도 서로 연결시키며 신전의 위치 선정, 규모와 구조 등을 결정했다. 그래서 신전과 그 안과 밖의 조각품들뿐 아니라 그 주변의 자연물들도 다 그들이 위와 같은 내용의 존재 이해의 빛으로 사전에 기획하고 구상한, 스케치하고 투사한, 보이지 않는 청사진 속에서 일정한 방법으로 배치되고 편성되며 조성되고 형성되었다. 그 속에서 그들이 각각 특수한 자리매김과 의미 부여를 받았다.

이 고대 그리스 건축가들과 조각가들이 이처럼 그들의 독특한 문화 전승, 시대정신, 세계관, 가치관, 이념, 이상, 종교의식, 미 감각, 개인적인 여건과 상황 등과 나아가서는 그들이 눈앞에 두고 있거나 계획하고 있는 특수한 실제적인 목적과 동기 등에 의해 근본적으로 제약된 존재 이해의 관점에서, 그것을 준거의 틀로 삼고 신전을 실제로 건축하고 그 안과 주변의 대상들을 조각하고 설치했기에 이들 모두를 통해 그들의 존재 이해가 표출되지 않을 수 없었다.

우리가 바라보고 느끼며 노래도 하고 시로 읊기도 하는 "동해물과 백

두산", 그리고 "남산 위의 저 소나무"는 단순히 바다나 산 혹은 소나무만이 아니다. 수소, 규소, 탄소 등 다수의 원소들의 결집체는 더더구나 아니다. 그들 속에는 우리 자신과 우리 민족의 혼백과 기상이 서려 있다. 하이데거에 따르면 그 속에는 우리 개인과 민족이 인류 전체와 더불어 공유하고 있는 존재 이해와 세계 이해도 표현되어 있다. 그들은 각각 특수한 사고방식과 개성과 이념과 이상으로 살아가는 우리 개개인이, 첫째로 우리 겨레와 더불어 공유하고 있는 민족정신과 둘째로 인류 전체와 더불어 공유하고 있는 존재 이해에 의해 근본적으로 제약되고 형성되어 우리의 눈앞에 나타난다. 그들은 "물자체"das Ding an sich(칸트)도, "현전자"das Vorhandene(하이데거)도 아니며 어디까지나 우리의 문화적 여건과 시대정신, 세계관과 가치관, 사고방식과 이상, 자아 이해와 존재 이해에 의해 다분히 "채색"되고 형성된 "현상물"(칸트)이다.

도스토예프스키의 『카라마조프 형제들』 속에는 저자의 세계관과 가치관, 이념과 이상, 그리고 하이데거에 따르면 존재 체험과 세계 이해, 즉 진리 일반에 대한 주견과 소신이 표출되어 있다. 그 속에는 사물과 자신과 삼라만상에 대한 그의 자아 이해 및 진선미와 거룩함, 그리고 인생의 희로애락에 대한 그의 "철학"이 외화되어 있다. 그가 체험하고 이해한 대로의 존재의 의미, 존재의 진리, 즉 세계가 그것과 하나로 융해되어 그속에 구체화되어 있다.

하이데거에 따르면 이 작가가 존재와의 관계인 현존재로서, 그리고 한 탁월한 문인으로서 창작한 이 작품 속에는 단순히 존재의 의미, 존재의 진리에 대한 그의 사사로운 소견만이 표현되어 있는 것이 아니다. 그보다 그의 창작 활동을 통해 존재가 자신의 정체를 개방하고 있으며 자신의 "진리"를 개현하고 있다. 그 중심 깊은 데서부터 다름 아닌 존재 자신의 진리의 광채가 풍겨오고 있다. 그와 더불어 그 속에서 직간접적으로 묘사되는 존재자들의 정체, 그들의 "존재적 진리"도 개방되고 있다.

그래서 이 책을 읽은 독자는 수십 년 전 내 경우처럼 자신과 인생 전반은 물론이거니와 세상만사와 진리에 대해 전과는 달리 생각하고 이해하며 해석하게 될 것이다. 그의 세계관과 가치관, 존재 이해와 세계 이해에 심각한 변화가 따를 것이다.[315] 도스토예프스키가 자신의 인생관과 존재 체험을 자신의 예리하고 깊은 투시력과 사고력, 독창적인 문예 감각과 문장력으로 표현하는 과정에서, 궁극적으로는 존재 자신의 발의發意와 "섭리"("보내심", Schickung)로 이 책 속에 "기투"되고 "개방"된 존재의 진리의 빛으로 "das lichtende Entwerfen der Wahrheit"[316] 독자의 마음이 비침에 따라 세상만사에 대한 그의 이해와 해석 방식이 "도전을 받고" 대폭 수정되기도 하고 깊어지며 순화되기도 하기 때문이다.

한 문학작품 또는 예술작품이 위대하면 할수록 그것이 독자 또는 감상자에게 주는 "충격"도 그만큼 크다. "그만큼 더 비범한 것이 그로 말미암아 촉발되어 aufgestoßen 지금까지 일상적인 것으로만 비춰지던 것에 급진적인 변화가 따르게 된다 umgestoßen. 그래서 그것은 우리로 하여금 [존재와 존재자의] 개방성(진리)으로 나아가게 하며 동시에 상투적인 것으로부터 돌아서게 한다."[317]

그러나 하이데거[318]와 그의 해석학을 체계화한 가다머[319]가 강조하듯이 여기서 독자 혹은 감상자가 완전히 수동적인 입장에만 있는 것이 아니라는 점도 유의해야 한다. 왜냐하면 "한 작품(예술작품 또는 문학작품 등)이 창작되지 않고서는 한 작품으로 존재할 수 없듯이, 따라서 그것이 창작자를 본질적으로 필요로 하듯이 이 창작품은 또한 보전자(독자, 감상자)가 없이는 그것으로 존재할 수 없기"[320] 때문이다. "독자가 본문을 이해하는 활동은 결코 지나간 무엇을 반복하는 활동이 아니며 어디까지나 [본문이 함축하고 있는] 현재적인 의미에의 [능동적인] 참여 행위Teilhabe an einem gegenwärtigen Sinn다."³²¹

우리가 도스토예프스키의 저서를 읽을 때 저자와 마찬가지로 우리도 완전히 빈 마음으로 출발하지 않고 어디까지나 상술한 제반 개인적·시대적·사회적 여건과 상황에 의해 제약되고 형성된 우리 자신의 독특한 존재 이해를 본문 이해와 해석의 틀로, "기투의 준거 기준"das Woraufhin des Entwurfs³²²으로 해서 출발하게 된다. 빈 마음이 아닌 "전이해"의 빛으로 본문에 대한 실제적인 이해와 해석 작업에 착수하게 되는 것이다.³²³

그러한 전이해의 관점에서 본문의 내용을 이해하고 해석함에 따라 일면 독자는 그 본문으로 말미암아 위와 같은 "충격"을 받게 된다. 그가 말하자면 본문 속으로 가지고 들어간 존재 이해와 존재자 일반에 대한 인식이 대폭 수정되고 새로워지게 된다. 그러나 또 한편으로는 그 본문의 의미도 독자 또는 해석자의 독특한 관점과 전이해에 따라 새롭게 발굴되고 조명된다. 저자가 전혀 의식하지도 못했고 의도하지도 않았던, 그리고 지금까지의 다른 독자들이 발견하지 못했던 새로운 측면이 지금 이 새로운 독자와 해석자에 의해 밝혀지고 드러나는 것이다.

이 책의 내용이 저자의 주체성, 즉 그의 의식과 지성의 차원에서 발원하는 것이 아니고 그의 존재의 깊은 심층, 무의식적인 차원에서부터 자신도 모르는 가운데, 말하자면 쏟아져나올 뿐 아니라 그가 뿌리를 내리고 있는 그의 역사적 문화 전통과 나아가서는 인류의 정신사, 그리고 더 나아가서는 존재 자신에서 유래하기 때문에 그 저자 또는 그와 동일한 위치에서 흔히 무아지경에서 창작 활동을 펼치는 예술가들이 의도한 것 혹은 의식하고 있는 것을 본문 또는 작품의 진의, 그것의 주제die Sache, the issue와 동일시할 수 없다. "*Mens auctoris*(저자 또는 창작자의 의도)가 결코 한 예술작품의 의미를 판가름하는 기준이 될 수 없다. [해석자에 의해] 늘 새롭게 체험되는 그 의미와 관계없이 객관적으로 존재하는 작품 자체에 대해서만 거론한다는 것은 [해석의 문제를] 추상적인 관점에서 거론함을 뜻한다."[324]

저자도 독자도 동일하게 자신의 진리를 개방하는 존재의 우주적인 진리의 사건에 동참하는 자들이다. 저자가 존재의 진리에 대해서 체험한 바, 즉 자신의 존재 이해를 그의 본문 속에 독창적인 방법으로 표현하였다면, 독자는 자기 자신의 독특한 존재 체험을 빛으로 해서 그 의미를 저자와 지금까지의 다른 독자들과는 상이한, 새로운 각도에서 음미하고 해석하며 조명하게 된다. 그래서 그의 이러한 조명과 해석 활동을 통해 그 본문 속에 감추어져 있던 의미가 새롭게 발굴되고 개방된다. 그러한 의미에서 그의 해석 활동도 일종의 창작 활동이라고까지 볼 수 있다.

가다머가 역설하는 바대로 한 저서의 본문의 문자적인 의미 근저와 배후에는 무한한 의미의 지평Sinnhorizont이 깔려 있고 실제로 표현되지 않고 있으나 함축되어 있는, 무한히 심오한 의미die Unendlichkeit des Ungesagten가 숨겨져 있다.[325] 그러한 심오한 의미를 염두에 두고 독자가 그 본문을 읽고 해석하려고 노력해야 한다.

그러므로 도스토예프스키의 이 걸작은 말하자면 닫혀 있는 책이 아니고 미래를 향해 개방되어 있는 책이다. 즉 미래가 있는 책이다. 앞으로의 독자들과 해석자들이 그 근저에 깔려 있는 무한한 의미의 지평에서 지속적으로 새로운 내용을 발굴하고 개방할 것이기 때문이다. 앞에서 인용한 "HW", 54 인용구에서 하이데거가 설파하고 있고 "Ga", 370 인용구와 다른 많은 구절에서 가다머도 계속 역설하고 있듯이, 그 진정한 의미의 발굴과 조명 작업은 미래 독자와 해석자들에게 하나의 중요한 과제로 위탁되어 있다. 이 문학작품이나 다른 예술작품의 독자 또는 감상자, 즉 그 "보전자"der Bewahrende가 "이 작품을 비로소 진정 그것이 되게 한다"das Geschaffene erst das Werk sein lassen.[326] "이 작품의 진정한 실체는 그것이, 그것 자체를 통해서 사건으로 일어나는 진리 안에서 바로 보전(해석, 평가)될 때 비로소 드러나게 된다."[327] "이 작품 속의 진리는 창작 후에 등장할 보전자들이 [개방해야만 할] 과제로 위탁되어 있다"zugeworfen.[328]

이러한 문학작품 또는 예술작품을 통해 존재의 진리와 존재자의 정체를 새롭게 이해하고 체험하게 되는 독자들 또는 감상자들, 그중에서도 특히 특출한 예술인, 문인, 사상가, 종교인, 정치가 등은 그러한 존재 및 존재자 이해와 체험을 다양한 차원에서 다양한 방법으로 새롭게 표현하고 개방하게 된다. 그렇게 된 것을 읽거나 보거나 감상하며 체험하는 자는 그들대로 또한 다양한 차원에서 새로운 방법으로 자신들이 이해하고 체험한 바를 표현하고 개방하게 된다. 인간 개인의 삶이나 인류 전체의 역사 속에서 이러한 이해와 체험, 표현과 개방 활동이 부단히 거듭된다. 그러한 방법으로 개인과 인류 전체가 존재의 진리와 인간 자신을 포함한 존재자의 정체에 대한 이해의 폭이 점차적으로 더 넓어지며, 존재의 진리와 자기 자신의 진리라는 목표와 이상에 더 가까워지는 것이다.

딜타이도 그의 생철학 또는 생해석학Hermeneutik des Lebens에서 생, 즉 개인과 인류 전체의 정신적인 삶─육체적인 삶은 제외됨─과 그 발전 과정과 관련해서 이와 매우 유사한 주장을 제기했다. 그의 생해석학의 기본공식은 생에 대한 체험Erlebnis과 이해Verstehen→생의 표현 Lebensausdrücke, Lebensäußerungen→체험과 이해⋯*ad infinitum*(무한히 계속되는)이었다. 딜타이에 있어서의 체험과 이해라는 것이 하이데거의 실존적 "정서"Stimmung 및 존재 체험("수동적 개방성")에 해당하는 것이고, 그가 생의 표현이라고 칭한 것이 하이데거가 기투 또는 이해라 부르는 것에 해당한다. 그렇다면 하이데거가 세계 기투라고 일컫는 것은 우리가 세계에 대해 전인적으로 체험한 바를 나름대로의 방식으로 새롭게 표현하고 외화하는 행위, 존재 체험의 표현과 개방 행위를 뜻한다고 볼 수 있을 것이다.

하이데거가 "SZ", 12-14절에서 자신의 세계 개념을 해명하는 과정에서도, "HW"에서 자신이 소개한 것과 원칙적으로는 동일한 이론을 전개했다. 다만 여기서는 위대한 예술가의 창작 활동과 관련해서 세계 체험 및 세계 기투에 관한 자신의 이론을 전개하기보다, 현존재가 한 평범한 사람으로 망치와 같은 도구를 제조해서 사용하고 자연물들을 개발하고 이용하는 가운데 일상생활을 영위하는 모습과 관련해서 그렇게 하고 있을 따름이다.

여기서 하이데거가 우선 분석의 대상으로 삼고 있는 것은, 존재를 망각하고 존재자의 차원에서 움직이는 "타락된" 현존재의 의식 구조와 사고방식이다. 그래서 그가 여기서 주제로 거론하고 있는 세계라는 궁극 목적은 주로 "일상성"과 "평범성"으로 특징지어진, "타락한" 현존재가 자신의 의식주 문제를 해결하기 위해 관심을 집중하는, 실용적인 의미를 띤 "주위의 세계"Umwelt[329]인 것이다. "일상적인 [삶을 살아가는] 현존재에게 가장 가까운 세계는 주위의 세계다."[330] 그러므로 여기서 주위의 세계라 함은 자연환경을 뜻하기보다 망치, 톱, 실, 가죽, 시계, 가옥, 창고, 산림, 채석장, 수력발전소 등 무수한 생필품, 산업시설, 자원 등등을 제조, 설비, 개발, 사용, 이용하는 가운데 일상생활을 영위하는 평범한 인간들의 현실적인 삶의 현장, 실용적인 생활공간을 뜻한다.[331]

현존재가 하나의 망치를 만들어서 실제로 사용할 때 그는 결코 아무런 생각 없이 그렇게 하는 것이 아니고 무엇보다 먼저 그러한 도구가 사용될 목적Wozu, telos, 직접적인 목적과 간접적인 목적, 그리고 궁극적인 목적Worumwillen을 사전에, "선험적으로"(칸트) 설정하고, 즉 그것을 눈앞에 투사project해두고 바라보면서, 그것에 맞추어서, 그리고 그 틀과 테두리 속에서 그렇게 한다는 것이 하이데거가 여기서 제기하는 주된 논지다. 망치와 다른 도구들을 만들어 사용하는 가운데 생필품들과 가구를 제조하고 조립하며 가옥과 창고 등을 건축하고 자신의 의식주 문제와 관련된 많은 일들을 수행하며 일상생활을 영위하는 현존재를 중심으로 해서 이 모든 "실용물"das Zuhandene이 서로 유기적·합목적적으로 연결되어 하나의 방대한 목적론적 "관련성의 체계"Bewandtnisganzheit; Bezugszusammenhang; Verweisungszusammenhang[332]를 이루게 되는데 이것이 곧 그에게 "가장 가까운" 주위의 세계인 것이다.

현존재가 자신의 의식주 문제를 해결하기 위해 망치나 다른 도구와 실용물들을 실제로 제조하거나 사용하고 이용할 때 그는 자신이 알게 모르게 목적하는 바를 염두에 두고 그것을 겨냥해서 그렇게 할 수밖에 없다는 주장과, 그가 목적하는 대상 중에는 보다 직접적인 것도 있거니와 보다 간접적이고 궁극적인 것도 있다는 주장은 매우 설득력 있는 주장이다. 그가 아무런 목적 없이 망치와 다른 "실용물들", 즉 생필품들을 만들거나 사용할 리 만무하다. 그는 다른 그 무엇이 아닌 자기 자신을 위해 그렇게 하며 또 자기 자신의 의식주 문제를 해결하기 위한 목적으로 그렇게 한다. 그렇게 하는 데 각양각색의 실용물들이 소요된다는 사실도 그는 물론 사전에 파악하고 그들을 제작하거나 개발해서 이용할 방도를 모색할 뿐 아니라 개략적으로 어떠한 실용물들이 필요하리라는 것도 미연에 마음속으로 그려보고 출발한다. 그렇게 함에 따라 그의 마음속과 그의 눈앞에는 그가 궁극적으로 목적하는 바를 중심으로 해서 다양한 실용물들이 그것을 위한 직간접적인 수단과 방편"Dazu"으로 설정되고 그들이 서로 연결되어 하나의 방대한 목적론적 "관련성의 체계"가 형성된다. 그가 그것을 사전에 마음속에서 기투 또는 투사entwerfen, project해서 자신의 눈앞에 개방erschließen, open하기에 그것이 형성되는 것이다.

우리가 망치와 다른 "실용물들"을 실제로 사용하고 있는 것이 사실이라면 주위의 세계가 이미 사전에 형성되고 개방되어 있음을 뜻한다. 그리고 우리가 진달래, 종달새, 경관, 아름다운 꽃, 선한 행동 등 무수한 개별자의 본질과 정체, 의미와 가치, 기능과 역할에 대해서 이미 알고 있고 계속해서 그에 대해 이야기하고 있는 것이 사실이라면 세계라는 전체적인 의미성 또는 의미의 지평을 의식·무의식 간에 이미 알고 있음을 뜻한다. 우리가 책 한 권에 들어 있는 낱말과 낱개의 문자들의 의미를 순수히 그대로 실제로 알고 있다면 우리가 그 전제조건으로 그 책 전체의 대의와 문맥을 이미 의식·무의식 간에 알고 있음을 뜻하는 것과 마찬가지다.

하이데거가 "SZ", 4면과 "EM", 24면 이하에서 푸른 하늘, 유쾌한 나, 분필, 고등학교와 그 학교 건물, 국가, 반 고흐의 그림 등의 구체적인 실례를 들어 "우리가 항상 이미 존재 이해 속에서 살고 있다"[333]고 개진할 때 그는 이 점을 염두에 둔 것이다. "전체"를 이미 알고 있기에 "부분"도 알고 있다는 주장이다. 진리는 전체에 있으며 전체를 떠난 부분은 비진리라는 주장이다.

그러나 하이데거가 뜻하는 "전체"는 본질의 형이상학자들이 "전체" 또는 "숲"이라고 간주했던 것과는 질적으로 다른 것임을 유의해야 한다. 그의 견지에서 볼 때 이들이 "숲"이라고 일컬었던 것은 "나무들"의 총체에 불과했다. 더 정확하게는 "나무들" 전체에서 추상된 "보편자들"과 "본질들"의 체계에 불과했다. 그러나 하이데거 자신이 뜻하는 "전체는 그 부분들의 합 이상이다." 그것은 본질의 형이상학자들이 "전체"라고 칭한 것 내부에서 직접적으로 방사되기보다 그것과는 질적으로 다른 차원, 즉 그 이면과 깊은 근저, 무한히 깊은 근저에서부터 풍기는 정신적인 광채다.

무수한 실용물들로 이루어진 하나의 전체적인 목적론적 관련성의 체계 또는 "의미[성]의 지평"Bedeutsamkeit; Bedeutungsganze[334]이 실제적으로는 그것을 구성하는 개별적인 실용물들이 제조되거나 사용됨에 따라서 점차적으로 형성되고 펼쳐진다고 할 수 있지만 논리적으로는 그것이 이들에 선재한다고 보지 않을 수 없다. 우리가 마음속에서나 종이 위에 그것을 사전에 스케치하고 투사한 후 그것을 토대로 하고 배경으로 해서, 그것을 일종의 청사진으로 눈앞에 펼쳐놓고서, 그것을 바라보며 개별적인 실용물들을 제조하거나 사용하며 그 속에 이들을 일정한 방법으로 배치시키고 편성하기 때문이다.

우리는 주위의 세계를 "선험적으로" 구상하고 계획하며 설계하고 투사한 후, 그러한 주위의 세계라는 "전체"의 틀과 지평 속에서 "개체들"과 "부분들"을 제조하고 사용하게 되므로 이들의 의미와 역할은 그것이 포함되어 있는 그 전체의 의미에 의해 본질적으로 제약되고 규정되지 않을 수 없다. 전체가 앞서고 부분은 뒤따른다.

우리가 일상생활을 영위하는 가운데서도 "세계 없이" 그 무엇을 도모하거나 추진하지 않는다. 그러나 여기서 각별히 유의해야 할 한 가지 중요한 사항이 있다. 그것은 여기서 거론되는 실용적인 의미를 띠고 있는 주위의 세계는 하이데거가 관심을 두고 있는 존재의 광공간을 뜻하는 정신적인 세계에 비해 빙산의 일각과도 같다는 점이다.[335]

현존재는 본질상 존재와의 관계이며 세계에로의 초월성 그 자체임에도 불구하고 주로 "일상성"과 "평범성"으로 특징지어진 타락된 삶을 살아간다. 그래서 언뜻 보기에는 그가 방금 묘사한 방식으로 주위의 세계만을 염두에 두고 살아가는 듯하다. 그러나 사실인즉 그 마음 중심에서는 항상 "빙산" 전체를 관심의 대상으로 삼고 있다. 따라서 그는 실용적인 의미를 지닌 주위의 세계를 사전에 구상하고 "기투"함과 더불어, 그 마음속 깊은 데서는 존재의 빛의 영역die gelichtete Dimension인 정신적인 세계를 나름대로의 새로운 방식으로 사전에 자신의 눈앞에 투사하고 개방한 후 그것을 바탕과 틀로 해서, 준거 기준과 준거의 틀로 해서 개체들과 부분들을 그 속에 등장하게begegnen 하고 편성하고 배치시키며 그들을 위한 자리 매김과 의미 부여를 한다. 그래서 이들이 그 "전체" 속에서 특정의 의미와 가치를 지니고 특정의 기능과 역할을 맡아 하는 그 무엇으로 정립되어 "존재하게" 된다.

이것이 "SZ", 12-24절에서 하이데거가 내심으로 천명하고자 한 내용이었으나 여기서는 그 점이 확연하게 드러나지 않고 있다. "SZ"의 이 부분에 뒤따르는 절들과 특히 하이데거의 후기 저서에서는 그 점이 의심할 여지없이 분명하게 드러나고 있다.

단적으로 말해서 인간은 존재와의 관계이며 존재를 향한 움직임이다. 그는 항상 이미 존재의 빛 가운데 거하고 있으면서도 계속해서 그 빛 속으로 더 깊이 나아가려고 노력한다. 그렇게 하는 가운데 그는 그 빛을 더욱더 밝히 바라보고 그것을 또한 자신의 삶과 주변 사회와 온 우주에 드러내어 자신과 존재자 일반이 존재의 빛으로 영롱하게 비치게 하려고 음으로 양으로 진력한다.

그러한 의미에서 존재가 현존재의 실존 과정의 출발점인 동시에 목표이기도 하다고 말할 수 있다. 그의 "존재"는 존재에 대한 그의 절대적인 관심과 우려에서 발견할 수 있으며 존재를 향한 역동적인 움직임이 그의 실존 과정의 가장 큰 특징으로 간주될 수 있다. 그러한 뜻으로 하이데거는 인간의 존재를 우려라고 부르며 존재의 의미를 시간성, 즉 시간 그 자체인 존재로의 지향성에서 찾아볼 수 있다고 생각하게 되었다. 인간은 한마디로 우려다. 더 정확하게 표현하면 시간성이다.

이와 같이 존재가 현존재의 실존 과정의 출발점이자 틀이며 목표이자 이상이라면, 그가 목표와 이상으로 바라보고 나아가는 존재는 그 어떠한 고정된 모습으로 이미 확정되어서 그를 기다리고 있는 것이 아니다. 존재가 자신의 우주적인 진리의 역사, 빛의 역사를 위해 협조자와 동역자로, 대리인과 매체로 "파송한"schicken[336] 또는 "투척한"erwerfen, Wurf[337] 인간 현존재가 비로소 그 목표와 이상을 자신의 자율성과 창조력, "존재능력"과 "존재 가능성"을 총동원해서 구체적으로 기획, 구상, 개발, 개방, 건립, 정립하여 하나의 역동적인 사건으로 일어나게 해야만 한다. 그렇게 할 수 있는 특권을 소유한 자로, 그리고 그렇게 해야만 하는 임무를 띤 자로 현존재는 세상에 태어났다. 그것은 피투성으로 말미암아 자신이 항상 이미 이해하고 전인적으로 통감하고 있는 존재의 의미를 새로운 여건과 상황 앞에서 매번 나름대로의 독특한 방식으로 새롭게 기투하고 개방하며 표현하고 구현해야 할 운명을 존재로부터 부여받고 세상에 태어나서 살아가고 있다.

그가 본디부터 항상 이미 소유하고 있는 자신의 존재 이해, 세계 이해를 매번 새로운 방법으로 기투, 개방, 표현, 실현함에 따라 존재는 매번 새로운 광휘로 그 빛을 발하게 된다. 그로 말미암아 세계 형성, 세계 생성, 세계 개방의 사건"Weltbilden", "Weltwerden", "Welt geschehen lassen", "Welt eröffnen",

"Welt walten und welten lassen"[338]이 매번 새롭게 일어난다. 그리고 그와 더불어 현존재 자신을 포함한 존재자 일반이 그 빛으로 그만큼 더 밝게 개방되는 것이다.

이와 같이 존재가 존재로 계속 더 밝히 드러나고 그와 더불어 존재자도 그들로 더 분명하게 개방되는 것이 존재 자신이 뜻하는, 그러나 현존재의 마음속에서 그리고 그의 독창적인 존재 능력을 빌려서 그가 수행하는 우주적인 빛의 역사다.

3) 딜타이와 하이데거의 이해 개념

상술한 바대로 하이데거에게 이해력은 우리가 일반적으로 생각하는 것과는 달리 그 무엇을 지적으로 간파하고 인식할 수 있는 능력만을 뜻하지 않는다. 그것은 인식 능력과 더불어 그 무엇을 능동적으로 실현할 수 있는 능력Können까지를 함축하는 용어다. 하이데거는 그것을 무엇보다 인간이 존재의 의미, 존재의 진리의 빛을 삶의 제 영역에서 다양한 방법으로 표출할 수 있는 "존재 능력"Sein-können", "Seinkönnen"; "freies Seinkönnen"[339] 또는 "존재 가능성"Möglichkeit, Möglichsein[340] 혹은 "(세계)기투력"Entwurf; Weltentwurf[341]을 나타내는 용어로 사용하고 있다. "이해는— 기초존재론이 바로 이 점을 밝히고 있듯이—단순히 [통상적인 의미에서] 인식의 한 종류만이 아니고 그것은 무엇보다 [인간의] 실존 행위의 한 기본 요소다"nicht nur eine Art des Erkennens, sondern primär ein Grundmoment des Existierens überhaupt.[342]

하이데거는 이해라는 용어를 기투와 개방이라는 용어 외에 "정립"sein lassen", "bewenden lassen", "begegnen lassen", "Freigabe"[343] "건립"gründen,[344] "설립"stiften,[345] "초월"transzendendieren, übersteigen[346] 등으로 대치해서 사용

하기도 한다. 그가 "SZ", "KM", "WG" 등 전기 저서에서 수립하려고 시도한 기초존재론은 인간이 소유하고 있는 이러한 특수한 의미의 [존재] 이해력의 본질과 그 가능성을 규명하는 것을 과제로 하고 있으며 이러한 이해의 성격을 조명하는 데서 이 이해의 대상 자체, 즉 존재의 의미, 존재의 진리를 밝히는 것을 궁극 목표로 하고 있다.

여기서 하이데거가 인간을 인간 되게 하는 가장 중요한 요소로 거론하는 이해력은 곧 존재 이해 능력을 뜻하므로 그것은 칸트와 근대 인식론에서의 사물 일반에 대한 인식 능력과는 근본적으로 다른 개념이고, 딜타이가 그의 생철학과 생에 대한 해석학에서 중심 개념으로 거론하고 있는 이해력, 즉 문화물들의 의미에 대한 직관적 이해력과도 매우 다른 개념임을 알 수 있다.

상술한 바와 같이 딜타이는 개별적인 "생의 단위"인 개인의 마음속에 들어 있는 정신적인 것이 외적으로 표출된 것 "Lebensausdrücke"이라 할 수 있는 문화물들의 의미를 이해하고 해석하는 것을 주요 과제로 하는 정신과학의 사물접근 방법은 인간의 정신과 무관한 자연물들의 본질과 법칙을 연구 분석하고 과학적으로 설명하는erklären 자연과학의 사물 접근 방법과 질적으로 다르다는 점을 역설했다. "자연은 과학적으로 설명하지만 생은 이해한다."

하이데거가 이해라고 칭하는 것은 일면 딜타이의 이해와 매우 유사하게—그리고 극단적인 이성주의자 데카르트를 자신의 가장 큰 적수로 간주하고 그의 사상을 평생토록 맹공한 반주지주의자 파스칼의 "마음"의 느낌을 통한 총체적이며 직관적 체험지와도 유사하게[347]—플라톤에서 데카르트와 칸트를 거쳐 후설에 이르기까지의 전통 주지주의자들이 절대시한 이성의 "순수 직관"과 "현상학적 본질직관"을 통한 개념적이며 추상적인 과학지 및 사변지와는 질적으로 다른 원초적이며 내적인 체험지다. 그것은 인식의 대상을 그 외부에서, 그리고 자신에게 주어진 특정의 지적인 정보 처리의 틀과 각종 법 가설들을 통해 자신의 눈앞에 표상해서 경험하고 인식하게끔 되어 있는 이성의 직시를 통한 인식이 결코 아니다. 오히려 그것은 본디부터 세계에 피투되어 있고 개방되어 있기에 그것에 항상 이미 "원초적으로 친숙해 있고"ursprünglich vertraut[348] 그것을 "실존적 상태성"과 특히 실존적 "불안" 속에서 피부로 느끼듯 깊이 통감할 수 있는, 현존재의 전인적인 내적 세계에 대한 체험지, 존재에 대한 체험지를 뜻한다.[349]

이러한 체험지는 슐라이어마허가 한 개인이 타인의 마음이나 정신 현상 및 문화물의 의미를 이해하기 위해서 필요하다고 본 "내적 교감"Einfühlung 및 "예감"Divination과 이에 상응하는 딜타이의 "생체험"Erlebnis, 그리고 "생체험의 표현들"Erlebnisausdrücke인 문화물들에 대한 직감적·직관적 "이해"Verstehen와 매우 유사하다.[350] 이러한 종류의 이해에 대해서는 사실 "상태성으로서의 현존재"(이 책 271면 참조)라는 제목을 가진 이전 항목에서 이미 검토했다. 그러나 하이데거 자신이 "SZ", 29절에서 "Das Da-sein als Befindlichkeit"라는 제목 하에 "수동적인 개방성"[351] "Die (intransitive) Erschlossenheit der Stimmung" vs. "die (transitive) Erschlossenheit des Verstehens"이라고 할 수 있는 "상태성" 혹은 실존적 "정서"로 현존재가 그 마음 중심에서 통감하게 되는 실존 체험 및 존재 체험 또는 세계 체험을 주제로 다룬 후, 31절에서 "Das Da-sein als Verstehen"이라는 제목 하에 지금 우리의 주제, 즉 "능동적 개방성"인 독창적 기투력, 존재 능력 또는 초월 능력을 상론하는 과정에서 주지주의자들이 절대시하는 이성적 투시력"Sehen", "Anschauung"과 현상학적 본질직관력"die phänomenologische Wesensschau"[352]과 대비되고, 딜타이와 여타 해석학자들이 중시하는 내적 교감과 생체험 및 이해력과 흡사한 이해력에 대해서도 언급하고 있다. 그래서 우리도 여기서 그러한 의미의 이해력을 동시에 분석대상으로 삼지 않을 수 없다.

하이데거가 30절 전반부에서[353] 능동적 개방성을 뜻하는 이해력을 주제로 다룬 후 후반부[354]에서는 분명히 수동적인 개방성을 뜻하는 "현존재의 안목"die Sicht des Daseins[355] 혹은 "피조명성"被照明性, Gelichtetheit(수동적 개방성)[356]의 특성에 대해서 해명하고 있고 그것을 방금 언급한 주지주의자들이 절대시한 이성적 인식 방법과 엄격히 구별하고 있어 독자들을 다소 혼란에 빠뜨리고 있다. 32, 33절에서 그가 이해와 해석 및 진술의 문제를 상론하는 과정에서도 이해라는 용어를 계속 딜타이와 해석학자들이 상용하는 그 용어와 유사한 뜻으로 사용하고 있다. 아마도 능동적인 개방성을 뜻하는 이해력이 수동적 개방성을 뜻하는 이해력과 불가분의 관계로 내적으로 연결되어 항상 함께 작용하므로 하이데거가 이들을 여기서 서로 연결해서 거론하게 되었을 것이다. 그에게 양자가 불가분의 관계로 하나로 연결되어 있을 수밖에 없는 이유는 이하에서 상론하겠지만, 그에 따르면 이해와 앎은 곧 이해하고 아는 바를 실행할 수 있는 능력을 뜻하기 때문이다.

여기서 유의해야 할 중요한 사항은, 하이데거가 뜻하는 이해력은 이 책에서 딜타이가 자연물들에 대한 접근 방법인 과학적 설명과 대비되는 것으로 묘사하고 있는, 문화물들에 대한 내적·직관적 이해와의 유사성에도 불구하고 그것은 그보다 더 원초적이며 포괄적인 개념이라는 점이다. 딜타이가 "Verstehen"이라 칭하는 것은 "Erklären"과 마찬가지로 하이데거 자신이 이해력이라 칭하는 것에서 파생된, 이차적인 이해력이다. 그것은 하이데거가 인간을 인간 되게 하는 가장 기본적이며 가장 중요한 속성으로 간주하는 존재 이해 능력을 뜻하기보다 존재자에 불과한 문화물에 대한 직감적 인식력을 뜻하기 때문이다. "우리가 이해력을 [현존재의] 한 기본적인 실존 범주로 해석하고 있다면 그것은 곧 이 기능이 현존재의 존재의 기본 양태임을 뜻한다. 그와 달리 [딜타이가 거론하는] '이해', 즉 다양한 인식 방법 가운데 하나의 가능한 형태이며 '과학적 설명'과 구별되는 '이해'는 원초적인, 현주의 존재 자체를 함께 구성하는 이해[력]의 실존론적 파생형으로 해석되어야만 한다."[357]

그러나 하이데거의 "Verstehen" 개념의 가장 독특한 점은, 그것이 딜타이의 이해와는 달리 무엇을 직관적으로, 그리고 그 내부에서 깊이 체험하고 인식함을 뜻할 뿐만 아니라 그 무엇을 실행할 수 있는 능력까지를 뜻한다는 데 있다. 이 점에서 하이데거의 이해 개념은 칸트의 인식 개념과의 근본적인 차이점에도 불구하고 다소의 유사점도 드러내고 있다. 이러한 뜻에서의 이해력은 딜타이가 "생의 표현(활동)"이라고 칭한 것에 상응하는 개념이라 하겠다. 그러므로 하이데거의 이해 개념은 결국 딜타이의 "생체험"과 "이해"뿐 아니라 "생의 표현(활동)"이라고 칭한 것까지 그 자체 속에 내포하는 함축적인 개념이다.

4) 칸트의 인식론과 하이데거의 기투 개념

하이데거가 다양한 표현들과 특히 "기투"企投, Entwerfen, Entwurf, project, sketch, outline, design, plan라는 표현으로도 대치해서 사용하는 "이해"Verstehen, understanding라는 용어는 그 무엇을 안다는 것만을 뜻하지 않고 그 무엇을 할 수 있는 능력Können까지를 뜻한다. 고대 그리스어에서[358] 그리고 현대 한국어나 다른 언어에서도 무엇을 이해한다 혹은 안다epistasthai, to know 함은 종종 곧 무엇을 할 수 있음dynasthai, to be able to을 뜻하기도 한다. 주지하는 대로 소크라테스와 플라톤에게 진리에 대한 진정하고 깊은 지식은 곧 그것을 실행할 수 있는 능력을 뜻하기도 했다. 그래서 그들이 소위 "지행합일설" 혹은 "지행복합일설"을 주창했던 것이다. 우리의 일상적인 대화에서도 우리가 무엇을 안다고 표현할 때 그것은 곧 우리가 그것을 행할 수 있는 능력을 소유하고 있음을 의미하는 경우가 많다. 운전하는 법을 안다 함은 운전할 수 있는 능력을 소유하고 있음을 뜻하며, 컴퓨터 조작법을 안다 함은 곧 그것을 작동할 수 있는 능력을 소유하고 있음을 뜻한다.

이와 유사하게 하이데거에게도 현존재가 존재를 이해한다 혹은 기투한다고 서술할 때 그가 의미하는 바는 현존재가 그에게 이미 개방된 존재의 의미, 존재의 진리를 수동적인 입장에서 인식할 수 있을 뿐만 아니라 그것을 능동적으로, 그리고 독창적으로 설계·구상·표현·개방·개발·투사·실현할 수 있는 능력을 소유하고 있다는 것이다. 인간은 본디 그가 피투된 세계 속에서 그를 비추는 존재의 빛을 바라볼 수 있을 뿐 아니라 동일한 존재의 빛을 자기 삶의 제반 차원에서 나름대로의 독특한 방식으로 발할 수 있는 능력을 소유하고 있다는 것이다. 헤르만Von Herrmann의 해석에 따르면 하이데거는 "Entwerfen"이라는 용어를 주로 존재의 의미를 "개방"enthüllen, aufschließen, eröffnen한다는 뜻으로 사용했다고 한다.[359] 그러나 그것은 물론 방금 서술한 바와 같이 존재의 의미를 단순히 개방하는 활동만을 뜻하지 않고, 현존재가 자신의 특유한 사유·언어·예술·정치 활동 등의 능동적이며 독창적인 정신 활동을 통해 존재의 의미, 존재의 진리의 빛을 인간의 삶의 제반 영역에서와 나아가서는 온 우주에 밝히 드러내기 위해 기획·구상·설계project, design, sketch할 뿐 아니라 그것을 구체적으로 표현투사project하며 개발하고 현실화한다는, 함축적인 뜻으로 개방함을 의미한다고 보아야 한다.

후기 하이데거가 "EM", "HD", "HB" 등을 포함한 모든 저서에서 더욱 더 명확하게 밝히는 바와 같이 존재 자체의 빛의 역사는 결코 수직적·직접적으로 이루어지지 않는다. 그것은 어디까지나 그의 우주적인 빛의 역사, 진리의 역사의 "협조자"이자 "공역자"이며 그를 위한 "목자", "존재의 목자"인 현존재가 철학, 언어, 예술, 도덕, 정치, 종교 등의 영역에서 적극적으로 펼치는 이해·기투·개방·조명·정립·설립 또는 건설 활동을 통해 간접적으로만 이루어진다.[360]

하이데거에게 "이해"가 이와 같이 그 무엇을 인식함만을 뜻하지 않고 그것을 실행하고 구체화할 수 있는 능력과 활동 자체까지를 의미한다면, 이것은 하이데거 자신이 "SZ"과 "KM" 등에서 지적하는 대로 칸트의 인식론에서 사물에 대한 인간의 경험과 인식 활동이 단지 하나의 "완제품"과도 같이 일정한 구조와 성질을 지니고 객관적으로 실재하는 사물을 있는 그대로 앎만을 뜻하지 않고 아직 무엇이라고 규정할 수 없는 미확정의 사물을 사물로 구성하고 형상화함까지를 뜻한 것과 유사하다. 그러나 칸트에게 인식은 자연계 또는 현상계 내의 존재자들에 대한 과학지를 뜻하므로 그것은 물론 하이데거의 중심 개념인 이해, 즉 존재 이해와 질적으로 다른 개념이기도 하다는 점을 잊어서는 안 된다.

하이데거의 이해는, 외적이며 간접적이고 추상적이며 주관주의적인 이성적 직시 혹은 본질직관과 달리, 내적이며 직감적이고 구체적이며 전인적인 실존적 체험지라는 점에서 딜타이가 거론하는 이해와의 유사점을 보이지만 그것은 단순히 하나의 인식론적·해석학적인 개념만이 아니고 어디까지나 존재론적·실존론적 개념이다("이해력으로서의 현존재"!). 따라서 그 적용 범위도 문화물과 자연물을 포함한 존재자 일반의 한계에까지 이를 뿐 아니라 존재자들의 합 이상인 존재의 차원으로까지 이어진다는 점("해석학의 보편성"!)에서 딜타이의 이해와 질적인 차이를 보인다.

하이데거의 이해는 이해의 대상을 직감적·직관적으로 인식한다는 통상적인 뜻 이외에 이해의 대상을 능동적으로 기투·개방·정립한다는 뜻도 내포하고 있을 뿐 아니라, 이해의 대상을 "존재론적인" 지평과 맥락에서 그리고 "존재적" 지평과 맥락에서 그렇게 한다는 뜻도 나타내므로, 그것은 사물을 경험하고 인식할 뿐 아니라 "선험적" 지평과 차원에서 그들을 구성하고 "경험적" 지평과 차원에서 그들과 실제적인 지적 교섭을 하게 됨도 뜻하는 칸트에서의 지식 혹은 인식과의 유사점을 드러낸다. 그러나 하이데거가 거론하는 이해의 주체는 어디까지나 현존재라는 존재와의 관계 혹은 초월성이며, 칸트가 거론하는 지식의 주체는 단순히 감성, 의지, 도덕의식, 미의식, 종교의식 등과 함께 현존재의 실존 구조에 속한 부차적인 정신적 기능에 불과한 이성 또는 오성 혹은 선험적 주체성 또는 하나의 순수 의식일 뿐이다. 게다가 방금 지적한 바와 같이 하이데거는 "해석학의 보편성"을 염두에 두고 이 용어를 사용하고 있는 데 반해, 칸트는 자연의 한계 내에서만 그 용어를 사용할 수 있다고 보고 있다는 데서 그들 간의 질적인 차이가 드러난다.

i) 모사설과 코페르니쿠스적 전환[361]

칸트의 인식론은 칸트 이전의 사상가들과 일반 대중들의 "소박실재론" 素朴實在論, naiver Realismus과 "모사설"模寫說, Kopietheorie 또는 "복사설"과 완전히 상반되는 이론이다. 소박실재론에 따르면 우리가 인식해야 하는 사물은 우리가 지금 보고 경험하며 느끼고 평가하는 이대로의 사물로 우리와 관계없이 원래 객관적으로 실재하고 있다. 그러한 사물을 우리가 인식하기 위해서는 그들을 있는 그대로 우리의 감성과 이성으로 포착하고 인지하면 된다. 말하자면 감성과 이성이라는 렌즈가 달린 사진기 혹은 복사기로 그러한 사물을 촬영하거나 복사만 제대로 하면 그것을 있는 그대로 바로 인식할 수 있다는 것이다.

그러므로 이 학설에 따르면, 인간이 사물을 인식하기 위해서는 인식 주체인 이성은 어디까지나 인식의 객체인 사물에 기준을 두고 그것을 중심으로 해서 면밀히 관찰하고 연구해야 하며 주관성이 조금도 이 과정에 개입지 못하게 각별히 주의해야 한다. 이성은 사물을 중심으로 해서 맴돌며 그 정체를 확인해야 하며, 이성이 사물의 본질과 구조를 주관적인 방식으로 규정하거나 정의하려 해서는 안 된다.

극히 비판적인 안목으로 이성과 사물 간의 지적 교류 과정, 인식 과정을 예리하고 면밀하게 검토해본 칸트는 이러한 모사설이 결코 사실에 부합하지 않음을 깨달았다. 인간의 이성은 사물을 사물로 인식하기 위해 그것을 중심으로 해서 "회전"하는 것이 결코 아니다. 왜냐하면 인간이 인식해야 하는 사물은 인간과 관계없이 우리가 지금 인식하는 그대로 객관적으로 존재하고 움직일 수 없고 인간과의 필연적인 관계에서 존재하고 움직일 뿐 아니라 사실은 그것이 인간에 의해 인식되기에 앞서(논리적인 의미로 선행), 더 정확하게 말해서 인식됨과 동시에(시간적으로 보아서 동시적으로) 인간 이성에 의해서 우리가 지금 인식하는 대로의 사물로 정립되고 구성되기 때문이다.

이성 또는 오성은 사물을 경험하고 인식함과 동시에 소위 "선험적 구상력"transzendentale Einbildungskraft의 도움으로 일련의 "종합"Synthesis 과정을 거쳐 아직 그 무엇으로 확정되어 있지 않은 상태의 사물을 특정 구조와 의미를 가진 하나의 구체적인 자연물로 형성한다. 그러므로 사물을 경험하고 인식한다 함은 이미 특정 구조와 성질의 사물로 형성되고 구성된 대상을 있는 그대로 순전히 수동적으로 "복사"하는 것이 아니고, 정반대로 그 자체에서 아무런 구조와 의미, 법칙성과 질서가 없는 미정의 대상, "물자체"Ding an sich를, 정확하게는 물자체에서 우리에게 전달되는 무수한 "감각재"感覺材, Sinnlichkeit, Empfindungen, sense-data들을 능동적으로 조작하고 그들에게 "형상"과 "존재"(아리스토텔레스)를 부여하는 데서 그들이 말하자면 "얼굴"을 가진 사물로 형성되게 함을 뜻한다.

시간의 흐름 속에서 물자체로부터 감성을 통해 의식 속으로 계속 흘러들어 오는 다양한 감각재들을 이성 자체의 고유한, 선천적 사물처리 방식, 즉 소위 12범주들과 나아가서는 경험을 통해 확보한 무수한 후천적 개념들을 틀로 해서 서로 연결시키고 정리하며 통일시키고 체계화하는 데서 비로소 사물이 여기의 이 장미, 저기의 저 소나무와 같은 우리가 지금 경험하고 평가하는 이대로의 구체적인 사물이―무의식 가운데― 구성되는바 그렇게 찰나적으로 구성되는 사물을 의식적인 차원에서 그것으로 경험하고 인식하는 것이다.

칸트에 따르면 자연계 또는 현상계 속의 사물은 물자체가 아니고 물자체가 우리의 의식 속에 현상하는erscheinen 모습이므로, 그들은 필연적으로 우리 자신의 의식 구조에 따라 이렇게 혹은 저렇게 나타날 수밖에 없다. 물이 그것을 담는 용기의 구조에 따라 원형이나 삼각형으로 나타나는 것과 동일한 이치다. 우리 의식은 감성과 이성으로 구성되어 있다. 따라서 물자체, 더 정확하게 말한다면 물자체에서 오는 감각재들은, 첫째로 필연적으로 우리 자신의 특수한 감성의 감지와 수용 방법(시간적인 흐름 속에서, 공간적인 관계에서 그리고 나아가서는 우리의 오관 구조, 예컨대 동물들의 그것과 다른 우리 자신의 특수한 시각의 구조에 따라)에 의해 제한을 받으며 "채색"되어 우리 의식 속으로 받아들여지며 감지될 수밖에 없다. 그래서 모든 현상물은 시간의 흐름 속에서 지속적으로 변하며 3차원으로 된, 즉 연장 또는 부피를 가진 사물로 그리고 빨간색, 향기로움 등의 많은 특징들을 가진 사물로 우리의 눈앞에 나타나게 되는 것이다. 우리와 전혀 다른 의식 구조를 가진 소에게는 그들이 어떠한 구조와 특징을 지닌 사물로 나타나는지 우리는 알 수 없다. 장미가 빨간 색깔로, 향기로운 사물로 나타날지 혹은 회색과 역겨운 냄새의 사물로 나타날지 우리는 말할 수 없다. 우리 자신의 특유한, 그리고 모든 인간에게 공통된 "의식일반"Bewußtsein Überhaupt의 구조로 말미암아 빨간 장미는 빨간색으로만 우리의 눈앞에 나타난다. 우리의 눈과 시신경과 그것과 연결되어 있는 뇌세포의 구조로 말미암아 우리는 빨간 장미를 빨간 장미로 감지하는 것이다.

그리고 둘째로―컴퓨터 용어로 이 관계를 설명하자면―우리 자신의 감성에 고유한 "입력 장치", 즉 수용 방식으로 우리 자신의 의식 속에 일차적으로 "입력"된 인식의 대상은 이성이라는 "CPU"와 연결된 12범주라는 특수 소프트웨어의 프로그램, "정보 처리"의 방식에 따라 정리되고 체계화된다. 그렇게 되는 데서 그 자체의 구조와 질서와 법칙성이 결여한, 물자체로부터 우리의 의식 속으로 전달되는 혼동된 감각재군感覺材群이 특정 구조와 성질의 구체적인 사물로 형성되어 우리의 눈앞에 나타나게 된다. 이것은 플라톤이 그의 『티마이오스』(Timaios, 서광사 역간, 2000)에서 데미우르고스라는 세계형성자가 원래 무질서하고 혼동된 세계, "Chaos"를 영원 전부터 존재해온 이데아를 모델로 삼아 지금의 질서정연하고 조화된 아름다운 우주, "*Kosmos*"로 형성하는 과정과도 흡사하다. 칸트의 인식론의 맥락에서는 우리 자신의 이성이 현상계와의 관계에서 데미우르고스의 위치에 있는 것이다.

칸트에 따르면 이와 같이 이성이 사물에게 특정 구조와 질서와 의미를 부여함으로써 그것이 구체적인 한 사물로 정립되게 하는 이 사물 구성Gegenstandskonstitution 활동 또는 종합Synthesis 작용은 동시에 두 상이한 차원, 즉 선험적 차원과 경험적 차원에서 이루어진다고 한다. 시간적으로는 선험적 종합transzendentale Synthesis과 경험적 종합empirische Synthesis 작용이 동시에 이루어진다고 할 수 있으나 논리적으로는 전자가 후자에 선행한다고 보아야 한다.

선험적 종합에서는 이성 또는 오성이 물자체에서 의식 속으로 들어오는 감각재들을 직접 정리하고 처리하기보다 이들을 의식 속으로 수용하는 감성의 감각적 "직관의 형식", 즉 시간을 이성 자체의 생득적이며 필연적인 사유의 방식인 12범주들에 따라 규정하고 조작함으로써 소위 "선험적 도식들"transzendentale Schemata을 형성하게 된다.

이러한 선험적 종합에서는 이성이 그 특유한 12가지 사유의 규칙들, 12범주들을 그 자체에 있어서─공간과 마찬가지로─완전히 공허하고 막연하며 불확정적이며 무의미한 동질적인 것의 무한한 양적 "연속체"Kontinuum에 불과한 시간(칸트는 그것을 "순수 다양성"reine Mannigfaltigkeit이라 칭하고 "경험적 다양성"empirisches Mannigfaltigkeit인 감각재들과 구별한다. 시간이 비록 순수하고 선험적인 "다양성"이긴 하지만 그것 역시 "다양성"이므로 오성에 의해 일정한 방식으로 조작되고 형성될 수 있는 것이다)에 연결시키고 적용시켜 그것을 조작하고 "종합"하며 규정(선험적 시간 조작, transzendentale Zeitbestimmung)하는 데서 소위 "선험적 도식들"transzendentale Schemata을 형성한다.

시간은 감성이 사물을 감지하는 데 필연적으로 따르는 직관의 감지 방법, 감지 형식이므로 이성의 "순수 개념들", 즉 12범주들은 시간성과 연결됨과 더불어 필연적으로 외부 사물과도 연결된다. 이 점을 밝히는 것이 "KrV"의 핵심부인 "오성의 순수 개념에 대한 선험적 연역"transzendentale Deduktion der reinen Verstandesbegriffe이라는 항목의 내용이다. 오성의 순수 개념들, 즉 12범주들이 비록 원래는 우리 자신의 두뇌 속에서만 타당한, 전적으로 주관적인 사유의 규칙들과 법칙들이지만 그것이 시간이라는 징검다리를 거쳐 외부 사물에게 객관적으로, 그리고 필연적으로 적용된다는 점을 칸트가 여기서 "연역", 즉 입증하고 있다.

오성이 선험적 구상력의 도움으로 "직관의 순수 형식", 즉 모든 "직관적인"(직접적) 사물 감지 활동의 틀과 통로로 작용하는 시간이라는 순수 연속체를 자신의 정보 처리의 방식에 따라 "종합"하는 데서, 즉 조작하고 제한하며 정돈하는 데서 방금 언급한 선험적 도식들의 체계를 형성한다면, 이들이 곧 필연적으로 시간의 흐름 속에서 우리에게 감지되고 경험되는 모든 사물의 존재 가능성을 위한 일종의 "모형" 혹은 "청사진" 역할을 하게 된다.

우리가 경험하는 사물들은 상술한 바와 같이 물자체가 아니고 감성과 이성으로 구성된 우리의 의식 속에 나타나되 기본적인 구조에 따라 일정한 양식으로 나타날 수밖에 없는 현상물들이다. 따라서 그들은 시간이라는 감성의 직관 형식에 제약되고 규정되어 우리의 의식권 내에서 우리 앞에 나타날 수밖에 없다. 그런데 칸트에 따르면 우리가 그들을 경험하기에 앞서 방금 언급한 바대로의 선험적 시간 조작 작업(시간과 범주의 연결 작업, 도식화 작업Schematisierung, 범주의 시간화 작업, 시간의 범주화 작업)을 수행하고 선험적 사물 구성 작업을 전개하므로, 우리가 경험하는 모든 사물은 필연적으로 이 작업을 통해 형성된 선험적 도식들의 체계, 범주화된 시간의 틀에 의해 제한되고 형성되어 우리의 의식 속에, 혹은 우리의 눈앞에 나타날 수밖에 없다. 그래서 이들 모두는 예외 없이 이 12가지 선험적 도식들에 따라, 수와 질량으로 따질 수 있는 사물로, 인과관계와 다른 관계로 서로 연결된 대상으로, 현실적이거나 가능하거나 필연적인 상태에 있는 그 무엇으로 존재하고 그 모습을 드러내게 된다. 양의 범주에 따라 하나둘로 셀 수 없는 자연물이 있는가? 관계의 범주에 따라 인과율의 지배를 받지 않는 자연물, 현상물이 있는가? 역시 관계의 범주에 따라 다른 모든 자연물들과 직간접적으로 연결되지 않는 자연물들이 있는가?

선험적 구성 작업에 관한 이러한 매우 난해한 칸트의 이론의 요점은, 우리의 이성이 선험적 구상력의 도움으로 "순수 다양성" 혹은 "순수 감각재"라고 할 수 있는 시간을 이성 자체의 사유와 인식의 규칙에 따라 선험적으로 조작하고 형성하는 데서 물자체로부터 시간의 통로를 통해 우리의 의식 속으로 들어오는 모든 경험적 감각재들을 예외 없이 경험과 관계없이 사전에, 즉 선험적으로 조작하고 형성하게 된다는 것이다. 그래서 이들이 필연적으로 이성의 12범주의 특징을 지닌 사물의 단위들로 선험적으로 구성되어 실제적인 경험 과정에서 그러한 사물로 우리에게 나타나고 우리에 의해서 경험되고 인식되기도 한다는 것이다. 시간을 조작한다는 것은 그것을 통해서 우리의 의식 속으로 들어오는 경험적 감각재들을 사전에 조작함을 뜻하며, 시간을 조작하되 12범주들에 따라 조작한다는 것은 그렇게 우리의 의식으로 들어오는 이들 경험적 감각재들을 12범주들에 따라 선험적으로 조작함을 뜻한다. 그러므로 선험적 구성 작업을 통해 12가지 사유의 범주들에 상응하는 12가지 기본적인 존재의 범주들을 지닌 사물들을 선험적으로 구성함을 뜻한다.

그래서 자연계 속의 모든 대상은 이와 같이 오성의 선험적인 구성 작업을 통해 12존재의 범주들을 지닌 사물들로 구성된 현상물들이므로 그들 중 어떤 것도 예컨대 양의 범주에 따라 숫자적으로 계산할 수 없거나 관계의 범주에 따라 원인과 결과의 관계로 다른 것과 연결할 수 없는 상태에 있는 사물로 존재할 수 없다. 그들 모두가 12범주들의 특징을 각각 지니고 존재하고 움직이며 우리들에 의해서 경험되고 인식될 수밖에 없다.

이러한 내용의 매우 복잡한 칸트의 인식론을 이해하려 할 때 무엇보다 먼저 고려해야 하고 항상 염두에 두어야 할 점은 상술한 바와 같이 그가 인식의 대상으로 취급하는 사물은 물자체가 아니고 현상물이라는 사실이다. 현상물은 물과 같다는 점에 대해서, 즉 특정 구조의 용기에 담기는, 그 자체로는 아무런 형상을 갖고 있지 않는 물과도 같음을 언급했다. 물이 어떤 용기에 담기느냐에 따라 물의 모양이 달라진다. 그러므로 물이 한 용기에 담기기 전에 이 용기의 모양과, 그것이 유리로 된 용기인 경우에는 색깔을 관찰하는 데서 그 속에 담길 물의 모양과 색깔도 "선험적으로" 인식할 수 있다. 용기의 모양과 색깔이 물의 모양과 색깔을 "선험적으로" 결정하고 형성하기 때문이다. 이 용기에 담기는 모든 "물들"의 가장 기본적인 특징과 구조를 두고 말한다면 특정 구조와 색깔이 가진 이 용기가 곧 이 "물들" 자체라 할 수 있다. 이 용기를 본다 함은 곧 이 "물들" 자체의 가장 기본적인 특성을 봄을 뜻하기 때문이다. 구조적인 면에서는 이 "물들"은 다 똑같은 물들이다. 그러나 내실적으로는 그들이 어디에서 흘러나온 물이냐에 따라 모두 다른 물들이다.

칸트의 인식론에서도 마찬가지다. 구조적으로 보면, 즉 현상물들의 가장 일반적인 구조와 특성을 감안한다면 그들은 다 하나같이 동일한 측면을 지니고 있는 똑같은 사물들이다. 그러나 내실적으로는 두 개의 동일한 사물이 없다고 할 정도로 서로 다르다. 그들이 동일한 사물로 형성되어 나타날 수 있는 것은 오성이 그들을 선험적으로 형성하기 때문이며, 그들이 각각 상이한 내용의 사물로 형성되어 나타날 수 있는 것은 오성이 이차적인 구성 작업, 경험적 종합 과정을 거쳐 내실적으로 달리 형성하기 때문이다.

모든 현상물은 그들이 나타나는 인간의 의식 일반의 구조에 의해 본질적으로 규정되며 형성된다. 그래서 우리가 인간의 의식 구조를 분석하고 인식하는 데서 그 속에 나타남과 더불어 그 구조에 의해 제한되고 제약되며 규정되고 형성될 수밖에 없는 현상물 일반의 기본적인 구조와 특성 및 그들을 규정하는 가장 일반적인 법칙들을 선험적으로 인식할 수 있게 된다. 칸트의 소위 "의식의 명제"Satz des Bewußtseins[362]의 내용은 우리가 방금 실례로 든 물의 용기와 물과의 관계를 의식이라는 용기와 그 속에 담기고 그 구조로 형성되는 현상물과의 관계에 적용한 것이라 할 수 있다. 이 "의식의 명제"는 다음과 같이 표현된다. "모든 다양한 경험적 의식 내용이 단 하나의 자아의식 속에서 연결되어야만 한다는 종합명제는 우리의 사유 활동과 관련되는 절대적으로 으뜸가는 종합명제다."

이 점을 간파하면 칸트가 "KrV" 초두에서 인식론적으로 심대한 의미를 지닌 질문으로 간주하고 제기한, 선험적 지식의 가능성에 대한 질문, 즉 "어떻게 선험적 종합 판단(선험적 지식)이 가능한가?" 하는 질문에 쉽게 답할 수 있다. 현상물들에 불과한 인식의 대상이 우리의 의식 구조에 속하는 시간과 공간과 특히 오성의 12사유의 범주들을 통해 본질적으로 규정되고 형성되게 되어 있으므로, 이러한 요소들을 분석하는 데서 우리가 경험하고 인식하는 사물들의 기본적인 구조와 특성이 어떠한지에 대해 그들을 경험하기 이전에 선험적으로 알 수 있다. 예컨대 그들이 예외 없이 다 필연적으로 공간적인 측면을 지닐 수밖에 없다는 점을 그들을 경험하지 않고서도 사전에 알 수 있다. 왜냐하면 그들은 현상물들로서 우리 감성의 직관 형식인 공간을 통해서 우리의 의식 속으로 들어와서 그 속에 나타남과 더불어 그들은 필연적으로 공간적인 특성을 지닐 터이기 때문이다.

이성이 선험적 구상력으로 수행하는 선험적 종합은 사물 일반에 대한 사전 설계 작업, 그에 대한 "청사진"을 제작하는 작업이라 할 수 있다. 그것은 모든 사물에 대한 가장 기본적인 초안Entwurf과 도식Schema을 사전에, 즉 사물을 경험하기도 전에 선험적으로 마련하는 작업이다. 그것은 사물 일반의 가장 기본적인 틀, 사물을 사물 되게 하는 사물 일반의 "사물성"Gegenständlichkeit des Gegenstandes überhaupt을 사물과 관계없이 마음 속에서 형성하고 설정하는 작업이다.

이성에 의한 이러한 선험적 사물 구성 작업은 많은 양의 물을 담을 특정 모양과 색깔의 유리 항아리를 제조하고 마련해두는 작업과 유사한 작업이다. 그러한 용기를 마련한다는 것은 앞으로 그것에 담길 모든 "물들"의 모양과 색깔을 사전에 결정하는 작업이므로 그것은 이 모든 "물들"의 기본적인 도식과 모형이라 할 수 있다.

칸트의 선험적 사물 구성 작업과 관련해서 유리용기 대신 플라스틱으로 된 장난감 자동차를 찍어내는 데 필요한 주조틀moulder에 대해서 비유삼아 생각해본다면, 장난감 자동차를 생산하는 자가 수백 수천 개의 장난감 자동차를 실제로 생산하기에 앞서 그들을 찍어내는 데 필요한 주조틀을 먼저 만든다. 용해된 쇳물을 미리 마련된, 흙으로 된 본에 부어 주조틀을 만들고 그 다음에는 플라스틱 조각을 그 틀에 넣어 찍어내기만 하면 그것이 장난감 자동차가 된다.

칸트가 오성이 오성 자체의 사유의 범주를 "순수 다양성"인 시간과 연결시켜 도식화된 범주들의 체계를 형성하는 작업은 장난감 공장주가 용해된 쇳물을 흙으로 만들어진 본에 부어 주조틀을 만드는 공정에 비할 수 있다. 도식화된 범주들은 우리가 경험하는 모든 현상물이 현상물들로서 형성되게 하는 기본적인 틀 역할을 한다. 장난감 자동차를 만드는 데 필요한 주조틀을 보면 그것을 통해 찍혀 나올 수백 수천 개의 장난감 자동차의 모양이 어떠하리라는 것을 "선험적으로" 알 수 있다. 앞으로 만들어져 나올 모든 장난감 자동차들의 모양을 두고 말한다면 그들이 찍혀 나오는 그 틀이 곧 수백 수천 개의 "경험적" 자동차들 자체다.

칸트에 있어서 오성이 선험적 구상력의 도움으로 구성하는 선험적 도식들도 마찬가지다. 이들을 알게 되면 현상물들의 기본적인 구조와 특성이 무엇임을 사전에 알 수 있다. 그 자체로 아무런 형상이나 내적 연관성이 없는 단순한 "연속체"에 불과한 "순수 다양성", 즉 시간은 장난감 자동차를 생산하는 자가 주조틀을 제조할 때 사용하는 흐르는 쇳물에 비유할 수 있고, 오성의 12범주들의 체계는 주조틀을 위한 흙으로 만든 본에 비유할 수 있다. 쇳물과 본이 결합하는 데서 수백 수천 개의 장난감 자동차를 만들어내는 주조틀이 제조되듯이 오성이 선험적 구상력의 도움으로 시간과 12범주의 체계가 결합되는 데서 우주 내의 모든 사물이 인간의 의식 속에서 그들로 구성되는 데 필요한 틀이 형성된다.

선험적 사물 구성 작업은 우리의 이성이 사물과 실제적인 관계없이 마음속에서 수행하는 작업이나, 상술한 대로 우리가 경험하는 모든 사물이 필연적으로 시간이라는 감지의 통로를 거쳐 우리의 의식 속으로 들어오고 경험되므로 여기서 우리의 이성이 수행하는 "순수 다양성"의 선험적 종합, 즉 사물 일반의 "사물성"의 설정 작업, "선험적 사물 구성"transzendentale Gegenstandskonstitution 작업은 단지 우리 마음속에서만 수행되는 작업이 아니고 외부 사물 자체의 "사물성"과 직접적으로 관계되는 작업일 수밖에 없는 것이다.

이러한 선험적 종합작용이 우리가 경험하는 사물이 한 사물이 되어 우리의 눈앞에 나타나고 경험되는 데 필요한 가장 기본적인 전제조건, 그것이 세상에서 특정의 구조와 성질과 법칙성, 의미와 가치와 기능을 지닌 한 사물로 존재하고 그러한 것으로 인식될 수 있게 하는 가장 기본적인 틀을 마련하는 작업이라면, 경험적 종합은 선험적 종합을 통해서 마련되는 이러한 기본적인 틀을 통해 일차적으로 형성되는 사물, 더 정확하게는 하나의 물자체에서 범주화된 시간의 통로를 거쳐 우리의 의식 속으로 들어오는 무수한 감각재들을 이차적으로 일정한 방법으로 결속시키고 연결시키며 종합하고 통일해서 하나의 빨간 장미, 하나의 흰 산토끼 등으로 형성하는 작업이다. 그러나 여기서 유의할 점은 선험적 종합과 경험적 종합을 우리가 구분해서 논할 수는 있지만 그들이 서로 분리되어 이루어지는 것이 아니라 항상 동시적으로 이루어진다는 사실이다. 단지 논리적으로 볼 때 전자가 후자에 선행할 따름이며 시간적으로는 양자가 항상 동시적으로 이루어지는 것이다.

칸트는 이와 같이 사물이 동시적으로 두 상이한 차원, 즉 선험적 차원과 경험적 차원에서 사물로 구성된다고 보았다. 그에게 인간이 사물을 경험하고 인식한다 함은 단지 이미 특정의 구조와 특정의 사물로 구성되어 있는 대상을 있는 그대로 감지하고 인지함만을 뜻하지 않고, 아직 전혀 구성되지 않은 상태의 대상을 선험적 종합과 경험적 종합을 통해서 찰나적으로 그리고 주로 무의식중에 구성하고 그렇게 구성된 것을 의식적인 차원에서 그대로 감지하고 인지함을 의미한다.

사물과의 지적인 교섭 과정에서 인간 이성은 그러므로 수동적인 역할을 하는 것이 결코 아니다. 그것은 사물과의 관계에서 능동적인 역할을 할 뿐 아니라 사물을 사물로 구성하고 그들을 그들 되게 하는 실로 절대적인 위치에 있다. 그것을 비록 사물의 창조자라고는 말할 수 없을지라도, 그것이 플라톤의 데미우르고스와 흡사한 사물과 자연의 형성자와 "입법자"[363]의 역할을 하므로 사물과 자연의 절대적인 주인이라고는 말할 수 있다.

그러한 막강한 위치에 있는 인간의 이성은, 첫째로 한 사물이 다른 모든 사물과 공통된 12가지 상이한 기본적인 특징들을 지닌 사물로 세상에 존재하고 나타나게끔 시간이라는 "순수 다양성"을 소재로 하고 12 범주들을 형식으로 해서 현상물 일반을 위한 "청사진" 혹은 인식 대상 일반의 "대상성"을 제작하는 선험적 구성 작업을 수행한다. 둘째로 이 선험적 구성 작업을 통해 형성된 범주화된 시간의 체계 혹은 시간화된 범주의 체계의 틀을 통해 의식 속으로 들어오는 다양한 감각재들을 이차적인 구성 작업, 즉 경험적 종합 작업을 통해 서로 결속하고 통일해서 한 단위, 한 단위의 구체적인 사물들로 실제로 형성하고 나아가서는 그들을 종과 유에 따라 분류화하는 개념화 작업을 전개한다. 칸트는 "KrV" 초판에서 세 가지 상이한 경험적 종합에 대해서 언급하고 있다. "각지覺知, 感知의 종합"Synthesis der Apprehension, "재생再生, 記憶의 종합"Synthesis der Reproduktion, 그리고 "개념에 의한 재인再認, 認知, 認識의 종합"Synthesis der

ii) 존재적 규정 작업과 존재론적 규정 작업

하이데거는 "SZ"과 특히 "KM"에서 칸트의 인식론을 배경으로 해서 자신의 이해 개념과 기투 개념의 본질을 해명한다.

상술한 바와 같이 하이데거가 거론하는 이해는 현존재를 현존재 되게 하는, 그의 가장 기본적인 특성인 존재 이해와 세계 기투를 뜻한다. 현존재는 본질적으로 존재의 의미를 이해할 수 있을 뿐 아니라 그것을 다양한 방법으로 표출하고 개방할 수 있다. 달리 표현한다면 그는 항상 이미 세계 속에 피투되어 그것과 친숙할 뿐 아니라 그러한 세계 속에서 또한 다양한 영역에서 다양한 방법으로 늘 새롭게 하나의 세계를 기투, 개방, 형성, 정립, 건립할 수 있다.

하이데거의 이러한 이해·기투 개념은, 사물을 경험하고 인식한다는 것이 단순히 수동적인 입장에서 사물의 구조와 특성을 있는 그대로 포착하고 인지함("모사설")을 뜻하지 않고, 어디까지나 그것을 사전에 그것으로 구성하고 그렇게 구성된 사물을 그것으로 인식하는 것이라는 내용("구성설")의 비판적 인식론 또는 "선험적 관념론"을 주창한 칸트의 인식 개념과 유사점이 있음이 분명하다. 뿐만 아니라 현존재가 존재의 의미 또는 세계를 "존재론적으로"ontologisch 사전 기투하고 그것을 전체적인 의미의 지평으로 하고 그 속에서 이차적으로, "존재적으로"ontisch, reg. "ontologisch"-"ontisch"[365] 세계내재적 존재자들을 정립하고 개방한다는 하이데거의 이론도 오성이 현상계 내의 사물 일반을 두 단계로, 즉 선험적 종합 작업, 선험적 사물 구성 작업의 단계와 경험적 종합 작업, 경험적 사물 구성 작업의 단계를 거쳐 그들로 정립하고 형성하며 개방한다는 칸트의 이론과 흡사한 점이 많음이 분명하다.

칸트의 인식론에서 인간 오성은 선험적 종합을 통해 현상계의 사물들이 각각 특정의 구조와 성질, 의미와 기능의 사물로 정립되고 구성되어 존재하고 그 모습을 드러내는 데 필요한 전제조건으로, 그들 모두를 위한 일종의 설계도와 같은 "선험적 도식들"transzendentale Schemata을 사전에 형성하는 것과 흡사하게 하이데거의 현존재 해석학에서도 본디 존재혹은 세계라는 전체적인 의미의 지평, 정신적·영적 빛의 영역 속에 내재하고 있다. 그리고 그것과 본질적·필연적으로 연결되어 있는 현존재는 자신의 본질적인 존재 능력, 세계 기투 능력 혹은 초월 능력을 통해 주위의 개별적인 사물들이 특정의 구조와 성질, 의미와 가치의 자연물 혹은 실용물 혹은 문화물로 정립되어 세상에서 그 어떤 구실을 하고 기능을 발휘할 수 있기 위해 필요한 전제조건으로 세계라는 한 "전체", 즉 전체적인 의미의 지평을 독창적으로 설계하고 기투하며 형성하고 정립해서 그들 위에 "투사"한다.[366] 개별적인 존재자들이라는 "부분들"의 정립과 개방에 앞서 이를 위해 필요한 "전체", 전체적인 의미의 지평을 각 현존재는 나름대로의 방식으로 독창적으로 기투하고 개방함으로써 그 속에서 "세계내재적 존재자들"이 그들로 개방되고 정립되어 그들로 존재케 하는 것이다.

하이데거는 칸트의 인식론의 내용을 자신의 이해 개념에 맞추어 다음과 같이 요약한다. "'사전에 설계된 자연의 모형도'der vorher entworfene Plan der Natur überhaupt는 모든 탐구의 대상이 되는 [자연 속의] 존재자들의 존재 구조die Seinsverfassung des Seienden를 미리 설정하는 [기본적인 틀이 된다]. 존재자들을 위한 이러한 존재 설계dieser vorgängige Seinsplan des Seienden는 자연과학의 해당 분야의 기본 개념들과 기본 원리들 속에 포함되어 있다. 그러므로 존재자들과의 실제적인 교류(존재적 지식, ontische Erkenntnis)를 가능케 하는 것은 그들의 존재 구조에 대한 사전 이해, 즉 존재론적 지식ontologische Erkenntnis이다."[367]

이 구절에서 하이데거가 "존재적 지식"이라 일컫는 것은 칸트가 후천적 혹은 경험적 지식aposteriorische oder empirische Erkenntnis이라 칭하는 것에 해당하고, "존재론적 지식"이라 칭하는 것은 칸트가 "순수한 지식" 혹은 "선험적 지식"reine oder apriorische Erkenntnis이라고 부르는 것에 상응한다. 여기서 확실히 드러나고 있듯이 하이데거도 칸트와 흡사하게 사물과의 교섭 과정에서 인간 현존재는 두 가지 상이한 차원, 즉 존재론적 차원과 존재적 차원에서 그들을 그들로 정립하고 규정하는 것으로 보고 있다.

하이데거의 이해 개념과 기투 개념 및 초월 개념과 더불어 인간의 정체성을 대단히 명료하게 밝혀주는, 이상에서 부분적으로 인용된 "WG"의 한 구절[368]에서도 이 점이 분명히 드러나고 있고 특히 그가 의도하는 존재 이해와 세계 기투가 무엇인지 확연하게 밝혀지고 있다.

인간 현존재는—비록 존재자들 가운데서 내주하고 있고 존재자들과 관련을 맺는 한 존재자로서 [실재하지만]—이들 존재자 전체das Seiende im Ganzen의 의미(세계)가 그에게 항상 이미 개방되어 있는 상태에서 실존하고 있다. 그가 여기서의 이 전체die Ganzheit를 명료하게 인식하지 않을 수도 있으며 그것이 현존재에게 예속되어 있음이 은폐되어 있을 수도 있고 이 전체의 범위도 가변적이다. 여기서 개방된 존재자들의 총체(우주)가 그들의 특수한 맥락과 영역과 계층에 따라 전문적으로 간파되는 것도 아니며 '완벽하게' 탐구되는 것은 더더구나 아님에도 불구하고 이 전체(세계)는 그에게 이해되고 있다. 이 전체에 대한 선험적이며 포괄적인 이해는 곧 세계에로의 초월성이다Das je vorgreifend-umgreifende-Verstehen dieser Ganzheit aber ist Überstieg zur Welt.…여기서 전체를 뜻하는 세계는 결코 한 존재자가 아닌바, 그것은 어디까지나 현존재가 어떠한 종류의 존재자들과 어떠한 방법으로 관계를 맺을 수 있는지에 대해서 스스로 인식할 수 있게 해주는 그러한 것(이해의 지평 또는 의미의 지평)이다.…세계의 기투는—비록 여기서 기투된 것이 확연하게 인식되지 않을지라도—항상 기투된 세계를 존재자들 위에 투사하는 행위다. 이 선재적인 투사 행위가 비로소 사물이 사물로 개방됨을 가능케 한다. 현존재의 존재가 활성화되는 데서 일어나는worin das Sein des Daseins sich zeitigt 이러한 기투적 투사 행위의 사건das Geschehen des entwerfenden Überwurfs이 곧 세계내존이다. '현존재가 초월한다' 함은 곧 그가 그의 존재의 본성에 따라 세계를 형성하되weltbildend 그것을 다음과 같은 다양한 의미로 '형성'bildend함을 뜻한다. 그는 세계를 하나의 사건으로 발생하게도 하고Welt geschehen läßt 그것을 하나의 원초적인 방법으로 투시하고(그에 대한 심상을 형성하여)…존재자 일반을 위한 선재적 표본Vor-bild의 역할을 하게도 한다. 존재자, 예컨대 가장 넓은 의미의 자연은 그러한 세계 속에 내포될 기회가 없다면wenn es nicht Gelegenheit fände, in eine Welt einzugehen 그것은 결코 그것으로 개방될 수 없다.…존재자가 세계 속에 내포되는 일Welteingang은 결코 그 속으로 들어가는 존재자 자체들에게 발생하는 자연적인 사건Vorgang이 아니고 어디까지나 존재자들과 '더불어' '일어나는' [존재론적 사건]이다. 바로 여기서 일어나는 이 사건이 현존재의 실존 과정 그 자체인바 그는 실존하는 자로서 초월한다.…오로지 이 원역사原歷史, Urgeschichte, 즉 초월활동이 사건으로 일어나는 한에서만, 환언하면 세계내존의 특성을 지닌 존재자가 존재자의 차원 속으로 침투einbricht할 때만 존재자가 개방될 가능성이 있다.…초월성을 통해서만 존재자가 존재자로 나타날 수 있다.…
이러한 이해 활동은—존재를 개방하는 기투 활동으로서—인간 실존의
원초적인 행위die Urhandlung menschlicher Existenz인바 그가 존재자들 가운
데서 수행하는 실존적 행위들이 모두 그것에 뿌리를 내리고 있다.[369]

이 구절에서 하이데거가 개진하고 있는 것처럼, 현존재가 수행하는
존재 이해와 세계 기투 활동은 존재자 일반의 존재 정립과 개방을 위한
터전을 사전에 닦는 작업이기도 하다. 즉 그것은 이들이 한 존재자로 정
립되고 개방되어 우리의 눈앞에 등장할 수 있기 위해서 필요로 하는 한
전체적인 개방의 장, 한 전체적인 의미의 지평을 형성하고 개방하는 작
업이기도 하다. 그러므로 그것은 칸트의 인식론에서 오성에 의한 "선험
적 구성" 작업에 해당하는 활동임을 알 수 있다.

이상에서 지적한 것처럼 이 점에 대해서 하이데거는 자신의 세계 개
념을 현상학적인 방법으로 조명하는 "SZ", 14-18절에서도 상론하고 있
다. 앞에서 이미 하이데거의 진리관 및 세계 개념을 거론하는 맥락에서
"SZ"의 이 부분을 이해하기 위해서 아리스토텔레스의 목적론적 존재론
을 염두에 두어야 한다는 점에 대해서 언급한 바 있다. 그리고 나아가서
는 헤겔의 총체론적 진리관과 문화물들의 의미를 올바로 이해하고 해석
하기 위해서는 항상 "전체"와 "부분" 및 "전이해"와 "사실 이해"라는 기본
적인 범주들로 접근해야 함을 강조하는 슐라이어마허와 딜타이 이후의
현대 해석학의 입장을 고려해야 함도 지적했다. 하이데거가 "SZ"의 이
부분에서 현존재의 세계 기투 활동과 관련해서 제시하는 이론이 이미
소개되었기에 여기서는 그 요지만을 간략하게 기술해보기로 한다.

인간 현존재는 일상생활에서 다양한 부류의 도구들과 실용물들을 제

조하거나 개발해서 어떤 구체적인 목적과 용도를 위해 유용하게 사용한다. 이들이 직접적으로 위해서 사용되는 목적과 용도가 있고 간접적으로 위해서 있는 목적과 용도가 있다. 이들이 직간접적으로 위해서 있는 수많은 목적들과 용도들 모두는 최종적으로 단 하나의 목적, 궁극 목적 Worumwillen을 위해 있다. 그들의 이 궁극 목적은 물론 현존재다. (현존재의 존재와 실존 과정 전반의 궁극 목적이 존재 또는 세계임은 물론이다. 후자가 그의 유일하며 절대적인 "우려"의 대상이 아닌가?) 현존재라는 궁극 목적을 중심으로 수많은 도구들과 실용물들, 그리고 그들의 목적들과 목적의 목적들이 서로 유기적으로 하나로 연결되어 전체적인 "도구의 체계"와 목적론적 "관련성의 체계"를 형성하게 된다. 이것이 곧 "주위의 세계"다.

아리스토텔레스도 그의 형이상학에서 상론한, 무수한 세계내재적 존재자들로 구성된 이러한 목적론적인 관련성의 체계와 관련해서 특별히 유의해야 할 점은, 현존재가 망치와 같은 개별적인 실용물들을 제조하거나 개발할 때 그가 말하자면 완전히 빈 마음으로 혹은 맹목적으로 그렇게 하지 않는다는 것이다. 아무런 생각과 계획 없이 그렇게 하는 것이 아니고 방금 서술한 바와 같이 그 어떤 직접적인 목적과 나아가서는 간접적인 목적, 그리고 이 목적의 목적, 궁극 목적을 염두에 두고 그렇게 하게 된다. 현존재 자신의 존재라는 궁극 목적을 염두에 두고 그렇게 하며, 그것을 중심으로 해서 펼쳐지는 광활한 목적론적 관련성의 체계, 세계를 염두에 두고 그것을 바라보는 가운데 그렇게 하게 된다.

현존재는 자신의 실존과 그것과 필연적으로 연관된 세계를 사전에 심적으로 구상하고 구성, "기투"한 후에 그것을 염두에 두고 그 속에서 망치와 다른 도구와 실용물들을 실제로 제조하거나 개발하고 사용하게 된다. 따라서 세계 기투 또는 세계 형성이 망치와 같은 세계내재적 존재자들의 정립과 규정에 선행한다고 보지 않을 수 없다. 세계 기투가 선행하고 세계내재적 존재자들의 "정립"이 후행한다. 세계 없는 세계내재적 존재자들은 있을 수 없다. 현존재 없는 집이 없고 집 없는 창문과 가구는 없으며 이것들 없는 못과 망치는 없다. 목적이 먼저이고 수단과 방편은 나중이다. 수단과 방편이 실제적으로는 그것이 위해 있는 목적에 선재하지만 논리적으로는 그것에 "후행"한다. "예컨대 한 작업실 속의 도구가 도구 되게 하는 전체적인 관련성의 체계die Bewandtnisganzheit는 개별적인 도구에 '선행'하며, 다양한 농기구들과 창고들로 차 있는 한 농장 속에 펼쳐져 있는 전체적 관련성의 체계 또한 그와 같이 이 개별적인 대상들에 '선행'한다."[370]

현존재가 세계를 기투하고 그 속에서 실용물들을 제조하고 사용하는 활동은 한 작가가 전체적인 주제, 모티프를 구상하고 기획한 후 그것을 토대로 하고 틀로 해서 그에 관한 세부적인 내용을 점차적으로 생각해내고 문장으로 엮어나가서 한 권의 책을 저작하는 작업과도 흡사하다. 그가 사전에 구상하는 테마는 이 저서의 대의와 이 저서 속의 모든 "부분들" 속에 흐르는 문맥으로 작용한다. 그것은 이 저서의 "전체"라 할 수 있고 이 저서 속의 모든 개별적인 "부분들"의 의미를 사전에 규정하고 한정하는 기본적인 틀로 작용하게 된다. 여기서 "전체"는 그 "부분들"에 논리적으로 선행하며, 이 "부분들"은 오로지 그 부분들의 합 이상인 "전체" 속에서만 그들이 될 수 있으며 "전체" 없이는 그들은 결코 "존재"할 수 없다.

이 책의 저자가 그것의 주제를 고안하고 구상함과 더불어 그는 간접적으로는 이 책의 모든 "부분들"의 의미를 "선험적으로"(칸트) 혹은 "존재론적으로"(하이데거) 이미 규정하고 한정했다. 따라서 그는 이 책의 "부분들"의 의미를 하이데거가 "SZ", 84f.에서 언급하고 있는 두 상이한 차원에서 규정했다고 할 수 있다.

존재자 일반, 즉 실용물과 현전자, 자연물과 문화물 전체를 그 자체에 포괄하는 우주라는 "거대한 책"의 궁극적인 저자는 하이데거에 따르면 존재다. 그러나 그 직접적인 저자는 물론 존재가 자신의 우주적인 진리의 빛의 역사를 위해 필요로 하는 그 동역자와 협조자인 현존재다.

이것은 신학자들이 성경의 궁극적인 저자가 신이며 그 직접적인 저자는 신이 자신의 뜻을 전달하기 위해서 기자들로 사용한 선지자들이나 사도들과 같은 인간이라고 해석하는 것과 유사하다. 성경은 어떠한 견지에서 보면 순전히 인간의 말들로 구성되어 있다. 그러나 어떤 각도에서 보면 그것은 순전히 신의 말씀이다. 인간의 말들을 통하지 않고 서술되는 신의 말씀은 없고 신의 말씀을 담고 있지 않은 인간의 말들은 살아 있는, 사람을 살리는 성구가 될 수 없으며 죽은 말들에 불과하다. 양자는 서로 질적으로 구분되면서도 서로 필연적으로 연결되어 있고 "매개"되어 있기도 하다.

하이데거의 언어철학에서 더욱더 확연하게 드러나는 바와 같이, 존재라는 "언어"Sprache 또는 "로고스" 혹은 "말씀"Sage과 유한한 인간들의 언어와 말들도 이와 같이 서로 질적으로 다르면서도("존재론적 차이") 양자는 서로를 통해서 전달되고 표현된다. 그러한 의미에서 하이데거는 다음과 같이 서술했다. "언어는 동시적으로 존재의 집이며 인간의 주거다.…사유자는 존재에 관한 자신의 말을 인간 외존의 주거인 언어로 표현함과 더불어 존재의 조명 과정에 대해서 유의한다.…존재는 자신을 빛으로 밝히는 가운데sich lichtend 언어로 도래한다. 그는 항상 언어로 도래하는 중에 있다unterwegs zu ihr. 이러한 방법으로 도래하는 자는 사유자가 자신의 생각을 자신의 편에서, 그리고 자신의 말로 언어로 표현하게 만든다. 그렇게 하는 데서 사유자의 언어가 곧 존재의 조명 과정으로 승격되게 된다in die Lichtung des Seins gehoben. 그렇게 되는 데서 비로소 이상에서 서술한 대로의 신비롭지만 항상 우리를 통제하는 언어가 존재하게 된다."[371]

칸트는 "KrV" 서론에서[372] 인간이 자연계의 사물에 대한 선험적 지식을 소유하고 있으며 자연 속에서 제반 법칙들을 객관적으로 있는 그대로 발견하기보다 오히려 다양한 법칙들을 스스로 "제정"해서 그것에게 부여한다는 자신의 획기적인 인식론("코페르니쿠스적 전환")의 타당성을 그의 독자들에게 인식시키기 위해 갈릴레이와 같은 신진 자연과학자들이 자연을 탐구하는 절차와 방법을 설명하고 있다.

칸트에 따르면 자연과학자들은 자연을 실제로 관찰하고 연구하기에 앞서 법가설들"Entwürfe", "der entworfene Plan"을 미리 고안하고 그것의 관점에서 자연을 관찰하고 연구한다고 한다. 그래서 그들은 "자연이 그들의 질문에 답하게끔 강요하는 것이며 결코 자신들이 자연에 의해, 말하자면 끌려다니게 허용하지 않는다"는 것이다. 그들은 자연과 관련해서 스스로 사전에 생각해낸 것, "기투"한 것을 토대로 해서 자연 현상들을 실제적으로 관찰하고 연구함으로써 자신이 기투한 것이 실제와 일치한다는 점을 입증하려고 노력한다. 그러므로 이들도 칸트 자신과 마찬가지로 인식과 연구의 대상인 자연 속의 사물들을 두 상이한 차원에서, 즉 선험적 차원과 경험적 차원에서 보고 취급했다고 볼 수 있다. 그러한 방법을 통해서 그들이 자연을 체계적으로 관찰하고 연구하는 데서 자연과학에 획기적인 진전이 있었다는 것이다.

하이데거도 "KM", 20에서 칸트가 "KrV", XIIIf.에서 서술하고 있는 위와 같은 내용의 말을 인용하고 있으며 두 상이한 차원에서 이루어지는, 자연과학자들과 칸트의 사물인식 및 연구방법이 하이데거 자신이 주장하는 존재론적 차원과 존재적 차원에서 이루어지는 세계내재적 존재자들에 대한 인식 및 취급 방법에 관한 이론에 상응한다는 점을 지적하고 있다. 이상에서 소개한 "KM", 20 인용구가 바로 그러한 맥락에서 표현된 구절이다. 구체적인 세계내재적 존재자들과의 교섭과 그들에 대한 인식("존재적 지식")을 가능케 하는 것은 그들의 "존재 구조에 대한 사전 이해" 또는 "존재론적 지식"이라는 것이다.

칸트와 하이데거에게 지식 혹은 이해라는 용어는 인식과 간파라는 뜻뿐만 아니라 종합, 형성, 규정, 기투, 개방 등 극히 능동적이며 적극적인 의미를 내포하므로 *epsistasthai, dynasthai* 하이데거의 이러한 주장 속에는 물론 현존재는 세계내재적 존재자들을 두 상이한 차원에서 규정하고 개방한다는 이론이 포함되어 있다. 그는 이들을 "존재적으로" 규정하고 정립하며 개방하여 그들이 구체적인 그 무엇으로 존재하고 구실을 할 수 있게 하기에 앞서 일차적으로 "존재론적으로" 그렇게 한다는 것이다. 세계 기투가 바로 후자와 관계되는 활동인 것이다.

"SZ", 84f.에서 하이데거는 이 관계를 설명하기 위해 현존재가 실용물들과의 관계에서 수행하는 "선험적·존재론적 정립 작업"ontologisch bzw. vorgängig sein lassen 또는 "규정 작업"apriorisches Bewendenlassen, vorgängige Freigabe 과 "경험적·존재적ontisches 정립 작업" 또는 "규정 작업"이라는 용어를 도입하고 있다. 그에 따르면 현존재가 자신의 실생활을 위해 실용물들을 제조해서 사용할 때 그는 그들을 두 상이한 차원, 즉 존재론적 차원과 존재적 차원에서 규정하게 된다는 것이다.

현존재가 도구와 다른 실용물들을 어떤 구체적인 용도에 따라 사용하기 위해서 그것을 그 용도에 맞게 만들고 "규정한다 함은 존재적으로는ontisch 곧 그것을 실생활 맥락에서 이러이러한 실제적인 용도와 목적을 위한 실용물로 존재하게 함을sein lassen 의미한다."[373] 하나의 망치를 만들어서 못 박는 데 사용하는 것이 곧 그것을 "존재적으로 존재하게 함"을 의미한다는 것이다.

그러나 하이데거에 따르면 현존재는 실용물들을 위한 이러한 구체적인 "존재적 규정 작업"을 전개하기에 앞서 "존재론적 규정 작업"을 무의식 가운데 사전에 펼치게 된다고 한다. 망치와 그 비슷한 도구들과 실용물들을 실제로 제조해서 사용하기에 앞서 그들이 제조되는 공장과 설비를 사전에 건설하는 것과 유사하게 이들과 나아가서는 문화물 일반과 자연물 일반을 합한 우주 내의 모든 존재자들이 각각 하나의 존재자로 정립되고 나타나서 특정 의미를 띠고 특정 구실을 할 수 있게 하는 한 "개방 공간", "대상성의 지평"을 사전에 기투하고 개방하는바 이것이 곧 세계라는 "의미성" 혹은 "전체" 혹은 전체적인 "의미의 지평"이라는 것이다. 현존재가 피투된 상태에서 기투하고 개방하는 세계가 세계내재적 존재자들의 존재 가능성의 전제조건이다. "세계는 실용물이 실용적일 수 있게 하는 조건이다"Welt ist es, aus der her Zuhandenes zuhanden ist.[374]

이상에서 비유 삼아 언급한 바와 같이 하나의 망치를 만들어 사용하기에 앞서 망치 만드는 공장을 건립한다는 것이 망치를 만드는 공정의 일부이며 극단적으로 말해서 그것이 곧 망치를 만드는 공정 자체라 할 수 있다. 그것은 망치를 선험적·존재론적으로 정립하고 규정하는 작업인 것이다.

이와 흡사하게 세계라는 전체적인 의미의 지평을 기투하고 개방하는 현존재의 본질적이며 필연적인 활동은 개별적인 세계내재적 존재자들이 실용물로(혹은 문화물과 자연물로) 정립되어 특정의 의미를 띠고 세상에 등장해서 특정의 구실을 할 수 있게 그들을 선험적·존재론적으로 규정하고 정립하는 작업이라고 할 수 있다. 세계 기투 활동은 개별적인 실용물들의 특성을 규정하는 활동이 아니고 실용물들 전반의 실용성 Zuhandenheit des Zuhandenen, 즉 그들이 실용물이 될 수 있게 하는 가장 기본적인 전제조건을 규정하고 조성하는 활동이다. 이것은 물론 칸트의 현상물 일반, 모든 현상물의 구성을 위한, 모든 대상의 대상성을 위한 설계도 혹은 모형을 사전에 제작하는 선험적 사물 구성 작업에 해당한다.

　여기서 "선재적으로 '존재'하게 한다 함은 그 무엇을 먼저 실재하게 하거나 제조함을 뜻하지 않고 이미 [물리학적인 의미로] '실재하는 것'을 그 실용성에 따라 개방하고 je schon 'Seiendes' in seiner Zuhandenheit entdecken 그러한 본성의 존재자로 등장하게 함을 뜻한다. 이 '선험적' 규정'apriorische' Bewendenlassen은, 실용물이 세상에 등장함과 더불어 그렇게 등장하는 이 존재자와 현존재가 존재적 취급 과정ontischer Umgang(=실제적 실용적 취급 과정)에서 그것을 존재적인 의미로(실제적·실용적 의미로) 처리할 수 있는 가능성의 조건이다. 존재론적인 의미의 사물 규정은 모든 실용물을 실용물들로 정립하는 작업과 관계되는바, 여기서는 한 존재자가 존재적인 견지에서 볼 때 합목적적으로 사용되고 있거나 그렇지 않거나가 문제되지 않는다.…존재론적인 의미의 사물 규정은 존재자 [일반이] 세계내재적 실용성을 지니게끔 하는 선재적 규정 활동vorgängige Freigabe des Seienden auf seine innerumweltliche Zuhandenheit이다."[375]

　칸트의 인식론에서 선험적 구상력이 형성하는 선험적 도식들의 체계가 합해 하나의 "개방 공간"Spielraum[376] 혹은 "대상성의 지평"Horizont der Gegenständlichkeit[377]을 형성하는바 우리가 자연계에서 경험하고 인식하는 모든 사물과 대상들은 이 개방 공간과 대상성의 지평에서만 그들이 될 수 있고 그들로 우리의 눈앞에 나타날 수 있다. ("세계라는 현상을 보지 못했던" 칸트의 인식론과 관련해서 "개방 공간" 혹은 "대상성의 지평"이라는 용어를 사용한다는 것은 다소 무리인 것 같지만 그가 선험적 구성 작업을 통해 선험적 도식들의 체계가 형성된다고 주장하므로 이 용어들이 완전히 부적절한 것만은 아닌 듯하다. 체계라는 표현이 하나의 공간과 지평을 암시해주고 있기 때문이다.)

하이데거의 이론도 마찬가지다. 현존재가 사전에 기투하는 세계라는 "의미성", 전체적인 의미의 지평 속에서만 개별적인 세계내재적 존재자들이 그들이 될 수 있고 또 그들로 등장해서 그 어떤 구실을 할 수 있게 된다. 그러므로 그가 기투하고 개방하는 세계라는 의미의 지평은 그 속의 세계내재적 존재자들이 어떤 의미를 지니고 어떤 용도에 따라 등장하고 "존재"할 수 있는 가능성의 선험적 조건이다.

하이데거에게 존재 이해 혹은 세계 기투는 존재의 의미, 세계라는 의미성의 전체, 의미의 지평을 정립하는 활동이다. 그와 더불어 그것은 존재자 일반, 세계내재적 존재자 일반의 존재를 사전에 정립하는 능동적이며 독창적인 활동이기도 하다.

그러나 하이데거는 존재 이해라는 용어의 "이해"를 상술한 바대로 딜타이와 여타 해석학자들과 같이 우리가 수동적인 자세로 무엇을 직감적으로, 내적으로 체험한다는 뜻으로도 사용하고 있다. 그러한 뜻으로 우리가 존재의 의미를 이해한다 함은 존재자 일반의 의미를 사전에, 선험적으로 혹은 존재론적인 차원에서 이해함을 뜻한다. 존재 이해는 존재자 일반에 대한 사전 이해, 전이해를 뜻한다. 그러므로 우리가 존재자 일반에 대해 "사실 이해"Sachverständnis를 한다 함은 두 상이한 차원에서 그 의미를 이해한다는 것을 뜻한다. 즉 존재론적 차원에서 전이해하고 존재적 차원에서 구체적으로 이해함을 뜻하는 것이다. 존재 이해는 존재자에 대한 전이해를 뜻하며 후자는 사실 이해를 위한 전제조건이다. 존재의 의미를 이해함이 없이는 어떠한 존재자의 존재의 의미도 이해할 수 없다. 존재 이해는 모든 사실 이해의 "가능성의 선험적 조건"(칸트)이다. 이것이 하이데거의 존재 사유의 가장 기본적인 대전제다.

5) 이해와 해석 및 진술

개별적인 존재자들은 세계를 기투하고 투사하는 현존재와의 필연적인 관계에서 한 존재자가 될 수 있다. 그들은 현존재가 피투된 상태에서 기투하고 "선험적으로" 정립하며 전개하는 세계라는 전체적인 정신적·문화적 의미의 지평 없이는 한 존재자로 "존재"할 수도, 개방될 수도 없기 때문이다.

그러므로 존재자들의 "존재"는 결코 과학주의에 빠져 있는 현대 지성인들이 통상적으로 생각하는 것처럼, 세계와 관계없이 또는 "세계 없이"weltlos 단순히 과학 이성으로 포착할 수 있는 그들의 "현전성"現前性, Vorhandenheit에서 발견할 수 없다. 그들의 본질과 정체, 그들의 "존재적 진리"는 어디까지나 그들을 경험하고 인식하는 가운데 그 어떤 목적과 용도로 이용하고 사용할 뿐 아니라, 그들을 선험적·존재론적으로 규정하기까지 하는 현존재 자신의 자아 이해 및 존재 이해 또는 세계 이해의 빛으로만 드러나게 된다. 그들의 진정한 의미와 가치는 오로지 인간 현존재가 자신의 뿌리 깊은 실존적 "우려"로 말미암아, 즉 "현존재 자신에게 속해 있는 본질적인 존재를 향한 성향"eine zum Dasein selbst gehörige Seinstendenz[378]으로 말미암아 현실적인 실존 과정에서 주로 무의식중에,

그리고 주로 비본래적인 방법과 형태로 자기 삶의 궁극 목적Worumwillen 으로 지속적으로 기투하고 창출하며 투사하고 전개하는 세계라는 "의미 성", 세계라는 전체적인 관련성의 체계와 의미의 지평 속에서만 확정할 수 있는 것이다.

"SZ", 63ff.에서 하이데거는 망치와 같은, 우리가 일상생활에서 사용하는 하나의 도구를 본보기로 해서 우리 주위의 사물 일반의 본질과 정체를 규명하고 그와 관련된 실용적 관련성의 체계를 추적함으로써 세계라는 실용적인 사용의 맥락, 실용적 의미의 지평이 "실용물" 일반의 저변과 이면에 깔려 있다는 점을 현상학적으로 입증하려고 노력했다. 그러한 이유에서 그는 그들의 "존재"가 그 "실용성"Zuhandenheit에 있다고 서술할 수 있었던 것이다. 그가 그렇게 할 수밖에 없었던 것은 그는 여기서 주로 "일상성"과 "평범성"으로 특징지어지는 "타락된" 현존재의 실존 구조를 분석의 대상으로 삼고 있기 때문이다. "[존재의 의미를 규명하는 궁극 목적을 위한] 준비 작업으로, 일상적인 현존재를 분석하려는 취지에 따라 우리는 여기서 그의 세계 이해를 바탕으로 해석의 본질을 규명하고 있는바 그의 세계 이해는 비록 비본래적인 이해 방식이긴 하지만 순수성을 드러내고는 있다."[379]

그러나 하이데거의 후기 저서들, 특히 *Bauen Wohnen Denken*[380] 과 *Das Ding*[381]에서 분명히 읽을 수 있듯이 그는 문화물은 물론이거니와 실용물과 자연물의 "존재"도 순전히 그들의 실용성, 실용적인 의미와 가치로 환원되는 것이라고는 보지 않는다. 결코 그렇게 볼 수 없다. 왜냐하면 그의 깊은 확신으로는 인간 현존재는 존재와의 관계이자 실존 또는 외존이며 그러한 그는 자신의 의식주를 해결하기 위해서만 사물과, 어떠한 사물과도 관계를 맺는 것이 결코 아니기 때문이다. 그가 비록 "세인"의 차원으로 전락해서 존재 대신 존재자 위주의 "타락된" 삶을 영위할 수는 있으나, 그것은 어디까지나 그의 비본래적이며 자신답지 않은 실존 방식일 뿐 본래적이며 진정한 존재 양식이 아니다. 타락된 삶 속에서 그가 비록 외적으로는 존재를 회피하고 그것을 등지고 살아가는 듯하나 그 마음 깊은 근저에서는 그의 원래적인 실존 구조에 따라 여전히 존재와의 관계에서, "존재와의 관계"로서, 즉 부정적이며 소극적인 의미의 존재와의 관계에서 살아간다는 것이 하이데거의 지론이 아닌가?

인간 현존재의 삶의 "궁극 목적"이 세계 이해와 세계 기투이며, 그의 절대적인 실존적 "우려"의 대상이 존재 이해와 존재 실현이므로—그와 더불어 물론 진정한 자기 자신의 재발견과 회복이므로—이러한 그의 궁극 목적, 그의 우려의 대상을 위주로 해서 실존하는 과정에서 그가 관계를 맺으며 인식하고 경험하며 제조하고 조립하여 사용할 뿐 아니라 선험적으로 규정하고 "존재하게"sein lassen 하기까지 하는 사물 일반의 존재가 그 실용성으로 환원될 수 있을 리 만무하다. 존재자 일반의 정체는 본질적으로, 현존재가 피투된 상태에서 기투하는 세계라는 정신적·역사적 의미의 지평 속에서 확정되며 정립된다. 그리고 그 속에서만 이해되고 인식될 수 있다. 존재자 일반은 "자연적인 빛"인 인간 현존재가 비춤을 받기도 하고 비추기도 하는 존재의 빛 속에서만 그들로 존재론적으로 정립될 수 있고 인식론적으로 조명되고 개방될 수 있다.

그러므로 그들을 존재의 빛과 관계없는 순수한 자연물로는 물론이거니와 일상생활을 위해 사용하기에 좋은 실용물로만 간주할 수도 없다. 그들 속에는 개별적인 현존재의 세계 이해와 존재 이해—보다 평이한 용어로 그의 혼백과 정신, 세계관과 가치관—가 담겨 있다. 달리 표현하면 그가 이해하고 해석하는 대로의 세계, 존재의 빛이 그 속에 담겨 있다. 이것이 없다면 존재자는 우리가 알고 평가하는 대로의 존재자로서는 "존재"할 수 없다. 사물의 존재와 정체, 의미와 가치는 오로지 "현존재의 안목"으로만, 즉 존재 이해의 빛으로만 파악할 수 있다.[382]

이상에서 지적했듯이 이 점을 후기 하이데거는 점차적으로 더 강력하게 주장했다. 하나의 단순한 포도주 잔 혹은 교량 속에는 존재의 빛이 비춰고 있고 "세계사자"世界四者, das Weltgeviert, 즉 "하늘과 땅, 인간들과 신들"의 "반사反射의 유희遊戱"Spiegel-Spiel의 사건이 전개되고 있다.[383] 즉 세계가 그들 속에서 사건으로 일어나고 있다. 따라서 사물은 단순한 현전자도, 정물도 아니고 역동적인 사건, 존재론적 사건, 진리의 빛의 사건이다. 그들의 존재와 정체는 감성 혹은 과학 이성 혹은 사변 이성으로서의 인간이 아닌, 그 사건에 수동적·능동적으로 그리고 전인적으로 참여하는 [존재] 이해력으로서의 인간이 인식할 수 있다.

이와 같이 현존재는 그가 피투되어 있는, 그리고 동시에 기투하기도 하는 정신적·역사적 세계와 관계없이 사물을 말하자면 완전 중립적인 견지에서 바라볼 수 없고 취급할 수 없다. 인간 현존재는 "세계성"으로 특징지어진 세계내존으로서 원칙적으로 항상 세계의 지평 속에서만, 존재의 의미, 존재의 진리의 빛으로만 그 무엇을 바라보고 인식할 수 있다.

과거 2500년간 서양 철학자들은 존재의 미명하에 존재 아닌 존재자의 본질을 조명하는 "본질형이상학"을 연구해왔고 발전시켜왔으나, 그럼에도 불구하고 하이데거에 따르면 그들 역시 오로지 존재의 빛으로만 그렇게 할 수 있었다. "그것(과거 사상가들의 철학)은 존재자로부터 출발해서 줄곧 존재자에 관해서 사유해왔으나 그럼에도 불구하고 그것은 [무의식적인] 존재 투시를 통해서im Durchgang durch einen Hinlick auf das Sein 그렇게 할 수 있었다. 그것이 그렇게 하지 않을 수 없었던 이유는 존재자로부터 출발하는 모든 [연구 활동]과 그것에로 회귀하는 모든 [연구 활동]은 이미 존재의 빛 속에서 수행되었기 때문이다."[384]

i) 전이해와 해석

존재 이해를 그 본성과 본령으로 삼고 모든 존재자와의 교섭을 존재 이해에서 출발해서, 그리고 그것을 빛으로 해서 수행할 수밖에 없는 인간 현존재가 존재자의 정체에 대해 직관적으로 이해한 바를 전이론적·전학술적 차원에서나 이론적·학술적 차원에서 다양한 방법으로 보다 석연하고 명료하게 인식하고 그 의미와 기능에 대해 해석Auslegung할 때도 물론 그는 그의 이러한 본질적이며 원초적인 존재 이해의 빛으로 그렇게 할 수밖에 없다. 그의 삶에서 다양한 수준과 양식으로 수행되는 해석 행위는 모두 궁극적으로는 존재 이해의 빛으로만 가능한 존재자 이해를 세부적으로 개발 혹은 계발하고 명료화하는 작업Ausbildung에 불과하다. "이해한 바에 대한 세부적인 개발 활동을 우리는 해석 행위라 칭한다. 후자를 통해 이해자는 자신이 이해한 바를 보다 명료하게 이해하는 가운데 자신의 것으로 확실하게 점유하게 된다. 해석 행위를 통해 이해한 내용은 다른 어떤 것으로 화하는 것이 아니고 그것 자체가 된다. 실존론적인 관점에서 볼 때 해석 행위는 어디까지나 이해 행위에 근거하는 것이며 결코 후자가 전자로 말미암아 가능하게 되는 것은 아니다."[385]

현존재에게 본디부터 개방되어 있고 그가 능동적으로 개방하기도 하는 존재의 빛 속에서 이미 직간접으로 이해하고 있는, 즉 "전이해"하고 있는 존재자를 보다 분명하고 석연하게 인식하려는 노력이 곧 해석 활동이다. 그가 존재의 의미 혹은 세계라는 "전체", 세계내재적 존재자 일반을 그 자체 속에 포괄하는 전체적인 의미의 지평에 "친숙해" 있음과 더불어 이들에 대해서 처음부터 이미 원칙적으로 이해하고 있고 사전 오리엔테이션되어 있는바, 즉 그에 대해서 "전이해"하고 있는 바를 다양한 동기에서, 그리고 다양한 수준에서 다양한 방법으로 명료화하고 체계화하는 데서 그에 대한 "사실 이해"Sachverständnis에 이르려는 노력이 해석 활동이며 전혀 모르는 생소한 것을 새로 발견하고 인식하려는 노력은 결코 해석 활동이 아니다.

우리가 책 한 권의 대의를 누구에게 들어서 알고 있거나 이 책의 주제와 차례를 보고 알고 있을 경우, 우리는 이 책의 세부적인 내용에 대해 사전 오리엔테이션이 되어 있고 "전이해"하고 있다고 볼 수 있다. 그에 대한 "사실 이해"는 이러한 전이해의 빛으로 이 책의 본문을 실제적으로 읽고 해석하는 데서 점차적으로 확보된다. 사실 이해는 해석 활동을 통한 전이해의 명료화와 체계화이며, 전이해 없이 전혀 생소한 것을 새롭게 알게 되는 데서 확보하는 지식이 아니다.

이상에서 소개한 하이데거의 세계 개념에 따르면, 인간 현존재는 세계라는 전체적인 의미의 지평에 항상 이미 피투되어 있으면서도 그것을 늘 새롭게 기투하고 창출하는 세계 기투력이며 세계 초월력이다. 그러므로 그는 세계라는 세계내재적 존재자 일반의 "세계"의 "대의"를 항상 이미 알고 있을 뿐 아니라 그것을 "기투"하고 개방하여 후자 위에 "투사"하는 위치에 있다. 따라서 그는 "세계"에 대한 전이해를 항상 이미 하고 있음이 분명하다. 세계 이해가 곧 세계내재적 존재자들의 "세계"(우주, 자연)에 대한 전이해가 아니겠는가?

상식적으로 볼 때도 우리 인간은 사물 전반의 의미에 대한 전이해를 태어날 때부터 이미 하고 있다고 말하지 않을 수 없다. 인간은 본질상 수학적 문제들과 도덕적 문제들을 포함한 진·선·미·성聖과 관계되는 제반 문제들을 이해하고 판별하고 판단하며 평가할 수 있는 의식, 즉 "수리의식"(수학적 두뇌), "지적의식"(지성), 도덕의식, 미의식, 종교의식 등을 소유하고 있다. 그러므로 그는 이 제 영역들에 속한 구체적인 문제들에 접하여 그들을 실제로 판별하고 평가하는 가운데 그 의미와 정체, 본질과 특성을 구체적으로 인식하기에 앞서 그들에 대한 일반적인 전이해를 하고 있음이 분명하다. 그러한 전이해가 없다면 인간이 결코 인간이 될 수 없다. 이 제반 차원들에 속한 문제들에 대한 전이해, (칸트식으로 표현한다면) "선험적 지식"이 우리의 두뇌 속과 우리 세포의 DNA 속에 새겨져 있음이 분명하다. 그러하기에 우리가 동물과 다른 인간이 될 수 있는 것이다.

인간의 마음은 결코 아퀴나스나 로크가 주장한 것처럼 *tabula rasa*와 같지 않다. 플라톤과 아우구스티누스가 역설한 바와 같이 우리의 마음은 진리의 지식, 즉 진·선·미·성의 차원에 속한 원리들과 범주들, 이치들과 "가치들"에 대한 선험적 지식으로 가득 차 있음이 분명하다. 그러한 이유에서 우리는 책 한 권의 대의나 제목과 차례에 대해서 전혀 모르고 있다 해도 그에 대한 전이해를 하고 있다고 보아야 한다. 그것이 인간의 희로애락과 관계되며 그의 육체적·정신적인 삶과 관계되고 그와 더불어 직간접으로 진·선·미·성과 관계되는 책임을 우리는 사전에 이미알고 이들의 관점에서, 이들을 준거 기준으로 해서 이 책을 들추어 읽어나가기 때문이다. 우리는 말하자면 빈손으로 혹은 *tabula rasa*의 빈마음으로, 따라서 식물인간의 마음 아니면 인조인간의 두뇌로 그렇게 하는 것이 아니고, 진선미와 그 충만과 통일이라 할 수 있는 성스러움에 관한 깊고도 풍부한 지식으로 충만해진 마음으로 그렇게 함이 분명하다. 하이데거의 표현으로 존재 이해의 빛으로, 환언하면 존재자에 대한 전이해의 빛으로 그렇게 함이 분명하다.

하이데거가 진선미라는 용어들을 끈질기게 회피하고 있는 이유는 짐작하겠으나, 그들과 관계없고 그 충만인 거룩함과 관계없는 존재 혹은 "거룩한 자"는 존재할 수 없다. 우리 인간에게 가장 숭고하고 소중한 것들의 대명사인 이들과 관계없는 존재가 존재할 수 있겠지만 그것은 하이데거의 머릿속에서만 존재할 수 있을 것이다. 그러한 존재는 존재와는 무관한 유령에 불과할 것이다. 하이데거의 존재 사유는 평생토록 허깨비만 보고 그것을 유일한 사유의 대상으로 하고 그에 대해서만 정신을 쏟으며 살아온 한 정신 나간 철학자의 유령 사유에 불과할 것이다. 우리도 이 용어들이 세간에서 우리가 앉아 있는 소파를 생산한 가구회사의 명칭으로, 미인대회의 등급 명칭 등으로 남용되고 있기에 그들을 마지못해 사용하고 있는 것은 사실이나, 말이라는 것은 극히 상대적인 것이며 그 내용이 문제가 아니겠는가? 그야말로 역겹기조차 한 이 용어들보다 더 적절한 용어들을 지금까지 찾아왔고 앞으로도 계속 찾아보겠으나 그들보다 더 좋은 표현이 과연 또 있을까? 천만 원의 상금을 걸고 현상모집을 해보는 것이 좋은 아이디어일까?

하이데거가 "SZ", 32절("이해와 해석")과 33절("해석 행위의 파생 형식으로서의 진술")에서 전개하고 있는 논지는 슐라이어마허와 딜타이 이래의 현대 해석학에서 "전체"와 "부분", "전이해"와 "사실 이해", "의미의 지평"과 "이해의 지평", "해석학적 순환", "해석학의 보편성" 등의 주제로 거론해온 논지와 대체적으로 동일하다. 주지하는 바대로 사실은 여기에서와 "SZ"의 다른 부분에서 제시하는, 인간의 이해와 인식의 문제에 관한 하이데거의 지론이 현대 해석학의 발전에 획기적인 기여를 하기도 했다.[386]

인간 현존재는 본디부터 존재의 의미 또는 세계라는 "전체"에 항상 이미 수동적·능동적인 의미에서 개방되어 있다. 그와 더불어 그는 처음부터 이 "전체" 속의 모든 "부분들"에게도 동일한 의미로 원칙적으로 혹은 잠정적으로 혹은 "선험적으로" 개방되어 있다. 이것이 "SZ"의 이 부분들과 지금까지 우리가 취급한 15-24절에서, 그리고 나아가서는 하이데거의 저서 전반에서 가장 중요한 테마라 할 수 있다. 이것이 전제될 때 방금 언급한, 해석학의 여타 주제들의 내용은 당연한 귀결로 도출된다.

하이데거는 세계 개념을 분석하는 과정에서도 계속 이 테마를 염두에 두고 자신의 논지를 제시했다는 사실에 대해서 우리가 이미 알고 있다. 이해와 해석 및 진술의 문제를 거론하고 있는 "SZ", 32-33절에서도 그는 그것을 계속 가장 중요한 주제로 거론하고 있다.

실용물을 취급하는 자는 그가 세계 이해(세계 기투)를 통해 개방한 의미성(의미의 지평, 세계)의 견지에서, 자신의 눈앞에 나타나는 이 대상이 어떠한 실용적·목적론적 연관성 속에 처해 있는지를 인식하게 된다.[387] 실용물은 항상 실용적·목적론적 관련성의 체계 전체의 견지에서 이해된다.[388] 세계내재적 존재자 일반은 세계의 견지에서만, 즉 전체적인 의미성의 견지에서만 기투(개방 및 이해)될 수 있는바 세계내존은 이 세계의 관련성의 체계 속에 선재적으로 뿌리를 내린 채 실용물들과 교섭하게 된다.…의미(Sinn, 존재의 의미, 전체적인 의미성, 세계)[389]는 우리가 수행하는…모든 기투 활동(개방과 이해 및 해석 작업)의 궁극적인 준거 기준 Woraufhin des Entwurfs이다. 오로지 후자의 견지에서만 그 무엇이 무엇과 관계된 무엇으로 이해될 수 있다.[390]

"WG"에서 하이데거는 이 주제와 직결되는 "전이해"의 문제와 관련해서 다음과 같이 서술하고 있다. "세계 기투는 존재자의 존재에 대한 선재적 이해를 가능케 하며" 그것은 현존재의 피투성과 연결되어, 후설의 현상학에서 인식론적·존재론적 중심 개념으로 작용하는 "지향성을 위한 선험적 가능성의 [근거가]die transzendentale Ermöglichung der Intentionalität 되기도 한다."[391]

ii) 해석학적 정의(定義)(hermeneutisches Als)와 진술적 정의(apophantisches Als)

우리가 존재의 빛으로 이미 원칙적으로 이해하고 있는, 환언하면 원칙적인 오리엔테이션이 되어 있고 지적으로 이미 하나로 연결되어 있는—그러한 의미에서 존재 이해와 더불어 항상 이미 "전이해"하고 있는—그 어떤 존재자를 우리는 일상생활에서 그에 대한 분명한 의식과 반성 없이 그 어떤 목적을 위해 말없이 사용하기만 할 경우가 대부분이지만 그 어떤 동기로 말미암아 그것을 분명하게 의식할 때도 있다. 그것이 제구실을 못할 때—예컨대 망치가 망가져 못쓰게 되든가 할 경우—그것에 시선을 집중하고 그 목적과 용도, 구성 요소와 본질 등을 명료하게 규명해 보는 경우도 있다. 그러한 경우 우리는 그것을 전이론적인 차원에서 혹은 이론적인 차원에서 명료하게 재조명하고 재구성하는 작업을 전개하게 된다.

우리가 망치를 들고 부서진 식탁을 수리할 때 우리는 주로 이 망치 자체에 대해서는 별다른 생각을 하지 않고 우리가 하는 작업에만 몰두한다. 그러한 경우에도 우리가 그것을 전혀 염두에 두지 않는 것은 아니고 사실은 무의식 가운데서는 계속 그것에 대해 많은 복잡하고 깊은 생각을 하고 있다. 그것이 무엇이며 무엇을 위해 좋은 것인가라는 점에 대해서, 그것이 우리의 일상생활 속에서 어떤 맥락에서 제조되어 등장하며 구실을 하고 있는지에 대해서도 계속해서 생각한다.

이와 같은 방식으로 그에 대해 무의식중에 계속 생각하며 그것을 사용하여 부서진 식탁을 수리하는 작업이 곧 그것이 무엇을 위한 무엇이라고 정의하고 해석하는 행위다. 말하자면 그것은 말과 이론과 논리적인 진술Aussage로가 아닌 행동과 실천으로 정의하고 해석하는 행위다.

존재자에 대한 이러한 실용적인 정의와 해석 방법은 그것을 하나의 "현전자"Vorhandenes로만 보고 그 본질과 특성을 이론적으로 분석하고 규명하는 데 치중하는 과학자들의 이론적인 정의와 해석 방법에 비해 매우 투박한 형태의 전이론적인 방법인 것은 사실이다. 그럼에도 불구하고 그것은 "원래적인"ursprüngliche[392] 정의와 해석 방법임은 분명하다.

이와는 달리 존재자에 대한 과학적·이론적 정의와 해석 방법은 비록 대단히 철저하고 예리하며 체계적인 규명 방식인 것은 분명하지만 어디까지나 전이론적·실용적인 정의 및 해석 방법의 "파생적"abkünftige[393] 형태에 불과하다. 그것은 존재자를 존재의 빛 없이, 세계 없이 그 자체로 독존하는 하나의 단순한 "현전자"로 보며 원자론적으로 분석하고 규명하는 노력이므로 비록 그러한 방법의 발상은 정당하다 할 수 있겠으나 그 방법으로는 존재자의 진정한 의미를 바로 이해하고 해석하는 대신 필연적으로 곡해하게 된다"Nicht-mehr-verstehen"; "in seiner wesenhaften Unständlichkeit".[394] 진리는 전체에 있으며 전체를 떠난 부분은 비진리이기 때문이다(헤겔).

이상에서 고찰한 것처럼 하이데거의 해석에 따르면, 일상성과 평범성으로 특징지어진 범인인 우리가 이와 같은 방식으로 망치와 같은 실용물을 사용하는 가운데 그 의미와 가치, 용도와 목적 등에 대해서 말 없이 해석하고 정의하는 경우 우리는 역시 무의식중에 이 실용물이 실용물로 등장하고 그 기능을 발휘할 수 있는 개방 공간과 대상성의 지평을 항상 이미 "기투"하고 개방해놓은 상태다. 그러므로 우리가 이 망치를 망치로 이해하고 해석하며 정의하고 사용할 때 우리는 물론 우리가 사전에 이미 개방해놓은 이 "개방 공간"과 "대상성의 지평", 즉 주위의 세계와 나아가서는 정신적·역사적 세계를 "준거의 틀" 혹은 "준거의 기준"Woraufhin des Entwurfs으로 삼아 해석하고 정의하게 된다. 존재의 빛으로 존재자의 의미를 해석하고 정의하는 것이다. 세계라는 전체적인 의미의 지평 속에서 세계내재적 존재자들의 의미를 이해하고 해석하며 정의하게 된다.

이와 같이 우리가 실용물을 그 무엇을 위한 그 무엇으로 개발하여 사용하는 행위 자체가 일종의 해석 행위, 무언중의 해석 행위라고 할 수 있다. 왜냐하면 우리는 실용물들을 맹목적으로 개발해서 사용하지 않고 그것이 위해서 존재하는 목적과 목적의 목적 그리고 궁극적인 목적까지도 이해하고 그것을 바라보며, 무언중에 이것은 바로 그 무엇을 위한 무엇이라고etwas als etwas = ti kata tinos[395] 정의하고 해석하는 가운데 의도적으로 그렇게 하기 때문이다.

실용적인 맥락에서 주위의 사물과 교섭하는 현존재의 "주위에로의 시선Umsicht은 실용물들을 그들로 개방한다entdeckt. 즉 그는 이미 이해된 '세계'(존재자들의 총체)를 해석한다. 그렇게 하는 데서 실용물이 현존재의 이해의 안전die verstehende Sicht에 분명하게 들어오게 된다.…실용물에 대한 모든 단순한 전진술적인 직시vorpräkatives schlichtes Sehen도 그 자체에 있어서 벌써 이해하고 해석하는 행위다.…[실용물을 그러한 단순한 방법으로 바라보는 현존재의] 직시 행위도 전체적인 관련성의 체계Bewandtnisganzheit에 속하는 지시의 체계Verweisungs-bezüge에 대한 분명한 지식die Ausdrücklichkeit을 그 자체 속에 함축하고 있는바 바로 이 지시의 체계 속에서 자연스럽고 평이한 방법으로, 눈앞에 등장하는 이 실용물을 그가 보고 이해하고 있는 것이다. 그와 같은 방식으로 이해하는 이 실용물을 '무엇을 그 무엇과 관련된 무엇으로'Etwas als Etwas라는 도식에 맞추어서, 보다 석연하게 해석하는 행위를 통해 명료화하는 활동은 이 사물에 대한 체계적인 진술 행위에 앞서liegt vor der thematischen Aussage darüber 이루어진다. [이 사물을 그 무엇과 관련된 무엇으로 규정하고 해석하는] 정의 구조das 'Als'는 결코 이 진술 행위를 통해 처음으로 형성되는 것이 아니고 그것을 통해 처음으로 분명하게 언급될 뿐이다. 그것이 그렇게 분명하게 언급되기 위해서는 이 사물이 언급 가능한 한 대상으로 이미 현존하고 있어야만 한다."[396]

이상에서 지적했듯이 아리스토텔레스의 목적론적인 존재론에서 우주 내의 한 사물이 다른 사물과 서로 목적론적인 관계에서, 즉 "형상"과 "질료"의 관계로, 목적과 수단의 관계로 서로 의미 있게 연결되어 있고 나아가서는 대단히 복잡하지만 질서정연한 형상과 질료의 "사다리", "존재의 계층"을 따라 결국 궁극적인 세계 목적이며 순수 형상인 신과도 합목적적으로, 의미 있게, 대단히 의미 있게 연결되어 존재하고 움직이고 있는 것으로 해석되고 있다.

여기서는 개별자의 존재와 정체, 의미와 가치는 우주라는 전체적인 목적론적인 지평과 맥락에서, 그리고 다른 개별자들과의 유기적인 관계와 특히 목적의 목적이며 최고의 목적인 신과의 관계에서만 존재하고 움직일 수 있으며 그러한 전체적인 맥락과 지평 속에서만 우리가 그들 각자의 존재와 정체성을 인식하고 평가할 수 있다. 그러한 이유에서 아리스토텔레스가 "*ti kata tinos*"라는 문구를 사용했던 것이다. 사물은 다른 것과의 관계없는 절대적인 단위의 사물로 완전히 독자적으로 존재하는 것이 아니고 그 어떤 다른 것과의 관계에서, 우주라는 전체 속의 한 부분으로서 그리고 그 무엇을 위한 수단과 방편으로 존재하며, 그것이 위해 있는 이러한 목적과 목적의 목적을 거쳐 궁극적으로는 우주의 궁극적인 목적인 신의 원대한 목적들을 위해서 존재한다는 것이었다.

하이데거도 아리스토텔레스의 이러한 총체론적·목적론적인 관점에 따라 세계내재적 존재자들 일체가 세계라는 전체적인 의미성 혹은 의미의 지평 속에서 그들로 존재하고 그들로 나타나며 우리도 그들을 그러한 전체 속에서 이해하고 해석하게 된다고 주장하고 있다. "엄격히 말해서 단 하나의 도구란 '존재'하지 않는다. 도구의 존재에는 항상 한 도구의 체계가 실재하고 있는바 이 도구는 그 속에서만 그것이 될 수 있다. 도구는 본질적으로 '~을 위한 무엇이다'etwas um zu ."397

우리가 일상생활에서 사용하는 도구와 실용물뿐 아니라 문화물과 자연물과 현전자를 포함한 모든 부류의 "세계내재적 존재자들"도 다 그와 같이 전체 속의 부분들로 이해해야 하며 그 무엇을 위한 무엇으로, 그 무엇과 관련된, 목적론적으로 관련된 무엇으로 이해해야 한다. "실용물들과 교섭하는 현존재는 그의 세계 이해를 통해 그에게 개방된 의미성을 준거의 틀로 해서 자신의 눈앞에 등장하는 이 존재자가 어떠한 관련성에서 존재하고 있음을 이해하게 된다.…실용적인 맥락에서 그 무엇을 위한 무엇으로 해석되는 사물, 즉 명료하게 이해되는 사물은 그 무엇과 관련된 무엇으로 [존재하는 존재론적] 구조die Struktur des Etwas als Etwas를 지니고 있다. 이 특정의 실용물이 무엇이냐 하는 실용적인 내용의 질문에 대한, 실용적인 맥락에서 사물의 의미를 [무언중] 해석하는 자의 답변은 다음과 같다. 그것은 그 무엇을 위해 있는 무엇이다es ist zum."398 그는 그것을 예컨대 식사를 위해 있는 식탁으로^{als}, 출입을 위해 있는 문으로, 교통수단으로 유용한 자동차로, 강을 건너는 데 편리한 교량으로 "보며" 해석하고 사용하며 이용한다.[399]

하이데거는 현존재가 이와 같이 그가 본디부터 항상 이미 피투되어 있고 수동적으로 개방되어 있는, 그러나 또한 그러한 상태에서 계속 새롭게 기투하게 되는 세계라는 전체적인 의미의 지평 속에서 그 속에 속한 한 사물을 다른 무엇과의 관계에서, 그것과의 목적론적 관계에서, 즉 그것을 위한 수단과 방편으로 "보고" 무언중에 해석하며 사용하기도 하는 사물 접근 방법을 사물에 대한 "실존론적·해석학적인 정의"das existenzial-hermeneutische Als 활동이라 칭한다. 그리고 그것을 그는 우리가 다양한 부류의 진술Aussage을 통해 사물들의 정체와 특성에 대해 묘사하는 행위, 특히 이론적인 진술을 통해 현전자의 본질과 구조에 대해 과학적으로 정확하게 정의하고 설명하는 "진술적 정의"das apophantische Als 활동과 엄격히 구별한다. 그의 견해로는 후자는 분명히 전자에 근거를 두고 있으며, 결코 전자가 후자에 근거를 두고 있는 것이 아니다.[400]

(여기서 "실존론적·해석학적 정의"라는 표현 속의 "해석학적"이라는 형용사에 지나친 의미를 부여해서는 안 된다. 그것은 "현존재의 해석학"이란 표현에서와 같이 딜타이나 가다머가 그들의 저서에서 사용하는 그러한 깊은 뜻에서보다 "학술적·이론적"이라는 형용사와 대비되는 "전이론적·실용적"이란 의미로, 보다 "가볍게" 받아들여져야만 혼란이 야기되지 않을 것이다. 간접적으로는 그 용어가 해석학과 관계되는 것은 사실이지만 직접적으로는 그렇지 않다.)

"SZ", 31-33절에서 하이데거가 부각시키고자 하는 바는 ① 존재자 일반의 정체와 의미는 현존재가 "피투된 기투자"로서 그가 항상 이미 피투되어 있는 세계라는 전체적인 의미의 지평을 항상 새롭게 기투하고 개방함으로써 그 속에서 세계내재적 존재자들이 그들로서 등장하여 그들 특유의 구실을 할 수 있게끔, 그들이 그들로서 존재하게끔 존재론적으로 사전 규정하며 정립한다는 점이다. 그리고 ② 이들 세계내재적 존재자들을 우리의 실생활에서 다양한 수준에서 다양한 방법으로 취급하고 사용하며 이용할 때 우리는 당연히 그들이 그들 되게 하는 세계라는 전체적인 의미의 지평을 궁극적인 준거의 틀과 기준으로 해서 "총체론적인" 관점에서 그렇게 하며 결코 "원자론적인" 관점에서 그렇게 하지 않는다는 점이다.

그러므로 우리는 이들 세계내재적 존재자들을 보고 취급하며 사용하고 이용할 때 그 의미와 정체성을 항상 세계와 관련해서, 환언하면 존재의 빛으로 평가해야 하며 결코 완전히 "중립적인" 견지에서, 단순한 현전자로만 보고 판단하려 해서는 안 된다. 수동적·능동적으로 존재의 빛에 원초적으로 개방되어 있는 현존재의 안목으로 이들을 보고 이해하며 해석하고 사용하며 이용해야 하며 결코 이성의 직시나 현상학적 본질직관으로만 그렇게 하려 해서는 안 된다는 것이다.

"SZ"의 이 부분에서는 하이데거가 일상성과 평범성으로 특징지어진 "타락된" 현존재가 주로 거주하고 움직이는 주위의 세계를 염두에 두고 다양한 이론들을 전개하고 있다.[401] "타락된" 현존재는 주위의 세계라는, "무"와 "무의미성"으로서의 세계와 완전히 다른 "의미성", 전체적인 의미의 지평을 궁극적인 준거 기준으로 해서 개별적인 세계내재적 존재자들의 의미를 평가하기에 그것은 엄격하게 말해서 "비본래적인 이해"uneigentliches Verstehen 및 해석 방법이라 보지 않을 수 없다. 그러나 주위의 세계도 진정한 의미의 정신적 세계, 즉 "무근저적 근저" 혹은 비근저로서의 세계와 연결되어 있으므로 그것을 기준과 틀로 해서 그 속의 개별적인 존재자들을 이해하고 해석하는 행위가 형식적으로는 올바른 방법이라 보지 않을 수 없다"im Modus seiner Echtheit".402 이에 반해 존재자들을 과학 이성의 안목으로, 존재의 빛 없이 원자론적으로 보고 해석하며 정의하는 과학주의적 사물 인식 방법은 그들을 원칙적으로 현존재의 안목으로, 따라서 존재의 빛으로 보고 이해하며 해석하고 정의하는 원래적이며 순수한 사물 인식 방법과는 너무나도 거리가 멀다.

iii) 이론적 진술의 특성

하나의 망치는 못을 박기 편리한 도구로, 식탁, 문, 자동차, 교량 등도 그들의 용도에 따라 사용하기 편리한 도구들로, 그리고 나아가서는 우리의 육체적·정신적 삶을 위해 매우 유용한 도구들로 이해하고 무언중에 그러한 것들로 해석하며 정의하는 가운데 사용하는 것이 우리가 피투된 기투자 또는 세계내존으로서 이 세계내재적인 사물과 교섭하고 그것을 다루는 원래 방식이다. 우리가 무엇보다 먼저 그러한 합목적적이며 실용적인 도구로 보고 이해하며 해석하고 정의하고 사용하기도 하는, 이 망치의 본질과 구조에 대해 이차적으로 분석해보고 그 결과를 진술의 형태로 정의하고 묘사할 수도 있다. 그것을 목적론적인 관련성의 지평에서 분리하고"von der Verweisungsbezügen der Bedeutsamkeit abgeschnitten"403 그 실용성을 도외시하며absehen 그것의 "현전성"Vorhandenheit만을 주시하는ansehen 가운데404 그것이 실제적으로 무엇으로 구성되어 있는지에 대해서 예리하게 과학적·이론적으로 관찰하고 연구하며 그에 대해 정의하고 진술할 수도 있다. 그렇게 할 때 실용적인 의미와 가치의 사물das zuhandene Womit des Zutunhabens은 논리적 진술의 대상das Worüber des aufzeigenden Aussage으로 화한다.405 그와 더불어 상기한 "실존론적·해석학적 정의" 구도도

"진술적 정의"의 구도로 변환되게 된다. 그래서 하나의 쓰기 좋은 도구 망치는 경도, 중량, 부피 등의 속성들을 지닌 철Fe과 탄소C 원소의 집합 체로, 과학 이성에 의한 정확한 직시와 분석의 대상으로, 하나의 단순한 "표상"의 "대상"으로 환원된다.

그러한 양식으로, 한 전체적인 도구의 체계와 목적론적 관련성의 체 계에서 사용되고 취급되며 이해되고 해석되며 정의되는 이 망치라는 실 용물은 이제 이러한 실용적·목적론적 체계와 맥락에서 단절된 채 순전 히 그 자체로 분리되어 과학 이성의 눈앞에 "현전"vorhanden하게 된다. 실 용적인 사용과 해석의 대상, 정신적·영적 의미를 지닌 하나의 사물이 이 제 이론적이며 학술적인 따라서 정신적인 의미에서는 완전히 "중립적" 인, 아니 "죽은" 분석과 진술의 대상으로 화하는 것이다.

하이데거가 어떠한 이유에서 하나의 망치와 같은 사물을 우리가 처 음부터 해석학적인 취급 방식이 아닌 진술적 취급 방식으로 보고 취급 할 수 없는 이유에 대해서는, 이상에서 그의 진리관을 거론하는 맥락에 서 이미 해명했다. 그 이유는 "진술의 진리"가 가능하기 위해서는 "존재 적 진리"가 전제되어야만 하고 후자가 가능하기 위해서는 "존재론적 진 리"가 선재해야만 한다는 것이 그의 논리이기 때문이다. 이해와 해석의 문제를 취급하는 "SZ", 32절과 진술 행위가 해석 행위에 근거를 두고 있 다는 점을 해명하는 33절("해석 행위의 파생 형식으로서의 진술")에서도 그 는 동일한 논리를 전개하고 있다.

과학 이성이 현전자를 하나의 인식 대상으로 직시하고 분석하며 그 구조와 성질에 대해 과학적으로 묘사하고 진술하기 위해서 그것은 우선 하나의 단위의 존재자로 이미 개방되어 있어야 한다.[406] 방금 지적한 바 와 같이 "진술적 진리"Aussagewahrheit 또는 "명제적 진리"Satzwahrheit는 "존재적 진리"에 근거하며 후자는 후자대로 "존재론적 진리"에 근거한다는 사실을 잊어서는 안 된다.

상식적으로 볼 때도 과학적 연구의 대상이 되는 한 사물은 절대적인 의미의 "실체" 혹은 "창문 없는 단자 또는 원자"로 독존하고 있는 것이 아님이 분명하다. 그것은 말하자면 결코 자체의 뿌리를 내릴 아무런 "장소도 없이"keinen Ort, ortlos[407] 공중에 떠 있는 것이 아니고 어디까지나 그것과 그 주변의 무수한 다른 존재자들이 합해 이루는 전체 속의 하나로 그것에 속해 있고, 나아가서는 그것을 그 어떤 동기와 이해관계에서 특정의 관점과 시각에서 관찰하고 분석·연구하는 인식 주체의 인식 및 연구활동의 지평과 맥락 속에도 들어 있다고 보지 않을 수 없다. 그것은 ① 특정 의미의 지평과 ② 특정 이해의 지평 속에 들어 있다고 보지 않을 수 없다. 로크와 칸트를 포함한 아리스토텔레스 이래의 모든 인식론자들이 지적한 것과 같이 한 사물은 그것 아닌 다른 것을 배경으로 해서만, 따라서 그것과의 관계에서만 그 정체성과 본질이 파악될 수 있고 정의될 수 있다. 그 무엇을 모든 다른 것과 완전히 분리되어 독존하는 하나의 절대 단순한 "실체"로 취급하는 한, 절대자가 아닌 상대적인 실재인 우리 인간은 그것의 본질과 정체, 의미와 가치를 결코 인식할 수 없다. 상대적인 우리 인간은 어쩔 수 없이 그 무엇을 다른 것들과의 관계에서 보아야 하며 그것과 다른 모든 것이 함께 구성하는 전체 속에서 그것을 보아야 한다. 우리는 이러한 전체 속에서 그 어떤 것이 다른 것, 즉 그것과 유사한 다른 것들 및 그것과 상이한 다른 것들과 어떠한 관계에 있는지 그에 대한 "좌표설정"과 "방향설정"Orientierung, 즉 "자리매김"을 해야 한다. 이러한 방법으로 우리가 한 개별자가 한 "부분"으로서 우주라는 "전체" 속에서 차지하는 위치가 무엇인지, 그것이 맡아 하는 역할이 무엇인지를 판별하게 될 때 우리는 그것의 정체와 "존재"를 파악하게 된다. 그 "진리"를 인식하게 된다. 흑은 백을 배경으로 해서, 선은 악을 배경으로 해서, 모든 것은 모든 다른 것들과의 관계에서 그리고 그들로 구성된 전체의 지평 속에서만 그것을 분명히 포착하고 인식할 수 있다. 그리고 이 모든 인식의 대상들은 물론 그것을 보고 인식하는 인식 주체와 본질적인 관계를 맺고 있음도 잊어서는 안 된다. 후자가 전자를 어떠한 가치관과 세계관의 관점에서 이해하고 해석하느냐에 따라 그 의미가 매번 달리 평가되기 때문이다.

과학적인 탐구와 그 결과에 대한 과학적·이론적 진술 활동에서는 아리스토텔레스가 언급한 "*ti kata tinos*"의 구조와 하이데거 자신이 거론하는 원래적인 사물 취급 및 이해와 해석의 구조, 즉 "실존론적·해석학적 정의"Als-Struktur의 구조가 와해되는 것이 아닌가? 그래서 과학 이성의 눈앞에 현전하는 것은 아무런 "장소"도, 그 무엇과의 관련성도, 세계도 없이, 그리고 현존의 실존적 동기와 이해관계와도 무관하게 절대 독존하는 그 무엇으로 화하는 것이 아닌가? 그렇지는 않다.

개별적인 현존재가 그 어떤 목적을 위해 하나의 망치를 사용하는 과정에서 그것이 망가져 그것을 더 이상 사용할 수 없을 경우, 그는 한편으로는 이 실용물을 중심으로 해서 사전에 펼쳐져 있는 하나의 전체적인 실용적·목적론적 관련성의 체계 즉 세계를 처음으로 분명히 의식하고, 또 한편으로는 이제 제대로 사용할 수 없게 된 이 망치를 그것이 원래 위해서 존재하고 사용되었던 전체적인 관련성의 체계를 떠나서 그것 자체로만 눈앞에 두고 그 구조와 속성을 검토하는 가운데 그것에게 발생된 문제점의 성격을 파악하고 그것을 제거하려고 노력하게 된다.[408]

그렇게 할 때 이 망치라는 실용물은 이상에서 언급한 제반 속성들과 특징들을 지닌 하나의 현전자로 그것을 직시하는 현존의 눈앞에 표상되게 된다. 현존재는 이제 이 망치를 그것이 속해 있는 관련성의 체계, 즉 세계 속에서, 그리고 그 속에서 그것이 차지하는 위치를 염두에 두고 보고 이해하기보다 이 망치 자체를 직시하되 그것이 그 자체 속에 지닌 속성과 특징의 관점에서, 그것을 "준거 기준"Woraufhin des Entwurfs으로 해서 그렇게 한다. 현존재는 간접적으로는 곧 말하자면 한눈으로는 여전히 세계를 염두에 두고 이 망치를 바라보고 있으나, 직접적으로는 세계에서 시선을 돌리고absehen 다른 한눈으로 이 망치 자체를 직시 ansehen하게 되며 그렇게 하되 그것의 속성들과 관련해서, 그들의 관점에서 그렇게 한다. 그래서 실용적인 목적을 위한 하나의 수단das zuhandene Womit des Zutunhabens이 정확한 직시와 과학적·이론적 진술의 대상Worüber der aufzeigenden Aussage으로 한 세계내재적 존재자의 "실용성"Zuhanden-heit이 "현전성"Vorhandenheit으로 변환Umschlag하게 된다.[409]

망치를 하나의 현전자로 보는 자는 그것을 여전히 그 어떤 것의 관점에서"ti kata tinos" 혹은 그 어떤 것과 관련된 무엇으로"etwas als etwas" 보지만, 여기서의 "봄"은 모든 것을 실용적인 맥락에서 두루 살펴보는 눈 besorgende Umsicht이 아닌 "순수 직시"das pure Hinsehen[410]이다.

그러므로 이러한 순수 직시는 여전히 그가 한 인간으로서 그 무엇을 보고 취급하든 항상 그것을 그것 아닌 다른 것을 등지고 그렇게 해야 하며 이것과의 관계에서 그렇게 해야만 하는 그의 기본적인 "정의 구조"Als-Struktur의 틀 속에서 이루어진다. 그러나 과학주의자들이 주장하는 바와는 전혀 달리 그러한 직시 방법으로 이 사물의 진의와 "진리"를 정확하게 포착하고 기술할 수 있는 것은 물론 아니다.

우리가 사용하던 망치가 망가지기 전까지는 우리는 이 망치 속의 속성들을 의식하기보다 주로 그 목적과 이를 위한 그것의 유용성에 대해서만 생각하고 있었으나, 그것이 망가짐과 더불어 그 이유를 알기 위해 우리는 이제 망치 자체를 자세히 검토하되 그것이 지닌 속성들을 분석해보고 이들과의 관계에서 그것을 주시하게 된다. 그는 이 망치를 그것 "밖의" 그 무엇과의 관계에서보다 그것 속의 그 무엇과의 관계에서 그것을 빛으로 해서 이 망치를 보고 평가하게 된다. 그렇게 하는 데서 그가 이 망치를 보고 취급하는 방법에 하나의 "변환"이 이루어진다. 그의 사물 취급 및 사물 인식 활동은 이제 원래적인 방식으로가 아닌 일종의 변칙적인 방식으로 수행된다고 할 수 있다. 그러나 이러한 방식은 원래적인 방식의 철폐가 아니고 어디까지나 변형임을 명심해야 한다. 그러한 의미에서 하이데거는 현전자에 대한 과학적인 인식 방법Erkennen은 존재자에 대한 원래적인 이해 방법의 "변종"變種, Abart[411] 또는 "결성형"缺性形, Defizienz; "Privation"; "privative Modifikation"[412]이라 칭한다. "그 무엇을 순전히 우리 앞에 두고 있다 함은 그것이 이해되지 못한 채 순수히 응시의 대상으로 눈앞에 제시되어 있음을 뜻한다. [그 무엇의] 정체성과 무관한 이러한 인식 방법은 [그것을] 평범하게 이해하는 식별 방법의 한 결성형인 바 그것은 후자보다 더 원래적일 수 없고 어디까지나 그것에서 파생된 것이다."[413]

iv) 존재론적 순환 구조와 해석학적 순환 구조

a) 현존재의 실존론적 전구조와 존재론적 순환 구조

이상에서 충분히 밝혀진 바대로 하이데거는 "SZ", 31-33절과 나아가서는 "SZ" 전체, 더 나아가서는 그의 존재 사유 전체의 가장 기본적인 주제는 인간 현존재가 항상 이미 세계라는 전체 속에 피투되어 있고 계속해서 그것을 기투하게끔 되어 있는 만큼 우리는 존재론적·실존론적인 차원에서뿐 아니라 해석학적·인식론적인 차원에서 항상 이 세계 속에서 출발하고 계속 그 속에서 그 속으로 더 깊이 나아가야만 하는 입장에 있다는 것이다. 어떤 순간에도 우리가 그것을 이탈해서 그 밖에서 존재하며 활동하는 가운데 그 속에 있는 무엇에 대해서 혹은 존재 자체에 대해서 생각하거나 이해하고 해석하며 진술할 수는 없다는 것이다. 그것은 마치 물고기가 물을 떠나 마른 육지에 나와서 물속에 있는 그 무엇과 물 자체를 내려다보며 그에 대해 "생각"하는 것과 흡사하다.

현존재는 존재와의 관계이며 존재를 향한 움직임이다. 존재는 자신의 사유와 삶의 출발점이자 종착점이기도 하다. 그는 존재라는 종착점에 항상 이미 도달해 있으면서도 계속해서 그 종착점을 향해 나아간다. 매번 새롭게 출발해서 계속 그곳으로 나아간다.

현존재가 원칙적으로는 항상 이미 존재와 자기 자신의 존재에 도달해 있으나 그의 타락성과 유한성으로 말미암아 실제적으로는 그렇지 못하므로 그는 계속 그것에 도달하기 위해 백방으로 노력하고 있는 것이다. 그는 자신의 종착점을 눈앞에 두고, 그것에 앞서 그것을 내안으로 바라보며 "자기 선재적으로 존재한다"sich-vorweg-sein. 그의 실존 구조를 감안할 때 그는 항상 이미 자신의 미래와 이상을 앞질러 있다고 할 수 있으나, 실제적으로는 그것에 항상 크게 뒤져 있기에 그것을 따라잡기 위해 계속 그것을 사전에 "기투"하게 된다. 즉 그것을 자신의 심중에 두고 바라보며 그것에 이르려고 전인의 전폭적인 노력으로, 지적으로뿐 아니라 "실존적으로" 진력하고 있는 것이다.

그러한 의미에서 현존재의 존재는 "실존론적 전구조先構造"existenziale Vor-Struktur로, 그리고 "존재론적 순환 구조"ontologische Zirkelstruktur로 특징지어져 있다고 할 수 있다. 이 순환 구조 속에서 현존재는 지속적으로 존재라는 자신의 존재의 원천과 근거에서 출발해서 실존 과정을 거쳐 다시금 존재에 당도해야만 하는 과정에 있다.[414]

항상 이미 존재와의 관계로 실존하며 항상 이미 존재라는 목적지에 당도해 있는, 그러나 항상 계속해서 그것에로 나아가야만 하는 필연성으로 특징지어진, 실존하는 현존재여 "너 자신이 되라!"[415] 원칙적으로는 이미 실현하고 있는 그러한 너 자신을 실제적으로 현실화하라! 존재에서 존재로 더 가까이, 존재 안에서 존재 속으로 더 깊이 나아감과 동시에 너 자신의 실존에로 더 가까이 나아가라!

β) 해석학적 순환 구조: 선점, 선견, 선지와 해석

인간이 이와 같이 존재론적인 순환 구조로 특징지어져 있으므로 그는 해석학적·인식론적으로도 하나의 순환 구조 속에서 움직일 수밖에 없다. 현존재는 본디부터 세계에 개방되어 있고 존재의 의미를 이해하고 있다. 세계 이해와 존재 이해가 그의 존재를 구성한다고 할 만큼 그는 세계와 존재의 의미, 존재의 빛에 본질적으로 개방되어 있다. 그리고 그러한 세계 이해와 존재 이해에서 출발해서 보다 더 깊고 원초적인 세계 이해와 존재 이해를 위해 계속 노력할 뿐 아니라 그것을 독창적인 방법으로 표현하고 실현하려는 노력까지 한다. 현존재는 단적으로 말해서 그의 "상태성"이며 그의 [존재] 이해력이라 하지 않았는가?

① 전이해와 사실 이해

현존재가 본질상 항상 존재의 빛 속에 거하고 있고 그 속으로 더 깊이 나아가려고 계속 노력하므로 그가 일상생활에서 실용적인 차원에서 혹은 인식론적이며 해석학적인 맥락에서 교섭하는 세계내재적 존재자들 일반은 다 이러한 존재의 빛 속에서, 개인의 환경과 여건에 따라 지속적으로 매번 다르게 기투되고 개방되며 표현되는 존재 이해의 빛 속에서 바라보고 이해하며 해석하고 사용하지 않을 수 없다. 이들을 보고 이해하며 해석하되 완전히 빈 마음으로 혹은 완전히 "중립적인" 견지에서 그렇게 하기보다 세계 속에서, 존재의 빛 속에서 세계라는 "의미성" 혹은 존재라는 "무의미성"을 준거 기준과 틀로 해서 그렇게 하지 않을 수 없다.

존재 이해의 빛으로, 그리고 그와 더불어 존재자에 대한 전이해의 빛으로 이미 원칙적으로 혹은 잠정적으로 알고 있는 것을 재인식하며 보다 분명하고 석연하게, 보다 구체적으로 인식하고 해석하게 된다. 그리고 그에 대해 다양한 수준에서 다양한 방법으로 진술하기도 한다. 그에 대해 이론적 진술과 과학적 설명도 하게 된다.

이상에서 지적한 대로 현존재는 존재자들과의 실제적인 교섭에 들어가기에 앞서 벌써 그들이 그들로 "존재"하고 등장하여 그 어떤 합목적적인 기능을 발휘할 수 있게 하는 "개방 공간"Spielraum과 대상성의 지평 Horizont der Gegenständlichkeit, 즉 세계라는 존재의 "조명 공간"Lichtung 또는 "광공간"die gelichtete Dimension,[416] 세계라는 서로 이원론적으로 분리된 상태에 있는 인식의 주체와 객체를 연결해주는 "중간 영역"das Zwischen[417]을 "선험적으로" 기투하고 형성한다.

그가 이와 같이 세계내재적 존재자들 일반을 위해 세계를 기투하고 개방하는 활동은, 첫째 그들을 존재론적으로 규정하고 정립하는 활동이며, 둘째 그들을 선험적으로 인식하는 활동, "전이해"하는 활동이기도 하다. 그가 세계를 기투하고 개방함과 더불어 잠정적으로 혹은 원칙적으로는 이미 세계내재적 존재자들을 그가 기투하고 개방하는 이 세계라는 "전체", 즉 전체적인 의미의 지평 속에 가져다 놓고 그것의 "부분들"로 그 속에 유기적·목적론적으로 사전*a priori* 편성하고 규정하기에, 그래서 그들이 각각 그들로서 "존재"하고 그들에게 배정된 몫을 각각 감당할 수 있게 사전 정립하기에 그는 이들을 실제적으로 접하고 인식하며 해석하고 사용하며 이용하기에 앞서 잠정적으로는 이미 자신의 안중에 두고 바라보며 지적으로 포착하고 있다고 할 수 있다. 그가 기투하고 개방한 세계 속에, 환언하면 그가 이해하고 기투한 대로의 존재의 빛 속에 이미 그들을 가져다 놓고 보고 이해하며 해석하고 있다고 볼 수 있는 것이다. 그들은 세계라는 전체 속의 부분들이므로 그가 피투된 상태에서 기투한 세계, 존재의 의미를 이해함과 더불어 그 속의 부분들인 존재자들의 의미도 잠정적으로는 이미 이해하고 있다고 보지 않을 수 없다.

칸트의 인간 오성은 현상계 내의 사물들을 선험적으로 정립하므로 이들을 선험적으로 인식할 수 있는 것과 같이 하이데거의 현존재도 세계를 기투하고 그것을 존재자 일반 위에 투사함으로써 이들이 그 속에서 그들로 사전에 정립하므로 그들의 의미를 선험적으로 이해하고 해석할 수 있음은 당연지사다. 존재 이해가 현실인 만큼 존재자들에 대한 전이해, 사전 오리엔테이션이 가능함도 당연지사다.

이와 관련해서 이상에서 우리는 한 권의 책의 실례를 들어 전이해와 사실 이해의 관계에 대해서 설명하려 했거니와 하이데거 자신은 이와 관련해서 "선점"先占, Vorhabe, "선견"先見, Vorsicht, "선지"先知, Vorgriff 등 3대 요소로 구성되어 있는 "이해의 전구조"Vor-Struktur des Verstehens라는 개념을 도입한다. 후자는 보다 평이한 용어로 전이해Vorverständnis다.[418] 그의 지론은 이러한 세 요소로 구성된 전이해가 전제되지 않는 한 세계내재적 존재자들에 대한 그 어떠한 수준과 부류의 해석도 가능하지 않다는 것이다.

그 무엇을 무엇과 관련된 무엇Etwas als Etwas이라고 해석하는 행위는 본질적으로 선점·선견·선지에 기반을 두고 있다. 해석은 결코 한 주어진 대상을 전제 없이 포착하는 행위가 아니다. 정확한 본문 해석의 형태로 이루어지는 해석의 특수한 양식이 본문 속에 '들어 있는' 바로 그것에 즐겨 호소한다면 우선 보기에는 그 속에 '들어 있는' 것으로 인식되는 것은 사실상 해석자가 자명한 것으로 보는, 그러나 그에게 논의의 대상으로 확연하게 떠오르지 않고 있는 그의 전제에 불과한 것으로서 그것은 모든 해석 활동의 시도와 더불어 필연적으로 '설정'되게 되는 요소, 즉 선점·선견·선지의 형태로 주어지는 것이다.[419]

현존재가 세계를 이해하고 기투하여 개별적인 세계내재적 존재자들 위에 투사함으로써 이들이 그 속에서 그 어떤 의미와 가치를 소유한 무엇으로 또는 그 무엇과 관련된 그 무엇으로 사전 규정하므로, 그는 그들을 실제로 경험하고 취급하기에 앞서 그들을 잠정적으로는 이미 자신의 세계 이해 속에 혹은 자신이 이해하고 기투하는 세계 속에 가져다 두고 "선점"하고 있고 그 속에서 그들을 "선견"하며 "선지"하고 있다고 보지 않을 수 없다. 우리가 세계라는 "전체"를 이해함과 더불어 그 속의 "부분들"의 의미에 대해 원칙적으로 사전 오리엔테이션되어 있고 그것을 원칙적으로 "전이해"하고 있다고 볼 수 있다.

우리가 이와 같이 전이해를 통해 선점·선견·선지하는 이들 세계내재적 존재자들을 구체적으로 검토하고 분석해보는 데서 그들의 의미를 더 세밀하고 정확하게 이해하게 된다("사실 이해", Sachverständnis).[420] 그렇게 하는 데서 우리의 전이해가 대폭 수정되고 보완되는 것이다. "사실 이해"는 우리가 세계 이해를 통해 이미 확보하고 있는 "전이해"를 전제로 해서만 가능하고, 전이해는 사실 이해의 도움으로 보다 구체화되고 보다 명료해진다. 이것이 곧 해석학적 순환이다.

사실 이해를 통해 깊어지고 명료화된 전이해는 "다시금 눈에 띄지 않은 평범한 이해로 전환된다."[421] 즉 다양한 부류의 해석 활동을 통해 전이해에 관해서 확보한 지식은 결국에 가서는 눈에 띄게 유별난 이론으로 남아 있지 않고 원래의 전이해와 존재 이해로 편입됨으로써 평범한 지식으로 화하게 된다. 수백 년 전에 사람들이 전기의 현상에 대해서 처음으로 알게 되었을 때 그 지식은 눈에 띄게 특별한 이론적 지식이었으나 그것이 눈에 띄지 않는 평범한 상식으로 변한 지 오래인 것과 마찬가지다.

슐라이어마허와 딜타이 이전에 존재했던 주석학자들이 오래전부터 경전이나 법전과 같은 저서들 속의 본문의 의미를 바로 이해하고 해석하는 문제와 관련해서 해석학적 순환에 대해서 계속 거론해왔다. 한 저서의 부분을 이해하기 위해서는 그 전체를 이해하고 있어야 하고 전체를 바로 이해하고 구체적으로 이해하기 위해서는 부분을 이해해야만 한다는 것이었다. 슐라이어마허와 딜타이 이후의 현대 해석학에서는 이러한 해석학적인 순환이 문학작품과 예술작품, 역사적·정치적 사건, 개인들의 행동 등을 포함하는 다양한 부류의 "본문들" 속의 전체와 부분 간에만 존재하는 것이 아니고 본문과 독자 사이에도 존재하고 있음을 강력하게 주장했다.[422]

하이데거가 "SZ", 32-33절에서 독자들의 주의를 환기시키고자 하는 바가 바로 이러한 두 상이한 차원에서 존재하고 있는 해석학적 순환이다. 그가 여기서 특별히 부각시키고자 하는 바는 본문과 해석자 사이에 존재하는 해석학적 순환, 즉 "전이해"와 "사실 이해" 또는 해석 활동 사이에 해석학적 순환"der Zirkel des Verstehens"[423]이 존재한다는 점이다. (그가 세계 개념을 분석하는 과정에서는 "전체"와 "부분" 간에 존재하는 해석학적 순환에 역점을 두고 제이론을 전개했다고 볼 수 있다.)

"선점", "선견", "선지" 등 3대 요소로 구성된 "이해의 전구조"die Vor-Struktur des Verstehens와 "해석의 정의 구조"die Als-Struktur der Auslegung[424] 간에 해석학적 순환이 존재하고, 전자가 후자를 위한 "기초"fundiert[425]가 되며 전제조건이 됨이 분명하므로 그것을 망각하고 세계내재적 존재자들을 과학 이성의 견지에서 원자론적으로 포착하고 인지하려 해서는 결코 안 된다는 것이 하이데거가 여기서 제기하고 있는 지론이다. 세계라는 의미성에 대한 이해 없이, 환언해서 세계내재적인 존재자들의 의미에 대한 전이해 없이 후자를 단순한 인식의 주체성의 표상의 대상으로 또는 단순한 현전자로 보고 이해하는 한, 우리는 그들의 "존재", 그들의 "진리"를 이해할 수 없을 뿐 아니라 필연적으로 곡해하게 된다. 세계 없이, 존재의 빛 없이 문화물들의 의미는 물론이거니와 실용물과 자연물들의 의미도 결코 바로 이해하고 해석할 수 없다. 전이해는 사실 이해 또는 해석 활동의 가능성을 위한 전제조건이다.

"SZ", 14-24절에서 하이데거는 세계 개념을 분석하는 과정에서 현존재가 피투된 상태에서 기투하고 개방하는 세계는 세계내재적 존재자들이 존재자들로 정립되어 그들로 세상에 등장하고 특정의 의미를 가지고 특정의 목적을 위해 존재하고 사용될 수 있게 하는 전체적인 의미의 지평임을 밝히려고 노력했다. 세계는 세계내재적 존재자 일반의 "존재"가능성의 선험적 조건이라는 것이었다.

"SZ", 32-33절에서 하이데거는 이러한 세계에 대한 이해가 세계라는 전체적인 의미의 지평 속에서 전체와 부분의 관계로 존재론적으로 사전 정립되고 규정되는 세계내재적 존재자들에 대한 전이해이며, 그것이 이들에 대한 어떠한 구체적인 이해와 해석 및 과학적·이론적 진술 행위를 위한 전제조건임을 밝히려고 노력한다. 여기서 그는 현존재가 세계내재적 존재자 일반을 위한 의미의 지평으로, 피투된 상태에서 기투하고 개방하는 세계가 현존재 자신에게는 세계내재적 존재자 일반을 구체적으로 이해하고 해석하며 제반 진술 활동을 전개함에 있어서 그 필수 조건으로 전제하는 "이해의 지평"Verständnishorizont, Horizont des Verstehens[426] 또는 "이해의 세계"Welt des Verstehens[427]로 작용한다고 설명하고 있다.

이상에서 비유 삼아 언급한, 한 권의 책을 쓰기 위해 이를 위한 테마를 사전에 구상하고 "기투"entwerfen, project하는 한 작가의 실례로 되돌아간다면 그가 이와 같이 사전에 구상하는 테마가 이 책의 대의와 전체적인 문맥으로, "전체"로 작용하며 그것이 그 속의 모든 "부분들"의 의미와 편성을 사전 규정한다고 보아야 한다고 했다. 그가 사전 기투하는 "전체"는 그 "부분들"이 이 책 속에 특정 양식으로 편성되어 특정 의미를 지니고 나타낼 수 있는 가능성의 전제조건이다. 여기서 "부분들"은 "전체"라는 "의미의 지평"Sinnhorizont 속에서 그들 특유의 의미를 드러낼 수 있다.

그러나 이 저자가 저술한 저서의 독자의 견지에서 본다면, 이 저서의 "전체"는 이 독자가 그 속의 모든 "부분들"을 이해하고 해석할 수 있게 하는 전체적인 "이해의 지평"으로 작용하게 된다. 이 독자는 오로지 전체적인 "이해의 지평" 속에서 이 저서 속의 모든 부분의 의미를 바로 이해하고 해석할 수 있다. 이 저서의 대의와 문맥을 알아야 그 부분 부분의 뜻을 알 수 있지 않겠는가?

하이데거의 현존재에 대한 해석학에 따르면, 현존재는 말하자면 우주라는 거대한 책의 저자이자(물론 존재에 의해서 저술 활동을 청탁받은 저자) 독자라 할 수 있다(헤겔의 사상에서도 절대자의 자아 계시 및 자기 진화의 매체인 인간이라는 유한자는 자신이 저술한 제반 부류의 "본문들"의 저자이자 독자였다. 성경 기자들도 마찬가지였다). 그가 이 책의 독자로서 그 세부적인 내용을 읽어나갈 때 그는 자신이 이미 알고 있는 대의와 문맥을 염두에 두고 그것을 빛으로 해서, 그것을 "이해의 지평"으로 해서 그 속의 세부적인 면의 의미를 이해하고 해석한다. 그리고 그에 대한 과학적 진술도 하게 된다. 그것을 이해의 지평으로 해서만 그렇게 할 수 있다. 그렇게 하는 데서 그가 원래 소유하고 있던 이 책 전체의 대의와 문맥에 대한 이해가 "개발"되고 "명료화"된다. 전이해가 사실 이해로 구체화되고 예리해지는 것이다.

"전체"에 대한 그러한 새롭고 풍부한 이해에 도달함과 더불어 그는 이 "전체"를 무의식 가운데 새로운 방법으로 재기투하며 재개방한다. 사실은 "전체"에 대한 그러한 새로운 이해에 도달한다는 것 자체가 그것을 새롭게 기투하는 활동이다. 왜냐하면 전이해가 사실 이해를 통해 개발되고 명료화되는 순간순간 그것은 즉시 한 새로운 전이해로서 다음 순간의 사실 이해를 위한 "준거 기준"으로 "독자"와 "해석자"로서의 현존재의 눈앞에 설정되고 펼쳐지기 때문이다. 그와 같이 재기투되고 재개방되는 "전체"에 대한 이해를 빛으로 해서 현존재는 또한 "부분들"을 새롭게 이해하고 해석하며 그에 대한 다양한 진술을 하는 것이다.

현존재는 계속 이 책의 저자와 독자의 역할을 번갈아가며, 아니 동시적으로 수행하면서 기투와 조명 활동을 지속적으로 반복한다. 이것이 곧

"해석학적 순환"의 의미라 할 수 있다.

하이데거가 32-33절에서 특별히 부각시키고자 하는 바는 바로 이 점이다. 현존재가 피투된 상태에서 기투하고 개방하는 세계라는 의미의 지평에 대한 이해는 당연히, 그 속에서 그들로 정립되고 그 어떤 역할을 하는 존재자 일반의 이해와 해석 및 그에 대한 다양한 형식의 진술 행위를 위한 이해의 지평으로, 따라서 그 가능성의 선험적 조건으로 "그 무엇이 무엇으로 해석될 수 있게 하는 기투의 준거 기준"Woraufhin des Entwurfs[428]으로 작용할 수밖에 없다. 여기서도 말하자면 진리는 전체에 있으며 전체를 떠난 부분은 비진리라 할 수 있다. 진술적 진리의 가능성의 조건은 존재적 진리이며 후자의 가능성의 조건은 존재론적 진리가 아닌가?

하이데거는 여기서 훗날 가다머가 그의 『진리와 방법』[429]에서 "해석학의 보편적 측면"der universale Aspekt der Hermeneutik, 즉 "해석학의 보편성"Universalität der Hermeneutik이라는 주제 아래 상론하는 바를 농축해서 해명하고 있다. 세계 이해는 현존재가 그의 실존 과정에서 수행하는 세계 내재적 존재자들에 관한 모든 해석 행위, 그리고 이론적 진술 행위를 포함하는 모든 부류의 진술 행위의 가능성의 전제조건이다. "선점", "선견", "선지" 등 3대 요소로 구성된 "이해의 전구조", 즉 전이해가 모든 부류의 사실 이해와 진술 행위의 가능성의 선험적 조건이므로 인간이 수행하는 모든 정신 활동과 나아가서는 그와 불가분의 관계로 연결되어 있는 육체적 활동도 궁극적으로는 이해와 해석의 문제, 즉 세계와 세계내재적 존재자들에 대한 올바른 이해와 해석의 문제와 본질적으로 연결되어 있다고 보지 않을 수 없다(해석학의 보편성).

"해석학의 보편성"을 주창하는 하이데거와 가다머에 반대해서 인간의 육체적인 활동과 노동관계는 이해와 해석의 문제에서 제외해야 한다고 주장하는 하버마스J. Habermas의 이론은 설득력이 빈약해 보인다.[430] 하버마스는 키에르케고르와 마찬가지로 진리에 대한 지식, 진정하며 순수한 지식, 진정 깊고 뜨거운 지식이 얼마나 막강한 힘을 지니고 있는지를 모르고 있는 듯하다. 그러한 지식은 키에르케고르가 생각한 것과는 달리 우리의 삶과 무관한 "객관적인 지식"만이 아니고 키에르케고르 자신이 요구한, 간절히 갈망한 그러한 종류의 "실존적 지식" 혹은 "주관적 지식"임이 분명하다. 참된 앎 혹은 그릇된 앎은 한 개인과 사회와 나아가서는 온 세계를 움직이고 변화시킬 수 있으며 그들을 살릴 수도 패망하게 할 수도 있다. 그것은 원자탄보다 더 막강한 힘을 소유하고 있다.

인간은 육체와 정신, 그리고 수많은 심적·정신적 기능과 잠재력을 소유한 자로서 다양한 차원에서 다양한 활동을 전개하며 살아가지만 그가 수행하는 이 모든 활동은 예외 없이 다 자아 또는 주체성이라는 한 궁극적인 중추 기능의 주도하에서 이루어지는 것이 사실이라면(이 책 제3부 "평가와 결론" 제3장 2.(1) 항목 참조), 그가 수행하는 활동 중 일부는 참된 앎 혹은 그릇된 앎이 지닌 막강한 힘에 의해 규정되고 제약되지만 다른 것들은 그렇지 않다는 주장은 분명히 실제에 부합하지 않는 잘못된 주장이다. 인간의 활동들은 종류를 막론하고 그가 소유하고 있는 모든 기능들이 직간접적으로 다 함께 개입되어 수행되는 전인적인 활동이므로 한 종류의 활동을 제약하는 것이 직간접적으로 다른 것들도 제약하지 않을 수 없다.

하이데거와 가다머가 "해석의 보편성"을 주장하는 가운데 인간의 모든 문제를 이해와 해석의 문제로 환원시킬 수 있다고 보고 있으므로 그들의 이러한 사상은 소크라테스와 플라톤, 그리고 스피노자와 헤겔의 "지행복합일설"과 맥을 같이하고 있음을 알 수 있다. 이 점은 특히 가다머가 이해와 적용-Anwendung, Applikation 또는 실천을 결코 서로 분리해서 논해서는 안 되며 어디까지나 서로 연결시켜서 보아야 할 뿐 아니라 엄격히 말해서 그들은 단 하나의 동일한 행위라고 주장하는 데서 확연하게 드러난다. "이해 활동과 더불어 이해해야만 하는 본문이 항상 해석자의 현실적인 상황에 적용되게 된다.····우리는 이해와 해석뿐 아니라 적용도 하나의 통일된 과정 속에 포함된 것으로 간주한다."[431] "여기서는(신학적 해석학에서는) 이해가 항상 이미 적용이다"(가다머 자신도 그렇게 본다).[432]

② 논리적 악순환과 해석학적 순환

존재와 현존재에 관한 하이데거의 대전제를 수락하는 경우 우리는 결코 해석학적 순환을 하나의 단순한 논리적 악순환이라고 트집 잡을 수 없다. 왜냐하면 해석학적 순환은 현존재의 존재론적 순환의 필연적인 수반 현상일 뿐 아니라 그것은 사실상 후자와 동일한 것이기 때문이다. 현존재의 존재는 존재와의 관계이며 이 관계는 이해의 관계다.[433] 즉 그가 존재와 관계를 맺고 있다 함은, 그가 능동적·수동적인 의미에서 존재의 빛에 개방되어 있음을 뜻하며 그것을 이해할 뿐 아니라 기투할 수 있음을 뜻한다. 현존재는 상태성이[434] 아닌가? 현존재는 [존재] 이해력[435] 및 그와 필연적으로 결부된 해석 능력이[436] 아닌가? 그리고 현존재는 자신의 존재 이해를 외화할 수 있는 표현력과 언어 능력이[437] 아닌가?

이해와 해석 및 표현과 언어 활동은 결코 딜타이가 상정한 것과 같이 현존재의 "부업"이 아니고 "주업"이다. 그것이 곧 현존재의 존재를 뜻하기 때문이다. "존재 이해는 현존재의 존재의 한 특성 자체를 뜻한다. 현존재의 존재적 탁월성은 그가 존재론적이라는 데 있다."[438] "현존재는 본질상 해석학적이다."[439]

현존재의 실존 과정이 존재론적 순환 구조 속에서 이루어진다는 말은 그러므로 그것이 해석학적 순환 구조 속에서 진행된다는 말과 동일한 내용임을 알 수 있다. 현존재는 존재에서 출발해서 실존 과정을 거쳐 존재, 그리고 그와 더불어 자기 자신의 존재에 이르는 운동을 지속적으로 전개하고 있다. 존재 밖의 어떤 지점에서 출발해서 존재론적 순환 속으로 뛰어들어 가는 것도 아니고, 한순간이라도 그 순환 밖으로 뛰쳐나올 수 있는 것도 아니다. 필연적으로 존재에서 출발하여 존재 안에서 그 속으로 더 깊이 나아가는 것이다.

존재에서 출발해서 존재 안에서 그 안으로 더 깊이 나아간다 함은 곧 존재 이해에서 출발하여 사실 이해를 거쳐 더 깊은 존재 이해로 나아가며, 거기에서 사실 이해로 그리고 존재 이해로 되돌아감을 뜻한다. 존재라 함은 곧 존재의 빛을 뜻하며 세계라는 전체적인 의미 및 이해의 지평을 뜻하기에 이 두 가지 상이한 묘사 방법은 결국 동일한 것을 뜻함을 알 수 있다.

존재 이해 및 존재에 대한 해석, 실존 이해 및 실존에 대한 해석, 존재자 일반에 대한 이해 및 해석, 이러한 능력과 활동이 곧 현존재 자신이며 그것을 수행하는 것이 그에게 주어진 지극히 숭고한 특권이자 지극히 막중한 책무이기도 하다.

현존재는 존재론적 순환 과정이다. 현존재는 해석학적 순환 과정이다. 하이데거의 정신을 물려받아 하나의 거창한 "대화적·변증법적 해석학"을 발전시키고 "해석학의 보편성"을 주창한 가다머가, 왜 하버마스나 철학과 신학 이론들의 객관성과 보편타당성을 대단히 고조하는 판넨베르크[440] 같은 신학자들을 그렇게도 강경한 어조로 비판하고 있는지를 충분히 이해할 만하다.

현존재는 본질적으로 처음부터 존재라는―그리고 이상적인 자기 자신이라는―그의 실존 과정의 종착점에 도달해 있는, 그러한 "실존론적 전구조"die existenziale Vor-Struktur[441]를 소유하고 있기에 그가 무엇을 하든지 그 속에서 할 수밖에 없다. 존재의 빛, 세계라는 의미와 이해의 지평 밖에서 그 무엇을 도모하거나 추진한다는 것은 완전히 어불성설이다. 이것은 물고기가 물을 떠나 마른 땅에서 무엇을 도모하고 추진하는 것과 다를 바가 없다.

그러므로 해석학적 순환을 부정적인 현상으로 간주하고 그것을 극복하려고 노력하는 사람은 인간의 실존 구조를 근본적으로 오해하고 있는 사람이다. 사실 그는 엄격한 학문과 철학에 관한 과학주의적 이상에 매료되어 현존재의 원초적인 "이해에서 멀리 떨어져 나온 파생형"[442] 혹은 "이해의 변종"[443]을 절대시하는 우를 범하고 있는 사람이다.

"이 이해의 순환Zirkel des Verstehens은…현존재의 실존론적 전구조 자체의 표현이므로 결정적으로 중요한 것은 이 순환에서 벗어나는 데 있는 것이 아니라 오히려 그 속으로 올바른 방법으로 들어가는 데 있다."[444] "우리는 이 '순환' 속으로 원초적으로, 그리고 전폭적으로 뛰어들어 가서 springen 현존재에 대한 연구의 착수와 더불어 벌써 그의 순환적 존재das zirkelhafte Sein des Daseins(존재론적 순환 구조)를 그대로 포착하려는 데 힘을 쏟아야 한다. 만약 우리가 세계 없는 자아ein weltloses Ich에서 '출발하고' 한 인식의 대상을 생각해낸 후 그러한 자아가 그것과 존재론적으로 기반이 없는 관계를 맺게 한다면 현존재의 존재론을 위해 우리는 너무 많은 것을 '전제'하기보다 너무 적게 '전제'하고 있을 것이다."[445]

(3) 표현력과 언어

1) 현존재의 실존 구조와 표현력 및 언어

현존재는 존재 이해력이며 세계 기투력 또는 세계 초월성이다. 그는 항상 이미 한 세계에로 피투된 상태에 있으면서도 동일한 세계를 늘 새롭게 능동적으로 기투하고 개방할 수 있는 능력을 소유하고 있으며 그렇게 해야만 할 당위성과 필연성을 띠고 있기도 한 "피투된 기투자"다.

하이데거에 따르면 현존재가 이와 같이 피투된 상태에서 지속적으로 능동적으로 수행하는 존재 이해와 세계 기투 활동은 필연적으로 표현력과 언어를 통로로 해서 구체화된다고 한다. 현존재의 존재 이해와 세계 기투 활동은 본질적으로 "언어적으로 매개되는"sprachlich vermitteltes[446] 활동이며, "언어 없이" 순수한 사유 활동으로 그의 마음속에서 내적으로만 이루어지는 것도 아니며 그것이 일차적으로 사유 활동으로 이루어진 후 이차적으로 표현력과 언어를 도구와 수단으로 해서 외적으로 표출되는 것도 아니라는 것이다. 그보다 세계를 기투하는 작업과 표현하는 작업이 하나의 통일된 활동 과정으로 동시적으로 이루어진다.

표현력Rede과 그것이 구체화된 형태인 언어Sprache는 우리가 통상적으로 생각하듯이 단순히 우리가 마음속에서 사유하며 상정하는 내적·정신적인 것을 외적으로 드러내고 타인에게 전달해주는 의사소통의 수단과 방편만이 아니다. 그것은 결코 알맹이를 포장하는 포장지가 아니다. 내적이며 정신적인 것이 있고 그것을 표현하고 전달하는 외적인 의사소통의 도구가 이차적으로 개발되고 사용되는 것이 아니다. 왜냐하면 현존재가 "[존재의] 현주일 수 있게 하는, 동일하게 원초적인gleichursprünglich 구성 요소들인…상태성Befindlichkeit과 이해력Verstehen은…동일하게 원초적으로gleichursprünglich 표현력 [그리고 언어]를 통해 제한되기" 때문이다.[447]

"현주의 존재das Sein des Da를 의미하는 상태성과 이해력을 위해서 표현력이 기본적인 구성요소로 작용한다konstitutiv für."[448] ("SZ"의 분석의 대상이 "일상성"과 "평범성"으로 특징지어져 있는 현존재의 실존 구조이므로 하이데거는 "현존재의 존재" 속에 이 세 요소와 더불어 "타락성"Verfallen을 포함시키기도 한다.[449]) 표현력과 언어는 이와 같이 현존재의 "존재"인 수동적·능동적 개방성과 본질적으로 직결될 뿐 아니라 그것을 가능케 하는 기본적인 구성 요소다. 그들은 이해력과 도덕성 등 제반 기본적인 능력들을 소유한 인간이 우연하게 부차적으로 소유하게 된 능력들이 아니고 그들은 인간을 인간 되게 하는 가장 기본적이며 핵심적인 요소들에 속하는 것이다.

하이데거에 따르면 사실은 그러한 이유에서 아리스토텔레스 이후 사람들이 줄곧 "인간은 '로고스'를 소유한 동물"joon echon logon이라고 이해하게 된 것이다. 로고스라는 용어가 통상적으로 이성이란 의미로 인식되어 왔으나 하이데거는 그것을 표현력Rede, Logos이란 뜻으로 이해해야 한다고 본다.

그에 의하면 이 용어의 원형인 "legein"은 "deloun"offenbar machen(개방하다) 혹은 "apophainesthai"sehen lassen(보여주다)와 동일하다고 한다.[450] 그러므로 인간은 이성을 가진 동물이라기보다 표현력과 언어를 소유한 동물로서 세계 또는 존재의 의미, 존재의 진리를 드러내고 개방하는 것을 본령으로 하는 자, 즉 언어를 소유하고 있는 자라고 정의해야 한다는 것이다. "인간은 말하는redet 존재자임이 드러난다. 그러나 이 사실은 음성으로 소리를 낼 수 있는 능력이 그에게 주어져 있음을 뜻하지 않고 그가 세계와 현존재 자신을 개방Entdecken하는 것을 [본령으로 삼고] 존재함을 뜻한다."[451]

"*Logos*"(표현력, 언어)의 동사 원형인 "*legein*"의 의미가 개방entdecken, aufschließen, enthüllen, eröffnen이므로 그것은 기투entwerfen와 동일한 뜻을 내포하고 있음을 알 수 있다[452]"Entwerfen heißt für Heidegger allgemein: aufschließen, enthüllen". 바로 그러한 이유에서 후기 하이데거가 언어 활동이 곧 기투 활동이라고 주장할 수 있었던 것이다.[453] 하이데거가 "SZ"에서 표현력과 언어 활동을 우리가 통상적으로 이해하듯이 내적·정신적인 것을 외화하는 수단과 방편으로 인식하지 않고 그것들이 이해 활동 또는 기투 활동과 본질적으로 내적으로 연결되어 있으며 그것들과 "동시적으로 원초적이라"고 주장한 연유가 여기에 있었던 것이다.

2) "*Logos*"와 "*Legein*"

인간이 본질상 언어 구사자라는 점은 특히 후기 하이데거가 강력하게 주장하는 것이다. 사실상 후기 하이데거의 철학은 일종의 언어철학이라고 할 만큼 언어의 중요성을 강조하고 있다. 그가 후기 사상에서 존재를 언어Logos, Sprache, Sage와 동일시한다는 점을 감안할 때 그의 철학을 "존재 사유"라고도 간주할 수 있고 "언어철학"이라고도 볼 수 있을 것이다.

하이데거는 그의 후기 사상에서 존재를 원초적인 "*Logos*"→legein= sammeln+offenbar machen로 간주하고 그것이 존재자들을 존재 자신 속으로 하나로 "소집"召集, sammeln하여 자신 속에서 그들로 정립시키며 그들로 "개방"offenbar machen하는 "소집력" 혹은 "소집성"Sammlung, Gesammeltheit[454] 이라고 주장한다. 인간은 이러한 우주적인 "소집력"의 소집 활동과 개방 활동, 즉 존재론적 정립 및 조명 활동의 매체와 협조자로서 존재를 위해, 그리고 존재를 대신해서 나름대로의 언어 활동, 즉 "소집 활동", 즉 존재론적 정립 활동과 개방 활동을 펼친다.

인간은 본질적으로 "로고스 또는 소집성 안에 거하며 활동하는 자, 즉 소집자"Sammler[455]이며 그의 본질은 그의 표현력과 언어성Sprachlichkeit에서 찾아볼 수 있다. "인간이라 함은 곧 말하는 자임을 뜻한다"Menschsein heißt: ein Sagender sein.[456] "그 역사적인, 역사를 개방하는 본질에 따르면 인간의 본성은 로고스Logos, 즉 존재자들의 존재를 소집하는 활동Sammlung과 그에 대한 사유 활동Vernehmen, noein에서 발견할 수 있다. 그것(인간의 로고스, 소집 활동, 언어 활동)은 이상에서 언급한 바 있는, 세상에서 가장 비범한 자의 사건으로서 그로 말미암아 초강력자das Überwältigende (막강한 빛의 힘인 "Physis", 존재)가 제압력die Gewalt-tätigkeit (철학·예술·문학·정치 등 제 방면에서 표출되는 인간의 독창적인 기투력)에 힘입어 [존재자들 가운데] 현현하며 정돈停頓하게 된다. 앞에서 우리는 소포클레스의 작품, 『안티고네』 속의 송가에서 [인간이] 존재로 돌진함과 더불어 언어 구사의 사건, 언어 사용의 사건이 일어났음zugleich mit dem Aufbruch in das Sein geschieht das Sich-Finden in das Wort, die Sprache에 대해 들었다."[457]

"사람들은 말하기를 '인간은 천부적으로 언어를 소유하고 있다'고 한다. 이 주장의 내용은 인간은 동식물들과는 달리 언어 구사 능력을 가진 생물이라는 것이다. 이 말의 뜻은 인간이 다른 능력들과 더불어 말할 수 있는 능력을 소유하고 있다는 것이 아니다. 이 말의 뜻은 언어가 비로소 인간으로 하여금 인간이란 생물이 되게 한다는 것이다. 인간은 말하는 자로서만 인간이다. 훔볼트Wilhelm von Humboldt도 그렇게 피력했다."[458] 훔볼트는 언어의 중요성과 관련해서 다음과 같은 명언을 남겼다. "언어는 그 참된 의미에서 이미 인식된 진리를 묘사하는 수단이 아니고 그보다 훨씬 더 중요한 것으로서 이전에 아직 인식되지 않은 진리를 개방하는 수단이다."[459] 하이데거는 이러한 언어관을 주장한 훔볼트의 입장을 일면 긍정적으로 평가하면서도 그것이 존재 위주가 아닌 인간의 주관성 본위의 언어관이란 이유로 그것을 신랄하게 비판하기도 한다.[460]

"말할 수 있는 능력이 사람을 사람으로 특징짓는다.…만약 인간이 지속적으로, 어디서나, 모든 것에 대해서, 다양한 양식으로 그리고 주로 무언중 '그것은 ~이다es ist'[즉 그것이 '존재'한다]라고 말할 수 없다면 그가 인간일 수 없을 것이다. 언어가 그에게 그것을 가능하게 하므로 그의 본성은 언어에 근거를 두고 있는 것이다."[461] "우리 인간은 하나의 대화 [과정]이다. 인간의 존재는 언어에 기초하는바 언어 구사는 대화 [과정] 에서 비로소 순수하게 이루어진다."[462]

3) 표현력과 언어의 본질

하이데거, 특히 후기 하이데거가 "실존론적으로"(인간의 실존 구조를 감안해서), 그리고 존재론적으로 이렇게도 중요시하는 표현력과 언어의 본질은 구체적으로 어디에서 발견될 수 있는 것인가?

우선 하이데거는 방금 서술한 바와 같이 "SZ"에서 표현력이 현존재를 현존재 되게 하는 하나의 실존 범주ein Existenzial라고 역설하고 있으며 그의 "표현력이 [존재] 이해의 명료화 방법이다"Rede ist die Artikulation der Verständlichkeit[463]라고 해석하고 있다. 우리는 이 문구의 진의를 곡해해서는 안 된다. 얼핏 보면 여기서 하이데거는 존재의 의미, 세계에 대한 수동적·능동적 이해 활동 또는 기투 활동이 일차적으로 이루어지고 그 다음으로 그것을 통해 확보되는 존재 이해, 세계 이해를 표현하고 외화하는 표현력과 언어 구사 활동이 뒤따른다고 주장하고 있다는 인상을 받게 된다. 그러나 표현력과 언어와 관계되는, 이미 인용된 "SZ"의 다른 구절들과 특히 "동일하게 원초적"이라는 수식어가 분명히 드러내주고 있듯이 표현력과 언어는 피투성과 이해력이라는 현존재의 실존 구조의 기본적인 두 요소들과 처음부터 필연적으로 하나로 연결되어 작용하는 것이며 그들과 항상 동시적으로 작용한다는 것이 하이데거의 지론이다. "상태적 이해"das befindliche Verstehen, "피투된 기투" 활동이 있고 그로 말미암아 현존재의 심중에 "형성된" 정신적 의미성의 체계, 세계를 표현력과 언어로 외화하고 구체화하는 작업이 뒤따르는 것이 아니고 상태적 이해와 피투된 기투 활동 자체가 필연적으로 표현력과 언어를 통로로 해서 전개된다는 것이다.

표현력과 언어 활동과는 달리 하이데거가 "SZ", 32절에서 상론하고 있는 "해석"Auslegung 행위는 "상태적 이해" 또는 "피투된 기투" 활동에 뒤따르는 부차적인 활동이다. 그것은 현존재가 현존재로서 본디부터 필연적으로 수행하게끔 되어 있는 [존재] 이해 또는 기투 활동의 내용, "이해된 것"das Verstandene; Verständlichkeit,[464] 즉 세계와 그것에 내포된 세계내재적 존재자들의 정체와 의미를 전이론적 차원 혹은 이론적 차원에서 다양한 방법으로 세부적으로 정리하며 개발하고 계발하는Ausbildung 가운데 그것이 무엇을 위한 무엇 혹은 무엇과 관련된 무엇임Etwas als Etwas을 확인하는 작업이다.[465]

그러나 하이데거에 따르면 표현력과 언어 구사 활동은 결코 상태적 이해, 즉 피투된 기투 활동에 후행하는 활동이 아니고 방금 지적한 바대로 그것과 동일하게 원초적인 활동이라고 한다. 현존재가 현존재로 존재함과 더불어 기투 활동과 언어 활동은 항상 동시적으로 수행되는 활동들이므로 하이데거는 "SZ", 87, 147, 151, 364, 366; "WG", 37, 39, 43, 45, 54 등에서 현존재가 피투된 상태에서 기투한 세계를 "의미성", "의미성의 체계" 혹은 "의미성 전체"라 칭하고 있으며 표현력과 언어의 본질을 규명하는 "SZ", 161에서는 구체적인 해석 행위와 논리적 진술 행위 Aussage에 선행하는 이 두 원초적인 활동들(표현력과 언어 구사 활동)을 통해 확보되는 것이 곧 "의미성 전체", 즉 세계라고 칭하고 있는 것이다.

실존론적으로 볼 때 표현력과 [언어]는 상태성과 이해력과 더불어 동일하게 원초적이다. 이해의 내용 Verständlichkeit은, 그것을 의식적으로 점유하는 해석 행위 die zueignende Auslegung에 앞서 이미 편성되어 있다 gegliedert. 표현력 Rede은 이해 내용을 명료화 Artikulation der Verständlichkeit하는 방법이다. 표현력은 그러므로 해석과 진술 행위의 기초로 깔려 있다. 해석 행위를 통해, 더 원초적으로는 표현 활동을 통해 명료화 가능한 것 das Artikulierbare을 우리는 이상에서[466] 의미 Sinn[세계]라 일컬었다. 표현력을 통한 명료화로 말미암아 유기적으로 편성된 것 자체를 우리는 의미성의 전체 Bedeutungsganze라 칭한다.

이 인용구가 매우 난해한 구절인 것은 사실이지만 적어도 한 가지는 확실하다. 즉 여기서 하이데거가 표현력을 통한 명료화로 말미암아 유기적으로 편성된 것이 곧 의미성의 전체 혹은 전체적인 의미의 지평이, 곧 세계라고 간주되고 있다는 점이다. 그러나 그에 따르면 현존재가 그의 상태적 이해력, 피투된 기투력으로 기투하고 개방하며 형성하고 정립하며 건립하고 설립하여 존재자들의 "세계" 위와 그 속에 투사하는 것 역시 의미성 전체이며 세계가 아닌가?[467]

다양한 종류의 정신 활동과 더불어 이루어지며 다양한 부류의 존재 자들을 매개로 해서 이루어지는, 현존재에서 가장 원초적이며 본질적인 세계 기투 및 세계 투사 활동이 사실은 곧 그의 표현력과 언어 구사 활동이다. 후기 하이데거의 저서에서는 이것이 확실한 사실로 드러나거니와 방금 인용된 구절에서 읽을 수 있는 바와 같이 "SZ" 등 전기 저서에서도 이 점이 암암리에 설파되고 있다.

현존재가 세계를 나름대로의 방식으로 능동적으로 기투하고 존재자들, 즉 자연물·실용물·문화물 등 위에 투사하는 행위는 분명히 그것이 이들을 매개물로 해서, 그리고 이들 가운데서 외적으로 표출하는 행위이며 그것을 구체적으로 개방하며 *deloun, offenbar machen, entdecken* 개현시키는 *apophainesthai, sehen lassen* 활동이다. 이러한 활동을 하이데거는 표현력 *logos, legein, Rede*과 언어 구사 활동이라 칭한다.[468]

4) 후기 하이데거의 언어 개념

i) 언어와 세계 기투

하이데거는 "EM", "HW", "VAⅢ", "US" 등 그의 후기 저서에서 언어 활동 또는 "소집 활동" 혹은 "개방 활동"*legein*을 사유 활동*noein*과 동일시하며, 이들과 예술 활동*techne*을 광의의 "작시作詩 활동"Dichtung 또는 창작 활동 Schaffen에 속하는 것으로 해석한다. 그에 따르면 인간의 이 모든 정신 활동들과 마찬가지로 "*Logos*""Wort", "Nennen"(*onoma*), "Sprache", "Sage(n)"는 존재의 의미와 진리, 세계를 개방하는eröffnen, offenbar machen, entdecken, erschließen[469] 활동이며 그것을 "조명하는 가운데 기투하는 활동"das lichtende Entwerfen[470] 인 동시에 존재자를 그들로 정립하고 "존재"하게 하고 그들로 세상에 등장해서 그 어떤 구실을 하게 하는"gesammelt-sammelndes beisammen-vor-liegen-Lassen"[471] 활동이라고 한다.[472]

이 점을 그는 이상에서 부분적으로 인용된 "HW", 60면 이하의 한 구절에서 가장 확연하게 천명하고 있다.

언어는 의사소통의 방편만이 아니다. 그것은 존재자를 존재자로 개방하며 정립하는 활동이다.…[왜냐하면] 이러한 언어 활동Sagen은 존재의 빛 또는 조명 과정을 기투하는 활동으로서 그로 말미암아 존재자가 그 무엇으로 개방되는지가 공표되기 [때문이다].…기투적인 언어 활동das entwerfende Sagen이 곧 작시 활동, 즉 세계와 대지에 관한 이야기와 그들 간의 투쟁에 관한 이야기, 그리고 그와 더불어 신들의 인접과 소원疏遠의 현장에 관한 이야기가 엮어지는 활동이다. 작시 활동은 존재자의 비은폐성에 관한 언어 활동이다.…언어 자체는 근본적인 의미에서 작시 활동이다.…예술 활동의 본질은 작시 활동에서 발견할 수 있다. 그러나 작시 활동의 본질은 진리의 정립Stiften에 있다. 정립이라는 용어는 우리가 여기서 다음과 같은 세 가지 의미로 사용한다. 선사善事, Schenken, 건립Gründen, 창시創始, Anfangen…작시 활동을 통해 진리를 기투하는 활동은…현존재가 역사적인 존재자로서 이미 피투되어 있다고 이상에 서술된 그것(대지 속에 보전되고 은닉된 세계)을 개방하는 활동이다.

여기서 하이데거는 언어 활동, 사유 활동, 예술 활동 등을 작시 활동(이것은 통상적으로 문학 작품, 문학, 창작, 시작 등을 뜻한다)의 아종이라고 간주하고, 그들은 다 존재의 진리, 세계를 "조명하는 가운데 기투"하는 활동이며 그것을 개방, 기투, 정립, 건립, 창시하는 활동이라고 해명하고 있다. 그는 언어 활동의 근본이 존재 자체의 의미와 더불어 존재자의 존재를 개방하고 정립하며 기투하고 건립하는 활동임을 분명히 하고 있다.

"EM", "HD", "US" 등에서도 그는 이러한 언어의 본질에 대해서 강력하게 주장하고 있다. "단어들과 언어는 결코 사물들이 구두와 서면상으로 이루어지는 의사소통을 위해 포장되는 상자가 아니다. 단어와 언어로 말미암아 사물들이 비로소 사물이 되고 사물로 존재하게 된다."[473]

언어의 본질은 의사소통의 방편이라는 데서 소진되지 않는다.…언어는 단순히 인간이 많은 다른 것들과 더불어 소유하고 있는 한 도구만이 아닌바 언어가 비로소 [인간으로 하여금] 존재자들의 개방성(세계) 속에 설 수 있는 가능성을 제공해준다. 오로지 언어가 있는 곳에만 세계가 있다.…그리고 오로지 세계가 그 힘을 발휘하는 데서만 역사가 있다.…언어는 결코 우리가 관장할 수 있는 도구가 아니다. 그보다 언어는, 인간을 인간 되게 함에 있어서 가장 결정적인 역할을 하는 그러한 [존재론적] 사건이다dasjenige Ereignis, das über die höchste Möglichkeit des Menschen verfügt.[474]

휠덜린과 같은 탁월한 시인들의 "시작詩作 활동은 언어를 통한, 그리고 언어 안에서 이루어지는 존재 정립 활동이다Dichtung ist Stiftung durch das Wort und im Wort. 무엇이 정립되는 것인가? 항존자das Bleibende (존재)가 정립된다.…존재자들 전반을 지탱하며 주재하는 상기上記한 자(존재)가 개방되어야만 한다. 존재자가 현현할 수 있기 위해서 존재가 개방되어야만 한다. 시인들은 신들을 지명指名하며nennt 모든 사물들을 그들의 존재에 따라 지명한다. 그러나 이러한 지명 행위의 본질은 결코 사전에 이미 인식된 것을 위해 하나의 명칭을 부여하는 데 있지 않다. 그보다 이 지명 행위로 말미암아 존재자가 비로소 그것의 '존재'에로 지정되게 된다wird durch diese Nennung das Seiende erst zu dem ernannt, was es ist. 그렇게 해서 그것이 한 존재자로 인식되게 된다. 시작 활동은 언어적인 존재 정립 행위die worthafte Stiftung des Seins이다."[475]

게오르게Stefan George는 "언어"das Wort, 1919라는 시에서 다음과 같이 읊고 있다. "언어가 없는 곳에는 사물도 존재하지 않는다"Kein Ding sei wo das Wort gebricht.476 "사물을 위해 언어가 발견되는 곳에 비로소 사물은 사물이 될 수 있다. 그래서 그것이 비로소 존재하게 된다.…언어가 처음으로 사물에게 존재를 부여한다."477

시작 활동과 사유 활동은 언어 활동Sagen의 방법들이다. 시작 활동과 사유 활동을 서로 가까운 '이웃 사이'로 만드는 인접성을 우리는 말씀Sage 이라 부른다. 바로 후자 속에서 우리는 언어Sprache의 본질을 찾아볼 수 있다. 말하다sagen란 단어의 뜻은 지시하다zeigen로 그것은 곧 우리가 세계라고 칭한 것을 현현하게 하고 개방적·은폐적인 방법으로 개방하며 제시함을 뜻한다erscheinen lassen, lichtend-verbergend frei-geben als darreichen dessen, was wir Welt nennen. 개방적·은폐적·차폐적 방법으로 세계를 제공das lichtend-verhüllende, schleierne Reichen von der Welt하는 행위가 언어 활동에 있어서 본질적인 것이다.478

"'legein'의 관점에서 이해된 지명 행위Nennen, onoma는 결코 한 단어의 의미를 표현하는 행위가 아니고, 그것은 어디까지나 그 무엇을 [로고스 또는 존재의] 빛 속에 위치시킴을 뜻하는바 이 빛 속에서 그것이 한 이름을 가진 사물로 '서 있게' 된다"ein vor-liegen-Lassen in dem Licht, worin etwas dadurch steht, daß es einen Namen hat.479

이상에서 지적한 바와 같이 "SZ"에서도 하이데거가 현존재의 표현력과 언어 구사 활동을 "피투된 기투" 활동, 즉 존재론적 정립 활동과 동일한 활동으로 간주한다고 볼 수 있다. 논리적으로는 그들을 서로 분리하고 구분할 수 있겠으나 실제적으로는 그렇게 할 수 없다. 그들은 "동일하게 원초적인" 기본적·실존적 범주들로서 처음부터 하나로 완전히 "매개"되고 융해되어 작용하기 때문이다. 현존재가 존재의 의미, 세계를 피투된 상태에서 기투함이 없이는 그것을 표현력과 언어로 의미 있게 "편성"gliedern하고 "명료화"artikulieren할 수 없고, 그것을 표현력과 언어로 의미 있게 편성하고 명료화함이 없이는 그것을 피투된 상태에서 기투할 수 없다. 이 두 가지 활동들은 동일하게 원초적으로 수행될 뿐 아니라 하나의 동일한 세계 정립 및 세계 개방 활동으로, 그리고 그와 더불어 세계 내재적 존재자 일반의 정립 및 개방 활동으로 수행된다.

> [표현력과 언어를 통해] 명료하게 표현된, 상태적 이해력이 현존재의 개
> 방성("세계성")을 형성한다Das befindliche Verstehen, das sich artikuliert, macht die
> Erschlossenheit des Daseins aus.[480]

그러므로 현존재의 존재를 뜻하는 이러한 3대 요소들로 구성된 개방성 또는 조명성의 한 측면을 특별히 부각시켜 현존재의 본성과 본령은 그의 상태성에서,[481] 혹은 그의 이해력에서,[482] 혹은 그의 표현력과 언어 능력에서[483] 발견할 수 있는 것이라고 할 수 있는 것이다. 인간은 곧 "언어를 소유한 동물" 또는 "말하는 자" 혹은 원초적인 "소집성"Sammlung, Gesammeltheit 또는 "로고스"인 존재를 대신해서 우주 내의 존재자들을 그들로 "소집"하고 정립하며 개방하고 조명하는 "소집자"Sammler[484]라고도 할 수 있다.

ii) 인간의 말과 존재의 말씀
존재의 의미, 존재의 진리, 세계라는 개방 공간과 조명 공간, 전체적인 의

미의 지평과 이해의 지평에 처음부터 항상 이미 개방되어 있지 않고서는 현존재가 현존재로 존재할 수 없다. 그러한 세계를 처음부터 지속적으로 항상 기투하고 개방함이 없이도 그는 현존재로 존재할 수 없다. 그는 표현력과 언어 없이는 현존재로 존재할 수 없다. 즉 세계를 자신의 삶과 인간 공동체 속에서, 그리고 우주 내의 존재자 일반 가운데 외적으로 아름답고 훌륭하게 표현하지 않고는 현존재로 존재할 수 없다. 존재의 빛을 자신과 타아와 전 우주 내에 영롱하게 비춰 보임이 없이는 그는 현존재라는 "자연적인 빛" 혹은 "조명 과정"과 "조명의 사건"이 될 수 없다.

현존재가 수행하는 모든 활동들은 사실은 직간접적으로 존재의 의미, 존재의 진리를 피투된 상태에서 "동일하게 원초적으로" 기투·투사·표현하는 활동이다. 그들 모두는 직간접적으로 세계를 기투함과 동시에 표현하는 행위들이다. 세계를 정립하는 행위들이며 세계를 표현하는 행위들, 즉 언어 활동이다.

현존재가 존재론적으로, 존재적으로 관련을 맺는 모든 "대지"Erde에 속하는 사물Ding들, 즉 자연물·실용물·문화물 등 존재자 일반은 그가 이러한 능동적인 세계 창출 및 세계 표현 활동, 언어 활동을 위한 수단과 방편으로 이용된다.[485] 이들을 통해 그의 언어 활동이 전개되며, 그가 전개하는 이러한 언어 활동을 통해 원초적인 로고스와 언어인 존재 자신이 "말씀"한다. 인간 현존재의 "말들"을 매개로 해서 존재 자신이 "말씀"한다.

존재가 이와 같이 인간의 언어를 통로로 해서 자신의 진리를 전달하므로 인간의 언어, 존재의 언어를 "따라 말하는"homologein[486] 유한한 인간의 언어가 "존재의 집"이라 할 수 있다. 또한 "언어는 존재 자신의 개방적·은폐적 도래[방법]이다"[487]라고 할 수 있는 것이다. 현존재 없는 존재가 없고[488] 존재자 없는 존재도 없는[489] 것과 마찬가지로 인간적인 언어를 매개로 하지 않는 존재의 말씀과 언어는 없다. 환언해서 모든 순수한 인간의 언어는 존재의 말씀과 언어를 담고 있다.

현존재가 이와 같이 본디부터 한 세계에 개방된 상태에서 동일한 세계를 새로운 방법으로 기투·투사하며 하나의 유기적으로 편성된 전체적인 의미성의 체계로 외화하고 명료화할 수 있고 해야만 하는, 세계와 필연적인 관계를 맺고 있는 존재자이기에 그를 세계내존, 존재와의 관계 즉 실존 또는 외존이라 할 수 있는 것이다. 그를 이러한 명칭으로 지칭하는 것은 그를 "로고스를 소유한 동물" 혹은 존재론적인 "소집자"와 정립자 및 개방자 혹은 표현력과 언어 구사자라고 명명하는 것과 동일한 묘사 방법이다.

현존재가 본질적으로 수행하게끔 되어 있는 세계 기투 및 세계 투사 활동은 어디까지나 우리가 일반적으로 언어라 칭하는 협의의 언어는 물론이거니와 우리 인간들의 다양한 자기표현 방법에 속하는 광의의 언어들, 예컨대 예술·문학·철학·정치·도덕·종교 등 제반 정신 활동들과 그들을 통해 표출된 작품·체계·이념·강령·교리 등을 포함한 문화물 일반과 나아가서는 실용물과 자연물을 매개로 해서 구체적으로 수행되는 활동이며 결코 그것이 순수히 생각 속에서만 수행되는 활동이 아니다.

피투된 표현력과 언어는 기투의 내용, 즉 세계라는 전체적인 의미의 지평과 체계가 인간의 다양한 수준과 방법의 정신 활동을 거쳐, 그의 다양한 자기표현의 방법들을 통해 "존재"하는 자연물·실용물·문화물 등 존재자 일반 위에 구체적으로 "투사"되고 개방되며 그 속에서 "정치"되고 "설치"되며 수용되고 "보존"bewahren, verwahren되는 방법이다. 그것은 인간 현존재가 피투된 상태에서 실존적 정서를 통해 전인적으로 체험하게 되는 존재의 의미, 존재의 진리, 즉 세계를 구체적인 방법으로 기투하고 투사하며 표현하고 실현하며 구현하는 방법인 것이다. 표현력과 언어는 인간의 세계 표현 방법이다. 그러한 이유에서 앞에서 표현력과 언어는 "상태적 이해력", "피투된 기투", 즉 피투된 세계 기투 및 세계 투사와 동일한 활동이라고 해석한 것이다.

존재의 의미, 세계를 내포하지 않는 언어, 존재의 빛을 드러내지 않고 세계라는 "빛의 사건"das Ereignis der Lichtung[490]을 일어나게 하지 않는 언어는 의미 없고 가치 없는 단순한 말들이며, "세인의 독재"에 시달리는, 진정한 존재의 빛의 세계가 아닌 단순한 존재자의 어둠의 "세계"로 "타락된" 개인들이 하는 잡담 또는 "요설"Gerede에 불과하며, 진정한 언어, 원초적이며 순수한 언어가 아니다. 순수한 언어는 하나의 존재론적 사건이며 빛의 사건이다.

그러므로 표현력과 언어는 우리가 일반적으로 생각하듯이 이미 구성되고 정립되어 존재하는 개별적인 존재자들의 의미를 전달하는 외적 수단과 방편이 아닐 뿐 아니라, 그들은 이미 마음속에 기투되고 형성되어서 정립되어 있는 상태의 존재의 의미, 세계를 외적으로 드러내는 수단과 방편만도 아니다. 그들은 외적이며 구체적인, "현전적인"vorhandene 그 무엇, 개체적인 "존재자들"이 아니고[491] 어디까지나 존재의 의미와 세계라는 전체적인 의미성과 관련될 뿐 아니라 이 전체적인 의미성을 구성하는 데 필수적인 역할을 하는 요소들이다.

표현력과 언어는 인간의 실존성과 본질적으로 관계되며 세계라는 전체적인 의미의 지평과도 본질적으로 관계되는 활동들이다. 하이데거가 그의 후기 저서뿐 아니라 "SZ"에서도 표현력과 언어를 이와 같이 우리가 통상적으로 생각하는 그 개념들과는 전혀 다른 뜻으로 사용하고 있다는 점에 관해서 예거H. Jaeger는 다음과 같이 서술하고 있다.

표현력은 존재 이해의 명료화이며 언어는 존재 이해를 확연하게 말로 표현해준다.[492] 단순히 존재자만을 지칭하지 않고 존재와 존재론적 관계, 즉 세계를 단어들로 표현하는 언어를 통해서 세계가 그 깊은 의미성에 따라 명료하게 개방되고 전달될 수 있게 된다.[493] 언어는 표현력의 한 형태이며 표현력은 개방성의 한 요소로서(이해력과 상태성과 동일하게 원초적으로) 인간의 실존론적 구조에 속하므로 이러한 뜻으로 이해된 언어는 결코 [한 개별자로] 존재하는 그 무엇일 수 없다nichts Seiendes. 언어가 '외적으로 표출된 표현력'으로서, 한 정신적인 의미성의 맥락 속에서 나타나지 않고 다양한 개별적인 단어들과 소리들의 집합체로 나타나게 될 때 그것은 한 존재자이며 사전이나 문법책이나 음반에 그대로 수록될 수 있다. 그러나 그 가장 특유한 본질(또는 '존재')에 따르면 표현력과 언어는 인간들을 포함한 존재자들의 존재와 그들 간의 존재론적 관계성에 대한 명료화된 표현이다. 다시 말해서 그들은 세계내존인 인간의 세계 표현이다.[494] 존재와 존재론적 관계들이 개방된 상태를 우리는 세계라 칭한다. 언어가 세계를 개방함과 더불어 그것은 곧 존재에 관해서 말한다.[495]

(4) 타락성: 요설과 호기심 및 애매모호성

현존재의 타락성墮落性, Verfallen에 관해서는 앞에서 거듭 언급되었고 그 의미도 비교적 단순하므로 여기서는 그에 대한 하이데거 이론의 요점만 간략하게 소개하기로 한다.

하이데거에 따르면 인간은 "우선은 주로"zunächst und zumeist[496] 진정한 자신을 잃고 "평범성"과 "일상성"으로 특징지어진 한낱 "세인"의 자격으로 일상생활을 영위한다고 한다. 즉 그는 본질상 존재와의 관계이며 실존과 외존이면서도, 존재에로의 개방성과 존재를 위한 개방성으로서 존재의 빛을 바라볼 수 있을 뿐 아니라, 그 빛을 자신의 삶과 온 세상에 밝히 드러낼 수 있는 놀라운 능력을 소유하고 있고 그렇게 해야만 하는 막중한 임무를 가지고 있음에도 불구하고 현실적으로는 존재를 망각하고 순전히 존재자들만을 의식하고 그들과만 상종하는 가운데 존재 본위의 본래적인 삶이 아닌 존재자 위주의 비본래적인 삶을 살아가고 있다고 한다.[497]

현존재의 이러한 타락성은 개개인의 도덕적 수준과 존재 양식에 따라 그의 실존과 삶을 특징지을 수도, 그렇게 하지 않을 수도 있는 우연한 현상이 아니라 한 인간이 현존재인 한 그에게는 불가피한 현상이다. "타락성은 현존 자신의 한 본질적인 존재론적 구조와 [관계되는 요소인바] 그것은 [그에게 있어서 때때로 발견할 수 있는 한 우연한] '그들 쪽'Nachtseite(결점)에 불과한 것이 아니고 그의 일상성의 가장 현저한 특징을 드러낸다."[498] 그러한 이유에서 하이데거는 타락성을 현존재의 실존 구조의 3대 요소 혹은 4대 요소 가운데 하나로 취급하고 있는 것이다.

현존재는 그에게 본질적인 타락성으로 인하여 필연적으로 자신의 존재 근거가 되는 존재를 망각하고 존재의 빛으로 드러나는 주위의 존재자들, 즉 사물과 사람들만을 바라보며 그들을 위주로 하고 그들을 척도로 해서 모든 것을 이해하고 평가하며 살아간다. 존재와 더불어 존재와의 관계인 자신의 존재, 자신의 실존을 망각하고 아니 그것을 회피하고 도피하여 존재자들 속에서 자신을 파묻고 살아간다. 존재와의 "수직적인 관계"에서가 아닌 존재와의 "수평적인 관계"로 살아가며—성경적인 표현을 여기서 사용한다면—"땅의 것만을 바라보고" 그리고 "떡으로만 살 수 있는" 자로 자신을 크게 곡해하며 살아간다.

이상에서 현존재의 실존적 불안[499]을 거론하는 과정에서, 그가 이와 같이 존재와 그것에 뿌리를 내리고 있는, 진정하고 원래적인 자신으로 부터 존재자들의 차원과 거짓되고 비본래적인 자신으로 떨어져 거기에서 존재자들에게로 마음을 돌리고 생각을 분산시키는 데서 너무나도 엄청나고 놀라운 존재와 너무나도 벅찬 자신의 책무에 대한 두려움을 해소하려고 노력한다는 점에 대해서 지적했다. 현존재는 존재와 자기 자신에 대한 이러한 감당할 수 없는 실존적 불안감으로 인해 그리고 자신의 극심한 지적·정신적 유한성으로 인해서 존재를 등지고 존재자들에게로, 군중들과 물질의 세계로 돌아서서 그들을 위주로 하고 그들만을 의식하며 살아가는 타락된 삶을 살아가지 않을 수 없다. "현존재의 마음은 무엇보다 주로 실용적인 취급 대상인 '세계'에 가 있다. 이러한 ['세계'에로의] 몰입은 주로 세인世人의 여론에 포로가 되는 형태로 나타난다. 현존재는 자기 자신, 즉 진정한 자신의 가능성으로부터 전락해abgefallen 있고 '세계'로 타락해verfallen 있다. '세계'에로의 전락이라 함은 요설饒舌, 호기심, 그리고 애매모호성 등 [비본래적인 실존범주들]의 관점에서 이루어지는, 타인과의 공존관계로의 몰입을 뜻한다. 우리가 현존재의 비본래성Uneigentlichkeit이라 칭한 것[500]이 이제 타락성에 대한 해명을 통해 보다 더 명확하게 정의되고 있다."[501]

존재를 망각하고 존재자의 견지에서 자신과 사물을 내다보며 평가하는, 타락된 현존재는 존재와 더불어 진정한 자신도 망각한 채 대중 속에 파묻혀 순전히 그들의 표준과 척도에 따라 생각하고 행동하며 살아간다. 그의 삶은 "세인의 독재"Diktatur des Man에 시달리는 삶이다. 그는 사물의 "세계" 속에 자신을 파묻어 진정한 자신을 잊고 삶과 동시에 주위 사람들의 장단에 맞추어 행동하며 그들을 따라 생각하고 말하게 된다. 그는 스스로 "세인의 독재"에 시달릴 뿐 아니라 자신도 세인들 중 한 사람으로서 주위의 타인들이 그것에 시달리게 하는 데 동참하기도 한다.

후기 하이데거의 표현을 빌린다면, 그는 존재의 "소리 없는 음성"에 귀를 기울이고 그의 "말씀"을 "따라 말하는"homologein, entsprechen 가운데 타인에게 자신의 존재 이해를 진지하게 "전달"Mitteilung하는 데 관심을 기울이는 대신 주위의 "세계"의 존재자들과 일상생활에서 일어나는 잡다한 것들에 대해, 대중들이 일반적으로 그렇게 하듯, 단지 많은 "요설"(잡담, Gerede)만을 늘어놓기에 분망하다. 타락한 현존재는 존재에 관한 순수한 언어 없이 많은, 너무나도 많은 공허한 말들을 주고받으며 살아간다("언어의 공백").502

그와 더불어 그는 또한 사물들의 정체와 진상을 깊이 인식하기 위해 그들을 진중한 자세로 관찰하고 분석해보는 대신 세인의 관행에 따라 그들에 대한 단순한 "호기심"Neugier에서 그들을 피상적으로 훑어보기만 한다.503 그는 자신의 호기심을 충족시키기 위해서 한 사물 혹은 사건에 오래 머물러 있을 수 없고 항상 새로운 것을 찾아 배회한다. 한 사물에서 다른 사물로, 한 사건에서 다른 사건으로 계속 관심의 초점을 돌리게 된다. 꿀을 찾아 이 꽃에서 저 꽃으로 계속 날아다니는 나비와도 같이 "호기심은 모든 곳에 있는 동시에 아무 곳에도 없다."504

현존재의 타락성의 셋째 특징은 애매모호성Zweideutigkeit이다. 그는 사물과 자신에 대해 깊고 확실하게 인식하는 데 관심을 기울이는 대신 상황의 필요에 따라 그들을 피상적으로 일견하는 데 그치며, 그의 마음이 호기심에 따라 늘 새로운 것에 쏠리게 되므로 그는 사물과 사리에 대한 분명하고 일관된 해석을 할 수 없다. 그래서 그는 아무런 확고한 객관적인 판단 기준이 없이 "양면적인"ambivalent 자세로 매사에 임하며 사리를 꿰뚫어 보려고 하지 않고 그저 어렴풋이 짐작해서 알아차리는 것으로

만족한다.[505]

현존재의 이러한 타락성은 물론 부정적인 것과 비본래적인 것을 뜻한다. 그것은 현존재의 자기 소외와 자기 상실 상태를 뜻하기 때문이다. 그러나 그가 존재에서 오며 존재로 나아가는 현존재로서의 본성을 전적으로 상실하지 않고 있는 한, 잊어버리고 잃어버린 자신을 재발견하고 회복하려는 노력을 무의식 혹은 잠재의식 가운데서라도 하지 않을 수 없다. 요설·호기심·애매모호성 등 비본래적인 행동 양식은 사실 존재와 자신을 상실한 데서 오는 불안감과 불만의 표출방식이다. 존재자들에 눈이 가려 그들 이면에 감춰져 있는, 자신의 존재 근거이며 자신에게 생명과 같이 고귀한 존재 본위로 살아가는 대신 존재자를 그 "대치물"로 삼아 그것을 위주로 해서 살아가지만 그들 속에서 진정한 만족과 위로를 발견할 수 없다. 그래서 그는 한 존재자에서 다른 존재자로 배회하는 가운데 정처 없고 만족함이 없는 유랑인의 삶Heimatlosigkeit을 계속 살아가야 하는 것이다.

그러므로 타락한 현존재의 비본래적인 행동 양식들은 궁극적으로는 그가 자기 자신의 존재와 존재 자체에 대한 절대적인 관심과 우려의 소극적이며 부정적인 표출방법들이라 보지 않을 수 없다. 그의 타락성도 그가 본질상 자신의 존재와 존재 자체에 대한 우려라는 사실을 반증反證(부정)하기보다 입증함을 알 수 있다.

이상에서 지적한 바와 같이 하이데거는 "SZ"의 중심 과제인 존재의 의미를 규명하는 작업을 수행하기 위해 바로, 이와 같이 타락성으로 특징지어진 현존의 "평범성"과 "일상성"을 출발점으로 한다. 그 이유는, 그의 소신에 따르면 "내존의 존재 방식인 타락성이 사실은 현존재의 실존성에 대한 가장 기본적인 증거를 제시하는" 데 있다. "비록 타락성이 비본래적인 양태로 표출된다 할지라도 그것은 다름 아닌 [현존재의] 세계내존의 자기실현 가능성과 관계되는 현상이다. 현존재가 [무의식적으로] 가장 큰 관심의 대상으로 삼는 것이 이해력과 상태성으로 특징지어진 세계내존으로서의 [자신 실현이기에] 그가 타락할 수 있는 것이다. 역으로 진정한 실존은 결코 타락성으로 특징지어진 일상성의 차원과 관계없이 그 위에 떠 있는 것über der verfallenden Alltäglichkeit schwebt이 아니다. 다만 그가—실존론적으로 볼 때—이 일상성을 새로운 방법으로 쟁취함 ein modifiziertes Ergreifen dieser을 뜻할 따름이다."[506]

현존재의 평범한 일상성을 [그의 실존의] 한 단순한 '측면'으로 간주해서는 안 된다. 그 속에서도—비록 그것이 비본래적인 실존 양식의 형태로 나타나는 경우에 있어서도—실존성의 구조가 선험적으로 깔려 있다. 그러한 삶의 방식에서도 그는 특정의 방식으로 계속 자신의 존재를 가장 큰 관심의 대상으로 삼는바, 다만 그는 여기서는 평범한 일상성의 형태로—이것이 자신의 존재로부터의 도피 행각의 형태로든, 그에 대한 망각의 형태로든 간에—그것을 문제 삼게 된다.[507]

3. 실존적 우려와 현존재의 존재
(1) 실존 구조의 3대 요소와 우려

"SZ"의 중심 과제는 존재의 의미, 즉 그 정체성과 실체를 규명하는 데 있다. 이를 위해 하이데거는 존재의 의미를 원래적으로 이해하는 현존재의 실존 구조, 존재 구조를 해석학적·현상학적으로 분석했다. 존재의 의미를 이해하기 위해, 존재의 의미를 전이론적인 차원에서 항상 이미 이해하고 있는 현존재의 "본질"을 그의 "일상성"과 "평범성"으로 특징지어진 삶 자체에서 드러나는 그대로, "현상"하는 그대로 기술하고 해석하기도 했다. 존재의 의미를 규명할 목적으로 인간의 존재 이해 능력과 활성화 과정을 검토하고 조명했다. 그렇게 해서 인간의 마음과 그의 실존 과정에서 일어나는 것에서 출발해서 존재 자체에게 나아가려고 시도한 것이다. 기술한 대로 "SZ"는 원래 두 부분으로 편성되기로 계획되어 있었다. 제1부는 "시간성의 견지에서의 현존재 해석 및 존재에 대한 질문을 위한 선험적 지평으로서의 시간 해명"이란 주제로 인간 현존재의 실존 구조를 분석하는 기초존재론을 수립하고 그것을 토대로 존재의 의미를 규명하는 내용을 다루기로 했다. 제2부는 "시간성의 문제에 입각한, 존재론사에 대한 현상학적 파괴 작업의 요지"라는 주제로 칸트의 시간관, 데카르트의 "*Cogito, ergo sum*" 개념, 아리스토텔레스의 시간관을 분석하고 비판하는 내용을 다루기로 했다. 그러나 이러한 하이데거의 계획은 실현되지 못했고, 원래 예고된 이 두 부분 가운데 제1부만 그것도 제2편까지만 발표된 채 "SZ"는 현재까지 미완성작으로 남아 있다.

"현존재에 대한 예비적 기본분석"이란 제목의, "SZ", 제1부 제1편에서 하이데거는 먼저(제1장-제4장, 9-27절) 현존재가 세계내존으로서 일면 피투되어 있기도 하고 또 한편으로는 능동적으로 기투하기도 하는 세계의 본질을 규명하며 현존재를 현존재 되게 하는 그의 "세계성"을 조명했다. 그리고 그 다음으로(제5장, 28-34절)는 세계내존 또는 내존In-Sein의 세 가지 특징 즉 상태성·이해력·표현력을 차례로 분석하고, 마지막으로 세계내존의 비본래적인 그러나 필연적이며 근본적인 존재 양태, 즉 타락성을 분석했다. 우리는 이상에서 이 부분까지 살펴보았다.

하이데거는 현존재의 실존 구조의 4대 구성 요소를 세밀하게 분석하고 조명한 것을 토대로 이제 다음 단계인 존재의 의미를 조명하고 정의할 준비가 된 것같이 보인다. 그러나 하이데거 자신은 지금까지 그가 제시한 이론들은 현존재의 진정한 정체성을 규정하는 데 여러 면에서 아직 미흡하다고 본다. 그 이유와 새로운 보완책에 대해 상론하기에 앞서, 그는 지금까지 그가 현존재의 존재와 관련해서 제시한 제반 이론들을 정리하고 자신의 이론의 초점을 부각시키기 위해서 제6장[508]에서 앞서 거론한 세 요소들—즉 실존성Existenzialität(이해력 또는 기투력), 사실성 Faktizität(상태성 또는 피투성), 타락성Verfallensein—을 단 하나의 통합 개념으로 단순화할 방도를 모색한다(이상에서 현존의 실존 구조를 형성하는 한 근본적인 요소로 거론된 표현력Rede은 여기서 직접 언급되지 않는다. 그러나 그가 "SZ" 후반부에서 현존의 시간성을 거론하는 맥락에서는 이 세 요소들과 함께 다시금 언급한다).[509]

현존재를 현존재 되게 하는 그의 실존 구조의 3대 혹은 4대 구성 요소들을 하나로 묶을 수 있는 "공통분모"는 무엇인가? 우리는 이 해답을 이미 알고 있다. 바로 "우려"Sorge다. 현존재의 존재를 한마디로 우려라 할 수 있다. 하이데거는 "SZ", 제6장에서 "현존재의 존재로서의 우려"Die Sorge als Sein des Daseins라는 제목 아래, 특히 이 장 41절에서 "현존재의 존재인 우려"Das Sein des Daseins als Sorge라는 제목으로 어떠한 의미로 우려를 현존재의 존재, 즉 그의 가장 기본적인 특성이라고 할 수 있는지에 대해서 상론하고 있다.

여기서 우려라 함은 현존재가 본질적으로 소유하고 있는 존재, 즉 자기 자신의 존재 그리고 그와 더불어 그 원천과 근거, 목표와 이상인 존재 자체에 대한 실존적·전인적 우려와 관심을 뜻한다. 하이데거가 "SZ", 제6장 41절에서뿐 아니라 이 저서와 다른 저서 곳곳에서도 반복하는 "현존재는 그의 존재에 있어서 바로 자신의 이 존재 자체를 가장 큰 쟁점으로 삼는 그러한 존재자다"라는 문구가 현존재가 존재와의 관계, 실존이며 그의 정체성은 그 어디에서보다 존재에 대한 절대적인 관심과 우려에서 발견할 수 있다는 점을 잘 드러내 주고 있다.[510]

인간은 단적으로 자기 자신과의 관계 그리고 그와 더불어 존재 자체와의 관계, 실존 혹은 외존이라 할 수 있거니와 그를 존재에 대한 관심과 우려, 절대적인 관심과 우려라 할 수도 있다. 그의 정체와 실체는 그의 본성에 심어져 있는 전인격적인 "존재를 향한 성향"Seinstendenz[511]에서 발견할 수 있다. 현존재는 존재에서 오며 존재 안에서 계속 존재로 나아가고 있으며 나아가야만 하는, "존재를 향한 존재자"다. 그러므로 존재가 그의 절대적인 관심과 우려의 대상이 될 수밖에 없다. 그러한 의미에서 그의 존재를 단적으로 "우려", 즉 존재에 대한 우려라 칭할 수 있는 것이다.

하이데거가 현존재의 본질을 지칭하기 위해 이와 같이 다소 생소한 "우려"라는 용어를 사용하게 된 이유는 아마도 전통 사상가들이 인간의 본성을 표현하기 위해 수천 년간 애용해온 이성, 의식, 주체성 등 주지주의적 색채를 띤 용어에 대한 거부감 때문일 것이다. "우려"는 인간의 지적 기능인 이성, 의식, 주체성 등과는 달리 지정의가 합해진 전인의 실존적 "상태성"과 관계되는 개념이다. 그것은 실존, 공포, 불안, 양심, 죄책, 결단, 죽음, 한계상황, 순간, 시간성, 역사성, 반복, 비약 등 하이데거의 다른 중심개념들과 마찬가지로 다분히 키에르케고르적 용어라 할 수 있다.[512] 그것은 주지주의적 개념이 아닌 실존주의적 개념이라 할 수 있다. 하이데거 자신은 그가 "아우구스티누스의 인간론 따라서 그리스적·기독교적 인간론을 해석하고 시도하는 과정에서" 처음으로 "우려"라는 개념에 대해서 착안하게 되었다고 한다.[513]

따라서 "우려"는 자기 자신의 존재와 그와 더불어 그 근거와 목표인 존재 자체를 자신의 생명과도 같이 소중히 여기며, 그것에 도달하기 위해 지적으로뿐 아니라 지정의가 합해진 전인의 전폭적인 노력, 실존적 노력으로 계속 진력하는 개별적인 현존재의 실존성 전반과 관계되는 개념이다. 그것은 현존재의 실존 구조의 모든 요소들을 그 자체에 내포하고 있는, "현존재의 존재의 전체성"die Seinsganzheit des Daseins[514]을 표현하는 하나의 유기적인 통합 개념이다.[515] 그러므로 "우려"는 이상에서 거론된 현존재의 실존 구조의 4대 요소들의 대명사라 할 수 있다.

(2) "Cura" 우화와 현존재의 존재

"실존론적·존재론적으로" 볼 때, 즉 현존재의 본질적인 실존 구조, 그의 존재를 감안할 때 "우려"라는 용어가 현존재의 정체와 실체를 표현하기 위한 하나의 통합 개념으로 가장 적합하다는 사실을 정당화하기 위해서 하이데거는 원래 헤르더에서 유래하며 괴테의 『파우스트』에도 소개되는 "Cura"Sorge, concern(근심, 걱정, 염려, 우려) 우화를, 그와 관련된 부르다흐 K. Burdach의 한 논문을 토대로 해서 자신의 "실존론적·존재론적 해석을 위한 전존재론적 증거"로 제시하고 있다.[516] 이 우화에 따르면 "우려"라는 신이 인간을 지구의 여신 "Tellus"에게 속하는 진흙으로 빚어 만들었고 최고의 신인 "Jupiter"가 그에게 영혼을 불어넣었다고 한다. 이와 같이 세 신들의 협조로 만들어진 인간을 그들은 각각 자신들의 이름으로 명명하기를 원했기에 그들 간에 시비가 벌어졌다. 그래서 그들은 농업의 신이며 "Jupiter"의 부친인 "Saturnus"를 불러 그들의 시비를 중재해줄 것을 요청했다. 이에 "Saturnus"는 다음과 같은 판결을 내렸다. "Jupiter"는 인간에게 영혼을 선사한 만큼 후자의 사망시 그의 영혼을 되돌려 받고, "Tellus"는 그에게 육체를 선사한 만큼 그의 육체를 되돌려 받을 것이며, "Cura"가 육체와 영혼을 결합해서 인간을 인간으로 만든 만큼 인간이 살아 있는 동안에는 "Cura"가 그를 소유할 것이다. 그러나 그의 이름에 관해서 시비가 벌어진 만큼 그는 "homo"(인간)라 일컬음을 받을 것인데 그 이유는 그가 "humus"(흙)로 만들어졌기 때문이다.

이 우화에 따르면 인간이 세상에 사는 동안에는 "Cura"가 그를 소유하므로 그에게는 자나 깨나 평생 우려와 근심걱정이 떠날 날이 없을 것이다. 하이데거는 이러한 "Cura" 우화에 소개된 인간관은 "기본적인 상태성"이라 할 수 있는 실존적 불안에서 적나라하게 드러나는 자신의 인간관, 즉 현존재의 존재에 대한 해석과 일치한다고 본다.

현존재의 "상태성", 특히 "기본적인 상태성"인 실존적 불안이 그에게 자신이 누구인지 가장 명료하게 개방한다. 불안의 순간에 그는, 첫째로 자신이 세계내존으로 피투된 자로서의 자신의 "사실성", 자신의 피투성에서 출발해서―즉 그가 선조로부터 물려받은 정신적·역사적 세계와 그를 둘러싸고 있고 그를 음으로 양으로, 물질적으로 정신적으로 제한하는 존재자의 "세계" 속에서 출발해서―둘째로 모든 난관과 역경을 무릅쓰며, 특히 자신의 비본래적인, 타락된 실존 양식을 지양하고 극복하려고 노력하는 가운데 존재의 현주와 세계내존인 자신을 만들어가야 한다는 "적나라한 사실"을 그 중심에서 실존적으로 가장 확실하게 깨닫게 된다. 자신은 존재에서 와서 존재로 나아가고 있는 존재자이며, 존재와 자기 자신의 존재가 자신이 도달하고 실현해야 하는 궁극 목표임을 가장 확실하게 인식하는 것이다. 또한 자신의 존재가 "우려"임을 가장 확실하게 통감한다.

하이데거는 자신의 인간관이 "Cura" 우화의 숨은 의미와 일치한다는 점을 보다 설득력 있게 입증하기 위해 이 우화의 주제인 "*cura*"라는 용어의 어의에 대한 부르다흐의 해석을 소개한다. 그리고 그와 더불어 그는 이 우화와는 관계없이 "*cura*"라는 용어를 의미심장한 주요 단어로 사용한 고대 로마의 스토아 철학자 세네카^{Seneca}의 한 문장을 소개하기도 한다.

부르다흐는 "Faust und Sorge"라는 논문에서 이 용어가 "우려에 찬 [혹은 세심한] 노력"ängstliche Bemühung을 뜻함과 동시에 "신중성"Sorgfalt과 "헌신적 노력"Hingabe도 뜻한다고 해석한다. 그리고 세네카는 인간의 자아 완성과 관련해서 이 용어를 다음과 같이 사용했다. "그들(신과 인간들) 중 한 실재, 즉 신의 덕성은 그의 본성이 완성시키고 인간의 덕성은 그의 우려가 완성시킨다"unius bonum natura perficit, dei scilicet, alterius cura, hominis. 신은 본질적으로 도덕적으로 완전한 존재이나 인간은 우려의 결실로 자아 완성에 이르게 된다. 인간은 결코 저절로 자아 완성에 도달할 수 없다. 그는 자아 완성에 대한 지대한 관심과 우려를 가지고 그 목표에 도달하기 위해 모든 난관과 역경을 헤치고 끈질기게, 그리고 전폭적으로 노력해야만 한다.

"Cura"란 용어에 대한 부르다흐의 해석에서뿐만 아니라 이 용어가 나오는 세네카의 문장에서도 그것이 "이중적 의미"Doppelsinn를 지니고 있음을 알 수 있다. 인간은 세상에 태어남과 더불어 그에게 주어지는 제반 여건들에 의해 본질적으로 제한과 제약을 받고 계속 그들 속에서 살아갈 수밖에 없으며 그들을 출발점으로 해서 모든 것을 추진할 수밖에 없다 할지라도, 그는 또한 스스로의 깊은 전인적인 관심과 우려로 말미암아 이상적인 삶을 구현하고 진정한 자신이 되려고 계속 적극적으로 매진하게 된다. 이 용어의 "이중적 의미"는 곧 하이데거 인간관의 가장 기본적인 두 측면, 즉 피투성(상태성)과 기투력(실존성)에 해당한다고 볼 수 있다. "'cura'의 '이중적 의미'는 피투된 기투라는 본질적인 이중 구조로 되어 있는, [현존재의] 한 근본적인 실존 구조를 나타낸다."[517]

자기 자신의 존재와 존재 자체에 대해 절대적인 관심과 우려로 그것과 관계를 맺는 실존인 현존재는 단적으로 존재에로의 움직임이라 할 수 있으며, 그의 존재 구조는 순환성으로 특징지어져 있다. 그는 존재라는 자신의 존재의 근거에 피투되어 그 속에서 출발해서 실제적인 실존 과정을 거쳐 존재에게로 계속 나아가는 과정이며 운동인 것이다.

인간 현존재의 모든 이해 및 해석 활동을 근본적으로 특징지어 상술한 "해석학적 순환 구조"는 바로 그의 이러한 존재론적 순환 구조와 밀접한 관계를 가지고 있을 뿐 아니라 사실은 후자와 동일한 구조다. 왜냐하면 현존재의 존재는 단적으로 말해서 존재 이해 능력이기 때문이다. 현존재는 존재와의 관계Seinsverhältnis이고 이 관계는 존재 이해Seins-verständnis의 관계다.[518]

현존재는 원칙상으로는 처음부터 이미 진정한 이상적 자기 자신, 즉 존재와의 관계와 존재 이해 능력과 존재 능력이다. 그러나 실제적으로 그는 그러한 자기 자신과 아직 거리가 멀다. 그러므로 그는 이상적인 자기 자신을 실제적인 실존 과정에서 실현하고 완성시켜야 하는 과제를 안고 있다. 진정한 자신의 존재를 실현하기 위해서는 그의 존재 근거인 존재 자체와 올바른 관계를 맺어야 한다. 이 점을 그는 중심 깊은 데서 항상 알고 있으므로, 그에게 밤낮으로 관심과 우려의 대상이 되는 것은 그가 존재와 올바른 관계를 맺고 참된 자신이 될 수 있느냐 없느냐에 있을 수밖에 없다.

현존재의 모든 관심은 실존으로서의 자신, 존재와의 관계로서의 자신, 존재에로의 움직임인 자신을 순수히 그대로 실현하느냐 못하느냐에 총집중되어 있다. 그것이 그의 유일한 관심사이며 절대적인 관심사다. 유일한 우려의 대상이며 절대적인 우려의 대상이다. 그러한 의미에서 그를 단적으로 우려라 할 수 있다. 즉 자신의 존재와 존재 자체에로의 도달 여부에 대한 관심과 우려라 할 수 있다.

이상에서 거론한 현존재의 실존 구조의 3대 요소는, 이와 같이 현존의 중심을 움직이는, 자신의 존재와 그와 더불어 존재 자체에 대한 절대적인 관심과 우려와 필연적으로 연결되어 있을 수밖에 없다. 그러므로 현존의 "본질"은 이 세 요소로 구성되어 있다고도 할 수 있고 더 간략하게 "현존의 존재는 우려이다"라고도 할 수 있다.[519]

실존 구조의 3대 요소를 염두에 두고 우려의 의미를 다음과 같이 정의할 수 있다. "세계 속에 피투되어 있고 그 속의 세계내재적 존재자들과 병존並存함에도 불구하고 항상 이미 자기 자신에 선재先在하는 [현존의] 존재 양태"Sich-vorweg-schon-sein-in-[der-Welt-] als Sein-bei(innerweltlich begegnendem Seiendem).[520]

4. 현존재와 죽음에로의 존재(Sein zum Tode)

(1) 현존재의 자기 선재와 진정한 실존 가능성

"SZ"의 본래 취지는 존재의 의미를 규명하는 데 있으나 그것이 미완성작으로 남게 되어 사실상 현존재의 존재에 관한 책이 되어버렸다. 하이데거는 지금까지 현존재의 "평범한 일상성"을 현상학적으로 분석하고 해석학적으로 조명하는 데서 그의 존재가 3대 혹은 4대 구성 요소들로 이루어져 있다는 점을 주장했고, 그들을 구조적으로 하나로 연결하는 "공통분모"로 존재에 대한 우려라는 통합 개념을 찾아냈다.

그러나 이러한 연구 결과에도 불구하고 그는 그것만으로는 현존재의 정체성을 충분히 조명하지 못했기에 그것을 새로운 각도에서 재조명해야 할 필요성을 느낀다. 지금까지의 연구로 밝혀진 현존재의 정체성에 대한 결론은 타당하지만 그에 대한 입증 방법은 취약하다고 보기 때문이다. 그 이유는 다음과 같다. 첫째, 지금까지 그가 시도한 것은 현존재의 실존 구조를 그의 현실적인 실존 과정에서 "현상하는", 가능한 모든 자료들을 현상학적으로 총점검하는 데서 얻어낸 "철저하고"radikale "원초적인"ursprünglich 해석이 아니기 때문이다. 둘째, 그것은 또한 주로 현존재의 "평범한 일상성", 따라서 주로 비본래적인 모습으로 살아가는 그의 삶을 고찰하고 그 저변에 깔려 있는 것을 파헤치는 데서 얻어낸 개략적인 해석에 불과하기 때문이다.

현존재의 평범한 일상성을 분석하는 데서도 그의 실존 구조가 무엇이며 그의 정체성이 무엇인지를 어느 정도까지는 확인할 수 있겠으나, 그것을 통해 얻어낸 결과가 진정으로 현존재의 참된 모습을 그대로 반영하는지에 대해서는 아직 절대적인 확신을 할 수 없다. 왜냐하면 지금까지의 연구에서는, 첫째로 현존재의 삶에서 중요한 사건들 가운데 하나인 죽음이 아직 고려되지 않았으므로 현존의 존재의 "전체성"Ganzheit을 연구의 대상으로 삼았다고 할 수 없고, 둘째로 주로 평범한 일상성의 존재 양태로 일상생활을 영위하는 현존재만을 현상학적으로 고찰했을 뿐 그의 삶의 전혀 다른 면을 등한시했기 때문이다. 즉 그가 때로는 ① 그 마음 중심에서 들려오는 "양심"Gewissen의 소리를 경청하고 자신을 되돌아봄으로써 ② 자신의 "채무"債務, Schuld, 즉 자신이 본의 아니게—후기 하이데거의 생각으로는 존재의 "보내심" 또는 "섭리"Geschick, Schickung로 말미암아―이해력과 기투력으로, 존재의 현주와 존재 능력으로 세상에 피투된 엄청난 존재자라는 사실, 존재의 빛과 존재 능력이란 놀라운 자기 자신을 선물로 하사받아 빚을 지고 있고schuldig 또한 그러한 자신을 보전하고 완성시켜 나아가야 하는 막중한 의무와 책임을 빚지고 있는schuldig 자라는 "사실성"daß es ist und zu sein hat[521]을 의식하는 가운데 ③ 자신을 재발견하고 그러한 놀랍고 고상한 자신을 전심전력으로 실현해야 한다는 "결단"Entschlossenheit을 내리기도 한다는 점이 지금까지의 연구에서 도외시되어왔다.

[현존의] 평범한 일상성을 출발점으로 삼은 지금까지의 해석은 무관심한 혹은 비본래적인 실존 양식을 분석하는 데 국한해서 이루어졌다. 비록 이러한 방법으로도 실존의 실존성에 대한 구체적인 규명이 실제로 가능했고 가능하지 않을 수 없었던 것만은 사실이다. 그러나 실존 구조에 대한 [지금까지의] 존재론적 해명은 중대한 하나의 결점을 안고 있다. 실존이라 함은 존재 능력을 의미하며 본래적인 존재 능력을 의미한다. 본래적인 존재 능력das eigentliche Seinkönnen으로 특징지어져 있는 실존론적 구조가 실존에 대한 해석에 참작되지 않는 한 그러한 해석을 주도하는 선견先見, Vor-sicht에는 원래성Ursprünglichkeit이 결여되어 있다[=그러한 선견은 원래적인 것이라 할 수 없다].[522]

지금까지의 현존재에 대한 실존론적 분석은 원래적인 것이라고 주장할 수 없다. 그것이 [실존 구조에 대한 해명을 위해] 선점先占, Vorhabe하고 있었던 것은 단지 현존재의 비본래적인 존재uneigentliches Sein des Daseins였으며 그것도 총체적이 아닌 것으로als unganzes 그렇게 하고 있었다. 현존재의 존재에 대한 해석이 존재론적 근본 문제를 해결하기 위한 기초로서 진정 원래적인 해석이 되려고 하면 그것은 먼저 현존재의 존재를 그 가능한 본래성Eigentlichkeit과 총체성Ganzheit에 따라 실존론적으로 조명해야만 한다.[523]

현존재의 평범한 일상성을 "*datum*"으로 해서 그의 본성을 분석한 결과 그것의 본질을 다른 어디서보다 그의 실존성에서 발견할 수 있었다. 그런데 여기서 실존성이라 함은 상술한 대로 "현존재는 이해력으로 특징지어진 존재 능력으로 존재하는바 그는 존재함과 더불어 자신의 존재 자체를 가장 큰 쟁점으로 하는 [혹은 자신의 존재 자체에 대해 가장 큰 관심을 가지는]"[524] 그러한 존재자라는 뜻이다. 현존재는 그 무엇이기에 앞서 존재와의 관계이며 존재 능력 그 자체다. 이것이 그의 본성의 "가장 본질적인 요소"das primäre Moment다.[525]

그러나 현존재가 존재 능력Seinkönnen 그 자체라 함은 무엇을 뜻하는가? 이 해답은 우리가 이미 알고 있다. 존재 능력을 소유하고 있다는 것은 그가 존재의 의미를 기투하고 개방하며 자신의 삶의 제반 영역에서 실현하고 구현함으로써 존재와의 관계성이라 할 수 있는 자기 자신의 존재, 자신의 실존을 실현하고 완성할 수 있는 잠재력을 소유하고 있음을 뜻한다.

존재에 대한 관심과 우려로 살아가는 현존재가 존재를 나름대로의 방식으로 이해하고 기투할 수 있는 능력을 소유하고 있다 함은 곧 그가 존재의 의미를 이상적인 방법으로 순수하게 실현할 수 있는 능력을 소유하고 있음을 뜻하며, 원칙적으로는 잠정적으로 그것을 이미 실현한 상태에 있음을 뜻한다. 그는 처음부터 존재와 연결되어 있고 존재 안에 거하고 있지 않은가? 그러므로 존재라는 목표에 이미 도달해 있다고 할 수 있는 것이 아닌가? 거기에 항상 이미 "선재"하고 있다 할 수 있는 것이 아닌가?

상술한 대로 존재가 현존재의 실존 과정의 목표라면 그것이 그 출발점이기도 하다. 역설적으로 그는 그의 삶의 목표에 항상 이미 도달한 상태에서 지속적으로 그 목표를 향해 나아가고 있으며 나아가려고 진력하고 있다. 존재는 그에게 가장 가까운 동시에 가장 멀기 때문이다.[526]

현존재는 존재의 현주이며 존재와의 관계이므로 여기서 존재와 관련해서 개진된 것을 현존재 자신과 관련해서도 주장할 수 있다. "현존재가 비록 존재적으로는 [자신에게] 가까우며 가장 가까운 자일 뿐 아니라 우리 스스로가 각각 현존재 자신이다. 그럼에도 불구하고 아니 바로 그러한 이유에서 존재론적으로 그는 [자기 자신에게] 가장 먼 자이다."[527] 우리는 우리 자신이지만 우리의 근거가 존재이므로 우리는 우리 자신을 가장 잘 알고 너무나 잘 알면서도 너무나 모르기도 한다.

현존재의 존재 깊은 근저에서는 처음부터 이미 존재와 연결되어 있는, 존재의 현주와 실존이기에, 현존재는 자기 삶의 최종 목표인 이상적인 자신과 존재 자체에 항상 이미 도달해 있다 할지라도 현실적으로는 지적·존재론적으로 그것에서 너무나도 멀리 떨어져 있다. 현실적으로는 오히려 주위 사물들과 사람들의 "세계"에 빠져들어 가 있고 존재의 의미, 존재의 진리를 뜻하는 세계와 세계내존으로서의 진정한 자신에서 멀리 떨어져 있다. 존재의 빛으로 빛나는 삶을 살아가기보다 어두운 세상에 몰입되고 도취되어 빛 없고 의미 없는 삶을 살아가고 있다. 진정한 언어 없이, "언어 공백" 속에서, 그 공백을 메우기 위한 수단으로 많은 의미 없는 인간의 말들, 많은 요란한 "요설"을 늘어놓으며 "언어 공해" 속에서 살아가는 것이다. 아비의 집을 떠나 먼 타향에서 돼지 사료로 연명하는 성경 속 "탕자"의 방랑 행각과도 같은 비본래적인 삶을 청산하고 자신의 "본향"Heimat인 "존재의 인접성"die Nähe des Seins으로 되돌아와야 한다.[528]

그는 원칙적으로 이미 자신의 이상을 실현한 상태이며 또한 실제적으로도 그것에 앞서서 그것을 염원하고 추구하며 적극적으로 "기투"하는 가운데 그것을 향해 나아가고 있다. 그러한 의미에서 그는 항상 이미 "자기 자신에 선재하는"sich-vorweg, 근본적으로 미래지향적인 존재자라 할 수 있다. "현존재는 그의 존재에 있어서 바로 자신의 이 존재를 쟁점으로 삼는 그러한 존재자이다. 여기서 '[자신의 존재를] 쟁점으로 삼는다…'라는 표현이 함축하는 바는 그의 존재의 기본적인 요소인 이해력을 통해서 표출되는바 후자는 [현존재가] 가장 본래적인 존재 가능성을 기투하는 존재 양태로 [살아가는 자임을 뜻한다]. 가장 본래적인 존재 가능성[또는 존재 능력]이 바로 현존재가 현존재로서 항상 위해서 존재하는 그러한 대상이다. 현존재가 현존재로 존재함과 더불어 그에게는 항상 이미 [본래적인] 자기 자신의 [존재] 가능성을 [실현할 수 있는 능력이] 부여되어 있다.…[현존재가] 가장 본래적인 존재 가능성에로의 존재das Sein zum eigensten Seinkönnen라 함은 존재론적으로 다음과 같은 것을 뜻한다. 현존재는 그의 존재에 있어서 자기 자신에 항상 선재하고 있다. 현존재는 항상 이미 '자기 자신을 넘어서 있다'über sich hinaus. 즉 자신이 아닌 다른 존재자와의 관계에서가 아닌 존재 가능성에로의 존재[자]인 자신을 넘어서 있는 것이다. [현존에 있어서] 본질적으로 '[존재를] 쟁점으로 삼는'es geht um 이러한 존재 구조를 우리는 그의 자기 선재自己先在, Sich-vorweg-sein라 일컫는다."[529]

헤겔의 절대적 관념론은 하이데거가 현존재와 관련해서 주장하는 바를 절대자와 관련해서 주장했다고 볼 수 있다. 그의 무한한 자기 진화 과정을 거쳐 진정한 자기 자신에 이르는 절대자도 하이데거의 현존재와 같이 처음부터 항상 자기 자신에 "선재"하고 있는 것으로 보았다. 관념 Idee으로서의 절대자는 정신Geist으로서의 절대자, 즉 자기 진화 과정의 최종 국면에 도래하기로 되어 있는 절대자, 자기의 "개념"에 완전히 일치하는 이상적이며 본래적인 절대자와 원칙적으로는 동일한 실재다. 다만 전자는 후자에 비해 자기의 개념, 즉 본질과 본령에 완전히 일치하지 않는 실재일 따름이다. 그러나 잠정적으로는 그도 후자의 차원에 항상 이미 이르러 있다. 즉 "선재"先在하고 있다.

이상에서 언급한 대로 독일 낭만주의 시대 사상가들과 교육자들이 피교육자들에게 줄곧 외친 구호 "너 자신이 되라!"Werde, was du bist!도 인간 개인이 잠정적으로는 처음부터 항상 이미 이상적인 인간에 이르러 있음을 염두에 두고 내세운 구호다. 피교육자들은 스스로 발견하고 실현해야 할 이상적인 자신이 잠정적으로는 이미 되어 있다. 그들이 앞으로 노력해야 할 것은 원칙적으로는 처음부터 이미 되어 있는 이상적인 자신을 실제적으로 재발견하고 회복하며 완성하는 것이다.

인간은 본질상 존재와의 관계이며 존재 능력 또는 존재에로의 잠재력이다. 그는 원칙상으로 항상 이미 이상적인 자신에 앞서 있다. 이상적인 자기 자신에 "선재"하고 있다. 그리고 실제적으로도, 존재 능력, 존재에로의 잠재력인 그는 이상적인 자신을 목표로 하고 그것을 계속 바라보는 가운데 그것에 도달하기 위해 지적·도덕적 혹은 실존적으로 진력하고 있다. 그것을 마음속에 그려보며 실현 가능성을 적극적으로 모색하고 도모하며 "기투"하는 것이다.

현존재가 이처럼 존재 능력과 존재에로의 잠재력으로 존재하며 원리상으로, 실제적으로 자기 자신에 선재하고 있는 "미래지향적인" 존재자임을 그의 일상성을 현상학적으로 분석하고 해석하는 데서 발견했다면, 이 점이 과연 죽음이라는 그의 삶에서 가장 중대한 위기이며 가장 극한 한계상황 앞에서도 부인할 수 없는 사실로 드러나는지를 살펴볼 필요가 있다.

현존재가 직면하게 되는 죽음 앞에서도 과연 자신의 존재를 우려—즉 자신의 실존과 존재 자체에 대한 우려—라고 보아야만 할 정도로 그는 본질적으로 존재와 깊은 관계를 맺고 있는가? 출생과 삶과 죽음을 합한 그의 존재의 "전체성"을 고려할 때도, 특히 삶의 가장 중대한 사건인 죽음을 그가 어떻게 치르는지를 지켜보는 데서도 과연 현존재는 분명히 존재와의 관계이며 존재 능력이라고 말할 수 있는가? 그렇게 하는 데서도 과연 그를 존재의 개방성 그 자체 혹은 존재의 빛의 조명 과정 그 자체라 할 수 있는가?

죽음의 현상을 거론하며 현존재의 진정한 실존 방법과 관계되는 "양심", "채무", "결단" 등을 그것과 결부시켜 설명하는 하이데거의 의도는 이처럼 죽음 앞에서도 아니 바로 죽음 때문에, 현존재는 존재와의 관계로서의 자신의 진정한 정체를 절대 긍정하며 순수하게 보전하고자 최대한으로 노력하는, 그렇게 하지 않을 수 없는 "비범한" 존재자, 즉 우려라는 사실을 밝히는 데 있다.

죽음은 현존재의 일생에 가장 큰 위기를 뜻하므로, "자기 선재적인 존재 양식"으로 살아가는 그가 처음부터 죽음을 예견하며 앞질러 체험하고 그것에 대처하는 모습을 고찰한다는 것은 그의 정신력과 존재 가능성이 최대한으로 동원되며 활성화되는 모습을 지켜봄을 뜻한다. 그의 존재의 피상적인 면을 개략적으로 고찰하기보다 그가 자신의 존재 능력을 최대한으로 발휘하는 모습을 그대로 지켜봄을 뜻하는 것이다. 즉 그의 "존재 능력의 전모"ganzes Seinkönnen[530]를 고찰함을 뜻한다.

현존재의 존재가 무엇인지 알기 위해서는 그의 실제적인 삶의 과정이 무엇인지를 알아야 하고 삶의 과정을 알기 위해서는 그의 죽음이 그것과 어떠한 관계에 있는지 알아야 한다. 그가 죽음 앞에서 어떻게 처신하며 살아가는지를 살펴봐야 한다. 그의 삶이 어떠한지 알기 위해서는 먼저 그의 죽음을 알아야 한다. 그가 누군지 알기 위해서는 먼저 그가 죽음 앞에 어떻게 서는지 알아야 한다.

"기독교 신학에서 개발된 인간론, 즉 사도 바울의 [서신]에서 칼뱅의 『내세의 삶에 대한 명상록』에 이르기까지의 기독교적 인간론에서는 '생'生의 의미를 해석하는 과정에서 죽음을 함께 고려했다."[531] 딜타이W. Dilthey도 "우리의 실존이 죽음에 의해 한계 지어져 있다는 사실은 삶에 대한 우리의 이해와 평가에 있어서 항상 결정적이다"라고 말했고, 짐멜G. Simmel도 그와 비슷한 발언을 했다. 그리고 야스퍼스는 죽음이 인간으로 하여금 자기 실존의 발견과 해명을 위해 대단히 중대한 계기가 되는 "한계상황"Grenzsituation 가운데 하나라고 간주하고 있다.[532]

현존재의 실체와 실상을 알아야 한다. 그가 누구이며 무엇을 할 수 있고 할 수 없는 자인지를 알기 위해서는, 첫째로 "진리는 전체에 있다"고 주장한 헤겔의 말대로 현존의 평범한 일상성뿐 아니라 그의 삶을 처음부터 끝까지 총망라해서 전체적으로 고찰해볼 수 있어야 한다. 둘째로 또한 그가 비록 일상적으로 주로 비본래적인 존재 방식으로 살아가긴 하나 그럼에도 불구하고 드물게는, 특히 그가 극한 한계상황에 직면할 때는 진정한 자기 자신의 모습을 드러내게 되므로 이러한 모습도 고려해야 할 것이다.

일상성은 어디까지나 출생과 사망 '중간'에 끼어 있는 현상이다. 그리고 실존이 현존의 존재를 뜻하며 실존의 본질은 다른 요소와 더불어 존재 능력으로 구성되는 만큼 현존이 실존하는 한 그는 '존재'할 수 있으면서 도seinkönnend 항상 아직 실제적으로 그 무엇이 되지 못한 채 존재하고 있을je etwas noch nicht sein 수밖에 없다. 이처럼 그 본질이 실존성인 존재자, 현존을 [그의 일상성만을 토대로 해서] 한 총체적인 존재자로 파악하려는 노력은 본질적으로 난관에 봉착하게 된다.[533]

이러한 이유에서 하이데거는 "SZ", 46-53절에서 "현존재의 가능한 총체성과 죽음을 향한 존재"Das mögliche Ganzsein des Daseins und das Sein zum Tode라는 제목으로 죽음의 문제를 취급하고, 그다음 54-60절에서 현존재가 자신의 "평범한 일상성"에서 주로 노출시키는 비본래적인 실존 방법과는 전혀 다른, 진정한 실존 방법을 가능케 하는 "양심"과 "채무"와 "결단"의 문제를 취급한다.

(2) 죽음을 향한 존재(Das Sein zum Tode)

현존재와 죽음은 어떤 관계인가? 죽음이 그의 삶을 어떻게 제한하며 규정하는가? 죽음이 그에게 무엇을 뜻하는가?

이 질문과 관련해서 가장 먼저 고려해야 할 점은, 현존재는 시간의 흐름 속에서 순전히 피동적으로 살아가는 단순한 동물이 아니고 실존이란 점이다. 현존재는 자신의 존재를 최대의 우려 대상으로 삼는 그러한 실존이 아닌가? 그의 존재는 "자기 선재"Sich-vorweg-sein로 특징지어진 "우려"에서 발견할 수 있지 않은가?

통상적으로 사람들은 이처럼 존재에 대한 관심과 우려로 특징지어진 현존재, 존재에로의 움직임인 현존재의 극히 역동적인 실체를 간과한 채 현존재를 한낱 "현전자"로 보고 완전히 그릇된 방법으로 죽음에 대해서 생각하고 그 의미를 정의한다. 죽음은 단순히 한 생명을 가진 실체가 세상에 태어나서 일정 기간의 생애를 끝내고 사라지는 것이다. 죽음이란 곧 현존의 삶의 마감이다.

그러나 사실은 사람들이 삶의 "마감Zu-Ende-sein이라고 간주하는 죽음은 실존론적으로 볼 때 마감을 향해 존재함Sein zum Ende을 뜻한다. [죽음이란] 최종적인 미도래未到來 사건das äußerste Noch-nicht은 현존재가 스스로 적극적으로 관계를 맺는 그러한 성질의 사건이다. 종말이 현존재의 면전에서 기다리고 있다. 죽음은 결코 아직 당도하지 않은 현전적인 사건Vorhandenes이 아니며 미세한 한 시점으로 축소해서 생각할 수 있는 그러한 유예기간도 아니다. 그보다 그것은 오히려 절박해 있는 [현실적인] 사건Bevorstand이다."[534]

1) 죽음 앞에서의 선재적 대처

현존재는 사물이나 동식물과 같은 단순한 "현전자" 혹은 "실용물"이 아닌 "자기 선재적인" 실존이다. 그는 존재와의 관계이며 그의 존재는 존재에 대한, 지정의가 합해진 전인의 실존적 우려에서 발견할 수 있다.

그러므로 본래적이며 이상적인 방법으로 실존하는 현존재를 두고 생각한다면, 우리는 그가 자기 생의 최대 위기인 죽음 앞에서 결코 도살장에 끌려가는 소처럼 완전히 피동적으로만 그에 대처하는 것이 아니라 자신의 존재 능력을 총동원해서 능동적·자율적으로 대처할 수밖에 없다고 본다. 그는 그것과 긍정적으로 혹은 부정적으로 계속 대결하고 그야말로 사투를 벌이며 그 문제를 해결하려고 최선의 노력을 기울이지 않을 수 없다. 그의 생의 최후에 있을 이 사건을 의식·무의식적으로 처음부터 절박해 있는, 그래서 자신의 현재의 삶을 여러 모로 직접적으로 제한하고 규제하는 사건으로 바라보고 체험하며 그것과 계속 씨름하는 가운데 가능한 최대의 정신력과 결단력으로 그것에 "선재적으로" 대처할 것이다.

현존재가 이처럼 죽음에 대해 선재적으로 대처하며, 존재와의 관계와 존재에로의 움직임인 자신을 잃지 않고 그것을 절대 긍정하는 가운데 죽음을 향해 자유롭고 용감하게 나아가는 모습에서 그의 진정한 정체성을 발견할 수 있다. 바로 이 점에서 그가 단순한 동물이 아니며 어디까지나 "*Logos*를 소유한 동물"로서 세계를 기투하며 개방하고 창출하고 표현하며 그 속에서 세계내재적 존재자들의 존재를 정립하고 조명하며 개방하는 것을 본성과 본령으로 하는 현존재임을 가장 확실하게 알 수 있다. 그가 존재라는 원초적인 빛의 조명 과정과 개방 과정이 일어나는 빛의 "현주"요 "진리의 처소"임을 가장 확실히 알 수 있는 것이다.

자신의 최대의 한계상황인 죽음 앞에서 이러한 자신을 절대적으로 긍정하고 죽음을 회피하는 대신 오히려 자신의 가능성으로 수락하며 그것을 향해 선재적으로 대처하는 바로 이곳에서 현존재가 누구인지, 무엇을 할 수 있고 무엇을 할 수 없는지를 가장 잘 알 수 있다. 왜냐하면 생의 최대 위기인 죽음 앞에서 그의 존재 능력과 정신적 잠재력, 지력과 투지력과 정열이 최대한으로 동원되고 발휘되게 마련이기 때문이다. 그에게 가능한 "존재 능력의 총체성"das Ganzseinkönnen des Daseins; die Ganzheit seines Seinkönnens; das ganze Seinkönnen des Daseins[535]이 여기서 순수히 그대로 표출되기 때문이다.

존재 가능성과 존재 능력이며 우려와 기투인 현존재는 "자기 선재"의 양식으로 실존한다. 우려를 본질로 하고 있는 현존재의 "가장 중요한 요

소"가 사실은 자기 선재 능력이며 기투 능력이다.[536]

　그러므로 그는 모든 것과의 관계에서 그렇게 하듯이 자기 삶과 죽음과의 관계에서도 선재적으로 대처하기 마련이다. 지적·도덕적·실존적으로 존재와 진정 순수한 관계를 맺음으로써 참되고 이상적인 자신을 실현해야만 하는 과제를 안고 있는 그는 죽음 앞에서도 선재적으로 대처하지 않을 수 없다. 그것이 그에게 불시에 엄습하여 그를 세상에서 사라져버리게 할 때까지 기다리고만 있을 수는 없다. 그는 오히려 미래 어느 순간에 닥쳐올 죽음을 지금 이 순간에 눈앞에서 똑바로 쳐다보며 의식적으로 그것을 마음속으로 "기투"하며 능동적으로 대처한다. 그러한 의미에서 그는 죽음에 "선재"한다고 할 수 있다.

　죽음은 생의 최종 순간에 있을 미래의 사건이 아니고 그가 세상에 태어남과 더불어 그와 항상 동반하는 현상이다. 그는 태어날 때부터 죽음을 항상 직시하고 살아가며, 그것을 말하자면 자신의 등에 업고 살아간다. 죽음이 불시에 그에게 닥쳐오기보다 그가 죽음을 자신의 운명으로 수락하고 그것으로 끝나는 자신을 그대로 인정하고 긍정하는 가운데 오히려 장엄한 자세로 그것을 바라보며 그것을 향해서 나아가는 삶을 살아간다.

　현존재가 존재하는 한 그는 [잠정적으로는] 항상 이미 미래의 자기 자신으로 존재하는 것과 마찬가지로 그는 또한 항상 이미 자신의 종말에 [도달해] 있다. 여기서 죽음이 뜻하는 바의 종말은 현존재가 종말에 도달함Zu-Ende-sein 그 자체를 의미하지 않고 종말로 나아가고 있는 그의 존재[양태]Sein zum Ende를 의미한다. 죽음은 현존재가 존재하자마자 자신의 것으로 수락하게 되는 그러한 그의 존재 양식이다. '한 인간이 태어나자

마자 그는 죽기에 충분히 늙어 있다Ackermann.'[537]

2) 죽음을 향한 선주(先走, Vorlaufen zum Tode)

죽음은 현존재의 현재와 무관한, 먼 미래에 있을 사건이 아니고 그의 자아 이해와 삶의 방향을 결정하는 막강한 힘으로 그의 마음 중심과 삶 속에서 현실적으로 작용하고 있다. 그는 존재 능력이며 기투 능력이기에 그러한 죽음의 가공할 위력 앞에서 당하고만 있을 수 없다. 죽음은 자신의 생의 최대 위기다. 그것은 어느 누가 대신해서 해결할 수 있는 문제가 아니다. 개개의 실존이 자기 자신에게만 가능한 독특한 방법으로, 자신의 실존적 "개별성"Jemeinigkeit[538]에 따라 독자적으로 대처해야만 하는 사건이다. 그것은 개별적인 현존재에게 매번 가장 특유하며, 타인과 모든 관계를 절연한 채 오직 단독으로 떠맡아야 하는 사건이며, 결단코 피하지 못할 확실한 그러나 언제 찾아올지 모르는 불확정적인 그러한 가능성이다.

죽음은 "[타인에게 떠맡길 수 없기에] 그에게 가장 고유eigenste하고 [타인들로부터 완전히 고립되어 독자적으로 감수해야만 하기에] 비유대적 非紐帶的, unbezügliche이며 피치 못할unüberholbare 확실한gewisse 사건이나 그 자체로 [시간상으로] 불확정적인unbestimmte 가능성"[539]이다.

자기 생의 최극의 한계상황을 뜻하며 자신의 존재 불가능을 뜻하는 이러한 죽음의 사건 앞에서 존재 능력이며 실존인 현존재는 자신의 잠재력과 정신력을 최대한으로 활성화하며 가장 특유한 자신의 방법으로 그것에 대처하지 않을 수 없다. 그것이 자신에게 다가오게 방치해두는 대신 그것을 예기하고 직시하며 그것을 적극적으로 "기투"하지 않을 수 없다. 즉 그것을 마음속에 투사해서 그려보며 그 의미에 대해 심사숙고

하는 가운데 능동적으로 대처할 방도를 모색하게 된다. 그래서 그는 죽음이 그를 엄습하게 내버려두는 대신 오히려 의식적으로, 자발적으로 그리고 장엄한 자세로 자유롭게 그것을 향해 "선주"先走, Vorlaufen하게 되는 것이다.

한 개인의 됨됨이는 그가 위기를 당했을 때 어떻게 처신하느냐에서 드러난다. 그가 당면하는 위기가 심각할수록 그 앞에서 그가 취하는 태도는 그의 인품과 정신력을 더욱더 분명하게 노출시킨다. 한 검술사의 기량과 기교는 약한 상대방과의 대결에서보다 강한 상대방과의 대결에서 더 뚜렷하게 드러난다(하이데거 자신의 실례가 아님). 죽음의 순간은 현존재에게 가장 암울한 순간이다. 그러므로 그러한 순간을 예기하고 그것을 바라보고 선주하는 과정에서 그의 잠재력의 진수가 가장 영롱하게 드러날 수 있다. 그 순간 그의 존재 가능성의 "전체성", 즉 그 전모가 가장 뚜렷하게 드러나게 된다.

3) 죽음과 우려

하나의 막강한 현실적인 힘으로 현존재의 삶을 음으로 양으로 계속 제약하는 죽음은 그에게 최극의 한계상황으로서 절대적인 "자기 포기"를 요구하는 사건이다. 그에게 "실존 불가능성의 가능성"die Möglichkeit der Unmöglichkeit der Existenz überhaupt[540] 혹은 "절대적인 존재 불가능성의 가능성"die Möglichkeit der schlechthinigen Daseinsunmöglichkeit[541]을 뜻하는 죽음 앞에서 굴하거나 자신을 상실함이 없이 그것을 처음부터 마음속에 두고 적극적으로 생각하고 "기투"하며 그에 대한 대처방안을 능동적으로 강구하는 가운데 "선주의 자유"das vorlaufende Freiwerden[542] 속에서 그것을 향해 나아간다는 사실을 고찰하게 됨으로써 현존재의 중심이 존재에 대한 우려라는 사실을 가장 확실히 알 수 있다. 왜냐하면 장엄하고 단호한 죽음으로의 자유로운 선주는 현존재가 죽음 그 자체를 하나의 긍정적인 의미를 띤 사건으로 긍정하고 수락하는 행위가 아니고 자신의 존재의 소멸을 뜻하는 죽음으로 끝나는—그러나 너무나도 놀랍게도—존재와의 관계이며, 존재 능력인 자기 자신의 존재를 절대 긍정하는 행위이기 때문이다. 죽음이 그에게 최대의 위기이기에 그 앞에서 존재 능력인 자신을 상실할 가능성이 가장 크므로, 그는 오히려 그만큼 더 자신의 존재 능력과 정신력을 동원하여 자신의 엄청나고 놀라운 실존성을 긍정하고 보전하려고 최대한으로 노력하며 죽음과 사투를 벌인다. 존재에 대한 우려, 즉 자신의 존재와 존재 자신에 대한 우려로 인해 그는 죽음을 의식적으로 "기투"하며 그것을 향해 "선주"한다.

현존재가 죽음에 대한 불안이 있는 것은 사실이다. 그러나 죽음에 대한 불안은 그에 대한 공포와는 질적으로 상이한 정서다.[543] 죽음에 대한 불안은 자신이 세상에서 사라져 없어지리라는 두려움이 아니고 존재와의 관계, 존재 능력으로서의 자신을 죽음이라는 최대의 한계상황 앞에서 그 가공할 위력으로 말미암아 상실하지 않을까 하는 데서 오는 정서다. 그러한 실존적 정서로 말미암아 죽음으로 끝나는 자신을 최대한으로 긍정하며 그것을 그대로 순수하게 보전하려고 그야말로 죽을힘을 다하는 것이다. 자신이 죽음으로 끝난다는 사실을 분명히 의식하는 것은 사실이지만 이 사실 자체에 그의 지력과 정신력이 쏠리기보다, 비록 죽음으로 끝나는 유한한 존재자이지만 존재에 뿌리를 내리고 있고 항상 그것을 바라보고 살아가는 자기 자신의 존재의 숭고함과 비범함에, 죽음의 가공할 위력도 제압할 수 없고 파멸시킬 수 없는 자기 자신의 무한한 인격적 존엄성과 절대적인 자아가치自我價値에 더 관심이 쏠린다. 죽음에 완전히 압도되어 이 점을 망각하고 자신을 상실하지 않을까 하는 우려로 말미암아 그는 의식적으로 죽음을 계속 기투하며 그것과 씨름하는 것이다. 그는 죽음 자체와 사투를 벌이기보다 죽음 앞에서 자기 자신을 상실치 않고 보전하기 위해, 자기 속의 자신답지 않은 비본래적인 자신과 사투를 벌인다. 죽음으로 자신의 목숨은 잃으나 실존으로서의 자신은 잃지 않기 위해 죽음과 매 순간 싸우며, 죽음 앞에서 비겁하기만 한 비본래적인 자기 자신과 사투를 벌이는 것이다.

죽음을 긍정하고 그것을 기투하며 그것으로 선주하는 현존재는 존재 능력과 존재와의 관계로서의 자기 자신을 가장 강력하게 긍정하는 자이며 자기 자신의 존재에 대해 가장 크게 우려하는 자다. 세상에 태어나자마자 의도적으로 매 순간 죽음을 향해 선주하는 현존재의 모습을 지켜볼 때 그가 진정 존재에 대한 우려 그 자체라 하지 않을 수 없다.

"죽음을 향한 존재는 우려에 그 근거를 두고 있다"Das Sein um Tod gründet in der Sorge.544 존재와의 관계인 자기 자신에 대한 절대적인 관심과 우려로 말미암아 그는 죽음을 회피하거나 그 앞에서 굴하지 않고 그것을 오는 대로 수락할 뿐 아니라 그것을 향해 자유롭게 선주한다. 그렇게 하지 않을 수 없는 것이다. 죽기 위해서 사는 것이 아니고 진정 자신다운 삶을 올바로 살기 위해서 바른 방법으로 죽음에 임한다. "그가 자신의 생이 끝나는 한 종말Ende을 앞에 두고 있다기보다 그는 '종말[론]적으로'endlich 실존한다."545

현존재가 죽지 않고 영원히 살거나 죽음 뒤에 천국이 그를 기다린다면 현실적인 자신과 자신의 현실적인 삶을 그렇게 심각하게 생각하진 않을 것이다. 그의 존재 가능성이 그렇게도 최대한으로 활성화되지 않을 것이며 따라서 자기 자신이 진정 누구인지에 대해서 스스로 알 수 있는 기회도 주어지지 않을 것이다. 또한 굳이 기를 쓰며 알려고 하지도 않을 것이다.

그러나 그의 삶이 죽음으로 종식되므로 그는 자신의 짧은 삶에 최대한의 의미를 부여하려고 노력하지 않을 수 없다. 이를 위해 자신의 "존재 능력 전부"를 최대한으로 활성화시키고 발휘하여 삶에 임하려고 진력할 것이다. 절박한 죽음을 출생 때부터 항상 앞에 두고 바라보며 살아가는 현존재는 자신을 구원해줄 어떤 절대자에 의존할 수 없고 오로지 "자신에게만 가능한 가장 특유한 존재 능력에 전적으로 의존하지 않을 수 없다."[546] 그는 자신의 이러한 능력을 최대한으로 발동시켜 당면문제에 대처해야 한다.

4) 죽음과 실존의 재발견과 회복

현존재는 죽음의 위기 앞에서 그러한 방식으로 대처함에 따라 자기 자신의 진정한 정체 및 자신의 존재 가능성과 잠재력에 대해 더욱더 확실히 알게 된다. 현실적인 자신이 누구이며 또 진정한 이상적인 자신이 누구인지를 더욱더 분명하게 깨닫는 것이다. 자기 자신의 진정한 정체를 재발견하는 데서 그는 본래적인 자기 자신을 망각하고 상실한 채 한낱 "세인"으로 의미 없이 살아가는, "타락된" 존재 양식을 부정하며 청산하고 본래적이며 참된 자신으로 되돌아가려고 최선을 다하게 된다.

이렇게 해서 죽음을 기투하고 그것에 선재하며 그것을 향해 선주하는 현존재는 지적·도덕적으로 진정한 "자신으로 되돌아가게 된다"auf sich zukommt. 죽음을 향한 의도적이며 의식적인 선주로 말미암아 그는 점차적으로 더 진정한 자신으로 정립되어 자신의 삶과 그 속의 크고 작은 한계상황들에 진정 자기 자신다운 방법으로 대처하게 된다.[547]

존재에 대한 우려로 말미암아 촉발되는 죽음을 향한 자유로운 선주는 존재 능력으로서의 진정한 자기 자신으로의 귀환을 실제적으로 가능케 한다. "현존재가 진정한 실존적 결단을 내리면 내릴수록, 환언해서 그가 분명하게 자기 자신의 가장 고유하며 특수한 가능성(죽음)을 그대로 분명하게 의식하고 죽음으로의 선주에 임하게 되면 될수록 그만큼 그에게는 [진정한] 실존 가능성을 선택하고 발견할 수 있는 가능성이 더 확실해지고 더 비우발적非偶發的, unzufälliger이게 된다. 오로지 죽음을 향한 선주만이 [현존재로 하여금 자신의 삶에서 일어나는 모든 사건에 대해] 어떠한 우발적이며 '임시적인' [대처] 가능성을 배제하게 만든다. 죽음을 향한 자유만이 현존재에게 자신의 목표를 분명히 제시해주며 그로 하여금 실존적으로 자신의 종말에 대처하게 한다. 실존적인 자세로 자신의 종말을 선택하는 행위는 그로 하여금 안이·경시·회피 등 그에게 직접적으로 다가오는 무한히 다양한 [대처] 가능성들과 절연케 하며 자신의 숙명만을 단순히 수락하게 만든다."548

이처럼 죽음은 우리에게 가장 큰 비운인 것도 사실이지만 그것은 우리에게 가장 큰 행운을 가져다주는 계기가 될 수도 있다. 그것을 계기로 우리가 진정한 우리 자신을 재발견할 수 있고 회복할 수 있기 때문이다. "[죽음을 향한] 선주는 현존재가 자신을 상실하여 세인으로서의 자아로 전락해 있음을 현존재 자신에게 인식시키게 되며 [타인의] 배려의 손길에 의존함이 없이 자기 자신이 될 수 있는 가능성을 제공해준다. 즉 정열적인, 세인의 모든 환상에서 벗어나서 현실적이며 자아를 의식하며 실존적 불안으로 죽음에로 나가는 자유를 누리는 자신이 되게 만든다."549

5. 진정한 실존 양식: 양심, 채무의식, 결단

존재와의 관계이며 존재 능력 그 자체인 현존재의 진정한 모습의 전모는 그가 죽음이라는 최대의 위기를 향해 선주하는 데서 그대로 드러난다. 그가 죽음을 회피하지 않고 오히려 그것을 향해 의도적으로 선주하는 이유는 죽음을 사랑해서가 아니고 죽음으로 끝나는 자신의 생을 바로 살기 위해서다. 자신의 잠재력과 가능성을 최대한으로 동원하고 활성화시켜 존재 능력으로서의 자신을 순수하게 보전하고 그러한 자신으로, 그처럼 보석같이 빛나는 자신으로 나타나기 위해서다. 현존재의 참된 모습, 진정 자기다운 모습은 존재에 대한 절대적인 관심과 우려로 말미암아 죽음을 향해 선주하는 데서 발견할 수 있다. 이 점을 감안할 때도 그의 존재가 우려라 하지 않을 수 없다.

이것이 현존재의 죽음의 본질에 관한 하이데거의 분석 내용이다. 그러나 문제는 지금까지 그가 설파하고 주장한 것이 이론적으로는 충분히 가능한 해명이지만 실제적으로도 타당한 해명이냐는 것이다. 그것이 현실과 일치하지 않는 한 그것은 일고의 가치도 없는 공허한 이론일 것이다. "현존재의 진정한 존재 능력의 전모에 관한 [이상의] 존재론적 가능성은 그것이 현존재 자신 속에서 그것에 해당하는 존재적(실제적) 존재 능력을 [토대로 해서] 입증되지 않는 한 무의미할 것이다."[550] 지금까지 소개된 죽음에 관한 하이데거의 이론을 현존재의 심중에서 일어나는 어떤 현상을 토대로 해서 현상학적으로 뒷받침할 수 있는가? 현존재 속의 어떠한 현상이 현존재의 진정한 모습은 죽음을 향한 선주에서 발견할 수 있다는 점에 대해 증거Bezeugung해주고 있는가? 하이데거에 따르면 현존재의 마음속에서 원래적으로 작용하고 있는 양심, 채무의식, 결단 등이 그 점을 증거해준다.

(1) 양심

현존재는 타락성으로 말미암아 자신의 존재, 그리고 그와 더불어 그가 본질적으로 관계를 맺고 있는 존재 자체를 망각하고 주로 존재자들에게 마음을 빼앗겨 그들을 위주로 비본래적인 삶을 살아간다. 그러나 마음 깊은 데서는 자신의 정체와 자기 존재의 뿌리에 대해 상기시켜주는 "양심"Gewissen의 소리가 의식·무의식 간에 계속 들려온다. 이 양심의 소리는 현존재가 자기 자신을 재발견하고 회복할 것을 종용하는 소리다. 이 소리는 자신에게 하사된 가장 큰 선물이요 특권이자 자신이 수행해야 할 가장 숭고한 임무이며 풀어야 할 가장 큰 과제인 존재 능력, 존재의 빛으로서의 자기 자신을 진정한 방법으로, 그리고 최선을 다해 실현할 것을 침묵[551] 속에서, 그러나 진중하고 강경하게 계속 요구한다. 양심의 소리는 현존재가 존재에 대한 우려로 말미암아 자기 자신에게 외치는 소리다. 양심은 "우려의 목소리"다Das Gewissen als Ruf der Sorge.[552]

현실적이며 비본래적인 자신을 지양하고 원래적인 자신으로 되돌아가 그러한 자신이 될 것을 요청하는 주체는 어느 누가 아닌 현존재 자신이다.[553] 존재와 필연적으로 연결된 그래서 그것에게 항상 가장 가까운 현존재 자신이, 존재와는 멀어지고 그 대신 존재자들과 너무나도 가까워진 그래서 자기 자신의 위상과 위치에서 전락한, "타락된" 자기 자신에게 원래적인 자신으로 되돌아갈 것을 종용하는 것이다.[554]

이와 같이 현존재로 하여금 자신의 "진정한 존재 능력"eigentliches Seinkönnen[555] 또는 "진정한 자아실현 능력"eigentliches Selbstsein-können[556]을 행사하되 최선을 다할 것을 요청하는 양심이 우리 각자의 마음속에서 살아 작용하는 만큼, 그것은 이상에서 제시된 죽음을 향한 존재로서의 현존재의 존재에 관한 이론이 허황된 학설이 아니고 각 현존재 내부에서 시시각각으로 일어나고 있는 현실적인 상황에 부합하는 학설임을 알 수 있다. 현존재가 죽음을 회피하지 않고 의식적으로 그것을 향해 선주하는 데서 존재 능력으로서의 그의 진정한 모습을 찾아볼 수 있다는 점과, 그가 죽음을 "기투"하고 그것을 향해 "선주"하는 이유는 존재에 대한 우려 때문이라는 것, 즉 죽음에도 불구하고 자신의 "진정한 존재 능력의 전체성"das eigentliche Ganzseinkönnen을 그대로 발휘하고 순수하게 보전하려는 동기에서라는 것이 이 이론의 취지가 아니었던가?

각 현존재의 마음속에서 실제로 계속 들려오는 양심의 소리도 현존재 자신으로 하여금 "진정한 존재 능력"을 행사하고 참되고 본래적인 자신이 될 것을 촉구하는 "목소리"인 만큼 그것이 하이데거의 "죽음의 철학"의 타당성을 입증해주고 있다고 볼 수 있다. "양심은 현존재의 존재의 구성요소를 이루는, [죽음을 향한 선주에 대한] 증거Bezeugung인바 여기서 양심은 현존재 자신이 그의 가장 고유한 존재 능력을 행사할 것을 촉구한다."[557]

(2) 채무의식

양심의 소리가 현존재에게 환기시키는 바는 그가 비본래적인 삶에서 깨어나서 진정한 자기 자신을 재발견하고 실현해야 한다는 점이다. 양심의 소리는 그에게 자신의 존재 근거가 무엇이며 그것에 뿌리를 내리고 있는 자기 자신이 누구인지, 그리고 그러한 자신이 완수해야 할 바는 무엇인지에 대해 상기시켜준다. 도덕적 양심이 우리에게 우리 자신의 과오와 실수를 환기시키며 죄책Schuld을 느끼게 하듯 실존적 양심은 우리로 하여금 우리 자신의 존재론적 채무Schuld를 상기시킨다. 그것은 우리가 도덕적인 의미에서가 아닌 존재론적인 의미에서 "빚을 지고 있음"schuldig을 환기시킨다.

독일어 "Schuld"guilt는 ① 죄책, 죄, 실수, ② 빚, 채무, 의무를 뜻한다. 하이데거가 여기서 "Gewissen"이란 용어에 맞추어 이 "Schuld"란 단어를 사용할 때 그가 뜻하는 바는 이 두 가지 의미들 중 후자다.

우리가 도덕적으로 실수를 저질렀거나 종교적으로 죄를 범했기 때문에 죄책을 느껴야 하는 것이 아니다. 그보다 우리가 "피투된" 존재자들로서 우리 자신의 존재 근거가 아니고 그 근거를 [존재에게] "빚지고 있다"schuldig는 사실과 최선을 다해서 "그 빚을 갚아야만 하는"schuldig, 즉 존재와의 관계로서의 우리 자신을 실현해야만 하는 막중한 의무를 띠고 실존해야 한다는 사실을 우리의 양심은 우리 자신에게 상기시켜준다 ("schuldig"는 이 두 가지 뜻을 동시에 함축하고 있다).

현존재는 존재의 현주, 세계에로 피투되었고 존재 능력의 특권과 존재 필연성, 존재 당위성으로 피투되었다. 그는 그러한 자신의 "사실성"을 없었던 것으로 하고 무에서 출발해서 자신의 존재 가능성 또는 실존 가능성을 실현할 수는 없다. 그는 그것을 어쩔 수 없는 하나의 기정 사실로 받아들일 수밖에 없다. 그의 "사실성" 또는 피투성이 그의 존재의 "기초"Grund558가 되며 그의 실존 과정의 출발점이 된다. 그의 존재 가능성은 "전적으로 피투된 가능성"durch und durch geworfene Möglichkeit559이며 "유한성"560과 "허무성"Nichtigkeit561으로 특징지어진 가능성이다.

현존재는 그러한 자신의 피투성을 현실적인 사실로, 자신의 "운명"으로 의식적으로 받아들임과 동시에 그것이 뜻하는 바를 자신의 실존 과정에서 전심전력으로 실현해야 한다. 존재의 현주로서의 자기 자신의 존재를 이상적인 방법으로 "기투"하며 개발하고 정립하며 완성시켜야 한다. 현존재는 자기 존재의 "기초"와 실존 과정의 출발점인 피투성, 즉 존재의 현주와 존재 능력 및 존재 필연성인 자신의 존재로 인도^{引渡}된 상태 Überantwortetsein에서 출발해서 실제적인 실존 과정을 거쳐 완전한 실존의 실현 및 완전한 존재 이해 또는 세계 기투의 단계에 이르려고 계속 진력해야 한다. 그의 실존적 "우려"는 이상에서 언급한 다음과 같은 존재론적 "순환 구조"로 특징지어진 자기실현 과정을 올바른 방법으로 거쳐 존재의 현주로서의 진정한 자신이 되는 데 있다. 자신의 존재의 근거인 존재에서 출발해서 실존 과정을 거쳐 다시금 존재에로 진행하는 과정인 것이다.

그가 이러한 존재론적 순환 과정을 올바른 방법으로 거치는 데서 세계가 기투되고 개방된다. 그리고 그러한 세계가 존재자들 가운데 투사되고 이들이 이들로 순수하게 개방되고 정립되는 것이다. 현존재 자신이 존재의 빛으로 아름답게 빛나게 되며 온 세상이 그렇게 된다.

하이데거는 이러한 현존재의 피투성 또는 "채무"의 의미를 다음과 같이 매우 난해한 표현 방법으로 해설하고 있다.

존재하는 현존재는 피투된 자인바 그는 자기 자신에 의해 자신의 현주에로 보내진 것이 결코 아니다. 존재하는 그는 존재 능력으로 특징지어져 있는바 존재 능력이 비록 그의 특성으로 그에게 속해 있으나 그가 그것을 그대로 스스로 소유하게 된 것은 결코 아니다. 실존 과정에서 그는 결코 자신의 피투성을 벗어날 수 없으며 '그가 존재하며 존재해야만 한다'는 이 사실을 자신의 자아에서부터 스스로 떨쳐 버리고 현주에로 나아갈 수는 없다. 피투성은 결코, 그에게 실제적으로 발생했으나 그에 의해서 다시금 떨쳐 버려진, 과거에 그에게 일어난 한 사건이 아니다. 그보다 우려를 본성으로 하고 있는 현존재는 곧—그가 존재하는 한에 있어서— 지속적으로 그의 '사실성'이다das Dasein ist ständig-solange es ist-als Sorge sein 'Daß'. [존재의 현주로서의] 자기 자신에게 인도된(피투된) 자로서만 실존할 수 있는 존재자인 그의 [피투성은] 실제적인 실존 과정에서 그의 존재 능력을 [발휘할 수 있는] 기초가 된다. 그가 자신의 [존재의] 근거를 스스로 설정하지 않았을지라도 그는 그 '무게'에 실려 있는바 실존적 정서가 그것을 그에게 일종의 짐으로 개방한다. 그러나 그가 어떻게 피투된 [자기 자신의] 기초가 될 수 있는 것인가? 그것은 오로지 다음과 같은 이유에서 가능하다. 그는 자신이 그 속으로 피투된 그러한 존재 가능성을 기투하게끔 되어 있기에 가능한 것이다. 자기 자신에게 부여된 기초를 또한 스스로 설정(기투)하기도 해야만 하는 현존재의 자아das Selbst는 자신의 근거를 결코 좌지우지할 수 없는바 그는 실존 과정에서 자신의 이 기초를 그대로 수락할 수밖에 없다. 자신의 피투된 기초를 공고히 하는 것이 그가 자신의 존재 능력으로 성취해야만 하는 과업인바 그것이 곧 그의 실존적 우려의 대상이다. 자아로 존재하는 현존재는 피투된 존재자로서의 자아이다. 그는 자기 자신을 통해서 자기 자신에게 위탁된 것이 아니고 [자신의 존재의] 기초에 의해서 그렇게 되었으며 바로 이 기초를 확립하기 위한 목적으로 그렇게 위탁되었다Nicht durch es selbst, sondern an es selbst entlassen aus dem Grunde, um als dieser zu sein.[562]

번역하기가 극히 힘든 이 구절들의 의미는 비교적 간단하다. 현존재는 "피투된 기투력"이라는 것이다. 현존재는 본의 아니게 존재 이해 능력으로 세상에 피투되었고 존재 이해의 필연성에로 피투되었다. 그래서 그는 존재와 더불어 자기 자신의 존재를 "기투"하고 정립하며 개방하며 계발할 수 있는 숭고한 특권을 소유하고 있음과 동시에 그렇게 해야만 하는 막중한 책무를 띠고 있다.

이러한 이중적인 "사실성"das Daß, Faktizität을 그는 존재에게 빚지고 있다. 그는 존재 능력으로서의 자기 자신을 존재에게 빚지고 있으며 그러한 자기 자신을 실현하고 완성시키며 그와 더불어 존재의 진리의 빛이 온 세상에 밝히 드러나게 해야만 하는 임무를 그에게 빚지고 있다.

그가 이러한 의미로 "채무자"라는 사실을 그는 그의 본질적인 "상태성"에서 의식·무의식중에 계속 체험한다. 그것을 이성적으로 예리하게 인식erkennen하기보다 전인적·실존적 "정서"로 내적으로 통감하고 체험하게 된다. 그리고 불안의 순간에는 그것을 가장 확연하게 의식한다.

현존재는 이와 같은 두 가지 뜻으로 존재에게 빚진 자로, "피투성"을 본성으로 하고 세상에서 살아가고 있다. 더 정확하게 말한다면 존재자들 가운데서 그들을 직간접으로 의존하고 살아가야만 하는 점도 그의 피투성의 한 면이다.[563]

그러한 이유에서 현존재는 두 가지 면에서 "아님"Nicht, 즉 부정성과 "허무성"虛無性, Nichtigkeit으로 특징지어져 있는 자라고 할 수 있다. 즉 그는, 첫째로 자신의 존재의 기초 즉 그를 현존재 되게 하는 존재 능력과 존재의 현주를 자의와 자력으로 마련해서 그 기초 위에서 존재하고 있는 것이 아니다. 그것은 원래부터 그를 위해서 마련되어 있는 것이다.

그리고 둘째로 현존재는 존재 능력과 조명 능력으로 그렇게 세상에 피투되어 실재하고 있는 만큼 그가 원칙상으로는 진정한 자기 자신에 항상 이미 도달해 있다고 볼 수 있다. 그렇긴 하지만 실제적으로는 그는 아직 이상적이며 진정한 자기 자신에 이르지 못한 상태에 머물러 있다.

아직 참된 자기 자신이 아닌 것이다. 그러므로 그는 자신에게 주어진 그의 존재의 "기초"Grund, der Grund seines Seinkönnens; Seinsgrund,[564] 즉 그의 존재 능력, 존재 이해력, 세계 기투력을 바탕으로 해서 말하자면 스스로 이상적인 자신이라는 아름답고 훌륭한 집을 지어야 한다. 진정한 자신을 만들어가야 하는 것이다.

이러한 이중적인 "Daß"로 말미암아 현존재는 절대자가 아닌 유한자로 실존하고 있다. 그의 존재는 유한성으로, 즉 부정적인 의미의 유한성(우연성과 상대성)과 긍정적인 의미의 유한성(피투성)으로 특징지어져 있다.

"KM", 210, 211 등에서 하이데거는 현존재의 유한성과 존재 이해 능력을 동일시하고 있고 "KM", 213, 221 등에서는 그가 존재 이해를 본질적으로 필요로 한다는des Seinsverständnisses bedürftig 사실이 곧 그의 유한성이라고 해석한다.

하이데거가 이 구절들에서 거론하는 유한성은 매우 긍정적인 의미의 유한성임이 분명하다. 왜냐하면 그것은 존재라는 우주적인 진리의 빛에 의해서 제한되고 제약되며 규정되는 데서 오는 유한성, 즉 그의 피투성을 뜻하기 때문이다. 물이 물고기의 움직임을 제한하고 제약하며 규정하지만, 그것이 물고기가 살아서 자유롭게 헤엄치게 하는 원소이므로 물이 물고기에게 가져다주는 제한성과 유한성은 생명과 자유를 뜻한다고 할 수 있을 만큼 긍정적인 의미를 띠고 있다. 그와 마찬가지로 존재의 광공간을 향한 피투성이 현존재에게 가져다주는 유한성은 존재와의 관계 그 자체인 그에게 생명과 자유를 뜻하는 극히 긍정적인 의미의 유한성이다.

그러나 그의 이러한 근본적인 유한성 외에 또 다른 종류의 유한성을 고려해야 한다. 그것은 그가 기투 능력을 소유한 자로서 자율적이며 자유로운 삶을 영위하고 있는 것은 사실이지만, 그의 기투 능력과 자유에는 항상 제한성이 따르게 마련이라는 사실과 관계되는 유한성이다. 즉 그는 존재 능력을 소유한 자이긴 하나 절대자가 아닌 유한자이므로, 자신의 실존 과정에서 그 무엇을 선택하고 지향하면 다른 것은 선택하거나 추구할 수 없다. 그의 "자유는 그 어떤 것을 선택함을 뜻하며 따라서 그것 아닌 다른 것을 선택하지 않았음과 선택할 수 없음을 뜻한다. 피투성의 구조와 기투력의 구조 속에 본질적으로 부정성이 깔려 있다."[565]

이러한 다양한 의미로 현존재는 부정성과 허무성으로 특징지어진 유한자며 피투된 존재자다. 그래서 그는 존재 능력이라는 엄청난 "선물"Gabe인 자기 자신을 감사하는 마음으로 긍정하고 수락함과 더불어[566] 그것을 출발점과 "기초"로 하고 그 위에서, 그리고 바로 그것을 완성시키기 위해 최선을 다해야 한다.[567] 그것을 출발점과 기초로 하고 그 위에서 본래적이며 이상적인 자기 자신이라는 필생의 과제와 "숙제"Aufgabe를 스스로 해결하는 데 총력을 기울여야 한다. 진정한 자신을 만들어나가는 데 전심전력을 다해야 한다. 이러한 복합적인 의미로 그는 "채무"를 지고 있는 자라 할 수 있다.

(3) 결단

현존재 자신에게 채무의식을 환기시키고 그와 더불어 채무 이행을 촉구하는 그의 양심의 소리는 그가 존재에 뿌리를 내리고 있다는 사실과 그것에 근거하여 그가 존재 능력으로서 소유하게 된 엄청난 위상과 무한한 정신적·영적 잠재력을 상기하게끔 호소Rückruf함과 더불어, 그가 "세인"의 위치로 전락한 자신을 박차고aus der Verlorenheit in das Man 진정한 존재 능력으로서의 자기 자신으로 분발할 것을 호소Vorruf, Aufruf한다. 현존재가 실존적 불안 속에서 자신의 존재의 근저로부터 소리 없이 계속 들을 수 있는 이 양심의 소리는 그에게 다른 것을 요구하지 않고 바로 "나 자신이 현존재로서 항상 이미 되어 있는 존재 능력으로서의" 나 자신이 될 것을 요구한다.[568] 그것은 "그가 이미 되어 있는 바의 자신이 올바른 방법으로 될 것을 요구하는 것이다."[569]

현존재가 실존적 불안의 순간에 처할 때마다 그에게 무언중에 분명히 들려오는 양심의 이러한 이중적인 호소를 그대로 경청하는 가운데 그 의미를 바로 이해할 뿐 아니라 자율적으로 그 호소를 받아들이고 그것을 적극적으로 기투하는 행위, 즉 그에 따라 비본래적인 자신을 부인하고 지양하며 본래적인 자신을 긍정하고 선택하기로 결심하는 행위가 곧 실존적 결단이다. "자신의 가장 고유한 채무 상태를 침묵 속에서 실존적 불안감을 가지고 [의식하고] 기투하는 행위를 우리는 결단Entschlossenheit이라 부른다."[570]

양심의 이중적 호소는 현존재로 하여금 자신의 채무 상태를 "이해시키는" 혹은 "통보하는"zu verstehen gibt[571] 행위다. 그러나 이상에서 지적한 바와 같이 하이데거의—소크라테스와 플라톤, 스피노자와 칸트, 그리고 현대 해석학에서와 마찬가지로—"이해"Verstehen, epistasthai는 단순한 지적 인식 작용만을 뜻하지 않고 실천과 실현 능력Tun, Praxis, Anwendung, dynasthai까지를 뜻한다. 그러므로 양심의 호소를 올바로 경청한다는 것은 그 의미를 지적으로 올바로 인식한다는 것을 의미할 뿐 아니라 그 호소에 따라 본래적인 방법으로 행동하고 실존한다는 것을 뜻한다.

양심의 호소를 올바로 경청한다는 것은 현존재가 자신의 가장 고유한 존재 능력을 이해함을 뜻하며 따라서 자신의 가장 특유한, 진정한 채무 이행 능력을 기투함dem Sichentwerfen auf das eigenste eigentliche Schuldigwerdenkönnen을 뜻한다. 이러한 가능성에로의 호소에 스스로 응하는 행위는 현존재가 [양심의] 소리를 향해 자유로워짐das Freiwerden des Daseins für den Ruf을 뜻한다. 즉 [양심의] 소환에 부응할 자세가 갖추어졌음을 뜻한다. 현존재는 [양심의] 호소를 이해하기에 자신의 가장 고유한 실존 가능성을 전적으로 긍정하게 된다hörig seiner eigensten Existenzmöglichkeit. 그는 자기 자신을 선택하게 된다.[572]

이와 같이 자신의 마음속에서 무언중에 들려오는 양심의 이중적인 호소를 현존재가 실존적 불안 속에서 올바로 경청하는 가운데 자신의 "채무"를 의식하고 그 의미를 바로 이해하며 기투하고 실현하고자 최선을 다해 노력하는 행위가 곧 자신의 가장 고유한 존재 능력을 그대로 자신의 것으로 긍정하고 수락하며 선택하는 행위이며, 따라서 그것은 진정한 자기 자신에 도달하고자 결심하는 실존적 결단 행위다.

이러한 실존적 "결단"에서 이상적인 방법으로 성취된 현존재의 진정한 모습을 찾아볼 수 있다. 그것에서 "개방성"Erschlossenheit, 즉 수동적·능동적 의미에서 존재에로의 개방성 그 자체라 할 수 있는 그의 진정한 모습이 그대로 개방된 것을 바라볼 수 있다. 왜냐하면 그 자체 속에 현존재의 개방성의 3대 요소들―즉 "이해" 또는 "기투", "상태성", "로고스"(양심의 소리의 형태로 표출되는 "표현력"과 말없는 언어)―을 내포하고 있는[573] 이러한 실존적 결단의 의미를 개별적인 현존재가 진정으로 알고 그러한 결단을 실제로 내린다는 것은 곧 그가 그것을 통해 지향하는 바를 실현할 수 있음을 뜻하기 때문이다. 그러므로 실존적 결단에서 실존하는 현존재의 개방성, 아니 현존재라는 개방성의 진수를 찾아볼 수 있는 것이다.

현존재가 자기 자신의 진정한 실체를 완전히 투시하여 순수히 그대로 이해하는 순간, 그는 그야말로 자연스럽게 그러한 자신을 쟁취하고 실현하고자 하는 결단을 내리게 되며 실제적으로 그러한 자신이 된다. 이해와 실천, 해석과 적용이 서로 필연적으로 연결된 행위일 뿐 아니라 엄격히 말해서 동일한 행위인 것과 마찬가지로("지행합일설") 진정한 개방성은 곧 실존적 결단성을 뜻하며 진정한 자기 쟁취와 자기실현을 뜻한다. 그러한 의미에서 하이데거는 다음과 같이 피력하고 있다. "결단성은 현존재의 개방성의 한 탁월한 표현양식이다."[574]

하이데거에 따르면 현존재의 존재는 개방성에서 발견할 수 있고[575] 그의 개방성이 곧 진리다.[576] 그렇다면 개방성의 탁월한 표현방법 중 하나인 결단성은 가장 원초적인 형태의 진리라 간주할 수 있다. "결단성과 더불어 이제 현존재의 가장 고유한, 따라서 가장 원초적인 진리가 확보되었다."[577]

현존재는 잠정적으로 항상 이미 진리 안에 거하고 있다. 아니 그는 진리의 처소며 진리의 개현 과정이다. 진리가 다른 곳에 있는 것이 아니고 현존재의 심중에서, 그리고 다른 그 어느 실재가 아닌 현존재 자신의 "피투된 기투력" 및 표현력과 언어 활동을 통해서 하나의 역동적인 사건으로, 즉 빛의 사건으로 지속적으로 일어나고 있다. 이러한 진리의 사건이 현존재가 실존적 불안 속에서 양심의 이중적인 호소에 경청하고 그 호소에 따라 자신의 "채무"를 분명히 자각하고 그것을 이행하기 위해 진정한 실존적 결단을 내리는 순간 가장 활발하게, 가장 훌륭하게 전개된다. 현존재가 개방성과 "조명성" 그 자체의 모습으로 순수하게 개방됨과 더불어 존재 자신의 의미, 그의 진리가 가장 아름답고 훌륭하게 개방되고 표현된다. 현존재는 존재의 현주가 아니며, 존재의 진리의 처소가 아닌가? 현존재가 존재하는 곳에서만 존재가 존재하지 않으며, 현존재가 존재하는 한에서만 그가 존재하는 동안에만 진리, 즉 존재의 진리, 세계가 존재하지 않는가?

현존재가 진리 그 자체인 존재에 근거하고 있고 그것과의 관계성으로 실재하는 자신의 정체를 되돌아보고 재발견함과 동시에 존재와 더욱더 올바른 방법으로 관계를 맺음으로써 자신의 필생의 과제인 자아 완성에 도달해야 함을 스스로에게 굳게 다짐하는 그 순간, 진리의 처소인 현존재는 가장 빛나는 모습으로 자태를 드러낸다. 그리고 그와 더불어 그의 삶은 물론 그의 주위의 모든 것을 통해서도 진리의 빛이 가장 영롱하게 비친다. 그래서 현존재 자신과 그의 주위의 공존자Mitsein, 즉 그의 이웃들과 나아가서는 주위의 사물들의 정체가 가장 환하게 조명된다. 현존재가 존재라는 놀랍고 엄청난 빛의 근원에서 오며 계속 그 속에서 거하고 있을 뿐 아니라 그 속으로 계속 더 깊이 나아가고 있고 나아가야만 하는 자기 자신을 인식할 때, 자기 자신이 그러한 존재의 빛으로의 움직임이며 사실은 그 빛의 조명 과정 자체임을 깨달을 때, 현존재 자신은 물론이거니와 그 주위의 모든 사람들과 사물들도 다 그의 이 새로운 자아 이해로 말미암아 지금과는 전혀 다른 빛으로 그 모습을 드러내게 된다.

양심의 소리를 듣고 자기 자신의 진정한 기원, "본적지"를 되찾고 자신의 참된 "목적지"를 향해 나아가야겠다고 스스로 다짐할 때 비로소 현존재는 자기 자신과 존재로부터 소원해진, 타락된 삶에서 분발해서 진정한 자신과 자신의 "본향"을 되찾는다.

"실존적 결단은 세인으로 타락된 상태에서의 본래적인 자기 자신으로의 자기 소환Sich-aufrufen-lassen을 뜻한다."[578] 실존적 결단이 타락된 현존재는 매번 다른 그 누가 아닌 "현존재 자신에 의해 [자기 자신에로] 소환되는바 이 소환은 실존적 결단의 방식으로 [대처할 것을 요구하는 호소로] 이해된다. 진정한 개방성 [그리고 가장 원초적인 진리를] 뜻하는 이 실존적 결단은 그것에 기초한 [사물들의] '세계'의 개방성Entdecktheit der 'Welt'과 다른 현존재들의 개방성die Erschlossenheit des Mitdaseins der Anderen 을 동일하게 원초적으로 수정하는 것이다. 그렇다고 해서 실용적인 '세계'가 '내용상으로' 다른 것으로 화하는 것이 아니며 이웃들의 구성원들이 바뀌는 것도 아니다. 그럼에도 불구하고 그가 (존재) 이해의 빛으로 사용하고 취급하는 실용물과의 관계 및 그가 보살피는 타인과의 공존 관계는 이제 이들 자신들의 가장 고유한 자아실현 가능성의 관점에서 결정된다. 실존적 결단은 현존재의 진정한 자아구현의 방식으로서als eigentliches Selbstsein 그로 하여금 자신의 세계와 결별하고 독자적으로 표류하는 한 자아로 유리되게 하지는 않는다. 실존적 결단이 현존재로 하여금 진정한 개방성 그 자체가 되게 하며, 따라서 진정한 방법으로 다름 아닌 세계내존이 되게 하는 만큼 그것이 어떻게 가능하겠는가? 실존적 결단은 현존재의 자아로 하여금 그가 실제적으로 사용하는 실용물들과 올바른 관계를 맺을 것과 보살핌의 손길로 타인과 상종하는 공존관계를 맺을 것을 오히려 적극적으로 촉구한다."[579]

6. 선주(先走)를 향한 결단(vorlaufende Entschlossenheit)

실존적 결단은 양심의 이중적 호소에 적극적으로, 전폭적으로 응하겠다는 비장한 결심이다. 그것은 너무나도 고귀한 선물로 현존재에게 부여된 자기 자신의 존재와 그 근본을 자각하고 세인의 그릇되고 저속한 삶을 박차고 이상적이며 진정한 자신을 실현하겠다는 결연한 각오다.

우리 속에 분명히 살아서 작용하고 있는 양심이 우리로 하여금 이와 같은 실존적 결단을 내리게 자극하고 재촉한다. 침묵 속에서 그러나 강경하게 계속해서 그렇게 한다. 양심은 우리 자신의 자아의 진정한 실체를 회상시켜주는 가운데 그것을 재발견할 것과 동시에 그것을 회복할 것을 촉구한다.

양심은 우리로 하여금 지적으로, 실존론적·존재론적으로 진정한 우리 자신에 이를 것을 촉구한다. 칸트의 도덕철학에서 개인의 실천 이성 또는 도덕 의지가―쉬운 말로 도덕 양심이―지상 명령을 통해 자신 속의 "근본악"根本惡, das radikale Böse으로 말미암아 주로 감성의 기호와 충동으로 살아가는 인간 개인으로 하여금 도덕적으로 완전해질 것을 계속 강력하게 촉구하듯, 하이데거의 실존적 양심은 우리로 하여금 진정한 자아를 재발견하고 회복하며 실현함으로써 존재론적으로 완전해질 것을 지속적으로 강력하게 촉구한다.

칸트에게도 지상 명령의 주체는 인간 자신, 즉 그의 진정한 자아인 이성, 실천 이성이며 그 명령이 시달되는 대상도 다름 아닌 인간 자신이다. 반면 인간의 비본래적인 자아를 뜻하는 거짓 자아는 인간 속의 감성, 자연적인 본능으로 움직이는 자신 속의 동물적인 요소다. 지상 명령은 인간의 진정한 자아를 뜻하며 그의 본성 속의 정신적이며 나아가서는 신적인 요소라고까지 할 수 있는 실천 이성("고차적 의욕", das obere Begehrungsvermögen)이 자기 자신 속의 거짓된 자아인 감성("저속한 의욕", das untere Begehrungs-vermögen)에게 내리는 명령이다. 그러한 의미에서 칸트는 자신의 윤리관을 자율의 윤리관이라 칭했고 과거 사상가들의 타율의 윤리관들과 엄격히 구별했다. 그에게 지상 명령은 인간이 자기 자신에게 내리는 명령인바 그 내용은 진정한 자아를 뜻하는 실천 이성의 척도인 선과 공의의 원칙에 따라, 환언해서 도덕의식, 도덕 의지, 즉 양심에 따라 의롭고 공정하게 행동해야 하며 감성의 욕구에 따라 이기적으로 행동해서는 안 된다는 것이다. 실천 이성으로서의 진정 자기다운 행동을 해야 하며 감성으로서의 자신, 본능적인 욕구대로 움직이는 동물적인 자신으로 행동해서는 안 된다는 것이다.

하이데거의 실존적 양심도 마찬가지다. 양심의 소리가 개별적인 현존재 자신의 존재의 근저와 중심에서 들려오는 "우려의 목소리"며 그것은 다른 누구에게가 아닌 자기 자신, "세인"으로서의 자기 자신을 향한 목소리다.

그러나 칸트가 자율의 윤리를 표방했다고 해서 그가 인격적인 신의 존재를 처음부터 끝까지 확신한 사상가로서 신의 존재와 권위를 완전히 망각하고 무시한 채 순전히 인본주의적인 윤리관을 개발해서 주창한 것이 아니고, 그를 도덕적 "목적의 왕국의 수령"으로 항상 염두에 두고 자신의 지론을 폈다는 점을 잊어서는 안 된다. 그에게 실천 이성 또는 도덕 양심이라는 것은 사실 인간 개인의 (실천) 이성을 거쳐 궁극적으로는 신이라는 (세계) 이성으로 연결된다. 그러므로 인간 개인은 지상명령을 신이 시달하는 계율로 받아들이고 그것에 절대적으로 순응해야 한다는 점을 칸트가 강조한 것이다.

그와 마찬가지로 하이데거에게도 실존적 양심의 소리는 "인간 속의 현존재"를 거쳐 궁극적으로는 그와 본질적으로 연결되어 있고 그의 존재의 근거가 되는 존재까지 그 근원을 소급할 수 있다. 후기 하이데거가 이 점을 강조한다는 데 대해서는 아무도 부인하지 않는다. 그러나 전기 하이데거도 분명히 현존재 배후에 있는 존재를 항상 염두에 두고 현존재에 관한 모든 문제를 거론하고 있다. 그의 주제는 존재가 아닌가? 그가 현존재와 관련해서 언급할 때마다 항상 강조하는 바는 그의 존재의 "허무한 근거"nichtiger Grund와 "유한성",[580] 즉 그의 피투성이 아닌가? 존재를 자신의 존재 근거로 하지 않고 자신의 존재의 틀과 목표로 하지 않는 현존재는 "SZ"과 다른 전기 저서에서 전혀 생각할 수 없다. 현존재는 실존이며 실존의 뜻은 존재와의 관계가 아니며 존재에로의 움직임이 아닌가? 존재를 배제한다면 현존에 관해 아무것도 논할 수 없다. 존재 없는 현존재는 존재하지 않기 때문이다.

양심이 현존재로 하여금 자신의 기원起源과 과제에 대해 회상시키며 참된 자신을 쟁취할 것을 종용한다면, 그것은 그가 어떠한 형편과 경우에도 자신의 존재 능력과 정신력을 총동원해서 그렇게 해야 할 것과 그의 생의 마지막 순간까지 그렇게 해야 함으로써 모든 면으로 이상적이며 순수한 자신이 될 것을 촉구함이 분명하다. (이 점에서도 하이데거의 양심 개념이 칸트의 도덕률, 즉 지상 명령에 관한 이론과 일치한다 하겠다. 칸트에 따르면 지상명령은 우리로 하여금 도덕적으로 절대 완전해질 것까지를 촉구하고 있다. 즉 그것은 우리가 신적인 성스러움의 수준에 이를 것을 요구한다.)

따라서 양심은 현존재로 하여금 죽음이라는 최악의 한계상황에서도 진정한 자신이 되기로 결심할 것을 강경하게 요구하고 있는 것이다. 이것이 사실이라면 양심으로 촉발되는 현존재의 실존적 결단도 본질상 이상에서 상론한 "죽음을 향한 선주"를 종용하고 촉구할 것임이 틀림없다.

개별적인 현존재가 자신의 존재의 중심에서 들려오는 양심의 소리를 경청하고 자신의 채무를 의식하는 가운데 그것을 이행하기로 비장하게 각오하고 결심하는 "실존적 결단은 그가 종말을 이해력으로(기투력으로 능동적으로) 대처하는 데서verstehendes Sein zum Ende, 즉 죽음을 향한 선주Vorlaufen in den Tod로 표출하는 데서 비로소 진정한 의미에서의 결단이 될 수 있다. 결단은 [죽음을 향한] 선주와 연결되어 있되 단순히 결단 자체의 한 표현 양식으로서만 후자와 연결되어 있는 것이 아니다. 결단은 바로 그 자체 속에 진정한, 죽음에로의 존재(죽음을 향한 선주)를 결단 자체의 고유한 본성에 속한 가능한 실존적 양태로서 본질적으로 내포하고 있다."581

이로써 실존적 결단, 그리고 그것과 직결되는 양심과 채무의식이 죽음의 문제와 하나로 결부되어 있음이 확실히 드러난다. 따라서 이상에서 제시된 하이데거의 "죽음의 철학", 죽음에 관한 "실존론적" 분석 내용이 추상적인 이론만이 아니고 우리가 우리 자신 속에서 지속적으로 실제로 체험하게 되는, 이 세 가지 구체적인 "실존적 가능성들"existenzielle Möglichkeiten을 통해 뒷받침된다. 이들이 죽음에 관한 다분히 추상적인, 그의 이론을 실증해주는 "증거"가 된다는 사실이 현실로 드러나는 것이다.

7. 선주의 결단과 우려

죽음에 관한 하이데거 이론의 핵심은 인간 현존재 일반은 세상에 태어나자마자 곧 생의 종말을 바라볼 뿐 아니라, 그것을 "선재적으로" "기투"하며 자진해서 그것을 향해 "선주"하기로 결심하고 실제로 그것을 향해 계속 나아가고 있다는 것이다. 이 주장은 분명히 일반인의 상식으로는 별로 납득이 가지 않는 주장이다. 그러나 모든 인간들은 본질상 헤르더, 괴테 등이 교육학적 구호로 외친 "너 자신이 되라!"는 표어에 따라 자기 보전과 자기완성의 필요성을 내적으로 의식하고 있을 뿐 아니라 그것을 알게 모르게 결의하고 계속 추진하고 있다는 하이데거의 주장은 대단히 설득력 있는 주장임이 틀림없다. 하이데거 자신의 소신에 따르면 한 인간이 존재 능력으로서의 자기 보전과 자기완성의 필요성을 의식하고 그것을 추진하려는 각오와 노력 없이는 인간이라 칭함을 받을 수 없다.

현존재가 양심의 소리를 듣고 그 소리에 따라 진정한 자아를 실현하고 보전하려는 실존적 결단을 처음부터 계속해서 의식·무의식 간에 내리고 있는 것이 부인할 수 없는 사실이라면, 죽음이라는 "존재 불가능의 가능성"까지도 오는 그대로 긍정하고 수락할 뿐 아니라 그것에 굴하지 않고 그것과의 싸움에서 정신적으로 승리하며 진정한 우리 자신을 견지하고 보전하려는, 진정 엄숙하고 단호한 결의를 처음부터 내리고 있음이 분명하다. 매사에 자기 선재적으로 대처하는 우리는 분명히 처음부터 죽음을 바라보고 그것을 향해 선주하기로 굳게 다짐하고 있을 것이다. 그러므로 각 현존재가 처음부터 죽음을 향한 선주를 위한 결연한 각오와 결심을 하며 살아가고 있다는 사실은 추상적인 이론만이 아니고 실제적인 사실이다.

이와 같은 방식으로 하이데거는 자신의 "죽음의 철학"에 대한 실제적인 증거를 현상학적으로 확보하게 되었다. 개개의 현존재 자신의 마음속 깊은 곳에서 알게 모르게 계속 들려오는 양심의 소리는 그에게 자신의 "채무"를 상기시켜준다. 즉 자신이 본의 아니게 뿌리내리고 있는 "본적지"와 현재 거하고 있는 "현주소"와 앞으로 나아가야 하는 "행선지"를 분명히 "알려준다." 그렇게 하는 가운데 그것은 그로 하여금 진정한 자신을 재발견하고 회복할 것을 촉구한다. 자신의 정신력과 "존재 능력의 전부"를 남김없이 쏟아 바쳐 그렇게 하며 어떠한 난관과 장애물에도 끝까지 최선을 다해 그렇게 할 굳은 결심을 촉구한다.

그러므로 개개의 현존재가 자기 자신의 양심의 호소에 부응해서 내리는 실존적 결단은 그로 하여금 자신의 삶 속에 나타나는 모든 악조건들과 한계상황들과 더불어 죽음이라는 최극의 한계상황도 회피하지 않고 자신의 운명으로 그대로 수락하고 그것에도 불구하고, 아니 바로 그것 때문에 존재 능력으로서의 숭고한 자신을 절대 긍정하고 끝까지 보전할 것을 강력하게 다짐하게 만든다. 실존적 양심과 그로 말미암은 채무의식과 실존적 결단은 현존재 자신의 존재에 대한 우려로 말미암아, 즉 존재 능력, 존재의 빛의 사건으로서의 자신을 그 어떤 순간과 상황에서도 상실하지 않기 위해서 모든 한계상황들과 특히 죽음이라는 최악의 한계상황을 회피하는 대신 의도적으로 분명히 직시하고 자신의 가능성으로, 즉 자신이 완전히 독자적으로 감수하고 처리해야 할 사건으로 그것을 향해 과감히 나아가게 만든다.

이와 같이 우리 개개인 속에 살아 작용하는 양심은 우리 자신이 감행해야 할 가장 지당한 행위가 죽음을 향한 선주라는 점과 그렇게 하는 데서 우리의 참된 모습을 발견할 수 있다는 점에 대해서 자체적으로 "증언"하고 있다. 존재 능력으로서의 진정한 우리 자신을 재발견하고 회복할 것을 촉구하는 실존적 양심은 우리가 죽음으로 선주할 것을 계속 당부하고 있다. 그것이 사실인지 아닌지 확인하기 위해서는 우리가 우리 속 깊은 곳으로 되돌아가서 거기에서 들려오는 양심의 소리를 경청하면 된다. 그러므로 죽음에 대한 하이데거의 지론이 하나의 허황된 이론이 아니고 현상학적으로 뒷받침된 타당한 이론임을 알 수 있다.

실존적 양심은 죽음을 향한 선주를 요청하므로, 그것이 촉구하는 진정한 실존적 결단은 죽음을 향한 선주를 본질적으로 "그 자체 속에 내포하고 있다"고 할 수 있다. 그러므로 실존적 결단은 단적으로 죽음을 향한 선주를 위한 결단이라 할 수 있다. 따라서 실존적 결단과 선주를 분리해서 논하기보다 그들을 하나로 연결시켜 "선주하는 결단"[582]으로 취급해야 할 것이다.[583]

　　현존재가 양심의 소리를 듣고 자신의 채무를 깨닫고 그 채무를 바로 이행하기 위해 의식적으로 죽음으로 선주하겠다는 결단을 내리는 것을 지켜볼 때 우리는 그의 진정한 모습Eigentlichkeit을 알 수 있으며 그의 존재 능력에 관한 전부Ganzheit를 알 수 있게 된다.[584] 그것을 통해 우리는 그의 "존재 능력의 진정한 전체성"eigentliches Ganzseinkönnen[585]에서 그가 실존적 우려임을 알 수 있다. 즉 그의 가장 고유한 본성과 본령에서 그는 존재에 대한 우려, 즉 존재와의 관계, 존재에로의 움직임인 자기 자신의 존재에 관한 절대적인 관심과 우려임을 알 수 있다. "우려는 죽음과 채무의식을 동일하게 원초적으로 그 자체 속에 내포하고 있다."[586]

　　자신의 존재에 대한 이러한 전인적인 실존적 관심과 우려로 말미암아 양심의 소리를 경청할 수 있는 현존재는 죽음을 도피하는 대신 그것을 향해 선주하기로 결심하게 되는 것이다. 죽음을 사랑해서가 아니고 존재와의 관계로서의 자기 자신을 사랑하기 때문에 그렇게 할 수밖에 없다. 그는 죽기 위해 사는 것이 아니고 살기 위해서 죽는다. 바로 살기 위해서 바른 방법으로 죽음에 임하려고 결심한다. 죽음에 대한 "공포"Furcht가 아닌 "불안"Angst으로 말미암아 그는 그것을 향해 선주하지 않을 수 없다. 자신을 얻기 위해서, 자기 자신으로 존재하기 위해서 "존재 불가능의 가능성"을 자진해서 자신의 것으로 수락하고 멸망의 순간으로 과감히 나아가는 것이다. 가공할 죽음과 멸망의 순간에 대한 위기의식이 분명해지고 강력해지면 강력해질수록 그만큼 더 그의 지력과 집중력은 민감해지고 예리해지며 그의 정신력과 결단력은 강렬해지고 뜨거워진다. 따라서 자신의 존재와 삶의 의미와 가치가 가장 밝게 그에게 드러나며 그렇게 드러나는 대로의 자신을 그대로 쟁취할 수 있게 된다.

하이데거가 죽음의 문제를 거론하는 데서 입증하고자 하는 바가 무엇인지가 이제 확실해진다. 인간 현존재의 "평범한 일상성"을 토대로 해서 그의 실존 구조의 "횡단면"을 분석해볼 때도 그의 존재는 우려라 할 수 있거니와, 그의 출생과 사망 그리고 그 사이에 전개되는 모든 것을 "종적으로" 총점검해보며 특히 그의 타락성에도 불구하고 알게 모르게 계속 드러내 보이는 진정한 실존적 행위들을 관찰해볼 때도 그는 역시 단적으로 우려라 할 수 있다. 그의 삶과 행동을 어느 모로 보나 그의 관심의 초점이 존재의 현주와 존재와의 관계, 존재 능력과 세계 초월성으로서의 진정한 자신을 재발견하고 회복하며 실현하는 데와 그러한 자신을 통해 존재의 의미, 존재의 진리를 이상적인 방법으로 기투하고 표현하며 "언어화"하는 데 총집중되어 있다는 점을 발견할 수 있다. 존재, 즉 자신의 존재와 존재 자체에 대한 그의 이러한 관심과 우려에서 그의 "존재"를 발견할 수 있다고 보지 않을 수 없다.

이하에 제시되는 현존재의 시간성과 역사성에 관한 그의 이론들도 모두 동일한 결론으로 이어진다.

8. 우려의 의미와 시간성

(1) "의미"의 의미

현존재의 존재, 즉 그의 본질은 존재에 대한 실존적 우려에서 발견할 수 있다. 현존재를 한마디로 우려라 할 수 있는 것이다. 그러나 우려의 의미는 무엇인가? 하이데거에 따르면 우려의 의미는 시간성이라고 한다. 그것이 사실이라면 그가 어떠한 의미로 우려의 의미를 시간성이라고 하는 가? 여기서 그가 의미하는 "의미"Sinn란 무엇을 의미하는가?

오그던C. K. Ogden과 리처즈I. A. Richards에 따르면 "의미"에는 무려 16개의 상이한 의미가 있으며 이들에도 아종이 있다.[587] 독일 신학자 판넨베르크는 현대 사상가들이 거론하고 있는 "의미"에 대한 해석을 크게 세 부류로 구분한다. ① 지시적指示的, referentielles 해석(한 단어의 의미는 그것이 지시하고 가리키는 한 대상의 내용이다. 러셀과 논리실증주의자들). ② 지향적志向的, intentionales 해석(한 단어의 의미는 한 대상을 인식하는 인식 주체의 의도Vermeinung와 "지향성"Intentionalität에 의해 결정된다. 후설). ③ 맥락적kontextuelles 해석(한 단어의 의미는 그것이 포함되어 있는 전체적인 의미의 지평 속에서 결정된다. 현대해석학).[588]

하이데거가 뜻하는 의미는 이 세 가지 부류 중 어떤 것에도 예속시킬 수 없을 듯하다. 왜냐하면 그가 뜻하는 "의미는 그 어떤 것에 대한 이해를 가능케 하는 전제조건을 내포하고 있는 그러한 무엇이기"Sinn ist das, worin sich Verständlichkeit von etwas hält 때문이다.[589] "의미는 그 무엇이 그것 자체대로 그 가능성에 따라 이해될 수 있게 하는 그러한 최초의 기투(이해와 해석 또는 조명)의 관점 [또는 준거 기준 혹은 준거의 틀]das Woraufhin des primären Entwurfs, aus dem her etwas als, das, was es ist in seiner Möglichkeit begriffen werden kann이기"[590] 때문이다.

하이데거가 지금까지 분석의 대상으로 삼은 것은 물론 현존재의 존재를 뜻하는 실존적 우려였다. 그가 여기서 밝히고자 하는 바는 이러한 실존적 우려의 가능성의 전제조건이다. 실존적 우려를 가능케 하는 ermöglichen 요인이 무엇이냐 하는 것이 그의 질문인 것이다. 무엇의 관점에서 우려의 본질을 이해해야 하느냐가 그가 밝히고자 하는 바다. "우려

의 의미에 대한 질문은 곧 무엇이 우려를…가능케 하느냐 하는 질문이
다."591

그에 따르면 우려의 본질은 시간성의 관점에서 조명하고 해석해야
한다. 왜냐하면 시간성이 그것을 가능케 하기 때문이다. 시간성이 우려
를 가능케 한다 함은 물론 그것이 "현존재의 존재와 그의 현실적인 실존
을 가능케 함을" 뜻한다.592

앞에서 존재 이해 및 존재자에 대한 해석의 문제가 제기되었을 때
하이데거는 의미Sinn 또는 의미성Bedeutsamkeit 혹은 전체적인 의미성das
Bedeutungsganze, ein Ganzes von Bedeutsamkeit은 세계라고 주장했다. 세계라는
"전체"가 존재자 일반이라는 "부분들"과 개체들로 하여금 그들로 정립
되어 세상에 "존재"할 수 있게 사전 규정하며 우리 인간들로 하여금 이
들을 그 의미와 기능에 따라 그들 그대로 이해할 수 있게 하는 그러한
"선점, 선견, 선념으로 구성된 기투(조명)의 준거의 틀인바 그것의 관점
에서 [그들이 그들로] 이해될 수 있다"는 것이었다.593 세계는 세계내재
적 존재자 일반이 그 어떤 구체적인 의미를 띠고 세상에 등장해서 그 어
떤 구실을 할 수 있음을 가능케 하는ermöglichen 전체적인 의미의 지평
Sinnhorizont이자 우리로 하여금 이들을 이들로 이해하고 해석할 수 있게
하는 전체적인 이해의 지평 Verständnishorizont이기도 하다는 것이었다.

그러나 여기서는 존재자 일반의 정체성과 실체가 아닌 현존재의 존
재, 즉 우려의 가능성이 분석과 조명의 대상이다. 그것을 가능케 하는 인
자가 무엇인가? 무엇을 관점으로 해서 그것을 규명해야 그 본질을 바로
이해할 수 있는가? 물론 그의 해답은 시간성이 곧 우려를 가능케 한다는
것이다. 시간성이 우려의 의미다.

인간은 한마디로 우려, 즉 자신의 존재와 그 근거인 존재 자체에 대

한 절대적인 우려와 관심이라 할 수 있다. 그러나 인간의 실체를 보다 더 예리하고 정확하게 정의한다면 그는 곧 시간성이다. 왜냐하면 시간성이 우려, 환언하면 현존재의 존재와 그의 실존을 가능케 하기 때문이다.

존재를 시간 혹은 역사라고 할 수 있듯이 존재와의 관계인 인간 실존을 시간성 혹은 역사성이라 할 수 있다. 사실은 인간을 그렇게 정의하는 것이 그를 가장 정확하게 정의하는 방법이다.

시간은 존재의 진리 또는 존재의 의미, 즉 세계를 위한 "세례명" Vorname(성이 아닌 이름)이다.[594] 시간은 언어와 세계와 동일하게 존재가 세상에서, 우리 현존재의 눈앞에서 구체적으로 자기 현현하는 모습과 방법이다. 이 세 가지는 존재의 지평 Horizont des Seins[595]이자 우리로 하여금 존재를 이해할 수 있게 하는 지평, 존재 이해의 지평 Horizont des Seinsverständnisses[596]이기도 하다.

그리고 시간성 및 역사성은 우려라 약칭할 수 있는 인간이라는 실존, 존재와의 관계가 이 세상에서 자신을 드러내는 모습과 방법이다. 인간을 알려면 그의 시간성과 역사성을 알아야 한다. 그리고 인간의 시간성과 역사성을 알게 되면 결국에 가서는 시간과 역사 자체를 알 수 있게 된다. 그렇게 해서 알게 된 시간과 역사를 지평으로 해서 궁극적으로는 존재의 의미를 학술적으로 규명할 수 있게 된다.

이러한 전제하에서 하이데거는 『존재와 시간』을 저술했다. 그러나 상술한 바와 같이 그는 자신이 원래 뜻한 바를 달성하지 못했기 때문에 『존재와 시간』은 미완성작으로 남아 있다.

다음에 살펴보게 될 현존재의 시간성과 역사성에 관한 하이데거의 이론은 매우 생소하기도 하고 난해하기도 하다. 그러나 앞에서 살펴본 현존재의 "존재론적 순환 구조"(존재라는 그의 존재의 근거에서 출발해서 실제적인 실존 과정을 거쳐 다시금 존재, 즉 자신의 존재와 존재 자체에 이르는 과정)를 염두에 둔다면 그것을 보다 쉽게 이해할 수 있으리라 생각된다.

인간은 실존이며 존재와의 관계다. 그는 시간과 역사를 지평으로 해서 자신을 현현하는 존재에서 오며 존재 안에서 계속 존재를 향해 나아간다. 그래서 그를 단적으로 존재라는 시간과 역사로 나아가는 움직임이라 할 수 있다. 존재가 그의 미래와 소망이다. 그래서 그는 본디부터 죽음을 포함한 모든 한계상황들에도 불구하고 존재의 의미를 이해하고 기투하며 개방하고 실현하는 가운데 전인의 전폭적인 노력으로 끈질기게 그를 향해 나아가지 않을 수 없다. 그는 본질상 미래지향적이다.

그가 그와 같이 미래지향적이므로 그는 또한 과거지향적이지 않을 수 없다. 그가 존재를 자신의 미래로, 자신의 실존 과정의 목적지와 행선지로 간주하고 그것을 향해 바로 나아가야 하므로 그는 또한 그것이 무엇인지를 바로 알 수 있어야 한다. 그렇게 하기 위해서 그는 자신의 과거이자 자신의 존재 근거이며 실존 과정의 출발점이기도 한 존재를 의식적으로 되돌아보며 그에 대해서 진중하게 반성해보게 된다. 자신의 "과거"를 "회상"하는 것이다. 그래서 그는 과거지향적이다.

그가 그와 같이 미래지향적인 동시에 과거지향적일 때 그는 자신의 현재를 올바로 열 수 있다. 그래서 그의 현재가 단순히 "현재적"gegenwärtig인 대신 "순간적"augenblicklich일 수 있다. 그와 더불어 그는 자신이 현순간에 접하는 모든 대상들을 진정, 시간 그 자체인 존재의 빛으로 바로 보고 이해할 수 있고 그들과 올바른 관계를 맺을 수 있게 된다.

(2) 현존재의 미래

이상에서 현존재의 존재 능력의 진정한 전모das eigentliche Ganzseinkönnen,[597]

그의 참된 모습Eigentlichkeit의 총체성Ganzheit은 그가 자기 자신의 양심의 이중적 호소에 부응해서 죽음을 향한 선주를 결심하는 데서 발견할 수 있음을 확인했다. 그가 진정 누구이며 무엇을 할 수 있고 없는지는 그가 세인으로 타락되어 "세계" 속에 파묻혀 세계내재적 존재자들을 위주로 살아가던 비본래적인 실존방식을 지양하고 죽음으로 끝나는, 그러나 존재 능력과 존재의 빛의 조명 과정 그 자체를 뜻하는 자기 자신을 절대 긍정하는 데서 발견할 수 있으며, 죽음이라는 존재 불가능의 가능성을 가장 고유한 자기 자신의 개인적인 가능성으로 과감하게 수락하며 의식적으로 그리고 자신의 전인격적이고 전폭적인 집중력으로 그것을 향해 과감하게 나아가려는 비장한 실존적 결심, 선주를 향한 결단에서 발견할 수 있음을 확인하게 되었다.

앞에서 설명했듯이 죽음을 향한 선주를 통해 현존재의 잠재력과 정신력이 최대한으로 동원되고 그와 더불어 그것이 가장 확실하게 표출되기도 한다. 그리고 현존재 자신이 그렇게 표출되는 자신의 본성과 본령을 가장 분명하게 인식할 수 있다.

죽음이라는 자기 삶의 최대 위기, 가장 암울한 순간을 외면하거나 도피하지 않고 그것을 공포가 아닌 불안감으로 직시하며 피부로 느끼듯 실제적으로 체험하는 데서 현존재는 지적·도덕적으로 혹은 실존적으로 이상적이며 본래적인 자신에 더욱더 가까워진다.

현존재가 죽음을 긍정하면 할수록 그는 그만큼 더 자기 자신을 긍정하게 된다. 육체적으로는 죽을 수밖에 없으나 정신적으로는 살아남되 가장 아름답고 훌륭한 삶의 주인공으로 살아남기 위해 정신으로서의 자기 자신, 존재 능력으로서의 자기 자신을 절대 긍정하지 않을 수 없고 자신의 정신력과 잠재력을 총동원하여 죽음과 맞서 싸우지 않을 수 없다. 죽음을 긍정하고 수락하며 그와 동시에 자기 자신을 절대 긍정하며 자신의 가장 고유한 존재 능력의 "총체성"을 발휘해야 하는 현존재는 그렇게 함과 더불어 실제로 그와 같은 진정하고 이상적인 자신으로 화하게 된다. 그리고 그는 스스로 그렇게 되는 자기 자신을 더 확연하게 발견한다. 진정한 실존 이해, 자아 이해에 도달하는 것이다zukommt. 실존적 결단으로 의식적으로 죽음에로 나아감과 더불어 그는 지적·도덕적으로 존재와의 관계, 존재에로의 움직임, 존재 능력으로서의 진정한 자기 자신에 도달한다. 진정한 자기답게 죽을 각오를 함으로써 그는 진정 자기다운 삶을 살 수 있는 참된 자기 자신에 이르게 된다.

현존재는 의식·무의식적으로 태어나는 순간부터 죽음으로 선주하려는 결단으로 살아간다. 그렇게 함과 더불어 그는 지속적으로 자신의 이상과 목표에 도달하려고 노력한다. 자신의 진정한 미래Zukunft에 도달 zukommt→Zukunft하고자 총력을 기울이는 것이다. 그렇게 하지 않을 수 없다.

현존재의 존재의 가장 진정한 모습의 표현방법인 그의 이 선주를 향한 결단은 그가 그의 중심에서 "우려"라는 사실과 그가 본질적으로 "선재적"이며sich-vorweg "미래지향적"zukünftig임을 가장 확실하게 보여준다. 그것은 그가 존재라는 이상적인 목표에 처음부터 이미 도달해 있으면서도 또한 역설적으로 그것을 향해 계속 나아가야 하는 필연성과 당위성을 띤 존재자임을 가장 분명히 밝혀준다. 현존재의 존재는 미래지향적이다. 미래Zukunft, 더 정확하게 표현한다면 "미래성"Zukünftigkeit, 즉 참되고 이상적인 자기 자신의 존재라는 목표에로의 지향성이 그의 진정한 존재 양식의 가장 기본적인 범주다.[598]

자신의 미래, 자신의 실존적 이상을 실현하고자 하는 진지한 노력을 보이지 않는 현존재는 식물인간과 비슷할 것이며 존재 능력, 존재로 나아가는 잠재력과 존재에 대한 우려를 본성으로 하고 있는 정상적인 인간은 될 수 없다. 미래 없는 인간은 살아 있으나 사실은 죽은 인간이다. 미래지향적이지 않은 현존재는 "존재"하지 않는다.

(3) 현존재의 과거

현존재가 이와 같은 방법으로 지속적으로 그리고 점차적으로 더 가까이 이상적인 자기 자신, 자신의 미래에 도달하려고 노력하고 있으며 실제로 자신의 미래를 매 순간 체험하고 살아갈 수 있다면, 그가 이러한 미래지향적인 노력을 통해 발견하고 실현하게 되는 자기 자신은 누차 지적한 대로 사실 그가 세상에 태어남과 더불어 이미 소유하고 있는 자기 자신과 원칙상으로는 동일한 자신이다. 그것은 그의 피투성과 더불어 하나의 선물로 그에게 부여된 자기 자신의 자아다.

선주를 향한 결단과 더불어 현존재가 타락성의 잠에서 깨어나서 의식하고 인식하게 되는 것은 다름 아닌 자기 자신이다. 전혀 생소한 것을 새로 발견하는 것이 아니고 이미 알고 있던 자기 자신, 이미 소유하고 있던 자기 자신을 재발견하며 회복하는 것이다. 그렇게 함으로써 그는 자신에게 부여된 진정한 자아라는 최상의 "선물"의 고귀함과, 그와 더불어 자기 자신에 지워진 진정한 자아 이해와 자아 완성이라는 "채무"의 막중함을 이제 비로소 진정 깊고 절실하게 깨닫고 이 채무를 이행하려고 최선을 다하려는 결연한 결의를 한다.

그가 선주를 향한 결단을 통해 참되고 이상적인 자기 자신에 이르면 이를수록, 미래지향적이면 미래지향적일수록 그는 더욱더 "과거지향적"이게 되어 자신의 과거^{Gewesenheit}를 더욱더 심각하게 되돌아보게 된다.

존재 능력으로서의 자신의 존재의 기원을 더욱더 분명히 의식하게 되며 존재의 진리의 처소와 조명 과정, 조명의 사건으로서의 자기 자신의 놀라운 특권과 위상, 그와 더불어 자신에게 주어진 막중한 책무를 더욱더 절실하게 실감할 것이다.

> 가장 극단적이며 가장 고유한 가능성(죽음)에로의 선주는 현존재가 이해력을 통해 자신의 가장 고유한 과거로 귀환함das verstehende Zurück-kommen auf das eigenste Gewesen을 뜻한다. 현존재가 미래적일 때만 그는 진정한 방법으로 과거적일 수 있다. 과거는 어떤 의미로는 미래에서 온다.[599]

선주를 향한 결단을 통해 현존재는 진정한 자기 자신에 도달하게 되며, 자신의 미래에 도달하게 된다. 그렇게 된다는 것은 곧 자기 자신의 진정한 모습을 순수하게 그대로 재발견함을 뜻한다. 그것은 진정한 자기 자신의 "과거"로 되돌아가게 됨을 뜻한다.

죽음의 선주는 이와 같이 현존재에게 자신의 미래와 과거를 열어준다. 그것은 그로 하여금 자신의 이중적인 채무를 바로 인식하게 함으로써 자신의 미래를 최선의 노력으로 적극적으로 개척해나갈 수 있게 만들어준다.

죽음 앞에서 굴하지 않고 죽음으로 끝나는 자기 자신을 절대 긍정하는 행위, 선주에로의 결단이 현존재로 하여금 참된 자기 자신의 정체성을 재발견하고 회복하게 만든다는 뜻에서 그의 미래지향적인 존재 양식이 어떤 의미로는 과거지향적인 존재 양식에 비해 존재론적 우위를 차지한다고 할 수 있다.

물론 그에게 과거가 있기에 미래가 있다. "현존재가 지금까지 존재한 바대로 존재하는 한에 있어서만 그는 미래적으로 자기 자신에게 도달할 수 있으며 그와 더불어 자기 자신에게 되돌아갈 수 있다."[600]

그러나 또 한편으로는 그가 자신의 진정한 미래, 자신의 이상적인 모습을 의식하지 못하면 자신의 과거는 말하자면 그의 의식 속에 사장된다. 자신의 이상을 의식하게 될 때 그것을 척도로 해서 현실적인 자신도 평가할 수 있고 원래 그가 어떠한 능력과 잠재력을 가진 자로 세상에 피투되었는지도 판가름할 수 있다. 자신의 미래를 앎으로써 그는 자신의 과거도 알 수 있다. 그러므로 "과거가 어떠한 의미로는 미래에서 온다"Die Gewesenheit entspringt in gewisser Weise der Zukunft라고 할 수 있는 것이다. 따라서 현존재의 실존 구조의 "가장 중요한 의미는 미래다."[601]

(4) 현존재의 현재

선주를 향한 결단은 현존재로 하여금 자신의 생에서 매 순간 순수히 미래지향적이 됨을 가능케 하며 그와 더불어 과거지향적임을 가능케 하기도 한다. 매 순간 그가 이와 같이 순수히 미래지향적이면서 과거지향적인 실존 양식으로 살아감으로써 그는 또한 자신의 눈앞에 실재하거나 전개되는 모든 세계내재적 존재자들과의 관계에서도 존재의 빛 가운데서 올바로 정립되고 조명된 원래적인 자신으로서, 그 "진정한 존재 능력의 총체성"das eigentliche Ganzseinkönnen을 발휘하는 이상적인 현존재로서 그 모습을 드러내는 가운데 활동하게 된다. 그러한 참되고 순수한 자신으로 그들과 관계를 맺으므로 그에 의해 존재론적으로 정립되고 조명되게끔 되어 있는[602] 이들 세계내재적 존재자들도 자연히 그러한 현존재의 원래적이며 순수한 존재 이해와 실존 이해의 빛으로 그 모습을 드러내지 않을 수 없다. 그러한 현존재는 자신 속에 구현하고 있는, 아니 바로 자기 자신의 정체성과 존재를 뜻하는 "가장 원초적인 진리"의 빛으로 그들 모두를 지금까지의 비본래적인 실존 양식에서와는 전혀 달리 순수히 그들 그대로 새롭게 포착하고 정립하며 개방하고 눈앞에 현존케 할 수 있다. 그렇게 할 때 그들은 그들의 원래적인 모습과 방법으로 그의 눈앞에 등장해서 그들 각각의 본래의 기능을 발휘하게 된다.

현존재가 이러한 원초적이며 본래적인 방식으로 자신의 주위의 존재자들을 포착하고 정립하며 조명하고 취급하며 사용하는 행위, "현재화"Gegenwärtigen하는 작업이 일어나는 시제가 곧 그의 진정한 현재Gegenwart이다.

오로지 현재화의 뜻으로 이해된 현재, 즉 선주를 향한 결단을 감행하는 현존재가 그의 실생활 과정에서 취급하는 사물들을 왜곡됨이 없이 순수히 그대로 눈앞에 현현하게 하는 행위das unverstellte Begegnenlassen로써만 그의 그러한 결단이 진정한 결단일 수 있다.[603]

순수히 미래지향적이 됨과 더불어 순수히 과거지향적이 되는 현존재가 자신의 눈앞에 현존하고 있는 존재자들과 본래적인 관계를 맺는 행위에서 그의 참된 현재―키에르케고르의 용어로 표현한다면 "영원성으로 충만해진 시간성"―즉 "순간"Augenblick[604]이 태동되는 것이다.

(하이데거는 키에르케고르가 "순간이라는 실존적 현상을 가장 예리하게 간파했음"을 인정하면서도 그의 시간관은 문제시하고 있다. 그 이유는 그가 시간을 통상적인 방법으로 무한히 계속되는 "지금의 연속"으로 해석하기 때문이다.)

(5) 우려의 3대 구성 요소와 시간성

하이데거는 현존재의 시간성을 이러한 절차를 거쳐 현존재의 선주를 향한 결단을 통해 가장 "진정한 방법으로" 그리고 "총체적으로" 표출되는 우려, 즉 자신의 존재와 존재 자체에 대한 절대적인 관심과 우려에서 유도한다. 동일한 존재와의 관계에서 세 가지 상이한 방향으로 방사되는 현존재의 마음의 움직임에서 미래·과거·현재를 끌어낸다. 그러나 이하에서 곧 확인되겠거니와 최종적으로 그는 이러한 순서를 전도시켜 결국 시간성에서 우려를 도출한다. 시간성이 우려의 의미, 즉 그 가능성의 선험적 조건이라는 결론에 도달하게 된다. 사실인즉 여기서는 순서가 문제로 떠오를 필요조차 없다. 왜냐하면 우려도, 시간성도 엄격한 의미에서는 동일한 것을 뜻하기 때문이다—시간 그 자체인 존재로의 "외향적" 지향.

그의 마음의 이러한 세 방향으로의 움직임은 물론 이상에서 확인된 우려의 3대 구성 요소—실존성(이해력, 기투력), 사실성(상태성, 피투성), 타락성—에 상응하는 현상이다(현존재의 본래적인 "현재"가 곧 그의 "실존적 순간"을 뜻하며 그가 "타락된" 삶 속에서 사물과 관계를 맺을 때 그는 존재론적으로 무의미한 비본래적인 현재를 체험하게 된다). 그래서 이상에서 현존재의 선주를 향한 결단과 관련해서 언급한 바를 그것과의 직접적인 관계없이 그의 실존 구조 일반과 관련해서도 서술할 수 있다. 우려의 3대 구성 요소들을 하나로 연결시켜 "(한 세계 내에서) 이미 존재함에도 불구하고 자기 선재적인(세계내재적 존재자들과의) 병존"으로 볼 수 있다고 했다. 이 세 요소들(자기 선재, 세계내존, 세계내재적 존재들과의 병존)은 각각 실존적 의미의 미래·과거·현재와 관계된다.

현존재의 자기 선재는 그의 미래에 기초를 두고 있다. 그가 항상 이미 세계 내에서 존재한다 함은 그의 과거에 대해서 지시해주고 있다. 사물들과의 병존은 그의 현재화를 통해 가능하다.[605]

현존재의 존재 능력, 즉 존재 이해 능력, 존재 기투 능력을 통해 그는 자기 자신에 선재할 수 있다. 그는 존재의 진리의 처소와 존재 능력, 존재에로의 잠재력인 자기 자신이 잠정적으로는 처음부터 항상 이미 되어 있을 뿐 아니라 그러한 자신을 성취하고 달성해야 할 목표로 눈앞에 두고, 그에 대한 절대적인 관심과 우려 속에서 계속 지적·도덕적·전인적으로 그것을 향해 나아가려고 진력하는, 참되고 이상적인 자신에 대한 능동적인 기투 활동을 벌이는 그러한 존재자다. 그는 존재함과 더불어 자신의 존재를 가장 큰 쟁점으로 삼는 그러한 존재자가 아닌가?

그렇게도 지대한 관심과 우려의 대상이 되는 자신의 존재를 원칙상으로 그가 이미 구현하고 있으면서도 실제적으로는 여러 면으로 그것에 뒤져 있으므로 그는 계속 그것을 목표로 해서 나아가지 않을 수 없다. 그는 완전하고 본래적인 자기 자신이라는 이상, 자신의 미래를 향해 나아간다.

그가 미래지향적이 됨과 더불어 그는 진정한 자기 자신에 도달하게 된다. 그리고 그렇게 한다 함은 곧 그가 진정한 자기 자신에게로 되돌아감을 의미한다. 그의 진정한 과거를 바로 회상하고 자신의 피투성과 채무를 분명히 의식함을 의미하는 것이다.

자신의 미래와 과거에 대해 분명해진 현존재는 현실적인 상황 속에서 사물과의 관계를 올바로 맺음으로써 진정한 현재를 열 수 있게 된다. 그래서 "선주를 향한 결단은 현존재로 하여금 미래지향적이 됨과 더불어 자기 자신에게 되돌아오게 하며 현재화하는 가운데 현실적인 상황에 대처하게 만든다. 과거는 미래에서 오는바, 과거적인die gewesene(더 적절한 표현으로는 과거지향적인besser gewesende) 미래는 자체로부터 현재를 태동시킨다. 이와 같이 과거적·현재적 미래로 하나로 연결된, 통일된 현상을 우리는 시간성이라 칭한다. 오로지 현존재가 시간성으로 정의될 수 있으므로 그는 상술한 선주를 향한 결단을 통해 자신의 진정한 존재 능력의 전체성das gekennzeichnete eigentliche Ganzseinkönnen을 구현할 수 있다. 이로써 시간성이 진정한 우려의 의미임이 밝혀지게 되었다."[606]

현존재가 그 가장 깊은 중심에서 시간성, 즉 세 가지 상이한 방향으로 표현되는 존재로의 움직임이므로 그의 존재가 우려일 수 있고 우려의 "진정한 표현 양식"인 선주를 향한 결단을 감행할 수 있다.

(6) 하이데거의 시간 개념의 특이성

이상에서 제시된 미래·과거·현재에 대한 하이데거의 이론은 하이데거 자신이 시인하는 대로 통상적인 시간 개념과 완전히 다른 이론이다. 후자에 따르면 시간은 무한정으로 이어지는 "지금의 연속"Jetzt-folge인데, "미래"는 아직 도래하지 않고 앞으로 언젠가는 도래할 "지금"이며, "과거"는 전에는 존재했으나 이제는 존재하지 않는 "지금"이고, "현재"는 현존하는 "지금"이다.

자연물과의 관계에서는 시간의 본질을 이렇게 정의하고 해석할 수 있을지 모른다. 그러나 그러한 뜻의 시간은 분명히 현존재의 시간성과는 무관하다. 왜냐하면 현존재는 사물들과 같이 시간의 흐름 속에서 단순히 피동적으로 흘러 지나가는 현전자가 아니고 역동적이며 창조적인 존재 능력 그 자체이기 때문이다. 그의 본질은 존재에 대한 우려와 존재로의 움직임에서 찾아볼 수 있기 때문이다.

그러므로 현존재의 실존적 시간성과 관련해서 우리는—칸트와 같이—의식내재적·주관적 해석immanent, subjektiv도 할 수 없거니와—아리스토텔레스나 뉴턴과 같이—초월적·객관적transzendent, objektiv 해석도 해서는 안 된다.[607] 이상에서 상론되었듯이 진정한 시간성은 현존재의 존재의 내적 움직임과 관계되는 현상이다. 시간성의 세 표현 양식인 미래·과거·현재는 존재를 향한 현존재의 지향성의 세 기본 방향을 나타낸다.

우리는 그러므로 이상에서 묘사한 미래·과거·현재라는 현상을 [세 방향으로 표현되는] 시간성의 외향성外向性, Ekstase이라 칭한다.[608]

현존재의 실존적 시간성은 주관적인 시간도, 객관적인 시간도 뜻하지 않고 존재로의 지향성을 의미한다. 현존재가 항상 직간접적으로 자신의 존재에 대한 실존적인 우려로 삶에 임하며 행동하기 때문에 그는 자신의 이상과 목표, 자신의 존재의 뿌리와 바탕, 그리고 자신의 현실에 대해, 환언해서 자신의 "행선지", "본적지", "현주소"에 대해서 가장 진지한 자세로 계속 성찰해보지 않을 수 없고 그러한 성찰을 통해 새로워지는 자아 이해에 따라 자신의 존재 방식을 재정립하려고 심각하게 노력하지 않을 수 없다.

그렇게 한다는 것은 궁극적으로는 곧 자기 자신의 존재의 근원이며 근거인 존재와의 관계를 재정비하고 재정립하는 데 총력을 기울임을 뜻한다. 지적으로, 존재론적으로 참되고 이상적인 자기 자신에 이르기 위해서는 존재 자신에로 나아가야 하기 때문이다. 자신의 존재의 뿌리가 되며 이상이 되고 현실적인 자아 이해와 사물 이해의 지평이 되고 준거 기준이 되는 존재에 이르려고 최선을 다해야만 하기 때문이다.

키에르케고르가 인간은 그리스도 안에서만 재발견할 수 있고 만날 수 있는 신 앞에서 진정한 자신을 재발견하고 회복할 수 있다고 보았듯이, 하이데거는—후기 하이데거는 물론 전기 하이데거도—존재 안에서만 현존재가 자신의 본적지와 현주소와 행선지를 올바르게 발견할 수 있고 진정한 자신을 재발견하고 회복하며 실현할 수 있다고 굳게 믿고 있다.

현존재가 자신의 삶의 궁극적인 이상과 목표인 존재를 향해 나아가고자 하는 진지한 내적인 성향이 그의 미래[성]이며, 그와 더불어 자신의 존재의 궁극적인 기원起源과 근거인 존재를 신중하게 되돌아보는 가운데 자신의 진정한 정체를 회상하고 재발견하고자 하는 마음의 움직임이 곧 그의 과거[성]이다. 그리고 자신의 진정한 미래와 과거를 염두에 두고 현실적인 모든 것을 이해하고 취급하려는 진지한 노력이 그의 현재[성]이다.

이것이 그의 시간성의 세 가지 기본 방향이므로 시간성은 궁극적으로는 세 상이한 방향으로 분산되는 존재를 향한, 즉 자기 자신의 존재와 나아가서는 존재 자신을 향한 현존재의 마음의 움직임이라 할 수 있다. 그러한 의미로 시간성은 존재를 향한 "외향성"이라 할 수 있는 것이다.

볼노브 O.-Fr. Bollnow가 지적하는 대로[609] 하이데거의 이러한 실존주의적 시간 개념은 아우구스티누스의 시간관과 매우 유사하다. 하이데거가 자신의 시간관은 객관적인 시간관도, 주관적인 시간관도 아니고[610] 실존주의적 시간관이라고 주장하지만 그의 시간관도 어떤 의미에서는 주관적 시간관이라 할 수 있다. 키에르케고르가 자신의 사고방식을 헤겔의 "객관적 사유"와 구별된 "주관적 사유"라고 주장했을 때 그가 뜻한 바는 실존적인 사유였던 것과 마찬가지로, 하이데거의 시간관을 일종의 주관적 시간관이라고 부르는 것은 그것이 실존주의적 시간관임을 뜻한다.

아우구스티누스는 『고백록』, 11권, 20장에서 시간의 본질에 대해서 다음과 같이 서술하고 있다.

> 과거, 현재, 미래라는 시간의 세 구분이 있다고 말하는 것은 정확한 표현
> 이 아니다. 정확한 표현은 아마도 다음과 같을 것이다. 시간의 세 구분이
> 있으되 그것들은 지나간 일들의 현재, 현재적인 일들의 현재, 미래적인
> 일들의 현재다the present of things past, the present of things present, the present of
> things future. 왜냐하면 이 세 가지는 인간의 마음속에 존재하는 것이며 다
> 른 어디서 그들을 발견할 수 없기 때문이다For these three are in the soul and I
> do not see them elsewhere. 과거 일들의 현재는 기억이고, 현재적인 일들의 현
> 재는 직접적인 직시이며, 미래 일들의 현재는 예기이다.

아우구스티누스는 여기서 시간이 아리스토텔레스가 주장한 것과는
전혀 달리 객관적인 그 무엇이 아니고 어디까지나 주관적인 그 무엇임
을 분명히 하고 있다(플라톤은 세계형성자 데미우르고스가 움직이는 천체
들 속에 생성케 한, "영원성의 그림자"the image of eternity가 곧 시간이라고 보았
다).[611] 아우구스티누스의 정의에 따르면 과거·현재·미래로 된 시간의
세 구분은 우리와 모든 사물들이 함께 포함되어 있는 객관적인 시간 흐
름의 세 시제를 뜻하기보다 세 상이한 방향으로 향해 있는, 지금 이 순간
의, 우리의 주관적인 의식 상태를 의미한다.

그러므로 아우구스티누스에 따르면 시간의 세 구분이 우리가 현재
소유하고 있는 의식의 내적 움직임과 관계되므로, 과거는 통상적으로 우
리가 생각하듯 이미 지나가고 없어져 지금 우리의 삶과는 무관한 시점
을 의미할 수 없고 오히려 우리의 현실적인 자아 이해와 생활 방식의 출
발점과 틀로서 우리를 모든 면에서 제한하며 그야말로 우리의 존재를

지탱하는 요인으로 작용할 수밖에 없다. 그와 마찬가지로 미래도 단순히 앞으로 언젠가 도래할 시점으로서 현재의 우리 삶에는 아직 아무런 영향도 미칠 수 없는 시제가 결코 아니다. 그 정반대로 미래는 희망과 이상, 혹은 절망과 좌절감 등의 주관적인 태도로 표출되는 가운데 우리의 현실적인 실존 과정의 방향과 내용을 근본적으로 규정하는 요인이다. 그리고 현재는 결코 단순히 "면적이 없는" 전이점轉移點이 아니다. 현재는 실존적인 의미의 과거와 미래와 관계되는 모든 것을 서로 잇는, 극히 중요한 연결고리 역할을 한다.

이와 같은 아우구스티누스의 시간관과 유사한 시간관을 주장하는 하이데거는 시간을 객관적인 어떤 현상으로 실재하지 않고 주관적인 사건으로 인간의 마음속에서 일어나고 있는 것으로 해석해야 한다고 보았다. 사실인즉 그는 아우구스티누스의 시간관과 관련해서 그의 『고백록』, 11권 26장에 있는 다음과 같은 구절을 인용하기도 한다. "그러므로 시간은 나에게 연장성延長性, distentio, extendedness 외 아무것도 아닌 것같이 보인다. 그러나 그것이 무엇의 연장성인지에 대해서는 나는 알지 못하고 있다. 그러나 그것이 영혼 자체의 연장성이 아니라면 그것은 의외意外의 일일 것이다."[612] 그래서 하이데거는 다음과 같이 서술한다. "시간성은 결코 그 어떤 존재자가 아니다. 그것은 객관적으로 '존재'하고 있는 것이 아니라 사건으로 일어나고 있다"Die Zeitlichkeit 'ist' überhaupt kein Seiendes. Sie ist nicht, sondern zeitigt sich.[613]

이와 같이 한 역동적인 사건으로 지속적으로 일어나는 시간성이 곧 현존재의 존재를 뜻하는 우려를 가능케 하는 전제조건, 그 "의미"다. 그러므로 단적으로 말해서 현존재의 근본과 중심은 시간성이다. 세 가지 방향으로 방사되는 존재에로의 "외향성", 즉 실존과 외존이다. "『존재와 시간』에서 존재란 시간 외 아무것도 아니며…'시간'은 존재의 진리의 세례명 Vorname für die Wahrheit des Seins 이다"[614]라고 할 수 있듯이 현존재는 시간성 외에 아무것도 아니다.

그리고 우리는 시간성을 준거 기준과 지표로 해서 우려의 본질이 무엇인지, 인간 현존재가 누구인지를 이해할 수 있다. 시간성 Zeitlichkeit 은 우려의 본질과 현존재의 본성 및 본령에 대한 이해 가능성의 선험적 조건이며 그를 위한 이해의 지평이다. 이것은 시간 Zeit 이 존재 자체의 자아 현현의 가능성을 위한 전제조건이며 그 지평인 동시에 우리가 존재를 이해하는 데 필요한 지평, 존재 이해의 지평인 것과 마찬가지다.[615]

현존재가 시간성이라 함은 곧 그가 시간 자체인 존재와의 관계이며 존재로의 움직임이며 "세계로의 초월의 사건"Geschehen der Transzendenz als solcher(Zeitlichkeit)[616]이라는 말이다. 그는 곧 실존과 외존이다. 존재의 개방성과 조명성이 역동적인 사건으로, 진리의 사건, 빛의 사건으로 일어나는 과정이란 의미다.

존재는 절대 원초적인 의미의 빛의 힘 곧 피시스이며, 현존재는 이 빛의 힘의 역사에 수동적·능동적으로 참여하는 자다. 현존재는 절대 원초적인 빛에 힘입어 우주적인 빛의 역사役事를, 존재를 위해 수행하는 빛의 조명 과정 그 자체다. 현존재는 빛이며 빛의 사건, 진리의 빛의 사건이다.

9. 현존재의 역사성

(1) 역사성의 본질

현존재의 근본과 중심이 시간성이기 때문에 그는 본질적으로 역사적인 존재자일 수밖에 없다.[617] 그러한 의미에서 하이데거가 대단히 높이 평가하는 바르텐부르크Paul Yorck von Wartenburg 공작도 "내가 자연Natur(육체)인 것과 같이 나는 역사Geschichte다"라고 피력했다.[618] 하이데거 자신도 그의 후기 작품들 속에서 종종 인간을 단적으로 "역사"Geschichte라 칭한다.[619] 앞서 지적한 대로 그는 존재를 역사라 칭하기도 하며[620] 존재의 역사, 곧 존재사가 다름 아닌 존재 자신이라고 주장하기도 한다.[621]

현존재의 역사성Geschichtlichkeit은 그의 시간성에 그 근거를 둔다. 따라서 그의 역사성에 대한 분석은 이상에서 제시된 그의 시간성에 대한 분석 결과를 약간 다른 각도에서 재고해보는 작업에 지나지 않는다.[622]

다만 여기서 유의할 점은 시간성에 대한 해석에서는 미래의 시제가 다른 시제에 비해서 확실히 우위를 차지하고 있는 데 반해서 역사성에 대한 분석에서는, 역사란 용어 자체가 시사해주고 있는 바대로 과거의 시제가 대단히 중대한 위치를 차지하고 있다는 점이다.[623] 역사성이란 구체적으로 무엇을 뜻하며 왜 그것과 관련해서 과거의 시제가 중요한 역할을 하게 되는가?

이 질문과 관련해서 먼저 고려해야 할 점은 현존재가 필연적으로 통상적인 의미의 역사 즉 "객관적인" 역사 속에 들어 있기 때문에 역사적인 존재자, 역사성으로 특징지어진 실재로 살아갈 수밖에 없는 것이 아니라, 그가 본질적으로 역사적이기에 즉 그의 "주관적인" 역사성으로 말미암아 "객관적인" 역사가 가능하다는 사실이다.

"현존재가 실제적으로 '역사'를 소유하고 있고 또 소유할 수 있는 이유는 이 존재자의 존재가 역사성으로 구성되어 있기 때문이다."[624] "객관적" 시간, "자연적" 시간이 현존재의 "주관적" 시간 또는 "실존적" 시간성에 그 근거를 두고 있듯이[625] 객관적인 역사Historie는 현존재의 주관적인

역사성과 역사Geschichte에 기초하고 있다.[626]

현존재의 역사성에 대한 분석이 그의 시간성에 대한 분석을 새로운 각도에서 보다 정교하게 전개하는 작업이라면, 그의 역사성의 본질을 규명하기 위해서는 시간성의 본질을 밝히는 데 출발점이 된 선주를 향한 결단을 먼저 재검토해볼 필요가 있다.

죽음을 향한 선주를 굳게 결심하는 현존재의 실존적 결단에서 그의 진정한 존재 가능성과 존재 능력의 전모를 발견할 수 있다. 이러한 선주를 향한 결단은 현존재의 우려의 세 가지 요인들 가운데 특히 능동적인 기투력 또는 실존성(협의의 실존성—광의의 실존성은 우려의 세 가지 요인들 전체를 포함한 현존재의 "본질"을 의미한다)과 관계되는 행위로서 그것은 무엇보다 그가 본질적으로 미래로의 지향성, "미래성"으로 특징지어져 있다는 사실을 보여준다.

현존재가 세상에 태어나자마자 죽음을 자신의 등에 업고 그것을 의식·무의식적으로 매 순간 체험하므로, 죽음 앞에서 균형을 잃고 자신을 상실하지 않기 위해서 그것을 자신의 운명으로 수락할 뿐 아니라 그것을 향해 의도적으로 달려가기로 장엄하게 결심하게 된다. 비참하게도 죽음으로 끝나긴 하지만 그럼에도 불구하고 존재 능력, 존재의 빛의 조명의 사건 그 자체인 자신의 실존에 대한 절대적인 관심과 우려로 말미암아 그가 그러한 비장하고도 단호한 결단을 내리게 되는 것이다. 죽음이라는 최대의 위기 상황 앞에서, "존재 불가능의 가능성"을 눈앞에 두고 바라보는 가장 암울한 순간에, 그는 자신의 실존과 자신과 본질적으로 연결된 존재 자체에 대한 극명한 투명성을 확보할 수 있게 된다. 그로 말미암아 그는 죽음으로 끝나는 자기 자신과 존재를 더욱더 긍정하게 되고 본래적이며 이상적인 자신으로 모습을 당당하게 드러내야 할 필요성과 그렇게 할 수 있는 투지력과 정열을 더욱더 뜨겁게 소유하게 된다.

죽음을 향한 선주를 결단하는 데서 현존재가 이상적인 자기 자신, 자신의 미래를 바라보게 되고 그것에 도달하려고 노력함과 더불어 그는 무엇보다 먼저 자신의 미래와 이상인 존재가 무엇인지를 인식하기 위해 진중하게 노력하지 않을 수 없다. 그러나 죽음 자체를 직시하는 데서는 물론 자신의 정체성을 확정할 도리가 없다. 그래서 그는 자신이 이미 구현하고 있는 바대로의 자신과 자신의 존재 근거를 되돌아보게 된다. 그는 자신이 미처 의식하지 못한, 그러나 이미 원칙적으로 구현하고 있는 바대로의 자기 자신에게 되돌아오는 것이다. 그러한 자신의 정체성에 대해 투명해진다. 피투성 또는 유한성으로 특징지어진 자신의 과거[성], 자신의 존재의 근거, 자신의 "채무"를 분명하게 의식하게 되는 것이다.

그러나 "현존재 속에서 일어나는 한 본래적인 사건"ein eigentliches Geschehen des Daseins[627]을 뜻하는 선주로의 결단을 통해 그가 자신의 이상, 자신의 미래에 도래함과 동시에 자신의 존재의 근거 또는 "뿌리", 자신의 과거로 돌아간다 혹은 "되던져지게 된다"zurückgeworfen는 말의 진의는 정확하게 무엇인가? 현존재의 역사성의 본질을 규명하기 위해서는 그의 존재의 뿌리라는 용어의 뜻을 보다 세밀하게 분석해볼 필요가 있다. 이 용어와 관련해서 이미 언급된 것 외에 더 고려해야 할 점은 무엇인가?

이상에서 우리는 이미 "Daß es ist und zu sein hat"라는 단순한 문구로 표현되는, 현존재의 피투성과 유한성, 실존 과정의 출발점과 터전Grund-sein, 사실성Faktizität 또는 "사실적 현주"das faktische Da[628]와 "채무" 등의 명칭으로 하이데거가 이에 대해 상론하고 있음을 밝혔다. 현존재의 역사성을 거론하는 맥락에서도 그는 물론 이 점을 강조하고 있다"das Zurückkommen auf die Geworfenheit"; "auf ihre faktische Geworfenheit zurückwirft"[629] 그러나 여기서 하이데거는 이상에서 이와 관련해서 충분히 고려하지 않은 한 가지를 첨부해서 세부적으로 논할 필요성을 느끼고 있다. 그것은 본 질상 타인과의 "공존"Mitsein의 양식으로 실존하는, 즉 타인과의 사회적 유대관계로 살아가게끔 운명 지어진 현존재가 과거인들, 특히 위대한 선열들과의 역사적 유대관계에서 살아갈 수밖에 없다는 사실이다.

현존재는 사회적으로나 역사적으로 볼 때 결코 독존하는 "실체"(데카르트)나 "창문이 없는 단자"(라이프니츠)가 아니다. 그는 동시대인들과의 "횡적" 유대관계에서 실존하는 것과 같이 과거인들과의 "종적" 유대관계에서 실존하고 있으며 그러한 관계로 실존할 수밖에 없다.

현존재는 완전 무에서가 아닌 자신의 문화적 전승의 흐름 속에서 출발해서 생각하며 행동하며 실존할 수밖에 없다. 그 속에서 그것을 터전과 틀로 해서 존재하고 움직일 수밖에 없다. 세계에로의 초월 활동을 위시한 그의 모든 능동적·독창적 기투 활동도 모두 그 속에서 출발해서 이루어질 수밖에 없고 그것을 기반으로 해서 이루어질 수밖에 없다. 현존재의 자아 이해와 존재 이해, 그리고 그에 근거한 그의 실존 양식은 그가 태어난 정신적·문화적 여건들에 의해 근본적으로 제약을 받지 않을 수 없다.

현존재가 항상 이미 타인과의 공존관계에서 형성되는 하나의 전체적인 의미의 지평, 즉 세계 속에 피투되어 존재하게끔 되어 있는 세계내존이라면, 그가 피투된 세계는 시공간 위에 떠 있는 초월계가 아니고 어디까지나 그를 그의 선조들과 연결하는 독특한 문화사적 맥락과 여건들속에 뿌리내리고 있는 구체적이며 현실적인 세계, 정신적·역사적 세계다.[630]

현존재가 피투된 세계가 한 구체적인 정신적·문화적 세계이므로 그가 선주를 향한 결단을 통해 자신의 미래, 자신의 이상에 도달함에 따라 그가 "스스로 기투하게 되는 이상적인 실존 가능성"das existenzielle Möglichkeit, darauf es sich entwirft[631]의 실현을 위해 자신의 과거, 자신의 피투성으로 되돌아간다면 그것은 ① 그가 자신의 실존성, 즉 존재와의 관계와 존재 능력으로서의 자기 자신의 정체성을 지금까지와는 전혀 다른 시각에서 진정 심각하게 재고해봄을 뜻하며, ② 그가 자신의 존재 근거를 근본적으로 제약하는 정신적·문화적 전승을 의식적으로 신중하게 되돌아봄을 뜻한다. 과거인들의 문화적 "유산"Erbe을 확인하고 그것을 "반복"Wiederholung하는 데서 자신의 현실적인 실존 양식을 재정비하고 재정립하며 자신의 미래를 개척하고 진정한 자아 완성에 이르기 위해 노력함을 뜻하기도 한다.

항목 ①과 관련해서 하이데거는 다음과 같이 서술하고 있다. "선주를 향한 결단을 통한 진정한 자신으로의 도래Auf-sich-zukommen는 동시에, 가장 고유한 자신의 개별성으로 피투된 자아로의 귀환Zurückkommen을 뜻한다. 이 외향성Ekstase이 곧 현존재가 이미 구현하고 있는 자기 자신을 실존적 결단으로 긍정하고 수락할 수 있게 만든다. 선주를 향한 결단과 더불어 현존재는 가장 본래적인 존재 능력으로 스스로를 재소환한다. 현존재의 이러한 진정한 자신의 과거로의 귀환을 우리는 반복(Wiederholung →"wieder"[다시금]+"holen"[가져온다, 불러온다])이라 칭한다."[632]

그리고 항목 ②와 관련해서 하이데거는 다음과 같이 개진하고 있다. "자기 자신에게 되돌아오며auf sich zurückkommende 자기 자신에게 자신의 과거를 의식적으로 전수하는sichüberliefernde 현존재의 실존적 결단은 전승傳承된 실존 가능성의 반복 행위로 화하게 된다. 반복이란 곧 의식적인 전수傳受 행위, 즉 과거에 존재한, 다른 현존재들의 실존 가능성으로 되돌아감을 뜻한다.…과거의 실존 가능성을 반복하는 가운데 그것을 자신에게 전수하는 행위는 과거의 현존재들의 실존 방법을 다시금 그대로 되풀이하기 위해서 그것을 개발함을 뜻하지는 않는다. 실존 가능성의 반복은 '과거의 것'을 되살리는 행위도, '현재'를 '지나간 것'과 재연결하는 행위도 아니다. 실존적 결단을 내리는, 현존재의 자기실현을 위한 기투 활동에 기인한einem entschlossenen Sichentwerfen entspringend 반복은 '과거의 것'을 이전에 실재한 것으로 되돌아오게 하는 행위가 아니다. 그보다 반복은 과거인들의 실존 가능성에 응수應酬, erwidert하는 행위다. 그러나 결단 속에서 이루어지는, 실존 가능성에 대한 응수는 순간 속에서 이루어지는 행위로서als augenblickliche 그것은 동시에 단순한 '과거의 것'으로 현재까지 그 영향력을 행사하는 그 무엇에 대한 거부 행위Widerruf를 뜻하기도 한다. 반복은 현존재가 단순히 과거의 것에 의존하는 행위도, 진보를 겨냥하는 행위도 아니다. 이 두 가지는 진정한 실존자에게는 지금 이 순간 중요치 않다."633

현존재의 삶은 "죽음을 향한 존재"Sein zum Tode다. 그가 세상에 태어나자마자 의식·무의식적으로 죽음을 향한 선주를 계속 결심하므로, 죽음이라는 최극의 위기를 의식하고 그것으로 말미암아 실존으로서의 자신을 상실치 않고 순수히 그대로 보전하기 위해 자기 자신에게 가능한 모든 정신력과 잠재력을 동원하지 않을 수 없게 된다. 무엇보다 그는 자신의 진정한 정체성에 대한 투명성을 확보해야 하며 그 실현 가능성을 구체적으로 강구해야 한다.

그러한 상황에서 현존재는 하나의 고귀한 선물로 자신에게 이미 현실적으로faktisch 주어져 있고vorgegeben 피투되어 있는 자신의 존재를 재고하고 재평가하며 나아가서는 자신과 "횡적으로" "종적으로" 연결된 타인들, 특히 위대한 선열들이 모범적으로 보여준 실존 양식 및 존재 이해 방식에 대해 지대한 관심을 가지고 신중하게 회상해보게 된다. 죽음을 위시한 제반 한계상황과 여타 상황에서 진정 훌륭하고 아름답게 대처한 선열들의 발자취, 그들이 보여준 "인간 실존의 '기념비적인'[니체] 가능성들"을 거울로 삼아 그가 자기 자신의 이상적인 대처 방법을 보다 용이하게 결정할 수 있을 터이기 때문이다.[634] 그는 자신의 문화적 전승에서 인간의 진정한 실존 가능성과 관련해서 위대한 교훈을 남긴 선열들 가운데서 "자신의 영웅을 선택하고"[635] "반복할 가치가 있는 것을 투쟁하는 자세로 추종하고 그것에 충실하고자 하는" 다짐을 하게 되는 것이다.[636]

죽음을 향해 선주하기로 결심하는 현존재는 죽음 자체에서 그에 대한 대처 방법을 발견할 수 없다고 했다. 죽음은 그로 하여금 자신을 상실하지 않고 순수히 그대로 보전하려는 굳은 결의를 하게끔 하고 자신의 존재 능력을 최대한으로 발휘해야 할 필요성과 당위성을 실감나게 유도할 뿐, 죽음 자체가 어떠한 방향으로 행동하는 것이 자신을 올바로 긍정하고 보전하는 방법인지를 보여줄 수는 없다.[637]

이러한 상황에서 그는 자신의 원래적인 실존성, 즉 존재와의 관계성을 진정으로 신중하게 재조명해봄과 더불어 과거의 위대한 선열들이 그들 자신의 실존성을 어떻게 이해했으며 어떠한 방식으로 도덕·정치·종교·예술·철학 등 인생의 제 활동 영역에서 자신의 실존 이해 또는 존재 이해를 표출했는지를 되새겨보게 된다. 그렇게 하는 데서 존재의 의미에 대한 그의 자아 이해가 새로워지고 깊어지는 것이다. 그리고 그의 실존성이 재정립되게 된다. 그래서 그는 죽음과 같은 위기 상황을 비롯한 인생의 모든 악조건 혹은 호조건 속에서 자신을 잃지 않고 당당하고 훌륭하게, 존재 능력과 세계 초월 능력으로서의 진정한 자신답게 대처할 수 있게 된다. 그러한 이유에서 그가 "자기 자신의 가장 고유한 실존 가능성"을 긍정하고 보전하기 위해 선조들의 고귀한 "유산"을 재고하고 그것에서 뜻깊은 교훈을 얻으려고 노력하게 되는 것이다.

자아 완성과 존재 실현의 과제가 피투된 현존재 자신과 자신의 존재 능력에 내맡겨져 있다. 그러나 세계내존의 자격으로서의 그에게 그 과제가 위탁되어 있다. 피투된 자로서 그는 '세계'를 의존하고 있고 현실적으로 타인과 더불어 실존하고 있다. 그리고 그의 자아는 주로 세인의 세계에 빠져들어 가 있다. 그는 현존재에 대한 현재 세간의 '평범한' 대중적인 해석으로 '공인되는' 그러한 실존 가능성들에 입각해서 자신을 이해한다. 이러한 실존 가능성들은 주로 '모호성'의 양식으로 그 의미가 불투명하게 되지만 그럼에도 불구하고 사람들이 그것을 인식하고 있음은 분명하다. 현존재가 진정한 실존적 자아 이해 및 존재 이해에 이르게 될 때 그가 단순히 전통의 그릇된, 세간의 이해 방법의 틀을 완전히 이탈하게 되는 것은 아니다. 그는 항상 후자로부터 출발하게 되며 그것과 대항해서 싸우는 가운데, 그러나 사실은 그것을 위해서(바로잡기 위해서) 자신이 새롭게 선택한 가능성을 결단으로 포착하게 되는 것이다. 현존재로 하여금 자기 자신으로 되돌아오게 하는 선주를 향한 결단은 그가 구체적인 역사적 세계에 피투된 자로서 자신의 것으로 수락하게 되는 정신적·문화적 유산으로부터 자기 자신의 진정한 실존 방법을 위한 구체적인 방안들을 강구하게 한다. 자신의 피투성으로의 결연한 회귀는 전승된 [선열들의] 실존 가능성들을 자기 자신에게 전수傳受함Sichüberliefern을 뜻한다.[638]

이러한 방법으로 현존재는 죽음이라는 최극의 위기 앞에서 자신의 진정한 미래에 도달함과 더불어 자신의 진정한 과거로 "되던져지게 되어" 자신의 숭고한 존재의 뿌리를 되돌아보게 된다. 특히 인간 일반의 진정한 실체와 그 본래적인 실존 방법을 조명해주는 과거인들의 유산을 재검토하고 그것을 자기 자신에게 "전수"하고 자신의 삶과 연결시키게 된다. 또한 그것을 자신의 것으로 점유하며aneignen[639] 자신의 삶에 적용하고 응용한다. 과거인들의 기념비적 실존 가능성들을 자기 자신의 실존 가능성을 위해 "반복"하는 데서 자신의 현재를 재정비하고 새로운 미래를 개척하고 개방하는 데 소중한 지침과 방향 제시로 요긴하게 이용하는 것이다.

이러한 이유에서 현존재의 역사성을 거론하는 맥락에서는 과거라는 시제가 그토록 중요한 역할을 하는 것이다. 그럼에도 불구하고 여기서도 "미래"가 여전히 가장 중요한 범주로 작용한다는 점을 유의해야 한다. 왜냐하면 현존재에서 자신의 과거에 대한 관심은 바로 자신의 미래, 즉 존재의 의미에 완전히 부합한, 본래적이며 이상적인 방법으로 실존하는 자기 자신, 존재의 빛에 대해서 완전히 투명해지고 그 빛을 자신의 삶과 온 세상에 가장 영롱하고 아름답게 비출 수 있는 진정하고 순수한 자기 자신의 존재가 궁극적인 동기와 목표가 되어 촉발되기 때문이다.

과거에 대한 향수에서 혹은 지적인 호기심에서 그가 과거를 되돌아보는 것이 결코 아니다. 오히려 자신의 미래, 그리고 현재에 대한 지대한 관심과 우려로 말미암아 자신의 피투성 그리고 위대한 과거인들의 모범적인 실존 가능성들과 그것을 가능케 하는 그들의 존재 이해 방법들을 회고하고 재평가하게 되는 것이다.

"반복은 과거인들의 문화적 유산을 자기 자신에게 전수할 것을 다짐하는 현존재의 결단 방식을 뜻하는 개념인데, 이 결단을 통해 현존재는 의식적으로 역사적 '운명'Schicksal을 자신의 것으로 수락하고 실존하게 된다." 여기서 "운명"이라 함은 "선주를 향한 결단과 더불어 야기되는 현존재의 원초적인 사건을 뜻하는바 이 사건에서 그는 죽음을 향해 자유로워지고 한 유산으로 물려받은, 그러나 스스로 선택한 실존 가능성에 따라 자신을 자아실현을 위해 자기 자신에게 위탁하게 된다."[640]

(2) 역사성과 현존재의 사건

현존재의 존재는 죽음을 향한 존재다. 그가 죽음을 향해 자율적으로 과감하게 감행하는 자유로운 선주를 향한 결단에서 그의 진정한 모습의 전모를 발견할 수 있다.

현존재는 존재와의 관계이며 존재에 대한 우려이기에, 그는 태어날 때부터 죽음을 회피하는 대신 실존적 결단력과 투지력으로 자유의 선주를 감행할 수 있고 감행하지 않을 수 없다. 그는 선주를 향한 결단을 통해 진정한 자신의 미래에 도달하게 된다. 그러한 "원초적이며 진정한 자기도래自己到來, Auf-sich-zukommen가 가장 고유한 의미의 허무성을 의식하고 실존하는 자의 삶의 의미다."[641] 그가 자신의 진정한 미래에 도달함과 더불어 그는 동시에 진정한 자신의 과거로 되돌아가기도 한다. 그리고 진정한 현재에 임하게 된다. 그래서 현재적인 시간이 실존적 "순간"으로 화한다.

이와 같이 현존재는 그 어떤 사건을 체험하는 것보다 죽음을 바로 눈앞에서 직시하는 데서 존재에 근거한 본래적인 자신을 더 순수하게 재발견한다. 그러므로 선주를 향한 결단이야말로 현존재의 "원초적이며 진정한 실존 방식"[642]이며 "현존재의 본래적인 사건"das eigentliche Geschehen des Daseins[643]이 아닐 수 없다. 그것이 그의 실존 과정에서 가장 중대한, "원초적인 사건"das ursprüngliche Geschehen des Daseins[644]이다.

현존재에게 가장 중대한 두 사건들, 즉 출생과 사망 그리고 이 두 "끝" 사이에서 이어지는 그의 생의 진행 과정 전반"Lebenszusammenhang"에서 일어나는 크고 작은 모든 일들은 다 그의 실존적 우려가 궁극적인 동기가 되어 발생한다. 실존적 "우려"가 그의 "존재"를 뜻하지 않는가? 그는 자신의 존재, 그리고 그와 더불어 존재 자체를 자신의 생의 최대의 관심과 쟁점으로 하고 그것에 초점을 맞추어 출생과 사망과 그 외 다른 모든 사건들과 상황들을 평가하고 그들에 대처하게 된다.

환언해서 그의 삶에서 발생하는 모든 사건들과의 관계에서 그는 시종일관 실존적·존재지향적 자세로 움직인다. 자신의 실존과 존재 자체를 향해 "외향한" 자세로, 그것을 중심으로 해서 지속적으로 자신의 마음을 도처로, 특히 미래·과거·현재로 "신장"'Erstreckung", "Erstrecken", "das erstreckten Sicherstrecken"; "die Erstrecktheit der ganzen Existenz"; "die schon erstreckten Zeitlichkeit"[645]하는 가운데 모든 사건들과 상황들에 대처하게 된다.

현존재의 존재와 삶은 단적으로 실존적·존재지향적 사건Geschehen이며 움직임Bewegtheit이다. 실존적·존재지향적 "자기 신장" 운동이 곧 현존재의 사건, 아니 현존재라는 사건이다. 그러한 의미에서 그의 존재는 시간성이며 역사성이다. 시간성과 역사성은 현존재에서 세 가지 방향으로 방사하는 존재에로의 "외향성"의 표출 방식이라 하지 않았던가?[646] 인간 현존재의 존재는 실존과 외존, 즉 존재와의 관계성에서 발견할 수 있지 않은가?

현존재가 무엇을 하든, 어느 상황에 직면하든 그는 의식·무의식적으로 항상 진정한 자기 자신의 존재, 진정한 자신의 미래와 과거와 현재, 그리고 그와 더불어 존재를 바라보며 그것을 목표와 초점으로 해서 움직인다. 그래서 그의 생애에서 발생했거나 발생하고 있거나 혹은 앞으로 발생할, 크고 작은 모든 일들과 사건들이 다 직간접적으로 자신의 실존과 그 근거인 존재와의 관계에서 계속 전망되거나 회상되거나 현실화되게 된다. 바로 이러한 근본적인 실존론적·존재론적 관련성으로 말미암아 이 모든 일들과 사건들이 하나의 유기적 관련성과 통일성을 지닌 전체로 연결된다. 이것을 딜타이는 "생의 연계성"Lebenszusammenhang이라 칭했다.

현존재의 생에서 일어나는 모든 사건들은 객관적·자연적 "시간"의 흐름 속에서 하나의 단순한 평행선을 따라 순차적으로 발생하는 것이 결코 아니다. 그보다 그들 모두는 현존재의 진정한 자아실현과 존재 이해라는 궁극적인 목표에 초점을 맞추어 순환적인 매개 관계에서 계속 서로 교차하고 반영되는 가운데 극히 역동적인 방법과 양상으로 발생하게 된다. 이러한 의미에서 그의 "생의 연계성"은 단적으로 자신의 실존 및 존재 중심의 "자기 신장" 활동과 운동이라 할 수 있다.

현존재는 결코 찰나적으로 일어나는 자신의 일들로 이어지는 개별 국면들로 자신의 생애 속의 그 어떤 현전적인 과정과 단계를 채우지 않는다. 그렇게 하는 대신 그는 오히려 존재를 중심으로 하고 존재를 향해 자기 자신을 신장한다erstreckt sich selbst. 사실인즉 그의 존재는 신장성 Erstreckung으로 구성되어 있다. 현존재의 존재 속에 이미 자신의 출생과 사망 사이의 '과정'Zwischen이 깔려 있다. 현존재는 결코 어느 한 시점에 '실재함'과 더불어, 더 이상 실재하지 않는 자신의 출생과 아직 실재하지 않는 자신의 사망으로 '둘러싸여' 있지 않다. 실존론적으로 고려할 때 출생은 결코 더 이상 현전하지 않는 사건이라는 의미에서의 과거적인 것이 아니다. 이것은 죽음이 아직 현전하지 않고 앞으로 도래할 미래적인 것이 아닌 것과 마찬가지다. 현실적인 현존재는 말하자면 지속적으로 출생하면서 실존하며, 죽음을 향한 존재자로서 그는 출생과 더불어 이미 죽어가고 있다. 그의 생의 양 '끝'과 그 '중간'은 현존재가 실존하는 한 항상 존재하며, 현존재의 존재가 우려인 만큼 그럴 수밖에 없기에 그들은 항상 존재한다.…그의 존재가 우려인 현존재는 존재론적 '과정'das Zwischen(문자적으로는 사이)이다. 그러나 우려의 모든 구성 요소들의 통일을 가능케 하는 근거는 시간성이다. 그러므로 소위 '생의 연계성'Lebenszusammenhang에 대한 존재론적 해명, 그리고 그와 더불어 현존재의 특유한 신장성과 역동성과 지속성에 대한 존재론적 해명은 그의 시간성의 지평에서 시도되어야만 한다. 현존재의 실존의 움직임die Bewegtheit der Existenz은 현전자의 운동이 아니다. 그것은 현존재의 자기 신장에 의해 결정된다. 신장된 자기 신장 운동das erstreckte Sicherstrecken(피투된 기투 활동)을 우리는 현존재의 사건das Geschehen des Daseins이라 칭한다. 현존재의 생의 '연계성'에 대한 물음은 곧 그의 사건의 존재론적 문제에 관한 질문이다. 현존재의 사건의 구조Geschehensstruktur와 그 실존론적·시간적 가능성의 조건들을 파헤치는 작업은 곧 그의 역사성에 대한 존재론적 이해를 확보하는 작업을 뜻한다.[647]

인간 현존재의 근본은 시간성과 역사성이다. 그의 시간성과 역사성이란 곧 존재로의 지향성과 존재로의 외향성, 존재 위주의 "자기 신장" 운동을 뜻한다. 그러한 그의 시간성과 역사성의 지속적인 표출과정이 곧 그의 실존 과정이며 그의 역사다. 그의 역사란 현존재의 사건, 현존재라는 사건Geschehen→Geschichte의 진행 과정이다. "역사의 사건은 세계내존의 사건이다."[648]

　현존재는 이와 같이 존재와의 관계에서, 존재를 중심으로 일어나는 하나의 존재론적 사건이며 존재를 향한 지향성과 외향성, 존재를 중심으로 일어나는 "자기 신장"의 운동이다. 그로 하여금 죽음으로 선주하게 하고 자신의 진정한 실존과 존재에 이르게 하는 그의 실존적 "결단의 사건"das Geschehen der Entschlossenheit을 하이데거는 역사성이라 칭한다.

　현존재의 삶에서 일어나는 모든 사건들은 직간접적으로 다 자신의 실존과 존재와 관계되는 사건이다. 그것들은 다 현존재와 존재와의 상호 관련성과 관계되는 사건들이다. 존재라는 "시간"과 "역사"가 현존재라는 "시간성"과 "역사성"을 통해 구체적인 실존적 역사로 변하는 사건들이다.[649]

　존재가 하나의 역동적인 사건, 비은폐성과 개방의 사건, 진리의 빛의 조명의 사건이며 시간과 역사인 것과 마찬가지로 이 사건에 수동적으로, 능동적으로 참여하는 "인간 속의 현존재"도 하나의 역동적인 사건이며 시간성과 역사성일 뿐 아니라 후기 하이데거에 따르면 그는 "역사" 그 자체이기도 하다. "[존재와 현존재와의] 이 관계는 오로지 인간이 역사로서indem der Mensch als Geschichte west 실재함과 더불어 세상에서 가장 비범한 자, 즉 인간의 존재가 사건으로 일어날 때만 존재한다."[650]

(3) 실존적 시간과 자연적 시간

현존재의 존재는 피투성, 기투력, 표현력 및 언어 구사력, 타락성 등 네 가지 요소로 구성되어 있으며 그들의 유기적인 통일을 우려라 할 수 있다. 이 우려의 의미, 즉 우려를 가능하게 하는 선험적 조건은 시간성이다. 시간성이 현존재로 하여금 우려 그 자체로, 존재에 대한 우려 그 자체로 실존케 한다. 환언해서 시간성이 현존재가 이상의 네 가지 요소들로 구성된 실존으로 존재하게 하며, 그렇게 하되 항상 시간 그 자체인 존재를 바라보고, 존재지향적으로 그렇게 하게 만든다.

여기서 시간성이라 함은 물론 존재를 중심으로 해서 미래, 과거, 현재 등 세 가지 방향으로 역동적으로 "자기 신장"하는 현존재에서 가장 근본적인 성향, 즉 존재로의 외향성Ekstase을 뜻한다. "시간 외의 아무것도 아닌 존재"[651]로의 외향성이 곧 현존재의 시간성인 것이다. 시간 그 자체이며 역사 그 자체인 존재를 향해 지속적으로 나아가고 회귀하며 그 안에서 실존하려고 진력하는, 미래지향적·과거지향적·순간적인, 현존재의 내적·실존적 움직임, 그의 "실존 운동"die Bewegtheit der Existenz[652] 이 그의 시간성이다. "시간성은 원초적인, 존재를 향한 '자기외향성'Außersich, das ekstatikon, die Ekstase 그 자체."[653]

그 중심에서 시간성과 역사성인 현존재가 이와 같이 존재를 중심으로 해서 지속적으로 자신을 표현하고 "신장"함으로써, 다시 말해 "자신을 시간적으로 표현함으로써" 혹은 "자신을 시간화함으로써"zeitigt sich[654] 진정한 자아 이해와 자아 완성에 이르게 된다면 그러한 그의 "시간성의 시간화"Zeitigung der Zeitlichkeit[655] 활동을 통해서 또한 그 자체로 "은폐된" "무근저적 근저"이기만 한 존재가 자신을 세계내재적 존재자들 가운데서 "시간"과 "역사"로, 그리고 "언어"와 "세계"로 구체적으로 개방하기도 한다.

후기 하이데거 사상에서 더욱더 확연하게 드러나고 있는 바와 같이 존재의 시간과 역사가 따로 있는 것이 아니고, 현존재의 시간성의 시간화 활동을 통해 구체적으로 표현되는 것이 곧 그 근본과 중심에 있어서는 존재의 시간과 역사다. 현존재가 기투하고 투사하는 정신적·역사적 세계가 곧 존재의 현주, 즉 그의 자아 현현의 현장과 그 구체적인 모습 자체인 것과 같이, 그리고 다양한 차원에서 다양한 방법으로 표현되는 인간의 언어, 즉 인간의 제반 정신적 활동들, "*noein*", "*legein*", "*techne*", "*Dichtung*" 등을 그 자체에 내포하는 광의의 언어가 존재 자신의 "개방적·은폐적 도래방법"인 언어인 것과 같이, 현존재의 "시간성의 시간화"가 구체적으로 현실화되는 과정이라 할 수 있는 인류의 정신사는 "존재의 역사"이며 "존재 자신"이기도 한 것이다.

플라톤에서 데카르트, 헤겔, 마르크스, 니체를 거쳐 현대 기술 사상으로 이어지는 서양 사상가들의 존재 망각의 역사를 포함한 인류의 정신사 전반은 사실상 그 이면에서 숨은 주인으로 모든 것을 자신의 "보내심" 또는 "섭리"에 따라 조정하고 "존재의 종말"을 향해 이끄는 존재 자신의 역사, 존재사다.[656]

현존재의 근본은 시간성이다. 그의 시간성의 시간화를 통해 "시간 외에 아무것도 아닌" 존재의 우주적인 진리의 역사, 빛의 역사가 인간의 삶과 온 세상에서 역동적인 사건으로 전개된다. 그러한 사건이 역사이며, 그 역사는 인류의 역사이자 존재 자신의 역사다. 아니 존재 자신이다.[657]

현존재의 시간성의 본질은 이와 같이 실존론적·존재론적 지평과 맥락에서 이해해야 한다. 시간 그 자체인 존재와의 관계에서 이해해야 하는 것이다. 왜냐하면 현존재의 시간성 혹은 현존재의 시간[658]은 그의 가장 근본적인 성향인 존재로의 움직임을 뜻하기 때문이다. 시간성은 시간 그 자체인 존재로의 지향성과 외향성이기 때문이다.

우리가 통상적으로 시간이라고 칭하는 것은 하이데거가 시간 혹은 시간성이라 칭하는 것과 질적으로 상이한 시간이다. 그것은 존재 지향적인 현존재의 진정한 시간성의 시간화 과정과 관계되는 시간이 아니고 존재자 중심의, "존재자 지향적" 사고방식과 실존 양식에 따라 비본래적이며 타락된 삶을 살아가는 범인들의 시간 의식, "내재적 시간성"Innerzeitigkeit에 근거한 시간이다.

현존재의 존재지향적·실존적 시간성이 변질되어 표출되는 한 형태인 내재적 시간성, 세계내재적 존재자 위주의 "시간 의식"은 그것이 경험하는 모든 존재자들을 결코 원초적인 시간에 기준을 두고 이해하며 해석하지 않는다. 또한 존재의 역동적인 우주적 빛의 사건의 전개 과정 속에서 그들을 보고 평가하지 않는다. 왜냐하면 존재의 빛은 받으면서도 그것을 바라보지 못하고 존재자들에게만 시선을 집중하기 때문이다.

내재적 시간성은 존재자들을 원초적인 시간 속에서 경험하고 인식하기보다는 오히려 그 정반대로 원초적인 시간 속에 내재하고 있고 실존적 "시간성의 시간화"로 말미암아 정립되고 개방되는 존재자들의 견지에서 시간의 본질을 이해하고 정의한다. 여기서 내재적 시간성의 평가기준이 되는 이 세계내재적 존재자들은 정적이며 현전적인 사물들로 간주되므로 이들을 기준으로 해서 이해되고 정의되는 시간 자체도 자연히 정적이며 현전적인 성격을 띨 수밖에 없다.

자신을 위해 시간을 내어 업무에 임하는 일상적인 현존재는 주로 세계내재적으로 등장하는 실용물과 현전자를 토대로 해서 시간을 발견한다(시간의 본질을 이해한다). 그렇게 '체험된' 시간을 그는 통속적인 존재 이해의 지평에서 이해하게 된다. 즉 그것을 일종의 현전자로 이해하게 된다.…통속적인 시간 개념은 원초적인 시간의 의미를 무효화시키는 데서 가능하게 된 것이다.[659] 자신을 위해 시간을 내어 일상 업무를 처리하는 타락된 현존재는 '시간 속에' 등장하는 세계내재적 존재자들 속에서 '시간'을 발견한다. 그러므로 통속적인 시간 개념의 기원에 대한 조명은 내재적 시간성을 출발점으로 하여 이루어져야만 한다.[660]

이러한 연유에서 내재적 시간성에서 기원하는 "통속적인 시간 개념"der vulgäre Zeitbegriff에 따르면 시간은 단순히 정적이며 현전적인, 그래서 숫자적으로 셀 수 있는, 무수한 "지금이라는 점들"Jetzt-Punkte의 연속에 불과하다. "시간은 지속적으로 '현전적'이면서도 동시에 지나가 버리기도 하며 다가오기도 하는 지금의 연속Jetzt-folge…지금의 흐름Fluß der Jetzt, der Lauf der Zeit으로서"661 "과거"는 더 이상 존재하지 않으나 이전에는 존재한 "지금"이며, 미래는 앞으로 존재할 그러나 아직 실재하지 않는 상태에 있는 "지금"이다.662

이와 같은 통속적 시간 개념에 따라 현전적이며 정적인 "지금"의 시점을 기준으로 하여 모든 시간 관계를 산정하며 시간 속에 일어나는 모든 사건들과 현상들을 인식하고 평가하는 범인들의 "소박 의식"은 원초적인 시간의 역동성과 생동성, 심오성과 신비를 알아채지 못한다. 또한 개방적인 동시에 은폐적이고 우주적인 빛의 사건으로서의 시간을 의식하지 못한다. 그것은 후자를 완전히 간과하고 시간과 더불어 그 속에 등장하고 전개되는 모든 존재자들은 물론이거니와 존재 자체까지도 "지금"이라는 현재적인 시점의 견지에서 표상하며 직시할 수 있는 정적이며 항구적인 것으로 인식한다. 내재적 시간성에 근거하는 시간은 존재 중심의 "미래지향적·과거지향적·순간적" 외향성과 관계되는 시간이 아니고 단지 존재자 중심의 "예기적·보전적 현재화"das gewärtigend-behaltende Gegenwärtigen663와 관계되는 시간이다.

제3부

평가와 결론

제1장
하이데거의 주제

1. 존재와 현존재의 심오성과 역동성

존재는 존재한다. 진리의 빛으로 존재하며 역동적인 조명의 사건으로 존재한다. 그러나 세상에서 가장 밝은 빛의 힘으로 실재하는 존재는, 소크라테스 이전 고대 그리스 사상가들 가운데 가장 심오한 사상가였던 헤라클레이토스가 개진했듯이, 세상에서 "가장 어두운 자"이기도 하다. 존재의 진정한 모습은 밝음에 있다기보다 "어둠"에 있다. 드러나는 전면과 표면에 있다기보다 감추어진 이면과 근저에 있으며, 그 신비와 심오성에 있다.

　위대한 예술품과 시어들을 통해 표면으로 외화하는 그의 진리의 아름다움이 "모든 상투적인 것과 관습적인 것을 무의미한 것으로 화하게 하며"[1] 모든 존재하는 것들을 전혀 새로운 빛으로 드러나게 할 만큼[2] 놀랍거늘, 그의 근저 아니 "비근저" 또는 "원근저"에 숨겨져 있는 "비진리"의 아름다움은 얼마나 더 놀랍고 엄청나랴!

존재는 과연 세상에서 가장 생각해보고 연구해볼 만한 가치가 있는 자다. 기적 중 기적임이 분명하다. 평생을 두고 그를 유일한 사유의 대상으로 삼고 그것만 바라보고 살아갈 만한 가치가 있는 자임이 분명하다. 그는 신과 신들보다 더 숭고한 "거룩한 자"이기도 하지 않은가? 현대인들이 당면하고 있는, 그러나 그들이 의식하지 못하고 있는 최대의 위기 상황에서 그들을 구출해줄 수 있는 유일한 "구원자"이며 그들이 앓고 있는 중병, 죽음에 이르는 병(키에르케고르)을 고쳐줄 수 있는 "치유책"을 그 속에서만 발견할 수 있는 것이 아닌가?

우주를 밝히는 막강한 빛의 힘, 피시스인 존재는 자신의 진리의 빛의 역사役事를 인간 현존재라는 개방의 처소를 통해 존재자 일반 가운데서 지속적으로 전개한다. 현존재는 존재의 "현주"이며 그의 "진리의 처소"이다. 뿐만 아니라 그는 존재가 그의 진리의 빛으로 존재자들을 각각의 그들로 구체적으로 조명하며 개방하고 정립하며 "존재"케 하는 데 필요불가결한 협조자이며 "동역자"이기도 하다. 존재는 자신의 우주적인 빛의 역사를 위해 현존재의 적극적이며 능동적인 협조를 필요로 한다.

현존재가 자의와 자력으로 존재를 위해서, 그를 대신해서 존재자들 가운데 그의 진리의 빛의 역사를 적극적으로 전개할 수 있는 자격과 능력을 소유하게 된 것은 물론 아니다. 그는 어디까지나 자기 자신의 선택 여부와 관계없이, 본의 아니게 그러한 "존재 능력"을 소유한 자로 세상에 태어났다. 그의 모든 "기투 능력"은 다 "피투된" 것이다.

여하간 그는 존재의 우주적인 빛의 역사를 위한 매체와 협조자이며, 그의 능동적이며 독창적인 기투 활동이 없이는 존재가 자신의 뜻을 우주 내에서 펼칠 수 없다. 다양한 차원에서 다양한 방법으로 이루어지는 현존재의 기투 활동이 없이는 존재자 일반이 그들로 개방되고 정립될 수 없을 뿐 아니라 존재 자신도 그의 특유한 모습 그대로 존재자들 가운데서 임재하고 "존재"할 수도 없다. 현존재가 존재 없이 결코 "존재"할 수 없듯이 존재도 현존재 없이 "존재"할 수 없다.

존재는 현존재를 매체로 해서 자신의 빛의 역사를 전개함과 더불어 현존재의 구체적인 정신적·문화적 세계와 언어, 그리고 그의 시간과 역사를 "지평"으로 해서 그렇게 한다. 존재가 따로 있는 것이 아니고 인간 속의 현존재와 공존하고 있고, 존재의 빛의 역사가 다른 어디에서가 아닌 인간의 구체적인 세계(성)와 언어(성), 시간(성)과 역사(성) 속에서 펼쳐지고 있다. 그것은 이들이 하나로 연결되어 전개되는 인류의 문화사와 정신사의 흐름 속에서 펼쳐지고 있다.

과거 인류의 문화사와 정신사가 하나의 기나긴 정신적 방황의 역사인 것은 사실이다. 그것은 개인과 군상, 사상가와 범인이 지속적으로 범해온 사상적 오류와 실수로 점철된 시행착오의 역사였음이 분명하다. 그럼에도 불구하고 그것은 역시 존재 자신의 역사다. 어떤 각도에서 보면 그것은 순전히 인간의 역사로 해석될 수 있으나 또 다른 각도에서 보면 그것은 분명히 존재의 역사다. 인간이 그 역사의 드러나는 주인이라 할 수 있겠으나 숨은 주인은 어디까지나 존재다. 인류의 역사는 동시에 존재의 역사, 즉 존재사다.

존재는 처음부터 자신의 진리의 빛의 역사役事를 이와 같이 인류의 역사歷史이자 존재 자신의 역사, 존재사이기도 한 인간의 문화사와 정신사 속에서 전개한다. 인류의 정신사의 장구한 발전 과정에서 등장하는 무수한 개인들, 그중에서도 특히 위대한 사상가와 문인, 예술인과 정치인의 능동적이며 독창적인 기투력, 그들의 *"noein"*, *"legein"*, *"techne"* 등의 힘을 빌려 그렇게 한다. 우주를 밝히는 피시스인 존재는 자신의 초강력적 광력을 "정돈"하고 "제어"하며 "통제"하여 우주 내의 다양한 부류의 존재자들 가운데 정교하게 유도하고 이들을 이들로 정립하며 개방할 수 있는 인간의 정신적인 "제어력"을 필요로 한다. 인간은 그러한 존재의 "고경"을 돕는 것을 본성과 본령으로 삼는 그의 협조자이자 동역자다. 그러한 의미에서 우주적인 빛의 역사役事와 그 역사歷史와 관련해서 존재와 현존재는 완전히 "하나"다.

그러나 존재의 고경은 우주 내의 존재자 일반의 정립과 개방의 역사를 전개하는 데 인간이라는 협조자와 동역자가 필요한 데만 있는 것이 아니다. 우주적인 빛의 역사, 존재론적 개방의 역사 그 자체, 피시스와 알레테이아인 존재는 개방성과 세계로서의 자기 자신이 되기 위해서도 현존재라는 "현주"와 "돌파구", 즉 "개방 공간"을 필요로 할 뿐 아니라 그의 능동적인 기투 활동, 즉 "세계 기투" 활동, "세계 형성" 활동을 필요로 한다. 그래서 현존재는 존재의 의미, 존재의 진리를 뜻하는 세계가 형성되어 하나의 역동적인 사건으로 일어나게 하기 위해 그의 삶의 제반 영역에서 다양한 방법으로 적극적으로 활동한다. 그가 존재와 치르는 "원초적인 투쟁"을 통해 비로소 하나의 세계가 형성되며[3] 존재가 존재할 수 있게 된다. 현존재의 순수한 사유 활동이 "존재를 존재하게 한다"läßt das Sein sein.[4]

그러므로 인간 현존재는 지극히 놀랍고 비범한 자, 즉 세상에서 "가장 비범한 자"라 하지 않을 수 없다. 피시스인 존재가 절대적인 의미에서의 빛이며 그 빛의 조명 과정이라면, 현존재는 존재의 빛의 역사에 수동적·능동적으로 동참하며 그 역사를 적극적으로 돕는 자이기에 그 역시 상대적인 의미에서 빛과 조명 과정 또는 조명의 사건이라 할 수 있다. 존재의 빛이 따로 있는 것이 아니고 현존재 속에서, 그리고 현존재 자신의 능동적이며 독창적인 조명 활동을 통해서 하나의 역동적인 개방의 사건으로 일어나고 있다. 그리고 현존재의 그러한 조명 활동을 통해 그것이 현존재 자신의 삶은 물론이거니와 우주 속의 모든 존재자들 가운데서도 그 아름다움의 광채를 발하고 있다.

존재는 하나의 영원불변하며 정적인 세계원리나 초월적인 실재라기보다 하나의 역동적인 사건Geschehen, Ereignis, Er-eignis과 과정이며, 진리의 빛의 조명 과정과 조명의 사건이다. 존재는 영원성이라기보다 시간이며"Sein und Zeit"→Sein=Zeit[5] 역사다.[6] 그의 진리의 빛의 역사役事는 인류의 역사歷史를 통해 역동적인 사건으로 일어날 뿐 아니라 그가 곧 역사 자체인 것이다. 인류의 정신사는 존재의 숨은 "자기 파송"의 역사다.

존재가 역동적인 사건, 우주적인 빛의 사건과 우주적인 존재 정립의 사건이며 시간과 역사인 것과 마찬가지로, 그러한 존재의 사건이 실제적으로 일어나는 현장이며 그 사건 혹은 사건에 수동적·능동적으로 참여하는[7] 현존재도 시간(성)과 역사(성)이며 사건이다.[8]

그리고 존재가 무근저적 비근저라면 존재에 뿌리내리고 있는 현존재의 근저도 스스로 측량할 수 없이 심오하며 불가지적인 영역으로 간주하지 않을 수 없다. 왜냐하면 현존재는 존재das Seyn의 현주이기 때문이다 존재와 현존재는 불가분의 관계로 하나로 연결되어 있지 않은가?[9]

존재 자신은 우리에게 속해 있다. 왜냐하면 오로지 우리 속에서 그가 존재로서 존재할 수 있기 때문이다. 즉 임재할 수 있기 때문이다.[10]

우리가 '존재'에 대해 말하면서도 그가 인간 속에서 임재한다는 사실을 간과하고 그와 더불어 그의 이러한 임재 사실 자체가 '존재'를 존재 되게

한다는 점을 인식하지 못한다면 우리는 '존재'에 대해서 너무 불충분하게 말하고 있는 것이다.[11]

우리가 존재의 본질과 근저를 투시하고 측량할 수 없기에 우리는 자연히 그의 자기 개방 활동의 현장일 뿐만 아니라 자기 은폐 활동의 현장인 우리 속의 현존재의 실체와 근저도 투시하고 측량할 수 없다. 우리는 우리 자신이면서도 우리의 실체와 정체를 알 수 없다. 물론 전혀 모르는 것은 아니다. 말하자면 알고도 모른다고 할 수 있다.

존재의 깊이와 폭이 무한하듯, 그것에 뿌리를 내리고 있고 항상 그 속에서 계속 그 속으로 더 깊이 나아가고 있는, 나아가야만 하는 우리 자신의 존재의 깊이와 폭도 그야말로 무한하다 하지 않을 수 없다. 우리는 무한자인가 유한자인가? 적어도 우리 속의 현존재는 "존재의 현주"이기에 그것은 무한히 심오한 근저와 무한히 방대한 폭을 가지고 있음이 분명하다.

아우구스티누스가 인간을 말하자면 인간 자신보다 더 큰 존재자로 간주한 것과 흡사하게 하이데거도 인간을 인간 자신보다 더 큰 존재자로 간주했다고 볼 수 있다. 존재가 우리에게 가장 가까운 동시에 가장 먼 것과 같이 우리 자신 속의 현존재, 아니 우리 자신인 현존재도 우리에게 "존재적으로는" 가장 가까우면서도 인식론적으로 그리고 존재론적으로는 가장 멀기도 하다. "현존재는 존재의 자기 은폐적인 개방성의 임재의 현주인바 그는 사건으로서 임재하는 존재의 이러한 자기 은폐 과정 자체에 속해 있다."[12]

존재와 현존재는 모든 면에서 본질적으로 서로 연결되어 있다. 양자는 서로 안에서 내재하며[13] 서로를 그들 자신으로 존재하게 한다.[14] 또한 서로를 필요로 하며,[15] 서로를 진리와 개방의 사건, 빛의 사건 Ereignis,

Er-eignis으로 일어나게 한다ereignen, an-eignen, übereignen, vereignen.[16] 그러므로 존재와 현존재는 모든 차원에서 "하나"Einheit, Identität이다. 그러나 양자는 그들 간의 본질적인 "존재론적 차이"로 말미암아 질적으로 구별된다는 점을 한시라도 잊어서는 안 된다.

존재는 빛인 동시에 "어둠"이다. 빛과 어둠 간의 "원초적인 투쟁"Polemos, Urstreit의 사건과 과정이다. 이러한 사건과 과정, 극히 역동적이며 생동적인 사건과 과정의 연속이 곧 시간이며 역사다.

현존재는 존재의 "보내심"으로 말미암아 존재의 이러한 역동적인 투쟁의 사건에 동참할 수 있고 동참해야만 하는 "운명"을 타고난 자이기에, 그도 존재와 유사하게 정적인 실체가 아니고 어디까지나 역동적인 사건이다. 초월성의 사건과 세계 기투의 사건이며 개방성과 조명성의 사건이다. 존재라는 빛과 어둠의 사건으로의 움직임이며 "자연적 빛"의 사건이다. 존재라는 시간과 역사를 향해 세 가지 방향으로 "외향"하며 "자기 신장"하는 시간성과 역사성이다.

동시적으로 빛과 어둠, 진리와 비진리, 개방성과 은폐성인 존재뿐 아니라 그의 자기 현현과 자기 은폐의 현장이며 그의 우주적인 빛의 역사를 위한 매체와 협조자인 현존재도 그 근저를 측량할 수 없는 신비다. 그리고 존재와 마찬가지로 현존재도 그 중심에서, 지속적으로 전개되는 역동적인 빛으로의 움직임이며 빛의 사건이다. 시간(성)과 역사(성)이다.

그러므로 존재뿐 아니라 현존재도 결코 과거 사상가들이 줄곧 상정해온 바와 같은 그러한 항구적이며 정적인 실체로 간주해서는 안 된다. 존재와 마찬가지로 현존재도 순전히 인간의 주관성과 이성의 관점에서 표상하고 관장하며 정의하며 설명할 수 있는 그러한 단순한 지적인 분석과 요리의 대상이 아니다. 현존재의 실체와 실존은 어디까지나 존재와의 관계에서만, 존재의 우주적인 빛의 사건과 관련해서만 이해할 수 있다. 그는 단적으로 존재와의 관계가 아닌가?

존재와 현존재뿐 아니라 양자의 긴밀한 협조로 수행되는 우주적인 빛과 어둠의 역사로 말미암아 그들로 정립되고 개방되는 사물들도 순전히 이성의 표상과 관장, 산정과 정치, 주문과 배달의 대상으로만 인식되고 취급될 수 없다. 그들도 어떠한 과학과 이론으로도 설명할 수 없는 신비로운 면, "자생성"自生性과 "자족성"을 지니고 있다. 그리고 그들은 존재의 빛과 어둠의 사건과의 관계에서 실로 의미심장하며 필요불가결한 역할을 맡아 수행하고 있기도 하다. 왜냐하면 그들을 매체로 해서만 그러한 존재의 역사가 이 세상에서 구체적으로 전개될 수 있기 때문이다. 존재의 빛과 어둠의 역사는 허공에서가 아닌 존재자 일반을 수단과 방편으로 해서 이루어지므로 어떤 의미로는 현존재뿐 아니라 존재도 이들을 의존하고 있다고까지 볼 수 있다. 존재자가 없는 곳에 존재가 존재할 수 없지 않은가?[17]

그러므로 존재자의 진정한 모습은 그 현전성에서 찾아볼 수 있는 것도 아니고 존재의 빛의 사건과 관련된, 그 역동적인 측면에서 찾아볼 수 있다. 사물의 근본은 원자와 분자의 집합체라기보다 하나의 역동적인 사건이다. 즉 존재의 자기 현현의 모습인 세계 또는 "세계 사방"의 개방의 역사를 구체적으로 가능케 하는 그러한 존재론적 사건이다.[18]

2. 인류의 정신적 방황
(1) 본질형이상학의 정적인 시간 개념
지금까지 서양 철학자들과 일반 대중들은 존재와 현존재 및 사물에 관한 이 모든 지극히 놀랍고 엄청난 사실들을 의식하지 못한 채 자신과 사물과 존재를 완전히 곡해하고 살아왔다. 플라톤에서 니체까지의 과거 형이상학자들은 존재를 존재자와 혼동하고 그 의미와 진리를 존재자 일반의 본질에서 찾아볼 수 있는 것으로 오해했다. 존재의 드러나 보이는 전면과 표면을 그 감추어진 이면과 근저로 혼동했고 존재를 이데아와 개념, 이론과 체계의 굴레로 씌웠다. 그 깊이와 폭에서 무한한 비근저와 비밀인 존재, 지극히 역동적이며 생동적인 사건이며 시간과 역사인 존재를 이성의 표상과 관장의 대상으로 삼고 지적으로 처리하며 정확하게 정의하여 "이것이 곧 존재다"라는 양식의 이론적 진술의 형식, 정확한 논리적 "방정식"으로 타인에게 그 내용을 전달하고 설명할 수 있다고 보았다.

존재의 정체와 의미를 그와 같이 완전히 곡해한 과거 사상가들과 일반 대중들은 인간의 정체성과 본질 역시 곡해했다. 그들은 인간을 이성을 소유한 동물이라고 보았다. 그를 "사유하는 실체"*res cogitans*(데카르트) 혹은 "창문 없는 단자"(라이프니츠)라고도 정의했고 "선험적 주체성" 혹은 "순수 의식" 혹은 "논리적 주체"라고 정의하기도 했다.[19] 그들이 인간을 인격이라고 보고 해석하는 경우에도 그가 하나의 정적이며 현전적인 실체임을 항상 염두에 두고 그렇게 했다.[20]

그들의 주관주의와 주지주의에 따르면 인간이 자신과 사물과 존재에 관해서 사유 활동을 전개한다는 것은 그의 본성의 가장 중요한 이성을 활용하여 자신의 눈앞에 한 정적인 표상의 대상으로 이원론적으로 분리되고 대립되어 "마주보고 있는" 사유와 인식의 객체를 순수히 그대로 지적으로 투시하고 직관함을 뜻한다. 그들은 표상적 사유를 절대시했고 주객 대립관계의 도식으로 사유와 인식의 대상에 접근해서 그것을 일방적으로 인식 주체의 견지에서 보고 정의하며 해석하려 했다.

플라톤은 자신이 존재로 간주하고 절대시한 "*idea*"를 이성의 눈으로 그야말로 햇빛과 같이 분명하고 석연하게 "*idein*"할 수 있다고 확신했고, 후설은 그가 "현상" 혹은 "본질"이라고 일컬었던 표상의 대상, "지향적 대상"을 본질직관을 통해 절대 투명하게 그대로 포착하고 기술할 수 있다고 보았다. 후설은 사유 활동을 "하나의 순수한 직시 능력"ein reines Sehen의 활용 과정 혹은 "눈놀림"Augengebrauch과 동일시했다.[21]

하이데거에 따르면 과거 서양 철학자들이 이와 같이 존재와 현존재, 그리고 나아가서는 존재자 일반까지도 다 정적인 표상과 투시, 관장과 요리, 이론화와 체계화의 대상으로 간주했으며 사유 활동도 표상 활동과 투시 활동으로 이해했던 가장 근본적인 이유는 그들이 정적인 시간관을 따르고 있었기 때문이라고 한다.

플라톤과 직간접적으로 그의 영향을 받은 아리스토텔레스, 플로티노스, 아우구스티누스, 라이프니츠, 칸트, 헤겔, 셸링, 니체를 포함한 대부분의 서양 철학자들[22]은 물론이거니와 파르메니데스와 같은 플라톤 이전의 철학자[23]와 심지어 "실존적 순간의 현상을 아마도 가장 예리하게 간파한" 반주지주의자 키에르케고르도[24] 앞서 거론한 그릇된 "통속적인 시간 개념"에 따라 시간 자체와 시간 속에 등장하고 발생하는 모든 것들을 이해하고 해석했다.[25]

이 점을 우리는 그 어디에서보다 아리스토텔레스의 시간관에서 가장 분명히 판독할 수 있다. "시간에 관한 아리스토텔레스의 글은 우리에게 전승된, 시간에 관한 최초의 세밀한 해석이다. 그의 해석은 베르그송 H. Bergson의 시간관을 포함한, 그 후의 모든 시간관을 근본적으로 규정했다. 아리스토텔레스의 시간 개념을 분석해보면 칸트의 시간관이 아리스토텔레스가 그에 대해 주장한 틀 속에서 움직인다는 사실을 동시에 역추적할 수 있다. 이 사실은 칸트의 근본적인 존재론적 사고방식이, 그의 새로운 사유가 드러내는 모든 차이점에도 불구하고, 계속 그리스적이었음을 뜻한다."[26]

형이상학의 주제인 존재*on, einai, ontos, on*를 실체*ousia* 혹은 임재자*parousia*라고도 칭했던 아리스토텔레스는 그것을 "영원한 존재(자)"*aeion*로 보고 시간적이며 변화무쌍한 존재자 일반과 구별하려 했다. 언뜻 보기에는 그가 존재를 시간과는 전혀 무관한 그 무엇으로 이해한 것 같지만 사실은 다른 고대 그리스 철학자들과 마찬가지로 그 역시 자신도 모르는 가운데ㅡ하이데거 자신이 "SZ"에서 의식적으로, 체계적으로 그렇게 하듯이ㅡ"시간을 지평으로 해서"*im Horizont der Zeit, auf die Zeit, aus der Zeit*[27] 그 본질을 "기투", "개방"하려 했다. 즉 그것을 분석하고 규명하려 했다. 왜냐하면 "영원한 존재"라는 표현에서 "영원"이란 곧 시간적인 의미로 항구적이며 지속적인 것*Beständigkeit, Ständigkeit*, 즉 중세 철학의 용어로 "영속적인 지금"*nunc stans*을 뜻하기 때문이다. 그것은 분명히 "지금"이라는 현재적인 시제와 관계되는 개념이다.[28]

이와 같이 아리스토텔레스와 다른 그리스 철학자들과 그들에게 영향을 받은 그 이후의 형이상학자들이 존재를 시간과 관련해서 이해하려고 했음이 분명하나 그들은 존재가 "영속적인 지금"이란 정적인 시점에 임재*parousia*하고 있는, 따라서 정적이며 항구적인 상태로 현전하고 있는 대상으로 간주했던바 이것이 그들에게 하나의 치명적인 과오였다.

그들이 존재의 의미를 시간을 지평으로 하여 규명하려 했다는 사실은 긍정적으로 평가할 수 있다. 다만 그들이 통속적인 시간 개념에 따라 시간을 현전적이며 정적인 "지금"의 연속으로 간주했기에, 그들이 "영원한 존재(자)"라고 칭한 존재도 자연히 정적이며 현전적인 실재로 인식될 수밖에 없었다는 것이 크나큰 문제점이었다.

존재자의 존재에 대한 고대철학의 해석은 '세계' 혹은 가장 포괄적인 의미의 '자연'의 견지에서 이루어졌음이 분명하며 그들이 실제적으로 '시간'의 견지에서 존재를 이해하려 했음도 분명하다. 그에 대한 외적 증거—오로지 외적 증거—는 고대철학이 존재의 의미를 *parousia* 또는 *ousia*로 규정했다는 사실에서 발견할 수 있는바 그것은 존재론적으로, 시간론적으로 '임재성'Anwesenheit을 뜻한다. 존재자의 존재는 여기서 '임재성'으로 간주되었다. 따라서 그것은 하나의 특수한 시제, 즉 '현재'와 관련해서 이해되었다.[29]

고대 그리스 철학자들과 그들의 영향을 받은, 후세의 다른 형이상학자들도 존재의 의미를 존재자 일반과 시간을 척도로 해서 이해하려고 했다. 그들은 시간 자체를, 그들이 단순히 정적이며 현전자들로만 인식한 존재자들을 척도로 해서 이해하고 정의했으므로 그러한 시간은 자연히 정적이며 현전적인 성격을 띨 수밖에 없었다. 그리고 그러한 시간을 "지평으로 해서" 그들이 이해하고 해석한 존재도 자연히 정적이며 현전적인 성격을 띨 수밖에 없었다. 그래서 그들은 존재를 하나의 "항구적인 임재성"stete Anwesenheit, 즉 인간 이성의 눈앞에서 하나의 단순한 표상과 관장의 대상으로, 하나의 단순한 분석과 요리의 대상으로 임재하고 있는 정적이며 현전적인 실재 혹은 원리라고 주장하게 된 것이다.

방금 지적한 대로 심지어 소크라테스 이전 철학자인 파르메니데스도 아리스토텔레스와 다른 그리스 철학자들, 그리고 일반 대중의 "통속적인" 시간 개념에 따라 시간의 본질과 존재의 정체를 이해하고 규명하려

했다. "이미 파르메니데스도 존재에 대한 해석의 척도로 삼았던 '*legein*' 혹은 '*noein*', 즉 현전적인 그 무엇을 그 현전성에 따라 단순히 사유하는 행위는 그 무엇을 순수히 '현재화'現在化, Gegenwärtigen하는 시간적 구조를 지니고 있다. 따라서 이러한 사유 활동 과정에서 사유자에게 나타나며 그에 의해서 진정한 존재자로 이해되는 존재(자)는 현재Gegenwart의 관점에서 해석되게 된다. 환언해서 그것은 임재자Anwesenheit, *ousia*로 인식된다."[30]

(이상에서 지적한 바와 같이 "EM", 105ff., "ID", 85ff.에서는 하이데거가 파르메니데스의 "*noein*" 및 "*legein*" 개념에 대해 전혀 다른, 대단히 긍정적인 해석을 하고 있다.)

존재 망각의 본질형이상학을 주창한 과거 형이상학자들은 이와 같이 존재의 의미를 그릇된 정적인 시간 개념을 척도로 이해하고 해석하려 했기에 그들이 이해한 존재 역시 정적인 성격을 띨 수밖에 없었다. 그들은 존재의 의미를 그릇된 시간관의 견지에서 규명하려 했고, 시간의 본질을 그릇된 존재자 이해 및 그에 따른 그릇된 존재론의 견지에서 규명하려 했다. 그들은 존재와 시간을 정적인 현전자의 척도로 이해하고 해석하려 했다. 그래서 그들은 존재와 시간의 심오성과 신비, 그 역동성과 생동성을 완전히 간과하는 치명적인 오류를 범했다. 그들은 존재가 "무근저적 비근저"임을 깨닫지 못했다. 존재가 이성보다 큰, 무한히 더 큰 그 무엇임을 인식하지 못했다. 그들은 존재의 "드러나는 표면"에 집착한 나머지 "후자를 가능케 하는 근저"를 완전히 간과하는 치명적인 오류를 계속 범해왔다.

그들은 존재와 더불어 그와의 관계이며 실존인 인간 현존재, 그리고 현존재가 정립하고 개방하는 존재자 일반도 다 동일하게 이성의 표상과 관장의 대상으로 보고 취급해왔다. 그릇된 시간관에 입각한 과거 형이상 학자들의 존재론에서는 "사유 활동은 곧 이성적 직시Sehen로, 존재는 단 순한 [이성의] 눈앞의 존재Vor-Augen-Sein로 인식되었다."³¹ 인간 현존재와 여타 존재자도 더 말할 나위 없이 그러한 대상으로 인식되었다.

탈레스에서 니체와 후설에 이르기까지의 대부분의 과거 사상가들과 일반 대중들은 이와 같은 양식으로 존재의 진정한 실체를 인식하지 못 하고 존재와 무관한 사유와 삶에 임하는 "허무주의"에 빠져들어 가 있었 다. 그들은 존재의 빛으로 사물과 사람과 존재 자신을 체험하고 이해하 며 해석하는 대신, 인간 이성의 빛으로 혹은 의지력의 관점에서 세상만 사를 보고 인식하려 했으며 존재 본위가 아닌 존재자 위주의 사유 활동 을 전개해왔고 존재자 본위의 삶을 살아왔다. 서양 사상가들과 일반 대 중은 물론 전 인류가³² 지금까지 자신과 사물과 존재의 의미를 완전 곡 해하며 살아왔다. 그들은 이들 모두의 위상과 가치를 크게 평가절하하 는 가운데 존재와의 관계로서의 극히 놀랍고 엄청난 본래적인 자신답지 않은 비본래적인 자신, 자신 이하의 자신으로 자신을 크게 오해하며 살 아왔다. 그들은 단순한 이성으로(합리론자들) 혹은 감성으로(경험론자들) 혹은 의지력으로(니체) 혹은 세인 중 한 사람으로(일반 대중들) 자신을 이해하며, 그러한 자신으로 존재와 사물과 관계를 맺되 존재는 존재자의 위치로 격하된 정적인 표상과 투시, 관장과 요리의 대상으로, 사물은 순 수한 현전자로 환원된, 산정과 정치, 주문과 배달의 대상으로 보고 취급 하는 가운데 그렇게 하며 살아왔다.

(2) 현대인의 궁지와 구제책
이러한 존재 망각의 허무주의의 최종 결과로 우리가 현대인들의 사유와 삶 속에서 너무나도 현저하게 목격할 수 있는 가공할 "기술 사상"과 "정치 사상"이 태동하였다. 그것은 수천 년간 지속되어온 본질의 형이상학과 허무주의의 당연한 귀결이며 그 열매다.

"합리적인 의식의 극단적인 형태"인 현대 기술 사상은 "반성의 부재" 그 자체를 의미하는바, 그것은 "그 자체를 향해 완전 폐쇄되어 있어" "연구해볼 만한 가치가 있는 자"(존재)와 어떠한 관계를 맺을 수 없다.[33] 세상의 모든 것은 이러한 기술 사상으로 말미암아 완전히 "획일화"되었고 자연과 정신 간의 경계도 허물어졌다. 그 결과 "지구의 황폐화"가 초래되었다.[34] 인간은 존재의 우주적인 개방의 역사, 진리의 빛의 역사에 동참한 자로서의 자신의 고귀한 본성을 모두 상실할 극도의 위기상황에 처했다.[35]

극도의 "존재 망각증"(하이데거 자신의 표현이 아님)과 허무주의로 인해 현대인들은 자신들의 본향Heimat과 본가Heim를 잃고 헤매는 "실향민"이 되어버렸다. 그들은 자신의 본적지도, 현주소도, 행선지도 알지 못하고 유랑하는 집시족으로 전락해버렸다.

현대인들의 그러한 "실향성Heimatlosigkeit으로 말미암아 단순히 인간들만이 아닌 인간의 본성이 방황하고 있다."[36] 현대인들은 자신들의 존재의 원천이며 "인접성"인 존재로부터 멀어졌고 존재와의 관계인 자기 자신으로부터도 멀어져 있다. 그리고 존재의 빛에 비침을 받을 뿐 아니라 "세계사방"의 사건이 자체를 매체로 해서 일어나게도 하는, 역동적인 사건인 사물로부터도 멀어졌다.

현대인들은 극심한 내적인 소외와 외적인 소외로 말미암아 안식과 위로 없이, 본향도 집도 없이 처절한 유랑자의 삶을 살아가고 있다. 그럼에도 불구하고 그들은 이러한 처절한 형편과 위기 상황을 의식하지도 못한 채 무사안일의 나날을 보내고 있을 뿐 아니라 과거 어느 시대 사람들보다 모든 면에서 더 풍요롭고 의미 있는 삶을 영위하고 있다고 착각하고 있다.

이러한 곤경과 궁지에서 현대인들은 어떻게 빠져나올 수 있는가? 그들에게도 구제책과 구원이 있는가?

그러하다. 사실인즉 현대인이 당면하고 있는 위기가 그처럼 다급하고 심각한 만큼 거기에서 빠져나올 수 있는 가능성도 그만큼 더 높다. "정치-사상"의 문제점이 너무나도 현저하고 심각한 만큼 그것이 급기야 노출될 수밖에 없을 것이고 구제책도 시급하게 강구될 수밖에 없을 것이기 때문이다.

하이데거의 깊은 소신으로는 기술 사상은 사실 존재의 "보내심"과 그의 뜻으로 말미암은 것이다. "기술 사상은 그 본질에 있어서, 망각 중에 있는 존재의 진리의 존재사적 운명ein seinsgeschichtliches Geschick이다."[37] 그리고 그에 따르면 현대인들의 근본적인 실향성을 감안할 때 그들은 결국 존재의 진리를 깨닫고 존재의 인접성으로 되돌아올 것임이 분명하다.[38]

휠덜린의 시어대로 "위험이 있는 곳에 구출자도 나타난다."[39] "우리가 위험상황에 가까워지면 가까워질수록 구원자에 이르는 길도 그만큼 더 밝히 비춰 보이기 시작한다. 그리고 우리는 그만큼 더 깊이 숙고하게 된다. 왜냐하면 숙고는 사유자에 있어서 경건을 뜻하기 때문이다."[40]

그러나 "구원"Heil, Rettung이 인간의 능력과 행위 자체로 이루어질 수 있는 것은 아니다. 인간이 완전히 자력으로 자신을 위험에서 구출할 수는 없다. 구원은 궁극적으로는 존재로부터 오기 때문이다. "인간의 행위가 결코 이 위기에 직접적으로 대처할 수 없다. 인간적인 노력만으로는 결코 이 위기를 해결할 수 없다. 그러나 인간의 반성으로 구원자가 위기에 처한 자보다 더 높은 위치에 있으면서도 그와 유사하기도 한 실재임에는 분명하다는 점은 생각할 수 있다."[41]

그러나 물론 우리가 단순히 수동적인, 관망하는 자세로 존재로부터 구원을 고대하고만 있어서는 안 된다. 우리가 해야 할 몫은 우리가 스스로 감당해야 한다. 우리가 본래적인 우리 자신의 "자유로운 본성"을 재발견하고 회복하며 정신적인 병에서 치유함을 받을 뿐 아니라 "원자탄이 터지기 오래전에 이미 파괴된 사물"을 그 원래의 모습대로 복구한다는 것은 단순히 "인간의 꾀로 가능한 것은 아니다. 그러나 "인간의 경계심 없이" 가능한 것 또한 아니다.

하이데거에 따르면 "이러한 경계심을 향한 첫 행보는 단순히 표상하는, 환언해서 과학적으로 설명하는 사유에서 회상적인 사유로 귀환하는 행보다."[42] 현대인들은 지금까지의 서양 사상가들의 전형적인 주관주의적·주지주의적 사유, 표상적·개념적 사유에서 벗어나 존재 중심의 사유, 근본적·회상적 사유, 원초적·전향적 사유로 존재의 빛의 차원으로 나아가고 그를 순수히 그대로 내적으로 체험할 수 있어야만 한다. 이러한 사유는 표상적·개념적 사유에 젖어 있는 자들의 견지에서 볼 때, 특히 기술 사상과 정치 사상에 젖어 있는 현대인들의 관점에서 볼 때 분명히 하나의 논리적인 비약이다. 그것은 분명히 키에르케고르가 촉구한 신앙의 차원으로의 "질적인 비약"을 연상시켜주는[43] 그러한 비합리적인 비약이다.

하이데거는 이 점을 시인한다. 현대인들이 당면하고 있는 최극의 위기 앞에서 그들이 단행해야 할 결단은 비약Sprung, 즉 존재의 차원, 존재의 품속으로의 비약이며 그 외의 다른 방도로는 결단코 당면한 문제를 해결할 수 없다는 것이 그의 깊은 소신이다. 그들의 곤경과 위기를 극복할 수 있는 방법은 결코 냉철하고 예리한 분석과 반성을 통해 문제를 합리적으로 혹은 순리적으로 풀어가는 이성의 점진적인 방법일 수는 없다.

그보다 그들은 지정의가 합해진 전인의 과감한 결단으로, 그야말로 무조건적으로 지금까지의 표상적 사유의 전통에서 등을 돌리고Abkehr, Absprung 존재의 무근저적 비근저로 비약해야 한다. 키에르케고르가 신앙인들에게 이성의 시각에서 볼 때는 "객관적인 불확실성"으로밖에 인식되지 않는 대상임에도 불구하고 "무한성의 정열"과 신앙의 "모험"으로 7만 길이나 깊은 심연과도 같은 신의 품속과 영적인 세계로 "질적인 비약"을 감행할 것을 요청했듯이, 하이데거도 그와 유사한 사상적 비약을 현대인들에게 주문하며, 강경하게 촉구한다.

3. 사상적 비약의 필요성

하이데거가 위와 같은 최대의 위기 상황에 직면하고 있는 현대인들에게 촉구하는 바는 그들이 급진적인 방향 전환을 감행하고 완전히 새 출발을 해야 한다는 것이다. 즉 이성 중심과 존재자 위주의 표상적·산정적·사유, 개념적·과학적 사유의 전통에서 "하차"Absprung하고 존재 본위의 근본적·원초적 사유, 회상적·전향적 사유를 통해 존재의 차원, 존재의 빛의 사건의 차원으로 비약해야 한다는 것이다.[44]

물론 현대인들도 본질상, 즉 실존 구조상으로는 존재와의 관계이며 실존과 외존이다. 그러면서도 그들은 현실적으로는 존재에서 완전히 소외된 삶을 살아가고 있다. 세상만사를 존재의 빛 없이 바라보며 현존재의 안목이 아닌 이성의 안목으로, 그것도 과학 이성과 "기술 이성"technische Vernunft의 안목으로 바라보는 가운데 그들 모두를 곡해하며 살아가고 있다. 그들은 자기 자신과 사물의 정체와 의미에 대한 이러한 곡해를 풀어야 한다. 그들은 이제 존재의 빛 속으로, 존재의 "인접성" 혹은 존재라는 "인접성"으로 되돌아와야만 할 때가 되었다. 존재자 위주의 비본래적인 사유와 삶의 방식을 청산하고 거기에서 벗어나 존재의 빛의 차원으로 되돌아가서einkehren 그와 진정한 내적인 관계das Zusammengehören를 맺어야만 할 때가 되었다.

우리는 표상적 사유의 자세에서 되돌아서야만absetzen 한다. 이러한 전환은 하나의 비약이라는 뜻에서 도약ein Satz im Sinne des Sprungs이다. 이러한 비약을 통해 우리는, 근세에 와서 인식의 객체들의 주체로 군림하게 된 이성적 동물animal rationale로서의 인간관과 결별하게 된다. 이러한 결별을 통해 우리는 동시에 과거 형이상학자들의 존재관으로부터 되돌아서게 되기도 한다. 존재는 서양 사상의 초창기 이래 계속 존재자 일반이 뿌리를 내리고 있는 근거로 해석되어왔다. 우리가 이러한 근거로부터 되돌아선다면 우리는 이 결별과 더불어 어디로 뛰어내리게 되는가? 하나의 무한한 심연으로 뛰어내리게 되는 것인가? 우리가 형이상학적인 사유의 관점에서 여기서의 비약을 생각하게 될 때 이에 대한 대답은 '그러하다'이다. 그러나 우리가 비약하고 우리 자신을 완전히 내어 맡기는 한에 있어서는 그에 대한 대답은 '아니다'이다. 그러나 이 경우에 우리가 어디로 비약을 하는 것인가? 우리의 비약은 우리가 원칙적으로 이미 관계를 맺고 있는 그러한 곳으로의 비약이다. 즉 그것은 존재에의 예속관계로의 비약이다. 그러나 존재 자신도 우리에게 예속되어 있다Das Sein selbst aber gehört zu uns. 왜냐하면 그는 오로지 우리를 통해서 존재로서 존재할 수 있기 때문이다. 즉 임재할 수 있기 때문이다. 이러한 비약은 실로 진기한 비약이다. 우리가 이러한 비약을 감행해야만 한다는 사실은 우리가 원칙적으로는 이미 거하고 있는 곳에 실제적으로는 충실하게 거주하고 있지 않다는 점을 우리에게 각성시켜주기에 충분하다.[45]

하이데거가 현대인에게 요청하는 비약은, 이와 같이 지금까지의 서양 철인들과 지성인들의 사고방식을 특징짓는 표상적·산정적 사유와 그것을 통해 발전된 과거 2500년간의 사상 전통으로부터의 급진적인 결별을 뜻함과 동시에 존재의 빛의 차원으로의 과감한 돌진과 도약을 뜻하는 것은 사실이지만, 그가 여기서 촉구하는 급진적인 이탈은 과거 서양 사상사에 대한 무조건적인 거부와 그것과의 완전한 결별만을 뜻하지는 않는다.

우리는 표상적·산정적 사유를 지양해야 하지만, 하이데거에 따르면 경이롭게도 존재는 과거 사상가들이 주로 그러한 그릇된 사유를 통해 정립한 사상 체계를 매체로 해서 우리에게 자신의 신비에 대해 "말씀"하고 있다. 사실인즉 상술한 대로 하이데거에 따르면 플라톤에서 마르크스와 니체, 그리고 현대 기술 사상에 이르기까지의 존재 망각의 서양 사상사는 존재의 계획과 "섭리"와 통제하에서 발전되었다. 뿐만 아니라 상술한 바와 같이 그 역사는 인류의 역사인 동시에 존재의 역사이기도 하다. 더 나아가 그 역사는 곧 존재 자신이기도 하다.

따라서 서양인들과 인류 전체의 지금까지의 존재 망각의 행각이 단순히 인간의 실수와 불찰에서 비롯되었다고 보아서는 결코 안 된다.[46] 따라서 우리가 인류의 정신사이자 존재사이기도 한 과거사, 아니 존재 자신인 과거사를 "반복"하고 재평가하는 데 힘을 모아야만 함이 분명하다. 그렇게 함으로써 우리는 그 속에서 존재의 진리에 관한 것을 새로 발굴하고 그것을 우리 자신의 것으로 점유하며 우리의 현재와 미래의 삶을 위한 지침으로 삼을 수 있다.

그러므로 우리가 존재 혹은 "존재"Seyn의 빛의 차원으로 비약한다는 것은 곧 존재와 현존재 간의 상호협조하에서 일어나는[47] 그 빛의 사건의 전개과정인 이 인류의 정신사, 아니 존재 자신의 역사로 비약함을 뜻하기도 한다. 그러나 우리는 통상적인 역사가의 표상적·과학적 사유로 접근하기보다 진정한 존재 체험을 지향하는 "회상적·전망적인 사유"das andenkend-vordenkende Denken로 비약해야 한다.

비약은 매번 결별(뛰어내림, Absprung)을 뜻한다. 존재 사유가 감행하는 비약과 더불어 결별하는 것(과거 사상 전통)이 이 비약을 통해 폐기되는 것은 결코 아니다. 이 비약을 통해 비로소 결별되는 영역이 과거와는 다른 새로운 방법으로 조망될 수 있게 된다. 존재 사유를 통한 비약은 결별하는 것을 완전히 잊어버리는 것이 아니고 그것을 보다 원초적인 한 방법으로 자신의 것으로 점유한다. 이러한 관점에서 본다면, 비약하는 존재 사유는 회상적 사유, 즉 지나가 버린 것이 아닌 과거적인 것에 대한 회상적 사유Andenken nicht an Vergangenes, sondern an das Gewesene다. 후자는, 지나가 버리지 않고 임재하는 자, 즉 회상적 사유자에게 새로운 통찰 가능성을 부여하는 가운데 영속하는 자(존재)에 집념하는 행위를 뜻한다. 모든 과거적인 것 속에는 [존재의] 하사품das Gewähren이 숨겨져 있는바 그 보화는 때로는 오랜 기간 동안 채굴되지 않은 채 있기도 하지만, 그것은 회상적 사유자의 눈앞에는 지속적으로 무궁무진한 우물과도 같은 의미를

띠고 나타난다.[48]

비약자는 결별을 통해 그가 결별하는 영역을 자신으로부터 떨쳐버리지 않고 오히려 비약 행위를 통해 존재의 섭리사를 회상하는 가운데 자신의 것으로 점유하게 된다. 비약은 오로지 회상적인 비약으로서만 비약으로 존속케 된다. 그러나 여기서 존재의 과거의 섭리사를 회상Andenken한다 함은 곧 과거적인 것 속에서 아직 성찰되지 않은 것을 사유의 대상으로 숙고함을 뜻한다. 이러한 존재 사유는 또한 오로지 전망적vordenkendes 사유로서만 이 사유의 대상에 부응하는 사유에 임할 수 있다. 과거적인 것을 회상하는 사유는 동시에, 사유해야만 하나 아직 성찰되지 않은 채 있는 사유의 대상을 전망하는 사유이기도 하다. 이 사유는 역사학적으로 표상하는 자세로 과거적인 것에 집착하고 그것을 단순히 지나가 버린 것으로 간주하지 않으며 표상적인 사유자의 자세와 예언자적인 월권행위로 미래를 예측하고 그것을 응시하지도 않는다. 회상적·전망적 사유는 비약 행위다.…존재 사유는 항상 새롭게, 항상 더 원초적으로 비약해야만 한다.…이 회상적·전망적 사유가 존재의 진리 자체(자아 현현 과정)에서부터 존재 자신의 진정한 모습을 규명하고 지금까지와는 다른 한 방법으로 묘사할 수 있을 때까지.[49]

존재 위주의 근본적·원초적 사유, 회상적·전망적 사유는 과거인들과 현대인들의 표상적·개념적 사유, 산정적·과학적 사유의 전통에서 "하차"하고 존재의 자기 현현의 현장으로 전개되고 발전되어온, 존재 자신이라고까지 간주할 수 있는 과거사로 "비약"해야 하고 그 속에서 표상적·개념적 사유의 견지에서 존재의 실체를 규명하려고 노력한 사상가들에게는 전혀 개방되지 않고 비밀과 신비로 숨겨져 있었던 "가장 생각해볼 가치가 있는 대상", "가장 연구해볼 가치가 있는 대상", 즉 존재 자신을 순수히 그대로 내적으로 체험하고 인식할 수 있어야만 한다. 그러한 존재론적 체험을 통해 사유자는 완전히 새로운 자아 이해와 사물 이해에 이르게 되고 완전히 새로운 방법으로 자신의 현재에 임하며 미래를 전망한다. 존재의 빛으로 비침을 받은 새로운 자신이 되며 그러한 자신으로서 과거와는 전혀 다른 시각에서 세상만사를 바라보게 된다.

존재에는 과거, 현재, 미래가 따로 없으며 이 세 가지는 동일한 의미를 띤 시제다. 존재는 시간이며 역사 그 자체가 아닌가? 그는 지속적으로 매번 다른 모습으로 자신을 개방하면서도 항상 동일한 우주적인 빛과 빛의 사건, 혹은 빛과 어둠의 사건으로 남아 있지 않은가? 그러므로 사유자가 과거를 되돌아보는 데서 자신의 현재와 미래를 내다볼 수 있게 된다. 존재의 과거사, 그의 "자기 파송사" 또는 "섭리사"를 "회상"하고 그 속으로 비약하는 데서, 그는 그 속에서 불확실한 자기 자신의 현재에 어떻게 임해야 하며 아직 당도하지 않은 미래를 어떻게 전망해볼 수 있는가에 대한 구체적인 답변을 얻는다. 과거를 되돌아보는 데서 그가 체험하고 바라보는 존재의 빛으로 자신의 현재와 미래의 진로와 향방을 바로 가늠할 수 있는 것이다.

우리 현대인들의 소망은 바로 여기에 있다. 인간 중심과 이성 본위의 표상적·개념적 사유, 존재자 위주의 과학적·산정적 사유에서 벗어나 존재 망각과 허무주의의 본질형이상학과 "기술 사상" 및 "정치 사상"에서 급진적으로 전회하여 "경건"Andacht, Gedächtnis, Versammlung한 마음과 "감사"Danken로 넘치며 "마음 중심"das Gemüt, das Herz, das Wesende des ganzen Menschenwesen에서 우러나오는 사유Denken→Gedank,[50] 즉 근본적·원초적 사유, 회상적·전망적 사유로 존재에 대한 완전히 새롭고 진정으로 깊은 성찰과 반성에 임하는 데 우리 현대인의 소망이 있다. 과거인들과 현대인들의 그릇된 사상 전통과 결별하고 이러한 새로운 사유로 존재의 차원으로, 존재의 빛의 차원으로 비약하는 데서만 우리 현대인들은 그야말로 벼랑 끝과 같은 최극의 위기와 궁지에서의 구제책을 발견할 수 있고 죽음에 이르는 중병의 치유책을 발견할 수 있다.

이러한 하이데거의 처방은 분명 대단히 고무적이다. 극단적인 물질주의와 과학주의에 빠져들어 어떠한 가치관도 없이 완전히 현실주의적이고 실용주의적으로 살아가는 현대인들의 사고방식과 생활양식을 감안할 때, 하이데거의 이러한 선지자적인 요청은 모든 사람이 귀담아 들어야 할, 대단히 중대하고 의미심장한 메시지임이 분명하다. 현대인들은 모두 심각한 중병을 앓고 있다. 그러나 그들은 자신들이 암이나 에이즈보다 더 치명적인 정신병을 앓고 있음을 의식하지도 못하고 무사안일의 유유자적한 삶을 살아가고 있다.

하이데거가 제시하는 해결책과 치유책이 대단히 고무적이고 정신계와 초월계를 시인하는 사람들 특히 종교인들과 신앙인들에게는 상당한 신빙성과 설득력이 있는 이론이지만, 문제는 과학주의적인 기술 사상과 정치 사상과 유물론과 실용주의로 그야말로 완전히 세뇌되어 있고 의식화되어 있는 현대인들이 그의 메시지를 그대로 순순히 수락하고 따를 리 없다는 데 있다. 그가 표방하는 이상과 목적은 매우 높이 평가할 수 있겠지만 문제는 그것이 어떻게 구체적으로 현실화될 수 있느냐 하는 것이다. 그가 선지자와 같은 위치에서 극히 강력하고 엄준한 언어로 현대인들에게 존재냐 존재자냐, 표상적 사유냐 근본적 사유냐 간의 양자택일의 결단을 촉구하는 메시지를 계속 외치고 있으나 그것이 현대인들의 의식 구조를 쇄신시키고 개혁시킬 수 있을 만한 충분한 구속력과 설득력을 지니고 있느냐가 문제다. 그의 강력한 메시지가 그들에게 "먹혀 들어 갈" 수 있느냐 하는 것이 문제점인 것이다.

많은 사상가들이 실제적으로 하이데거의 주장을 납득하기 어려울 뿐 아니라 터무니없는 이론으로 취급하고 있다는 데서 이 점이 매우 심각한 문제점으로 떠오르고 있음을 알 수 있다. 이상에서 언급한 하이데거 비판가들—뢰비트 K. Löwith, 슈피겔베르크 H. Spiegelberg, 린텔렌 Fr.-J. Von Rintelen, 투겐트하르트 E. Tugendhat 등—은 비록 과학주의나 실용주의에 심취되어 있지 않고 대단히 비판적인 자세로 철학적 사유에 임할 뿐 아니라 그들 중 다수가 일종의 정신주의를 주장하고 있다고 볼 수 있으나 그들은 하이데거의 존재 사유에서 바로 이 점을 크게 문제시하고 있다. 그들은 그가 보다 객관성 있고 타당성 있는 이론을 전개해야 한다고 한목소리로 지적한다(푀겔러가 하이델베르크 대학에서 실시한 하이데거의 사상에 관한 강의에서 현재 하이데거에 관심을 기울이는 자들은 신학자들밖에 없다고 말하는 것을 들은 일이 있다).

기독교와 여타 종교의 복음전파자들 혹은 포교자들은 신의 권위와 능력을 호소하며 그들의 메시지를 강력하게 선포한다. 그들은 자신들의 전언의 근거와 신빙성을 어떠한 방법으로도 입증할 필요성을 느끼지 않은 채 오로지 신의 능력과 섭리의 역사만을 믿고 자신감을 가지고 그들의 "케리그마" Kerygma를 지상명령으로 전달할 수 있다. 그들은 자신들과 그들의 메시지를 전달받는 청자들 간의 의사소통을 위한 "Anknüpfungspunkt"(접촉점, point of contact)의 문제에 대해 크게 신경 쓸 필요가 없다. 그들과 청자들을 연결할 수 있는 어떠한 논리적 교량을 구축할 필요도 없다. 그들의 요구는 대단히 단도직입적이며 단호하다. 그것은 신앙의 결단 또는 "질적인 비약"이다.

그러나 "신앙의 절대성과 사유의 의문성은 서로 무한히 상이한 두 영역들이다",[51] 혹은 "신앙은 존재 사유 속에는 어떠한 여지도 없다"[52]라고 주장하는 엄격한 철학적 사유자 하이데거는 무엇에 호소하며 어떠한 방법으로 현대인들을 설득하려고 노력하고 있는가? 자신이 "근본적·회상적 사유"의 견지에서 주장하는 바가 객관성과 타당성이 있다는 사실을 그들에게 어떻게 입증할 수 있는가?

"HB"에서 하이데거가 설파하고 있는 바대로 그는 "엄격한", 과거의 어느 주지주의자 이상으로 엄격한 사유 활동을 전개하는 철학자를 자처함에도 불구하고 이 질문과 관련해서는 신앙인이 감행하는 것과 유사한 "비약"의 방법 외에 그 어떤 방법도 제시할 수 없다고 대답하고 있다. 그리고 그에 따르면 이러한 비약을 통해 사유자가 당도하게 되는 피안이 우리를 파멸로 떨어뜨리는 "무저갱"無低坑인지 혹은 구원의 복지인지도 물론 사전에 객관적으로 확인할 방도가 없다. 오로지 우리가 비약하여 그곳으로 뛰어 넘어가서 비약의 대상을 직접 체험할 때 비로소 그 점을 확인할 수 있으며, 그렇게 하되 그 어떤 다른 것을 기준과 척도로 해서가 아니라 바로 이 비약의 대상 자체만을 척도로 해서 그렇게 할 수 있다고 한다.

"비약은 사유자를 어떠한 교량도 없이, 즉 점진적이며 단계적인 사유 활동 과정을 통하지 않고 한 다른 영역으로, 한 다른 언어 구사의 차원으로 옮겨놓게 된다."[53] "비약 자체는 말하자면 공중에 떠 있다. 그 어떤 공간과 그 어떤 공기 속에? 이것은 오로지 비약을 통해서만 알게 된다."[54] 그러므로 "사유자는 계속 새롭게, 계속 더 원초적인 방법으로 비약해야만 한다."[55]

존재는 "비근저"이기에 그것을 그것 아닌 다른 어떤 기준과 척도로 그 근거와 타당성을 검증하고 확인할 수 없다. 스피노자는 그의 "윤리학"에서 빛이 그 자체의 척도이듯이 진리도 그 자체의 척도라고 했다. 하이데거도 그와 비슷하게 "비근저"인 존재는 그 자체의 척도라고 역설하고 있다. 그래서 그것을 인간 현존재가 사전에 준비된 그 어떤 객관적이며 보편타당한 척도로 재고 그 근거와 타당성을 긍정하든가 혹은 부정하든가 할 수 없다는 점을 그는 강력하게 설파하고 있다.

존재가 존재자 일반의 근거로 임재하고 있는 한 그것은 자신을 위한 어떠한 근거도 지니고 있지 않다. 그 이유는 존재 자신이 스스로의 근거를 해명하고 있기 때문이 아니고 어떠한 논증Begründung도—존재 자신을 통한 논증도—존재자 일반의 근거인 존재에게는 부적합하기 때문이다. 존재의 근거에 대한 그 어떤 논증의 시도뿐 아니라 심지어 그에 대한 논증 가능성에 대한 어떠한 암시도 존재를 존재자로 전락시키는 행위가 될 것이다. 존재가 존재인 한 그는 무근거적grundlos이다.…존재는 비근거이다.…이 점에 대해서 생각하고 이것을 계속 생각하게 된다면 우리는 그와 더불어 이미 전통의 사유의 영역에서 이탈하고abgesprungen [근본적·회상적 사유의 영역으로] 비약하고 있음을 발견하게 된다. 그러나 우리가 이러한 비약을 통해 무저갱das Bodenlose으로 떨어지는 것은 아닌가? 이에 대한 답변은 '예'인 동시에 '아니오'이다. 우리가 이제 더 이상 존재를 하나의 존재자와 같은 성격의 토대로 간주하지 않고 존재자를 근거로 해서 존재의 실체를 해명하지 않는 한에 있어서 그에 대한 답변은 '예'이다. 존재가 이제 진정 존재 자신으로 사유되어야만 하는 한에 있어서 그에 대한 답변은 '아니오'다. 그러한 사유의 대상으로서 존재는 이제 존재 자신의 진리로 말미암아 척도의 제공자가 되게 된다Als dieses zu Denkende wird es aus seiner Wahrheit her das Maß-Gebende. 존재 사유의 수행 방법은 이 척도dieser Maß-Gabe에 부합해야만 한다. 이 척도와 그 설정Dieses Maß und seine Gabe은 결코 우리가 그 어떠한 산정Errechnen과 측정Ausmessen 행위를 통해 자의로 채택할 수 없다. 그들은 우리에게는 측량불가한 것으로 남아 있다. 그러나 여기서의 비약은 결코 사유자를 완전한 공허함이라는 뜻의 무저갱으로 떨어뜨리지는 않는다. 사실상 바로 이러한 비약이 비로소 사유자로 하여금 진정한 존재 자신에 상응하게끔, 즉 존재의 진리에 도달하게끔 만든다.[56]

존재가 하나의 척도를 필요로 한다면 그의 영속성이 그 자체 속에 자신의 척도를 지니고 있다.[57]

슈피겔베르크가 지적하고 있는 대로, 하이데거가 여기서 요구하는 비약은 분명히 키에르케고르가 요구하는 "질적인 비약", 즉 신앙의 비약"der qualitative Sprung"[58]과 유사한 결단 행위다. 그것은 사유자가 이성의 사유 활동을 통해 수행하는 논리정연하며 일관성 있는 지적 행위라기보다, 이성적인 근거와 이유를 불문하고 전인적인 소신에 따라 과감하게 단행하는 투지력과 정열의 결단 행위다. 따라서 그것의 객관성과 보편타당성에 대해 사유자 자신은 원칙적으로 아무런 보장을 할 수 없고 타인들도 그것을 요구할 수 없다.

"사유자는 어디에서 사유의 척도를 발견해야만 하는가? 그의 사유 활동의 법칙은 무엇인가?"[59] 방금 지적한 바와 같이 이에 대한 하이데거의 해답은 물론 존재 자신이 사유자의 유일한 사유의 척도라는 것이다.

그러나 존재가 사유의 척도라는 사실 자체는 어떠한 이성적 방법으로도 입증할 도리가 없다는 것이 그의 결론이다.

만약 그 누가 "Das Ding"이라는 하이데거의 소논문의 추서[60]에 나오는 한 젊은 학도가 제기한 것과 같은 질문을 그에게 제기하고, 그가 "비약"을 통해 당도하게 되는 "피안"의 실상에 대한 자신의 소신을 표명할 때 "어디에서 그에 대한 지시를 받았는가?"라고 질문한다면, 그는 이 질문자에게 다음과 같이 반문할 수밖에 없을 것이다. 플라톤은 어디에서 그의 이데아론을 주장할 것에 대한 지시를 받았으며 칸트는 어디에서 그의 선험철학을 주장할 것에 대한 지령을 받았는가?[61] 그는 그러한 질문을 제기해오는 사람들에게 자신의 주장이 "실제"와 부합한다는 사실을 언제든지 쉽게 입증할 수 있는 "어떠한 증명서도 제시할 수 없다."[62]

하이데거가 현대 지성인들에게 제시할 수 있는 답변은 오로지 이러한 단답밖에 없는가? 현대인들 가운데 얼마나 많은 수가 그의 이러한 비약의 요청을 그대로 수락할 준비가 되어 있는가? 그가 그렇게 종교적인 선포자의 자세로 단도직입적으로 그것을 요청하는 데서 문제가 해결될 수 있을 만큼 비약이라는 것이 단순하고 용이한 것인가?

제2장

존재 사유의 구속력

하이데거는 "Das Ding"이란 제목의 한 소논문의 추서[1]에서 자신의 사상의 근거와 타당성을 캐묻는, 이상에서 언급한 젊은 학도에게 그것을 분명한 말과 이론으로 해명해주는 대신 하나의 반문으로 그의 질문에 응수했다. 그가 하이데거 자신의 사상의 근거와 타당성에 대해 의문을 제기한다면, 플라톤의 이데아론의 타당성을 뒷받침하는 객관적인 근거와 칸트의 선험적 관념론의 타당성을 뒷받침하는 객관적인 근거는 무엇이라고 생각하느냐는 것이었다.

이 두 위대한 사상가들과 동일하게 하이데거도 자신의 사상의 근거와 타당성을 이론적으로 해명하고 입증할 방도가 없다는 것이었다. 그들의 사상 체계가 그들 각자의 내적 소신에 기초를 두고 있는 것과 마찬가지로, 하이데거 자신의 존재 사유도 자신의 깊은 초이론적·초이성적 신념에 근거를 두고 있으므로 그 타당성을 만인이 공인하고 공감할 수 있는 보편타당하고 객관적인 근거와 이유를 들어 원인분석적으로 해명할 수 없다는 것이었다.

이것이 하이데거가 그 젊은 학도에게 제시할 수 있는 유일한 답변이었던가? 이 학도의 질문은 현대 지성인들 모두의 질문이기도 하고 대다수의 하이데거 독자들의 질문이기도 하다. 그것은 독일어로 이들의 공통된 "brennende Frage"burning question임이 분명하다. 하이데거가 위와 같은 방법으로 그 학도에게 반문함과 더불어, 그는 후자로 하여금 하이데거 자신의 존재 사유의 차원과 그 주제인 존재의 차원으로 비약할 것을 종용하고 있다. 문제는 그 젊은 학도와 그가 대표하는 현대 지성인들이 하이데거의 이러한 권유와 촉구에 쉽사리 응할 수 없다는 데 있다.

투겐트하트는 여기서 하이데거가 자신의 사상의 근거에 대한 질문과 관련해서 완전히 할 말을 잃은 것으로 본다.[2] 그러나 이 답변이 아무런 내용도 전달해주지 않는 공허한 답변만은 아니다. 어떤 각도에서 보면 그것은 대단히 심오하고 예리한 답변이기도 하기 때문이다.

어느 사상가가 아무런 전제 없이, 우주 전체의 정체성과 의미에 대한 아무런 주관적인 소신과 신념 없이, 말하자면 무에서 출발하고 빈손으로 출발해서 자신의 체계를 수립할 수 있겠는가? 그러나 어느 사상가가 자신의 체계의 근거와 그 내용의 타당성을 만인이 공감하고 찬동할 수 있는 객관적인 방법으로 이론적으로 입증할 수 있겠는가?

하이데거 자신을 포함한 현대 해석학자들이 크게 부각시켜온 바대로 아무도 그 무엇에 대한 "전이해" 없이 "사실 이해"를 할 수 없다. 앞에서 지적했듯이 플라톤과 아우구스티누스도 이 점을 분명히 인식하고 우리가 그 무엇에 대해 캐묻기 위해서는 그에 대해 이미 무엇인가 많이 알고 있어야 한다고 했다. "사실 이해"를 위해서는 "전이해"가 전제되어야 한다는 것이었다.

인간의 철학적 사유 활동은 결코 단순히 이론 이성 또는 표상적·개념적 사유에 의한 정확한 지적 직시와 간파, 분석과 반성, 이론화와 체계화 활동만이 아니라 그 사유 활동의 대상인 진리도 어떠한 과학적 방법으로도 객관화할 수 없고 개념화할 수 없는, 무한히 심오하고 신비스러운 그 무엇이다. 인간은 이성 이상의 숭고하고 심오한 존재자이며, 진리도 이성의 잣대로 결코 잴 수 없는 무한한 깊이와 폭을 가진 그 무엇이다. 존재라고도 일컬음을 받는 진리는 손가락으로 구체적으로 가리킬 수 있는 여기의 이것 혹은 저기의 저것이 아니고 단순히 "그것 자체"Es selbst다.[3] 하이데거에게 지대한 영향력을 끼친 키에르케고르는 "이것이 곧 신"이라고 손가락으로 가리킬 수 있는 신은 참신이 아니고 우상에 불과한 것이라 했다. 참 신은 코펜하겐의 거리 도처에서 늘 마주치는 경찰과는 다르다고 했다.

이러한 진리 또는 존재는 결코 이성의 빛으로는 순수히 그대로 바라볼 수 없고 오로지 "실존적 정서" 속에서 "현존재의 안목", "이해력"으로, 그리고 전인적인 접촉과 참여로 내적으로 체험할 수 있을 따름이다. 그러한 초이성적·초이론적 "존재 체험"에 대한 사유 활동의 내용과 타당성을 어떻게 정확한 개념적인 언어와 이론으로 "erklären"할 수 있겠는가?

인생의 궁극적인 문제들을 과거 주지주의적 사상가들의 이상에 따라 그러한 방법으로 철저하게 규명하고 해명하려는 모든 노력은 존재의 진리의 심오성을 완전히 곡해하는 데서 비롯된 노력이므로 그것은 허망한 노력일 뿐 아니라 그 자체로 극히 문제가 되는 그릇된 노력이다. 그러므로 어떻게 보면 이상의 질문을 제기한 학도에게 침묵이 가장 훌륭한 답변일 수 있다. 혹은 하이데거가 제기한 것과 같은 반문이 더 효과적인 답변인지도 모른다.

젊은 학도의 질문에 대한 하이데거의 답변은 투겐트하트가 암시하고 있는 바와는 달리 결코 당황한 나머지 말문이 막혀 황급하게 내뱉는 자의 답변이 아니다. 그것은 모든 정황을 꿰뚫어 보고 의도적으로 제시하는 함축적인 답변임이 분명하다. 인생의 궁극적인 문제들을 진정으로 신중하게 숙고해본 사람들이라면 아무도 하이데거의 그러한 답변을 경박하거나 공허한 답변이라고만 간주하지는 않을 것이다. 오히려 그러한 답변을 제시하는 그의 사상적 깊이로 인해서 저절로 고개를 숙이게 될 것이다.

하지만 하이데거의 답변이 젊은 학도와 그와 동일한 처지에 있는 무수한 다른 독자들의 의구심을 전혀 해소해주지는 못하고 있음 또한 분명한 사실이다. 주지하다시피 데카르트는 진리의 객관적인 실재성과 보편타당성을 입증하기 위해 매우 복잡한 절차를 거쳐 대단히 힘겹게 그에 대한 자신의 이론, 그것도 일관성이 없고 혼동된, 그리고 자가당착적인 이론을 전개했다. 스피노자는 데카르트의 그러한 노력을 은근히 조소하는 가운데 진리의 자명성에 관해 상술한 단도직입적인 발언을 했다. 햇빛이 그 자체와 어둠의 척도인 것과 같이 진리는 그 자체의 척도라는 것이었다. 이것이 어떻게 보면 진리의 심오성과 절대성에 대한 의미심장한 발언이라고도 해석될 수 있다. 그러나 그것이 스피노자 독자들의 마음을 흡족케 해주는 설명은 결코 아니다. 그것이 진리의 객관적 실재성과 보편타당성에 대한 그들의 의구심을 해소해주지는 못한다.

하이데거의 답변도 마찬가지다. 그의 답변이 하나의 심오한 답변인 것은 분명하지만 그것이 "완답"完答 혹은 "정답"은 아니다. 어떻게 보면 그것은 하나의 무책임한 답변인 것 같기도 하다. 왜냐하면 그것은 상대주의와 회의주의를 상기시켜주는 내용으로도 들리기 때문이다. 그것은 그 젊은 학도와 다른 독자로 하여금 모든 사상가들이 자신의 소신과 주견에 따라 이론을 전개하고 주장하는 만큼 아무 사상가의 이론과 체계도 구속력이 없다는 결론에 이르게 할 우려성을 다분히 내포하고 있는 답변이다. 이상의 인용구에 뒤따르는 한 다른 문구에서 하이데거는 그러한 질문을 제기해온 그 학도나 다른 사람들에게 자신의 사상이 사실에 부합한, 근거 있는 이론임을 입증할 수 있는 "어떠한 증명서도 제시할 수 없다"[4]는 점을 분명히 하고 있어 이러한 우려성을 더 가중시키고 있다.

하이데거가 이와 같이 젊은 학도와 그가 대표하는 현대 지성인들, 허무주의와 가치관의 부재로 우왕좌왕하는 현대 지성인들에게 자신의 소신과 이념의 근거와 타당성과 관련해서 단순히 사상적 비약과 "결단주의"*Dezisionismus*[5]를 주문하는 것 외에 다른, 보다 유효적절하며 설득력 있는 방도를 제시할 수는 없는 것인가? 그렇게 할 수 없다면 하이데거처럼 투지력과 "믿음"이 강하지 못하여 그가 요구하는 사상적 비약을 감행할 수 없는 대부분의 현대 지성인들을 어떻게 구제할 수 있겠는가? 그렇게 할 수 없다면 그가 필생의 노력으로 힘겹게 개발한, 그 자체로 대단히 심오한 존재 사유의 체계가 그들에게 하나의 공중누각 아니면 "그림의 떡"이란 가치 외에 무슨 가치가 있겠는가?

제3장
기초존재론의 기초: 절대적인 초월성에로의 초월 가능성

앞과 같은 난처한 상황에서, 다음과 같은 두 가지 사항에 대해서 신중하게 고려해볼 것을 제의한다. ① "본질형이상학"의 "재반복"^{再反復}과 절대적인 질서와 규범의 세계에 대한 재고, ② 인간의 초월 능력의 가능성의 조건들에 대한 인간론적·우주론적 재조명.

우리의 판단으로는 이 두 가지 작업을 통해 적어도 존재 혹은 거룩한 자 혹은 그와 유사한 "초월성 그 자체"transcendens schlechthin에 대한 하이데거나 우리 자신의 소신을 현대인들에게 설득시키는 데 필요한 하나의 "Anknüpfungspunkt"(접촉점)은 확보할 수 있으리라 사려된다. 이 두 가지 사항을 거론하는 데서 우리가 하이데거의 존재 사유의 근거와 타당성을 학술적으로 입증하려는 것은 결코 아니며 다만 하이데거와 다른 많은 사상가들이 촉구하고 있는, 진리의 빛의 차원에로의 "비약"을 보다 용이하게 감행할 수 있게 해주는 하나의 소박한 "디딤돌"을 마련해보고자 할 따름이다. 이러한 작업을 통해 하이데거 자신과 같이 순간적인 결단을 통해 사상적 "비약"을 할 수 없는 "믿음이 약한" 대다수의 현대인들이 보다 용이하게 그러한 차원으로 점진적으로 상승할 수 있게 될는지는 알 수 없다.

하이데거가 주장하는 존재와 그 비슷한 정신적인 것들에 대해서는 믿음이 약한 반면 그와 상반되는 것에 대해서는 믿음이 매우 강하고 뜨거운 현대 지성인들이 우리가 여기서 제안하는 바에 대해서도 관심을 기울이지 않을 듯하나, 여하간 하이데거가 주문하는 단도직입적이며 결단주의적 방법보다는 우리가 여기서 제안하는 간접적이며 점진적인 설득방법을 통해서 우리는 보다 용이하게 현대인들의 심중에 파고들 수 있을 것은 분명한 듯하다. 그들로 하여금 무조건적인 자기 포기와 피안으로의 질적인 비약을 감행할 것을 요청하는 대신, 우리와 그들을 연결하는 하나의 공통점을 먼저 발견하고 그것을 대화의 출발점과 실마리로 해서 그들과 소크라테스식의 진지한 "간접적인 전달의 변증법"(키에르케고르)을 공동으로 수행하는 가운데, 우리는 단계적으로 그들로 하여금 우리의 관점을 수용할 수 있도록 설득시킬 수 있을지 모른다.

1. 주지주의와 반주지주의

(1) 전제의 전제

하이데거가 주장하는 바와 같이 모든 사상가뿐만 아니라 일반 대중도 처음부터 알게 모르게 인생과 실재 전반에 관한 나름대로의 기본적인 소신과 전제, 신념과 이념, 세계관과 가치관 혹은 인생관을 출발점으로 하고 틀로 해서 사유하고 행동하며 생활한다. 그것을 준거 기준으로 해서 사물과 사건, 현상과 사리를 이해하고 해석하며 그에 대한 다양한 이론과 학설도 전개한다. 인생과 실재 전반에 관한 그들 나름대로의 전이해에 따라 사실 이해를 하며 다양한 수준과 방식의 해석 활동과 진술 활동을 전개하게 된다.

앞에서 우리가 하이데거를 따라 개진한 바와 같이 개개인의 사유와 삶의 방법과 방향을 결정하는 그들 각자의 이러한 사사로운 기본적인 소신과 전제의 타당성은 결코 객관적이며 보편타당한 방법으로 정당화하고 해명할 수 없는 것임이 분명하다.

그러나 여기서 우리가 명심해야 할 한 가지 중대한 사항이 있다. 그것은 만인이 각기 알게 모르게 소유하고 있는 이러한 개인적이며 사사로운 사상적 대전제들 근저에는 그들 모두에게 공통된, 보편적인 대전제들이 깔려 있으며 나아가서는 이것들이 개개인과 인류 전체와도 관계없이 객관적으로 실재하고 있거나 타당하다는 사실이다.

이 점을 분명히 함과 더불어, 우리는 철학적으로 가장 중대한 동시에 가장 민감한 문제와 직면하게 되었고 고대철학에서 현대철학에 이르기까지의 모든 사상가들의 끝없는 논쟁의 소용돌이 속으로 뛰어들게 되었다. 우리가 여기서 하이데거가 평생 문제시하고 극복하려고 노력한 "본질형이상학"의 주제들을 긍정적인 뜻으로 재고하려는 의향을 보이고 있는 만큼, 우리는 그와 그의 지지자들의 공격의 대상이 되었을 뿐 아니라, 어떠한 부류의 형이상학도 격렬하게 비판하고 배격하는 러셀B. Russell과 비트겐슈타인L. Wittgenstein 이후의 논리실증주의자들과 분석철학자들이 쏘는 날카로운 비판의 화살들을 온몸으로 받아야 하는 매우 불리한 듯한 위치로 우리 자신을 노출하게 되었다.

그러나 우리의 판단으로는 하이데거가 촉구하는 존재의 차원으로의 사상적 비약이 불가능한 대부분의 현대 지성인들을 설득시켜 그 차원 혹은 그것과 유사한 초월적 영역으로 나아가게 유도할 수 있는 하나의 방도가 있다면 그것은 이상에서 우리가 제기한 제의에 따라 우선 하이데거가 계속 질타하고 현대 사상가들이 무엇보다 가소롭게 보는, "본질형이상학"의 역사를 하이데거 자신이 제안한 대로 진중하게 "반복"하는 데서만 발견할 수 있을 듯하다. 그 역사를 반복하되 하이데거가 "KM"과 다른 저서에서 계속 노출시키고 있는, 매우 자의적이며 보다 공정하고 객관적인 방법으로 냉철하게 재반복하고 재평가해보는 데서 우리는 현대인들과 우리를 서로 연결하는 하나의 "공통분모"를 발견하고 그것을 실마리로 그들과 진지한 대화를 나누는 가운데 그들의 관심의 초점을 점차적으로 초월적인 것들의 차원으로 쏠리게 할 수 있으리라고 본다.

하이데거의 단도직입적인 접근 방법이나 야스퍼스K. Jaspers의 실존주의적 "호소"Appell가 더 유효적절한 전달의 방법일 수 있는 사람들도 현대인들 가운데 물론 없지 않을 것이다. 그러나 1, 2차 세계대전 전후의 위기 상황에 처해 있었던 지나간 세대인들에게 다소 통하던 실존주의적인 사고방식과 언어는 이제 현대인들에게는 거의 *passé*인 것 같다. "SZ"에서 하이데거가 제시하는 실존적 정서와 상태성, 불안, 양심, 채무, 결단 등, 다분히 실존주의적 색채를 띠고 있는 용어들과 이론들, 그중에서 특히 하이데거 자신에게는 대단히 중요한 "죽음의 철학"에 귀를 기울일 사람은 이제 아무도 없을 듯하다. 하이데거나 야스퍼스가 촉구하는 바에 귀를 기울이고 실존적 결단으로 존재 혹은 초월자의 차원으로 "비약", 즉 날아갈 수 없는 사람에게는 정상적인 걸음으로 그곳으로 걸어갈 수 있게 하는 하나의 "징검다리"나 논리실증주의와 언어분석 철학의 원조인 비트겐슈타인도 필요로 했던 하나의 "사다리"[1]를 마련해주어야 한다.

물론 "본질형이상학"에 대한 하이데거의 비판에 근거와 타당성이 전혀 없는 것은 아니다. 과거 형이상학자들이 진리의 심오성과 역동성을 간과하고 이성 혹은 의지력을 절대시하는 주지주의 혹은 주의주의의 관점에서, 따라서 진리 자체의 관점이 아닌 인간의 관점에서 그 문제를 거론하고 취급하려 한 것이 사실이며 그로 말미암아 서양인들과 온 인류에게 크나큰 정신적인 폐해가 초래된 것도 사실이다.

그러나 과거 형이상학자들이 제시한 모든 이론들이 그릇되고 허망한 것은 아니었다는 사실도 부인할 수 없다. 우리가 볼 때도 플라톤의 이데아론과 아리스토텔레스의 존재론을 위시한 위대한 사상가들의 학설들 중 다수가 "지푸라기" 이론에 불과한 듯한 느낌이 든다. 그러나 그들이 제시한 "지푸라기" 이론들의 더미, "짚더미" 속에서 우리가 비록 극히 소수이지만 정금과도 같이 순수하고 진귀한 보석과도 같이 영롱하게 빛나는 소중한 이론들도 함께 발견할 수 있기에 그것으로 말미암아 그들의 사상 전반을 높이 평가하지 않을 수 없다. 하이데거가 제안한 대로 과거 서양 철학사를 부정적인 의미에서뿐 아니라 긍정적인 의미에서 "파괴"Destruktion하고 "반복"한다면 우리는 분명히 하이데거 자신이 거둔 소득보다 몇 갑절 더 큰 소득을 거둘 수 있을 것이다.

하이데거는 과거 형이상학자들의 사상을 비판적인 안목으로 재평가하고 긍정적인 측면을 자신의 사상에 적극 반영하겠다는 의향은 충분히 내비쳤다. 그러한 뜻으로 그는 서양 철학사를 "파괴"하고 "반복"하려 했다.[2] 그러나 실제적으로 그는 그것을 주로 문자 그대로 파괴해버렸다. 단지 헤라클레이토스, 파르메니데스, 소포클레스 등의 단편, 횔덜린과 게오르게Stephan George 등의 서정시, 위대한 예술가가 남긴 예술작품들[3] 등 극히 소수의 해석 대상들만을 부정적인 의미로뿐 아니라 긍정적인 의미로, 사실은 주로 긍정적인 의미로 "반복"했다.

"KM"에서 제시한 그의 칸트 해석에서 확연하게 드러나고 있듯이, 그는 과거 사상가들의 이론과 학설을 해석하되 그들의 본문에 충실하고 그 긍정적인 면을 겸허한 자세로 수렴하며 자신의 사상에 반영하려고 노력하기보다, 오히려 그들의 이론과 주장을 자기 자신의 시각에서 자의적으로 해석하고 그것이 곧 그들의 견해라고 주장하거나 그들이 하이데거 자신이 부각시키고자 하는 바를 의중에 두고 있었으나 말과 문장으로 표현하지는 못하고 있었다고 주장하는 경우가 허다하다.

예컨대 칸트가 시간은 인간이 사물을 감지하는 기능인 감성의 사물 감지의 "형식"에 지나지 않는다고 가르쳤으나, 하이데거는 시간은 칸트의 인식론에서 대단히 중요한 역할을 하는, 즉 감성과 오성의 공통된 뿌리로 작용하는 "선험적 구상력"과 동일한 기능으로 보아야 한다고 주장할 뿐 아니라[4] 시간이 사실상 선험적 구상력의 원천이 된다고까지 해석하고 있으며[5] 나아가서는 그것이 이론 이성과 실천 이성의 공통된 뿌리가 되고[6] 따라서 결국 인간의 모든 기능들이 서로 연결되는 궁극적인 중추인 "자아"를 뜻한다고 해석하고 있다.[7] 그는 여기서 칸트의 시간관을 칸트 자신의 관점에서 해석하기보다 "SZ"에 제시된 자기 자신의 시간 개념에 빗대어 해석하고 있음이 분명하다.

우리의 견해로는 과거 주지주의적인 사상가들이 제시한 다양한 형이상학적 이론들과 학설들이 하이데거 자신이 주장하는 존재의 차원으로 나아가려고 노력하는 자들에게 걸림돌이 될 수 있겠지만, 그럼에도 그들이 그들에게 매우 요긴한 디딤돌로도 작용할 수 있다고 사려된다. 그들을 우리가 어떠한 시각에서 보고 평가하느냐에 따라 그들이 부정적인 의미를 띨 수도 있고 긍정적인 의미를 띨 수도 있다.

(2) 플라톤과 아리스토텔레스에서 칸트와 키에르케고르로

1) "존재론신학"(Onto-Theologie) 전통

이상에서 살펴본 대로 하이데거에 따르면 과거 형이상학자들의 주요 관심사는 하이데거와 달리 존재 자체가 아니고 존재자의 존재$^{ousia\ des\ on,}$ $_{die\ Seinendheit\ des\ Seienden}$였다.[8] 즉 존재자들 일반을 그들 되게 하는$^{to\ on\ he}$ $_{on,\ das\ Seiende\ als\ Seiendes}$ 가장 보편적인 특징들$^{on\ katholon,\ koinon,\ das\ Ganze\ des}$ $_{allgemeinsten\ Zügen}$을 어디에서 발견할 수 있느냐에 그들의 관심이 집중되었다. 달리 표현한다면 무수한 개별적인 존재자들 근저에 깔려 있고 그들을 서로 연결하며 그들 모두의 "공통분모" 역할을 하는 보편자^{on} $_{katholon,\ koinon}$가 무엇이며, 우주 전체와 그 속의 개물들의 가장 핵심적인 요소, 즉 그들의 본질과 본질들$_{Wesen,\ Wesenheiten}$을 어디에서 발견할 수 있느냐가 형이상학자들의 가장 중대한 질문이었다.[9]

존재자를 존재자 되게 하는 것$^{to\ on\ he\ on}$이 무엇이냐, 즉 그들의 "존재" 또는 "실체"와 실상 혹은 그들의 "본질"이 무엇이냐 하는 질문에 대한 해답으로 본질형이상학자들은 이와 같이 존재자 일반이 공통적으로 소유한, 그들의 가장 기본적인 요소와 특징들을 들기도 했거니와, 그들은 또한 존재자들 가운데 가장 탁월하며 완전한 자인 신$^{on\ katholon,\ akrotaton,\ theon}$을 지적하기도 했다. 그들은 존재의 극치와 완성이라고 볼 수 있는 신의 관점에서 존재자 일반의 "존재"를 이해하고 정의하려고 했던 것이다. 우리가 "그림이 무엇이냐"라는 질문에 대해 모든 그림을 비교하고 대조하는 가운데 그들 모두의 "공통분모", 즉 그들의 기본적인 특징 혹은 그들의 본질을 분석해내는 데서 해답을 얻을 수도 있겠으나, 미켈란젤로나 렘브란트와 같은 거장들의 위대한 작품들을 감상하고 이해하는 데서 더욱더 확실한 답변을 얻을 수 있음과 같이 그들이 형이상학을 존재론으로뿐만 아니라 신론으로도 다루게 된 것이다. 그래서 아리스토텔레스는 "제일철학"은 "분리되어 있고 운동하지 않는 것"*peri chorista kai akineta*을 다룬 다고 말했고, 신론이라고도 간주했다.[10] 그러한 이유에서 하이데거는 다음과 같이 서술하고 있다. "형이상학은 존재론이자 신학Onto-Theologie이었다."[11]

존재자들을 그들 되게 하는 가장 보편적이며 핵심적인 요소를 어디에서 발견할 수 있느냐라는 존재론적인 질문에 대한 해답으로, 플라톤과 아리스토텔레스를 위시한 과거 형이상학자들은 하나 혹은 그 이상의 근본적인 원리 또는 원질과 그들과 관련된 혹은 그들 속에 내포된 무수한 부차적인 원리들과 범주들을 제시했다. 그들은 가장 보편적인 기본 원리들 속에 제2, 제3…의 부차적인 원리들이 내포되어 있고, 가장 핵심적인 본질들 속에 제2, 제3…의 부차적인 본질들이 내포되어 있다고 보았던 것이다.

주지하고 있는 바와 같이 화이트헤드A. N. Whitehead는 "서양 철학은 플라톤의 철학을 위한 일련의 각주들에 불과하다"[12]고 했고, 19세기의 유명한 미국 문인이자 철학자("초월주의자", transcendentalist)였던 에머슨R. W. Emerson은 "플라톤이 곧 철학이며 철학이 곧 플라톤이다"라고 말한 적이 있다.[13] 뮌헨 대학의 저명한 가톨릭계 철학자 쿤H. Kuhn 교수는 플라톤의 철학을 매우 높이 평가한 화이트헤드의 견해에 찬동하면서, 아리스토텔레스의 철학이 서양 철학사에서 차지하는 중요한 위치에 대해서도 우리가 잊어서는 안 된다는 뜻에서 다음과 같이 서술하고 있다. "[화이트헤드가 플라톤의 철학에 대한] 각주들이라고 한 것들의 대부분은 아리스토텔레스의 필치Handschrift를 드러내고 있다."[14] 그러므로 하이데거도 "WM", 17ff. 등에서 암시하고 있는 바와 같이 본질형이상학이라고 하면 그것은 주로 플라톤과 아리스토텔레스의 형이상학을 뜻한다고 볼 수 있다.

존재자의 "존재"*on, ousia, Sein, Wesen* 즉 그들의 정체와 본질, 실체와 실상을 어디서 발견할 수 있느냐는 질문과 관련해서, "철학 그 자체"라 할 수 있는 플라톤은 그것은 무수한 이데아들 또는 형상에서 발견할 수 있으며 특히 이데아의 이데아인 선의 이데아*to agathon*에서 발견할 수 있는 것이라고 주장했다. 플라톤 이후의 모든 형이상학자들의 표상이라고 간주할 수 있으며, 하나의 극히 포괄적이며 짜임새 있는 형이상학 체계를 통해 형이상학의 진수를 그대로 보여준 아리스토텔레스는 자신의 스승 플라톤의 존재론에 강경한 이의를 제기하고 존재자의 존재는 이데아 또는 형상에서만 찾아볼 수 있지 않고 형상과 질료의 종합으로 구성된 "복합체"*synolon*에서 찾아볼 수 있다고 주장했다. 그의 주장대로 존재자의 존재의 문제를 더 세부적으로 거론한다면 그것은 다음과 같은 네 가지 요소와 원인자들*aitia*의 관점에서 논해야 한다—질료인*causa materialis*, 형상인*causa formalis*, 동인*causa efficiens*, 목적인*causa finalis*.

아리스토텔레스는 이 네 원리들 또는 원인자들 가운데 마지막 두 개는 형상인과 결국 동일한 것으로 간주했으므로, 결국 우주와 그 속의 개별적인 존재자들의 "존재" 혹은 "본질"을 해명하기 위해 고려해야 할 가장 기본적인 요소들은 질료[인]과 형상[인] 두 가지로 압축되었다.

그러나 아리스토텔레스에 따르면 우주 전체와 그 속의 개물들이 다 이 두 요소들로 구성된 "복합체"라 할 수 있을지라도 이 두 요소들 중 형상[인]이 질료[인]보다 더 중요한 요소, "본질상 더 이르고 더 잘 알려진 것"*proteron te physei kai gnorimoteron*[15]이라고 한다. 질료[인]과 형상[인]으로 구성된 모든 "제1실체"*prote ousia*, 즉 여기의 이 사물 혹은 저기의 저 사물*to de ti*과 같은 개별적인 사물들은 그 속의 두 기본적인 요소들 가운데 형상[인]을 "본질상 보다 더 이르고 더 잘 알려져 있는" 핵심적이며 중요한 요소로, 그들의 "본질"to ti en einai로 소유하고 있는바 이것을 "제2실체"라고 칭할 수 있다고 그는 주장했다.

이와 같이 아리스토텔레스가 실체(제1실체) 속에 실체(제2실체, 형상)가 있고 후자가 질료인보다 더 중요하고 기본적인 요소임을 시인함으로써, 그는 형상 또는 이데아만을 절대시한 플라톤의 관념론에 적어도 부분적으로는 다시금 동조한 셈이다.

아리스토텔레스에 따르면 형이상학의 가장 중요한 과제는, 우주와 그 속의 개별자들을 그들 되게 하는 가장 본질적이며 핵심적인 요소들과 그와 필연적인 관계의 다음과 같은 제 원리들 또는 제 범주들을 연구의 대상으로 삼는 학문, 즉 보편적인 형이상학allgemeine Metaphysik이다—실체, 단일성, 동일성, 상반성, 상이성, 전과 후, 능동성과 수동성, 양과 질, 관계성, 완전성과 제한성, 성격과 상태성, 지속성, 결여와 소유, 유래, 전체와 부분, 단일성, 우연성과 필연성, 가능성과 실재성 등.[16] 그 다음으로 형이상학은 또한 존재자들 가운데 특별히 인간의 영혼과 신과 세계의 정체를 규명해야만 하는바 그렇게 하는 것이 곧 특수 형이상학spezielle Metaphysik의 과제라고 그는 보았다.

주지하는 바대로 플라톤과 아리스토텔레스 등 소수의 고대 그리스 철학자들이 이와 같은 방식으로 수립한 형이상학이 수백 수천 년 동안 서양 철학자들과, 나아가서는 일반 대중들의 의식 속에 세계관과 인생관의 기본적인 틀로서 굳게 자리 잡았고 그들의 정신생활 일체를 통제하고 지배했다. 그것이 기독교 세계관을 신봉하는 중세 철학자들에 의해 대폭 수정되기도 했으며, 오컴William of Occam과 소수의 경험론자들에 의해 심각하게 도전되기도 한 것이 사실이다. 그리고 근대철학에 이르러서는 신진 과학의 영향으로 데카르트와 같은 사상가에 의해 원래의 목적론적인 우주론이 기계론적인 것으로 대체되는 등 적지 않은 세부적인 수정 보완 작업이 뒤따랐다. 그럼에도 불구하고 그 기본골격은 계속 유지되었으며 대륙 합리론자들을 필두로 대부분의 서양 사상가들과 일반 대중들이 여전히 그 막강한 영향 아래에서 사유하며 생활하고 있다.

2) 칸트의 비판철학

그렇게도 막강한 힘으로 그토록 오랫동안 서양인들의 마음을 장악해왔던 고전 형이상학이 그야말로 하루아침에 완전히 붕괴되는 대사건이 18세기에 발생했다. "만물분쇄자"萬物粉碎者, Allzermalmer, all-smasher란 별명을 가진 극단적인 비판주의자 칸트의 "코페르니쿠스적 전환"으로 철학계에 거대한 지각변동이 일어나, 플라톤과 아리스토텔레스가 수립했고 중세 스콜라 철학자들과 데카르트, 스피노자, 라이프니츠, 볼프 등 다수의 근대 합리론자들이 전수받아 수정보완했던 고전 형이상학은 완전히 함몰되었던 것이다. 칸트가 1781년에 "KrV"을 출판함과 더불어 야기시킨 거대한 지각변동의 여파는 그 후에 대두된 낭만주의, 생철학, 실존주의, 실증주의, 실용주의를 거쳐 오늘날 우리 현대인들의 정신생활에까지 계속되고 있다.

칸트가 그의 "KrV"을 출간하기 직전까지는 서양 사상들이 영국의 경험론과 유럽 대륙의 합리론 중 양자택일을 할 수밖에 없을 만큼 적어도 유럽 대륙에서는 플라톤과 아리스토텔레스의 형이상학에 기초를 둔 데카르트, 라이프니츠, 스피노자, 볼프 등의 합리론이 절대적인 우세를 보이고 있었다. 그러나 스코틀랜드의 극단적인 경험론자 흄D. Hume의 자극으로, 합리론에 도취해서 "독단적인 선잠"dogmatischer Schlummer[17]을 자다 깨어난 스코틀랜드 이민 후손 칸트는 영국의 경험론과 대륙의 합리론을 절충하고 종합 통일해서 자신의 획기적인 비판적 인식론을 구축했고, 그것을 통해 이 "만물분쇄자"는 과거 사상가들이 인생에게 가장 고귀하고 소중한 것이라 확신하고 오랫동안 견지해온 많은 것들을 그야말로 산산조각내어버렸다.

칸트의 새로운 "선험적 관념론"으로 인해 대다수의 서양 사상가들이 매우 오랫동안 추종하고 고수해왔던 플라톤의 절대적 관념론 체계는 완전히 허물어졌고, 플라톤과 아리스토텔레스 및 그들의 영향 아래 있었던 수많은 과거 사상가들의 초월계에 대한 형이상학은 단순히 경험의 한계 내에서, 즉 오성이 선험적으로 구성하는 자연계 내에서 타당한 선험적 원리들에 관한 학문으로, "선험철학"Transzendental-philosophie으로 전락했다.

칸트에게 "1769년은 하나의 크나큰 빛ein großes Licht을 가져다주었다."[18] 왜냐하면 그 해 어느 날, 그는 문득 전 실재를 플라톤의 방식으로 현상계Erscheinung와 물자체Ding an sich의 세계 및 "초감각적인 세계"übersinnliche oder intelligible Welt, 자연계Phaenomena와 정신계Noumena로 양분하고 인간의 이성을 이 두 영역에 상응하게 이론 이성과 실천 이성으로 구분해서 취급해야 한다는 아이디어가 번개 같이 머리를 스치고 지나감에 따라, 실제로 전 실재와 인간의 이성을 이원론적으로 양분해서 논하게 되었다.[19]

그렇게 함으로써 그는 그때까지 자신의 필생의 과제였으나 원만하게 해결할 수 없어 오랫동안 해결 방안을 심각하게 모색하고 있었던 세 가지 중심 문제—즉 지식의 문제, 윤리의 문제, 종교의 문제[20]—를 자신의 이상대로 각각 원만하게 해결할 수 있었다.[21]

상술한 바와 같이 칸트에 따르면 순수 이론 이성은 자연계 내의 현상물들Erscheinungen, 즉 자연물들을 순수히 그대로 인식할 수 있을 뿐 아니라 사실상 그들을 인식하기에 앞서 그들을 그들로 구성하기까지 하는 막강한 위치에 있다. 이론 이성은 자연 속에서 법칙들을 발견하는 것이 아니고 자연을 위해 법을 제정하는 기관, "자연을 위한 입법[기관]"Gegesetzgebung이며 "자연법칙들의 근원"der Quell der Gesetze der Natur이다.[22] 그러므로 자연을 알려면 인간을 알아야 한다. 인간의 감성, 구상력, 오성 등 사물 인식에 참여하는 제 기능들의 특성과 그들의 특유한 사물 처리 방법을 알아야 하는 것이다. 이들은 우리가 사물을 경험하기에 앞서 선험적으로 알고 있는 바다. 따라서 사물에 대한 선험적 지식, 즉 칸트가 "선험적 종합 판단"이라 칭한 것이 가능한 것이다. "모든 경험의 가능성의 조건들(방금 언급한 인간 의식 속의 제 기능들과 그 특성들)은 동시에 경험의 대상들(자연물들)의 가능성의 조건들이다. 따라서 전자는 선험적 종합판단 속에서 객관적인 타당성을 지니게 되는 것이다."[23]

그러나 칸트에 따르면, 이와 같이 자연계 내에서는 주인이라 할 만큼 막강할 뿐 아니라 절대적인 위치에 있는 이론 이성은 초월계와의 관계에서는 완전히 무력하다. 이 초감각적인 세계는 이론 이성이 "초감각적"이라는 말 그대로, 감각적으로 경험하고 인식할 수 없기 때문이다. 그 세계의 대상은 자연계의 사물들과 같이 이론 이성의 의식권 내에서 현상하는 현상물이 아니고, 우리의 의식 활동과 무관하게 의식 밖에서 실재하는 "물자체"이거나 "정신적인 본성"intelligibler Charakter을 소유한 실재들이기 때문이다. 그러므로 우리가 순수 이론 이성 또는 사변 이성을 활용하여 이들에 대해서 많은 생각을 하며 많은 이론들을 제기하고 주장할 수 있는 것은 사실이지만 그러한 생각과 이론들이 사실에 부합하는지 그렇지 않은지는 확인할 도리가 없다. 예컨대 우리는 아리스토텔레스를 위시한 과거 형이상학자들의 방식대로 과학 이성과 사변 이성을 동원하여 신과 인간의 궁극적인 주체성 및 세계의 진정한 실체 등 초월계에 속해 있다고 상정하는 많은 대상과 실재들에 대한 이론들을 발전시키고 그들에 대한 특수 형이상학을 수립하려고 시도할 수는 있다. 그러나 문제는 그러한 형이상학의 내용이 결코 우리가 경험으로 검증할 수 없는 것이며 따라서 객관적인 타당성과 구속력을 지니는 지식 체계가 아니라는 데 있다. 왜냐하면 우리가 그 타당성을 우리의 감성에 속한 오관을 통해 실제로 검증할 수 없기 때문이다.

사변 이성을 활용해서 초월계에 대해서 사유하는 데서는 보편타당하며 객관적인 지식은 결코 확보할 수 없다. 왜냐하면 그러한 지식은 오로지 우리가 감각적인 경험을 통해 확보할 수 있는 지식의 자료와, 그것을 지적으로 정리하고 체계화하는 데 필요한 오성의 순수 개념들, 즉 범주들이 서로 연결되는 데서만 가능하기 때문이다. "내용 없는 사상은 공허하며 개념이 없는 직관은 맹목적인바…오로지 양자가 서로 연합하는 데서 지식이 확보되기" 때문이다.[24] 과거 형이상학자들은 초월계에 대해 내실이 없는 공허한 탁상공론을 벌여왔으며, 보기는 좋고 웅장하지만 실재하지는 않는 공중누각을 지어왔을 뿐이다.

순수 이론 이성에 의한 사변적 형이상학은 완전히 불가능하다. 그럼에도 불구하고 우리는 초월계와 그것에 속한 실재와 대상들에 대한 우리의 소신을 철학적으로 정당화하고 해명하려는 이상을 포기할 필요는 없다. 왜냐하면 우리에게는 이론 이성과 더불어 실천 이성이 주어져 있기 때문이다. 순수 이론 이성으로는 전혀 해결할 수 없는 것을 순수 실천 이성의 "도덕적 신앙"moralischer Glaube[25]으로는 능히 해결할 수 있다. 그러므로 우리는 한의사의 약초에 대한 신념과 같은 다분히 주관적이고 "실용적인 신앙"pragmatischer Glaube과도 다르며, 과거 형이상학자들이 초월계의 대상들에 대해 소유하고 있었던 매우 "불확실한"Wankendes, 이론 이성을 통한 "사변적 신앙"doktrinaler Glaube 또는 "논리적 확신"logische Gewißheit과도 다른, "도덕적 확신"moralische Gewißheit 혹은 "도덕적 소신"moralische Gesinnung, 즉 "주관적이긴 하지만 그럼에도 불구하고 참되며 절대적·이성적인 필연성"subjektive, aber doch wahre und unbedingte Vernunftsnotwendigkeiten[26]을 지닌 실천 이성의 "신념"Fürwahrhalten[27]에 따라 하나의 공고한 도덕철학 및 신과 인간의 자유와 영혼 불멸의 문제를 다루고 해결하는 하나의 "확고부동한"nichts wankend machen "요청의 형이상학"Postulatenmetaphysik(칸트 자신의 용어는 아님)을 수립할 수 있다.[28]

그렇게 함으로써 우리는 모든 철학자들의 공통된 염원과 이상에 따라 다음과 같은 가장 기본적인 질문에 철학적으로 대답할 수 있다. ① 내가 무엇을 알 수 있는가? ② 내가 무엇을 해야 하는가? ③ 내가 무엇을 소망할 수 있는가?[29] 그러한 방법으로 우리는 지식의 문제와 도덕의 문제 및 종교의 문제를 철학적으로 해결할 수 있게 된다.

칸트가 이와 같이 세 가지 문제를 철학적으로 해결할 수 있다고 확신했으나, 그는 과거 형이상학자들이 약 2500년 동안 수립하려고 꾀해왔던 것과 같은 사변적 형이상학 체계는 물론 불가능하다고 보았다. 사변 이성은 초감각적인 세계의 문제에 대해서는 완전히 침묵을 지켜야만 한다. 초감각적인 정신계의 문제에 대해서뿐 아니라 현상계 내의 자연물의 실상과 실체, 즉 물자체로서의 사물에 대해서도 이론 이성은 함구할 수밖에 없다. 그들은 문자 그대로 우리가 경험하고 인식할 수 없는 물자체가 아닌가? 우리는 플라톤과 아리스토텔레스를 위시한 과거 사변 철학자들의 방식대로 그들을 우리 자신의 사유의 범주들의 틀 속에 집어넣어서 지적으로 처리함으로써 그들이 무엇인지를 확정할 수는 없다. 아리스토텔레스가 언급한 10개의 범주들이나 칸트가 그것들에 두 가지를 추가해서 확보하게 된 12개의 범주들(양, 질, 관계, 양태 등 네 가지 부류에 각각 세 가지 세부적인 범주들이 속해 있음)은 "의식 일반"Bewußtsein überhaupt의 보편적인 사유의 범주 혹은 인식론적 범주에 불과하며, 그것이 규정하고 형성하는 현상물들의 가장 기본적인 특징을 나타낼 뿐 그들이 물자체와 정신계의 실재들의 존재와 관계되는 존재론적 범주들이 아니다.

칸트가 직접 언급하지는 않았으나 그는 물론 아리스토텔레스가 10범주들과 함께 언급한, 이상의 여타 존재론적 범주들과 나아가서는 그들과 관련된 제반 논리적·수학적 기본공리들(동일률, 모순율, 배중률, 충족이유율, 대수학적인 산정의 법칙들 등)도 이론 이성의 사유의 기본적인 법칙에 불과할 뿐이며 물자체나 초감각적인 정신계에 속한 대상들에게 적용되거나 타당한 존재의 법칙들은 결코 아니라고 확신했다. 그들 모두는 아리스토텔레스와 과거 형이상학자들이 생각했던 것과는 달리 과학 이성과 사변 이성의 논리적 사유의 범주들에 불과하며 존재자 일반의 존재의 양식들을 나타내지는 않는다고 보았던 것이다.

그러나 칸트가 이와 같이 과거 본질형이상학자들이 절대시했던 사변 이성의 활동의 범위를 현상계 내로 제한함과 동시에 "오성의 순수 개념들", 즉 12사유의 범주들과 그와 관련된 여타 논리적·수학적 공리들과 법칙들을 완전히 상대화시키려 했다면, 그가 과연 실제로 그렇게 했으며 그렇게 할 수 있었던가 하는 것이 우리에게는 큰 의문점으로 남아 있다. 우리의 판단으로는 그가 결코 그렇게 하지 않았으며 그렇게 할 수도 없었다. 사실상 이 점은 우리가 처음 주장하는 바가 아니고 과거에 이미 다수의 칸트 비판자들이 지적한 바다.

예컨대 저명한 칸트철학의 해설가였던 아디케스E. Adickes는 그의 저서 *Kant und das Ding ans sich*(1924)에서, 칸트가 자신이 전혀 모르는 불가지적인 대상이라고 주장한 물자체das Ding an sich에 대해서 매우 많은 것을 아는 자와 같이 그에 대해 다양하고 확실한 이론들을 제기했다는 비판을 하고 있다. 예컨대 칸트는 물자체가 인간의 감성을 자극하고 인식의 자료를 전달한다고 주장했고 따라서 물자체와 인간의 감성과 이성 간에는 모종의 관계, 즉 인과관계가 존재함을 시인했다. 칸트는 그것들이 단 하나만이 아니고 우리가 경험하는 "현상물들"의 수와 동일한 다수의 대상이었다는 것도 믿었음이 분명하며 그들이 현실적으로 존재한다는 것도 확신했음이 분명하다. 그는 이성의 사유의 12가지 카테고리들과 나아가서는 모순율, 동일성, 상이성, 충족이유율, 전과 후 등 아리스토텔레스와 전통 형이상학자들이 거론한 여타 범주들도 다 직간접적으로 물자체들에 적용하고 그들에 대한 다양한 주장을 펴면서도, 그들과 이들은 전혀 무관하다고 했다(이 점은 아디케스가 지적한 것은 아니다). 칸트는 모순투성이의 인식론을 개발하고 그 공로로 근대와 현대 철학의 대부로 등극했다.

그뿐만이 아니다. 칸트는 자신이 인간의 의식 내에서 타당하며 순수 의식이 구성하는 현상계, 자연계 속에만 타당하다고 주장한 바로 이 범주들을 척도로 해서 초월계와 관계되는 윤리관과 종교철학을 발전시켰다(이 점도 아디케스나 다른 칸트 전문가가 지적한 것은 아니다). 특히 그가 신의 존재와 인간의 자유의지 및 영혼의 불멸에 관한 유명한, 그러나 우리가 볼 때는 수긍력이 매우 빈약한 "도덕적 증명"moralischer Beweis을 제시했을 때 그는 줄곧 이 범주들을 척도와 기준으로 해서 제반 이론들을 전개했다. 한순간도 그가 그들 없이, 말하자면 빈손으로 그렇게 한 것이 아니다. 사실은 이 점을 칸트가 적어도 부분적으로 시인했다고 볼 수 있다. 왜냐하면 그는 실천 이성이 독자적으로 "요청의 형이상학"을 수립하는 것이 아니고 어디까지나 이론 이성과의 긴밀한 협조로 "die praktische Vernunft in ihrer Verbindung mit der spekulativen" 그렇게 한다고 서술하고 있기 때문이다.[30]

실천 이성과 이론 이성과의 차이점 및 그들과의 상호관련성과 협조에 대해서, 그리고 나아가서는 지식의 문제, 도덕의 문제, 종교의 문제 등을 포함한 철학의 중심 문제들과 과제들 일체에 대해서 계속 분석하고 연구하며 판단하고 이론화하는 칸트의 사유 과정에서 궁극적인 주체로 작용했던 것은 무엇인가? 그것이 칸트가 가장 중시한 실천 이성, 즉 통속적인 표현으로 도덕의식 또는 양심이겠는가? 아니면 그가 상대화한 이론 이성 또는 사변 이성이겠는가? 혹은 그것은 실천 이성과 사변 이성과 다른 많은 기능들이 합해 구성된 전인의 자아로서, 사유 활동에서는 이들 개별 기능들이 총체적으로 작용하나 그들 중 사변 이성이 가장 특출한 역할 혹은 주도 역할을 수행한다고 보아야겠는가?

칸트가 "KrV" 재판[31] 서론에서 "그러므로 신앙을 위한 터전을 얻기 위해서 지성(사변 이성)의 한계를 [현상계로] 제한하지 않으면 안 되었다"[32]라고 공언했으나, 그는 여기서도 자신이 그와 같이 상대화해야만 한다고 고조한 바로 그 사변 이성의 사고력과 판단력의 도움으로, 그리고 그것의 특유한 논리적 법칙과 범주들을 활용하는 가운데 그렇게 했음이 분명하다. 방금 언급한 그러한 결론에 이르기 위해, 그가 이 구절에 앞서 많은 이론들을 차례로 제기하며 그들을 서로 구별하고 대조하며 비교하는 가운데(모순율과 관계의 범주들!), 결론적으로 그는 "그러므로"also, 즉 앞서 제시한 특수한 이유와 근거로(충족이유율 또는 인과율) 그 결론을 유도해냈다.

그는 물론 그에 앞서 벌써 오래전부터, 즉 1769년 이후부터 역시 모순율과 충족이유율과 그 밖의 다른 논리적·수학적 사유의 범주들과 법칙들을 동원해서 많은 것에 대해 두루 진중하게 숙고하고 저울질해본 결과, 결국 이러이러한 이유와 근거로 전 실재를 현상계와 초월계로 이분화해야겠다는 결론에 이르게 되었다. 그는 사변 이성으로 이 두 세계를 포함한 전 실재를 초월하고 이 전체를 그 위에서 내려다보는 가운데 양자를 양분했고, 그중 현상계는 사변 이성 자체로, 초월계는 실천 이성으로 연구해야 한다고 판단했다.

실천 이성의 "도덕적 신앙"의 "비약"(칸트 자신의 표현은 아님)으로 그가 이 모든 작업을 전개했다고 할 수 있을까? 간접적으로는 물론 실천 이성이 "요청의 형이상학"을 수립하는 과정[33]에서와 같이 여기서도 관여했다고 볼 수도 있을 것이다. 그러나 그것이 여기서 주도적인 역할을 했다고는 볼 수 없다. 실천 이성은 곧 도덕 의지, 도덕의식, 즉 쉬운 용어로 양심을 뜻하지 않는가? 사리를 분별하고 분석하며 그 무엇에 대해 철학적 이론과 학설을 제기하고 전개하는 주체는 어디까지나 사변 이성이라고 봐야 하지 않겠는가? 현상계와 초월계를 이원론적으로 분리하여 두 세계를 각각 사변 이성과 실천 이성으로 취급해야 한다는 결론을 내리고, 비판철학 전체의 과제와 목적을 구상하고 그것을 실현하기 위해 다양한 방법들을 모색하고 추진하는 데 사변 이성이 주도적인 역할을 했음이 분명하다. 그렇다면 칸트가 비록 마지막에 인용한 "KpV", 제2장 Ⅲ절 이하에서, 실천 이성이 사변 이성과의 관계에서 "우위"der Primat를 차지한다는 점을 고조하고 있으나 어떻게 보면 사변 이성이 오히려 여기서 "우위"를 차지한다고 봐야 하지 않겠는가? 이 점을 고려하면서 헤겔도 칸트를 비판했다.

　그러므로 칸트는 과거 형이상학자들이 절대시한 이상의 기본적인 논리적·수학적 법칙들과 범주들이 단순히 인간의 사유의 범주들만이 아닌 존재자 일반과, 나아가서는 초월계의 실재와 대상들에까지도 적용되는 절대적인 존재의 범주들임을 자신도 의식하지 못한 가운데 시인했음이 분명하다. 그는 무의식중에 자신이 상대화한 사변 이성의 법칙들과 범주들을 절대시하고 있었다. 그렇게 하지 않을 수 없었다. 그렇게 하지 않으면 칸트뿐 아니라 그 누구도 그 무엇에 대해서 어떠한 주장도 제기할 수 없고 어떠한 이론과 학설도 개발하고 전개할 수 없기 때문이다. 논리적·수학적 공리들과 사유의 기본 범주들을 척도로 하지 않고서는, 그 누가 그 무엇을 바로 분별하고 식별할 수 있겠으며 그 무엇에 대해서 바로 생각하며 판단하고 분석하며 기술할 수 있겠는가? 그것들이 사유와 판단의 척도로 전제되지 않는 한, 그 누구도 시공간 내의 감각적인 사물들에 대해서뿐만 아니라 초감각적인 대상에 대해서 아무런 생각도 주장도 할 수 없다.

　칸트는 자신이 의식적으로 상대화한 것을 무의식적으로는 절대시한 가운데 그것을 척도와 기준으로 해서 자신의 선험적 관념론과 윤리관 및 종교철학을 발전시켰다(이것이 아우구스티누스가 그 당시의 회의론자들에게 제시한 중심 논지 가운데 하나이기도 하다. 즉 그에 따르면 당시의 회의론자들은 그들이 그 타당성을 극구 부인한, 다양한 논리적·가치론적 원리들과 법칙들의 힘을 빌려 회의론을 발전시켰고 이 원리들과 범주들의 타당성도 부인했다는 것이었다. 그들은 말하자면 그들이 걸터앉은 나뭇가지를 스스로 톱으로 잘라버리려 했다고 할 수 있다).

3) 키에르케고르와 "변증법적 신학"(dialektische Theologie)

칸트의 위와 같은 내용의 반형이상학적인 비판철학은 19세기 말엽과 20세기 초엽에 막강한 위세로 독일 철학계를 지배하다시피 한, 다양한 부류의 신칸트학파 철학자들은 물론 낭만주의자, 실존주의, 생철학을 위시한 근대와 현대의 다양한 사상 노선에 속했던 무수한 사상가들에게 강력한 영향력을 행사했다. 그것은 특히 실존주의의 원조인 키에르케고르에게 매우 큰 영향을 미쳤는데, 그를 통해서 반형이상학적 비판철학은 또한 하이데거, 야스퍼스, 마르셀 등 실존 철학자들과 바르트K. Barth, 브루너E. Brunner, 불트만R. Bultmann 등 소위 "변증법적 신학자들"의 사상적 방향 설정을 제약하고 규정하는 결정적인 요인이 되었다.

키에르케고르는 그의 필생의 적수였던 헤겔의 "부정직한 길"unredlicher Weg, 즉 사변적 관념론 또는 절대적인 합리론을 따르는 대신 칸트의 "정직한 길"ehrlicher Weg, 칸트의 비판적·선험적 관념론을 따라 사유 활동에 임한다는 점을 그의 주저 "UN"에서 분명히 하고 있다.[34] 칸트의 비판주의적 정신에 입각해서, 그는 자신의 저서들 속에서 그야말로 구구절절이 극히 강경한 반주지주의적·비합리주의적 이론들을 제기하고 있다. 기독교적 실존자는 진정한 자기 발견과 자기실현을 위해 "실존적 변증법"을 수행해야 하는데 이를 위해서는 헤겔이 권장한 대로의 지적 반성과 인식을 통한 "점진적인 진행의 방법"을 채택해서는 결코 안 된다. 그보다 그는 냉철한 지성이 아닌 "내면성과 주관성"으로 찬 "정열의 무한성"으로 과감한 "질적인 비약"을 감행하고, 7만 길의 바닷속으로 뛰어들어 가는 자세로 "객관적으로 불확실한 것"에 자신을 내맡겨야 한다. 왜냐하면 헤겔과 그 밖의 주지주의자들이 지금까지 주장한 것과는 완전히 다르게 진리는 "객관성"에 있지 않고 "주관성", "내면성", "무한한 정열", "실존적 노력", "신앙의 모험"에 있기 때문이다. 진리는 "결론과 결과"가 아니며 무한정으로 개방되어 있는 "길"이며 "과정"이다.[35] 우리의 실존 문제, 즉 진정한 자아 발견과 자아실현의 문제를 해결하기 위해서는 이성을 포기 하지 않으면 안 된다.[36]

키에르케고르와 더불어 하이데거를 포함한 반주지주의적 사상가들 과 신학자들도 플라톤, 아리스토텔레스, 헤겔 등의 "부정직한 길" 대신 칸트의 "정직한 길"을 따라 철학 혹은 신학을 발전시키고자 했다. 그러나 우리는 "믿음의 사람" 키에르케고르와 같이 칸트의 "정직한 길"이 진정 진리에 이르는 바른 길이라고 쉽게 믿고 곧 그 길을 따라 나설 것이 아 니라, 그것이 과연 진리에 이르는 바른 길인지 비진리에 이르게 하는 미 로인지를 먼저 철저하고 심각하게 확인해볼 필요가 있다.

만약 우리가 중기 플라톤주의자들의 회의주의에 대해 예리하고 구 속력 있는 반론을 제기한 아우구스티누스의 기본 논지 esp. Augustinus, Contra Academicos(제3권 참조)를 따르고, 19세기 말에 대두한 심리주의에 대항해 서 논리적·수학적 기본 법칙들을 포함한 "보편 개념들"과 "본질들"Eidos, Wesenheiten의 보편타당성을 입증하려고 심각하게 노력한 *Logische Untersuchungen*의 저자 후설[37]과, 특히 그의 현상학에서 출발했음에 도 불구하고 후설 자신과는 달리 보다 실재론적인 현상학을 주창한 셸 러M. Scheler와 하르트만N. Hartmann을 위시한 다수의 현상학자들의 정신으 로 칸트의 인식론을 재검토한다면, 칸트의 유명한 "코페르니쿠스적 전 환"의 재전환이 일어나게 될 것이다.[38] "만물분쇄자" 칸트의 비판철학은 "분쇄"될 것이다. 그는 자신을 근대철학 및 현대철학에서 가장 위대한 인 물이 되게 한 "KrV"을 저술하지 않고 계속 "독단적인 선잠"을 달게 자고 있어야 했다. 흄이 그를 그 잠에서 깨우지 말았어야 했다. 그 속에 소개된, 별 타당성 없는 그의 복잡하고 까다로운 인식론으로 얼마나 많은 독자들이 골머리를 앓았으며, 얼마나 많은 근대와 현대 사상가들이 사상적으로 큰 피해를 보았는가? 얼마나 많은 철학자들과 신학자들이 사상적으로 "정직한 길" 혹은 "정도"가 아닌 미로로 빠져들어 가게 되었는가?"[39]

아리스토텔레스와 칸트 자신이 나열한 10범주들 혹은 12범주들과 그와 관련된 여타 개념들과 법칙들, 특히 모순율과 충족이유율을 포함한 논리학적 공리들과 1+1=2와 같은 절대 자명한 대수학적인 이치들이 진정 칸트가 주장한 대로 "의식 일반"의 사유의 범주와 법칙들에 불과하며 시공간적인 현상계 내에서만 타당한지 아니면 그들은 존재자 일반의 존재의 범주와 법칙으로 객관적으로 타당한지에 대해서는, 중기 플라톤주의자들의 극단적인 회의주의와 상대주의를 반박한 아우구스티누스의 매우 단순한 그러나 구속력 있고 예리한 논지에 따라 외부 사물들의 존재와 움직임을 주의 깊게 관찰해본다면 쉽게 답할 수 있을 것이다. 우리의 이러한 생각이 매우 얕고 시대착오적 발상인지 아닌지를 독자들이 진중하게 저울질해볼 것을 요망하는 가운데, 우리는 칸트와 그의 영향을 받은 제반 반이성적·반과학적 사상가들에게 다음과 같은 점들을 심각하게 고려해볼 것을 촉구한다.

서양 철학사에서 가장 극단적인 회의주의자라 할 수 있는 흄도 대수학의 객관적이며 절대적인 타당성은 인정했다. 그 누구도 이 점을 의심할 수 없다. 우리가 깨어 있어 주위의 사물들을 의식하고 그들에 대해서 사유 활동을 벌인다고 해서 해 하나에 달 하나를 더하면 두 개의 천체가 되고, 우리가 잠을 자거나 의식을 잃게 되어 해와 달에 대해서 전혀 의식하지 못하고 또 생각하지 않는다고 해서 그들과 수학적인 이치가 아무런 관계가 없어지는가?

우리의 의식 활동과 사유 과정과 관계없이 그들이 실재하고 있고, 실재하되 수학적인 법칙의 지배를 받으며 실재하고 있는 것이 아닌가? 인류가 지금과 같이 살아 있을 때뿐만 아니라 그들이 지구상에 도래하기 전이나 거기서 완전히 사라지고 난 뒤에도 "태양 하나 + 달 하나 = 두 개의 천체"라는 계산이 나오지 않겠는가? 인류가 도래하기 전에도 태양과 다른 천체들이 지금과 같은 수학적인 법칙의 지배를 받으며 지금과 같은 모습으로 움직이고 있지 않았겠는가? 그때도 그들은 다수의 천체들로 존재하고 움직이고 있지 않았겠는가?

그리고 그때도 태양과 달과 다른 천체들이 서로 구별되어 있었고 만유인력의 법칙으로 상호관련을 맺으며 존재하고 있지 않았겠는가? 그때도 그들이 합한 우주 전체가 하나이든가 다수이든가 분명 둘 중 하나였을 것이고, 다수인 동시에 하나였다고는 결코 말할 수 없다. 그때도 그들이 존재했거나 존재하지 않았으며 결코 존재하는 동시에 존재하지 않았다고 말할 수 없다. 그리고 그때도 그들은 지금과 마찬가지로 인과율의 지배를 받고 있었다고 봐야 한다. 앞으로 언젠가 거대한 혜성이 지구와 충돌하여 인류가 지구에서 완전히 사라진다고 가정할 때, 그 후에도 그들이 인과율의 지배를 받으며 존재하고 움직일 것이 확실하다.

(하이젠베르크가 "불확정성의 법칙"을 발표한 이래 자연과학자들이 미시의 세계에는 인과율이 타당하지 않고 다만 거시의 세계에서만 그러하다고 주장하고 있다. 그러나 미시의 세계에서 원자 이하의 미립자들은 뉴턴과 전통 물리학자들이 생각했던 것과는 달리 결정론적인 인과율의 지배를 받지 않는다고 볼 수 있겠으나 인과율의 지배를 전혀 받지 않는다고는 볼 수 없을 것이다. 왜냐하면 우리가 그들을 원자 가속기 속에 넣고 충격을 주면 우리가 그들의 움직임을 정확하게 예측할 수는 없을지 모르겠으나 어떠한 방식으로든 그들은 우리의 충

격에 반응을 보일 것은 분명하기 때문이다. 충격에 어떤 결과가 필연적으로 따를 것이다.)

그러한 이유에서 우리는 아리스토텔레스와 칸트 자신이 거론한, 인간 일반의 사유의 법칙인 범주들(양, 질, 관계, 양태의 범주들)과 모순율과 충족이유율과 대수학적인 법칙 등 가장 기본적인 논리적·수학적 공리들이 외부 사물들에게도 타당한 존재의 범주와 법칙임을 시인하지 않을 수 없다.

여기서 우리가 외부 사물의 존재 방식과 특성에 대해 사유하며 평가하고 판단하는 활동들은 물론 처음부터 끝까지 다 우리의 의식 속에서 이루어지는 주관적인 정신 활동들이다. 그럼에도 불구하고 우리가 그에 대해 천만 번을 생각하고 의심에 의심을 거듭한다 해도, 우리의 생각과 판단이 단순히 주관적이며 근거가 없는 것이 아니라 객관적으로 타당하며 올바르다는 것을 주장하지 않을 수 없다. 후설과 그에게 영향을 끼친 브렌타노Fr. Brentano의 표현으로 그 타당성은 절대 자명한evident 것이며 "자기소여된"selbstgegeben 것이다. 우리가 마음속에서 생각한다고 해서 우리가 생각하는 모든 것이 다 근거 없는 생각이라고 간주할 수는 없다. 외부 사물이 우리가 볼 때는 분명히 실재한다. 버클리G. Berkeley가 생각했듯이 그들은 단지 우리의 마음속에서만 실재하는 것인가? 아니면 그들은 우리가 마음속에서 생각하는 것과 똑같이 외부에서도 실재하는 것인가? 물론 우리는 후자의 가능성을 인정해야 한다. 놀랍게도 우리의 생각이 이와 같이 외부 사물의 존재 양식과 일치하는 경우가 너무나 많다는 사실을 그 누가 부인하겠는가?

아리스토텔레스의 범주들과 다른 원리들의 개념들 가운데 대다수는 분명히 인간의 사유 활동과 관계없이도, 아니 인간의 존재 여부와 관계

없이도 객관적으로 타당하며 절대 타당하다고 보지 않을 수 없다. 만약 우주가 기독교의 창조론에서 주장하듯 그 어느 시점에 창조되었다면 그 이전에는 그들이 전혀 타당하지 않았을까? 만약 우주창조 전 영원 전부터 한 절대자가 실재하고 있었다면 그들이 이 절대자와는 무관한 범주들과 법칙들이었을까?

이에 대해 상대적이며 변화무쌍한 우리, 티끌과 같이 미미하고 갈대와 같이 나약한 우리가 어떠한 답변도 할 수 없음이 너무나도 확실한 것만 같다. 그럼에도 불구하고 놀랍게도 우리는 그렇게 할 수 있다. 그들은—적어도 그중에서 중요한 몇 가지는—영원의 차원과 절대자 자신에게도 절대 타당한 원리와 이치와 법칙임이 분명하다고 우리는 확신을 가지고 주장할 수 있다.

아우구스티누스와 더불어 신의 초월성과 절대성을 무엇보다 강조한 종교개혁자 칼뱅도 그렇게 보았다. "*Deus legibus solutus est, sed non exlex*"(신은 법에 종속되어 있지 않으나 무법적이지는 않다). 신에게도 유는 유며 무는 무다. 유와 무는 질적으로 상이하다. 그에게도 영원성과 시간성은 절대적으로 상이한 개념들이다. 신학자들은 삼위일체의 신에 대해서 주장한다. 사위일체나 영위백체가 아닌 삼위일체에 대해서만 주장한다. 그래도 신이 숫자적인 관계를 완전히 초월하고 있다고 볼 수 있을까? 신도 단일성과 다수성, 그리고 그들 간의 차이와 관계에 대해서 영원 전부터 생각하고 있지 않았을까? 사물과 사물과의 관계, 절대자와 앞으로 창조될 피조물과의 관계, 영원성과 시간성과의 관계 등등에 대해서도 신이 생각하고 있지 않았을까? 과거 스콜라 철학자들과 신학자들처럼 신의 실체와 속성과 관련해서 무엇을 생각하고 논한다는 것 자체가 불경스러운 행위라고 보아야만 할까? 결코 그렇게 볼 수 없다. 성경적으로나 신학적으로 볼 때 우리가 그렇게 하는 것이 신의 뜻이라고 해석해야 하지 않을까?

우리 인간에게 적용되며 타당한 많은 것들이 신에게도 적용되고 타당하다는 사실을 인정하지 않음은 신과 인간의 관계가 불가능하다고 주장함과 같다. 그것은 신과 인간 간의 어떠한 지적·정신적 연속성도 부재한다는 극단적인 불가지론을 주장할 뿐 아니라 종교 자체의 불가능성을 주장한다.

신학자 브루너는 신에게는 모순율이 적용되지 않는다고 주장한다. 신은 공의와 사랑이 분리되지 않는 완전한 하나이기 때문이다. 그렇다면 신에게는 선과 악의 차이도 없고 자신과 마귀의 차이, 자신과 인간의 차이, 자신과 돌의 차이도 없다는 말인가? 이 비슷한 이론을 우리는 영원의 차원과 신과 관련해서 얼마든지 더 전개할 수 있지만 이 정도에서 중단하기로 한다.

아우구스티누스가 적수로 삼고 공격했던 중기 플라톤주의자들은 극단적인 회의주의를 표방했음에도 충분히 회의적이지 못했으며 철저하게 비판적이지도 못했다. 그들은 문제의 핵심을 꿰뚫어 보지 못하고 계속 모순된 주장을 제기했다. "비판주의"의 대가였으며 극단적인 회의론자였던 흄에 의해 합리주의적 "선잠"에서 깨어나 "선험적 관념론" 또는 "비판적 관념론"을 주창한 칸트도 이들과 별반 다를 바 없이 사실은 충분히 비판적이지 못했으며, 상기했듯이 자기 자신이 한 말의 의미를 제대로 간파하지 못한 채 복잡하고 어려운 말들을 장황하게 늘어놓았다. 그의 생각은 잘 정리되지 않은, 혼란스러운 상태였다. 그래서 그는 계속 앞뒤가 맞지 않는 모순된 주장을 펼쳤다.

키에르케고르의 경우도 마찬가지다. 그가 헤겔과 다른 주지주의자들의 사변철학을 배격하고 자신의 실존 사상을 주창했을 때, 그는 무엇보다 참과 거짓이 서로 상반되는 개념으로 분명히 존재하고 있으며 헤겔의 사변철학은 거짓된 사상이고 자신이 믿고 주장한 것은 참된 이론과 학설이라고 확신하고 있었다. 그가 모순율과 동일률에 따라 그렇게 했음이 분명하다. 그리고 그는 물론 아무런 이유 없이 무조건적으로 타인의 사상이 그릇된 사상이며 자신의 것이 올바르다고 주장한 것이 아니고, 자신이 보기에는 정당하다고 판단되는 다양한 근거를 들어, 충족이유율에 근거해서 그렇게 했다.

키에르케고르 전문가 말란추크G. Malantschuk에 따르면 키에르케고르는 무엇보다 일관성consistency을 중시했다.[40] 그것이 사실이라면 그가 자신의 이론을 전개하거나 타인의 이론을 비판하고 배격하는 경우, 그는 우발적으로 혹은 논리적인 비약이 아니라 철두철미하고 논리적인 절차를 거쳐 순리대로 혹은 합리적으로 그렇게 했음이 분명하다.

그가 한 사상가로서 자신의 지론을 구상할 때나 그것을 저서에서 서술하고 소개할 때 그는 어디까지나 한 사람의 사유자로 그렇게 했으며, 의지력과 정열과 신뢰심으로 혹은 무조건적인 질적 비약을 하는 신앙인으로 그렇게 하지 않았다. 그의 표현으로 "주관적 사유자" 혹은 "변증가"Dialektiker[41]로서 모든 것을 세심하게 두루 살피고 식별하고 판단하며 평가하는 가운데 참된 것만을 따르며 거짓된 것은 배격하는 엄격한 비판가와 이론가로 그렇게 했음이 분명하다. 신뢰심과 정열과 의지력으로 그가 많은 책을 펴냈던 것이 아니고 냉철한 분석가와 이론가로서 그렇게 했다.

그것이 사실이라면 그가 어떻게 인간 사유 일반의 기본적인 제 범주들을 잣대와 틀로 하지 않고 그렇게 할 수 있었겠는가? 그가 "진리는 주관성"에 있으며 혹은 "주관적 진리", 즉 "실존적 진리"가 참이라는 명언을 남겼지만 헤겔을 위시한 과거의 모든 다른 사상가들이 절대 소중한 것으로 확신한 "객관적 진리"가 없는 "주관적 진리", "실존적 진리"란 있을 수 없다. 객관적 진리가 전제되지 않고 우리의 실존, 우리의 삶과 연결되며 우리를 변화시키고 자유롭게 하며 구원에 이르게 하는 그러한 주관적 진리란 존재할 수 없으며 그러한 진리를 터득할 수도 없다. 그리고 참됨, 선함, 아름다움, 거룩함과 관계되는 무수한 원리들과 현상들에 대한 객관적 진리를 마음속 깊은 데서 깨닫고 소화하면 그것이 곧 주관적 진리, 실존적 진리가 된다.

뿐만 아니라 "진리는 주관성에 있다"는 그의 중심 명제는 그에 의하면 만인이 모름지기 따라야만 할 보편타당하며 객관적인 이치다. 따라서 그것 역시 바로 그가 거부한 "객관적 진리"다. 그도 진리의 객관성과 보편타당성의 소중함을 시인했다. "객관적 진리"가 필요 없다면 기독교는 필요 없으며 곧 무너지게 될 것이다. 또한 우주의 질서 체계도 무너지게 되고 그 속에 실재하는 키에르케고르 자신을 포함한 모든 만물은 존재할 수 없다. 실존 사상을 정립하고 주창할 수 없음은 물론이다.

키에르케고르는 다양한 차원에서 모순에 빠져 있었다. 그리고 그는 그 점을 의식하지도 못했다. 그도 중기 플라톤주의나 칸트와 마찬가지로 자기 자신이 걸터앉아 있는 나뭇가지를 스스로 잘라버리려 했다. 평생 그렇게 하려 했다. 객관적인 진리의 힘으로 주관적인 진리를 발견하고 그것의 절대성을 만인에게 증거하고 가르치려고 다수의 심오한 저서들을 집필했음에도 불구하고 객관적인 진리의 무용론을 가장 크게 부각시키려 했다.

이러한 비판이 칸트와 키에르케고르에게만 적용되는 것은 아니다.

그것은 하이데거에게도 적용된다. 그리고 비트겐슈타인과 러셀과 그들의 영향권에 있는 모든 논리실증주의자들과 언어분석철학자들에게도 해당된다. 진리의 객관성과 절대타당성을 부인하는 모든 사람들에게 적용된다. 인간은 진리를 회피할 수 없다. 인간의 근본과 중심이 진리의 사건이기 때문이다. 그러한 의미에서 그는 곧 형이상학 그 자체며 형이상학의 사건이라 할 수 있다(하이데거).

4) 하이데거와 낭만주의

하이데거는 존재자를 존재자 되게 하는 가장 기본적이며 핵심적인 요소, 즉 그 본질을 규명하는 것을 과제로 하는 "물리학"을 연구해온 과거 본질형이상학자들과는 달리 존재를 순수히 존재로 취급하며 그 의미를 조명하는 한 새로운 존재론, 즉 기초존재론을 수립하고 그것을 바탕으로 거룩한 자에 대한 자신의 사상을 정립하고 소개하려고 시도해왔다. 그렇게 할 때 그는 계속 과거 사상가들의 "표상적 사유"를 비판하고 배격하며 자기 자신의 "근본적·원초적 사유", "회상적·전망적 사유"로 연구 대상에 접근할 것을 강력하게 촉구했다.

　하이데거가 그와 같이 과거 사상가들의 접근 방법과 자신의 것을 비교하고 대조하는 가운데 전자를 지양하고 후자를 채택할 것을 독려하고 촉구할 때, 존재는 결코 과거 사상가들처럼 존재자의 본질과 동일한 것으로 간주해서는 안 됨을 주장할 때, 그리고 그와 유사한 여타 이론과 주장을 제기하고 전개했을 때 그는 어떤 척도와 기준으로 자신의 관점을 공식화해서 관철하려 했는가? 물론 그는 다른 모든 사상가나 범인과 같이 인간 사유의 가장 기본적인 원칙과 범주들을 척도와 기준으로 삼아 그렇게 하지 않을 수 없었다. 그는 필연적으로 "표상적 사유, 즉 [이성의 논리와 법칙에 따라 원인 분석적으로] 설명하는erklärendes 사유"[42]의 힘을 빌리고 그 기본적인 범주들을 척도와 기준으로 해서 자신의 "근본적·회상적 사유" 내용을 "기투"한 후 일관성 있는 하나의 이론으로 정리해서 전개하고 주창할 수밖에 없었다. 그리고 그는 그러한 표상적·개념적 사유, 이론적으로 파헤치고 조명하며 "설명"하는 과학 이성 및 사변이성의 사고력과 분석력으로 놀랄 만한 양질의 저서를 펴내기도 했다.

물론 그가 그러한 표상적·개념적 사유로만 철학적 사유 활동과 저작활동에 임하거나 일상생활을 영위할 수 있었던 것은 결코 아니며 그렇게 하는 것이 바람직하지도 않다. 우리 자신도 그렇게 할 수 있거나 해야한다고는 결코 보지 않는다. 하이데거가 "SZ"에서 고조한 실존적 정서와체험 혹은 직관적인 이해력Verstehen을 우리의 사유 활동과 삶에서 결코배제할 수 없으며, 그가 그의 후기 저서에서 존재 사유의 특징으로 묘사하는 과거지향적인 동시에 미래지향적이며 경건한 태도와 감사하는 마음자세의 접근 방법을 결코 뢰비트를 위시한 다수의 하이데거 비판자들과 같이 철학적 사유와는 거리가 먼 하나의 종교적인 신비주의로 일축해버릴 수는 없는 듯하다. 다만 여기서 지적하고자 하는 바는, 우리가 비록 하이데거가 역설하는 대로 지정의가 합해진 전인의 실존적 체험과직관적 이해, 특히 근본적·회상적 사유로 사유의 대상에 접근해야 한다해도 그러한 사유도 표상적·개념적 사유, 즉 이성의 이론적 사유를 통하지 않고서는 어떠한 활동도 수행할 수 없고 따라서 존재의 차원으로도나아갈 수 없다는 점이다.

이상에서 살펴본 대로 하이데거, 특히 후기 하이데거는 자신의 사상이 과학과는 질적으로 다른 체계일 뿐 아니라 또한 학문성과 논리성을띤 현상학도, 해석학도 아니며 형이상학의 형이상학도, 기초존재론도 아니며 철학도 아니라고 보았다. 그것은 오로지 존재 사유Denken des Seins일 따름이라는 것이다. 그럼에도 불구하고 그것은 신앙과는 질적으로 다른 활동이라는 것이다. 그렇다면 그러한 사유란 도대체 어떠한 종류의 사유란 말인가?

방금 지적했듯이 그도 자신이 처음부터 계속 문제시하고 거부한 "표상적·개념적 사유"를 통하지 않고 그가 권장한 "근본적·회상적·전망적 사유"에 임할 수는 없었다. 그도 이성 혹은 지성이라는, 식별과 판별, 반성과 판단, 관찰과 검토, 분석과 연구, 종합과 체계화 등의 활동을 주임무로 하고 있고 감정, 의지력, 정열, 도덕의식, 심미의식, 종교의식 등과 확연히 구별되는 인간 일반의 한 중추 기능을 활용함이 없이, 그리고 그와 더불어 아리스토텔레스와 여타 사상가들이 주장한 제반 이성의 사유의 범주들과 법칙들을 척도로 함이 없이는, 존재에 대해서 사유할 수 없었으며 존재를 순수히 존재로 사유하는 대신 존재자 일반의 본질에 대해서만 사유해온 과거 본질형이상학자들을 비판하고 규탄할 수도 없었다.

하이데거가 전개해온 존재 사유, 존재에 대한 근본적·회상적 사유는 분명히 이성의 표상적·개념적 사유의 도움으로만 가능했으며 결코 그것 없이 독자적으로 전개될 수는 없었던 것처럼, 그가 존재자 일반과 나아가서는 신보다 더 탁월한 위치에 있다고 역설한 존재 또는 거룩한 자가 실제로 존재하고 있다면 그는 무수한 본질형이상학자들이, 아니 인류 전체가 예부터 가장 숭고하고 아름다운 것들로 간주해왔으며 진·선·미·성으로 요약할 수 있는 정신적·영적인 것들을 그 자체 속에 내포하지 않고 있는 그 무엇으로도 결코 존재할 수 없음 또한 분명하다.

19세기 후반에 활약한 독일 철학자 로체R. H. Lotze, 1817-1881 이후에 하이델베르크 대학의 저명한 신칸트학파(서남부학파)에 속한 빈델반트

W. Windelband와 리케르트H. Rickert 등이 칸트의 선험철학적인 방법으로 이론 의식, 도덕의식, 미의식, 종교의식 등으로 구분되는 인간의 의식 일반의 구조와 특성을 내적으로 분석하고 조명하는 데서 발전시킨 가치철학Wertphilosophie에서, 그리고 후설의 현상학적인 본질직관의 방법으로 셸러와 하르트만 등이 개발한 가치론Axiologie에서 거론한 세 가지 혹은 네 가지 부류의 정신적·영적 "가치들"Werte—즉 "논리적 가치들"(진), "도덕적 가치들"(선), "심미적 가치들"(미), "종교적 가치들"(성)—을 그 자체 속에 내포하지 않은 존재는 하이데거가 자기 자신과 인류 전체를 위해 생명과 같이 그렇게도 고귀한 한 대상으로는 존재할 수 없을 것이다. 그러한 존재는 실재하지 않을 뿐 아니라 우리 자신 속의 현존재를 현주로 하고 우리 심중에 거하고 있는, 그래서 우리와 "가장 가까운", 우리 자신이 우리에게 가까운 것보다 더 가까운 그 무엇이라기보다, 우리와는 수억 광년 떨어져 있는 별세계別世界 혹은 별들의 세계에 사는 이름 모를 외계인이나 전혀 실재하지 않는 유령에 불과할 것이다. 신학자들은 신의 실체를 생각하고 논할 때마다 필연적으로 신의 속성을 함께 생각하며 논한다. 속성 없는 신은 실재하는 참 신이 아니고 실재하지 않는 유령에 불과하기 때문이다. 하이데거의 존재도 마찬가지일 것이다.

하이데거는 그에게 지대한 영향력을 행사한 키에르케고르가 그러했듯이 "Romantik"의 사상적 모티브에 심취해서 그와 상반되는 "Aufklärung", 그리고 그 이전의 유서 깊은 주지주의적 전통의 사상적 모티브들을 완전히 부정적인 것이라 일축해버렸다. 위대한 낭만주의 시인이며 하이데거가 "시인 중 시인"이라 칭했던 횔덜린의 시를 젊은 학도로서 처음 접했을 때 그것이 자신에게 "지진과 같은" 충격을 주었다는[43] 그야말로 충격적인 고백이 우리의 뇌리에서 사라지지 않는다. 그렇다면 하이데거의 마음을 그렇게도 크게 움직였던 횔덜린의 시들이 왜 우리의 심금은 울리지 않는지 자문하지 않을 수 없다. 우리 자신의 둔탁한 시감각 때문일까? 아니면 횔덜린의 시 내용 때문일까?

낭만주의자들의 일반적인 경향대로 하이데거도 역동적이며 생동적인 것, 심오하고 신비스러운 것, 순수하며 "직접적인 것"(이성의 정밀하고 체계적인, 그리고 단계적인 분석과 반성 과정을 거치지 않고 전인의 직접적인 만남과 체험으로 인식 가능한 것), 무한하고 초현실적인 것 등만을 중시했다. 또한 그는 플라톤에서 후설에 이르기까지의 주지주의적인 사상이 무엇보다 중시한 영속적이며 항구적인 것, 확고하고 정확한 것, 법칙적이며 규범적인 것, 형식적이며 구조적인 것―한마디로 "무한성"(키에르케고르가 애용한 용어 중 하나)―으로 무한히 깊고도 넓게 나아가려는 인간의 사유와 삶을 제약하고 제한하며 저해요인으로 작용할 수 있는 모든 요소들을 경시했으며 그러한 것을 중시하는 사상가들을 오히려 호되게 질타하고 조소하기까지 했다.

그러나 우리에게나 어느 누구에게나 진리의 영속성과 보편타당성, 그 확실성과 명증성Evidenz은 무엇보다 중요한 문제이며, 실로 생명과도 같이 중요한 문제다. 그 문제가 선결되지 않는 한 진리의 심오성과 역동성에 대해서 거론한다는 것은 무의미한 일이다. 영원불변하며 절대타당한 진리의 "Daß"that가 보장되어 있고 그것을 순수히 그대로 객관적으로 인식할 수 있는 방도가 보장되어 있지 않는 한, 그것의 "Was"what에 대해서 열을 올려가며 많은 이론들을 전개한다는 것은 실로 무의미하며 무가치한 일이다.

물론 하이데거가 진리의 객관적인 실재성과 절대성을 경시했다고 볼 수는 없다. 그러나 그는 진리의 심오성과 역동성을 부각시키는 데만 집착했을 뿐, 그의 독자들이 객관적인 타당성과 영속성 및 확실성을 확신하고 그것을 적극적으로 추구하게끔 그것에 이르는 구체적인 방도를 모색하는 작업을 전개하지 않았을 뿐 아니라 그것이 불가능하다고만 역설해왔다. 그러한 작업을 전개하는 것을 매우 가소롭게 보았으며 존재의 위엄에 합당하지 않은 처사로 간주하기까지 했다. 그는 이 양자 중 택일의 가능성만을 고려해왔고 양자를 동시에 추진할 수 없다고 보았다. 진리 또는 존재는 무근저적 비근저이며 걷잡을 수 없이 역동적인 모습으로 자기개방과 자기 은폐의 역사를 지속적으로 전개하므로, 인간은 그 실체와 신비를 지적인 방법 혹은 어떠한 다른 인간의 방법으로도 결코 객관화할 수 없다는 것이었다.

그러나 그 누구도 응분의 대가를 치르지 않고 과거와 현대 형이상학자들의 사유의 기본 동기와 칸트 및 키에르케고르 이후의 현대 생철학자들과 실존사상가들의 그것 중 하나만을 절대시하고 다른 것을 경시할수 없다. 하이데거는 현대인들에게 말하자면 공중누각 혹은 그림의 떡을 가리키는 것으로 만족해야만 하는 응분의 대가를 치르고 그중 하나를 중시하고 다른 것을 경시했다. 그리고 그가 존재라고 칭하는 것에 대해서는 "그것은 그것 자체"Es ist Es selbst[44]라는 해명 외에 그 어떤 긍정적이며 구체적인 해명을 못하고 있기 때문에, "존재에 대한 신신비사상과 신낭만주의"eine neue Mystik und Neoromantik des Seins로 간주할 수 있는 그의 사상은 하이데거 자신의 의도와 기대와는 달리 전혀 우리 현대인의 사유와 삶을 위한 어떠한 구체적인 지침도 제시하지 못하고 있다는 비난을받는 응분의 대가도 치르고 있다.[45]

하이데거와 마찬가지로 현대의 많은 사상가들과 "변증법적 신학자들"이 낭만주의와 생철학 및 실존주의 등 반주지주의적 사조에 편성해서 모든 인간의 사사로운 소신과 전제에 공통적으로 깔려 있고 나아가서는 우주 전체의 저변에 깔려 있는, "전제의 전제들", 즉 영원불변하며 절대적인 원리들과 개념들, 범주들과 법칙들을 경시하고 등한시하는 경향을 보이고 있다. 그들은 과거 주지주의적 형이상학자들과 스콜라 신학자들과 같이 이들을 절대시하고 또 이들을 기준과 척도로 해서 신과 그의 진리를 규명하고 정의하려는 모든 노력은 무한자이며 절대자인 신과 그의 진리를 유한한 인간 이성의 사유의 범주들과 이론들의 체계 속에 감금하는 행위에 해당하는 것이라고 보고 있다. 하이데거가 플라톤은 진리 그 자체 혹은 비은폐성인 존재를 "이데아의 굴레로 씌웠다고" 질타했듯이, 변증법적 신학자들도 과거 스콜라 신학과 정통 개신교 신학자들이 절대적인 의미에서 "타자"他者이며 초월자인 신을 인간이 이성의 범주와 법칙으로 만든 정교한 신학적 교리의 체계로 얽어매고 그 속에 감금하려 했다고 보며 그들을 준엄하게 비판하고 있다.

5) 가치론과 접촉점의 문제

하이데거는 19세기 후반에서 20세기 초반에 이르기까지 수십 년 동안 가치철학 또는 가치론 및 신형이상학과 비판적 실재론을 발전시키기 위해 심각하게 노력한, 다음과 같은 제사상가들과 보조를 맞추어 무엇보다 먼저 진선미 혹은 "논리적 가치들", "도덕적 가치들", "심미적 가치들"[46]로 압축할 수 있는 영적·정신적인 질서와 규범의 체계의 실재성과 확실성을 확정하는 문제를 가장 시급한 과제로 간주하고 그것을 해결하는 데 주력해야 했다. 이상에서 언급한 하이델베르크의 가치철학자들, 후설의 현상학에 동조한 제현상학자들, 특히 "선험적 현상학"을 주창한 원숙기 후설과는 달리 다소 실재론적인 경향을 띠고 신新존재론과 가치론을 발전시키는 데 주력한 현상학자들M. Scheler, Nic. Hartmann, M. Geiger, A. Reinbach, H. Conrad-Martius, 다수의 신토마스학파의 철학자들J. Geyser, P. Wust, A. Mager, B. Rosenmüller, 신형이상학을 주창한 소수의 신칸트주의 학과 철학자들M. Wundt, H. Heimsoeth, G. Martin, 그리고 러셀과 더불어 20세기의 중요한 철학 저서들 중 하나인 *Principia Mathematica*를 공저했으나 그와는 전혀 다른 노선을 따라 다분히 플라톤적인 아니면 아리스토텔레스적인 형이상학 체계를 구축하려고 노력한 화이트헤드 등이 그들이다.

하이데거가 "SZ",[47] "KM",[48] "WM"[49]에서 과거 본질형이상학자들이 수립한 형이상학을 위한 기초를 수립하기 위해 존재자의 존재 대신 존재 자체의 문제, 존재의 의미의 문제를 철저하게 연구하는 데서 하나의 "기초존재론" 또는 "형이상학의 형이상학"die Metaphysik von der Metaphysik을 수립하려고 시도한 것은 매우 건설적이며 의미심장한 노력이라 평가할 수 있다. "WM" 서두에서 그는 데카르트의 유명한 "철학의 나무"를 환기 시키는 가운데 그 뿌리인 형이상학을 지탱하고 그것에 영양을 공급하 는 토양과도 같은 존재 자체의 의미, "존재의 빛"das Licht des Seins, 즉 본질 형이상학자들도 그들의 철학적 사유 활동을 전개함에서 예외 없이 받고 있었던, 그러나 그 점을 의식하지는 못했던 그러한 존재의 빛을 밝히 드 러내려는 데 그의 관심이 집중되어 있음을 분명히 하고 있다. 과격한 주 관주의Subjektität, Subjektivität와 주지주의Intellektualismus로 말미암아 존재의 빛의 심오성과 신비를 간과하고 모든 것을 인간의 관점과 특히 이성의 척도로 보고 이해하려 했던 과거 본질형이상학자들의 전형적인 사유의 차원을 뛰어넘고, 그 이면에서 본질형이상학자들 자신과 온 인류와 나아 가서는 존재자 일반을 비추는 존재의 빛을, 그것과 내적으로 항상 이미 하나Einheit, Identität, Wechselbezug가 된 자로서 그것을 순수히 그대로 체험하고 그렇게 체험한 존재의 빛을 개념적 사유의 언어보다 더 적절한 만큼이나 "더 엄격한" 새로운 사유, 근본적·회상적 사유의 언어로 표현하며 그 의미를 개방하기 위해 노력하겠다는 그의 의도와 의향을 그 누가 부정적인 것으로 평가할 수 있겠는가?

그러나 문제는 이상에서 지적한 바와 같이 하이데거가 자신의 존재 체험과 그것에 기초한 존재 사유 전반의 근거와 타당성을 독자들에게 유효하게 전달할 수 있는 방도를 제시하지 않는 데 있다. 그가 주문하는 사상적 비약을 감행할 준비가 된 독자가 있다면 그들은 분명히 극소수에 불과할 것이기 때문이다.

그러한 이유로 우리가 두 가지 사항 중 먼저 본질형이상학사를 재반복할 것을 제안한 것이다. 이는 본질형이상학사를 재반복하고 거기서 발견하는 것들을 하나의 공고한 디딤돌로 해서 초월성 그 자체의 차원으로 상승 혹은 "비약"할 수 있으리라는 기대감에서였다. 과거 본질형이상학자들의 "존재론을 위한 기초"로 하여, 하나의 "기초존재론"[50]을 추진하기에 앞서 이 기초존재론을 위한 하나의 공고한 기초를 확정하고 확인하는 작업이 이루어져야 한다는 발상에서였다.

우리는 하이데거가 존재라 칭하는 것을 그가 "WM" 초두에서 거론하는 데카르트의 "철학의 나무"의 뿌리를 지탱하고 그것에 자양분을 공급하는 토양에 비유해서 생각할 수 있지만, 그가 "US" 초두에서 묘사하는 트라클의 "황금색으로 빛나는"golden, der Glanz des Goldes "은혜의 나무"der Baum der Gnade와 그것이 맺는 "값없이 하사되는 과일, 즉 인간에게 소중한, 구원하는 거룩한 자das rettend Heilige"[51]로도 생각할 수 있다. 여기서는 존재 혹은 거룩한 자가 이 "은혜의 나무"의 토대로 그 근저에 깔려 있는 것이 아니고 그 꽃"Blühen", "Erblühen"의 열매로 그 정상에 "맺혀 있다." 우리는 이 열매를 먹고 살아가야 한다. 그것이 생명의 과일이기 때문이다. 이를 위해서 우리는 "땅과 하늘, 신적인 실재들과 인간들이 활동하는" 영역이라 할 수 있는 이 나무의 무성한 가지들과 잎들을 헤치고 정상에 올라가서 그 열매를 먼저 발견해야 한다. 그런데 하이데거가 시인하듯이 그것이 세상의 그 무엇보다 더 어렵고 힘든 작업이므로, 이 작업을 성공적으로 수행할 수 있으려면 무엇보다 먼저 나무 위로의 상승을 가능케 하는 하나의 디딤판 혹은 가능하면 하나의 사다리, 비트겐슈타인이 사용했던 것과도 유사한 그러한 하나의 사다리를 마련해야 한다.

하이데거 자신은 여기서 비약을 촉구하고 있으나, 사상적 "날개"가 없는 대부분의 현대인들은 분명히 여기서 그러한 발판 혹은 사다리를 필요로 한다. 하이데거는 그들이 자신의 기초존재론을 수락할 수 있기 위해 그것을 위한 기초를 사전에 확립해야만 한다.

만약 하이데거가 이상에서 언급한 제사상가들과 보조를 맞추어 이러한 기초를 수립하려고 신중하게 노력했다면, 그의 탁월한 사고력과 강인한 추진력을 감안할 때, 그는 분명히 그와 관계되는 극히 괄목할 만하며 구속력과 수긍력이 있는 하나의 이론 체계를 발전시킬 수 있었으리라 사려된다. 만약 그가 그렇게 했다면 지금의 세계 철학의 사조와 판도는 아마 전혀 다르게 전개되었을 것이다. 그가 그렇게 했다면 "생각해볼 만한 가치가 있고" "연구해볼 만한 가치가 있는 것"에 대해서는 "전혀 생각하지 않는 데 큰 문제점이 있는"[52] 현대 과학자와 지성인들은 그에 대해서 깊고 신중한 생각을 많이 하고 있을지도 모른다. 그들이 과학주의와 사이버문화에 완전히 빠져들어 가지 않았을지도 모른다. "무한경쟁"이란 용어를 가장 중요한 슬로건으로 사용하는 경제논리 제일주의와 철두철미한 실용주의 및 물질주의가 그들의 철학, 아니 그들의 종교로 그들의 의식 깊은 데 뿌리를 내리지 못했을 수도 있다. 지푸라기 철학에 불과한 포스트모더니즘이 대두될 수 없었을지도 모른다.

사고력과 창의력이 너무나 출중한 하이데거에 비해 지극히 평범하고 순박하기만 한 우리의 견지에서 볼 때도 과거의 본질형이상학사를 이상에서 제시한 방법으로 보다 냉철하게 재반복한다면, 우리는 우선 "논리적인 가치들"의 세계, 참된 원리와 법칙, 범주와 개념들로 구성된 질서의 체계의 실재 사실을 사상적 비약에 호소하지 않고서도 현대인들에게 충분히 구속력 있게 설득할 수 있을 듯싶다. 우리가 여기서 가장 단순한 것부터 시작해서 점차적으로 복잡한 것까지 확인해나간다면, 현상학적인 안목으로 주변의 사물과 그들 속에 내재하거나 그들 근저에 깔려 있는 것들을 투시하려고 노력하는 우리에게 절대 자명한 것들을 무수히 많게 지적으로 확정할 수 있다.

너무나도 자명한 이치이기에 그에 대해 언급한다는 것 자체가 매우 진부하게 느껴지지만, 극히 단순하면서도 절대 확실한 하나의 현상이므로 심지어 헤겔도 그의 논리학에서 모든 이론 전개의 출발점으로 삼은 존재 또는 유有에 대해서 한번 생각해본다면, 누가 보아도 우선 유有는 문자 그대로 존재하고 무無 역시 문자 그대로 없다고 단정하지 않을 수 없다. 그 누구도 부인할 수 없는 이 단순함 만큼이나 "분명하고 석연한"(데카르트), 절대 "자명한"(브렌타노, 후설) 이 사실을 그대로 시인하고 전제하는 순간 우리가 무엇을 필연적으로 동시에 시인하고 주장하지 않을 수 없게 되는가? 우리는 이상에서 언급한 동일률과 모순율을 위시한 제반 논리적 공리들 및 대수학적인 법칙들과 더불어 아리스토텔레스와 여하 사상가들이 제시한 제 범주들과 원리들을 그 자명한 사실에서 즉각적으로 유도해낼 수 있게 된다.

헤겔은 이 사실에서 출발해서 그가 절대시한 정반합의 도식에 맞추어 다소 자의적이며 인위적인 방법으로 무수한 개별적인 존재의 범주들 겸 사유의 범주들을 도출해냈다. 우리가 비록 그가 사용한 매우 의심스러운 변증법적 논리 전개 방법과 그러한 방법으로 그가 연역법적으로 추상해낸 제 범주들의 타당성에 매번 동의할 수는 없다 할지라도, 적어도 부분적으로는 그렇게 할 수 있고 그렇게 하지 않을 수 없다. 그리고 그렇게 해서 우리가 발견하게 되는 원리들과 범주들은 결코 우리가 머리를 굴려 마음속에서 자의로 도출해낸 주관적인 "인위관념들"(데카르트)만이 아니고, 어디까지나 객관적으로 타당한 존재의 범주와 법칙이기도 하며 그럴 수밖에 없다는 점에 대해 이상에서 이미 충분히 명료하게 천명했다. 유와 무라는 것이 우리 마음속에서만 존재하거나 존재하지 않는 것이 아니고 우리의 마음 밖에서도 객관적으로 그렇게 하고 있음과 동일하게, 우리가 논리적으로 이들과 필연적으로 연관 지어 생각하지 않을 수 없는 이상의 제 범주와 이치들도 우리 마음 밖에서 객관적으로 존재하거나 타당하다고 보지 않을 수 없는 것이다.

유가 존재하고 무는 존재하지 않는다. 유가 존재하되 이상의 제공리들과 범주들로 구성된 영원불변하며 초시간적인 질서의 체계를 그 바탕과 틀로 삼아 존재하고 있으며, 나아가서는 후자를 바탕과 틀로 삼아 존재하거나 작용하고 있는 제2의 질서 체계, 즉 시공간적인 원리들과 범주들의 체계 속에서 그렇게 하고 있기도 하다(하르트만은 여기에서 타당한 주범주Urkategorien들이 무려 24개나 된다고 한다). 그러한 이중적인 질서의 체계를 바탕과 틀로 삼아 존재하고 움직이는 유는 극히 다양한 유와 종 및 계층과 영역에 속한 개체들로 세분화된다. 아리스토텔레스가 그의 존재론에서 지적했고 그의 영향으로 하르트만과 네덜란드의 기독교 철학자 도예베르트H. Dooyeweerd가 아리스토텔레스 자신보다 월등하게 더 체계성 있고 정교하게 발전시킨 "계층론"Schichtenlehre 혹은 "우주론"에서 보여주는 대로, 이와 같이 항구적인 질서의 체계를 바탕과 틀로 삼아 실재하는 존재자들은 또한 우주라는 전체적인 구성체 속에서 각기 서로 다른 존재의 계층과 영역에서 내재하고 있으면서도 다 직간접적으로 서로 유기적으로 연결되어 있기도 하다. 그들은 그들이 속해 있는 서로 다른 존재의 계층에서 각각 개별성과 독자성을 지니면서도 여타 계층들에 속한 다른 존재자들을 의존하기도 하고 부축하기도 하는 것이다. 그들은 우리 몸의 지체들과 몸 전체의 관계에서와 같이 말하자면 서로를 위해 존재하고 움직이고 있다. 칸트가 그의 『판단력비판』에서 지적한 바와 같이 이 점은 우리가 우리 자신의 몸을 위시한 모든 유기체들의 존재 및 움직임의 양태를 통해서 특히 확연하게 관찰할 수 있거니와 무생물의 세계 및 의식과 정신의 세계에서도 발견할 수 있다.[53]

이와 같이 세상에는 무가 아닌 유가 있고, 그것이 항구적인 참의 세계와 질서의 체계를 바탕과 틀로 하고 있을 뿐 아니라, 그것은 또한 다양한 존재의 계층들 속에서 서로 유기적인 관계로 질서정연하게 연결되어 있다. 나아가서는 무수한 유와 종으로 분류된 개별자들로 서로를 의존하면서도 동시에 서로를 지탱하고 있다는 사실은 매우 함축적이며 의미심장한, 그리스적·히브리적 의미로 진정 좋고agathon, tob 아름다운kalos, tob 현상이라 하지 않을 수 없다. 여기에 연결되어 있는 모든 보편자들과 개별자들 그리고 그들로 구성된 "전체"와 "부분들" 속에서 발견할 수 있는, 유기적이며 합목적적인 편성과 상호관련성, 질서와 규칙성, 체계성과 조화, 경이와 신비를 관찰하고 그들 가운데 특히 항구적이며 법칙적인 "보편자들" 혹은 "본질들"의 체계가, 그들을 바탕으로 하고 존재하고 움직이는 개별자들과의 관계에서 지니고 있는 지극히 긍정적인 아니 절대적으로 긍정적인 의미와 가치 등을 총체적으로 고려할 때, 우리가 바라보는 이 현상은 모든 면으로 합목적적zwecktauglich, brauchbar이라는 뜻에서 진정 선하며, 모든 면으로 질서정연하고 조화된 모습, 경이롭고 신비로운 모습을 보이고 있다는 뜻에서 또한 진정 아름답다고 고백하지 않을 수 없는 것이다.

영속적이며 규칙적인 질서 체계가 없다면 우리 인간이 정상적으로 사유하고 행동하며 살아갈 수 없음은 물론이거니와, 인간 외의 다른 생물들과 나아가서는 원자에서 수퍼노바와 대우주에 이르기까지의 무생물들까지도 지금 우리가 보고 체험하는 이대로의 개물들로는 결코 존재하고 움직일 수 없을 것이다. 그들이 극히 혼란된 상태에서와 암흑 속에서 개별성과 독자성을 띠지 않은 채 물리적으로는 존재할 수 있을지 모르겠지만 정신적인 의미로는 "무"無, me-on, non-being(플라톤과 아리스토텔레스)로만 존재할 수 있을 것이다. 항구적인 질서의 체계 속에서 존재하고 움직이는 무수한 개체들도 상술한 바와 같이 서로 유기적인 관계로 연결되어 있으므로 그들은 서로를 필요로 하고 있음도 잊어서는 안 된다. 그들 각자가 존재하고 움직이고 있다는 것이 그들 각자를 위해 합목적적이며 좋고 아름다운 것이 아니고 "전체" 속의 모든 다른 개체들과 부분들을 위해서도 그러함이 분명하다. "전체"가 있다는 것은 "부분들"을 위해서 지극히 합목적적이며 좋고 아름다운 것이며, 한 "부분"이 있다는 것은 그것 자체뿐 아니라 모든 다른 부분들을 위해서 그리고 그들로 구성된 "전체"를 위해서도 그러함이 분명하다.

그러므로 "논리적인 가치들"과 그들의 체계 속에 무수한 수의 개체들이 존재하고 있다는 사실이 우리 인간들에게만 절대 긍정적인 것, 절대적으로 좋고 아름다운 것이 아니고 인간 외의 다른 존재자들과 나아가서는 절대자가 존재한다면 그를 위해서도 그러할 것임이 분명하다. 그리고 우리 인간의 편협한 견지에서뿐 아니라, 인간 외의 그 어떤 지성과 판단력을 가진 존재가 실재한다면 그의 지적·도덕적 수준 여하를 막론하고 이 모든 현상에 대해서 분명히 우리와 동일한 판단을 할 것이다. 하지만 인간 외의 지성과 판단력을 지닌 어느 실재가 무가 유보다 좋고 아름다우며 질서와 규칙성, 조화와 체계성으로 특징지어져 있는 유가 그와 정반대되는 무보다 더 좋고 아름답다고 판단하겠는가?

그러한 선하고 아름다운 진眞의 세계, 질서와 법칙성의 체계 속에서 우리 인간이 차지하는 놀랍고 엄청난, 그야말로 기적적인 위치를 감안할 때, 우리는 플라톤과 아리스토텔레스 그리고 특히 칸트가 뜻한 협의의 선, 즉 도덕적인 선이 참임을 확신을 가지고 주장할 수 있게 된다. 다음 항목에서 보다 세밀하게 이 점에 대해서 서술하겠지만, 지금까지 우리가 거론한 바에 대해 주의 깊게 성찰하고 반성해본다면 성경을 신언으로 받아들이지 않거나 창세기 1장과 2장의 내용을 신화에 불과하다고 해석하는 자들, 심지어 무신론자들도 첫째로 우주는 "대단히 좋다" 혹은 "대단히 아름답다."*tob-meod, very good, very beautiful; "tob"=good, beautiful*라는 신언 (창세기 1:31)에 아멘으로 화답하지 않을 수 없을 것이다. 둘째로 인간은 하나님의 형상*imago Dei*대로 지음을 받았다는 창세기의 성구(1:27)에 역시 아멘으로 화답하지 않을 수 없을 것이다. 인간 속에 지극히 놀라운, 그야말로 신적인 요소가 내포되어 있음이 분명하다는 의미로 그렇게 할 것이 확실하다는 말이다.

중세 철학자들에게도 "진"의 세계, 즉 보편타당하며 항구적인 질서의 체계와 그것을 바탕으로 존재하고 움직이는 존재자 일반의 세계가 위와 같은 히브리적·그리스적인 의미로 선하다는 뜻에서 "*ens et bonum convertuntur*"(존재와 선은 환치 가능하다)이며 "존재하는 모든 것은 그 자체에 있어서 선하다"고 보는 것이 일반적인 통념이었다.[54] 그들이 또한 그들에게 막강한 영향력을 행사한 히브리 사상과 플라톤과 플로티노스의 견해에 따라 극히 함축적이며 포괄적인 의미로 합목적적인 것과 도덕적으로 선한 것은 아름다운 것이라고 보았음도 확실하다. 그래서 그들은 "범주의 범주"라 할 수 있는 소위 "초월개념들"transcendentalia 속에 "*ens*"(존재 일반), "*unum*"(단일성), "*verum*"(진), "*bonum*"(선), "*ens indivisum, aliquid*"(개별자) 등과 더불어 "*pulchrum*"(미)를 포함시켰다.

주지하는 바와 같이 소크라테스, 플라톤, 아리스토텔레스 등을 위시한 고대 그리스 철학자들과 일반 대중들은 선을 칸트의 선, 즉 도덕적인 선보다 훨씬 더 함축적인 개념으로 사용했다. 그래서 그들은 선과 덕arete이라는 용어를 인간의 행동과 관련해서만 사용하지 않고 동식물은 물론이거니와 도구와 연장과 자연물들에도 사용했다. 그들은 좋은 말, 좋은 사냥개, 좋은 칼 등에 대해서도 이야기했고 잘 달리는 말의 덕과 사냥을 잘하는 개의 덕에 대해서도 이야기했다. 또한 그들은 인간을 위시한 우주 만물이 그들에게 자연적으로 부여된 본성과 본분이 있다고 보았으며, 이들이 우주 전체 속에서 그들에게 자연적으로 배정된 위치에서 그들 각자에게 부여된 그러한 본성을 소유하고 그들의 본분과 본령을 완수할 때 그것이 그들 자신에게 좋고agathon 인간의 경우에는 그것이 또한 복된 것, 행복eudaimonia을 뜻한다고 보았다.

그러므로 그리스 사상가들에게 선의 기본적인 의미는 그 무엇의 합목적성과 유용성chresimon, lusiteles, Tauglichkeit, Brauchbarkeit, Zweckmäßigkeit이었으며, 한 특정의 존재자가 우주 전체의 존재의 계층 속에서 자연적으로 의도된 진정한 자기 자신을 실현할 때―즉 자아 완성에 이르게 될 때―그러한 존재자는 자기 자신을 위해서뿐 아니라 그의 주변의 다른 존재자들과 나아가서는 우주 전체를 위해서도 합목적적이며 그러한 의미에서 선하다고 보았던 것이다.

그러한 이유에서 그리스 사상에서는 선이라는 용어가 유용성과 더불어 완전성*teleion*을 뜻하기도 했다. 절대적인 완전성, 정신적 완전성은 선 이데아(플라톤) 혹은 순수 형상 또는 우주의 궁극 목적 즉 신(아리스토텔레스)에서 발견할 수 있으며, 상대적인 완전성은 그것에 존재론적으로 참여*methexis*하는 존재자들, 특히 인간이 우주 전체의 목적론적인 존재의 체계 속에서 자신에게 부여된 특수한 본성과 본령*oikeion*을 제대로 발휘하고 그에게 맡겨진 특유한 임무*ergon*를 완수하는 만큼 그도 선해지며 완전해지고 그와 더불어 그는 복된 삶*eudaimonia*을 누리며 살아갈 수 있다.

인간을 위시한 우주 내의 모든 개별적인 존재자들은 자연적으로 정해진 바대로의 진정한 그들이 되어, 즉 그들의 자기 목적을 실현하고 자아 완성에 이르러, 존재의 근거이며 완성이자 모든 개별자들의 존재와 움직임의 궁극 목적*Telos*인 선의 이데아(플라톤) 혹은 순수 형상 또는 신(아리스토텔레스) 혹은 일자一者(*Hen*, 플로티노스)가 그 원대하고 숭고한 뜻, 참되고 선하며 아름다운 뜻을 온 우주에 펼치는 데 필요한 역할을 제대로 감당할 수 있어야 한다. 그리스 사상가들은 그들이 제각기 그렇게 할 때 선하고 덕스러우며 복된 삶을 영위할 수 있다고 믿었다.[55]

아리스토텔레스가 그의 윤리관에서 고조하듯이, 인간이 이러한 포괄적인 의미에서 선하고 복된 존재자가 될 수 있기 위해서는 우주 내에서 자신에게 자연적으로 배정된 위치를 고수하고 자신에게 부여된 본성과 본령을 제대로 발휘할 수 있는 완전한 자신이 되어야 한다. 그가 "이성을 가진 동물"이므로 그는 무엇보다 먼저 이성으로서의 자기 자신이 되어야 하며 그와 더불어 이성을 소유한 자에 걸맞게 자신 속의 동물적인 요소, 비합리적이며 감정적인 요소들, 본능적 욕구^{orexis}를 합리적으로, 즉 이성의 지침과 사려$^{phronesis\,=\,orthos\,logos}$로 그리고 극이운동^{egkrateia}으로 합리적으로 통제해야 한다. 이성을 연마하고 훈련시켜 진리의 세계를 관조$^{theoria\,tes\,aletheias}$하고 진리의 지식을 확보하는 데서 "이론적인 덕"을 쌓을 수 있고 비합리적인 요소들을 합리적으로 통제함으로써 그들이 온건하고 건설적으로 표출될 수 있게 하는 데서 "윤리적 덕"을 쌓을 수 있다. 이 두 가지 덕을 쌓음으로써 그는 그러한 덕을 쌓아 선하고 덕스럽게 살아가는 자기 자신으로 크나큰 만족감과 행복감을 누릴 수 있을 뿐 아니라, 무엇보다 자신이 확보하는 진리의 지식의 절대적인 가치와 그가 쌓는 도덕적 덕들 자체의 내적인 자아 가치로 말미암아 크게 기뻐하며 내적으로 행복하며 외적으로 유복한 삶, 모든 면으로 선하고 복된 삶을 살아갈 수 있다.

그리스 사상가들 중 특히 플라톤과 플로티노스의 미철학에서 우리가 관찰할 수 있듯이 그들은 선의 문제뿐 아니라 미의 문제도 그들의 존재론을 바탕과 배경으로 해서 논했다. 플라톤은 그의 원숙기 저서 『파이드로스』$^{Phaidros\,56}$와 노년기 저서 『필레보스』$^{Philebos\,57}$ 등에서 미의 문제를 매우 심각하게 거론했다. 그는 진선미를 정신적 완전성을 뜻하는 선 이데아라는, 그들의 공통된 뿌리에서 하나로 연결해서 보고 진과 선과 더불어 미를 "하나의 원초적인 현상"$^{ein\,Urph\ddot{a}nomen\,58}$으로 취급했다. 하이데거가 "HW"에 게재된 "예술품의 원천"에 대한 논문^{59}과 "HD"^{60}에서 존재의 진리와 아름다움의 관계에 대해서 서술하고 있는 바와 유사한 맥락에서, 플라톤도 미가 하나의 "초월적인"$^{epekeina\,ousias}$ 통합 개념이며 존재 자체

를 뜻하는 선 이데아를 아름다움의 빛으로 드러나게 하는 원리로 간주
했다. "진과 미는 동일하게 존재(선 이데아)를 개방한다. 그러나 [이성에
의한 인식의 대상이 되는] 진리는 감각적인 것에서 멀어지는 반면 미는
감각적인 것으로 침투한다. 미는 감각적이며 비존재적인 것(규모와 형상
이 없는 질료)을 통해서 표출되는바, 그 빛은 에로스의 힘을 촉발하는 가
운데 결국은 감각적인 것의 차원을 넘어서 참된 것(진리)의 차원으로 반
영된다. 이로써 미의 광휘는 존재론적 의미를 띠게 된다."[61] 플라톤에 의
해 존재론적으로 조명된 균형Symmetrie의 개념은 "진선미의 코이노니아를
가능케 했으며…그것은 또한 미의 형이상학적 의미를 규정했다." 규범적
인 행위Maßhaftigkeit와 진리와 하나로 연결되어 미는 존재("초월적" 선 이데
아)의 광휘Aufschein des Seins를 뜻한다.[62]

신플라톤주의자 플로티노스에게 미는 형이상학적이며 존재론적인
의미뿐만 아니라 종교적인 의미도 띠는, 하나의 절대적인 개념이었다.
왜냐하면 그가 지극히 강렬하며 충만한 빛으로 간주하며 "일자"라고도
칭한 신은 아름다움의 근원이며 지고미 또는 모든 "미 위의 미"kallos hyper
kallos라고 보았기 때문이다. 그는 그러한 절대적인 아름다움인 일자에 참
여하는 우주 만물은 모두 상대적으로 아름다운데, 그들이 일자에게 가까
우면 가까울수록 그들은 그만큼 더 아름답다고 주장했다.

칸트 이후의 독일관념론자 셸링도 플로티노스와 유사한 미철학을 주
창했다. 그도 후자와 같이 그가 "절대적인 무차별"absolute Indifferenz 혹은
"절대적인 동일성"absolute Identität이라 칭한 신을 "절대적인 아름다움 그
자체"[63]라고 부르기도 했다.

헤겔도 미를 형이상학적으로 매우 중요한 개념으로 간주했다. 그에
따르면 미를 색상, 화판, 운율, 선 등을 통해 표현하는 예술은 절대적 정

신인 신이 자신을 감각적으로 표출하는 방편인바 그는 그 속에서 정신으로서의 자신을 재발견하기도 한다는 것이었다. 그러나 헤겔에게는 미가 플로티노스나 셸링에서의 체계에서와 같이 절대적인 위치를 차지하지는 않았다. 왜냐하면 그에 따르면 미의 표현인 예술이 비록 절대적 정신을 개방하는 매체라 할지라도, 그것은 후자를 결코 종교나 철학과 같이 내적으로 깊이in der Innigkeit der Andacht 혹은 개념적으로 분명하고 석연하게 개방하지 못하고 상대적으로 둔탁하고 불분명하게만 개방할 수 있을 따름이라는 것이었기 때문이다.

이와 같이 고대 그리스 철학자들과 칸트 이후의 독일 관념론자들은 도덕철학과 미철학을 형이상학과 존재론과 밀접하게 결부시켜 연구했다. 그들에게 광의의 형이상학은 그 자체 속에 존재론과 더불어 윤리학과 미학도 내포하고 있었다.

플라톤, 아리스토텔레스, 플로티노스 등 고대 그리스 철학자들과 중세 철학자들 및 독일관념론자들의 도덕철학 및 미철학을 배경으로 하고, 신칸트주의의 견지에서 하나의 괄목할 만한 가치철학을 수립한 빈델반트와 리케르트, 그리고 후설의 현상학적 관점에서 매우 수긍력 있는 신가치론을 발전시킨 셸러와 하르트만과 보조를 맞추어 하이데거는 진의 문제와 더불어 선과 미의 문제를 선결하는 데 주력해야 했다. 대부분의 평범한 사상가들에게는 이 문제들을 해결하고 하나의 공고한 철학적 가치론을 개발하고 정립한다는 것이 결코 쉬운 과업이 아니겠으나 20세기 최대의 철학자인 하이데거는 분명히 그것을 훌륭하게 이행할 수 있었을 것이다.

이상에서 제안한 바가 결코 우리의 견해만이 아니고 놀랍게도 국제적으로 명성이 높은 현대 독일철학자 린텔렌Fr.-J. von Rintelen의 견해와도 일치한다는 것을 며칠 전에 우연히 발견하게 되었다. 다만 그는 하이데거의 사상과 관련해서만 자신의 관점을 표명하고 있다기보다 현대의 사상의 흐름 전체와 관련해서 그렇게 하고 있다.

하르트만과 셸러의 정신을 따르고 특히 퀘플O. Küple, 베허E. Becher, 보임커C. Bäumker, 벤츨A. Wenzl, 가브리엘L. Gabriel 등의 신실재론적인 관점에서 한 새로운 가치론("가치실재론", Wert-Realismus)을 정립하려고 심각하게 노력해온 린텔렌은, 현대사회의 대부분의 정신적인 지도자들이 이구동성으로 외치고 있듯이 현대인들의 근본적인 문제는 확실한 가치관의 부재라고 판단하고 있다. 따라서 현대 사상가들의 가장 시급한 과제는 하나의 확고한 가치관을 수립하고 그것을 토대로 현대인들과 진지한 대화를 나누고 국제적인 교류도 추진하는 가운데 그들을 보편타당한 가치들의 차원으로 선도하기 위한 설득작업을 적극적으로 전개하는 것이다.

"우리 인간 실존의 정신적이며 문화적인 기반이 확실치 않은 현재의 상황에서는 가치의 문제가 가장 중요한 문제로 떠오르고 있는바, 가치의 문제는 현대인들 간의 국제적인 대화에 있어서 친교의 토대가 될 수 있다."'Values as a Foundation for Encounter', in *Philosophie and Culture East and West*, Edited by Charles A. Moore, 1962.[64] 린텔렌이 뜻하는 가치는 주로 도덕적 가치와 관계되지만, 그가 스스로 암시하고 있듯이[65] 그것과 본질적으로 관련된 두 가지 다른 종류의 가치들도 우리는 결코 등한시할 수 없다. 그는 빈델반트와 리케르트와 같이 심지어 거룩과 관계되는 종교적인 가치관의 정립이 필수적이라고까지 보고 있다.

린텔렌이 주창하는 사상 노선도 이상에서 우리가 제안한 것과 흡사하게 계몽주의적 모티브와 낭만주의적 모티브 간의 중도 노선, 즉 질서와 규범, 본질과 보편성을 고조하는 "정신철학"(이성철학)과 생동성과 역동성, 개별성과 비합리성을 중시하는 생철학 및 실존철학 간의 중용을 따르는 "생동적인 정신철학"philosophy of Living Spirit이다. 그의 저서 *Der Rang des Geistes: Goethes Weltverständnis*(1995)에서, 그는 위와 같은 양 극단의 중도 노선을 이상적인 사상 노선으로 간주한 "괴테의 사상을 자신의 '생동적 정신'의 철학을 위한 시금석으로 사용하고 있다"고 서술하고 있다.[66] 그에 의하면 괴테도 원래는 진리와 인생의 비합리성과 무한성을 무엇보다도 고조한 낭만주의적인 이상을 추구하고 있었으나, 원숙기에 이르러서는 점차 그러한 이상을 버리고 그것과 계몽주의적 사고방식을 절충하고 매개하며 생과 정신(이성)을 동시에 중시하는 고전주의Klassik의 입장을 취했다고 한다. 린텔렌 자신도 이러한 괴테의 고전주의적 이상에 따라 "개별적인 것 혹은 순간적인 것Jeweiligkeit[67]과 보편적인 것, 생과 정신적인 질서, 역사성과 규범 간의 종합 통일을 추구하고 있다."[68]

방금 지적한 바와 같이 린텔렌이 그가 상술한 여타 철학자들과 보조를 맞추어 정립하고자 하는 가치론을 대인간 혹은 국제적인 "교류를 위한 토대"the ground of possible rapproachment, "Values as a Foundation for Encounter"로 사용할 수 있다고 본다면, 이것이 바로 우리가 본질형이상학에 대해 강경한 이의를 제기해온 하이데거의 존재 사유와 관련해서 제기하고 있는 주요 쟁점이기도 하다. 본질형이상학을 부정적인 시각에서만 볼 것이 아니고 오히려 긍정적으로 평가하는 가운데 그것을 토대로 해서 하이데거는 자신의 존재 사유의 내용을 자신의 독자들에게 설득하려고 시도했어야 된다는 것이 우리의 지론이 아닌가? 본질형이상학을 냉철하고 공정하게 재반복하는 가운데 거기서 온 인류를 위해 기념비적인 의미를 지닌 소중한 문화유산을 발굴하고 그것을 자신의 독창적인 방법으로 체계적으로 정비하고 보완함으로써 그의 독자들이 그것을 발판 혹은 사다리로 해서 "황금빛 은혜의 나무"의 무성한 가지와 잎을 헤치고 그 최고봉에 맺혀 있는 "구원하는 거룩한 자"라는 생명의 과일을 발견하고 향유할 수 있게 그들을 선도했어야 된다는 것이 우리의 주견이다.

2. 인간의 초월 능력의 가능성에 대한 인간론적·우주론적 조명

(1) 인간의 자아와 우주의 내재적·초월적 중심점

진과 선과 미의 세계가 객관적으로 실재하고 있으며 그 세계 속에서 무수한 개별자들이 다양한 존재의 계층에서 서로 유기적으로 연결되어 존재하고 움직이고 있다. 이 모든 것에 대해서 반성해볼 때, 그중 특히 모든 시공간적인 것들을 궁극적으로 지탱해주고 있는 영원불변한 질서와 규범의 세계가 객관적으로 실재하고 있다는 사실에 대해서 반성해볼 때 우리는 크게 감탄하지 않을 수 없고 진정 숙연해지지 않을 수 없다. 참과 좋음과 아름다움 그리고 그들의 완성과 극치이며 그 충만과 통일이라고 간주할 수 있는 성스러움이 우리의 마음속에서만 존재하지 않고 객관적으로 존재하되, 영원불변한 원리들로 그리고 우리 인간들과 우주 만물 전반을 위해 절대적인 의미를 지닌 원리들로 존재하고 있다는 사실이 기적과도 같이 놀라우며, 그들이 함축하고 있는 무한히 심오하고 신비스러운 의미 자체는 기적 중 기적과도 같이 지극히 놀랍고 엄청나다.

그토록 심오한 그들의 의미를 순수히 그대로 체험하고 인식할 때 우리 중 누가 그로 말미암아 그야말로 완전히 깨지고 녹지 않을 수 있겠으며 변하여 새 사람이 되지 않겠는가? 진리의 지식은 핵폭탄의 위력과도 같이 막강한 정신적 뒤나미스*dynamis*를 지니고 있음이 분명하지 않은가?

아무런 이유 없이 소크라테스, 플라톤, 스피노자 등이 지행복합일설을 주창하지 않았다. 아무런 근거 없이 하이데거가 존재 이해Verstehen를 존재 능력Seinkönnen이라고 간주하지 않았으며,[69] 가다머가 이해는 곧 적용Anwendung 내지 실천을 의미한다고 설파하지 않았다.[70]

우리에게 또 한 가지 극히 놀랍고 엄청난 기적이 더 있다. 그것은 우리 자신이라는 기적과 우리 자신 속에서 지속적으로 일어나는 초월성의 사건 혹은 진리의 빛의 사건이라는 기적이다.

티끌과 같이 미미하고 갈대와 같이 나약한 우리 인간이 다른 어디서가 아닌 우리 자신의 마음 내부에서(아우구스티누스, 후설, 하이데거) 그리고 그 외부에서, 하나의 역동적인 사건으로 지속적으로 일어나는 진리의 빛의 차원으로 초월하고 거기에 속한, 진·선·미·성으로 요약할 수 있는 제반 정신적·영적 "가치들"을 지적으로 순수히 체험하고 인식하고 있을 뿐 아니라, 우리 자신과 우리의 삶 속에서, 그리고 우리 주변의 사회에서, 더 나아가서는 온 세상과 온 우주에서 표현하고 실현하며 구체화할 수 있고 그렇게 하기 위해 의식·무의식 간에 지속적으로 노력하고 있다는 사실이 기적이 아니라 무엇이겠는가? 여기서 우리는 초시간적인 제 원리들과 범주들뿐 아니라 시공적인 차원에 속한 존재자 일반과 우리 자신도 지적으로 초월하고 인식하며, 그렇게 인식하는 바에 대해 지속적으로 반성하고 분석할 수 있는 능력을 우리 자신이 소유하고 있다는 점도 물론 잊어서는 안 된다.

이러한 사실도 분명히 하나의 기적이며 실로 엄청난 기적이다. 이러한 기적이 어떻게 가능한가? 칸트의 표현으로 질문한다면 그것의 가능성의 선험적 조건이 무엇인가?

1) 선험적 주체성과 실존적 주체성

칸트는 "KrV"에서 자연계 내의 사물들, 경험의 대상들에 대한 선험적 지식이 가능하다는 점을 전제로 하고 그 가능성의 선험적 조건들을 캐물었다. 그렇게 한 것이 그 속의 "오성의 순수 개념들에 대한 선험적 연역"의 내용이다.

칸트는 이러한 선험적 연역을 두 가지 상이한 방법으로 수행했다. 그 중 하나는 "객관적 연역(증명)"이며 다른 하나는 "주관적 연역"이다. 전자는 오성의 순수 개념, 즉 12범주들의 객관적인 타당성의 논리적인 근거 *quid juris*를 입증하는 내용이다. 주관적 연역은 우선 인간이 사물을 인식하는 데 개입되는 제반 주관적인 의식 기능들, 즉 감성과 그 사물 감지의 "형식들"(시간과 공간), 기억력, 구상력, 오성 또는 선험적 통각의 단위 및 그것의 사유의 "형식들"(12범주들)을 그의 의식 속에서 차례로 추적하는 데 역점을 둔다. 그 다음 그것은 인간의 이러한 주관적인 기능들이 그가 사물을 경험하는 데 필요로 하는 가장 기본적인 요인들일 뿐 아니라 사실은 그가 경험하는 사물이 사물로 형성되어 그의 눈앞에 나타나게 하는 가장 기본적인 요인들이기도 하다는 점을 이론적으로 입증한다. 그것들이 비록 의식내재적인 주관적 기능들이지만 그가 경험하는 대상 일반의 "대상성"을 본질적으로 규정하는 만큼, 그것들은 경험의 대상 일반과의 관계에서 객관적인 타당성을 갖는다. 그들을 아는 것이 사실은 사물의 가장 기본적인 구조와 특성을 아는 방법이다. 인간은 자신의 마음을 앎으로써 사물의 본질을 선험적으로 알 수 있으며, 사물에 대한 선험적 지식을 소유할 수 있다(이 책 본론 314면 이하 참조).

이 항목에서 칸트의 이 두 연역들 중 둘째 것, 즉 주관적 연역의 방법에 따라 우리에게 가능한 제 종류의 지식의 가능성의 선험적 조건을 추적해보고 그러한 지식의 획득 과정을 재구성해보고자 한다. 참과 좋음과 아름다움 및 거룩함과 그들과 관계되는 제반 기본적인 원리와 범주, 이치와 개념, 법칙과 규범, 그리고 나아가서는 그들로 구성된 질서의 체계 속에서 유기적으로 서로 연결된 무한한 종류의 개체들에 대해 우리가 소유하고 있음이 분명한 혹은 소유할 수 있음이 분명한 선험적 혹은 경험적 지식의 가능성의 조건들을 역추적하는 것이 이 항목에서 우리가 성취하고자 하는 바다. 다만 우리는 여기서 칸트와 완전히 상반되는 절차에 따라 이 작업을 수행하고자 한다.

칸트가 수행한 주관적 연역에서는 가장 먼저 감성의 기본적인 사물 감지의 형식들인 시간과 공간이 분석의 대상으로 취급되고, 그 다음 선험적 구상력을 위시한 다른 기능들의 역할이 조명되며, 최종적으로 선험적 통각의 단위 및 그것의 기본적인 사유의 형식들인 12가지 범주들이 거론된다. "선험적 통각의 단위는 모든 오성의 활동과 심지어 논리학 전체와 나아가서는 선험철학도 연결되는 그러한 정점頂點이다."[71]

우리는 칸트의 이러한 선험적 연역의 순서를 도치해서, 그가 선험적 통각의 단위라고 칭하는 것에 해당하는 인간의 자아에서 출발해서 그것과 필연적으로 연결되어 있는 다양한 의식 기능들과 내·외적 여건들을 추적하고 검토하는 가운데 여기서 거론되고 있는 주제, 즉 영원한 것들과 시간적인 것들을 인간의 자아가 순수히 그대로 인식할 수 있을 뿐 아니라 초시간적이며 절대적인 원리들과 이치들을 시간적인 것들 속에서 실현하고 실천할 수 있는 가능성의 조건들을 재구성해보기로 한다.

칸트는 인간에게 가능한, 사물에 대한 선험적 지식의 가능성의 조건들이 불과 열 손가락으로 셀 수 있을 정도로 적다고 보았다. 그러나 이 점에서 근대와 현대철학자들 중 가장 위대한 자로 간주되고 추앙되는 이 비판주의 철학자의 생각이 얼마나 짧았으며 좁았던가! 우리의 관점에서는 손가락이 수만 개가 되어도 그들을 다 셀 수 없을 듯하다. 이하에서 곧 상론하겠거니와, 그들과 관련해서 우리는 최우선적으로 인간의 모든 인식 활동과 행동의 궁극적인 주체로 작용하는 자아와 그와 본질적으로 연결되어 있는 제반 심적·정신적인 기능들을 고려해야 하겠지만 또한 이들이 뿌리를 내리고 있는, 환언하면 이들을 지탱하고 있는 우리의 몸과 "몸 밖의 몸"(자연계), 그리고 "제3의 몸"(무한한 우주 공간)도 동시에 고려하지 않으면 안 된다. 뿐만 아니라 상술한 정신적 "가치들"이 우리로 하여금 지적·도덕적·종교적으로 그들에게로 나아가게끔 강력하게 이끌어주고 있음도 잊어서는 안 된다. 그들의 가치론적인 "무게"에 실려 우리가 그들을 향해 나아가지 않을 수 없게 된다. 이 항목의 주제와 관련해서 이 점도 물론 고려해야 한다.

따라서 그와 관련해서 우리는 영원계에 속한 모든 것과 시간계에 속한 모든 것을 함께 고려해야 한다. 우리가 진·선·미·성을 체험하고 인식하며 실현하고 실천함에 그들 모두를 의존하지 않으면 안 된다. 그들 모두가 그들에 대한 우리의 인식 및 실현 가능성의 전제조건들이다. 그들 모두가 전제될 때, 그리고 그들 모두가 총체적으로 유기적으로 일사분란하게 협력할 때 우리가 비로소 지극히 고상하고 절대적인 것들을 인식하고 실천할 수 있다. 그리고 1+1=2라는 단순 계산도 할 수 있게 된다. 손가락으로 무엇을 가리킬 수도 있고 눈도 깜빡일 수도 있다.

말하자면 시간계의 모든 것들이 우리를 밀어주고 영원계에 속한 모든 것들이 우리를 끌어주고 있기에, 자연계와 정신계의 모든 것들이 하나같이 우리를 위해 협조하고 있기에, 우리가 고상하고 위대한 것들뿐 아니라 지극히 사소하고 미미한 것들도 인식하거나 실천할 수 있다.

우리가 현실적으로 1+1=2라는 단순 계산도 할 수 있고 영원하고 절대적인 것들을 인식하고 실천할 수 있으므로 자연계와 정신계의 모든 것들이 우리가 그렇게 할 수 있게 총체적으로 협력하고 있음이 확실하다. 그것이 사실이라면 우리는 이 엄청난, 믿을 수 없이 엄청난 현상이 어떻게 가능한지를 캐묻지 않을 수 없다. 그 가능성의 선험적 조건은 무엇인가? 이 책의 제3부 "평가와 결론"에서는 독자들에게 최종적으로 바로 이 질문과 대결하게끔 하는 데 초점이 맞추어져 제반 이론들이 전개되고 있다.

칸트도 인식론을 발전시키는 과정에서 시인한 바와 같이[72] 인간이 사물과 사리를 인식하는 데 개입된 제반 기능들과 전제된 조건들, 특히 의식내재적인 요인들을 세부적으로 추적하는 작업은 극히 난해한 과제다. 우리가 결코 그들 모두의 본질과 기능들을 완전히 투명화할 수 없음을 미리 지적하지 않을 수 없다.

사실상 이 점이 우리에게는 매우 안타깝다. 그러나 또 한편으로는 그것이 우리에게는 대단히 요행한 일로도 받아들여질 수 있다. 아우구스티누스가 그의 『고백록』, 10권 등에서, 하이데거가 "SZ", "EM" 등에서 지적하고 있는 대로 그만큼 우리의 마음은 심오하고 신비스러운 현상이며 "기적 중 기적"(후설)임을 발견하게 되기 때문이다. 문법적으로는 어불성설이나 의미상으로는 진실임이 분명하거니와, 우리는 말하자면 우리보다 더 큰 자이며 사실은 무한히 더 큰 자임을 깨닫게 되기 때문이다.

인간이 인식 활동과 여타 정신 활동을 전개하고 있는 것은 사실이며, 그가 참과 좋음과 아름다움과 관계되는 영원불변하거나 시공간 내에서만 타당한 원리들과 이치들 그리고 그 속에 내재하는 무수한 개별자들을 인식할 뿐 아니라 참과 좋음과 아름다움을 자신의 삶과 자신의 주변 사회와 나아가서는 온 우주에 실현하고 구체화하기 위해 의식·무의식 간에 계속 노력하고 있음도 분명한 사실이라면, 그 모든 활동과 노력의 궁극적인 주체가 실재하고 있을 수밖에 없다는 점 또한 하나의 절대 자명한 사실로 시인하지 않을 수 없다. 칸트가 "KrV" 재판, 15절 이하에서 인간의 인식 활동과 관련해서 매우 설득력 있게 기술하고 있고 우리가 상식적으로도 익히 잘 알고 있는 한 가지 확실한 것 또는 절대 확실한 것은, 칸트가 거론하고 있는 인식 활동을 포함한 인간의 정신 활동 일체가 다 인간 자신이 수행하는 활동인 만큼 그들 모두는 다 그의 주체성을 하나의 절대적인 중심점으로 삼아 이루어질 수밖에 없다는 사실이다.

칸트의 표현으로 묘사한다면 인간의 주체성은 의식·무의식 간에 그가 수행하는 이 모든 활동들을 필연적으로 계속 "수반"隨伴, begleiten[73]하고 있음이 분명하며 그렇게 할 수 있어야만 함이 분명하다. 그리고 그것은 그러한 활동들과 관계되는 모든 원리들과 존재자들, 현상들과 사건들도 동시에 수반한다. 그렇게 할 수 없는 한 그들은 우리 자신의 활동들 혹은 우리 자신의 활동과 관련된 원리들 혹은 개체들이라고 볼 수 없을 것이다. 우리는 그들을 수행하거나 지적으로 관련을 맺는 장본인이며 그들 모두는 우리 자신의 의식권 내에서 하나로 연결되어 있는 만큼, 우리의 주체성이 그들을 항상 따라다닐 수밖에 없다는 말은 사실상 너무나도 자명한 동의어 반복Tautologie이다.

그러나 여기서 우리는 합리론적인 독단론과 경험론적 회의주의를 동시에 거부하고 그 중도 노선을 따라 하나의 새로운 비판적인 인식론인 "비판주의"Kritizismus를 수립한 칸트보다 더 비판적이고 더 철저하게, 우리가 지금 거론하고 있는 인식의 궁극적인 주체성인 자아에 대해서 조명해보지 않으면 안 된다. 왜냐하면 우리는 이것을 칸트가 인간의 모든 인식 활동의 궁극적인 "논리적 주체"logisches Subjekt 또는 "주관적인 사유의 극極"subjektiver Gedankenpol인 선험적 통각의 단위, 즉 오성으로 환원시킬 수 없음이 너무나도 명백하기 때문이다.

　우리가 여기서 추적하고 규명하고자 하는 것은 진·선·미·성과 그와 관련된, 초시간적인 차원과 시간적인 차원 속의 모든 것들을 지속적으로 의식하고 인식하며 "수반"할 뿐 아니라 그들을 전인의 전폭적인 노력으로 구체적으로 실현하려고 부단히 애쓰는, 그러한 극히 역동적인 실존적 주체성이므로, 그것은 결코 "KrV"의 "선험적 연역"의 주안점으로 떠오르는 매우 추상적인 선험적 통각의 단위와 동일시될 수 없다. 그것은 오히려 그것 자체의 본질과 정체를 규명하려고 노력하며 그것과 감성 및 구상력 등 인식에 개입되는 제 요소들을 구분하기도 하며 연결시키기도 할 뿐 아니라, 이론 이성과 실천 이성 및 심미 이성 등과 그것들에 각각 해당하는 영역들에 대해서도 심혈을 기울여 심각하게 사유하는 인간 칸트와 여타 인간 일반의 주체성이다. 인식론, 도덕철학, 미철학, 종교철학의 가능성을 진중하게 타진하며 그와 관련된 과거 사상가들의 이론들을 비판적인 안목으로 검토하고 평가하며 매일 규칙적인 시간에 산책을 나가고 귀가 후에는 삼三 비판서들과 다른 저서들을 집필하기에 여념이 없고 야간에는 "자신의 위의 별이 반짝이는 하늘"과 "자신 속의 도덕률" 등 자신의 안과 밖의 모든 신비롭고 아름다운 현상들과 인간의 절대적인 존엄성과 인격적 가치에 대해서 생각하면 할수록 경탄심과 경외심으로 더욱더 가득 차게 되는 인간 칸트의 주체성과 그와 매우 흡사한 우리 모두의 주체성에 대해서 여기서 거론하고 있다. 한마디로 진·선·미·성의 문제와 그들과 관련된 모든 원리들과 개체들에 대해 지속적으로 반성하며 지적·도덕적·심미적·종교적으로 그들에게 나아가려고 노력하는 그러한 우리의 인격의 중추가 분석의 대상이다.

이러한 인간의 주체성이 어떠한 구조와 특성을 지니고 있기에 영원불변하며 절대타당한 제정신적인 원리들과 법칙들 및 시공간 속에서만 타당하거나 실재하는 제반 질서의 체계와 그것을 바탕으로 삼는 무수한 개물들의 정체성을 투시하고 인식할 수 있을 뿐 아니라, 참과 좋음과 아름다움을 자신의 안과 밖에서, 즉 자신의 인격과 삶 속에서와 자신의 주변 사회와 국가 그리고 나아가서는 온 세상에서 실현하고 구현하기 위해 노력하는 이러한 놀랍고 기이한 모습을 보일 수 있는 것인가? 그가 그렇게 할 수 있는 가능성의 선험적 조건들이 무엇인가?

그러한 우리 개개인의 궁극적인 주체성은 칸트가 "KrV"에 복잡한 분석과정을 통해 추상해낸 추상적인 논리적 "사유의 극 혹은 극점極點" Gedankenpol으로 환원시킬 수 없음은 물론이거니와, 그가 "KrV"에서 우리 속의 감성, 즉 동물적인 요소와 완전 판이한 정신적인 요소로, 진정한 자아로 취급하는 순수 실천 이성 또는 도덕의식과도 동일시할 수 없다. 그리고 그것을 칸트가 『판단력비판』에서 자연 속의 유기체들 속에서 발견할 수 있는 목적론적인 현상과 자연 경관 및 예술품 속에서 발견할 수 있는 아름다움을 체험하고 평가하는 데 주동적인 역할을 한다고 해석하는 "판단력"Urteilskraft 혹은 "판단 이성"과는 더더구나 동일시할 수 없다.

우리의 자아 또는 주체성은 결코 칸트의 이 세 의식 기능 중 하나로 환원될 수도 없으며, 세 기능들로 분리되고 분산된 채 서로 제각각의 활동을 독자적으로 전개함으로써 그들의 제 활동들을 하나로 연결하고 종합 통일할 수 없는 매우 난처한, 마치 세 개의 머리를 달고 있는 뱀과도 같이 어느 방향으로 움직일지 알 수 없는 곤경에 처해 있는 것도 아니다. 그보다 그것은, 칸트가 거론하는 세 종류의 이성과 그 외 다양한 심리적

·정신적 기능들과 더불어 육체까지 소유하고 일상적인 삶을 영위하는 우리 전인의 절대적인 중추다. 우리 실존의 궁극적인 중심점이다. 그러므로 우리의 정신과 육체가 수행하는 모든 활동들이 궁극적으로는 그것에 의해서 통제되고 조정될 수밖에 없다. 이 모든 활동들은 다 필연적으로 그것에서 발원되며 그것에 의해서 종합 통일되고 조율될 것이 분명하다. 그러한 우리 개인의 주체성은 칸트와 하이데거도 시인하는 바대로 말하자면 타고난 형이상학자이며 지식의 문제, 도덕의 문제, 종교의 문제 등 3대 중심 문제[74]를 위시한 제반 형이상학적인 문제들을 필연적으로 거론하고 해결하려고 노력하는 자이므로, 항상 상술한 논리적·도덕적·심미적·종교적 가치들을 염두에 두고 그들을 척도로 삼고 사유하며 행동하고 생활하지 않을 수 없다.

2) 키에르케고르의 실존적 변증법과 도예베르트의 선험철학

인간의 주체성은, 대다수의 신칸트학파에 속한 철학자들과 딜타이 그리고 비트겐슈타인과 러셀 이후의 분석철학자들뿐 아니라 후설과 심지어 기독교 철학자 도예베르트까지를 포함한 다수의 현대 철학자들의 자아 이해와는 달리, 영원하며 절대적인 세계와는 무관한 시공간적인 세계, 내재성의 세계에 거처를 두고 그 속에서만 사유하며 제반 육체적·정신적 활동을 전개하지 않는다.

전인적으로 실존하는 구체적인 우리 개개인의 주체성 그리고 그와 더불어 철학적 사유의 궁극적인 주체성도, 도예베르트가 주장하는 바와는 전혀 달리, 영원성과 시간성 사이에 끼어 있는 소위 "*aevum*" 속에 거처를 정하고 거기에서 다양한 종류의 육체적·정신적 활동을 전개한다고 볼 수 없다. 그보다 그것은 도예베르트의 개신교 철학사상의 궁극적인 발원지라 할 수 있는—칼뱅의 개혁주의적 신학사상을 거쳐—아우구스티누스가 그의 『고백록』, 10권 등에서 가르쳐주고 있는 바와 같이, 영원성의 차원에 그 뿌리를 두고 있을 뿐 아니라 어떻게 보면 영원성의 차원 자체를 품고 있다고까지 할 수 있다. 인간의 주체성은 본질적으로 영원성의 세계에 내포되어 있으면서도 또한 역설적으로 후자를 자체 속에 내포하고 있다고 볼 수 있다. 이상에서 지적한 바와 같이 하이데거도 플라톤과 아우구스티누스를 따라 인간 현존재와 존재 자체의 관계에 대해서 이와 유사하게 묘사했다.

이것은 분명히 하나의 지극히 놀랍고 엄청난 사실이다. 후설의 표현을 빌린다면 그것은 분명히 "기적 중 기적"이다. 하이데거의 표현으로는 그러한 기적이 일어나는 인간 현존재, 아니 그러한 기적인 인간 현존재는 분명히 "세상에서 가장 비범한 자"다. 그것은 진정 놀라운 기적과 신비이므로 어떠한 과학적인 방법으로도 해명할 수 없다. 우리는 단지 그것의 실재성을 확인하고 기술할 수 있을 뿐, 그 가능성을 이론적으로 재구성하고 과학적으로 설명erklären할 수는 없다. 다만 이하에서 우리가 간략하게 시도하려는 것과 유사한 방법으로 그것과 필연적으로 관련된 무수한 다른 현상들과 기적들을 추적하고 지적할 수 있을 따름이다.

우리가 거론한 원리와 범주 중 플라톤에서 중세 철학과 근세 합리론을 거치고 로체Lotze 이후의 신칸트주의적 가치철학자들과 현상학적인 가치론자들 및 화이트헤드에 이르기까지의 무수한 정신주의적 철학자들의 사상의 중심 문제로 떠오른 진·선·미·성 등의 영원하며 절대적인 원리들은 "무한 개념"無限概念들이다. 그들은 칸트가 "KrV"의 "선험적 방법론"에서 주장하는 그러한 "한계 개념들"Grenzbegriffe, 즉 궁극적인 인식의 주체인 인간과 궁극적인 인식의 객체인 세계 및 이들의 절대적인 근거가 되는 신과는 달리 순수 이론 이성 또는 오성이 자연물들에 대한 지식을 체계화하고 범위를 확대하기 위해 필요로 하는 "발견술적 가정發見術的 假定"heuristische Fiktionen 또는 단순한 "지도적 원리指導的 原理"regulative Prinzipien 혹은 "선험적 가설"transzendentale Hypothese[75]만이 결코 아니다.

우리가 거론하는 "무한 개념들"은 이들과는 전혀 달리 객관적으로 실재하며 보편타당하고 영원불변한 개념들이며 우리의 사유 활동과 나아가서는 우리의 삶 전반을 통제하며 규정하는 가장 기본적인 개념들이다. 우리가 이들을 "무한 개념"이라 칭하는 이유는 그들의 의미가 무한히 심오하고 함축적이기 때문이며, 우리가 그들을 지적으로 인식하고 우리의 내부와 외부에서 실현하고 구체화하기 위해 개인적으로나 우리의 이웃과 나아가서는 현재와 미래의 인류 전체와 힘을 합해서 무한정으로 노력한다 할지라도 계속 더 알아야 할 부분과 더 실현하고 구현해야 할 부분이 무한히 더 남아 있을 것이기 때문이다. 한마디로 그들은 무한한 폭과 깊이를 지닌, "무근저적"(하이데거) 신비들이기 때문이다.

우리가 현실적으로 우리 눈앞에 실재하는 사물들을 감각적으로 경험하며 지적으로 의식하고 인식하되Perception 동물과는 달리 분명하고 석연하게 또 예리하고 체계적으로 통각統覺, Apperzeption하며, 그렇게 의식하고 인식하며 통각하는 우리 자신을 역시 의식하고 인식하며 통각할 수 있다. 뿐만 아니라 우리는 또한 인식의 대상을 데카르트가 절대시한 과학 이성과는 질적으로 상이한, "마음의 논리"logique du coeur와 "마음의 법칙"ordre du coeur에 따라 총체적으로 직관적으로 그리고 내적으로 체험하고 인식할 수도 있다(파스칼). 인식의 대상을 그 외부에서 접근해서 우리 자신의 정보 처리의 방법에 따라 과학적으로 설명"erklären"하는 대신, 그것과 내적인 접촉을 가지고 하나로 연결되는 데서 그것을 그 내부에서 순수히 이해"verstehen"할 수도 있다(딜타이와 해석학).

인간이 감지력, 인지력, 통각, 직관적 이해력 등 극히 탁월한 지력을 소유하고 있다는 사실만으로도 우리는 크게 놀라지 않을 수 없다. 이 점도 단순히 자연도태, 적자생존, 돌연변이 등 소수의 범주와 이론으로 진화론적으로 설명할 수 없다. 그렇게 하기에 그들은 너무나도 놀랍고 엄청난, 실로 기적적인 기능들이다.

유물론적인 진화론자들과 과학주의자들에게 이보다 더 해명 불가한 난제는, 시공간과 전혀 관계없는 상술한 영적·정신적 원리들과 범주들을 인간이 어떻게 인식할 수 있으며 나아가서는 실현하고 구현하기까지 할 수 있느냐는 질문이다. 티끌과 같이 미미하고 갈대와 같이 나약한 우리가 어떻게 이 영원불변할 뿐 아니라 극히 심오한 "무한 개념들"의 실재성과 타당성을 간파할 수 있게 되었으며, 그들의 절대적인 자아 가치에 의해 완전히 압도되어 그들을 위해 살고 때로는 그들을 위해 죽을 각오까지 할 수 있는, 인격적이며 영적·정신적 주체성으로 우주 만물 가운데 우뚝 서게 되었는가? 진정 불가사의한 현상이 아닐 수 없다.

물질 분자가 장구한 기간의 이합집산과 시행착오 과정을 거쳐 고등동물로 진화해서 전적으로 우연히 영원하고 절대적이며 무한히 깊고 오묘한 것들의 차원에 도달하고 그들을 순수히 그대로 "copy"할 뿐 아니라, 또한 우연히 그가 어떻게 소유하게 된 의지력과 정열, 자유와 인격성, 자율성과 창의력 등 극히 놀라운 정신적인 잠재력으로 자신의 삶과 온 우주에 표출하고 구현하기 위해 심혈을 기울일 수 있는 그야말로 신적인 존재에 가까운 수준에 이르게 되었다는 주장을 할 수 있으려면, 유물론과 진화론에 대한 믿음이 순교자의 믿음보다 더 뜨겁고 강렬해야 할 듯하다. 키에르케고르나 하이데거 이상의 질적 비약 능력을 소유하고 있어야 할 것이다.

인간을 키에르케고르에 따라 영원성과 시간성 사이에 끼어 있는 "중간자"Interesse[76]라고도 간주할 수 있을 것이다. 그러나 우리는 키에르케고르가 뜻하는 의미에서 인간이 양 차원 사이에 거하는 한 "중간자"로 볼 수는 없다. 왜냐하면 그에 따르면 인간은 한 "변증가"Dialektiker의 자격으로 철학적 사유를 전개하는 과정에서는 영원성의 차원에 이를 수 없으며 오로지 질적인 비약을 감행하는 신앙인으로서만 그렇게 할 수 있기 때문이다. 종교적인 실존자로서뿐 아니라 철학적인 사유자로서도 인간은 영원성의 차원에 뿌리를 내리고 있고 그 차원에서 타당한 제 원리들과 범주들, 법칙과 이치들을 지속적으로 활용하는 가운데 사유 활동을 전개하고 있지 않은가? 사유하는 인간의 주체성은 곧 전인적으로 실존하는 그의 주체성과 그 뿌리에서는 완전히 동일한 주체성이 아닌가?

그러므로 우리는 키에르케고르와 같이 진리의 문제나 종교적 실존의 문제과 관련해서 결코 반형이상학적·반이성적 입장을 취할 수 없다. "변증법Dialektik(철학적 사유 활동)의 본질은 하나의 우호적으로 협조하는 힘인바 그것은 어디에 신앙과 숭배의 절대적인 대상이 있는지, 어디에 절대자가 거하고 있는지, 즉 지식과 불가지 간의 차이가 인식불가자를 숭배함과 더불어 지식과 불가지 간의 차이가 화해되는 곳이 어딘지, 객관적인 불확실성이 신앙의 정열적인 확신성을 촉발하기 위해 불가지적인 것에 버티며 저항하는 곳이 어딘지, 절대적인 순종을 통한 절대적인 숭배로 말미암아 잘잘못에 대한 논쟁의 터전이 와해되는 곳이 어딘지를 발견하며 사람들로 하여금 발견하게 돕기도 한다. 그러나 변증법 자체는 절대자를 볼 수 없으며 다만 개인을 그에게로 인도하고 다음과 같이 조언할 따름이다. 여기가 바로 절대자가 실재하는 곳임에 분명하다. 내가 그것을 보장한다. 만약 당신이 여기서 경배하면 당신은 곧 참 신을 경배하게 된다. 그러나 경배 행위 그 자체는 변증법은 아니다."[77]

키에르케고르는 여기서 사유자가 이와 같이 순수한 사변 활동("변증법")을 통해 절대자가 실재하고 있다는 사실뿐 아니라 어디에 실재하고 있는지도 발견할 수 있으며, 그의 차원과 유한자의 차원이 무엇인지 등 초월계와 관계되는 많은 것을 알 수 있다고 주장하면서도, "절대자는 볼 수 없다"고 서술하고 있다. 그가 존재하고 있고 어디에 존재한다는 사실도 사변자가 인식할 수 있지만 그가 누구인지는 확실히 말할 수 없다는 이야기다.

키에르케고르는 여기서 자기 자신이 내심으로 이해하고 있는 것, 그의 자아 이해와는 달리 사유자가 초월계 이편에서 신앙인에게 조언을 하며 그를 초월계 저편으로 인도하는 입장에 있는 것으로 묘사하기보다, 오히려 그가 초월계와 현상계를 포함한 전 실재를 말하자면 자신의 밑에 두고 하감하며 투시하는 가운데 양자 간의 차이점에 대해서, 절대자의 실재 사실과 그의 거처 등에 대해서 신앙인에게 조언하며 그를 신앙과 숭배의 대상에게로 선도하려고 노력하고 있음이 분명하다. 그의 서술 방법도 이 점을 노출하고 있다.

만약 여기서 사유자가 절대자의 영역 이 편에 거점을 두고 그렇게 해야만 한다면, 그가 어떻게 자신이 전혀 알지 못하는 영역이 그 어떠한 영역이며 거기에 절대자가 거하고 있는지 없는지, 절대자와 상대적인 존재자 간의 차이가 무엇인지 등을 알 수 있겠는가? 그렇다면 그 모든 것에 대해서 완전히 "까막눈"인 그가 신앙인에게 어떠한 조언을 할 수 있겠으며, 그가 숭배할 자가 곧 여기에 거하고 있노라고 그를 신에게로 어떻게 인도할 수 있는가? 장님이 장님을 인도하는 격이 되지 않겠는가?

비트겐슈타인은 그의 『논리철학논고』(Tractatus Logico-philoso-phicus, 책세상 역간, 2006)의 결론 부분에서, 자신이 말하자면 여러 토막의 디딤목으로 조립한 형이상학적 "사다리"로 세계 전체 위로 상승해서 그것의 구조와 특성을 관망하는 가운데 원자론, 모사설, 의미성과 무의미성에 대한 이론 등 다수의 형이상학적 관점들을 이론적으로 정립했지만, 일단 그러한 작업을 수행한 후 그는 자신의 "의미성"의 개념에 따라 경험적으로 실증할 수 있는 형이하학적인 대상들의 정체와 본질을 정확한 자연과학적인 명제로 표현하는 작업과 다분히 부정확하며 무의미한 언어를 논리적으로 정화하고 순화하는 작업에 전념하기 위해서 그 사다리를 밀쳐버릴 것을 스스로에게 다짐하고 그의 독자들도 그렇게 할 것을 촉구하고 있다. 여기서 그는 자신의 공공연하게 드러나는 "긍정적 형이상학"과 보이지 않고 숨은 "부정적 형이상학"[78]을 토대로 제 이론들을 구축하고서도 그러한 형이상학을 부정하는 반형이상학적 철학자를 자처하고 있다. 자신이 그렇게 하고 있음을 분명히 의식하고 의도적으로 그렇게 하는 것이다.

그와 비슷하게 키에르케고르도 신앙의 차원과 이성의 차원을 포함한 전 실재를 형이상학자의 관점에서 관망하고 하감하며 논리적 공리들을 척도로 하여 절대자의 실재성과 주거 영역과 그것과 시간성의 영역 간의 차이 등에 대해서 확정하고 확인하며 신앙인에게 그 점에 대해서 가르쳐주면서도, 형이상학으로서의 철학의 가능성과 필요성 및 가치는 완강히 부인하고 있다. 그는 신앙의 차원에 이르기 위해서는 이성을 완전히 포기해야 한다는 자기 부정적·자가당착적 주장까지 제기했다. 키에르케고르는 비트겐슈타인과는 달리 자신이 하고 있는 것이 무엇인지, 자신이 하는 말이 무슨 뜻인지 분명히 간파하지 못한 채 많은 거창한 말들을 했다(그러나 그의 자가당착적이며 자기 부인적인 많은 이론과 주장에도 불구하고 우리는 그의 사상적 깊이와 예리함에 대해 깊은 경의를 표하지 않을 수 없다. 그가 평생 적수로 간주하고 싸웠던 헤겔이 말하기를 신과 인간은 곧 이성이라 했다. 그러나 키에르케고르는 신뿐 아니라 인간도 이성보다 큰, 무한히 큰 자라 했다. 그에 의하면 인간도 무한한 깊이와 폭을 지닌 신비로운 자다. 여기에서 그의 실존 사상은 아우구스티누스의 신론 및 인간론과 만나며 파스칼의 마음의 철학과 만난다).

그러한 이유에서 우리는 도예베르트의 선험철학적 입장을 따를 수도 없다. 그는 칸트와 신칸트주의자들과 같이 형이상학의 가능성을 강력하게 부인하는 자로서, 철학적 사유 활동 및 실존 과정의 주체인 "마음"hart, heart은 영원성과 시간성 사이의 중간 영역aevum에 거점을 두고 있는데 그것은 영원성과의 접촉은 가지나 그 내부로는 결코 진입할 수 없다는 것이다. 그것은 말하자면 두 영역 사이에 끼어 있어 비록 시간성의 영역은 초월하고 있으나 영원성의 차원으로는 초월할 수 없어 그 한계만을 바라볼 수 있을 따름이다. 그러므로 그에게 마음은 마치 모세가 느보 산에서 가나안 땅을 멀리서 바라볼 수 있었을 뿐 여호수아와 갈렙과 여타 이스라엘 백성들과 같이 요단 강을 건너 직접 진입해서 그곳의 모든 것을 살펴볼 수는 없는 것과 흡사한 입장에 있다.

만약 도예베르트의 이러한 이론에 따라 "aevum"에 거점을 두고 있는 우리의 마음이 "한 높은 관망대"[79]에서 그 밑 시간계의 모든 것들을 두루 하감하고 조망할 수 있으나 영원계에 속한 것들은 전혀 관망하고 투시할 수 없는 상태에 있다면, 도예베르트가 어떻게 자신이 철학 일반의 세 가지 전제, "선험적 관념들" 중 하나로 거론하고 있는 우주의 "의미의 원천", 즉 신에 대한 이론을 정립하고 주장할 수 있었을까? 그리고 그것과 다른 두 전제, 즉 "의미의 통일"(인간의 마음 혹은 완전한 인간인 그리스도)과 "의미의 다양성"(우주의 체계)과의 필연적인 관계에 대한 이론은 어떻게 전개할 수 있었을까?

철저한 반형이상학적인 선험철학을 주장하는 그는 이 질문과 관련해서 아마도 성경 계시에 호소할 것이다. 즉 그는 그것에 대한 자신의 이론을 성경에서 도입한 것이라고 답할 것이다. 그것이 사실이라면 그의 철학의 뿌리는 철학이라기보다 신학일 것이다. 그의 "선험철학"은 신학이 아니면 하이데거의 뜻에서의 "물리학"보다 더 보잘것없는 학문, 하나의 "물리하학"에 불과할 것이다.

그러한 경우에도 도예베르트에게 한 가지는 분명하다. 그는 우리가 이상에서 거론한 다양한 형이상학적 원리들과 개념들을 자신의 사유의 척도로 삼고 시간성과 영원성에 속한 모든 것과 양자 간의 관계에 대한 자신의 이론을 개발하고 주장했다. 그러므로 그는 자가당착적 자아 이해와는 전혀 달리 항상 이미 형이상학적 차원 혹은 영원성의 차원에 도달해 있었고, 영원성과 시간성 간의 중간 영역에서가 아닌 영원성 내부에서부터 선험철학이 아닌 형이상학을 논하고 건립하고 있었음이 분명하다. 그는 철학자로서 회피하고 있는 초월성과 영원성을 한 인간으로서 항상 이미 소유하고 있었고 항상 계속 소유하고 있다. 그것의 관점에서, 그리고 그것에 속한 영원불변한 것들을 척도로 해서 모든 것을 바라보고 측량하며 행동하고 살아가는 것이다.

그리고 무엇보다 고려해야 할 점은 신앙인으로서의 도예베르트와 철학자로서의 그가 다른 두 주체가 아니고 동일한 주체였다는 사실이다. 도예베르트 자신이 이 사실을 그 무엇보다 더 강조하고 있다. 그렇다면 그가 처음부터 신앙인으로서 자신의 철학을 구상하고 발전시켰음이 분명하다. 한 신앙인으로서 개발한 철학이 형이상학과는 무관한 형이하학일 수밖에 없다는 것은 실로 어불성설이다. 신앙인이 정립한 철학, 즉 종교철학 또는 기독교철학이 형이상학과 무관하다고 할 수 있는가? 도예베르트가 자신의 마음의 개념을 성경적으로 뒷받침하기 위해 인용하는 구약의 전도서 3장 11절에 "인간의 마음속에 영원성이 새겨져 있다"고 되어 있음에도 불구하고, 그러한 마음을 사유의 "아르키메데스적 기점"으로 하고 발전되고 주장됨이 분명하다는 기독교철학이 영원성과는 무관한 시간성에 속한 것들에 대해서만 연구하는 "선험철학"에 불과하다고 할 수 있는가?

이와 관련해서 우리는 도예베르트의 "선험철학적 우주론"의 가장 중요한 면이라 할 수 있는 소위 "종교적 기본 동기"에 대해서도 유의하지 않을 수 없다. 그에 따르면 자신의 철학은 물론이거니와 모든 서양 철학자들의 사상체계는 예외 없이 다 그들 각자의 "종교적 기본 동기"religious groundmotive에 따라 특정의 방향과 성격의 체계로 정립되며 그것에 의해 내적으로 통제되고 규정된다고 한다. 그에 따르면 서양 사상가들이 지금까지 크게 네 가지 부류의 종교적 기본 동기에 입각해서 철학적 사유에 임해왔다고 한다—고대 그리스 철학자들의 형상과 질료 사상, 기독교 사상가들의 창조와 죄 타락 및 그리스도에 의한 구속의 역사에 관한 신앙, 중세 스콜라 철학자들의 자연과 은총 사상, 근대와 현대 철학자들의 자연과 자유에 관한 이념.

모든 서양 철학 체계가 이와 같이 특정의 종교적인 이념에 기초를 두고 있고 그것에 의해 내적으로 제약되고 제한되는 체계라면, 엄격히 말해서 그들 모두는 예외 없이 다 종교철학이라고 보아야 한다. 그러한 종교철학이 형이상학과는 무관한 선험철학으로만 가능하다는 도예베르트의 주장은 하나의 자기 부정적 학설이 아니고 무엇이겠는가? 종교철학이 형이상학이 아니고 형이하학이란 말인가?

도예베르트는 아우구스티누스의 적수였던 중기 플라톤주의자들과 그 외 칸트, 키에르케고르, 딜타이, 비트겐슈타인과 그의 영향하에 내재성의 철학을 개발하고 주창한 모든 분석철학자들과 마찬가지로 자신이 앉아 있는 가지를 스스로 톱질해서 잘라버리려고 애쓰지만 그렇게 할 수조차 없다. 인간은 형이상학을 회피할 수 없기 때문이다. 그가 자신의 껍질을 벗겨버릴 수 없듯 초월성과 영원성을 회피할 수 없기 때문이다. 그의 중심과 뿌리가 곧 다름 아닌 초월성과 영원성이기 때문이다. 도예베르트는 비트겐슈타인과 같이 자신이 *philosophia reformata*"를 개발하기 위해 타고 올라간 사다리를 애써 밀쳐버리려 하나 그것을 결코 떨쳐버릴 수는 없다. 그 사다리는 곧 초월성이라는 자기 자신이기 때문이다.

3) 인간의 주체성의 신비

우리의 주체성은 일면 영원계와 시간계에 뿌리를 내리고 있고 그 속에 "피투"되어 그 속의 모든 것들에 의해 본질적으로 제한과 제약을 받고 있다. 그러나 또 한편으로는 그것은 이들을 자체 속에 품고 있으며 그들 모두를 초월하고 있기도 하다. 이것이 믿을 수 없이 황당하고 근거 없는 주장인 것 같지만 이상에서 지적한 바와 같이 플라톤과 아우구스티누스, 하이데거도 그렇게 생각했으며 성경에서도 그렇게 가르치고 있다.

이들에 따르면 모든 만물과 우리 자신을 포괄하고 주관하는 절대적인 포괄자인 선 이데아 혹은 신 혹은 존재도 우리의 주체성 자신이 그 속에 품고 있다. 플라톤이 진선미의 통일과 충만이라고 할 수 있고 완전성 그 자체라 할 수 있는 선 이데아[80]를 이성의 안목으로 관조하고 그에 대한 이론을 전개할 때나, 아우구스티누스와 여타 신학자들이 신의 실체와 속성의 문제와 신과 관련된 제반 문제들을 연구하고 그에 대한 신학적 교리들을 정립하려 할 때, 또는 하이데거가 그 자체로 "무근저적 비근저"인 존재 또는 거룩한 자에 대해서 제반 주장들을 제기할 때 그들은 어떠한 위치에서 그렇게 했는가? 그들은 항상 그들의 분석과 해명의 대상이 되는 것의 장중에 붙들려 있고 그에 의해서 절대적으로 통제되는 유한자임에도 불구하고 놀랍게도 그들은 또한 그러한 절대적인 위치에 있는 대상의 차원을 벗어나, 말하자면 그들 이편에서 혹은 그들 위에서 그들을 자신들의 눈앞에 표상해두고 관망하는 자세로 대하고 취급하며 논리적 공리들을 위시한 자기 자신들의 특유한 사유의 범주와 표현 방법으로 분석하고 연구하며 객관화하고 체계화하기까지 했다. 하이데거와 키에르케고르, 바르트와 브루너가 이 점을 인정하지 않지만 우리가 볼 때는 그들이 사실은 계속 그렇게 했음이 분명하다. 그렇게 하지 않으면 그들은 그 취급 대상에 대해 단 한 가지의 생각도 단 한마디의 말도 할 수 없었을 것이다.

여하간 우리의 주체성은 기술한 바대로 칸트의 선험적 통각의 단위와 같이 그 의식권 내에 내재하고 있는 모든 것들, 따라서 시간계에 속한 것들뿐 아니라 영원계에 속한 것들까지도 항상 "동반"하고 그들 모두 속에 편재해 있으면서도 또한 그들 모두의 차원을 뛰어넘는 한 초월적 거점에서, 그리고 그들 모두를 위한 하나의 절대적인 중심점과 연결고리로서 그들을 총체적으로 연결시키며 verbinden 하나로 통일 Synthesis 시키기도 한다. 칸트의 "의식의 명제"는 칸트 자신이 의도한 선험철학적인 뜻과는 매우 다른 형이상학적인 뜻으로 여기에서도 타당하다고 볼 수 있다.

우리의 자아는 이와 같이 의식내재적 대상 일체와 접촉하면서도 그들을 또한 초월하기도 하는, 하나의 매우 유리한 입지점vantage point 곧 하나의 내재적·초월적 거점에서부터 무한히 광대한 우리 자신의 의식권한 극단에서 다른 극단 사이를 지속적으로 왕래하는 가운데 그 속에 내포되어 있는 이 모든 대상들 즉 영원한 것들과 시간적인 것들 일체를 하감하고 투시할 뿐 아니라 그들을 서로 연결시키고 종합 통일하되, 칸트가 상정한 것과는 달리 단순히 논리적으로만 그렇게 하는 것이 아니고 깊은 정신적인 의미로 그렇게 한다. 그것이 본래적인 방법으로 그러한 활동을 전개한다면 그것은 키에르케고르가 "SUD", 30면 등에서 가르치고 있는 것과 유사한 양식으로 영원한 것들과 시간적인 것 간에 영적·정신적 매개 작업도 활발하게 전개된다. 즉 영원계에 속한 것들이 시간계에 속한 것들 속에서 구체적으로 표현되게 하고, 역으로 시간계에 속한 것들이 영원계에 속한 것들로 말미암아 그들로 조명되어 그 진정한 모습을 드러내게 하는 작업을 펼치게 된다. 그러한 작업은 하이데거가 "HW", "EM", "HB" 등 후기 저서에서 묘사하고 있는, 존재가 현존재를 매체로 해서 수행하는 우주적인 진리의 빛의 역사와도 흡사하다.

우리의 자아는 내재적인 동시에 초월적이다. 그것은 육체와 정신으로 구성된 우리 전인의 절대적인 중심점으로서, 그리고 우리가 수행하는 모든 육체적·정신적 활동의 "아르키메데스적 기점"der Archimediche Punkt(후설, 도예베르트)으로서, 그러한 우리의 전인과의 관계에서와 우리가 수행하는 활동 일체와의 관계에서 내재적인 동시에 초월적이다. 그것이 비록 우리 자신의 육체와 정신을 떨쳐버리고 그 밖에서 존재하고 살아갈 수 없는 것은 사실이지만 앞에서 지적한 대로 그것은 또한 지적으로, 존재론적으로 우리 자신을 초월할 수 있고 실제적으로 초월하고 있다. 무한정의 *ad infinitum* 자기 초월이 가능한 것이다.

우리가 의식과 지력, 의지력과 감성, 도덕의식과 종교의식 등을 소유한 자들로서 초시간적이며 시간적인 대상 일체에 대해서 사유하고 반성하며 다양한 차원에서 다양한 방법으로 행동하며 살아가고 있다면, 우리는 그러한 우리 자신을 의식적으로 분석과 반성의 대상으로 눈앞에 표상할 수 있다. 그리고 그렇게 하는 우리 자신을 다시금, 그리고 또 다시금 분석과 반성의 대상으로 삼고 연구하고 인식하려고 노력할 수 있다. 그렇게 할 때마다 우리는 분석과 반성의 주체로서 그 대상인 우리 자신을 초월하게 된다. 지적으로뿐 아니라 존재론적으로도 우리 자신, 즉 현실적인 우리 자신을 극복하고 이상적인 우리 자신에로 초월하려고 노력하게 되는 것이다. 우리는 본질상 인식론적으로, 존재론적으로 자기 초월적이다.

이와 같이 역설적으로 자신 속에서 자신을 인식론적으로, 존재론적으로 부단히 초월하는 우리의 자아는 또한 그 의식권 내에 포괄되어 있는 대상 일체와 필연적으로 접촉을 가진 상태에서 그들 모두를 초월하고 그들보다 한층 높은 요지에서 그들을 서로 연결하고 매개하는 작업을 지속적으로 전개하게 된다. 그렇게 하는 과정에서 자아는 영원한 것과 시간적인 것 간의 매개 활동을 전개하며(키에르케고르), 전이해와 사실 이해 간의 해석학적 순환 과정을 거듭 반복하게 된다(하이데거). 그와 더불어 만유에 대한 그것의 지식이 날로 더 새로워지고 깊어질 뿐 아니라 그것이 취급하는 존재자 일반의 정체성과 의미도 날로 더 명료해지고 확연해진다. 자기 자신이 보다 본래적이며 이상적인 자아로 정립되게 되며 그것이 취급하는 존재자 일반도 보다 진정한 그들로 정립되게 된다.

우리의 자아는 우리 전인의 내재적·초월적 중심점이자 의식내재적 대상 일체의 내재적·초월적 중심점이기도 하다. 그러나 그것은 물론 매우 정적이며 추상적인 논리적 주체 혹은 사유의 극점에 불과한 칸트의 선험적 통각의 단위와는 달리, 마치 여러 가닥의 레이저 광선들이 하나의 초점으로 합류한 것과도 같은 극히 강렬하고 역동적인 내적 힘의 초점이다. 그러한 놀랍고 엄청난 우리의 자아 또는 주체성을 어디에서 발견할 수 있는가? 그것은 우리의 육체와 영혼 전체와 나아가서는 전 실재 속에 두루 편재해 있고 그 속의 한 특정 영역이나 부분─예컨대 뇌의 일부─에 고립되어 있지 않다. 그러한 이유에서 우리는 그것이 비록 우리 자신이지만 그것을 구체적으로 포착할 수는 없다. 바람을 잡는 것과도 같이 걷잡을 수 없다. 여기의 이것이 곧 우리 자신이라고 분명하게 지적할 수 없고 정의할 수도 없다.

우리의 자아는 무한히 광활한 우리의 의식권과 그 속에 내재하고 있는 대상 일체를 초월하는 하나의 절대적인 중심점과 초점이지만 그것이 구체적으로 어디에 거점을 두고 있는지는 결코 말할 수 없다. 그것은 모든 곳에 있으면서도 어떤 특정한 처소에 있지 않기 때문이다. 그러한 이유에서 그것은 물리학적인 점 혹은 기하학적인 점과도 달리 넓이뿐 아니라 위치도 없는 하나의 보이지 않는 정신적인 점이다. 즉 자아는 위치와 넓이도 없으나 분명히 실재하고 있는, 강렬한 영적·정신적 힘의 집결점이다.

그러한 우리의 자아는 존재할 수 없는 것만 같다. 칸트의 한계 개념과 같이 하나의 가상점처럼 보이기도 한다. 그러나 칸트의 의식의 명제와 관련해서 기술한 대로, 그것이 우리 자신과 우리의 의식 속에 포괄되어 있는 대상 일체의 절대적인 중심점과 극점으로 실재할 수밖에 없다는 것은 하나의 동의어 반복이라고 할 만큼 자명하다. 그러나 그러한 우리의 자아가 어떻게 가능한지는 물론 우리가 해명할 수 없다. 그것은 우리가 해명하기에는 너무나도 큰 기적이며 신비다.

이와 관련하여 아우구스티누스와 하이데거가 인간의 정체성에 대해서 고백한 바를 우리도 함께 고백하지 않을 수 없다. 우리의 주체성, 우리의 자아는 우리 자신이기에 우리에게 세상의 그 무엇보다 가까우면서도 그것은 또한 인식론적으로는 우리에게 너무나 멀다. 우리가 그러한 우리를 알려고 하면 할수록 알 수 없는 면이 더 많이 드러난다.

우리는 누구인가? 앞에서 묘사한 자아가 진정 우리의 자아란 말인가? 우리가 이렇게 놀라운 존재일 수 있을까? 우리는 유한자인가? 무한자인가? 우리 자신과 절대자 간의 경계선이 어디에 그어져 있는 것인가? 과거에 수많은 사상가들이 어떠한 연유로 이 경계선을 뛰어넘는 범신론을 주장했는지 이해할 만하다.

우리는 우리 자신이 누구인지 전혀 모른다는 사실만을 안다는 무지의 고백, 소크라테스식의 무지의 고백을 하지 않을 수 없다. 우리는 다른 누구가 아닌 우리 자신이지만 우리에게 너무나도 큰 수수께끼이며 신비다. 너무나도 큰 기적이기도 하다. 우리가 이 같은 의미에서 크나큰 수수께끼이자 신비이며 기적과 기적 중 기적이라고 인식할 수 있다는 사실역시 하나의 기적적인 현상이다. 그리고 지극히 아름다운 현상이기도 하다. 우리가 내재적·초월적 존재이기에 가능한 현상이다. 그러한 우리는 진정 세상에서 가장 비범한 자임이 분명하다.

그러나 그러한 우리 자신은 하이데거의 피투성 개념이 말해주듯 우리 자신의 존재의 원천도 아니며 우리의 운명을 스스로 결정할 수 있는 절대적인 위치에 있는 자도 아니다. 우리는 우리 자신에게 하사된 선물 Gabe이며 그것은 우리에게 세상에서 가장 값진 선물로 우리에게 주어지되 우리가 스스로 해결해야 할 과제Aufgabe로, 즉 실현하고 성취해야 할 이상으로 우리에게 주어졌다(야스퍼스).

그러한 우리 자신과 우리의 이웃은 진정 숭고하고 소중한 존재자다. 때문에 절대적인 자아 가치를 소유한 "목적 자체"와 인격체로 보고 존중히 여기며 사랑하지 않을 수 없다(황금률, 칸트). 그리스적인 의미의 광의의 선(합목적성과 완전성)과 칸트의 협의의 선, 즉 도덕적 선, 공의와 정의, 공평과 공정, 민주주의와 사해동포주의, 긍휼과 사랑이 절대적인 참이다. 그러한 두 종류의 선은 절대적인 의미의 진이요 미이기도 하다.

현대인들은 자신들을 너무나도 과소평가하며 평가절하하고 있다. 현대인들만큼 지식이 풍부한 사람은 과거에 없었으나 한편으로 현대인들만큼 우둔한 자도 과거에 없었다. 왜냐하면 현대인들은 자신을 물질로, 원자와 분자의 집결체로 이해하고 있기 때문이다.

(2) 주체성과 의식 기능

우리는 지금 인간이 영원한 것과 시간적인 것을 순수히 그대로 인식할 뿐 아니라 전자를 후자 속에서, 즉 자신의 삶과 우주 전체 속에서 실현하고 자신과 온 세상을 영원한 것으로 빛나게 할 수 있는 능력을 소유하고 있고 실제로 그렇게 하고 있는 것이 현실임을 전제하고 그가 그렇게 할 수 있는 가능성의 조건들을 역추적하고 있다. 앞의 항목에서는 그가 그렇게 할 수 있는 가능성의 조건들 가운데 최상 최대의 것으로 그의 자아 또는 주체성이 실재한다는 점과, 그것이 어떠한 성질을 띠고 어떠한 놀라운 활동을 전개하며 실재하고 있는지에 대해 간략하게 살펴보았다.

우리의 주체성이 우리가 전제한 바와 관련해서 위에서 묘사한 바와 같은 놀라운 역할을 수행하고 있는 것이 사실이지만 그것은 물론 완전히 독자적으로, 직접적으로 그렇게 하는 것이 아니다. 그보다 그것은 어디까지나 우리에게 천부적으로 주어진 지정의와 도덕의식, 미의식, 종교의식 등 다양한 기능과 잠재력을 총체적으로 활성화하고 활용하는 가운데 그들의 긴밀한 협조 아래서 그렇게 한다. 이들을 총체적으로 활용하되 그것의 인식과 해석 및 표현과 실현 대상의 종류에 따라 그것은 그중 특정의 기능들 또는 잠재력을 특별히 활용하며 자신의 목적을 달성하게 된다.

철학적 사유의 본질과 과제에 대해서 이상에서 지적한 바와 같은 자기 부정적·자가당착적 주장을 하고 있는 도예베르트는, 그가 철학적 사유의 아르키메데스적 기점이라고 칭하며 영원성과 시간성 사이의 중간 영역인 "*aevum*"에 거점을 정하고 있다고 보는 인간의 마음hart, heart이 어떠한 인간 본유의 기능과 잠재력을 활용해서 자신의 심적·정신적 활동을 전개하는지에 대해서는 매우 흥미롭고 설득력이 있는 이론을 제기하고 있다. 그것은 상술한 바와 같이 하르트만의 계층론을 연상시켜주기도 하며, 간접적으로는 아리스토텔레스의 존재의 계층에 대한 이론도 연상시킨다.

도예베르트는 사람들이 아리스토텔레스를 따라 일반적으로 영혼이라고 칭하고 있는 것에 해당하는 인간의 심적·정신적인 부분 속에 감정과 의지 및 의식이 있고 이 중 의식은 무려 16개의 개별적인 "양상적 기능들"modal functions로 이루어진 하나의 유기적인 구성체라고 한다─대수학적 기능, 기하학적 기능, 물리학적 운동 기능kinematic function, 물리학적 에너지 기능, 생물학적 기능, 심리적 기능, 논리적 분석 기능, 역사적 기능, 언어적 기능, 사회적 기능, 경제적 기능, 심미적 기능, 법률적 기능, 윤리적 기능, 신앙적 기능.

도예베르트에 따르면 이 개별적인 의식 기능들은 제각기 특유한 기능을 발휘하면서도 또한 다른 것들과 합목적적으로, 유기적으로 연결되어 그들과 보조를 맞추며 제반 활동을 전개하게 되는데, 다양한 차원에서 다양한 방법으로 이루어지는 그들의 활동들은 최종적으로는 마음에 의해 하나로 조율되고 통일된다고 한다. 이들 개별적인 의식 기능들이 다양한 양식으로 전개하는 활동들과 나아가서는 감정과 의지력에 의해 촉발되는 활동들도 다 일률적으로 그들이 뿌리를 내리고 있는 마음이라는 인간 인격의 절대적인 중심점과 초점에서 발원됨과 동시에, 그들은 또한 후자에 의해서 하나로 조율되고 통일된다. 그리고 그와 같은 방법으로 인간의 제반 심리적·정신적 활동과 그것과 필연적으로 관련된 육체적 활동까지를 하나로 조정하고 통일하는 마음은 항상 초월자이신 신을 바라보고 서 있고 그를 경배하는 자의 자세로 그러한 전체적인 조율 및 통일 작업을 수행한다. 그러므로 그가 수행하는 혹은 수행하지 않는 모든 일들이 종교적인 의미를 띠게 된다.

도예베르트의 기독교적 "우주론"(자연계와 정신계를 망라하는 피조물의 세계 전반에 관한 이론)에서 흥미로운 점은, 첫째로 그가 마음이라고 일컫는 것이 이상에서 지적한 바와 같이 키에르케고르의 자아 혹은 정신과 흡사하게—그리고 아마도 파스칼의 마음coeur과도 흡사하게—신의 영원성과 피조물의 시간성 간의 중간 영역, 즉 "*aevum*"에 위치하고 있다는 것이다. 둘째로는 방금 언급한 인간 의식의 16가지 양상적 기능들과 정확하게 일치하는 16개의 "양상적 국면들"modal aspects이 인간과 존재론적으로 필연적으로 연결되어 있는 존재자들 일반의 세계, 즉 자연계와 인간 자신의 정신계에 표현되어 있다는 것이다. 칸트의 선험적 관념론에서 이성의 사유 범주들이 이성의 사유 대상들의 존재의 범주들과 일치하듯이, 도예베르트의 우주론에서도 의식의 16가지 양상적 기능들과 의식의 교섭 대상인 자연계 및 정신계의 16가지 양상적 국면들이 서로 일치한다. 창조주가 만물의 영장인 인간의 마음에 초점을 맞추어 그들을 창조했기에 양자의 구조가 일치할 수밖에 없다는 것이 그의 해석이다. 그러한 이유에서 도예베르트는 인간의 마음이 인간의 인격의 절대적인 중심점과 초점일 뿐 아니라 전 우주, 즉 자연계와 정신계 전반의 중심점과 초점이기도 하다고 본다.

마음에 관한 도예베르트의 이러한 이론은 그의 사상의 꽃으로 간주할 수 있겠거니와 또한 그것은 그의 기독교적 사상 노선을 따르지 않는 사람들도 상당 부분 긍정적으로 평가하지 않을 수 없을 것이다. 다만 그가 인간 의식 속에 주어져 있다고 보는 16개의 양상적 기능들이 감정, 기억력, 구상력, 창의력, 의지력, 정열 등 의식 속의 여타 요소들 및 기능들과 어떻게 연결되어 있는지 체계적으로 해명하지 않는 점은 매우 아쉽다.

우리의 자아는 우리의 의식권과 그 속에 포괄된 모든 것들의 절대적인 중심점이며 내재적인 동시에 초월적이므로, 그것은 도예베르트가 거론하는 제반 양상적 기능들은 물론이거니와 제반 의식 기능들과도 질적으로 다른 기능임이 분명하다. 그의 해석이 타당하다면 이들은 시간성의 차원에 속하는 기능들, 시간내재적 기능들이다. 그와는 달리 영원성과 시간성 사이의 중간 영역에 거점을 두고 활동하는 자아는 내재적인 동시에 초월적이다.

우리의 자아 또는 마음은 시간내재적 의식 기능들 일체와 질적으로 다른 기능으로서 그들보다 한 차원 더 높은 위치에 거점을 두고 거기서부터 이들을 활성화하고 활용하되, 위로는 앞에서 언급한 정신적·영적 가치들과 그들의 충만과 통일인 절대자를 우러러보며 그리고 그들에 의해 이끌림을 받는 가운데 그렇게 하며, 아래로는 시간계 내의 존재자 일반에 의해 일면 부축을 받기도 하고 또 한편으로는 그들을 만유의 존재의 원천으로 향해 이끌기도 하는 가운데 그렇게 한다.

자아가 이와 같이 자신의 정신 활동을 전개할 때 매개체로 활용하는 이러한 다양한 의식내재적 기능들과는 질적으로 다른, 내재적인 동시에 초월적인 중심 기능임을 감안할 때, 우리는 아리스토텔레스와 헤겔 그리고 현대 해석학 이론가들이 제기한 하나의 기본적인 명제 즉 "전체는 그 부분들의 합 그 이상이다"라는 명제가 우리가 생각할 수 있는 그 어느 영역이나 대상의 경우에서보다, 바로 이러한 뜻의 자아를 그 존재와 활동의 절대적인 중심점과 초점으로 하고 있는 우리의 인격성의 경우에 더 확실하게 적용될 듯하다. 그러한 우리의 인격성은 우리 속의 모든 요소들과 기능들의 합 그 이상임이 확실하다.

이 점이 분명하고, 자아가 우리의 모든 정신 활동을 전개할 때 그야말로 절대적인 위치에 있는 중심 기능임이 확실하다 할지라도 그것은 의식내재적인 제 기능들과 요소들에 필히 의존해야 함을 잊어서는 안 된다. 여기서 "전체는 그 부분들의 합 그 이상"이 분명하지만 또 한편으로는 이러한 "부분들"이 없이는 "전체"가 있을 수 없다는 점을 명심해야 한다.

그러므로 우리 인간에게 기적과도 같은 현상, 즉 지극히 유한한 존재로서 이상의 영원불변한 제 가치들과 그들과 연관된 제 원리들과 제 존재자들을 순수히 그대로 인식하고, 나아가서는 그들을 우리의 삶과 온 세상과 온 우주에 표현하고 실현하기 위해 지속적으로 노력하고 있다는 사실을 이론적으로 재구성하고 해명하는 작업의 일환으로, 우리는 자아라는 인간의 사유와 행동 일체의 절대적인 중심점과 더불어 그것이 필연적으로 의존할 수밖에 없는 제반 의식내재적 기능들의 본질과 특성 및 그들 간의 상호관계도 주의 깊게 분석하고 조명해볼 필요가 있다.

그러나 여기서도 우리는 이 모든 의식 기능들이 각각 독특한 방법과 방향으로 지극히 놀라운 일들, 실로 기적적인 일들을 수행하고 있다는 사실을 있는 그대로 기술할 수 있을 뿐 그 가능성을 과학적으로 정확하게 재구성할 도리는 없다. 칸트 당시보다 과학이 더 발전한 오늘날에도 우리는 이들의 비밀, "인간의 영혼 깊은 곳에 숨겨져 있는 [이들의] 묘리"[81]를 결코 해명할 수 없다. 우리의 지성이 소유하고 있는 심히 경탄스러운 식별력과 판별력, 사고력과 판단력, 비판력과 분석력, 투시력과 통찰력의 가능성을 그 누가 과학적으로 설명할 수 있겠으며, 우리의 도덕의식과 미의식이 각각 소유하고 있는 역시 심히 경탄스러운 도덕적인 자기 초월 능력과 선 의지 및 심미적인 구상력과 창의력의 가능성을 그 누가 만족스럽게 이론적으로 설명할 수 있겠는가? 어쩌면 거대한 도서관의 장서들의 모든 내용과 그보다 더 많은—얼마나 더 많은?—용량의 정보를 매우 협소한 우리의 두뇌 속의 한 부분에 수십 년 동안 계속 보존하고 있으면서 그중 일부를 필요할 때마다 순간적으로 불러내어 활용할 수 있는 우리의 기억력을 생각할 때마다 우리는 아우구스티누스가 인간의 의식 속에 새겨져 있는, 거의 무한한 수와 양의 기억*memoria*과 그것을 간직하고 활용할 수 있는 의식 자체의 신묘한 능력에 관해서 그의 『고백록』, 10권에서 묘사한 내용을 연상하지 않을 수 없다. 그와 더불어 그러한 놀라운 기억력과 지력뿐 아니라 방금 언급한 여타 놀라운 잠재력들을 소유하고 게다가 활용하고 있는 우리 자신 앞에서 숙연해지지 않을 수 없다.

아무런 이유 없이 데카르트는 인간이 마음속에 본질적으로 소유하고 있는 한 "본유관념"인 신관념이 사실상 우리 자신이라고 해석하지 않았다. 우리가 신관념을 마음에 소유하고 있다고도 볼 수 있겠지만, 신의 형상으로 지음 받은 우리 자신이 바로 그 원형인 신을 반영하고 있는 "신관념"이라고도 간주할 수 있다고 그는 해석했던 것이다. 위대한 예술가가 자신의 작품을 완성한 후 그것이 자신의 작품임을 알려주는 사인을 하단에 표시하듯, 창조주도 인간이라는 아름답고 훌륭한 "작품"을 창작한 후 그의 마음속에 자기 자신에 대한 본유관념, 즉 신관념을 새겨두었다고 할 수 있겠거니와, 그가 창조한 인간이라는 아름답고 놀라운 "작품" 자체가 곧 그것을 만든 "창작자"를 가리키고 있는 "신관념"이라고도 볼 수 있다는 것이다.

우리가 소유하고 있는 개별적인 의식 기능들은 저마다 심히 놀라운 일들을 독특한 방법으로 수행하되 그들은 또한 한 오케스트라의 구성원들과도 같이 상호협조적인 관계로 서로 보조를 맞추어 그렇게 한다. 감성과 의지력이 없는 이성, 지욕知慾이 없는 이성이 어떻게 제 기능을 정상적으로 발휘하여 그 무엇을 인식하고 판단하며 평가할 수 있겠으며, 이성이 없는 감성과 의지력은 어느 방향으로 그리고 무슨 목적으로 그 무엇을 욕구하며 추구하겠는가? 그들은 상부상조하는 가운데서만 각각의 독특한 역할을 수행할 수 있다. 여타의 의식 기능들도 이들과 마찬가지로 다 서로 유기적·목적론적으로 연결되어 각각의 독특한 기능을 발휘하면서도 서로 협조하는 가운데 우리의 자아가 제반 정신 활동과 나아가서는 육체적인 활동까지도 원만하게 수행할 수 있게 함께 조력하고 있다.

이러한 현상 또한 하나의 크나큰 기적이라고 보지 않을 수 없다. 개별적인 의식 기능들을 각각 분리해서 고찰할 때도 그들이 다 기적적이라고 간주하지 않을 수 없거니와, 그들이 한 오케스트라의 단원들과 같이 자아가 진리의 빛의 역사를 우리의 마음속과 마음 밖에서 활발하게 전개하는 데 각각 제 맡은 몫을 아름답게 수행하는 가운데 총체적으로 그리고 일사분란하게 그것에 협조하고 있음을 바라볼 때 그 현상은 칸트가 묘사한 것보다 더 깊은 경탄심과 경외심을 우리 마음속에 자아낸다. 그것이 지극히 놀랍고 엄청나며 보기에도 심히 좋고 아름다우며 신비로운 현상이라고 시인하지 않을 수 없게 된다.

그러나 우리가 경탄해 마지않을 수 없는 기적은 우리 마음 내부에서만 발견할 수 있는 것이 아니다. 수없이 많은 기적들을 그 외부에서도 관찰하고 체험할 수 있다.

(3) 외적 기적: 몸과 몸 밖의 몸

플라톤과 아우구스티누스에서 데카르트와 칸트를 거쳐 후설과 하이데거 그리고 그 이후의 최근 사상가들에 이르기까지의 대부분의 서양 철학자들, 특히 주지주의적·정신주의적 철학자들은 우리가 지금 고찰하고 있는 인식론적·해석학적인 문제를 조명할 때 이상의 두 항목들에서 언급한 문제들에 대해서만 집중했다. 진리의 지식의 가능성과 그 내면화 및 외화의 가능성의 선험적 조건들을 이론적으로 재구성하고 해명할 때, 그들은 주로 우리의 의식 내부의 제반 요소들과 기능들에 대해서만 유의하였으며 이들을 뒷받침하고 이들의 활동을 적극적으로 돕는 외적인 요인들과 여건들을 고려하지 않았다. 이들을 감안하고 거론하는 경우에도 그들은 이들을 매우 피상적으로 취급했으며 결코 우리가 여기서 의도하는 취지와 방식으로 체계적으로 분석하고 조명하지 않았다.

우리의 주제와 관련해서 의식 외부의 제반 요소들과 여건들을 심각하게 고려하지 않을 수 없는 이유는 지극히 단순하고 명백하다. 그들이 이상에서 거론된 의식 내부의 제반 기능들과 요소들의 존재와 활동을 가능케 하는 절대적인 전제조건이기 때문이다.

진리를 알기 위해서 우리는 플라톤과 아우구스티누스, 데카르트와 칸트, 후설과 하이데거의 권유에 따라 우리의 마음 내부로 되돌아갈 필요가 있다. 그러나 우리가 거기서 이들과 더불어 지극히 놀랍고 신비스러운 기적과 기적 중 기적을 목격하고 체험한 후에는 다시금 외부로 되돌아 나와야만 한다. 우리의 마음 내부에서뿐 아니라 그 외부에서도 무궁무진한 진리의 지식을 획득할 수 있고 무수한 기적들을 발견할 수 있기 때문이다.

우리의 마음 내부에서 외부로 되돌아 나와 내부에서 결코 발견할 수 없는 진정 풍성한 진리의 지식을 그곳에서 확보하고 수많은 기적적이며 신비로운 현상들을 관찰하고 체험하는 것이 필요할 뿐 아니라, 우리가 내부에서 발견하는 것과 외부에서 발견하는 것을 서로 유기적으로 연결해서 하나로 통일해서 보는 작업도 필수적이다. 왜냐하면 그렇게 할 때 우리는 비로소 진선미와 거룩이 무엇인지를 구체적으로 인식하게 되고 동시에 그 자체로 정신적인 의미와 가치가 없는 그래서 정신적으로는 없는 것과도 같은 대상, "비존재"*me-on, non-being*(플라톤, 아리스토텔레스)와도 같은 외적·물질적인 것들이 무엇인지도, 즉 그들의 "존재"의 의미, 그들의 "진리"가 무엇인지도 밝히 이해되기 때문이다. 그리고 나아가서는 그로 말미암아 우리는 진선미가 절대적인 참이며 이웃사랑과 정의가 절대적인 참임을 더욱더 확연하게 통감하고 고백할 수 있기 때문이다.

진선미와 거룩은 무한히 심오하며 함축적인 개념들, 무한 개념들이다. 따라서 그 자체로 그들은 하이데거의 피시스 또는 존재라는 "초강력자", 즉 초강력적인 빛의 힘과도 같이 우리에게 매우 추상적이며 애매모호한 개념들이다. 그러나 우리의 자아가 자연물들을 접하고 그들의 의미를 이해하고 해석하는 가운데 그들을 우리의 삶을 위해 사용하고 이용하는 과정에서나 문화물들을 창출하거나 감상하는 과정에서 이 무한 개념들과 그들과 관계되는 내적·정신적인 것들을 외적으로 표현하고 구체화하게 되므로, 이들 자연물과 문화물들을 통해 무한 개념들과 여타 정신적인 것들의 의미가 구체적으로 무엇인지를 확연하게 인식하게 된다. 예컨대 아름다움 그 자체에서 무한히 심오한 정신적인 원리가 헨델의 천재적인 음악 감각을 통해 구체적으로 표현되고 "작품화"(하이데거)된 것이 그의 위대한 "메시아"라고 볼 수 있다면, 우리는 그것을 감상하는 과정에서 '아름다움이란 바로 이러한 것이구나' 하고 머리를 끄떡이게 된다.

이 점은 하이데거가 "EM"과 "HW"에 게재된 "예술의 기원"에 관한 논문 등에서 대단히 아름답게 묘사하고 있다고 이미 지적했다. 하이데거는 여기서 내적·정신적인 것들을 구체적으로 외화하는, 인간의 이러한 "기투" 활동들을 통해 존재 자체의 의미, 그의 진리가 무엇인지, 아름답게 개방됨과 동시에 그 활동의 매개 수단이 되는 외적·물질적인 것들의 "존재"가 무엇인지 밝혀지기도 한다고 지적하고 있다.[82]

키에르케고르의 표현을 빌린다면 우리가 내적인 것과 외적인 것을 서로 "의식적으로 종합 통일"하는 데서 "유한한 것"이 "무한화"infinitizing되고 "무한한 것"이 "유한화"finitizing되게 된다.[83] 그렇게 됨과 더불어 우리는 무한한 것이 구체적으로 무엇인지도 깨닫게 되고 유한한 것이 그 뿌리와 중심에서 무엇인지도 깊이 인식하게 된다. 그러나 "단독자"로서의 인간, 개개인의 실존성과 인격성을 세상에서 "가장 탁월한 범주"로 그 무엇보다 중시한 키에르케고르 자신이 상정한 것과는 달리, 양자 간의 그러한 "매개"가 단순히 개인의 실존적 차원에서만 이루어지는 것이 아니고 개인과 그의 주변 사회와 온 세상과 온 우주에서 광대하고 편만하게 이루어지게 된다. 왜냐하면 여기서 우리가 외부라 일컫고 키에르케고르 자신이 유한성 혹은 시간성이라 칭하는 것은 우리 자신의 육체와 우리 개개인의 현실적인 삶만을 뜻하지 않고 그것과 하나로 연결된 주위 사회와 자연 환경을 포함한 우주 전체를 뜻하기 때문이다.

우리의 의식은 의식의 대상 일반인 전 실재 속에 내포되어 있으면서도 역설적으로 그것은 또한 후자를 그 자체 속에 포괄하고 있다. 그러한 의식을 소유한 우리는 전 실재 속 또는 우리 자신의 의식권 속에 내재하고 있는 수많은 영원한 것들과 시간적인 것들, 절대적인 것들과 상대적인 것들을 투시하고 인식하며 내·외적으로 표현하고 실현할 수 있으며 매 순간 그렇게 하고 있는 것이 현실이다.

우리가 이러한 놀라운 활동을 전개할 수 있으려면, 상술한 대로 우리의 모든 인식 작용과 정신 활동들을 통일하며 그와 더불어 인식과 교섭의 대상들도 서로 연결시켜 하나로 통일시킬 수 있는 절대적인 주체성과 중심점으로 자아가 요구된다. 키에르케고르는 그것이 무한성과 유한성, 영원성과 시간성, 육체와 영혼을 서로 연결시키고 종합 통일하는 "제3의 긍정적인 요소"이며 정신이라고도 일컬었다.[84] 파스칼과 도예베르트는 그것을 마음이라 일컬었다.

우리의 자아가 이 양 차원과 그들에게 각각 속해 있는 모든 원리들과 대상들을 서로 연결시키고 매개하기 위해서는 이상의 제 의식 기능들이 요구된다. 그러나 자아와 이 의식 기능들이 각각 그들의 특수한 역할을 원활하게 수행할 수 있기 위해서는 그 "그릇"과 도구가 되며 그 존재와 활동의 바탕이 되는 몸이 필요함은 물론이다.

몸은 무엇인가? 몸이 무엇인지에 대해서는 만인이 다 익히 잘 알고 있으므로 이 질문보다 더 진부한 질문은 없을 듯하다. 어쨌든 몸에 대해서는 아무래도 생물학자나 의사와 같은 전문인들이 가장 잘 알고 있을 것이다. 그러나 과연 그러한가? 그들이 보고 이해하는 몸이란 주로 무수한 고분자들로 구성된 약 100조 개(?)의 세포들의 결합체이며 무수한 개별적인 기관들과 조직들이 유기적으로 연결되어 이루어진 한 생명체다.

자연과학적인 시각에서는 이것이 분명히 몸을 가장 정확하게 보고 바로 정의하는 방법이다. 그러나 철학적인 관점에서 그것은 몸의 실체에 대한 매우 부적절하며 부정확한 정의다. 왜냐하면 몸도 인간의 인격 전체와 마찬가지로 자연과학자들이 주로 포착하는 사실적인 측면들, 그 부분들의 합 이상이기 때문이다. 그것은 이들이 감지하는 표면적인 것들 이면에 감추어진 지극히 놀라운 것들을 바탕과 배경으로 하고, 그것들과의 본질적인 관계에서 그것으로 존재하며 활동하고 있기 때문이다. 그것은 이 자연과학자들이 수많은 첨단장비를 동원해서 정밀하게 관찰하고 연구하는 것들에 정신이 팔려 주로 포착하지 못하고 의식하지 못하고 있는 대단히 신비롭고 경이로운 면을 그 자체 속에도 지니고 있다. 몸은 원자와 분자가 합해 이루어진 하나의 유기적인 구성체라기보다 한마디로 기적이다. 그것은 유물론과 진화론만으로는 결코 해명할 수 없는 신비다.

우리의 몸 그 자체를 두고 볼 때도 대단히 경탄스러운 현상, 아니 기적적인 현상이라는 점은 사물과 사리를 보다 예리하게 꿰뚫어 볼 줄 아는 자연과학자들도 시인할 것이다. 국내 한 생화학자도 그의 저서에서 우리의 몸은 "신묘막측한" 현상이라는 점을 구구절절하게 역설하고 있다.[85] 이 책에서 그는 생명의 탄생과정에서 시작해서 세포와 세포 속의 DNA, 시각과 청각을 위시한 감각기관들, 심장과 위와 폐를 위시한 오장 육부의 기관들, 피부와 골격조직 등에 이르기까지 다양한 몸의 부분들을 매우 정밀하게 분석하고 기술하고 있다. 그는 이들 각각의 놀라운 구조와 특성을 고려할 때나 그들이 정교하고도 조직적으로 서로 조율되어 몸 전체가 제반 육체적인 활동을 전개하는 데 일사분란하게 총체적으로 협조하고 있다는 사실을 감안할 때 우리의 육체는 하나의 기적이며 신비라고 서술하고 있다.

생명공학과 유전공학에 대한 전문적인 지식이 없는 우리가 볼 때도 우리의 몸은 놀라운 신비임이 분명해 보이며 하루가 다르게 눈부시게 발전하고 있는 생명공학과 유전공학이 앞으로 발전하면 할수록 그것이 "신묘막측하다"는 내 말에 동의할 과학자들과 지성인들이 더 많이 나타날 것이 확실해 보인다.

그러나 여기서 무엇보다 우리의 관심을 집중시키는 것은 그와 같이 놀라운 구조와 특성을 가진 몸이 이상에서 언급한 제반 심적·정신적 의식 기능들과 맺는 관계다. 우리의 몸과 그 많은 부분들과 부분의 부분들, 그중에서도 특히 두뇌와 세포들이 어떠한 구조와 특성을 지니고 있기에 그들 속 어디엔가에 뿌리를 내리고 있음이 분명한 우리의 의식 기능들이 상술한 바와 같은 놀라운 심적·정신적 활동을 전개하는 데 그렇게도 훌륭하게 잘 보필을 할 수 있느냐는 질문을 여기서 제기하지 않을 수 없다. 지성, 감성, 의지력, 도덕의식, 심미의식 등 제 의식 기능들이 우리의 모든 행동의 궁극적 주체성인 자아의 총지휘 아래 시공간 내의 사물과 사건들뿐 아니라 초시간적인 세계의 영적·정신적인 것들에까지 초월해서 그들을 객관적으로 포착하고 투시하며 내적으로 소화하고 외적으로 표현하며 실현한다는 점은 실로 불가사의한 현상이라 보지 않을 수 없다면, 그들이 말하자면 허공에서 그렇게 하는 것은 물론 아니다. 그들은 분명히 우리의 우뇌와 좌뇌 속의 다양한 부위를 거점으로 하고 그렇게 하며, 그 속의 무수한 뇌 세포들과 그 속의 미세분자들의 적극적인 협조하에서 그렇게 한다. 그리고 그와 더불어 그들은 이들과 본질적·유기적으로 연결된 몸의 모든 부분들과 부분 속의 부분들을 바탕으로 하고 그들과의 긴밀한 협조하에서 그렇게 함도 분명하다. 그러나 우리는 여기서도 이 사실을 확인만 할 수 있을 뿐 그들 간의 공조관계를 이론적으로 해명할 수는 없다. 어느 생명공학자나 유전공학자가 그렇게 할 수 있겠는가?

설사 앞으로 유전공학이 한없이 발달하여 이 점을 이론적으로 해명할 수 있는 단계에 이른다고 가정하는 경우에도 우리가 여기서 역설하고자 하는 한 가지 사실은 아무도 부인할 수 없을 것이다. 즉 우리 자아의 정신적인 활동을 이상에서 언급한 양식으로 지극히 아름답게 보필하는 의식 내의 제 기능들과 요소들은 오로지 몸과 그 부분들의 총체적인, 일사불란한 협조로 인해서만 각각의 역할을 수행할 수 있다는 점 말이다. 우리 몸의 모든 부분들이 제각기 놀라운 구조와 특성을 지닌 기관들과 요소들로 형성되어 있고, 그들이 서로 합목적적으로 편성되고 조율되어 서로를 위해서 존재하고 몸 전체의 활동을 위해 일사불란하게 움직일 뿐 아니라 그러한 그들이 또한 우리의 의식 기능들과도 정확하게 조율되고 조정되어 있기에, 우리의 자아가 이들을 활용해서 다양한 영적·정신적 활동을 전개할 수 있다는 점은 앞으로도 계속 시인하지 않을 수 없을 것이다.

진·선·미·성으로 압축할 수 있는 영원불변한 영적·정신적인 것들과 그들과 관련된 무수한 초시간적 혹은 시간적 원리들과 법칙들이 실재하고 있으며 그들로 이루어진 질서의 체계를 바탕과 틀 삼아 다양한 존재자들이 또한 존재하고 움직이고 있다.

우리의 자아는 이 모든 초시간적·시간적 원리들과 대상들의 세계로 초월하여 그들을 객관적으로 포착하고 투시할 수 있으며 내외적으로 표현하고 실현할 수 있다. 그렇게 할 때 그것은 결코 독자적으로, 직접적으로 활동할 수 없으며 어디까지나 다양한 의식내재적 기능과 잠재력을 총동원해서 간접적으로만 그렇게 한다.

그러나 이들은 이들대로 또한 결코 독자적으로 움직일 수 없고 어디까지나 위와 같은 놀라운 구조와 특성을 지닌 몸과 그 다양한 기관들과 조직들, 그리고 그것들에 속한 무수한 요소들을 매개로 해서만 그 어떤 활동도 전개할 수 있다. 몸과 그 부분과 부분의 부분들이 우리의 자아가 제반 의식 기능들을 통해서 지속적으로 심적·정신적·영적 활동들을 전개할 수 있는 데 필요불가결한 전제조건이다.

그러나 우리의 몸과 그 부분은 그들대로 그 존재와 활동의 가능성을 위한 전제조건을 가지고 있다. 우리의 의식 기능들과 동일하게 우리의 몸도 물론 결코 공중에 떠 있는 것이 아니고 그 존재의 바탕과 활동의 수단과 방편인 외부 세계, 즉 자연계와 본질적으로 연결되어 있다. 만인이 상식적으로 알고 있는 바와 같이 자연계는 말하자면 "몸 밖의 몸"이라 할 만큼 우리 자신의 육체와 가장 직접적으로 연결되어 있다. "몸 밖의 몸", 광의의 육체 없는 협의의 육체는 절단된 육체이며 말하자면 죽은 목숨이다. 그러므로 우리 몸을 거론함과 동시에 몸 밖의 몸, 자연계를 거론하지 않을 수 없다.

자연계 전체가 이상에서 묘사한 우리의 몸과 똑같은 체계성과 합목적성으로 특징지어진 현상이라고 볼 수는 없을 것이다. 그러나 그 속에는 우리의 몸과 동일하거나 심지어 때로는 그 이상으로 잘 발달된 생명체들, 동물과 식물들도 있다는 사실을 잊어서는 안 되며 쿼크quark나 원자와 같은 미립자에서 시작해서 수퍼노바와 은하계와 대우주에 이르기까지의 모든 무생물들도 각각 대단히 경이로운 구조와 특성을 지니고 있을 뿐 아니라 그들 내부와 외부에서 작용하는 다양한 자연법칙들로 말미암아 그들 전체는 서로 조화를 이루는 가운데 질서정연하게 존재하며 움직이고 있다는 점도 유의해야 한다.

칸트가 아무 이유 없이 이상에서 언급한 자신의 "머리 위의 별이 반짝이는 하늘"에 대해서 그렇게 감탄한 것이 아니다. 20세기 최대의 수학자 겸 물리학자인 아인슈타인이 아무런 이유 없이 세상에서 가장 신비로운 것이 가장 아름다운 현상인데 우주가 바로 세상에서 가장 신비로운 현상이라고 묘사한 것이 아니다. 그리고 아리스토텔레스에서 여러 중세 스콜라 철학자들과 근세의 헤겔을 거쳐 현대의 하르트만과 도예베르트에 이르기까지의 수많은 사상가들이 아무 이유 없이 우주 전체가 드러내어 보이고 있는 놀라운 구조와 질서와 관련해서 "존재의 계층"에 대한 이론을 정립한 것이 아니다. 자연의 신비와 아름다움에 대해서는 굳이 이 위대한 사상가들과 과학자들의 의견을 참작해야 할 필요조차 없다. 우리의 평범한 소박 의식으로도 그 점을 상식적으로 인식하고 있지 않은가?

만물분쇄자라는 별명과 비판주의의 원조로 알려져 있는 칸트도 신 존재의 문제와 관련해서 과거 사상가들이 제시한 세 가지 증명들—즉 우주론적 증명, 존재론적 증명, 목적론적 증명—의 타당성을 부인했으나 그중 우주의 질서와 조화, 그 신비와 아름다움을 지적하고 그것을 가능케 한 우주의 계획자와 궁극적인 목적인으로 신의 존재를 추리하는 목적론적 증명만은 상당한 신빙성과 구속력이 있다고 보았다. 그것으로 비록 창조주의 실재성은 입증할 수 없지만 세계형성자, 즉 이미 존재하고 있던, 그 자체로는 혼동되고 무질서한 소재Chaos를 바탕으로 해서 지금의 질서정연하고 조화된 우주Kosmos를 형성하는 한 실재의 존재는 입증할 수 있다고 보았다.

다음은 미국의 생화학교수 기쉬D. Gish의 말이다.

우주는 거대한 기계와 같다. 매우 크고 복잡할 뿐만 아니라 정교한 질서가 있다. 우주를 만든 자가 사람이라면 위대한 수학자였음에 틀림없다.… 믿을 수 없을 정도로 복잡하고 정밀한 우주는…. 우리는 태양계가 시계같이 움직인다고 말할 수 있다. 당신은 시계를 우연히 만들 수 있을까? 보석상에서 일어난 폭발이 시계를 만들 수 있는가? 비록 당신이 시계의 모든 부품들을 가방 안에 넣고 수십억 년 동안 흔든다 할지라도 시계를 얻을 수 있겠는가? 시계는커녕 부품들을 닳게만 할 것이다. 그렇다면 먼지와 가스의 구름으로부터 시작된 것이 이런 놀랍고 경이롭고 복잡한 태양계를 간단히 스스로 만들 수 있겠는가?

이와 같이 무한한 다양성과 복잡성에도 불구하고 그들 속에서 작용하는 법질서에 따라 한 전체적인 체계 속에서 질서정연하게 존재하고 움직이고 있는 무한한 수와 양의 개체들로 이루어진 자연계가 없이는 우리의 몸은 한순간도 어떠한 활동도 전개할 수 없고 존재할 수조차 없다는 사실은 굳이 언급할 필요조차 없다. 자연에 혼란이 오면 우리 몸에도 혼란이 오고, 우리 몸에 혼란이 오면 우리의 영혼과 정신에도 혼란이 올 수밖에 없다. 자연이 파괴되면 우리의 몸도 온전할 수 없고, 건전한 몸 없이는 건전하고 건설적인 생각과 창조적인 생각도 할 수 없다.

우리의 자아, 우리의 정신이 지금 1+1=2라는 계산을 제대로 할 수 있는 이유는 우리의 지성, 우리의 수리 이성이 온전하기 때문이며 후자가 온전한 이유는 우리의 몸이 온전하기 때문이다. 그리고 후자가 그러할 수 있는 이유는 우리의 "몸 밖의 몸"이 비록 매우 오염되고 파괴된 상태라 할지라도 그나마 아직 비교적 정상적인 모습을 보이고 정상적으로 움직이고 있기 때문이다.

우리에게는 자아 또는 "정신"*pneuma*이 있고 다양한 의식 기능들로 구성된 "영혼"*psyche*이 있으며 몸*soma*이 있다. 그리고 몸 밖의 몸, 자연계가 있다. 그러나 우리에게는 또 다른 하나가 더 있다. "몸 밖의 몸"을 지탱해 주고 그 존재를 가능케 하는, 그래서 "제3의 몸"이라고도 칭할 수 있는 무한한 우주공간이 그것이다.

어떻게 보면 공간은 없는 것 같다. 그것이 감각적으로도, 이성적으로도 포착할 수 없는 것이기에, 보이지도 잡히지도 않으며 무엇이라 확실하게 규정하고 정의할 수도 없는 것이기에 공간은 칸트가 생각한 것처럼 우리의 마음속에서만 존재하고 뉴턴이 생각한 것처럼 마음 밖에 실재하지는 않는 것처럼 보인다. 그러나 사실은 공간이 존재할 뿐 아니라 공간 속의 구체적인 대상들보다 더 근본적이며 원초적인 의미로 그것이 존재하고 있음이 확실하다. 왜냐하면 공간이 없으면 물샐틈도 없을 뿐만 아니라 쿼크도, 원자도, 분자도, 아무것도 세상에 존재할 수 없기 때문이다. 공간이 먼저고 그 다음이 사물들이다. 공간은 이들의 존재와 움직임을 위한 절대 필수적인 전제조건이다. 보이지도 않고 걷잡을 수도 없어 마치 없는 것과도 같은 공간은 이들 모두에게 생명과도 같이 소중한 요소이며 우리 인간에게도 그러하다. 그것이 있다는 것이 우리에게는 말할 수 없이 큰 축복이다. 우리 중 다수는 한 평의 토지도 소유하고 있지 않지만 우리 모두는 무한한 가치를 소유하고 있는 무한한 우주공간을 값없이 우리 자신의 것으로 소유하고 있다.

우리의 몸과 그와 직결된 "광의의 몸"인 우주와 무한한 우주공간은 이와 같이 수많은 개별적인 계층과 그들에게 속한 무수한 개별적인 부분들과 요소들로 구성되어 있고 그 최고봉에 우리의 자아가 위치하고 있는 하나의 거대한 피라미드와도 같다고 볼 수 있다. 그러나 여기의 피라미드는 물론 정교함과 정밀도에서 이집트의 피라미드를 능가하며 후자보다 무한히 더 복잡한 만큼이나 더 체계적이며 유기적인 구조를 보이고 있다. 다양한 존재의 계층 중 하나가 붕괴되거나 그들 속의 한 주요 부분이나 요소가 존재하지 않거나 활동을 중단한다고 하면 우주라는 전체와 그 속의 개체들과 부분들에게 큰 이변과 교란이 발생할 것은 분명하며 경우에 따라서는 모든 개체와 부분, 그리고 전체의 체계도 붕괴할 수 있다. 예컨대 중력이 더 이상 작용하지 않는다고 상상해보라. 우주 전체와 그 속의 모든 개물들에게 어떠한 일이 발생할까? 모든 결정체들과 구성체들이 공중분해되어 무한한 우주공간으로 끝없이 분산하고 어디론가 사라지지 않겠는가?

그러므로 중력이 있다는 것이 인간에게만, 그리스적이며 히브리적인 의미에서 합목적적이며, 선하고 아름다울 뿐 아니라 인간 외의 여타 생물들과 나아가서는 어떤 의미로는 무생물 그리고 우주 전체의 체계를 위해서도, 따라서 절대적인 의미에서 선하고 아름답다고 보지 않을 수 없다. 중력 외 다른 모든 것들에 대해서도 마찬가지다.

만약 이 정교하고도 체계적인 피라미드의 한 계층이나 한 주요 부분이 붕괴되거나 소실된다면 이 피라미드의 정상에 그 사유와 활동의 거점을 두고 있는 우리의 "영혼"과 "정신", 즉 자아는 무사하겠는가? 그들은 필연적으로 그로 말미암아 크고 작은 영향을 받을 것이다. 경우에 따라서는 그로 말미암아 어떠한 사유와 어떠한 활동도 우리의 영혼과 자아에게 불가능해질 수도 있고 그들이 존재하는 것까지 불가능해질 수 있다.

그런데 우리는 현실적으로 그 피라미드의 정상에서 이상에서 언급한 제반 정신적·육체적인 활동을 적어도 원칙상으로는 아름답고 훌륭하게 전개하고 있다. 하이데거의 용어로 표현한다면 우리는 거기서 초월 능력과 존재 능력, 영원하고 무한한 진리의 빛의 사건으로서의 우리의 본령을 적어도 이론적으로는 원만하게 발휘하고 있다. 우리가 그렇게 할 수 있다는 것은 무엇을 뜻하는가? 어떠한 전제하에서 그것이 가능한가?

우리의 영혼의 제 기능들과 우리의 몸과 몸 밖의 몸 그리고 제3의 몸으로 구성된 이 거대한 피라미드에 속한 모든 계층들과 그들에 속한 모든 부분과 부분의 부분이 각각 제 위치에서 제 몫을 하고 있고, 그들 모두가 서로를 부축하는 가운데 궁극적으로는 우리의 자아를 지탱하고 있으며 그가 수행하는 제 활동들에 총체적으로 협조하기에 우리의 자아가 매 순간 수행하는 이 놀라운 활동이 가능한 것이다. 그들 모두가 그렇게 할 수 있게 개별적인 차원에서 각각 놀랍고 기묘한 구조와 특성의 그들로 형성되고 조성되어 있을 뿐 아니라, 그들은 또한 그들 모두로 구성된 전체 속에서도 각각 적재적소에 적절하게 잘 배치되어 서로를 그리고 궁극적으로는 그 정상에 위치한 우리 영혼의 제 기능들과 자아를 지탱하고 그들의 활동을 적절하게 잘 보필하고 있기에 그것이 가능함이 분명하다.

상술한 기쉬와 비쇼 팔레이 등 다수의 과학자들과 사상가들이 과거에 그렇게 했듯이 우리도 여기서 하나의 거대한 피라미드에 비유하고 있는 것을 하나의 거대한 시계에 비유해서 생각할 수도 있다. 이 시계는 물론 우리가 일상생활에서 사용하는 시계보다 무한히 더 정교하고 정확하다. 우리가 보는 시계 속에는 매우 정교하게 만들어진 다양한 모양과 기능의 많은 부품들이 적재적소에 부착되어 있고 직간접적으로 다른 모든 부품들과 정확하게 잘 조율되고 조절되어 있다. 그래서 그 시계의 시침이 시간을 정확하게 가리키고 정한 시각에 자명종을 울릴 수 있는 것이다.

이와 유사하게 우리가 여기서 묘사하고 있는, 우리의 영혼과 크고 작은 몸들은 무한한 수와 양의 개별자들과 부분들 그리고 부분의 부분들로 구성되어 있는데, 그들 모두는 그 자체로 각각 경탄스럽고 기묘한 구조와 특성을 보일 뿐 아니라 그들로 구성된 전체 속에서 그들은 그들에게 주어진 각기 다른 계층과 영역과 위치에서 다른 모든 부분들과 정확하게 잘 조율되어 그들 각각에게 부여된 구실을 완벽하게 잘 수행할 수 있다. 그래서 이 거대한 시계의 시침이라 할 수 있는 우리의 자아가 정확하게 진·선·미·성 등 무한 개념들을 "가리키며" 그들을 향해 스스로 나아갈 수 있고, 그와 더불어 우주 만물도 그들을 향해 가리키며 그들의 차원으로 이끌어나갈 수 있다. 그리고 역으로 그것은 또한 이 무한 개념들을 우주 만물과 연결시켜 이들로 하여금 그 빛으로 아름답게 나타나게 할 수도 있다.

하이데거가 "SZ"에서 아리스토텔레스의 존재의 계층에 대한 이론을 염두에 두고 세계 개념을 소개하는 과정에서 도입한 용어를 우리가 여기서 묘사하고 있는 우주적인 "시계"와 관련해서 사용한다면 그 속의 모든 "부품들"은 서로 수단과 목적의 관계로 서로를 위해 유기적·합목적적

으로 존재하고 움직이며 서로를 향해 "유의미하게" "가리키고 있는데"be-
deuten(가리키다, 지시하다, 의미하다), 그들 모두는 또한 총체적으로 그들
의 존재와 움직임의 "궁극적인 목적"Worumwillen인 자아를 "가리키는 가
운데" 후자가 초월 능력과 존재 능력, 개방성과 조명성으로서 자기 자신
의 존재와 움직임의 궁극적인 목적인 우주적인 빛의 역사와 진리의 역
사 또는 개방의 역사를 온 세상에 적극적으로 전개하는 데 총체적으로
조력하고 있다고 할 수 있다. 우리의 자아가 그러한 빛의 역사와 진리의
역사를 전개하는 데서 "영원성과 시간성 간의 의식적인 종합 통일"(키에
르케고르)이 성취된다고 할 수 있다. 그래서 영원한 것이 시간적인 것을
통해 구체화되고 시간적인 것이 영원한 것으로 채워진다.[86] 그로 인해 시
간계에 속한 모든 계층과 차원의 모든 존재자들이 총체적으로 진리의
빛으로 영롱하게 빛나게 된다.

영원하고 무한한 진리의 빛을 수동적인 입장에서 바라보고 체험할
뿐 아니라("수동적 개방성") 능동적이며 적극적인 자세로, 그리고 건설적
이며 독창적인 방법으로 자신의 삶과 자기 주변의 세상과 온 우주에 비
추는 것, 즉 온 세상과 온 우주에 진리의 빛의 역사를 전개하는 것, 이것
이 바로 우리 자아의 본성과 본령이며 그의 고귀한 특권과 숭고한 책무
다. 그러한 우리의 자아와 단계적으로 연결된 영혼의 제 기능들에서 무
한한 우주공간에 이르기까지의 제반 차원과 영역 속의 모든 개체들과
부분들, 그리고 부분 속의 부분들은 우리의 자아가 그러한 자신의 본령
을 발휘하게 총체적으로 지탱하고 협조하고 있는 것이다.

우주 만물이 과연 유물론적인 진화론자들이 ─ 헤겔과 샤르뎅P. Teilhard
de Chardin과 같은 범신론적 혹은 유신론적 진화론자들도 있음을 유의해
야 한다 ─ 주장하듯이 물질분자들이 지속적으로 이합집산하는 과정에서

순전히 우연히 그렇게도 놀라운 구조와 특성을 지닌 고분자 물질과 유기체들로 생성되고 진화해서 그렇게 기묘하고 경탄스러운 방법으로 총체적으로 서로 유기적으로 또 체계적으로 편성되고 조정되었으며, 각기 다른 존재의 계층과 차원에 속해 있으면서도 여타 존재자들과 완벽하게 조화를 이루며 질서정연하게 존재하고 움직이는 가운데 우리의 자아가 영원한 무한 개념들을 순수히 체험하고 인식하며 외적으로 표현하고 실현하는 일에 적극적으로 동참하게 되었다고 볼 수 있겠는가? 과연 우리 인간이 그러한 진화 과정의 꽃으로 역시 순전히 우연히 인간 외의 여타 생물과 무생물들을 필연적으로 의존하고 있으면서도 또한 동시에 그들의 차원을 초월하되 인공위성보다 한없이 높은 곳, 즉 무한한 우주공간에서 시작해서 고등 동물의 계층에 이르기까지의 모든 존재자들의 시공간적인 차원뿐 아니라 심지어 영원계까지를 넘어다볼 수 있을 만큼이나 높은 지극히 고차원적인 입지점까지 초월할 수 있었겠으며, 거기서부터 시간성과 영원성을 "의식적으로 종합 통일"하며(키에르케고르) 존재와 존재자를 존재론적으로 매개하는 것을 본성과 본령으로 하는(하이데거) 자율적이며 인격적인 실존으로, 초월 능력과 존재 가능성 그 자체로 우뚝 설 수 있었겠는가? 그러한 지극히 높은 곳에 우뚝 서서 영원하고 무한한 진리의 빛을 바라보고 그 빛을 온 우주에 비출 수 있고 비춰야만 하는 그러한 하나의 역동적인 빛의 사건으로 지속적으로 일어날 수 있었겠는가?

오로지 대단히 비합리적이며 비과학적인 비약, 키에르케고르나 하이데거의 질적인 비약 또는 사상적 비약보다 더 비이성적인 비약을 통해서만, 환언하면 유물론과 진화론에 대한 신념이 순교자의 신앙만큼이나 뜨겁고 강렬한 맹신일 경우에만 사람들이 그러한 결론에 이를 수 있지 않을까?

우리는 지금 이 순간에도 우리의 자아가 그와 같이 항상 이미 모든 사유와 행동의 궁극적인 거점과 기점으로 하고 있는 내재적·초월적 입지점에서 그 아래의 모든 시간적인 것들과 나아가서는 다양하고 영원한 것들까지 조망하고 평가하고 있으며 그렇게 모든 것을 조망하고 평가하고 있는 우리 자신의 자아도 조망하고 평가하고 있다. 그리고 무한정의 *ad infinitum* 세계 초월 및 자기 초월을 계속할 수도 있으며 실제적으로 그렇게 하고 있기도 하다.

그러한 무한히 고차원적인 입지점에서 우리의 자아가 조망하고 관찰하는 모든 것들이 하나하나 다 기적이다. 특히 영원성에 속한 것들이 무한히 신비로운 기적, 기적 중 기적이다. 그리고 그들을 직관적으로 투시할 수 있을 뿐 아니라 그들의 무한히 심오한 의미를 우리 자신과 시간성에 속한 모든 것들 속에서 표현하고 실현할 수 있고 해야만 하는 당위성으로 실존하고 움직이고 있는 우리의 자아도 말할 수 없이 큰 기적이다. 그리고 그러한 인간의 자아 혹은 인격이라는 기적이 존재하고 다양한 활동을 전개할 수 있게 우리 속의 제반 심적·정신적 기능들은 물론이거니와 우리 밖의 우주 만물과 그들 속의 부분, 그리고 부분 속의 부분이 그들이 속해 있는 각 계층과 영역과 위치에서 총체적으로 뒷받침하고 협조하고 있다는 사실도 실로 기적적인 현상이다.

우리가 조망하고 관찰하는 모든 것 하나하나가 진정 놀랍고 신비로운 기적이며 그들을 합친 전체는 더욱더 놀랍고 신비로운 기적이다. 이 모든 기적과 기적 중 기적들이 단순히 우연에 기인한 것이라고 보기에는 그들 각자의 구조와 특성이 너무나도 경탄스럽고 기묘하며 그들 간의 상호작용의 양태와 방법도 너무나도 놀랍고 기이하다.

우리가 앞에서 플라톤과 아우구스티누스와 더불어 비록 인간의 마음 내부에서 발견할 수 있는 것이지만 마음 외부에서도 객관적으로 타당할 뿐 아니라 영원히 타당하며 절대적으로 타당할 수밖에 없는 것들이라고 천명한 다양한 종류의 무한 개념들은, 물론 유물론과 진화론을 통해 결코 "설명해버릴"weginterpretieren, interpret away 수 없다. 그들은 시공간적이며 물질적인 것과 전혀 관계없이 영원히 실재하고 있는 것이 아닌가? 그리고 이들을 내적으로 투시하고 외적으로 표현하며 실현할 수 있는 놀라운 초월 능력과 존재 능력 그 자체인 우리의 자아와 그가 소유하고 있는 제 의식 기능들을 절대 물질로 환원시킬 수도 없다.

유기체들의 차원에서 우주의 생성 과정과 발전 과정을 거론하는 한, 진화론자와 창조론자 간의 논쟁이 종결되기 힘들지 모른다. 유기체들의 생성과 발전 과정에서 지금까지 진화론을 통해서 해명되지 못한 채 남아 있는 무수한 "missing link"와 "gap"들을 앞으로 수백 년 아니면 수천 년 후 언젠가는 창조론자들과 같이 *deus ex machina*(기계장치와 같은 신) 식의 인위적인 방법이 아닌 순수한 과학적인 방법으로도 능히 메울 수 있으리라는 기대로 진화론자들은 창조론자들이 그들에게 반론으로 제기하는 어떠한 설득력 있는 주장에도 주의를 기울일 생각을 하지 않는다. 유물론과 과학주의 및 과학 발전을 절대 신봉하고 있는, 아니 맹신하고 있는 진화론자들의 "신앙"이 메시아를 기다리는 종교인들의 신앙 못지않게 뜨겁고 확고한 상황에서는 그들과 창조론자들의 논쟁이 어떻게 종식될 수 있겠는가?

그러나 만약 우리가 이 논쟁의 장을 유기체들의 차원에서 지금 묘사하고 있는, 모든 물질적인 것과 유기적인 것들과 질적으로 상이한, 땅과 하늘 혹은 유와 무가 서로 다르듯 그렇게 질적으로 서로 다른 한 차원,

즉 우리 자아의 한없이 고차원적인 사유와 행동의 거점으로 이전한다면 그러한 경우에도 그 논쟁이 종결되지 않을 것인가?

진화론자들이 그들 자신과 우리의 자아가 사유와 행동의 거점으로 하고 있는 이 높은 내재적·초월적 "전망대"에 함께 상승하고 거기서부터 생명체를 위시한 모든 개별적인 존재자들과 현상들, 그들 속의 부분들과 부분 속의 부분들을 총체적으로 조망하고 그렇게도 기묘하게 조율된 그들 간의 상호 관계를 조망해보는 경우에도 계속 그들의 주장을 고집할 것인가? 특히 그들 각자의 자아가 거기서 시공간적인 것들만 아니라 놀랍게도 초시공간적인 영원하고 무한한 것들도 함께 관조하고 투시할 수 있다는 사실과, 나아가서는 이 모든 것들을 통찰하고 인식하며, 영원하고 무한한 것들과 시공간적인 것들을 영적·정신적으로 매개하고 있는 자기 자신도 관망하고 투시하고 있다는 사실을 관망하고 투시하는 경우에 그들이 무슨 생각을 하게 될 것이며 무슨 말을 하게 될 것인가? 그들이 지극히 놀라운 빛이며 빛의 사건 그 자체임을 햇빛과 같이 환하게 바라보게 되는 경우, 그리고 나아가서는 자율성과 창조력을 소유한 도덕적 인격이며 정신임을 발견하게 되는 경우 그들이 무슨 생각을 하며 무슨 말을 하게 될 것인가?

그들도 분명히, 거기서 조망하는 모든 것 하나하나가 다 기적이며 신비요 그들을 합한 전체는 기적 중 기적이며 신비 중 신비임을 큰소리로 고백하게 될 것이다. 무엇보다 그렇게 하는 자신들의 자아가 세상에서 가장 큰 기적임을 고백하게 될 것이다.

그리고 이 모든 것을 확연하게 인식하게 되는 그들은 소크라테스, 아우구스티누스, 하이데거 등과 더불어 자기 자신에 대한 무지의 고백도 하게 될 것이다. 자기 자신에 대해서 알려고 하면 할수록 그에 대해 더 많은 신비를 발견하게 된다는 자기 자신의 정체와 실체에 대한 무지의 고백과 더불어 자기 자신과 다른 모든 것들에 대해 지금까지 완전히 곡해해왔음도 함께 고백하게 될 것이다. 자기 자신은 결코 단순한 물질의 우연한 진화 결과가 아니며 단순한 고등동물만이 아닌 인격과 정신이며 실존 가능성이며 존재 능력임을, 그리고 빛과 빛의 사건임을 시인하게 될 것이다. 또한 전 실재의 근본과 중심이 결코 물질만이 아니며 무한히 심오하며 불가지적 정신적인 원리들과 이치들의 체계를 배후와 바탕으로 하고 있음도 깨닫고 그에 대해서도 무지의 고백을 하게 될 것이다. 그들이 소크라테스와 더불어 자기 자신과 이 모든 것에 대해서 무지의 고백을 하지 않을 수 없을 것이지만, 그들의 그러한 고백은 소크라테스와 마찬가지로 결코 일자무식꾼의 무지의 고백이 아닌 매우 유식한 자의 무지의 고백knowing ignorance이 될 것이다.

제4장
결론

다양한 영원불변한 정신적인 원리들과 이치들, "본질들"과 "가치들"이 실재하고 있으며 그들을 바탕과 틀로 해서 또한 무수한 시간적이며 유한한 원리들과 법칙들, 범주들과 개념들이 실재하고 작용하고 있다. 그리고 이 초시간적·시간적인 것들로 이루어진 항구적인 질서의 체계를 바탕과 틀로 해서 무한한 수와 양의 개체들과 그 구성 요소들이 매우 다양한 존재의 계층과 영역 속에서 서로 유기적으로 연결되어 아름답게 조화를 이루며 질서정연하게 존재하고 움직이고 있다.

우리의 자아는, 이러한 영원계와 시간계에 속한 무수한 정신적인 것들과 물질적인 것들을 지적으로 파악하고 그들 중 특히 영원하고 무한한 것들을 우리 자신 속에서 내면화하고 우리의 삶과 주변 사회와 나아가서는 온 세상과 온 우주에 외화하고 구체화할 수 있는 놀라운 능력을 소유하고 있고 그렇게 하지 않으면 안 되는 필연성과 당위성을 띠고 실존하고 있다. 그것은 또한 영원한 진리의 빛을 바라보고 그 빛을 자신 속과 밖의 모든 곳에 두루 비추는 것을 본성과 본령으로 하는 하나의 역동적인 빛의 사건으로 실재하며 실존하고 있다.

　이것이 단지 하나의 근거 없는 주견이나 허황된 망상이 아니고 분명하고 확실한 현실임을 밝히려는 취지에서 우리는 제3부 "평가와 결론" 부분의 첫째 항목에서 과거 수 세기 동안의 유서 깊은 서양형이상학사를 매우 간략하게나마 재반복했다. 여기에서 우리는 플라톤과 아우구스티누스의 권고에 따라 과거 본질형이상학자들과 더불어, 말하자면 우리의 마음 내부로 되돌아가 거기서 지적인 자아 반성을 통해서─더 적절한 표현으로는 현상학적인 직관(후설)을 통해서─다양하고 영원불변한 "본질들"과 "가치들"에 대한 지식을 확보할 수 있음을 발견했다. 그리고 우리는 그것이 전혀 불가능하다고 역설한 칸트와 그와 같은 입장을 취한 키에르케고르 및 다수의 비합리주의적 철학자들과 신학자들의 반론을 검토하던 중 이들은 사실 자신을 크게 오해하고 있음을 발견하고 지적했다.

　마지막 항목에서 우리는 우리 인간이 영원한 빛의 차원 및 존재자 일반의 차원으로 초월하여 그 속의 다양한 정신적 원리들과 이치들, 그리고 그들과 관련된 무수한 범주들과 개념들, 개별자들과 구성 요소들을 투시하고 인식할 수 있음을 전제로 하고, 칸트의 선험적 방법에 따라 인간으로 하여금 그러한 엄청난 정신 활동을 전개할 수 있음을 가능케 하는 선험적 조건들을 역추적해보았다. 이를 위해 우리는 전 항목을 검토하는 과정에서 플라톤과 아우구스티누스 후설과 하이데거, 그리고 수많은 다른 주지주의자들과 더불어 하강한 우리의 마음 내부에서 이들을 하직하고 외부로 되돌아 나와야 했다. 거기서도 우리는 내부에서와 같이 매우 많은 엄청나게 놀랍고 기묘한 현상들과 사건들을 목격할 수 있었다. 우리가 이들을 순수히 그대로 관찰하고 분석하기 위해 우리는 비트겐슈타인이 밀쳐버린 형이상학적 사다리를 다시 일으켜 세우고 도예베르트가 시간성과 영원성 사이의 중간 영역, "*aevum*"에 설치한 매우 높은, 그러나 시간성과 영원성 간의 차원의 경계선 너머로까지 관망하고 투시하기에는 충분히 높지 않은 전망대를 더 높고 더 유리한 입지점에 다시 세워야 했다. 더 정확하게 표현한다면 그 유리한 입지점에 설치된 하나의 전망대는 우리를 위해 항상 이미 마련되어 있을 뿐 아니라, 우리의 자아가 "영원성과 시간성을 의식적으로 종합 통일하는 제3의 긍정적인 요소"로서 곧 그러한 유리한 관망대이자 우리의 사유와 행동 전반의 아르키메데스적 기점임을 칸트의 인식론과도 연관시켜 현상학적으로 조명하고 기술하려고 시도했다.

여기에서 우리는 인간 사유와 행동 전반의 절대적인 기점과 중심점인 동시에 인간의 의식권 내에 내포된 대상과 내용 전반의 내재적·초월적 중심점과 초점인 자아를 하나의 정점頂點 혹은 극점으로 삼아 건립되어 있는 하나의 거대한 피라미드를 발견했다. 이것은 생각하면 할수록 더 깊고 큰 경탄심과 경외심을 자아내는(칸트) 정교성과 체계성, 정확성과 합목적성, 질서정연함과 조화, 아름다움과 좋음, 경이와 신비로 특징지어져 있었다.

아리스토텔레스에서 헤겔을 거쳐 하르트만과 하이데거와 도예베르트에 이르기까지 다수의 과거 사상가들이 그들의 계층론 혹은 세계 개념 혹은 우주론에서도 매우 정교하게 묘사했던 이 피라미드식 구조물 최상위층에서 우리는 이와 같이 놀랍고 기이한, 기적적인 정신 현상인 자아와 더불어 그것과 직결되어 있는 의식 혹은 영혼이라는 역시 대단히 놀랍고 엄청난 심리적·정신적인 현상과 그와 관련된 제 기능들을 발견할 수 있었다.

그러나 여기서 우리는 이들을 발견하고 그 경탄스러움과 기이함을 관찰하고 확인할 수 있었을 뿐, 그들이 각각 어떻게 그렇게 놀라운 기능을 발휘할 수 있는지에 대해서는 어떠한 방법으로도 설명할 수 없었다. 바로 우리 자신이면서도 우리는 그것이 무엇인지 모르고 있으며 알려고 하면 할수록 모르는 것이 더 많아지는 무한히 기묘하고 경탄스러운 우리의 자아와 마찬가지로, 그것이 활용하는 제 의식 기능들도 진화론이나 다른 과학적인 방법으로는 전혀 설명할 수 없는 불가사의한 현상, 신비와 기적이라 보지 않을 수 없었다.

우리가 거론하고 있는 이 거대한 피라미드의 하위권의 제계층과 영역에 속하는 것들은 어떠했는가? 몸과 몸 밖의 제2의 몸, 그 밖의 제3의 몸, 그리고 그들에게 각각 속해 있는 수많은 부분과 요소, 부분 속의 부분과 요소 속의 요소, 이들은 다 기적들이 아니었던가?

이들 하나하나도 다 기적이라 할 수 있을 만큼의 기묘한 구조와 특성을 지니고 있고 그들이 서로 합목적적으로 조율되고 조화되어 편성되고 조성된 전체적인 체계, 즉 다양한 계층과 영역에서 우리가 발견할 수 있는 보다 협의의 "전체"와 그것과 여타의 "전체"를 그 자체에 포괄하는 보다 광의의 "전체"는 더욱더 기묘하고 더욱더 기적적인 현상이다. 이들은 서로 다른 계층과 영역과 위치에서 제각기 고유한 기능을 발휘하면서도 또한 서로 목적과 수단의 관계로 유기적으로 연결되어 서로를 부축하고 서로의 역할을 돕고 있으며, 궁극적으로는 우리의 영혼을 거쳐 자아를 총체적으로 부축하는 가운데 그가 진리의 빛을 바라보고 내·외적으로 아름답고 훌륭하게 조명하는 제반 육체적·정신적 활동을 원활하게 전개할 수 있게 각기 나름대로의 방법으로 직간접적으로 기여하고 있다.

그와 같은 기적적인 현상들인 이들 모두가 다 우리로 하여금 이상의 초시간적 혹은 시간적 인식의 대상들을 포착하고 투시하며 감지하고 통각할 수 있는 전제조건들이며, 이들 가운데 절대 숭고하며 영원하고 무한한 정신적 원리들과 가치들의 의미를 우리의 삶과 우리의 주변에 외화할 수 있게 하는 필수 조건들이다.

우리가 그러한 활동을 전개할 때, 개체적으로도 지극히 놀라운 구조와 특성을 보이고 있는 이들은 그들 각자에게 배정된 존재의 계층과 특정의 위치에서 각자의 특수한 역할을 대단히 훌륭하게 수행한다. 뿐만 아니라 그들 모두가 상술한 바와 같이 하나의 오케스트라 구성원들의 상호관계를 연상케 하는 유기적이며 합목적적인 관계에서 수많은 단계를 거쳐 직간접적으로 서로 하나로 연결되어 우리의 자아가 수행하는 영적·정신적 활동이 원활하게 전개될 수 있게 총체적으로 협조하고 있음을 목격할 때 우리는 크게 감탄하고 놀라워하지 않을 수 없었다.

시간계에 속한 개별적인 사물과 현상, 부분과 요소뿐 아니라 어떠한 의미로는 영원계에 속한 원리들과 범주들도 우리가 그러한 활동을 전개할 수 있게 협조한다고 볼 수 있다. 아리스토텔레스가 진선미의 완성인 신과 우주 만물과의 관계에 대해서 묘사하고 있고 아우구스티누스와 셸러가 이 영원한 원리들과 범주들이 그 자체에 지니고 있는 가치론적 무게와 관련해서 천명하고 있는 바와 같이, 우리의 마음은 이 무한 개념들 자체의 무한한 자아 가치로 말미암아 필연적으로 지적으로, 도덕적으로, 종교적으로 그들을 향해 나아가지 않을 수 없다. 그리고 우리가 만물의 영장으로서—구약성경학자들의 표현으로는, 왕과 선지자와 제사장의 자격으로 창조주가 시달한 "문화 명령"cultural mandate (창세기 1:27)에 따라 온 세상과 온 우주에 진리의 빛으로 아름답게 빛나는 하나의 신국을 건설할 임무를 띤 자로서—개발하고 관리하며 의미를 부여하고 존재론적으로 정립하고 있는 우주 내의 존재자 일반도 그들을 향해 이끌어나가지 않을 수 없다. 그래서 그들도 우리 자신과 마찬가지로 진리의 빛, 진+선+미＝성의 빛으로 화하게 하려고 노력하는 것이다.

영원한 것들의 가치론적 무게에 이끌림을 받음과 동시에 시간적인 것들의 총체적인 부축과 협조에 힘입어 우리의 자아는 영적·정신적인 활동과 육체적인 활동을 전개하게 된다. 영원한 것들과 시간적인 것이 제공하는 총체적인 협조 없이는 우리의 자아가 수리 이성을 활용해서 1+1=2라는 단순 계산도 할 수 없고 그 단순 계산을 마친 후 등식에 점도 찍을 수 없다. 그리고 그 점이 바로 찍혔는지 살펴보기 위해 눈도 깜빡일 수 없다.

하물며 그들의 총체적인 협조 없이 우리가 어찌 영원하고 절대적인 것들을 체험하고 인식하며 내·외적으로 표현하고 실현하는, 한없이 숭고하고 아름다운 제반 영적·정신적 활동을 수행할 수 있으랴!

이와 같이 한편에서는 영원한 무한 개념들이 우리의 자아를 끌어주고 있고, 또 다른 한편으로는 시계의 부품들과도 같이 각각 심히 놀라운 구조와 특성의 개체들과 부분들로 형성되어 있고 서로 완벽하게 조율되고 조정되어 있는 시간계의 모든 개체들과 그 부분과 부분의 부분들 하나하나가 총체적으로 보필하고 있으므로, 엄격하게 말한다면 이 모든 원리들과 개체들이 우리와 함께 이상의 단순 계산을 하며 그 단순한 점도 찍고 그것을 보기 위해 함께 눈도 깜빡인다고 봐야 한다. 그리고 이상의 숭고하고 아름다운 정신적 활동들도 우리가 그들과 함께 전개한다고 봐야 한다.

우리는 현실적으로 이러한 계산을 바로 하고 있고 여타 정신적·육체적 활동을 원만하게 전개하고 있다. 그러므로 영원성과 시간성에 속한 모든 것들이 이상에서 묘사한 기묘하고 실로 기적적인 방법으로 제각기 직간접적으로 협조하고 있음이 분명하다.

1+1=2. 이것은 결코 우리의 자아 혹은 수리 이성이 단독으로 하는 계산이 아니다. 그것은 말하자면 각기 신묘한 개인기를 소유한 무수한 단원들로 구성되어 있고 우리의 자아와 수리 이성이 가장 중요한 악기를 연주하는 자로 등장하는 한없이 큰 규모의 우주적 심포니 오케스트라의 협연(라이프니츠)으로 가능한 계산이다. 이러한 무한히 웅대한 만큼이나 완벽하게 잘 조율된 우주적인 교향악단의 연주로 들려오는 아름다운 심포니의 미세한 한 부분이 바로 이 단순 계산이라면, 이 악단을 구성하고 편성했으며 보이지 않는 한 높은 단상podium에서 그것을 총지휘하는 지휘자가 없이도 그것이 가능한가? 모든 것이 다 우연에서 비롯된 것이라고 볼 수 있는가?

이상의 평가 부분의 첫 항목에서 우리가 권장한 대로 하이데거는 그가 매우 독단적이며 자의적인 방법으로 다룬 과거 서양 사상가들의 유구한 본질의 형이상학사를 보다 냉철하며 공정한 방법으로 재반복하는 가운데 20세기 초반에 등장한 빈델반트, 리케르트 등 가치철학자들과 하르트만, 셸러 등 현상학적 가치론자들, 그리고 이상에 언급한 린텔렌 등 가치실재론자들과 보조를 맞추어 우선 나름대로 하나의 신가치론을 정립했어야 했다. 그는 세 가지 혹은 네 가지 부류로 구별할 수 있는 초시간적인 "가치들"의 객관적인 실재성을 설득력 있게 입증하고 그것들이 무엇인지도 확연하게 조명하는 하나의 확고한 가치론을 재정립하고, 그것을 토대로 해서 "SZ"에서 시도된 기초존재론을 수립하며, 후자를 기초로 해서 또한 그의 후기 사상의 주제가 되는 거룩한 자에 대한 자신의 지론을 소개하며 관철해야 했다.

하에데거가 그러한 단계를 거쳐 자신의 지론을 전개했다면 그도, 현대인들과의 만남을 위한 대화의 출발점과 실마리로 하나의 가치실재론을 구축하려고 노력했던 린텔렌과 같이 "Values as a Foundation for Encounter!"(친교의 토대를 위한 가치) 그러한 새로운 가치론을 하나의 접촉점으로 삼고, 그의 기초존재론의 기초와 존재 사유의 타당성과 근거에 대해 심각한 질문을 제기해온 젊은 독일학도와 그가 대표하는 현대 지성인들과 의미 있는 대화를 나누며 그들의 심중으로 파고들어 가 자신의 지론을 전달하고 관철할 수도 있었을 것이다.

그리고 그는 최종 항목에서 우리가 기술한 양식으로, 우리 인간이 영원하고 참되며 절대적인 것들을 인식하며 실현할 수 있는 가능성의 전제조건들을 분석하고 조명하는 가운데 그 젊은 학도와 여타 독자들을 최종적으로 우리가 방금 묘사한 그러한 한없이 고차원적이며 놀라운 사유와 행동의 거점과 기점으로 인도하고 그들로 하여금 상술한 모든 기적들과 기적의 기적들을 조망하고 체험하게 했어야 했다. 이 모든 기적들과 기적의 기적들을 그들이 거기서부터 조망하고 체험했다면 그들은 아마도 하이데거 자신이 기적 중 기적이라고 보고 절대시한 존재 혹은 거룩한 자도 충분히 실재할 수 있다고 고백했을 것이다.

만약 하이데거가 위와 같은 절차를 거쳐 그 젊은 학도와 다른 독자들에게 접근했다면 그는 그들로 하여금 존재에 관한 자신의 지론을 수락하고 존재 자체의 차원으로 나아갈 수 있는 유일한 방도로, 구태여 사상적 비약을 주문할 필요도 없었을 것이다. 정상적인 "행보"로도, 그리고 매우 자연스럽게 그들은 그가 주장하는 존재라는 "인접성", 거룩한 자라는 그들의 "본향"으로 회귀할 수 있었을 것이기 때문이다.

신앙은 질적인 비약 행위라고 할 수 있지만 철학적 사유는 어디까지나 비판적인 반성 행위이며 점진적인 깨달음의 과정이다. 하이데거는 이 점을 염두에 두고 존재에 관한 제반 이론들을 전개하고 관찰했어야만 했다.

제1부 하이데거와 존재의 문제
제1장 존재 문제 제기의 필요성(I): 긍정적 동기

1) WD, 3.

2) WD, 4.

3) HB, 58.

4) HB, 119; 58, 119; HW, 92; VA I, 63-91.

5) HB, 110; EM, 20.

6) WM, 21; ID, 107-143.

7) WM, 21 참조; N II, 244, 370, 415; HW, 243.

8) HB, 115, 117 참조.

9) WD, 20; N I, N II; HD.

10) EM, 14; HB, 118f..

11) EM, 14.

12) EM, 64.

13) WD, 55 passim.

14) EM, 66, 153; HW, 89.

15) WM, 64.

16) EM, 114, 116, 124.

17) HB, 85f., 102f..

18) ID III, 75.

19) esp. Id I, 99-121 참조; CM, 118.

20) CM, 118 참조.

21) Id I, 120f.; CM, 117.

22) CM, 118.

23) CM, 182.

24) CM, 182f..

25) WG, 16.

26) SZ, 38; HB, 83.

27) CM, 116.

28) C, IV, 12. 18.

29) VII. 10. 16; Epistola, 106 참조.

30) De trinitate, 15, 21, 40.

31) M, 106 참조.

32) B. Ramm, *Types of Apologetic Systems*, 171f 참조.

33) C, X, 8, 15.

34) X, 10, 17, 26.

35) X, 8, 15; X, 16, 25; X, 17, 26.

36) 후설과 셸러를 위시한 그의 추종자들이 발기해서 그들의 학술지 *Jahrbuch für Philosophie und phänomenologische Forschung*(1913)에 발표한 현상학의 과제에 대한 "선언문" 및 현상학의 본질에 대한 슈피겔베르크의 해설(I. 1-23 참조)을 고려하거나 후설이 CM 의 최종면 이상에 소개된 아우구스티누스의 명언을 인용한 취지를 고려할 때 아우구스 티누스는 분명히 한 사람의 현상학자였다.

37) W. Windelband, *Lehrbuch der Geschichte der Philosophie*, 237-246 참조; K. Jaspers, *Platon, Augustin und Kant. Drei Gründer des Philosophierens*.

38) C, X, 16, 25; X, 8, 15.

39) C, IV, 12, 18; VII, 10, 16; X, 25, 36, X; 27, 38.

40) T, 208ff., 268ff., 참조.

41) S I, 76ff.: "The Ideal of Rigorous Science" 참조.

42) CM, 183.

43) KM, 207 passim.

44) HW, 343; WD, 110.

45) P, 39-45 참조.

46) SZ, 139.

47) SZ, 171.

48) SZ, 190 Anm..

49) SZ, 249 Anm.1.

50) SZ, 199 Anm..

51) WG, 25, 35.

52) WD, 41.

53) HW, 338.

54) SZ, 427.

55) O.-Fr. Bollnow, *Existenzphilosophie*, 104-112 참조.

56) US, 96.

57) US, 96.

58) US, 93.

59) PL, 38f. 참조.

60) Ibid., 38-45 참조.

61) xx면 이하.

62) SZ, 212, 226, 230, 365 참조.

63) WM, 46.

64) 후설의 진리관과 관련해서 이 책 671면 주 37 참조.

65) 이 책의 제3부 "평가와 결론" 제3장 1. "주지주의와 반주지주의" 참조.

66) W. Windelband, op. cit., 240ff.; 김종두, "아우구스티누스와 철학(I)",『순신대학교 교수논총』(1993년호) 참조.

67) 김종두, "아우구스티누스와 철학(II)",『순신대학교 교수논총』(1994년호) 참조.

68) SZ, 314, 315.

69) SZ, 315; 7f, 152f., 310ff.; B, 227-289; WD, 48, 148; SG, 119, 151, 157, 185.

70) SZ, 132f., passim.

71) HB, 77; WM, 14.

72) WM, 41; KM, 208, 209, 218.

73) EM, 114, 116, 124.

74) SZ, 15; 16, 43, 311 참조.

75) HB, 76, 77; WD, 55.

76) WW, 21 passim; HW, 43, 49.

77) B, 371-392; SG, 105, 157, 185; ID, 96.

78) B, 380.

79) VA III, 77f..

80) esp. EM, 1-39.

81) esp. EM, 28ff. 참조; HB, 53-119; HW, 271-303; VA I, 5-91.

82) M, 136f. passim; WM, 12, 18, 20, 46, 47; HB, 86; ID, 100, 101.

83) HW, 273, 291; VA I, 28, 32, 36.

84) HW, 272, 291, 294; HB, 112.

85) VA I, 91.

86) VA I, 26, 27, 28, 29, 32.

87) HB, 84ff. 참조.

88) EM, 28; 32, 65 참조.

89) EM, 32.

90) EM, 28.

91) HB, 89.

92) SZ, 42.

93) SZ, 12, 42 참조.

94) SZ, 12.

95) SZ, 12, 42, 84, 133, 191, 193, 231, 236, 287, 313; WG, 37.

96) SZ, 12.

97) SZ, 42.

98) Ibid.

99) SZ, 44.

100) SZ, 42.

101) SZ, 42.

102) SZ, 145, 146, 147.

103) SZ, 12, 42f..

104) SZ, 42-44; 184ff. 참조, 254f., 383.

105) R, 39 참조.

106) St, 144.

107) SUD, 13; 29, 40, 143 참조; CA, 46, 85, 88 참조.

108) SUD, 30.

109) CA, 89f..

110) 김종두, "Kierkegaard의 실존 개념", 『신학지남』(1987년 여름호), 148 이하 참조.

111) UN, 517ff. 참조. H. Diem, *Die Existenzdialektik Von Sören Kierkegaard*, 1-47; H. Diem, *Sören Kierkegaard*, 3-105; 김종두, "Kierkegaard의 실존 개념", 『신학지남』(1987년 여름호), 148 이하 참조.

112) SUD, 30.

113) SUD, 79.

114) SUD, 113.

115) HB, 76, 85, 102.

116) KM, 207, 211, 213; EM, 125.

117) SZ, 133 passim.

118) SZ, 133; EM, 124, 156; HB, 69ff., 77; WM, 14.

119) SZ, 16 passim.

120) SZ, 44.

121) SZ, 184-191, 343ff. 참조.

122) SZ, 270-280.

123) SZ, 145.

124) EM, 22.

125) WD, 74; N II, 206f. 참조 WM, 13ff.; SF, 27ff., ID, 85-106.

126) WM, 15; HB, 70, 71, 100.

127) WG, 19, 38, 54; SZ, 227, 366 참조.

128) HB, 100.

129) Ibid.

130) HB, 70.

131) WM, 15.

132) HB, 66, 100 참조; SG, 146.

133) WM, 15 참조.

134) WM, 16.

135) HB, 69.

136) WM, 15.

137) WM, 16.

138) 42.

139) HB, 69.

140) SZ, 7, 87, 137, 139, 143, 364ff. 참조.

141) SZ, 212; 226, 230 참조; WM, 13, 46; SF, 27f..

142) SZ, 230.

143) WG, 12; SZ, 218f. 226f. 참조.

144) SZ, 133, 147, 350.

145) SZ, 350.

146) SZ, 133, 147.

147) SG, 146.

148) HB, 71, 100.

149) SZ, 84ff. 참조; KM, 20ff. 70, 81, 115; WG, 39, 44, 46, 50; HB, 111f.; SG, 146; H, 39f. passim.

150) WG, 39.

151) SZ, 143 passim.

152) WG, 47 passim.

153) WG, 39.

154) WG, 39, 44; EM, 48; VA III, 70-78.

155) SZ, 145, 148, 223; KM, 212; HB, 84.

156) SZ, 142ff..

157) EM, 107, 124, 136.

158) EM, 46ff., 88-136.

159) WM, 13, 47, 50; B, 31, 57ff. 참조, 304; HB, 53; WD, 74; SG, 147.

160) SG, 146; cf. HB, 111.

161) VA Ⅲ, 74; 75 참조.

162) VA Ⅲ, 71.

163) SZ, 142ff. 참조.

164) VA Ⅲ, 74; HB, 71f.; 69, 75, 77, 83, 100.

165) B, EM, HD, HW, N Ⅱ, HB, WM, SG, SF 참조.

166) B, HD, HW, HB, VA I, Ⅱ.

167) EM, 48, 54, 77; HD, 56, 57, 59; HW, 31, 41-44, 49, 310, 311; VA Ⅲ, 53-78; HB, 76,
    77, 83, 84, 100, 112, 115, 116; WM, 7; US, 110, 134, 197; ID, 95.

168) VA Ⅲ, 72; US, 197.

169) HB, 70ff.; SG, 109ff., 143ff.; N Ⅱ, 335-490.

170) EM, 107, 124, 156.

171) EM, 124; 156 참조.

172) 이 항목의 난해한 내용은 이 책 286면 이하의 "2) 현존재와 세계 기투의 사건" 참조할 것.

173) EM, 120, 123.

174) EM, 120 passim.

175) EM, 107 passim.

176) WG, 39.

177) EM, 54; 77; 65, 87, 106, 122, 138, 139 참조; HD, 56.

178) EM, 47f..

179) 이 등식에 관해서 EM, 47, 54, 77, 78, 92, 100, 103, 141, 142 참조; VA Ⅲ, 72; SG, 187.

180) EM, 47, 107, 110, 128.

181) EM, 123 passim.

182) HB, 111.

183) ID, 94-105; US, 25ff. 196, 258, 260, 266; WM, 13, 47.

184) SZ, 84ff.; KM, 70, 115, 206; WW, 15, 16.

185) EM, 114 passim.

186) EM, 46-149 참조.

187) HB, 79, 81; HB, 77.

188) EM, 126; HB, 53 참조; WM, 13f.; WD, 74; SF, 27f..

189) EM, 105-135 참조; N Ⅱ, 206ff.; ID, 94-104; SF, 28.

190) HB, 117; SG, 147 참조.

191) SG, 147.

192) EM, 105ff.; ID, 83-106.

193) 단편 5.

194) EM, 104ff.; ID, 90ff..

195) WM, 13.

196) WM, 47; WM, 50; B, 30ff.; HB, 111; WD, 74; SG, 147.

197) HB, 53; 70, 79, 111; SG, 146.

198) HB, 75, 90; HW, 321.

199) SZ, 212, 226, 230, 365; WM, 13f., 46, SF, 27.

200) WD, 74.

201) WM, 13.

202) SF, 27.

203) HW, 302.

204) HB, 117.

205) EM, 47; HW, 43, 49.

206) WW, 28.

207) WW, 20ff., 29 참조.

208) SZ, 375.

209) 329 passim.

210) SZ, 20, 375, 384, 386, 388, 390.

211) WG, 18, 20, 22, 39, 54.

212) esp. 283ff. 참조; 267-310 참조.

213) "Die Sorge als Sein des Daseins", SZ, 6장.

214) HB, 91.

215) EM, 28.

216) SZ, 1.

217) SZ, 46.

218) SZ, 13f..

219) SG, 105 passim.

220) B, 380.

221) N II, 486, 489; EM, 125.

222) WW, 15-29 참조; N II, 257-490; HB, 80-119; WM, 11f.; SG, 105-188; SF, 35f..

223) SF, 35; HB, 77 참조; SG, 107, 114, N II, 369f..

224) SZ, 212.

225) WM, 46.

제2장 존재 문제 제기의 필요성(II): 소극적 동기

1) R. Bultmann, *Glauben und Verstehen* I, 33.

2) esp. N II, 335-490 참조.

3) VA II, 42; 54 참조.

4) WM, 7; HB, 76, 83; HW, 310; N II, 346; SZ, 44, 184ff., 254f., 383.

5) HW, 310.

6) WW, 29 참조; WM, 18; HB, 84, 100.

7) EM, 65.

8) WM, 8; EM, 14 참조.

9) WM, 20.

10) W. Pannenberg, *Wissenschaftstheorie und Theologie*, 117-156.

11) H. Dooyeweerd, *A New Critique of Theoretical Thought* I, 65.

12) SZ, 147; PL, 41 passim.

13) esp. HW, 69-104 참조.

14) SZ, 146.

15) SZ, 147.

16) SZ, 147.

17) SZ, 153.

18) N II, 383 참조; 335-398.

19) N II, 343.

20) VA I, 19 passim.

21) EM, 1-39 참조; VA I, 5-36, 63-91; HB, 84-89.

22) PL, 41.

23) 『국가』 517c: PL, 41에 인용.

24) PL, 41.

25) PL, 46, 51 참조.

26) PL, 34; EM, 138f. 참조.

27) PL, 34.

28) PL, 46; EM, 138, 139 참조.

29) PL, 51; EM, 139.

30) EM, 139.

31) EM, 138.

32) EM, 139; PL, 51 참조.

33) VA III, 75, 76, 77.

34) WW, 28, 29.

35) PL, 32.

36) PL, 41.

37) PL, 51f.

38) WW, 21.

39) WW, 24.

40) PL, 32 참조.

41) WW, 21.

42) WW, 26.

43) HW, 43, 49.

44) PL, 51.

45) EM, 137; 141 참조.

46) SZ, 139.

47) N II, 342 passim.

48) EM, 152 참조; HW, 193-247; N I, N II.

49) PL, 37.

50) PL, 131.

51) N II, 335-490 참조; VA I, 5-118.

52) EM, 138f. 참조.

53) PL, 42, 44.

54) PL, 46.

55) PL, 42.

56) PL, 42, 44, 45, 46, 51; SZ, 212-230 참조; WG, 12ff..

57) PL, 42f..

58) PL, 42.

59) PL, 46.

60) 『형이상학』, 제6권 4장.

61) 『형이상학』, 제9권 10장 참조.

62) PL, 44.

63) EM, 147 참조.

64) EM, 130; SZ, 7, 44 참조.

65) EM, 142.

66) PL, 45.

67) N II, 169f; 190f. 참조.

68) HW, 81, 96ff.; N II, 296.

69) HW, 98ff.; N II, 168ff., 189ff..

70) HW, 100; 참조. N II, 169f., 190f..

71) HW, 101 참조; N II, 296ff..

72) HW, 100f.; 83 참조.

73) WD, 36 참조; N II, 169f., 190f., 299f..

74) HW, 101.

75) VA I, 19ff. 참조.

76) K.-O. Apel, *Transformation der Philosophie* I, 302; "IV. Die Frage nach den Voraussetzungen der Sinnkritik: Von der Metaphysik der Metaphysikkritik zum offenen Pragmatismus."

77) UN, 260-510.

78) 예부터 서양 사상가들은 진리를 계속 빛으로 묘사해왔으며, 성경과 신학에서도 진리의 원천과 충만인 신을 빛으로 비유해왔다. "진리에 대한 가장 유서 깊고 가장 빈번한 은유 는 빛이다"(*Die Religion in der Geschichte und Gegenwart*, ed. by K. Galling, IV, 1523).

79) EM, 128-149 참조; VA III, 3-25; US, 159-267.

80) SZ, 151; SZ, 161; WG, 37; WG, 37, 39, 43.

81) SZ, 220.

82) SZ, 216.

83) GS V, 144.

84) VA II, 54 참조.

85) GS V, 139ff., 263ff. 참조; GS VII, 82f., 90; J. Habermas, *Erkenntnis und Interesse*, 178ff. 참조.

86) GS V, 143f..

87) VII, 256.

88) D, 48ff. 참조.

89) GS VII, 141.

90) L, 55.

91) GS V, 144.

92) GS VII, 208; 78f. 참조.

93) GS, 191.

94) GS, 136.

95) GS, 148.

96) L, 19 참조.

97) Ga, 205-228 참조.

98) D, 11-26.

99) D, 13.

100) Pa, 98ff..

101) GS V, lVII; GS VI, 316.

102) GS V, 5; D, 11ff., 34ff. 참조.

103) GH, 9f..

104) Pan, 162 참조.

105) KrV, B 24.

106) KM, 208; WM, 43.

107) US, 122.

108) Ibid.

109) PL, 71, 72, 18; S I, 323 참조.

110) US, 98.

111) SZ, 12.

112) SZ, 37.

113) SZ, 142.

114) SZ, 336.

115) SZ, 312.

116) SZ, 143.

117) WM, 449ff..

118) Ga, XVII.

119) "해석학의 보편성": z. B. SZ, 143 참조; US, 96ff., WM, XVIII, 449ff.; Pa, 212ff..

120) 이와 관련해서 Cor, 176-184 참조; Pan, 177-184; W. Pannenberg, *Grundfragen systematischer Theologie*, 91-122.

121) US, 96 참조.

122) SZ, 37.

123) SZ, 34에 인용됨.

124) SZ, 37.

125) SZ, 35.

126) S I, 76-82 참조.

127) PL, 69.

128) SZ, 38.

129) Ibid.

130) Ibid.

131) SZ, 149, 158ff..

132) T, 286, 300 참조.

133) SZ, 149 passim.

134) SZ, 134ff..

135) SZ, 7f., 149-153, 310-316.

136) SZ, 37.

137) SZ, 35, 37.

138) SZ, 38.

139) SZ, 38A.

140) Di, 19ff.; P, 77ff. 참조.

141) PL, 67-80 참조.

142) PL, 147.

143) S I, 77f..

144) S I, 83f..

145) CM, 43ff. 참조.

146) Id I, 84, S. 197; D, 33 참조.

147) "…wonach Bewußtsein eo ipso auf etwas hindeutet, wovon es Bewußtsein ist", Id I, 194; "Nun sage ich mir: alles, was für mich ist, ist es dank meinem erkennenden Bewußtsein, es ist für mich Erfahrenes meines Erfahrens, Gedachte meines Denkens, Theoretisierte meines Theoretisierens, Eingesehenes meines Einsehens", CM, 115.

148) Id I, 37 참조.

149) M, 97.

150) KrV, A 117A.

151) S I, 110.

152) S I, 108f..

153) CM, 118 참조.

154) S I, 146ff. 셸링.

155) Di, 72.

156) Id I, 197.

157) Id I, 86, 118, 192, 196.

158) Id I, 197.

159) 참조. Id I, 85.

160) LU II/1 S. 399 Anm. 1 참조; Di, 61f. 참조; T, 34 Anm. 41; P, 73f..

161) 참조. S I, 147ff..

162) Id I, 120, 194.

163) Id I, 192, 227.

164) S I, 107ff.; Steg, 80f. 참조.

165) Di, 35.

166) CM, 116 참조.

167) Id I, 121.

168) Id I, 99ff., 103ff.; K, 155.

169) Id I, 120.

170) Id I, 106.

171) Id I, 121.

172) Id I, 72f., 101f., 189, 186; D, 68ff. 참조; T, 199.

173) Id I, 101f.; CM, 59f. 참조; K, 155; M, 97; T, 288.

174) C, 50f., 87. 참조.

175) Id II, 186; E. Husserl, *Erfabrung und Urteil*, 53; Idem., *Formale und transzendentale Logik*, 150; Di, 89f. 참조; T, 241ff., 283f.; H, 50f..

176) 182ff..

177) PL, 28f., 36-45 참조.

178) Tug, 290 참조; T, 268, 269 참조; P, 70 참조.

179) CM, 114ff., 182f. 참조.

180) CM, 118.

181) CM, 182; T, 208-211, 268f. 참조.

182) Id I, 105, 107.

183) CM, 116.

184) Tug, 268f..

185) Tug, 269.

186) PL, 74.

187) SZ, 49; P, 72 참조.

188) P, 70.

189) Tug, 269.

190) Tug, 268 참조; T, 290.

191) Tug, 33 참조.

192) SZ, 215.

193) KrV B, 82, 83; 350 참조.

194) KrV, B 294f..

195) Id I, 121.

196) CM, 115, 118.

197) CM, 116.

198) Id I, 49, 50, 55.

199) CM, 116.

200) FTL, 209f..

201) CM, 183.

202) Id I, 121.

203) St, 67f. 참조; M, 103f.; T, 88-106.

204) M, 95-17.

205) P, 79f..

206) T, 265, 268, 269, 272, 290, 307 참조.

207) Id I, 52.

208) Id II, 90f. 참조.

209) Tug, 86.

210) Tug, 288.

211) SZ, 63-95 참조.

212) SZ, 4.

213) Tug, 268f..

214) SZ, 321.

215) SZ, 146.

216) 133 passim.

217) Tug, 320.

218) Ibid.

219) SZ, 38.

220) esp, WG, 37ff.; SZ, 86ff, 142ff..

221) WG, 18, 19, 20, 39.

222) SZ, 146.

223) WG, 16; 참조. 47; WW, 16 참조.

224) WW, 11, 12; HB, 101, HW, 88, 104 참조.

225) KM, 70, 75, 82, 114.

226) HB, 100.

227) HB, 218f..

228) WW, 10f..

229) SZ, 218.

230) WG, 12.

231) Ga, 250-360 참조; Cor, 104-115.

232) Tug, 290; 269, 272 참조.

233) WW, 11.

234) WW, 11.

235) SZ, 83 passim; SZ, 218 passim; WW, 11.

236) WG, 12, 15.

237) WW, 11.

238) WG, 13; KM, 115.

239) WW, 11f..

240) WG, 13.

241) SZ, 220.

242) HB, 100.

243) SZ, 63-88.

244) HW, 7-68 참조; US, 11-268; VA II, 19-59.

245) HW, 148-160.

246) HW, 221, 223.

247) HW, 158, 223 참조; Cor, 172ff.

제2부 "존재와 시간": 현존재에서 존재에 이르는 길

제1장 서론

1) HB, 76.

2) SZ, 4.

3) SZ, 4.

4) SZ, 5.

5) HB, 76.

6) HB, 77; 11, 117 참조; VA III, 76 참조.

7) SZ, 13.

8) SZ, 34.

9) SZ, 37.

10) SZ, 38.

11) SZ, 12.

12) KM, 205.

13) SZ, 6.

14) SZ, 5f..

15) SZ, 16 passim.

16) SZ, 16, 43f..

17) SZ, 44.

18) KM, 212.

19) SZ, 35.

20) SZ, 15.

21) SZ, 34.

22) SZ, 36.

23) SZ, 37.

24) SZ, 37.

25) SZ, 38.

26) SZ, 28ff..

27) SZ, 34.

28) SZ, 312 참조.

29) SZ, 37.

30) SZ, 37.

31) SZ, 15, 17, 37.

32) SZ, 436.

33) SZ, 436; 17 참조.

34) KM, 209.

35) SZ, 5.

36) SZ, 8.

37) esp. SG, 185 참조.

38) SZ, 314, 315.

39) SZ, 315; B, 227-293; HW, 303, SG, 95f., 117, 185; ID, 20ff..

40) B, 368ff.

41) B, 368f. 참조.

42) K. Jaspers, *Der philosophische Glaube angesichts der Offenbarung*, 118-121; 김
종두, "Kierkegarrd의 실존 개념"(II), 『총신대 신학지남』(1986년), 136 참조.

43) SZ, 310.

44) SZ, 7.

45) SZ, 7.

46) SZ, 7f., 152f., 310ff..

47) SZ, 152f., 314ff..

48) SZ, 153.

49) Tug, 310.

50) SZ, 147 passim.

51) Tug, 310.

52) SZ, 133 passim.

53) SZ, 153 참조.

54) 김종두, "독일관념론 연구"(III), 『총신대 교수논총』(1988년호).

55) VA II, 56-59 참조.

제2장 본론

1) SZ, 39f. 참조.

2) SZ, 5.

3) KM, 204, 205.

4) SZ, 64, 84, 133, 143, 146, 187, 336; WG, 37.

5) SZ, 145, 148, 223; KM, 212; HB, 84; WM, 18.

6) SZ, 52ff..

7) SZ, 54.

8) SZ, 54.

9) SZ, 57.

10) SZ, 66.

11) SZ, 66.

12) SZ, 70.

13) SZ, 69, 70, 71, 75.

14) SZ, 70.

15) KM, 204ff. passim 참조; WG, 37ff.; HW, 34 passim.; H, 78ff., 139 참조.

16) HW, 14, 16.

17) HW, 34 참조; H, 78ff., 139 참조.

18) HW, 21ff., 30ff., 46ff., 49ff. 참조.

19) SZ, 85.

20) Tug, 286, 300 참조.

21) SZ, 68.

22) SZ, 68.

23) SZ, 69.

24) SZ, 56f., 68f., 70f..

25) SZ, 84.

26) SZ, 12, 42, 84, 133, 231; WG, 37.

27) SZ, 83ff..

28) SZ, 84.

29) SZ, 68, 69; 54f.; 68.

30) SZ, 68, 69; 68, 83, 85.

31) SZ, 68, 84f..

32) SZ, 69, 84, 85.

33) SZ, 83.

34) 칸트, KrV, B 197 passim; 하이데거, SZ, 11, 13, 85.

35) WG, 37, 39, 43; J, 8, 14f..

36) SZ, 87 passim.

37) SZ, 87 참조.

38) SZ, 74f. 참조.

39) SZ, 84, 147, 364; 161; 151; 366.

40) SZ, 186, 187, 276.

41) SZ, 158 참조. "[nach] dem ursprünglichen 'Als' der umsichtig verstehenden Auslegung(ἑρμηνεία)...[d.h. nach dem] existential-*hermeneutischen* 'Als' im Unterschied vom *apophantischen* 'Als' der Aussage."

42) SZ, 87.

43) SZ, 72 참조.

44) WM, 18f.; WW, 29.

45) M, 136.

46) PL, 207 참조.

47) SZ, 184ff., 274ff., 339ff..

48) SZ, 184, 189, 266, 276; 188.

49) SZ, 188.

50) SZ, 189.

51) SZ, 189, 265.

52) SZ, 134, 136 참조.

53) SZ, 344.

54) SZ, 29절, 134ff. 참조.

55) SZ, 40절, 184ff. 참조.

56) SZ, 265f..

57) SZ, 256.

58) SZ, 235-301.

59) SZ, 245.

60) SZ, 277.

61) SZ, 231-267, esp. 260-267 참조; 이 책 B. 4. "우려와 죽음에로의 존재" 참조.

62) SZ, 186; 343 참조.

63) SZ, 189.

64) CA.

65) SZ, 344.

66) "das Wovor der Angst ist die Welt als solche", SZ, 187; 188, 216 참조: "Das Wovor der Angst ist das In-der-Welt-sein als solches", SZ, 186; 188 참조.

67) "die Angst um...", 187: "Sie[=die Angst] wirft das Dasein auf das zurück, worum es sich ängstet, sein eigentliches In-der-Welt-sein-können", 188, 276 참조.

68) "die Welt in ihrer Weltlichkeit"; "die Welt als Welt"; die Welt als solche", SZ, 187.

69) SZ, 186; 187.

70) SZ, 186.

71) SZ, 186, 187, 276f., 308, 343; WM, 24-42.

72) WM, 12, 18, 46, 47 참조; HB, 86; ID, 100, 101; M, 134 passim.

73) "Welt als Welt" 참조.

74) SZ, 186f..

75) SZ, 187.

76) SZ, 308, 339, 386.

77) SZ, 59.

78) SZ, 44.

79) HW, 34 참조: "alle Dinge"; H, 79ff. 참조. "die Erweiterung des Weltbegriffes."

80) P, 212f. 참조.

81) H, 81 참조.

82) HW, 9ff..

83) SZ, 34.

84) HW, 59; 44, 67 참조; EM, 127, 146.

85) SZ, 186, 343 참조.

86) EM, 47.

87) HW, 52ff..

88) HW, 49ff..

89) HW, 62.

90) HW, 44, 67; HD, 161.

91) HW, 50 참조, EM, 47.

92) HW, 59ff. 참조.

93) HW, 14, 18, 19.

94) EM, 46-157.

95) HW, 44.

96) WW, 21f., VA III, 16f. 참조; SF, 34f.; SG, 105, 107, 114.

97) HW, 37, 43, 44, 46, 49; EM, 47, VA III, 73.

98) HW, 42 참조.

99) HW, 43.

100) WW, 18.

101) WW, 21.

102) WW, 28.

103) WW, 29.

104) VA III, 74.

105) HW, 37.

106) HW, 51.

107) VA II, 52; US, 214.

108) VA II, 52, 46.

109) VA II, 46 참조; US, 22.

110) US, 22.

111) VA II, 52.

112) VA II, 46.

113) VA II, 53; VA II, 52.

114) SZ, 365; WG, 44; EM, 48.

115) VA II, 52.

116) VA II, 46, 52, 53, 46.

117) VA III, 74.

118) US, 23.

119) US, 23, 28.

120) VA II, 52.

121) VA II, 50.

122) VA II, 55.

123) VA II, 46.

124) VA II, 52.

125) VA II, 53.

126) VA II, 53.

127) US, 22.

128) EM, 47, 100, 132, 141f. 참조.

129) ID, 101f.; VA II, 53; US, 258.

130) HB, 78; VA II, 37f., 50, 54.

131) US, 24, 30.

132) US, 24, 30.

133) US, 25ff..

134) G, 46ff.; US, 197.

135) G, 47ff..

136) US, 28, 30, 159ff., 241ff..

137) ID, 103ff. 참조; WD, 147.

138) US, 25, 27, 258 참조; ID, 102; US, 258; J, 88.

139) ID, 101f. 참조; SF, 29; US, 258.

140) EM, 46 참조; EM, 122.

141) esp. EM, 47ff. 참조.

142) VA III, 73 참조; 66, 67, 68, 73 참조; SG, 107, 171, 184.

143) M, 135f. 참조.

144) VA II, 54.

145) HB, 78f, US, 214 참조.

146) VA II, 53f..

147) US, 214; 200 참조.

148) VA II, 53.

149) US, 215.

150) VA II, 46ff., 50ff. 참조.

151) VA II, 53.

152) US, 24.

153) VA II, 50.

154) VA II, 46.

155) GP, 213f..

156) VA II, 42; VA II, 54 참조.

157) SZ, 71; EM, 48 참조.

158) WD, 91-97.

159) VA II, 58.

160) VA II, 53.

161) US, 24.

162) US, 24.

163) US, 24.

164) US, 24.

165) EM, 48.

166) EM, 54; EM, 87, 106, 122; EM, 47, 65, 131.

167) EM, 47.

168) EM, 130ff. 참조.

169) EM, 132.

170) EM, 131f., 134 참조.

171) US, 21.

172) EM, 130f.; SZ, 7절, 44절.

173) VA III, 3-25; HD, 33-181; US, 159-268.

174) EM, 129.

175) EM, 129.

176) EM, 131.

177) HW, 59-65 참조.

178) WG, 39 참조; EM, 48.

179) SZ, 133ff., 364; EM, 71-88, 106ff. 122ff.; ID, 95; HB, 76f., 83f., 100f., WM, 7.

180) VA II, 53-78.

181) VA II, 3-25.

182) 특히 12ff., 20ff., 74f. 참조.

183) VA II, 54.

184) VA II, 78.

185) VA II, 67; 66 참조.

186) 단편 123; 67; EM, 87.

187) VA II, 77f..

188) 65; Physis=auch "Joe" ("das Aufgehen in das Lichte"), 70; "das ins Licht Aufgehende", EM, 54; "das scheinende Erscheinen", EM, 65; "das aufgehende Walten", Ibid..

189) VA II, 75.

190) VA II, 72 참조.

191) VA II, 71f..

192) VA II, 72.

193) VA II, 4ff., 11ff.; EM, 94ff., 128ff..

194) SZ, 7절 B 참조; 9.

195) SZ, 16.

196) SZ, 71.

197) SG, 187.

198) 단편 30.

199) Ibid.

200) EM, 77, 78, 92, 142 참조; VA III, 16.

201) EM, 77, 129ff..

202) EM, 48.

203) EM, 48; SZ, 365 참조: WG, 44; VA II, 52ff..

204) VA III, 72.

205) EM, 47.

206) VA III, 73.

207) EM, 87; VA III, 66.

208) VA II, 54.

209) PL, 46; EM, 138, 139.

210) PL, 3, 9ff., 17, 20ff..

211) PL, 16f, 54ff., 66ff., 72-78.

212) VA III, 55ff..

213) VA III, 16.

214) SG, 184; VA I, 62.

215) SG, 171, SG, 35.

216) SG, 104.

217) SG, 114.

218) P, 156.

219) VA III, 17.

220) VA III, 67f..

221) VA III, 83ff..

222) VA III, 58.

223) VA III, 58.

224) VA III, 59; WW, 28f. 참조; HB, 70.

225) VA III, 66.

226) HB, 90.

227) HB, 77.

228) SZ, 12.

229) HB, 69.

230) Ibid.

231) HB, 76.

232) HB, 77.

233) WW, 21ff.; VA III, 77.

234) HW, 310.

235) VA III, 77.

236) SZ, 43, passim.

237) SG, 187.

238) SG, 77f..

239) SG, 133 참조.

240) HB, 100 참조.

241) HB, 42; 134, 135 참조.

242) R, 39 참조.

243) SZ, 134; 12, 42, 284 참조.

244) SZ, 134, 135.

245) WG, 39.

246) SZ, 142ff..

247) WG, 39ff..

248) SZ, 84, 86; WG, 37; R, 56 참조; T, 273.

249) WG, 37, 39, 43, 45; T, 378, 379 참조.

250) WG, 37; SZ, 64, 84, 133, 336 참조.

251) WG, 134.

252) WG, 276.

253) WM, 14.

254) SZ, 135 passim.

255) HB, 100.

256) K. Jaspers, *Der philosophische Glaube angesichts der Offenbarung*, 118-121; 김
    종두, "Kierkegaard의 실존개념(II)", 『총신대 신학지남』(1986년호), 136 이하 참조.

257) SZ, 58.

258) SZ, 284f..

259) WM, 49.

260) J, 10.

261) SZ, 191f..

262) SZ, 145.

263) SZ, 42f.; 12 참조.

264) SZ, 12.

265) J, 12 참조.

266) SZ, 133 passim.

267) SZ, 145.

268) SZ, 134.

269) SZ, 134.

270) SZ, 136.

271) SZ, 134, 136.

272) SZ, 134.

273) SZ, 137.

274) SZ, 40 참조.

275) SZ, 135; 184-191 참조.

276) SZ, 136.

277) SZ, 134; 135 참조.

278) SZ, 137 참조.

279) Ibid., 297; KM, 205f. 참조; WG, 45-54.

280) T, 310.

281) SZ, 130ff..

282) SZ, 12 passim; KM, 205ff..

283) 31절 Da-sein als Verstehen.

284) SZ, 133.

285) SZ, 133.

286) SZ, 20, 374f., 376, 379, 388, 390 참조; KM, 206, 212, 215; WG, 39; WM, 41.

287) SZ, 329 passim.

288) WG, 39.

289) EM, 124, 156; HB, 77; WM, 14.

290) EM, 124.

291) EM, 107-134; WD, 108ff..

292) WG, 44.

293) SZ, 84f.; WW, 15, 16, 19, 20.

294) WW, 15, 18 참조; R, 216.

295) WG, 37-54 참조; KM, 206.

296) WG, 43 passim.

297) KM, 218.

298) WM, 41; KrV, B, 21, 24 참조.

299) SZ, 3.

300) EM, 46, 110, 122 참조.

301) HW, 50 참조.

302) HW, 21-68 참조.

303) HW, 44; HD, 161, 162 참조.

304) HW, 28; 25, 45, 59 참조.

305) HW, 59.

306) Ibid.

307) HW, 30.

308) HW, 34.

309) WM, 18.

310) WM, 44.

311) Ibid.

312) HW, 24, 28, 44, 67 참조.

313) SZ, 12-24절 참조.

314) SZ, 32-33절 참조; 5, 7, 312ff..

315) HW, 44, 54, 59, 62 참조.

316) HW, 60 참조.

317) HW, 54; H, 284-302 참조.

318) esp. HW, 54ff. 참조.

319) Ga, 250-465 참조; Pa, 162-217.

320) HW, 54; 55, 58 참조.

321) Ga, 370.

322) SZ, 151, 324.

323) SZ, 32절 참조; 이 책 330ff.

324) Ga, XIX; HW, 56 참조.

325) Ga, 444.

326) HW, 54.

327) HW, 56.

328) HW, 62.

329) HW, 66 passim.

330) HW, 66.

331) HW, esp. 63-72 참조.

332) HW, 84 passim; 86; 87, 88.

333) SZ, 4.

334) 87; 161; 151, 366 참조; WG, 34, 39, 43.

335) PL, 54 참조.

336) HB, 84; 81 참조.

337) HB, 71, 100.

338) WG, 39, 44f.; EM, 47, 48.

339) SZ, 143ff.; WG, 54.

340) SZ, 143ff., WG, 54.

341) 145ff.; KM, 210, 212, 214; WG, 39, 43, 45, 47.

342) KM, 210; Gad, 245ff., 250ff. 참조.

343) SZ, 83ff.; KM, 70, 115, 206.

344) WG, 45, 46, 50; HW, 62, 63, 64.

345) WG, 45, 46; HW, 62, 63, 64; HD, 41, 42, 43, 46, 147, 148.

346) KM, 70, 115, 212, 214; WG, 18ff., 39ff., 43ff..

347) B. Raum, *Types of Apologetic Systems*, 26-33 참조.

348) SZ, 86; 54 참조.

349) SZ, 134ff. 참조.

350) Pa, 85-90, 106-115 참조.

351) Tug, 310.

352) SZ, 147.

353) SZ, 142-146.

354) SZ, 146-147.

355) SZ, 146.

356) SZ, 47.

357) SZ, 143; Cor, 96, 102 참조; Pa, 130ff..

358) Hi I, 64-66, 78f. 참조.

359) H, 8ff., 39f., 73f., 316f., 324 참조.

360) EM, 46, 48, 88-149 참조, HD, 9-181; HB, 53-119; HW, 7-66; WM, 43-51; SG, 105-188.

361) Jong Doo Kim, *Wissen und Glauben bei I. Kant und H. Dooyeweerd*, 38-52 참조.

362) KrV, A 118Anm..

363) KrV, A 126f. 참조.

364) KrV, A 98-104.

365) esp. SZ, 84f. 참조; KM, 20; K M, 70, 115 참조; WG, 12f..

366) WG, 39.

367) KM, 20.

368) WG, 37ff..

369) WG, 37ff..

370) WG, 84.

371) HB, 115f..

372) B XIIIf..

373) WG, 84.

374) WG, 83.

375) WG, 85.

376) KM, 70, 75, 82.

377) KM, 82; 102, 114 참조.

378) SZ, 15.

379) SZ, 148.

380) VA II, 19-36.

381) VA II, 37-55.

382) esp. 146f. 참조.

383) VA II, 52.

384) HB, 76; WM, 7 참조; N II, 346.

385) SZ, 148.

386) Cor; Pa; Huf.; Bl 참조.

387) SZ, 148.

388) SZ, 150.

389) SZ, 18.

390) SZ, 151.

391) WG, 47.

392) SZ, 158.

393) SZ, 153 passim

394) SZ, 149 참조; 153.

395) 『아리스토텔레스』, 149, 159.

396) SZ, 149.

397) SZ, 68.

398) SZ, 148f..

399) SZ, 149.

400) SZ, 158, 223.

401) SZ, 148 참조: 15ff. 참조.

402) SZ, 148.

403) SZ, 158.

404) SZ, 361.

405) SZ, 158.

406) SZ, 61, 62, 63, 149, 156, 218, 366 참조; WG, 12; M, 104 참조.

407) Tug, 294, 308.

408) SZ, 74 참조.

409) SZ, 158; 361 참조.

410) SZ, 357.

411) SZ, 153.

412) SZ, 61; 149; T, 292.

413) SZ, 149.

414) J, 10 참조: "Vom Seinsgrund durch die Existenz zum Sein."

415) SZ, 145.

416) HB, 100.

417) HB, 101.

418) 불트만은 자신의 중심 개념인 "전이해"가 "사실 이해"를 위한 전제조건일 수밖에 없다는 논지를 해명하기 위해 신약성경에서 구체적인 실례를 들고 있다. 그것은 사도행전 16장에 소개되고 있는, 빌립보 감옥에서 그 감옥의 간수장과 사도 바울, 그리고 그의 동반자 실라에게 일어난 사건이다. 여기서 신의 역사로 한밤중에 지진이 일어나서 감옥이 파괴되고 그 속의 죄수들이 사슬에서 풀려나게 된다. 옥사장이 잠에서 깨어나 이 사실을 알게 되고 죄수들이 다 탈옥했다고 생각하고 자결을 결심하는 순간 바울과 실라가 아직 불신자였던 그에게 자신들이 탈옥하지 않고 감옥에 남아 있다고 소리쳐 알린다. 옥사장은 너무나도 놀라워 그들에게 형제들이여 "내가 어찌하면 구원을 얻으리까?"라고 질문한다. 이 사건과 관련해서 불트만이 지적하고자 하는 바는 이 옥사장이 아직 불

신 상태에 있었고 따라서 신자가 이해하고 있는 바대로의 죄책, 속죄, 구원, 자유, 행복, 영생 등 기본개념들에 대한 "전이해"를 그가 이미 하고 있었다는 것이다. 그렇지 않았다 면 그가 "구원"의 방도에 대한 질문을 할 수 없었을 것이다. 그가 불신자와 죄인으로서 이에 대한 전이해를 하고 있지 않았다면, 즉 그들이 원칙적으로 무엇과 관계되는 개념 들인지에 대한 사전 오리엔테이션이 되어 있지 않았다면 금수가 그렇게 할 수 없듯이 이 방면에 대한 어떠한 질문도 할 수 없었을 것이다. 불신자와 죄인도 이들에 대한 진정 한 인식은 할 수 없으나 적어도 그들이 무엇과 관계되는 개념들이란 점만큼은 인식할 수 있다. 불신자들도 진·선·미·성과 관계되는 제반 문제들과 그와 더불어 구원, 자유, 영생 등 종교적으로 가장 중요한 개념들을 이해하고 분석할 수 있는 "두뇌"와 인식, 판 단력과 식별력을 소유하고 있기에 전도자가 그러한 전이해를 말하자면 그루터기로 해 서 이들의 진정한 의미에 대해서 증거하고 가르침으로써 불신자들이 그들에 대한 "사 실 이해"를 하게 되고 개종하여 실제로 구원에 이를 수 있다.

419) SZ, 150.
420) E. Coreth, *Grundfragen der Hermeneutik*, 116, 126 참조.
421) SZ, 150.
422) Ga, 128-360 참조; P, 33-217; Cor, 12-118; Bl, 11-140.
423) SZ, 153.
424) SZ, 151.
425) SZ, 150 참조.
426) C, 84 passim.
427) C, 72 passim.
428) SZ, 151.
429) SZ, 449ff..
430) R. Bubner 외 편집, *Hermeneutik und Dialektik* I, 73-103 참조.
431) Ga, 291.
432) Ga, 292.
433) SZ, 12.
434) SZ, 29절.
435) SZ, 31절.
436) SZ, 32절.
437) SZ, 34절.
438) SZ, 12; 37 참조. Gad, XVIII: "Verstehen...die Seinsweise des Daseins...."
439) P, 71; SZ, 37 참조.
440) esp. 184 참조.
441) SZ, 153.
442) SZ, 147.

443) SZ, 153.

444) SZ, 153.

445) SZ, 315.

446) Cor, 110 passim.

447) SZ, 133.

448) SZ, 165.

449) SZ, 133f., 166ff. 참조.

450) SZ, 32f., 154, 219, 226; EM, 130ff..

451) SZ, 165; 25 참조.

452) H, 39f., 73f., 316 참조.

453) esp. HW, 60f. 참조.

454) EM, 47ff., 94ff., 98,, 104, 130, 132.

455) EM, 132.

456) EM, 62.

457) EM, 131; 132, 134 참조.

458) US, 11.

459) W. von Humboldt, *über das vergleichende Sprachstudium*, 21 이하.

460) US, 246ff. 참조.

461) US, 241.

462) HD, 38; 43 참조.

463) SZ, 161.

464) SZ, 160; 161.

465) SZ, 148f. 참조.

466) SZ, 151.

467) SZ, 63-88; WG, 18-54 참조.

468) SZ, 32ff, 159, 226 참조; EM, 130ff..

469) EM, 47f., 101, 127, 131, 146 참조; HW, 24, 44, 59ff..

470) HW, 60; 61 참조.

471) VA III, 9; Ibid., 16, 17, 19, 23, 24 참조; EM, 131; 48, 119 참조; EM, 131.

472) EM, 49-157 참조; HW, 7-68, 248-343; VA III, 3-25; US, 11-267; HB, 53, 70, 78f.,
111..

473) EM, 11.

474) HD, 37f..

475) HD, 41.

476) US, 163, 164, 166, 167, 170, 216에 반복해서 인용됨.

477) US, 164.

478) US, 200; 214, 257 참조.

479) VA III, 19.

480) SZ, 44; P, 57.

481) SZ, 29절.

482) 31절.

483) 165.

484) EM, 132.

485) HW, 7-68.

486) VA III, 3 passim.

487) HB, 70.

488) SZ, 212.

489) WM, 46.

490) VA III, 72.

491) SZ, 160, 161 참조; J, 20 참조.

492) J, 13.

493) J, 15.

494) J, 20.

495) J, 21.

496) SZ, 16 passim.

497) SZ, 167-179.

498) SZ, 179.

499) SZ, 184-191.

500) SZ, 9절, 42ff. 참조.

501) SZ, 175.

502) SZ, 167ff..

503) SZ, 170ff..

504) SZ, 173.

505) SZ, 179.

506) SZ, 179.

507) SZ, 44; 184ff., 254f., 383 참조.

508) SZ, 39-44절.

509) SZ, 349f. 참조.

510) Steg, 145, 155f., 168 참조.

511) SZ, 15.

512) G. Steiner, M. Heidegger, 99 참조; O.-Fr Bollnow, *Existenzphilosophie*, 11-122 참조.

513) SZ, 199 Anm..

514) SZ, 182.

515) SZ, 180 참조; KM, 213, 214.

516) SZ, 42절.

517) SZ, 199.

518) SZ, 12.

519) SZ, 180, 191, 325.

520) SZ, 192.

521) SZ, 284.

522) SZ, 233.

523) SZ, 233.

524) SZ, 231; 41ff. 참조.

525) SZ, 236; 305 참조.

526) HB, 76, 77; VA III, 76f..

527) SZ, 15, 311.

528) HB, 84ff..

529) SZ, 191.

530) SZ, 264.

531) SZ, 249.

532) SZ, Ibid.

533) SZ, 233.

534) SZ, 251.

535) SZ, 234; 266; 308; 264 참조.

536) SZ, 236, 305 참조.

537) SZ, 245.

538) SZ, 41, 42.

539) SZ, 263; 250 참조.

540) SZ, 262.

541) SZ, 250.

542) SZ, 264.

543) SZ, 251 참조.

544) SZ, 259; 252, 259 참조.

545) SZ, 329.

546) SZ, 250.

547) SZ, 325ff. 참조.

548) SZ, 384; 383, 385, 390, 391 참조; Steg, 172 참조; P, 61.

549) SZ, 266.

550) SZ, 266.

551) SZ, 277.

552) SZ, 57 참조; 274; 286, 289 참조.

553) SZ, 272ff., 280 참조.

554) SZ, 274f..

555) SZ, 267.

556) SZ, 267.

557) SZ, 288.

558) SZ, 284, 285.

559) SZ, 145.

560) WG, 53f.; KM, 213 passim.

561) SZ, 284.

562) SZ, 284f..

563) SZ, 87, 221 참조; KM, 205f., WG, 54.

564) SZ, 284, 285; J, 10.

565) SZ, 285.

566) SZ, 284.

567) SZ, 284, 285.

568) SZ, 287.

569) SZ, 287.

570) SZ, 297.

571) SZ, 287.

572) SZ, 287.

573) SZ, 295f.

574) SZ, 297.

575) SZ, 133.

576) SZ, 212-230.

577) SZ, 297.

578) SZ, 299.

579) SZ, 297f..

580) SZ, 283ff. 참조; KM, 214f., 221f.; WG, 53.

581) SZ, 305.

582) SZ, 305 passim.

583) SZ, 62절.

584) SZ, 310, 317.

585) SZ, 317.

586) SZ, 306.

587) C. K. Ogden, I. A. Richards, *The Meaning of Meaning*, 158 이하.

588) W. Pannenberg, *Wissenschaftstheorie und Theologie*, 206 이하.

589) SZ, 151.

590) SZ, 324.

591) Ibid.

592) 325.

593) 151; WM, 18 참조; WW, 23; HB, 84, 100; Huf, 42ff..

594) WM, 17, 18.

595) SZ, 437; GP, 36, 176.

596) SZ, 1, 17, 39, 151.

597) 233, 234, 266, 309.

598) 325, 329 참조.

599) 326.

600) 326; 382-387 참조.

601) SZ, 326.

602) SZ, 84ff. 참조; WG, 37ff.; KM, 204ff..

603) SZ, 326.

604) SZ, 328.

605) SZ, 327.

606) SZ, 326.

607) SZ, 326.

608) SZ, 329. 여기서 "Ekstase"는 "*ek*" 혹은 "*ex*"[aus=out]과 "*stare*"[stehen=to stand]가 합해 만들어진 복합어로서 그 문자적인 의미는 "외부를 향해 서 있음"이다. 그러한 의미에서 그것을 외향성이라 번역할 수 있다. 전기 하이데거의 중심 개념인 "Existenz"를 대치하는 후기 하이데거의 중심 개념인 "Eksistenz"〈外存〉도 사실상 "Ekstase"와 동일한 의미를 내포하는 용어다. 왜냐하면 "Eksistenz"는 "ek"와 "sistare"가 합해 이루어진 복합어이며 "sistare"는 "stare"와 동일한 뜻으로 사용되기 때문이다.

609) B, 106.

610) 326.

611) Plato, *Timaeus*, 38 참조.

612) SZ, 427.

613) 328.

614) WM, 17.

615) SZ, 437 참조. 47, 64 이하 참조; H. Ott는 시간과 더불어 세계와 언어가 하이데거에게 존재의 세 지평, 즉 존재가 자아 현현하는 장이라고 해석한다(GP, 36, 176 참조).

616) WG, 52; WG, 39ff. 참조.

617) SZ, 376.

618) SZ, 401.

619) EM, 123 참조; 108, 110, 130 참조.

620) EM, 125; SG, 109.

621) N II, 486, 489.

622) SZ, 382.

623) SZ, 379, 381.

624) SZ, 382.

625) SZ, 326f., 404ff. 참조.

626) SZ, 392ff., bsd. 394.

627) SZ, 382.

628) SZ, 383.

629) SZ, 383 참조; 386.

630) 20 참조, esp. 387-403; P, 75ff. 참조; M, 98ff..

631) SZ, 385.

632) SZ, 339; 263ff., 307, 385 참조.

633) SZ, 385f..

634) SZ, 396f..

635) SZ, 385.

636) SZ, 385.

637) SZ, 383; Steg, 174f. 참조; B, 113.

638) SZ, 383.

639) SZ, 396.

640) SZ, 384.

641) SZ, 330.

642) SZ, 336.

643) SZ, 382; 386, 390 참조.

644) SZ, 384.

645) SZ, 373, 374, 375; 390; 391.

646) SZ, 328f. passim 참조.

647) SZ, 375.

648) SZ, 388.

649) EM, 110, 125 참조.

650) EM, 123.

651) WM, 17.

652) SZ, 375.

653) SZ, 329.

654) SZ, 365.

655) SZ, 331, 350, 365, 375.

656) 이상의 "EM", "N II", "HB", "WM", "SF", "SG" 인용구들 참조.

657) EM, 125; N II, 486, 489; SG, 109.

658) SZ, 331, 405; KM, 160, 161, 170, 179.

659) SZ, 405.

660) SZ, 420.

661) SZ, 422.

662) WD, 41f.; EM, 157; SZ, 420ff..

663) SZ, 408, 409.

제3부 평가와 결론
제1장 하이데거의 주제

1) HW, 59.

2) HW, 44 참조.

3) WG, 39ff., EM, 47f..

4) HB, 111; ID, 95, 96 참조.

5) WM, 16.

6) N II, 486, 489.

7) esp. B, 256 참조.

8) SZ, 20, 375; WG, 39; B, 293-321, esp. 311, 321.

9) SZ, 212, 226, 230; EM, 94-142; WM, 41; ID, 85-106; SF, 27ff..

10) ID, 96.

11) SF, 27.

12) B, 297.

13) SZ, 212, 226, 230, 365; WM, 46.

14) HB, 111, ID, 95, 96.

15) EM, 46-144; WG, 67.

16) ID, 94-105.

17) WM, 46.

18) VA II, 19-55 참조; US, 11-33; GP, 204f..

19) SZ, 316ff..

20) SZ, 10절.

21) P, 74; SZ, 147 참조.

22) WD, 40.

23) SZ, 25f..

24) 338 Anm..

25) 25f. 338 fn., 356-364 참조; 420-436; KM, 216ff.; WD, 40ff..

26) SZ, 26.; 참조. KM, 216f..

27) SZ, 25; KM, 216f., 219.

28) KM, 216; EM, 157; WD, 40ff..

29) SZ, 25.

30) 25f..

31) P, 51; 42ff., 46f., 51f., 57f., 63, 143, 153, 190 참조.

32) EM, 20ff 참조.

33) VA I, 79.

34) VA I, 87-91.

35) VA I, 32.

36) HB, 86.

37) HB, 88.

38) HB, 89.

39) VA I, 28, 35.

40) VA I, 36.

41) VA I, 34.

42) VA II, 54; ID, 96f. 참조.

43) S I, 342 참조.

44) B, 7, 11, 14, 227-289; ID, 96, 104; SG, 63-188; WD, 48, 140f..

45) ID, 96f..

46) HB, 73, 82ff., WM, 11f.; SF, 34f..

47) esp. ID, 94ff. 참조.

48) SG, 107; B, 7ff., 227-289, 303f. 참조.

49) SG, 158f.; 143-156 참조.

50) WD, 92-97 참조.

51) WD, 110.

52) HW, 343.

53) SG, 95.

54) SG, 96.

55) SG, 159.

56) SG, 185; HB, 117 참조; VA II, 56ff.; ID, 96f., 104.

57) B, 12.

58) UN, 552 참조: 224, 235, 236, 237, 229, 454 참조.

59) HB, 117.

60) VA II, 56-59.

61) Ibid.

62) VA II, 58f..

제2장 존재 사유의 구속력

1) VA II, 56-59.

2) T, 368 A.

3) HB, 76.

4) HB, 58f..

5) Tug, 361.

제3장 기초존재론의 기초: 절대적인 초월성에로의 초월 가능성

1) L. Wittgenstein, *Tractatus logico-philosophicus*, 6. 54.

2) SZ, 3, 19-27, 39, 382ff. 참조; KM, 184, 185, 216; N II, 415; SF, 36.

3) EM, HW, VA III, HD.

4) KM, 160, 161, 170.

5) KM, 178.

6) KM, 143ff..

7) KM, 177.

8) EM, 14, 65, 107 참조; WM, 19ff.; N II, 344ff.; ID, 121.

9) 특히 아리스토텔레스의 『형이상학』, 제4권 1장 참조.

10) 아리스토텔레스의 『형이상학』, 제6권 1장 참조.

11) ID, 121; WM, 19ff. 참조.

12) *Reality and Process*, 1929, 63.

13) *Great Dialogues of Plato*, transl. by W. H. D. Rouse, 표지에서 인용.

14) H. Kuhn, "das Gute", in: *Handbuch philosophischer Grundbegriffe*, hrsg. von H.
    Krings, etc., 제3권, 665.

15) Met. Zeta, 3; Delta, 11; Phys. A, 1; Anal. pro. A, 2.

16) 『형이상학』 제5권 1-30장, 1012b-1025a: 이들 가운데는 그의 유명한 10범주들도 포함
    되어 있다.

17) I. Kant, *Prolegomena*, 260.

18) I. Kant, *Reflexion zur KrV*, 4.

19) esp. KrV, B. xxVIIIff. 참조; KpV, A 75f..

20) KrV, B, 832ff. 참조.

21) esp. KrV, B xxixff 참조.

22) KrV, A 126f..

23) KrV, B 197.

24) KrV, B 75.

25) KrV, B 85.

26) KpV, A 23Anm..

27) KrV, B 850.

28) KrV, B 848-857; KpV, A 198-266 참조.

29) KrV, B 833.

30) KpV, A 216ff. 참조.

31) B.

32) HrV, B XXX.

33) 『실천이성비판』, 제2장 III절 이하.

34) 김종두, "Kierkegaard의 실존 개념(I)", 『총신대 신학지남』(1987년 봄호), 158-166 참조.

35) UN, 147-529.

36) PhB, 60, 72, 77, 121.

37) 후설은 그러한 노력에도 불구하고 이러한 보편 개념들과 본질들의 성격에 대해 "개념주의"(Konzeptualismus), 즉 오컴(Occam)의 명목론과 플라톤과 아리스토텔레스의 실재론 간의 중도노선을 따랐다. 그러나 그가 아리스토텔레스식의 내재적 실재론(*universalia in re*)의 입장을 취하는 듯한 발언을 한 경우도 허다하다(W. Stegmüller, *Hauptströmungen der Gegenwartsphilosophie*, 56f., 56Anm. 참조; C. A. van Peursen, *Phänomenologische und analytische Philosophie*, 22-23). 슈테그뮐러에 따르면 하르트만은 플라톤적 실재론(*universalia ante rem*)을 따랐고 셸러는 아리스토텔레스적 실재론(*universalia in re*)을 따랐다고 한다(W. Stegmüller, 56 참조).

38) 하르트만도 그렇게 보았다(Fr.-Von Rintelen, *Contemporary German Philosophy*, 154).

39) 칸트의 인식론과 비판철학의 요지에 관해서 김종두, *Wissen und Glauben bei I. Kant und H. Dooyeweerd*(1982), 14-53 참조.

40) G. Malantschuk, *Kierkegaard's Thought*, 21 passim.

41) UN, 518 passim.

42) VA II, 54.

43) US, 182.

44) HB, 76.

45) J. Hirschberger, *Geschichte der Philosophie* II, 648.

46) H. Schmidt, *Philsophisches Wörterbuch*: "Wert" 참조.

47) esp. 1-40.

48) esp. 204, 208.

49) 7f., 20f..

50) WM, 21.

51) US, 23.

52) WD, 4.

53) N. Hartmann, *Aufbau der realen Welt*(1940); N. Hartmann, *Philosophie der Natur*(1950); H. Dooyeweerd, *A New Critique of Theoretical Thought*(1953-58), Vols.2, 3.

54) H. Kuhn, "Das Gute", in: *Handbuch philosophischer Grundbegriffe*, hrsg. von H. Krigns, etc., Bd.3, 660.

55) H. Reiner, "das Gute", in: *Historisches Wörterbuch der Philosophie*, Bd.3, 938ff.

56) 250.

57) 64.

58) W. Janke, "das Schöne", in: *Handbuch philosophischer Grundbegriffe*, Bd.5, 1270.

59) 28, 44, 67.

60) 161, 162.

61) Ibid., 1269.

62) Ibid., 1271.

63) F. W. J. Schelling, *Philosophie der Kunst*, 21절.

64) Fr.-J. von Rintelen, op. cit., 139.

65) 139 참조.

66) Ibid., 144.

67) Heidegger, 84 참조.

68) Ibid.

69) esp. SZ, 142ff. 참조.

70) Ga, 290ff. 참조.

71) KrV, B 134 Anm..

72) KrV, B 180f..

73) KrV, B 131.

74) KrV, B 322f 참조.

75) KrV, B 799f..

76) S. Kierkegaard, *Journals* IV B1-17, 148; UN, 476.

77) UN, 681.

78) M. Black, *A Companion to Wittgenstein's Tractatus*, 386 참조; C. A. van Peursen, *Phänomenologische und analytische Philosophie*, 119 참조.

79) H. Dooyeweerd, op. cit., I. 8.

80) H. Kuhn, op. cit., 658ff.; H. Reiner. op. cit., 941f.; W. Janke, op. cit., 1270, 1271 참조.

81) KrV, 180.

82) esp. HW, 28, 44, 67 참조.

83) SUD, 30.

84) SUD, 13, 29.

85) 김종배, 『신비한 인체 창조 섭리』(서울: 국민일보), 1993.

86) CA, 85ff. 참조.

/ 참고문헌

Apel, Karl Otto, *Die Transformation der Philosophie* I-II, Frankfurt am Mein [=FM], 1973.

Augustin, Aurelius, *Confessions*, V. J. Bourke, transl., Washington, D.C., 1953.

Barth, Karl, *Römerbrief*, Erste Fassung, Zürich, 1919.

_____, *Kirchiche Dogmatik* I-XIV, Zollikon-Zürich, 1932-.

Betti, Emilio, *Zur Grundlegung einer allgemeinen Auslegungslehre*, Tübingen, 1954

Bleicher, Joseph, *Theory of Hermeneutics*, London, 1980.

Bollnow, Otto Friedrich, *Dilthey: Eine Einführung in seine Philosophie*, Stuttgart, 1955.

_____, *Die Lebensphilosophie*, Berlin, 1958.

_____, *Existenzphilosophie*, Stuttgart, 1969.

Brunner, Emil, *Vernunft und Offenbarung*, Zürich, 1961

Bultmann, Rudolf, *Glauben und Verstehen* I-IV, Tübingen, 1952-65.

_____, *Theologie der Entmythologisierung*, München, 1962.

_____, *Geschichte und Eschatologie* .

Copleston, Frederick L., *A History of Western Philosophy* I-IX. London,

1963-77.

Coreth, Emerich, *Grundfragen der Hermeneutik*, Freiburg, 1969.

Diemer, Alwin, *Edmund Husserl. Versuch einer systematischen Darstellung seiner Phänomenologie*, Meisenheim, 1956.

Dilthey, Wilhelm, *Gesammelte Schriften* I-XIV, Göttingen, 1913-67.

Dooyeweerd, Herman, *A New Critique of Theoretical Thought* I-IV, Philadelphia, 1953-58.

Gadamer, Hans-Georg, *Wahrheit und Methode*, Tübingen, 1960.

_____, *Kleine Schriften* I-III, Tübingen, 1967.

Gelven, Michael, *A Commentary on Heidegger's Being and Time*, New York, 1970.

Habermas, Jürgen, *Erkenntnis und Interesse*, F/M, 1968.

_____, "Der Universalitätsanspruch der Hermeneutik," in: *Hermeneutik und Dialektik* I, hrsg. von R. Bubner, K. Cramer, u. R. Wiehl, Tügingen, 1970.

Hartmann, Nicolai, *Der Aufbau der realen Welt*, 1940.

_____, *Ethik*, 1925.

_____, *Philosophie der Natur*, 1950.

_____, *Zur Grundlegung der Ontologie*, 1935

Hegel, *Phänomenologie des Geistes*, Hamburg, 1952.

_____, *Enzyklopädie der philosophischen Wissenschaften im Grundriß*, Hamburg, 1959.

_____, *Grundlinien zur Philosophie des Rechts*, Hamburg, 1955.

_____, *Wissenschaft der Logik, Hamburg*, 1968.

_____, *Vorlesungen über die Philosophie der Geschichte*, Stuttgart, 1961.

Heidegger, Martin, *Sein und Zeit*, F/M, 1927.

_____, *Kant und das Problem der Metaphysik*, F/M, 1929.

_____, *Vom Wesen der Grundes*, F/M, 1929.

_____, *Vom Wesen des Wahrheit*, 1930.

_____, *Einführung in die Metaphysik*, F/M, 1935.

_____, *Die Frage nach dem Ding*, F/M, 1935.

_____, *Erläuterungen zu Hölderlins Dichtung*, F/M, 1936.

_____, *Holzwege*, F/M, 1935-46.

_____, *Beiträge zur Philosophie (Vom Ereignis)*, F/M, 1936-38.

_____, *Nietzche I*, F/M, 1936-39.

_____, *Nietzche II*, F/M, 1939-46.

_____, *Vorträge und Aufsätze*, F/M, 1936-53..

_____, *Aus der Erfahrung des Denkens*, F/M, 1910-76.

_____, *Platons Lehre von der Wahrheit. Mit einem Brief über den 'Humanismus,'* Bern, 1947.

_____, *Unterwegs zur Sprache*, F/M, 1950-59.

_____, *Der Sazt vom Grund*, F/M, 1955-56.

_____, *Identität und Differenz*, F/M, 1955-57.

_____, *Zur Sache des Denkens*, F/M, 1962-64.

Herrmann, Friedrich-Wilhelm von, *Heideggers Philosophie der Kunst*, F/M, 1980.

Hirschberger, Johannes, *Geschichte der Philosophie* I-II, Freiburg, 1965.

Hufnagel, *Einführung in die Hermeneutik*, Stuttgart, 1967.

Husserl, Edmund, *Logische Untersuchungen* I-II, Halle, 1900-01.

_____, "Philosophie als strenge Wissenschaft," *Logos* I, 1910-11.

_____, *Ideen zu einer reinen Phänomenologie und phänomenologischen Philosophie*, Halle, 1913.

_____, *Ideen zu einer reinen Phänomenologie und phänomenologischen Philosophie*, II, III, Haag, 1952.

_____, *Formale und transzendentale Logik*, Halle, 1929.

_____, *Cartesianische Meditationen*, Haag, 1950.

_____, *Die Krisis der europäischen Wissenschaften und die transzendentale Phänomenologie*, Haag, 1954.

Jaeger, Hans, *Heidegger und die Sprache*, Bern, 1971.

Jaspers, Karl, *Philosophie* I-III, Berlin, 1956.

_____, *Platon, Augustin und Kant. Drei Gründer des Philosophierens*, München, 1964.

_____, *Der philosophische Glaube angesichts der Offenbarung*, München, 1980.

Kant, Immanuel, *Kritik der reinen Vernunft*, Hamburg, 1967.

_____, *Kritik der praktischen Vernunft*, Hamburg, 1967.

_____, *Kritik der Urteilskraft*, Hamburg, 1968.

_____, *Grundlegung zur Metaphysik der Sitten*, Leipzig, 1947.

Kern, Iso, *Husserl und Kant*, Haag, 1964.

Kiekegaard, Søren, *Sickness Unto Death*, Princeton, 1980.

_____, *The Concept of Anxiety*, Princeton, 1980.

_____, *Unwissenschaftliche Nachschrift*, München, 1976.

_____, *Philosophische Brosamen*, München, 1976.

_____, *Entweder-Oder*, Wiesbaden, 1955.

Kim, Jong Doo, *Wissen und Glauben bei I. Kant und H. Dooyeweerd*, Maarsen, 1982.

Kockelmans, Joseph J., ed., *On Heidegger and Language*, Evanston, 1972.

Langan, Thomas, *The Meaning of Heidegger*, New York, 1959.

Löwith, Karl, *Heidegger, Denker in dürftiger Zeit*, Frankfurt, 1953.

Macquaarrie, John, *An existentialist Theology. A comparison of Heidegger and Bultmann*, London, 1965.

Müller, Max, *Existenzphilosophie im geistigen Leben der Gegenwart*, Heidelberg, 1964.

Ott, Heinrich, *Denken und Sein*, Zollikon, 1959.

Ogden, C.K. and Richards, I.A., *The Meaning of Meaning*, London, 1923.

Pannenberg, Wolfhart, *Grundfragen systematischer Theologie*, Göttingen, 1967.

_____, *Wissenschaftstheorie und Theologie*, F/M, 1973.

Palmer, Richard E., *Hermeneutics. Interpretation Theory in Schleiermacher, Dilthey, Heidegger, and Gadamer*, Evanston, 1969.

Pöggeler, Otto, *Der Denkweg Martin Heideggers*, Pfullingen, 1963.

Pugliese, Orlando, *Vermittlung und Kehre*, Freiburg, 1965.

Rintelen, Fritz Joachim von, *Contemporary German Philosophie and its Background*, Bonn, 1973.

Richardson, William J, *Martin Heidegger: Through Phenomenology to Thought*, The Hague, 1964.

Robinson, James M. and John B. Cobb, Jr., eds., *The Later Heidegger and Thelogy*, New York, 1963.

_____, eds., *The New Hermeneutic*, New York, 1964.

Spiegelberg, Herbert, *The Phenomenological Movement* I-II. The Hague, 1965.

Stegmüller, Wolfgang, *Hauptströmungen der Gegenwartsphilosophie*, Stuttgart, 1978.

Steiner, George, *Heidegger*, Brooklyn, 1978.

Thilly, Frank and Ledger Wood, *A History of Western Philosophy*, New York, 1957.

Tillich, Paul, *Systematic Theology* I-II, Chicago, 1951-63.

Tugendhat, Ernst, *Der Wahrheitsbegriff bei Husserl und Heidegger*, Berlin, 1967.

Van Peursen, Cornelius A., *Phänomenologie und analytische Philosophie*, Stuttgart, 1969.

Vycinas, Vincent, *Earth and gods. An Introduction to the Philosophy of*

Martin Heidegger, The Hague, 1961.

Wittgenstein, Ludwig, *Tractatus logico-philosophicus*, London, 1963.

_____, *Philosophische Untersuchungen*, F/M, 1967.

Wach, Joachim, *Das Verstehen: Grundzüge einer Geschichte der hermeneutischen Theorie im 19. Jahrhundert* I-III, Tübingen, 1926-33.

Windelband, Wilhelm und Heinz Heimsoeth, *Lehrbuch der Geshichte der Philosophie*, Tübingen, 1957.

하이데거의 존재와 현존재

후기 하이데거의 자기해석에 기초한 『존재와 시간』의 재조명

Copyright ⓒ 김종두 2014

1쇄발행_ 2014년 11월 7일

지은이_ 김종두
펴낸이_ 김요한
펴낸곳_ 새물결플러스
편　집_ 김남국·노재현·박규준·왕희광·정인철·최율리·한재구
디자인_ 이혜린·서린나
마케팅_ 이성진
총　무_ 김명화

홈페이지 www.hwpbooks.com
이 메 일 hwpbooks@hwpbooks.com
출판등록 2008년 8월 21일 제2008-24호
주소 (우) 158-718 서울특별시 양천구 목동동로 233-1(목동) 현대드림타워 1401호
전화 02) 2652-3161
팩스 02) 2652-3191

ISBN 978-89-94752-87-7 03160

책값은 뒤표지에 있습니다.

이 도서의 국립중앙도서관 출판시도서목록(CIP)은 서지정보유통지원시스템 홈페이지
(http://seoji.nl.go.kr)와 국가자료공동목록시스템(http://www.nl.go.kr/kolisnet)에서
이용하실 수 있습니다(CIP제어번호: CIP:2014028315).